Schweizer Schriften zum Handels- und Wirtschaftsrecht — Band 314

Herausgegeben von
Prof. Dr. Peter Forstmoser

Dr. iur. Christa-Maria Harder Schuler, Rechtsanwältin

Corporate Governance in nicht kotierten Aktiengesellschaften

Gesellschafts- und schuldrechtliche Ausgestaltung von KMU

Gesetzgebung, Rechtsprechung und Lehre sind bis 30. Juni 2012 berücksichtigt. Kurz vor der Drucklegung der Dissertation wurde der mehrfach erwähnte indirekte Gegenvorschlag zur Volksinitiative «Minder» abgelehnt.

Abdruck der von der Rechtswissenschaftlichen Fakultät der Universität Zürich genehmigten Dissertation.

Bibliografische Information der ‹Deutschen Bibliothek›.
Die Deutsche Bibliothek verzeichnet diese Publikation in der Deutschen Nationalbibliografie; detaillierte bibliografische Daten sind im Internet über ‹http://dnb.d-nb.de› abrufbar.

Alle Rechte, auch des Nachdrucks von Auszügen, vorbehalten. Jede Verwertung ist ohne Zustimmung des Verlages unzulässig. Das gilt insbesondere für Vervielfältigungen, Übersetzungen, Mikroverfilmungen und die Einspeicherung und Verarbeitung in elektronische Systeme.

© Dike Verlag AG, Zürich/St. Gallen 2013
   ISBN 978-3-03751-513-6

www.dike.ch

Meinen Eltern

Dank

Meinem Doktorvater Prof. Dr. Peter Forstmoser danke ich herzlich für die fachlich äusserst lehrreiche und auch in familiärer Hinsicht bedeutsame Assistenzzeit, die ich bei ihm erleben durfte; er hat mich hinsichtlich des Dissertationsthemas inspiriert und mich in der Endphase der Arbeit enorm unterstützt.

Ebenfalls zu Dank verpflichtet bin ich meinen Kanzleikollegen von Fürer Partner Advocaten, welche während mehreren Monaten die Fertigstellung meiner Dissertation mitgetragen haben.

Sodann gebührt mein Dank meinem ehemaligen Assistenzkollegen Dr. iur. Patrik R. Peyer, welchem ich noch heute freundschaftlich verbunden bin, und welcher meine Arbeit trotz hoher Arbeitsbelastung kritisch gegengelesen und mannigfaltig bereichert hat.

Die Drucklegung durfte ich vertrauensvoll Herrn Bénon Eugster, Herstellungsleiter des Dike Verlags, übergeben, welchem an dieser Stelle ebenfalls herzlich gedankt sei.

Der grösste Dank gilt jedoch meinem Mann, lic. iur. Rolf Schuler sowie meinen Töchtern Helena, Theresa und Katharina, welche insbesondere in den Monaten der Schlussredaktion viele Entbehrungen hinnehmen mussten. Ohne die unablässige moralische Unterstützung durch meinen Ehemann wäre die Fertigstellung der Arbeit neben Berufstätigkeit und Familie nicht denkbar gewesen.

In tiefer Dankbarkeit bin ich schliesslich meiner Mutter Beata Harder-Baumgartner und meinem verstorbenen Vater, dipl. Ing. ETH Franz Josef Harder verbunden; sie haben mir eine wunderbare, reich geprägte Kindheit sowie eine sorglose Ausbildungszeit ermöglicht. Ihnen sei diese Arbeit zum Dank gewidmet.

CHRISTA-MARIA HARDER SCHULER

Inhaltsübersicht

Inhaltsverzeichnis IX
Literaturverzeichnis XXI
Materialienverzeichnis XXXI
Abkürzungsverzeichnis XLV

Vorbemerkungen 1

1. Kapitel: Grundlagen 3
§ 1. Ursprünge, Begriff und Gegenstand der Corporate Governance 3
§ 2. Rechtsgrundlagen und Regelwerke 13
§ 3. Nicht kotierte Aktiengesellschaften, deren Eigenheiten und
      spezifische Problemstellungen 31

**2. Kapitel: Gesellschafts- und vertragsrechtliche Ausgestaltung
nicht kotierter Aktiengesellschaften** 65

Vorbemerkungen zu den einschlägigen privatautonomen Grundlagen
nicht kotierter Aktiengesellschaften 65
§ 4. Statutarische Ausgestaltungsmöglichkeiten der Kapitalstruktur 66
§ 5. Schuldvertragliche Ausgestaltung 102
§ 6. Organisation der Gesellschaft 126
§ 7. Revisionsstelle 267
§ 8. Klagen 273

Schlussbetrachtungen 293

Inhaltsverzeichnis

Literaturverzeichnis	XXI
Materialienverzeichnis	XXXI
Abkürzungsverzeichnis	XLV

Vorbemerkungen 1

1. Kapitel: Grundlagen 3

§ 1. Ursprünge, Begriff und Gegenstand der Corporate Governance 3
- I. Kurze Historie der Corporate Governance in der Schweiz 3
- II. Begriff und Gegenstand der Corporate Governance 4
- III. «Principal and agent»-Theorie – Versuche einer Systematisierung der Corporate Governance 5
- IV. Kernthemen der Corporate Governance im Allgemeinen 7
  1. Ausgestaltung der Führungsebene der Gesellschaft 7
  2. Ausgestaltung des Verhältnisses der Aktionäre zur Gesellschaft 7
  3. Transparenz 9
- V. Kernthemen der Corporate Governance in nicht kotierten Gesellschaften im Besonderen 9
  1. Ausgestaltung des Verhältnisses der Aktionäre untereinander – Minderheitenschutz 10
  2. Ausgestaltung der Führungsebene der Gesellschaft 11
  3. Interne Transparenz 11
  4. Ausgestaltung der Vermögensrechte der Aktionäre 11
- VI. Beweggründe für die Beachtung der Grundsätze guter Corporate Governance auch in nicht kotierten Aktiengesellschaften 12

§ 2. Rechtsgrundlagen und Regelwerke 13
- I. Obligationenrecht 13
  1. Grundkonzeption des Aktienrechts: Von der «Einheit des Aktienrechts» zur «Stammregelung mit Differenzierungen» 13
  2. Corporate-Governance-Bestimmungen im Obligationenrecht und in anderen bundesrechtlichen Erlassen 14
  3. Corporate-Governance-relevante aktienrechtliche Prinzipien 17
     a. Kapitalbezogenheit und Anonymität 17
        aa. Grundsatz 17

IX

		ab. Abweichungen 19
		b. Gleichbehandlungspflicht... 19
		c. Sachlichkeitsgebot, Pflicht zur schonenden Rechtsausübung und Rechtsmissbrauchsverbot 20

    II. «Swiss Code of Best Practice for Corporate Governance» (SCBP)............ 21
        1. Entstehung 21
        2. Selbstregulierung/Soft law.. 22
        3. Best Practice 23
        4. Regelungsgegenstand 24
        5. Umsetzung des SCBP 24

    III. «Richtlinie betreffend Informationen zur Corporate Governance» (RLCG 2002 resp. 2009).. 25
        1. Entstehung 25
        2. Anwendungsbereich und Regelungsgegenstand 26
        3. Umsetzung der RLCG 2002 27

    IV. Anwendung von Normen des SCBP oder der RLCG 2002 resp. 2009 auf nicht kotierte Gesellschaften 28

    V. Leitfaden «Familie: Unternehmen: Umfeld – Governance für Familienunternehmen: Wie man das gesunde Wachstum der Familienwerte steuert».. 29

    VI. Best Practice im KMU (BP-KMU) 30

§ 3. Nicht kotierte Aktiengesellschaften, deren Eigenheiten und spezifische Problemstellungen 31

    I. Publikumsgesellschaften und private Gesellschaften............................. 31
        1. Leitbild des Gesetzgebers 31
        2. Mögliche Formen von Aktiengesellschaften und Verbreitung 32
        3. Besonderheiten privater Aktiengesellschaften 33

    II. Die Einpersonen-AG... 34
        1. Entstehung 34
        2. Arten 34
        3. Rechtsprechung des Bundesgerichts.. 35
        4. Spezifische Problemstellungen 36

    III. Die Zweipersonen-AG 37
        1. Arten 37
        2. Entstehung 37
        3. Spezifische Problemstellungen 38
            a. Minderheitenschutz in der nicht-paritätischen Zweipersonen-AG 38

		b. Beschluss(un)fähigkeit der Generalversammlung in der paritätischen Zweipersonen-AG 39

        b. Beschluss(un)fähigkeit der Generalversammlung in der paritätischen Zweipersonen-AG 39
        c. Lösungsansätze 39
        d. Beschluss(un)fähigkeit des Zweipersonen-Verwaltungsrates 40

IV. Die Familien-AG 41
    1. Die Familiengesellschaft im Allgemeinen 41
    2. Die Familien-AG im Besonderen 41
        a. Entstehung 42
        b. Überwiegend verwandtschaftliche oder freundschaftliche Bindung unter den Gesellschaftern 42
        c. Beschränkte, in der Regel konstante Anzahl von Gesellschaftern 43
        d. Häufig schlanke Gesellschaftsstruktur 43
        e. Personalistische Ausgestaltung 44
        f. Prägung der Gesellschaft durch die Familie 44

V. Private Aktiengesellschaften mit Konzernstrukturen 45
    1. Begriff des Konzerns 45
        a. Rechtlich selbständige Konzerngesellschaften 45
        b. Einheitliche wirtschaftliche Leitung 46
    2. Begriff der Holding 47
    3. Beweggründe für die Konzernbildung bei privaten Aktiengesellschaften im Allgemeinen sowie bei Familiengesellschaften im Besonderen 48
        a. Betriebswirtschaftliche und wirtschaftspolitische Beweggründe 48
        b. Risikobeschränkung 48
        c. Gesellschaftsrechtliche Beweggründe 48
        d. Steuerliche Beweggründe 49
        e. Überlegungen im Hinblick auf die Unternehmensnachfolge 50

VI. Beweggründe für die Gründung privater Aktiengesellschaften 51
    1. Risikobeschränkung 51
        a. Grundsatz der Risikobeschränkung 52
        b. Durchgriff zufolge Missbräuchlichkeit 52
            ba. Arten 53
            bb. Anwendungsfälle 54
        c. Haftungssituation in Konzernverhältnissen im Besonderen 54
    2. Trennung von Privat- und Geschäftsvermögen 55
    3. Nachfolgeregelung 56
    4. Unternehmensverkauf 57
    5. Flexibilität des schweizerischen Aktienrechts 57
    6. Firmenfreiheit 58

Inhaltsverzeichnis

        7. Möglichkeiten der Erschliessung von Eigen- und Fremdkapital 58
           a. Eigenkapital 59
           b. Fremdkapital 59
        8. Steuerliche Vor- und Nachteile 59
        9. Unternehmensstrukturierung – Beziehung zu anderen Unternehmen 61
   VII. Exkurs: KMU 61
        1. Definitionen 61
           a. Allgemein 61
           b. Gesetzliche Definitionen 62
           c. Regulatorische Definitionen 63
           d. Fazit 63
        2. Bedeutung der KMU 63

2. Kapitel: Gesellschafts- und vertragsrechtliche Ausgestaltung nicht kotierter Aktiengesellschaften 65

Vorbemerkungen zu den einschlägigen privatautonomen Grundlagen nicht kotierter Aktiengesellschaften 65

§ 4. Statutarische Ausgestaltungsmöglichkeiten der Kapitalstruktur 66

   I. Flexible Kapitalstruktur 66
   II. Verbriefung der Mitgliedschaftsrechte 67
   III. Beteiligungsarten 68
        1. Inhaberaktien 68
        2. Namenaktien 69
           a. Gewöhnliche Namenaktien 69
           b. Rektaktien 69
           c. Vinkulierte Namenaktien 69
               ca. Allgemeines 69
               cb. Gesetzliche und statutarische Vinkulierung 70
               cc. Ursprüngliche und nachträgliche Vinkulierung 70
               cd. Entscheidungskompetenz 71
               ce. Statutarische Vinkulierungsgründe 72
           d. Stimmrechtsaktien 80
               da. Begriff, Inhalt und Voraussetzungen 80
               db. Einführung und Abschaffung von Stimmrechtsaktien 80
               dc. Problematik von Stimmrechtsaktien 82
               dd. Schranken der Privilegierung 83
               de. Funktion/Anwendungsfälle 84
               df. Kautelen 84
               dg. Anspruch auf Vertretung im Verwaltungsrat 86

		3. Vorzugsaktien 86

    3. Vorzugsaktien 86
     a. Begriff, Inhalt und Arten 86
     b. Einführung und Abschaffung von Vorzugsaktien 87
     c. Problematik von Vorzugsaktien 88
     d. Funktion/Anwendungsfälle 89
     e. Kautelen 89
     f. Anspruch auf Vertretung im Verwaltungsrat 90
    4. Partizipationsscheine 90
     a. Begriff und Inhalt 90
     b. Arten und wertpapierrechtliche Ausgestaltung 92
     c. Einführung und Abschaffung von Patizipationsscheinen 93
     d. Vertretung im Verwaltungsrat 94
     e. Funktion/Anwendungsfälle 94
    5. Genussscheine 95
     a. Begriff und Inhalt 95
     b. Wertpapierrechtliche Ausgestaltung 96
     c. Einführung von Genussscheinen 96
     d. Schutz der Genussscheininhaber resp. der Aktionäre und Partizipanten 96
     e. Funktion/Anwendungsfälle 97
  IV. Statutarische Erwerbsrechte an und Verfügungsbeschränkungen über Aktien 97
    1. Gegenstand und Arten 97
     a. Vorhandrechte 98
     b. Vorkaufsrechte 98
     c. Kaufs- und Rückkaufsrechte 99
     d. (Rück-)Verkaufsrechte 99
     e. Preisbestimmung 99
    2. Frage der Zulässigkeit statutarischer Verfügungsbeschränkungen nach geltendem Aktienrecht 100
  V. Statutarische Nutzniessungsbeschränkung 101

§ 5. Schuldvertragliche Ausgestaltung 102
  I. Begriff und Parteien 103
  II. Inhalte 105
    1. Stimmrechtsvereinbarungen 106
    2. Erwerbsrechte und Verfügungsbeschränkungen 108
    3. Vermögensrechtliche Leistungspflichten 111
    4. Treue- und Mitwirkungspflichten 112
    5. Überbindungsklauseln 113
  III. Rechtsnatur und Form 113
    1. Rechtsnatur 113

XIII

		2. Form 115
	IV.	Dauer und Beendigung 115
		1. Dauer 115
		a. Allgemeines 115
		b. Verbreitete Abreden betreffend die Dauer 117
		2. Beendigung 117
		a. Verträge auf bestimmte Dauer 118
		b. Verträge auf unbestimmte Dauer 118
		c. Tod einer Vertragspartei 119
		d. Auflösung der Aktiengesellschaft 120
	V.	Mittel zur Sicherung der Realerfüllung schuldvertraglicher Vereinbarungen 121
	VI.	Funktion/Anwendungsfälle 122
		1. Allgemeines 122
		2. Erwerbsrechte und Verfügungsbeschränkungen 122
		3. Stimmbindungsvereinbarungen 125
		4. Nachfolgeregelungen 126

§ 6. Organisation der Gesellschaft 126

	I.	Generalversammlung 126
		1. Arten und Ort der Durchführung 128
		a. Universalversammlung 128
		b. Multilokale Generalversammlung 129
		c. Einsatz elektronischer Mittel, sog. Online-Generalversammlung und virtuelle Generalversammlung 129
		2. Einberufung der Generalversammlung, Traktandierung und Antragstellung, Auflage von Geschäfts- und Revisionsbericht 131
		a. Einberufung der Generalversammlung 131
		b. Traktandierungsrecht der Aktionäre 133
		c. Antragstellung 134
		d. Geschäfts- und Revisionsbericht 134
		e. Einberufungs-, Traktandierungs- und Antragsrecht nach der Revision des Aktien- und Rechnungslegungsrechts 134
		3. Informationserteilung in der Generalversammlung 135
		4. Exkurs: Informationsbeschaffung durch resp. Informationserteilung an die Aktionäre ausserhalb der Generalversammlung 137
		5. Kompetenzen 141
		a. Gesetzliche Generalversammlungskompetenzen 141
		b. Statutarische Ausweitung der Generalversammlungskompetenzen 141
		c. Konsultative Befragung der Generalversammlung 144

d. Genehmigung durch die Generalversammlung 146
   da. Statutarischer Genehmigungsvorbehalt 146
   db. Interessenkonflikte zwischen Aktiengesellschaft und
       Verwaltungsräten 146
   dc. Fällung und Wirkungen eines
       Genehmigungsentscheids 147
   dd. Vorschlag für eine Revision des Aktien- und
       Rechnungslegungsrechts 148
   de. Fazit 148
e. Kompetenzen im Bereich der Organisation des
   Verwaltungsrates 149
6. Déchargerteilung im Besonderen 150
7. Beschlussfassung 151
   a. Gesetzliche Regelung 151
   b. Arten und Funktionen statutarischer Quoren 152
      ba. Präsenz- und Stimmenquoren 152
      bb. Qualifizierte Mehrheitsquoren und
          Einstimmigkeitsvorschriften 152
      bc. Minderheitsquoren 155
   c. Stichentscheid des Vorsitzenden der Generalversammlung 156
   d. Teilnahmeberechtigung, Stimm- und Wahlrechtsausübung 156
      da. Statutarische Vertretungsbeschränkungen 157
      db. Stimmrechtsbeschränkungen 160
      dc. Gesetzlicher Stimmrechtsausschluss 164
8. Protokollierung der Generalversammlung 165

II. Exkurs: Familien- resp. Gesellschaftsrat und -charta 166
    1. Institutionalisierte oder ad-hoc einberufene,
       gesellschaftsrechtlich informelle, aber durch einen formellen
       Rahmen geregelte Zusammenkünfte 166
    2. Gesellschafts- oder Familiencharta 166
    3. BP-KMU: Eignerstrategie und allenfalls Familienstrategie 167
    4. Leitfaden Familienunternehmen: Familienleitbild,
       Vermögensstrategie, Unternehmensleitbild und
       Unternehmensstrategie 167
    5. Stellungnahme 168

III. Verwaltungsrat 168
     1. Wahl des Verwaltungsrates 168
        a. Wahlorgan 168
        b. Wahlmodus 169
        c. Annahmebedürftigkeit und Eintragung im Handelsregister 171

2. Anforderungen an Verwaltungsratsmitglieder und Zusammensetzung des Verwaltungsrates 171
   a. Wählbarkeitsvoraussetzungen 171
   b. Persönliche Befähigung, Unabhängigkeit und zeitliche Verfügbarkeit 172
   c. Vertretung von Aktionärskategorien und -gruppen 176
   d. Statutarisch vorgesehene Minderheitenvertreter....................... 177
   e. «Externe» Verwaltungsräte 178
3. Exkurs: Fiduziarische Verwaltungsräte 179
4. Besondere Konstellationen 182
   a. Der Verwaltungsrat einer Einpersonen-AG 182
   b. Der Verwaltungsrat in einer Zweipersonen-AG 183
   c. Der Verwaltungsrat in einer Familiengesellschaft oder einer Gesellschaft mit anderweitig verbundenen Aktionären 183
   d. Der Verwaltungsrat einer Konzerntochtergesellschaft 184
5. Grösse des Verwaltungsrates 185
6. Nachfolgeplanung 186
7. Amtsdauer und Beendigung des Verwaltungsratsmandats 187
   a. Amtsdauer 187
   b. Beendigung des Verwaltungsratsmandats 189
      ba. Abberufung eines Verwaltungsratsmitglieds 189
      bb. Rücktritt eines Verwaltungsratsmitglieds 191
   c. Löschung im Handelsregister 192
8. Verwaltungsratssitzungen 193
   a. Einberufung 193
   b. Häufigkeit und Arten 194
   c. Teilnahme 195
   d. Leitung und Durchführung 197
   e. Protokoll 198
9. Beschlussfähigkeit und Beschlussfassung 199
   a. Beschlussfähigkeit 199
   b. Beschlussquoren 200
   c. Zirkulationsbeschluss 202
10. Kompetenzen und Aufgaben des Verwaltungsrates 203
    a. Paritätsprinzip 203
    b. Geschäftsführung 204
    c. Gesamtgeschäftsführung und Delegation 204
    d. Unentziehbare und unübertragbare Aufgaben gemäss Art. 716a Abs. 1 OR 205
       da. Oberleitung der Gesellschaft 206
       db. Ernennung, Abberufung und Überwachung der mit der Geschäftsführung und Vertretung betrauten Personen 206
       dc. Organisationsverantwortung 208
       dd. Finanzverantwortung 209

  de. Erstellung des Geschäftsberichts, Vorbereitung der
    Generalversammlung und Ausführung ihrer
    Beschlüsse 210
  df. Massnahmen im Falle von Unterdeckung und
    Überschuldung 211
  dg. Weitere unübertragbare und unentziehbare
    Kompetenzen 211
 e. Vertretung 211
 f. Pflicht zur Überprüfung der Abgabe der Steuer- und
  Sozialforderungen 213
 g. Jährliches Self- (und allenfalls Geschäftsleitungs-)
  Assessment 215
11. Organisation und Arbeitsweise des Verwaltungsrates 215
 a. Konstituierung 215
 b. Der Verwaltungsratspräsident 216
 c. Der Vizepräsident des Verwaltungsrates 218
 d. Der Sekretär des Verwaltungsrates 219
 e. Ausschüsse, resp. Sonderbeauftragte des Verwaltungsrates 221
  ea. Rechtsgrundlagen und Arten 221
  eb. Prüfungsausschuss oder -sonderbeauftragter 223
  ec. Entschädigungsausschuss oder -sonderbeauftragter ... 224
  ed. Nominierungsausschuss resp. -sonderbeauftragter 226
  ee. Geschäftsführender Ausschuss oder Exekutivausschuss 226
  ef. Vor- und Nachteile der Ausschussbildung resp.
    Sonderbeauftragung 227
 f. Delegation der Geschäftsführung 228
  fa. Übertragbarkeit der Aufgaben und statutarische
    Delegationsnorm 228
  fb. Erlass eines Organisationsreglements und
    Ausgestaltungsmöglichkeiten der Geschäftsleitung 230
  fc. Delegierter des Verwaltungsrates 230
  fd. «Cura in eligendo, instruendo et custodiendo» 231
  fe. Fazit 232
 g. Delegation der Vertretungsmacht 233
 h. Personalunion oder Doppelspitze? 234
  ha. Gesetzliche und regulatorische Grundlagen 234
  hb. Vor- und Nachteile von Personalunion und
    Doppelspitze 235
  hc. Überragende Bedeutung der Persönlichkeit(en) 236
  hd. Fazit 237
 i. Organisationsreglement als formelle Basis 238
  ia. Inhalt, Form und Erlasspflicht 238
  ib. Offenlegung des Organisationsreglements 239

j. Umgang mit Interessenkonflikten..240
ja. Arten und Rechtsgrundlagen..240
jb. Unvereinbarkeitsbestimmungen..242
jc. Offenlegung..243
jd. Einhaltung des Prinzips des «dealing at arm's length»........244
je. Ausstand..245
jf. Genehmigung des Geschäfts durch ein über- oder
nebengeordnetes Organ...247
jg. Bildung von permanenten oder ad-hoc-Ausschüssen..........249
jh. Rücktritt..249
ji. Sachwalter..250
jj. Aktienrechtliche Verantwortlichkeit...250
12. Exkurs: Zusammenfassende bzw. ergänzende Ausführungen
zur Rechtsstellung des einzelnen Verwaltungsratsmitglieds..............251
a. Treue- und Sorgfaltspflicht..251
aa. Inhalt und Dauer der Treuepflicht..251
ab. Rechtsnatur und statutarische, reglementarische oder
vertragliche Konkretisierungen der Treuepflicht................252
ac. Verbot der Konkurrenzierung im Besonderen....................252
ad. Inhalt und Dauer der Sorgfaltspflicht..254
ae. Sorgfaltsmassstab..255
b. Geheimhaltungs- und Schweigepflicht..257
c. Entschädigung der Verwaltungsratsmitglieder..259
ca. Tantieme und Honorar..259
cb. Entschädigungshöhe..260
cc. Festlegung durch die Generalversammlung....................261
cd. Festlegung durch den Verwaltungsrat..263
ce. Transparenz gegenüber den Aktionären..264
cf. Abgangsentschädigung im Besonderen...265
cg. Rückerstattung übersetzter Entschädigungen...........................267

§ 7. Revisionsstelle..267
I. Eingeschränkte und ordentliche Revision, «Opting-up».........................267
II. «Opting-out» und «opting-down»..270
1. Voraussetzungen eines «opting-out» und Beschlussorgan.............270
2. Problematik und mögliche Folgen eines «opting-out».....................271
3. Voraussetzungen und Problematik eines «opting-down»............272
III. Bedeutung der Revision für die Corporate Governance........................272

§ 8. Klagen..273
I. Verantwortlichkeitsklage..273
1. Verantwortliche Personen und Klagevoraussetzungen.....................273

		2. Haftungsbefreiende Wirkung einer Kompetenzdelegation 274
		3. Mehrheit von Ersatzpflichtigen... 275
		4. Wirkungen einer Décharge-Erteilung 275
		5. Bedeutung unter Corporate-Governance-Aspekten 276
		6. Häufigkeit in der Schweiz.. 276
	II.	Klage bei Mängeln in der Organisation 277
		1. Gesetzliche Regelung... 277
		2. Bedeutung unter Corporate-Governance-Aspekten 278
	III.	Rückerstattungsklage 278
		1. De lege lata.. 278
		2. De lege ferenda.. 279
	IV.	Anfechtungsklage 280
		1. Allgemeine Anfechtungsklage.. 280
		a. Klagelegitimation, Anfechtungsgründe und Anfechtungsfrist 280

Inhaltsverzeichnis

		2. Haftungsbefreiende Wirkung einer Kompetenzdelegation 274
		3. Mehrheit von Ersatzpflichtigen... 275
		4. Wirkungen einer Décharge-Erteilung 275
		5. Bedeutung unter Corporate-Governance-Aspekten 276
		6. Häufigkeit in der Schweiz.. 276
	II.	Klage bei Mängeln in der Organisation 277
		1. Gesetzliche Regelung... 277
		2. Bedeutung unter Corporate-Governance-Aspekten 278
	III.	Rückerstattungsklage 278
		1. De lege lata.. 278
		2. De lege ferenda.. 279
	IV.	Anfechtungsklage 280
		1. Allgemeine Anfechtungsklage.. 280
		a. Klagelegitimation, Anfechtungsgründe und Anfechtungsfrist 280
		b. Rechtsschutzinteresse und Prozessrisiken 281
		c. Nichtanfechtbarkeit von Verwaltungsratsbeschlüssen................ 282
		2. Stimmrechtsklage 282
	V.	Nichtigkeitsklage 283
	VI.	Auflösungsklage, Austritts- und Ausschlussrechte 284
		1. Auflösung der Gesellschaft... 284
		a. Eintritt eines gesetzlichen oder statutarischen Auflösungsgrundes, Generalversammlungsbeschluss oder Auflösungsklage aus wichtigem Grund 284
		b. Interessenabwägung bei Vorliegen eines wichtigen Grundes und Anwendungsfälle.. 285
		c. Statutarische Änderung des Klagequorums und Einführung weiterer Auflösungsgründe... 285
		d. Bedeutung der Auflösungsklage in privaten Gesellschaften im Besonderen.. 286
		2. Andere sachgemässe, den Beteiligten zumutbare Lösung 287
		3. Zulässigkeit einer «Kündigung» eines Aktionärs als statutarischer Auflösungsgrund?... 288
	VII.	Exkurs: Zulässigkeit statutarischer Austritts- und Ausschlussgründe?.. 289
		1. Statutarisches Austrittsrecht 289
		2. Statutarisches Ausschlussrecht 290
	VIII.	Exkurs: Vertragliche Austritts- und Ausschlussrechte........................... 291

Schlussbetrachtungen.. 293

XIX

Literaturverzeichnis

Autor	Titel
APPENZELLER	APPENZELLER Hansjürg, Stimmbindungsabsprachen in Kapitalgesellschaften, Diss. Zürich 1996 = SSHW 173
BÄRTSCHI	BÄRTSCHI Harald, Verantwortlichkeit im Aktienrecht, Diss. Zürich 2001 = SSHW 210
BAUEN/BERNET	BAUEN Marc/BERNET Robert, Schweizer Aktiengesellschaft, Zürich 2007
BAUEN/VENTURI	BAUEN Marc/VENTURI Silvio, Der Verwaltungsrat, Zürich 2007
BAUMANN	BAUMANN Maja R., Die Familienholding, Diss. Zürich 2005 = SSHW 244
BAZZANI	BAZZANI Claudio, Vertragliche Schadloshaltung weisungsgebundener Verwaltungsratsmitglieder, Diss. Luzern 2001 = LBR 15
BERLE/MEANS	BERLE Adolf A./MEANS Gardiner C., The Modern Corporation and Private Property, New Brunswick und London 2003 (Nachdruck der Originalausgabe von 1932)
BERTSCHINGER Corporate Governance	BERTSCHINGER Urs, Zuständigkeit der Generalversammlung der Aktiengesellschaft – ein unterschätzter Aspekt der Corporate Governance, in: SCHWEIZER Rainer J./BURKERT Herbert/GASSER Urs (Hrsg.), Festschrift für Jean Nicolas Druey zum 65. Geburtstag, Zürich 2002, S. 309 ff.
BERTSCHINGER Arbeitsteilung	BERTSCHINGER Urs, Arbeitsteilung und aktienrechtliche Verantwortlichkeit, Zürich 1999
BERTSCHINGER Generalversammlung	BERTSCHINGER Urs, Ausgewählte Fragen zur Einberufung, Traktandierung und Zuständigkeit der Generalversammlung, AJP 10 (2001) S. 901 ff.
BERTSCHINGER Weisungen	BERTSCHINGER Urs, Aktienrechtliche Verantwortlichkeit: Weisungen des Alleinaktionärs an die Verwaltungsräte schliessen Anspruch der Gesellschaft aus, SZW 72 (2000) S. 197 ff.
BETTSCHART	BETTSCHART Sébastien, L'Assemblée générale et les actionnaires, in: SZW (80) 2008, S. 147 ff.
BEYELER	BEYELER Karin, Konzernleitung im Schweizerischen Privatrecht, Diss. Zürich 2004 = SSHW 234

BIANCHI	BIANCHI François, Die Traktandenliste der Generalversammlung der Aktiengesellschaft, Diss. Zürich 1982
BK-BUCHER	BUCHER Eugen, Berner Kommentar zum Schweizerischen Privatrecht, Band I, Einleitung und Personenrecht, 2. Abteilung Die natürlichen Personen, 2. Teilband Kommentar zu Art. 27 ZGB, Bern 1993
BK-MEIER-HAYOZ	MEIER-HAYOZ Arthur, Berner Kommentar zum Schweizerischen Privatrecht, Band IV, Sachenrecht, 1. Abteilung Das Eigentum, 3. Teilband Grundeigentum II, Art. 680–701 ZGB, Bern 1975
BLANC/ZIHLER	BLANC Olivier/ZIHLER Florian, Revision des Aktien- und Rechnungslegungsrechts – Stand der parlamentarischen Beratung, in: Anwaltsrevue 14 (2011) S. 407 ff.
BLOCH	BLOCH Olivier, Les conventions d'actionnaires et le droit de la société anonyme, Diss. Lausanne 2006
BÖCKLI Aktienrecht	BÖCKLI Peter, Schweizer Aktienrecht, 4. Aufl. Zürich 2009
BÖCKLI Revisionsstelle und Abschlussprüfung	BÖCKLI Peter, Revisionsstelle und Abschlussprüfung nach neuem Recht, Zürich/Basel/Genf 2007 = SnA 24
BÖCKLI Aktienrecht (3. Aufl.)	BÖCKLI Peter, Schweizer Aktienrecht, 3. Aufl. Zürich 2004
BÖCKLI Corporate Governance	BÖCKLI Peter, Corporate Governance und «Swiss Code of Best Practice», in: VON DER CRONE Hans Caspar/WEBER Rolf H./ZÄCH Roger/ZOBL Dieter (Hrsg.), Neuere Tendenzen im Gesellschaftsrecht – Festschrift für Peter Forstmoser zum 60. Geburtstag, Zürich/Basel/Genf 2003, S. 257 ff.
BÖCKLI Harte Stellen	BÖCKLI Peter, Harte Stellen im Soft Law, ST 76 (2002) S. 1 ff.
BÖCKLI Revisionsfelder	BÖCKLI Peter, Revisionsfelder im Aktienrecht und Corporate Governance, ZBJV 138 (2002) S. 709 ff.
BÖCKLI Schnellstrassen	BÖCKLI Peter, Corporate Governance auf Schnellstrassen und Holzwegen, ST 74 (2000) S. 133 ff.
BÖCKLI Aktionärbindungsverträge	BÖCKLI Peter, Aktionärbindungsverträge mit eingebauten Vorkaufs- oder Kaufsrechten und Übernahmepflichten, in: Rechtsfragen um die Aktionärbindungsverträge, Zürich 1998 = SnA 13, S. 35 ff.
BÖCKLI Aktienstimmrecht	BÖCKLI Peter, Das Aktienstimmrecht und seine Ausübung durch Stellvertreter, Diss. Basel 1961 = BStR 61

BÖCKLI/HUGUENIN/DESSEMONTET	BÖCKLI Peter/HUGUENIN Claire/DESSEMONTET François, Expertenbericht der Arbeitsgruppe «Corporate Governance» zur Teilrevision des Aktienrechts, Zürich 2004 = SnA 21
BOHRER	BOHRER Andreas, Corporate Governance – eine Standortbestimmung, ST 79 (2005) S. 1005 ff.
BÖSIGER	BÖSIGER Markus, Bedeutung und Grenzen des Aktionärbindungsvertrages bei personenbezogenen Aktiengesellschaften, REPRAX 5 (2003) S. 1 ff.
BSK FusG-BEARBEITER/IN	WATTER Rolf/VOGT Nedim Peter/TSCHÄNI Rudolf/DÄNIKER Daniel (Hrsg.), Basler Kommentar zum Fusionsgesetz, Basel/Genf/München 2005
BSK OR I-BEARBEITER/IN	HONSELL Heinrich/VOGT Nedim Peter/WATTER Rolf (Hrsg.), Basler Kommentar zum Schweizerischen Privatrecht, Obligationenrecht I, 5. Aufl. Basel/Genf/München 2011
BSK OR II-BEARBEITER/IN	HONSELL Heinrich/VOGT Nedim Peter/WATTER Rolf (Hrsg.), Basler Kommentar zum Schweizerischen Privatrecht, Obligationenrecht II, 4. Aufl. Basel 2012
BSK OR II-BEARBEITER/IN (2. Aufl.)	HONSELL Heinrich/VOGT Nedim Peter/WATTER Rolf (Hrsg.), Basler Kommentar zum Schweizerischen Privatrecht, Obligationenrecht II, 2. Aufl. Basel 2002
BSK ZGB I-BEARBEITER/IN	HONSELL Heinrich/VOGT Nedim Peter/WATTER Rolf (Hrsg.), Basler Kommentar zum Schweizerischen Privatrecht, Zivilgesetzbuch I, Art. 1–456 ZGB, 4. Aufl. Basel/Genf/München 2010
BSK ZGB II-BEARBEITER/IN	HONSELL Heinrich/VOGT Nedim Peter/WATTER Rolf (Hrsg.), Basler Kommentar zum Schweizerischen Privatrecht, Zivilgesetzbuch II, Art. 457–977 ZGB, 4. Aufl. Basel/Genf/München 2011
BÜHLER C. Volksinitiative	BÜHLER Christoph B., Volksinitiative «gegen die Abzockerei» und Gegenentwürfe, in: WATTER Rolf (Hrsg.), Die «grosse» Schweizer Aktienrechtsrevision – Eine Standortbestimmung per Ende 2010, Zürich/St. Gallen 2010 = SSHW 300, S. 247 ff.
BÜHLER C. Family Business	BÜHLER Christoph B., «Family Business Governance», AJP 15 (2006) S. 217 ff.
BÜHLER C. Regulierung	BÜHLER Christoph B., Regulierung im Bereich der Corporate Governance, Habil. Zürich 2009
BÜHLER S.	BÜHLER Simon, Corporate Governance in Schweizer Familienunternehmen, ST 86 (2012) S. 162 ff.

Literaturverzeichnis

VON BÜREN	VON BÜREN Roland, Der Konzern, Rechtliche Aspekte eines wirtschaftlichen Phänomens, SPR Bd. VIII/6 (Basel 1997) S. 1 ff.
VON BÜREN/HINTZ	VON BÜREN Roland/HINTZ Monika, Die Aktiengesellschaft als Partei eines Aktionärbindungsvertrages?, ZBJV 136 (2000) S. 802 ff.
BÜRGI	BÜRGI Ruedi, Möglichkeiten des statutarischen Minderheitenschutzes in der personalistischen AG, Diss. Bern 1987 = SSHW 104
BURKHALTER	BURKHALTER Thomas, Zur KMU-Relevanz des Swiss Code of Best Practice, in: Jusletter vom 15. Dezember 2003
BUSCH-VON MOOS Delegierter	BUSCH-VON MOOS Irene, Die Übertragung der Geschäftsführung auf den Delegierten des Verwaltungsrates, in: SCHLUEP Walter R./ISLER Peter (Hrsg.), Neues zum Gesellschafts- und Wirtschaftsrecht, Festschrift zum 50. Geburtstag von Peter Forstmoser, Zürich 1993, S. 69 ff.
BUSCH-VON MOOS Organisationsreglement	BUSCH-VON MOOS Irene, Das Organisationsreglement des Verwaltungsrates, Diss. Zürich 1996
CAFLISCH	CAFLISCH Silvio, Die Bedeutung und die Grenzen der rechtlichen Selbständigkeit der abhängigen Gesellschaft im Recht der Aktiengesellschaft, Diss. Zürich 1961
CASUTT	CASUTT Andreas, Die Sonderprüfung im künftigen schweizerischen Aktienrecht, Diss. Zürich 1991 = SSHW 136
CHK-BEARBEITER/IN	AMSTUTZ Marc/BREITSCHMID Peter/FURRER Andreas/GIRSBERGER Daniel/HUGUENIN Claire/MÜLLER-CHEN Markus/ROBERTO Vito/RUMO-JUNGO Alexandra/SCHNYDER Anton K. (Hrsg.), Handkommentar zum Schweizerischen Privatrecht, Zürich/Basel/Genf 2007
CLOPATH	CLOPATH Gion, Wie können Pattsituationen bei Zweimanngesellschaften behoben werden?, SJZ 86 (1993) S. 157 ff.
VON DER CRONE Internet-Generalversammlung	VON DER CRONE Hans Capar, Die Internet-Generalversammlung, in: VON DER CRONE Hans Caspar/WEBER Rolf H./ZÄCH Roger/ZOBL Dieter (Hrsg.), Neuere Tendenzen im Gesellschaftsrecht – Festschrift für Peter Forstmoser zum 60. Geburtstag, Zürich/Basel/Genf 2003, S. 155 ff.

VON DER CRONE Arbeitsteilung	VON DER CRONE Hans Caspar, Arbeitsteilung im Verwaltungsrat, in: BAER Charlotte M. (Hrsg.), Verwaltungsrat und Geschäftsleitung, Bern/Stuttgart/Wien 2006, S. 79 ff.
VON DER CRONE Verantwortlichkeit	VON DER CRONE Hans Caspar, Verantwortlichkeit, Anreize und Reputation in der Corporate Governance der Publikumsgesellschaft, ZSR 119 (2000) II S. 238 ff.
VON DER CRONE Recht der Publikumsgesellschaften	VON DER CRONE Hans Caspar, Recht der Publikumsgesellschaft, ZBJV 133 (1997) S. 73 ff.
VON DER CRONE Interessenkonflikte	VON DER CRONE Hans Caspar, Interessenkonflikte im Aktienrecht, SZW 66 (1994) S. 1 ff.
VON DER CRONE Pattsituationen	VON DER CRONE Hans Caspar, Lösung von Pattsituationen bei Zweimann-Aktiengesellschaften, SJZ 89 (1993) S. 37 ff.
VON DER CRONE/ CARBONARA/MAROLDA MARTÍNEZ	VON DER CRONE Hans Caspar/CARBONARA Antonio/ MAROLDA MARTÍNEZ Larissa, Corporate Governance und Führungsorganisation in der Aktiengesellschaft, SJZ 100 (2004) S. 405 ff.
VON DER CRONE/ REISER/PLAKSEN	VON DER CRONE Hans Caspar/REISER Nina/PLAKSEN Evgeny, Stimmrechtsaktien: Eine juristische und ökonomische Analyse, SZW 82 (2010) S. 93 ff.
DEMARMELS	DEMARMELS Marc, Die Genuss- und Partizipationsscheine nach dem Entwurf für ein neues Aktienrecht, Diss. Zürich 1985
DOMENICONI/ VON DER CRONE	DOMENICONI Alex/VON DER CRONE Caspar, Verantwortlichkeit des Verwaltungsrates bei der Delegation der Geschäftsführung, Entscheid des Schweizerischen Bundesgerichts 4A_501/2007 vom 22. Februar 2008, SZW 80 (2008) S. 512 ff.
DORSCHEID	DORSCHEID Peter, Austritt und Ausschluss eines Gesellschafters aus der personalisitischen Kapitalgesellschaft, Diss. Genf 1984 = SSHW 73
dossierpolitik	Zwischenbericht zur Corporate Governance, Gute Umsetzung des «Swiss Code of Best Practice», dossierpolitik der economiesuisse, 5. Jg. Nr. 41/1 vom 8. November 2004, S. 1 ff.
DRUEY Interessenkonflikte	DRUEY Jean Nicolas, Interessenkonflikte, in: BAER Charlotte M. (Hrsg.), Verwaltungsrat und Geschäftsleitung, Bern/Stuttgart/Wien 2006, S. 59 ff.
DRUEY Stimmbindung	DRUEY Jean Nicolas, Stimmbindung in der Generalversammlung, in: Rechtsfragen um die Aktionärbindungsverträge, Zürich 1998 = SnA 13, S. 7 ff.

Literaturverzeichnis

DRUEY/VOGEL	DRUEY Jean Nicolas/VOGEL Alexander, Das schweizerische Konzernrecht in der Praxis der Gerichte, Zürich 1999
DUBS D.	DUBS Dieter, Das Traktandierungsbegehren im Aktienrecht, Zürich 2007
DUBS R.	DUBS Rolf, Verwaltungsrats-Sitzungen Grundlagen und Sitzungstechnik, Bern/Stuttgart/Wien 2006
DÜRR	DÜRR Roger, Die Rückerstattungsklage nach Art. 678 Abs. 2 OR im System der unrechtmässigen Vermögensverlagerungen, Diss. Zürich 2005 = SSHW 245
EICHENBERGER	EICHENBERGER Stefan, Entschädigungsausschüsse im Schweizer Aktienrecht, Diss. Zürich 2011 = SSHW 304
FACINCANI/MAUERHOFER	FACINCANI Nicolas/MAUERHOFER Mark, Verantwortlichkeit des Verwaltungsrats bei unbefugter Delegation der Geschäftsführung, Besprechung der Urteile 4A_501/2007 und 4A_503/2007 des schweizerischen Bundesgerichts vom 22. Februar 2008, GesKR 3 (2008) S. 267 ff.
FISCHER	FISCHER Damian, Änderungen im Vertragsparteienbestand von Aktionärbindungsverträgen, Diss. Zürich 2009 = SSHW 281
FORSTMOSER Say-on-Pay	FORSTMOSER Peter, «Say-on-Pay»: Die Volksinitiative «gegen die Abzockerei» und der Gegenvorschlag des Parlaments, SJZ 108 (2012) S. 337 ff.
FORSTMOSER Vertreter	FORSTMOSER Peter, «Vertreter» im Verwaltungsrat und ihr Recht auf Weitergabe von Information, in: HEINEMANN Andreas/HILTY Reto M./NOBEL Peter/SETHE Rolf/ZÄCH Roger (Hrsg.), Kommunikation, Festschrift für Rolf H. Weber zum 60. Geburtstag, Bern 2011, S. 35 ff.
FORSTMOSER Organisation II	FORSTMOSER Peter, Organisation und Organisationsreglement der Aktiengesellschaft, Zürich 2011
FORSTMOSER Aktienrechtsreform	FORSTMOSER Peter, Die «grosse» Aktienrechtsreform – Übersicht und Gesamtwürdigung, in: WATTER Rolf (Hrsg.), Die «grosse» Schweizer Aktienrechtsrevision – Eine Standortbestimmung per Ende 2010, Zürich/St. Gallen 2010 = SSHW 300, S. 1 ff.
FORSTMOSER Aktionärsdemokratie	FORSTMOSER Peter, Stärkung der Aktionärsdemokratie, in: NZZ vom 29. Juli 2010, S. 26
FORSTMOSER Entschädigung	FORSTMOSER Peter, Die Entschädigung der Mitglieder von Verwaltungsrat und Topmanagement, in: TRIGO TRINDADE Rita/PETER Henry/BOVET Christian (Edit.), Liber Amicorum Anne Petitpierre-Sauvain, Genf/Zürich/Basel 2009, S. 145 ff.

FORSTMOSER Profit	FORSTMOSER Peter, Profit – das Mass aller Dinge?, in: ZÄCH Roger/BREINING-KAUFMMANN Christine/BREITSCHMID Peter/ERNST Wolfgang/OBERHAMMER Paul/PORTMANN Wolfgang/THIER Andreas (Hrsg.), Individuum und Gesellschaft, Festgabe zum Schweizerischen Juristentag 2006, Zürich 2006, S. 55 ff.
FORSTMOSER Corporate Governance KMU	FORSTMOSER Peter, Corporate Governance – eine Aufgabe auch für KMU?, in: VON DER CRONE Hans Caspar/FORSTMOSER Peter/WEBER Rolf H./ZÄCH Roger (Hrsg.), Aktuelle Fragen des Bank- und Finanzmarktrechts, Festschrift für Dieter Zobl zum 60. Geburtstag, Zürich 2004, S. 476 ff.
FORSTMOSER Schnittstelle	FORSTMOSER Peter, Aktionärbindungsverträge an der Schnittstelle zwischen Vertragsrecht und Körperschaftsrecht, in: HONSELL Heinrich/PORTMANN Wolfgang/ZÄCH Roger/ZOBL Dieter (Hrsg.), Festschrift für Heinz Rey zum 60. Geburtstag, Zürich 2003, S. 375 ff.
FORSTMOSER Corporate Governance Schweiz	FORSTMOSER Peter, Corporate Governance in der Schweiz – besser als ihr Ruf, in: FORSTMOSER Peter/VON DER CRONE Hans Caspar/WEBER Rolf H./ZOBL Dieter (Hrsg.), Corporate Governance, Symposium zum 80. Geburtstag von Arthur Meier-Hayoz, Zürich 2002, S. 15 ff.
FORSTMOSER Interessenkonflikte	FORSTMOSER Peter, Interessenkonflikte von Verwaltungsratsmitgliedern, in: VOGT Nedim Peter/ZOBL Dieter, Der Allgemeine Teil und das Ganze, Liber Amicorum für Hermann Schulin, Basel 2002, S. 9 ff.
FORSTMOSER Den Letzten	FORSTMOSER Peter, Den Letzten beissen die Hunde, in: ACKERMANN Jürg-Beat/DONATSCH Andreas/REHBERG Jörg (Hrsg.), Wirtschaft und Strafrecht, Festschrift für Niklaus Schmid zum 65. Geburtstag, Zürich 2001, S. 483 ff.
FORSTMOSER Haftung Konzern	FORSTMOSER Peter, Haftung im Konzern, in: BAER Charlotte M. (Hrsg.), Vom Gesellschafts- zum Konzernrecht, Bern 2000 = SSPHW 59, S. 89 ff.
FORSTMOSER Vinkulierung	FORSTMOSER Peter, Die Vinkulierung: ein Mittel zur Sicherstellung der Unterwerfung unter Aktionärbindungsverträge?, in: VON BÜREN Roland (Hrsg.), Aktienrecht 1992–1997: Versuch einer Bilanz, Zum 70. Geburtstag von Rolf Bär, Bern 1998, S. 89 ff.
FORSTMOSER Informations- und Meinungsäusserungsrechte	FORSTMOSER Peter, Informations- und Meinungsäusserungsrechte des Aktionärs, in: Rechtsfragen um die Generalversammlung, Zürich 1997 = SnA 11

FORSTMOSER Eingriffe	FORSTMOSER Peter, Eingriffe der Generalversammlung in den Kompetenzbereich des Verwaltungsrates, SZW 66 (1994) S. 169 ff.
FORSTMOSER Organisation I	FORSTMOSER Peter, Organisation und Organisationsreglement nach neuem Aktienrecht, Zürich 1992 = SnA 2
FORSTMOSER Aktionärbindungsverträge	FORSTMOSER Peter, Aktionärbindungsverträge, in: FORSTMOSER Peter/TERCIER Pierre/ZÄCH Roger (Hrsg.), Innominatverträge, Festgabe zum 60. Geburtstag von Walter R. Schluep, Zürich 1988, 359 ff.
FORSTMOSER Verantwortlichkeit	FORSTMOSER Peter, Die aktienrechtliche Verantwortlichkeit, 2. Aufl. Zürich 1987
FORSTMOSER/ HOSTETTLER/VOGT	FORSTMOSER Peter/HOSTETTLER Stephan/VOGT Hans-Ueli, Aktionärsausschüsse als mögliche Neuerung in der AG, in: NZZ vom 27. Januar 2011, S. 31
FORSTMOSER /MEIER-HAYOZ/NOBEL	FORSTMOSER Peter/MEIER-HAYOZ Arthur/NOBEL Peter, Schweizerisches Aktienrecht, Bern 1996
FORSTMOSER/PEYER	FORSTMOSER Peter/PEYER Patrik R., Die Einwirkung der Gesellschafterversammlung auf geschäftsführende Entscheide in der GmbH, SJZ 103 (2007) S. 397 ff.
FREY/HALTER/ZELLWEGER	FREY Urs/HALTER Frank/ZELLWEGER Thomas (Hrsg.), Bedeutung und Struktur von Familienunternehmen in der Schweiz, Schweizerisches Institut für Klein- und Mittelunternehmen an der Universität St. Gallen (KMU-HSG), St. Gallen 2004 (<http://www.alexandria.unisg.ch/Publikationen/1518>) (besucht am 28. April 2012)
GABRIELLI	GABRIELLI Fabrizio, Das Verhältnis des Rechts auf Auskunftserteilung zum Recht auf Einleitung einer Sonderprüfung, Diss. Basel 1997 = SSHW 182
GAUCH/SCHLUEP/SCHMID/ REY	GAUCH Peter/SCHLUEP Walter R./SCHMID Jörg/REY Heinz (Hrsg.), Schweizerisches Obligationenrecht, Allgemeiner Teil, 2 Bände, 8. Aufl. Zürich 2003
GERSTER	GERSTER Max W., Stimmrechtsaktien, Zürich 1997 = SSHW 183
GIGER	GIGER Gion, Corporate Governance als neues Element im schweizerischen Aktienrecht, Diss. Zürich 2003 = SSHW 224
GLATTFELDER	GLATTFELDER Hans, Die Aktionärbindungs-Verträge, ZSR 78 (1959) II S.141a ff.
GLANZMANN Aktienrechtsrevision	GLANZMANN Lukas, Die grosse Aktienrechtsrevision, ST 80 (2008) S. 665 ff.

GLANZMANN Proporzwahlverfahren	GLANZMANN Lukas, Das Proporzwahlverfahren (cumulative voting) als Instrument der Corporate Governance, in: SCHWEIZER Rainer J./BURKERT Herbert/GASSER Urs (Hrsg.), Festschrift für Jean Nicolas Druey zum 65. Geburtstag, Zürich 2002, 401 ff.
GLANZMANN Verantwortlichkeitsklage	GLANZMANN Lukas, Die Verantwortlichkeitsklage unter Corporate-Governance-Aspekten, ZSR 119 (2000) II S. 135 ff.
GRONER	GRONER Roger, Private Equity-Recht, Bern 2007
GWELESSIANI	GWELESSIANI Michael, Praxiskommentar zur Handelsregisterverordnung, Zürich 2008
HABEGGER	HABEGGER Philipp, Die Auflösung der Aktiengesellschaft aus wichtigen Gründen, Diss. Zürich 1996 = ASR 588
HABERSAAT/ SCHÖNENBERGER/WEBER	HABERSAAT Margrit/SCHÖNENBERGER Alain/WEBER Walter, Die KMU in der Schweiz und in Europa, <www.kmunext.ch/kmu/Dienste/Publikationen/main/0110/text_de_files/file/Habersaat.pdf> (besucht am 28. April 2012)
HABLÜTZEL	HABLÜTZEL Oliver, Verschuldensbeurteilung bei der Haftung der Arbeitgeberorgane für nicht bezahlte Sozialversicherungsbeiträge, GesKR 3 (2008) S. 271 ff.
HALLER	HALLER Max, Organhaftung und Versicherung, Diss. Zürich 2008 = SSHW 270
HANDSCHIN KMU-Konzern	HANDSCHIN Lukas, Der KMU-Konzern – Grundlagen und Besonderheiten, GesKR 3 (2008) S. 314
HANDSCHIN Treuepflicht	HANDSCHIN Lukas, Treuepflicht des Verwaltungsrates bei der gesellschaftsinternen Entscheidfindung, in: VON DER CRONE Hans Caspar/WEBER Rolf H./ZÄCH Roger/ZOBL Dieter (Hrsg.), Neuere Tendenzen im Gesellschaftsrecht – Festschrift für Peter Forstmoser zum 60. Geburtstag, Zürich/Basel/Genf 2003, S. 169 ff.
HANDSCHIN Konzern	HANDSCHIN Lukas, Der Konzern im geltenden schweizerischen Privatrecht, Zürich 1994
HANDSCHIN Auflösung	HANDSCHIN Lukas, Auflösung der Aktiengesellschaft aus wichtigem Grund und andere sachgemässe Lösungen, SZW 65 (1993) S. 43 ff.
HAUSER/HAUSER/MOSER	HAUSER Christian/HAUSER Heinz/MOSER Peter, Wie wichtig sind börsenkotierte Schweizer Aktiengesellschaften für die Schweiz, Die Volkswirtschaft 10 (2010) S. 51 ff.
HÄUSERMANN	HÄUSERMANN Daniel M., Auf dem Weg zur Aktionärsdemokratie?, in: Jusletter vom 19. März 2012

HAYMANN	HAYMANN Eric, Aktienübernahmevereinbarungen zwischen Mehrheits- und Minderheitsaktionären, Diss. Zürich 1973 = SSHW 2
HENSCH/STAUB	HENSCH Angela/STAUB Leo, Aktionärbindungsvertrag als Instrument der Nachfolgeregelung in Familiengesellschaften von zentraler Bedeutung für die Kontinuität, ST 74 (2002) S. 1173 ff.
HERZOG	HERZOG Peter, Die Unternehmung in der Erbteilung – einige ausgewählte Fragen aus der Praxis, in: DRUEY Jean Nicolas/BREITSCHMID Peter (Hrsg.), Praktische Probleme der Erbteilung, Bern/Stuttgart/Wien 1997 = SSPHW 46
HIRSCH/PETER	HIRSCH Alain/PETER Henry, Une meilleure garantie de l'exécution des conventions d'actionnaires: La propriété commune, SAG 56 (1984) S. 1 ff.
HOFSTETTER	HOFSTETTER Karl, Corporate Governance im Konzern, in: VON DER CRONE Hans Caspar/WEBER Rolf H./ZÄCH Roger/ZOBL Dieter (Hrsg.), Neuere Tendenzen im Gesellschaftsrecht – Festschrift für Peter Forstmoser zum 60. Geburtstag, Zürich/Basel/Genf 2003, S. 301 ff.
HÖHN	HÖHN Jakob, Andere sachgemässe und den Beteiligten zumutbare Lösungen im Sinne von Art. 736 Ziff. 4 OR, in: SCHLUEP Walter R./ISLER Peter (Hrsg.), Neues zum Gesellschafts- und Wirtschaftsrecht, Festschrift zum 50. Geburtstag von Peter Forstmoser, Zürich 1993, S. 472 ff.
HORBER Konsultativabstimmung	HORBER Felix, Die Konsultativabstimmung in der Generalversammlung der Aktiengesellschaft, SJZ 101 (2005) S. 101 ff.
HORBER Sonderversammlung	HORBER Felix, Die Sonderversammlung im Aktienrecht, Zürich 1995 = SnA 9
HORBER Informationsrechte	HORBER Felix, Die Informationsrechte des Aktionärs, Zürich 1995
HORBER Kompetenzdelegation	HORBER Felix, Die Kompetenzdelegation beim Verwaltungsrat der AG und ihre Auswirkungen auf die aktienrechtliche Verantwortlichkeit, Diss. Zürich 1986 = SSHW 84
HUGUENIN Gleichbehandlungsprinzip	HUGUENIN JACOBS Claire, Das Gleichbehandlungsprinzip im Aktienrecht, Habil. Zürich 1994

HUGUENIN Insichgeschäfte	HUGUENIN Claire, Insichgeschäfte im Aktienrecht, in: KRAMER Ernst A./NOBEL Peter/WALDBURGER Robert (Hrsg.), Festschrift für Peter Böckli, Zürich 2006, S. 521 ff.
HÜNERWADEL	HÜNERWADEL Andreas, Die gesellschaftsrechtlichen Pflichten des Hauptaktionärs beim Kontrollverkauf einer privaten Aktiengesellschaft, Diss. Zürich 1995 = SSHW 162
HUNGERBÜHLER	HUNGERBÜHLER Ivo W., Der Verwaltungsratspräsident, Diss. Zürich 2003 = SSHW 219.
ISLER M.	ISLER Martina Elisabeth, Konsultativabstimmung und Genehmigungsvorbehalt zugunsten der Generalversammlung unter besonderer Berücksichtigung von Entschädigungsfragen, Diss. Zürich 2010 = SSHW 297
ISLER P. Sorgfalt und Haftung	ISLER Peter, Sorgfalt und Haftung des Verwaltungsrates, in: WEBER Rolf H. (Hrsg.), Verantwortlichkeit im Unternehmensrecht, Zürich 2003, S. 1 ff.
ISLER P. Übernahmeverschulden	ISLER Peter, Das Übernahmeverschulden des Verwaltungsrates, in: WEBER Rolf H. (Hrsg.), Verantwortlichkeit im Unternehmensrecht III, Zürich 2006, S. 1 ff.
KÄCH	KÄCH Simon, Die Rechtsstellung des Vertreters einer juristischen Person im Verwaltungsrat der Aktiengesellschaft, Diss. Zürich 2002
KÄGI	KÄGI Urs, Revision des Kapitalherabsetzungsrechts, GesKR Online-Beitrag 3 (2008) S. 1 ff.
KAMMERER	KAMMERER Adrian W., Die unübertragbaren und unentziehbaren Kompetenzen des Verwaltungsrates, Diss. Zürich 1997 = SSHW 180
KELLER	KELLER Susanne, Verantwortlichkeit des Verwaltungsrates – Bedeutung und Entwicklung von zivilrechtlichen Verantwortlichkeitsklagen gegen Verwaltungsräte, in: Jusletter vom 24. Oktober 2011
KISSLING	KISSLING Mischa, Der Mehrfachverwaltungsrat, Diss. Zürich 2006 = SSHW 250
KLÄY	KLÄY Hanspeter, Die Vinkulierung, Diss. Basel 1997
KUMMER	KUMMER Andreas, Organisationsreglement in der Aktiengesellschaft, ST 78 (2006) S. 916 ff.
KUNZ P. Statuten	KUNZ Peter V., Statuten – Grundbaustein der Aktiengesellschaft, in: WATTER Rolf (Hrsg.), Die «grosse» Schweizer Aktienrechtsrevision – Eine Standortbestimmung per Ende 2010, Zürich/St. Gallen 2010 = SSHW 300, S. 55 ff.

Literaturverzeichnis

KUNZ P. Corporate Governance	KUNZ Peter V., Corporate Governance – Tendenz von der Selbstregulierung zur Regulierung, in: KRAMER Ernst A./ NOBEL Peter/WALDBURGER Robert (Hrsg.), Festschrift für Peter Böckli zum 70. Geburtstag, Zürich 2006, S. 472 ff.
KUNZ P. Minderheitenschutz	KUNZ Peter V., Der Minderheitenschutz im schweizerischen Aktienrecht, Habil. Bern 2001
KUNZ P. Ein- und Zweipersonen-Aktiengesellschaften	KUNZ Peter V., Ein- und Zweipersonen-Aktiengesellschaften in der Schweiz, ST 69 (1997) S. 65 ff.
KUNZ R.	KUNZ Rudolf, Annahmeverantwortung von Mitgliedern des Verwaltungsrats, Diss. St. Gallen 2003
KUZMIC	KUZMIC Kristina, Haftung aus «Konzernvertrauen», Die Aussenhaftung des Konzerns im Schweizerischen Privatrecht, Diss. Zürich 1998 = SSHW 187
KRATZ	KRATZ Brigitta, Die genossenschaftliche Aktiengesellschaft, Möglichkeiten und Grenzen einer atypischen Ausgestaltung der Aktiengesellschaft, Diss. Zürich 1996 = SSHW 166
KRNETA	KRNETA Georg, Praxiskommentar Verwaltungsrat, Art. 707–726, 754 OR und Spezialgesetze, Ein Handbuch für Verwaltungsräte, 2. Aufl. Bern 2005
LAMBERT	LAMBERT Claude, Die Durchführung einer Generalversammlung an zwei verschiedenen Tagungsorten, in: REPRAX 2 (2000) S. 36 ff.
LANG	LANG Theodor, Die Durchsetzung des Aktionärbindungsvertrages, Diss. Basel 2002 = SSHW 221
LANGHART	LANGHART Albrecht, Rahmengesetz und Selbstregulierung, Diss. Zürich 1993 = SSHW 153
LAZOPOULOS Massnahmen	LAZOPOULOS Michael, Massnahmen zur Bewältigung von Interessenkonflikten im Verwaltungsrat, AJP 15 (2006) S. 139 ff.
LAZOPOULOS Interessenkonflikte	LAZOPOULOS Michael, Interessenkonflikte und Verantwortlichkeit des fiduziarischen Verwaltungsrates, Diss. Zürich 2004 = SSHW 237
LEYSINGER	LEYSINGER Michael, Unternehmens-Bewertung und Steuern für KMU, 8. Aufl., Solothurn 2010
LIPS-RAUBER	LIPS-RAUBER Christina, Die Rechtsbeziehung zwischen dem beauftragten fiduziarischen Verwaltungsrat und dem Fiduzianten, Diss. Zürich 2005 = SSHW 241
LUTZ	LUTZ Peter, Vinkulierte Namenaktien, Diss. Zürich 1988 = SSHW 110

LYK	LYK Reto A., Die Mitarbeiteraktie im neuen Aktienrecht, ST 58 (1986) S. 94 ff.
MARTIN	MARTIN Françoise, Sociétés anonymes de famille – Structure, maintien et optimisation de la détention du capital, Diss. Lausanne 2009 = RJL 41, 2. Aufl. 2013 (zit. nach 1. Aufl.)
MAROLDA MARTINEZ	MAROLDA MARTINEZ Larissa, Information der Aktionäre nach Schweizerischem Aktien- und Kapitalmarktrecht, Diss. Zürich 2006 = SSHW 248
MEYER C.	MEYER Conrad, Umsetzung der Corporate-Governance-Richtlinie, ST 78 (2006) S. 132 ff.
MEYER N.	MEYER Norwin, Die Einmann- und die Zweimann-Aktiengesellschaft in der Praxis, SAG 43 (1971) S. 241 ff.
MEYER PH.	MEYER Philippe, Der unabhängige Stimmrechtsvertreter im schweizerischen Aktienrecht, Diss. Basel 2006 = SSHW 259
MEIER-HAYOZ/FORSTMOSER	MEIER-HAYOZ Arthur/FORSTMOSER Peter, Schweizerisches Gesellschaftsrecht, 10. Aufl. Bern 2007
MEIER-SCHATZ	MEIER-SCHATZ Christian J., Statutarische Vorkaufsrechte unter neuem Aktienrecht, SZW 64 (1992) S. 224 ff.
MEYER/STAUB	MEYER Conrad/STAUB Peter, Umsetzung der Corporate-Governance-Richtlinie, ST 77 (2005) S. 27 ff.
MENGIARDI	MENGIARDI Peider, Statutarische Auflösungsgründe im Recht der AG (Artikel 736 Ziff. 1), in: BEOMLE Max/GEIGER Willi/PEDRAZZINI Mario M./SCHLUEP Walter R. (Hrsg.): Lebendiges Aktienrecht: Festgabe zum 70. Geburtstag von Wolfhart Friedrich Bürgi, Zürich 1971, S. 265 ff.
VON MOOS Familienunternehmen	VON MOOS André, Familienunternehmen erfolgreich führen, Corporate Governance als Herausforderung, Zürich 2003
VON MOOS Besonderheiten	VON MOOS André, Besonderheiten der Familiengesellschaft, ST 73 (1999) S. 109 ff.
MÜLLER M.-T.	MÜLLER Marie-Therese, Unübertragbare und unentziehbare Verwaltungsratskompetenzen und deren Delegation an die Generalversammlung, AJP 1 (1992) S. 784 ff.
MÜLLER R. VR-Sitzung	MÜLLER Roland, VR-Sitzung: Vorbereitung, Einberufung, Durchführung, Beschlussfassung, Protokollierung, SJZ 107 (2011) S. 45 ff.

MÜLLER R. Protokollführung	MÜLLER Roland, Protokollführung und Protokollauswertung bei Sitzungen und Versammlungen, Zürich/ St. Gallen 2009
MÜLLER R. Corporate Governance	MÜLLER Roland, Corporate Governance und KMU, 27. November 2001, <http://www.advocat.ch/files/Corporate_Governance_KMU_Referat.pdf> (besucht am 28. April 2012)
MÜLLER/KÖNIG	MÜLLER Roland/KÖNIG Patrick, Gmbh und AG in der Schweiz, in Deutschland und Österreich – Gesellschaftsrecht, Corporate Governance und Statistik, Zürich/ St. Gallen 2011
MÜLLER/LIPP/PLÜSS	MÜLLER Roland/LIPP Lorenz/PLÜSS Adrian, Der Verwaltungsrat, 3. Aufl. Zürich 2007
NÄGELI	NÄGELI Eduard, Die Doppelgesellschaft als rechtliche Organisationsform der Kartelle, Konzerne und anderen Unternehmenszusammenschlüssen nach schweizerischem und deutschem Recht, Diss. Zürich 1935
NIKITINE	NIKITINE Alexander, Die aktienrechtliche Organverantwortlichkeit nach Art. 754 Abs. 1 OR als Folge unternehmerischer Fehlentscheide, Diss. Zürich 2007 = SSHW 266
NOBEL Compensation	NOBEL Peter, Board und Management Compensation, Zürich 2007 = SnA 23
NOBEL Finanzmarktrecht	NOBEL Peter, Schweizerisches Finanzmarktrecht, 2. Aufl. Bern 2004
NOBEL Corporate Governance	NOBEL Peter, Corporate Governance und Aktienrecht, in: VON DER CRONE Hans Caspar/WEBER Rolf H./ZÄCH Roger/ZOBL Dieter (Hrsg.), Festschrift für Peter Forstmoser zum 60. Geburtstag, Zürich 2003, S. 325 ff.
NOBEL Börsengesellschaftsrecht	NOBEL Peter, Börsengesellschaftsrecht?, in: VON BÜREN Roland (Hrsg.), Aktienrecht 1992 – 1997: Versuch einer Bilanz, Festschrift für Rolf Bär zum 70. Geburtstag, Bern 1998, S. 301 ff.
NUSSBAUMER/VON DER CRONE	NUSSBAUMER Annemarie/VON DER CRONE Hans Caspar, Verhältnis zwischen gesellschafts- und schuldrechtlicher Verpflichtung, SZW 76 (2004) S. 138 ff.
PATAK	PATAK Sascha Daniel, Die virtuelle Generalversammlung im schweizerischen Aktienrecht, Diss. Luzern 2005 = SSHW 239
PATRY	PATRY Robert, Les accords sur l'exercice des droits de l'actionnaire, ZSR 78 (1959) II S. 1a ff.

PELLI	PELLI Fulvio, Der Grundsatz der schonenden Rechtsausübung als Schranke der Ermessensfreiheit der Generalversammlung einer Aktiengesellschaft, Diss. Zürich 1978
PETER	PETER Henry, Les bons de participation sous l'empire du nouveau droit de la société anonyme, in AJP 1(1992) S. 752 ff.
PEYER H.-K.	PEYER Hans-Konrad, Die Zweimann-Aktiengesellschaft, Diss. Zürich 1963 = ASR 352
PEYER P.	PEYER Patrik R., Das «vernünftige» Verwaltungsratsmitglied oder der objektivierte Fahrlässigkeitsbegriff in der aktienrechtlichen Verantwortlichkeit, in: ZINDEL Gaudenz G./PEYER Patrik R./SCHOTT Bertrand (Hrsg.), Wirtschaftsrecht in Bewegung, Festgabe zum 65. Geburtstag von Peter Forstmoser, Zürich 2008, S. 85 ff.
PFIFFNER	PFIFFNER Daniel Ch., Revisionsstelle und Corporate Governance, Diss. Zürich 2008 = SSHW 275
PICENONI	PICENONI Vito, Rechtsformen konzernmässiger Abhängigkeit, SJZ 51 (1955) S. 321 f.
PLÜSS	PLÜSS Adrian, Die Rechtsstellung des Verwaltungsratsmitglieds, Diss. Zürich 1990 = SSHW 130
PÖSCHEL	PÖSCHEL Ines, Generalversammlung und Internet: Versuch einer Ent-Täuschung, in: WATTER Rolf (Hrsg.), Die «grosse» Schweizer Aktienrechtsrevision – Eine Standortbestimmung per Ende 2010, Zürich/St. Gallen 2010 = SSHW 300, S. 23 ff.
PREMAND	PREMAND Viviane, Les societes de famille dans les formes de la société anonyme et à responsabilité limitée, Diss. Fribourg 2010 = AISUF 295
RECORDON	RECORDON Pierre-Alain, Les premiers pas de l'article 731b CO, SZW 82 (2010) S. 1 ff.
ROTH PELLANDA	ROTH PELLANDA Katja, Organisation des Verwaltungsrates: Zusammensetzung, Arbeitsteilung, Information und Verantwortlichkeit, Diss. Zürich 2007 = SSHW 268
RÖTHLISBERGER	RÖTHLISBERGER Alain P., Die Abschaffung der Stimmrechtsaktien, Zürich 2000 = SSHW 202
RÜTTIMANN	RÜTTIMANN Felix Matthias, Rechtsmissbrauch im Aktienrecht, Diss. Zürich 1994
SANWALD	SANWALD Reto, Austritt und Ausschluss aus AG und GmbH, Diss. Zürich 2008 = SSHW 280

VON SALIS Stimm- und Vertretungsrecht	VON SALIS Ulysses, Die Gestaltung des Stimm- und Vertretungsrechts im schweizerischen Aktienrecht, Diss. Zürich 1996 = SSHW 174
VON SALIS Stimmkraft	VON SALIS Ulysses, Beschränkung der Stimmkraft der Aktionäre durch Höchststimmklauseln, in: SCHLUEP Walter R./ISLER Peter (Hrsg.), Neues zum Gesellschafts- und Wirtschaftsrecht, Festschrift zum 50. Geburtstag von Peter Forstmoser, Zürich 1993, S. 171 ff.
SALZGEBER-DÜRIG	SALZGEBER-DÜRIG Erika, Das Vorkaufsrecht und verwandte Rechte an Aktien, Diss. Zürich 1970 = ZBR 345
SCHIWOW/VOGT/WIEDMER	SCHIWOW Emanuel/VOGT Hans-Ueli/WIEDMER Karin, Die Aktienrechtsrevision unter Corporate-Governance-Aspekten – Bestandesaufnahme, einige Auslegungsversuche und ein paar wichtige Anliegen vor der Erstberatung im Nationalrat, in: AJP 18 (2009) S. 1359 ff.
SCHMITT	SCHMITT Petra, Das Verhältnis zwischen Generalversammlung und Verwaltung in der Aktiengesellschaft, Diss. Basel 1991 = SSHW 137
SCHNYDER Corporate Governance	SCHNYDER Anton K., Corporate Governance und Internationales Wirtschaftsrecht, in: KRAMER Ernst A./NOBEL Peter/WALDBURGER Robert (Hrsg.), Festschrift für Peter Böckli zum 70. Geburtstag, Zürich 2006, S. 565 ff.
SCHNYDER Verantwortlichkeitsansprüche	SCHNYDER Anton K., Verantwortlichkeitsansprüche gegen Leitungsorgane einer AG – und deren Versicherbarkeit, in: HONSELL Heinrich/PORTMANN Wolfgang/ZÄCH Roger/ ZOBL Dieter (Hrsg.), Festschrift für Heinz Rey zum 60. Geburtstag, Zürich 2003, S. 319 ff.
SCHÖNLE	SCHÖNLE Herbert, Die Einmann- und Strohmanngesellschaft unter besonderer Berücksichtigung der Fiducia, Diss. Freiburg i.Ü. 1957
SCHOTT A.	SCHOTT Ansgar, Insichgeschäft und Interessenkonflikt, Diss. Zürich 2002 = ZStP 178
SCHOTT B.	SCHOTT Bertrand G., Aktienrechtliche Anfechtbarkeit und Nichtigkeit von Generalversammlungsbeschlüssen wegen Verfahrensmängeln, Diss. Zürich 2009 = SSHW 285
SCHWARZ	SCHWARZ Jürg, Ein Corporate-Governance-Konzept auch für KMU?, ST 77 (2003) 487 ff.
SETHE	SETHE Rolf, Verantwortlichkeitsrecht, in: WATTER Rolf (Hrsg.), Die «grosse» Schweizer Aktienrechtsrevision – Eine Standortbestimmung per Ende 2010, Zürich/ St. Gallen 2010 = SSHW 300, S. 299 ff.

SIBBERN	SIBBERN Eric, Einfluss der Generalversammlung auf die Geschäftsführung, in: Vertrauen – Vertrag – Verantwortung, Festschrift für Hans Caspar von der Crone zum 50. Geburtstag, Zürich 2007, S. 229 ff.
SÖDING	SÖDING Judith Verena, Private Equity Minority Investments, Diss. St. Gallen 2011 = SSHW 306
SOMMER	SOMMER Christa, Die Treuepflicht des Verwaltungsrats gemäss Art. 717 Abs. 1 OR, Diss. Zürich 2010 = SSHW 298
STAUB	STAUB Peter, Corporate Governance Reporting, Diss. Zürich 2005 = BIRC 23
VON STEIGER	VON STEIGER Fritz, Zur Frage der rechtlichen Stellung des «abhängigen» Verwaltungsrats, SAG 1954/55, S. 33 ff. und 113 ff.
STUDER	STUDER Christoph D., Die Einberufung der Generalversammlung der Aktiengesellschaft, Diss. Zürich 1995
TANNER Quoren	TANNER Brigitte, Quoren für die Beschlussfassung in der Aktiengesellschaft, Diss. Zürich 1987 = SSHW 100
TANNER GV ohne Tagungsort	TANNER Brigitte, Generalversammlung ohne Tagungsort?, in: ZINDEL Gaudenz G./PEYER Patrik R./SCHOTT Bertrand (Hrsg.), Wirtschaftsrecht in Bewegung, Festgabe zum 65. Geburtstag von Peter Forstmoser, Zürich 2008, S. 165 ff.
TSCHÄNI	TSCHÄNI Rudolf, Vinkulierung nicht börsenkotierter Aktien, Zürich 1997 = SnA 3
TISSOT	TISSOT Nathalie, Exclusion du droit de vote selon l'article 695 alinéa 1 aCO/Ausschliessung vom Stimmrecht gemäss Art. 695 Abs. 1 aOR, SZW 65 (1993) S. 295 ff.
VOGEL	VOGEL Hans-Albrecht, Die Familien-Kapital-Gesellschaften, Diss. Zürich 1974 = SSHW 4
VOGT	VOGT Hans-Ueli, Fusion und Umwandlung nach neuem FusG, ZBGR 85 (2004) S. 142 ff.
WATTER Neuerungen	WATTER Rolf, Neuerungen im Bereich des Verwaltungsrates, in: WATTER Rolf (Hrsg.), Die «grosse» Schweizer Aktienrechtsrevision – Eine Standortbestimmung per Ende 2010, Zürich/St. Gallen 2010 = SSHW 300, S. 285 ff.

Literaturverzeichnis

WATTER Verwaltungs-ratsausschüsse	WATTER Rolf, Verwaltungsratsausschüsse und Delegierbarkeit von Aufgaben, in: VON DER CRONE Hans Caspar/ WEBER Rolf H./ZÄCH Roger/ZOBL Dieter (Hrsg.), Neuere Tendenzen im Gesellschaftsrecht, Festschrift für Peter Forstmoser zum 60. Geburtstag, Zürich/Basel/Genf 2003, S. 183 ff.
WATTER Treuhand	WATTER Rolf, Die Treuhand im Schweizer Recht, ZSR 114 (1995) II S. 179 ff.
WATTER/ROTH PELLANDA	WATTER Rolf/ROTH PELLANDA Katja, Die «richtige» Zusammensetzung des Verwaltungsrates, in: WEBER Rolf H. (Hrsg.), Verantwortlichkeit im Unternehmensrecht III, Zürich 2006, S. 47 ff.
WATTER/DUBS	WATTER Rolf/DUBS Dieter, Der Déchargebeschluss, AJP 10 (2001) S. 908 ff.
WEBER R. Informationsrechte	WEBER Rolf H., Informationsrechte des Aktionärs, in: WATTER Rolf (Hrsg.), Die «grosse» Schweizer Aktienrechtsrevision – Eine Standortbestimmung per Ende 2010, Zürich/St. Gallen 2010 = SSHW 300, S. 207 ff.
WEBER R. Selbstregulierung	WEBER Rolf H., Bedeutung, Möglichkeiten und Grenzen der Selbstregulierung, in: Empfehlungen zur Rechnungslegung und zur Revision, Schriftenreihe der Schweizerischen Treuhand- und Revisionskammer Bd. 75, Zürich 1987
WEBER M.	WEBER Martin, Vertretung im Verwaltungsrat, Diss. Zürich 1994 = SSHW 155
WENNINGER	WENNINGER Renate Melanie, Die aktienrechtliche Schweigepflicht, Diss. Zürich 1983 = SSHW 70
WOHLMANN	WOHLMANN Herbert, Die Treuepflicht des Aktionärs, Diss. Zürich 1968 = ZBR 286
ZÄCH/SCHLEIFFER	ZÄCH Roger/SCHLEIFFER Patrick, Statutarische qualifizierte Quoren, SZW 76 (1992) S. 263 ff.
ZINDEL	ZINDEL Gaudenz G., Aktionäre ohne Stimmrecht und stimmrechtslose Aktionäre, in: SCHLUEP Walter R./ISLER Peter (Hrsg.), Neues zum Gesellschafts- und Wirtschaftsrecht, Festschrift zum 50. Geburtstag von Peter Forstmoser, Zürich 1993, S. 199 ff.
ZINDEL/HONEGGER/ ISLER/BENZ	ZINDEL Gaudenz G./HONEGGER Peter C./ISLER Peter R./ BENZ Ulrich, Statuten der Aktiengesellschaft, 2. Aufl. Zürich 1997 = SnA 1

ZK-Bürgi	Bürgi Wolfhart F., Kommentar zum Schweizerischen Zivilgesetzbuch, Das Obligationenrecht, 5. Teil Die Aktiengesellschaft, Teilband V 5b/2, Art. 698–738 OR, Zürich 1969
ZK-Homburger	Homburger Eric, Kommentar zum Schweizerischen Zivilgesetzbuch, Obligationenrecht, 5. Teil Die Aktiengesellschaft, Teilband V 5b, Der Verwaltungsrat, Art. 707–26 OR, Zürich 1997
ZK-Tanner	Tanner Brigitte, Kommentar zum Schweizerischen Zivilgesetzbuch, Obligationenrecht, 5. Teil Die Aktiengesellschaft, Teilband V 5b, Die Generalversammlung, Art. 698–706b OR, Zürich 2003
ZK-von Steiger	von Steiger Werner, Zürcher Kommentar zum Schweizerischen Zivilgesetzbuch, Band V/5c, Art. 772–827, Die Gesellschaft mit beschränkter Haftung, Zürich 1965
ZK Fusg-Bearbeiter/in	Vischer Frank (Hrsg.), Zürcher Kommentar zum Fusionsgesetz, Zürich 2004
Zobl Einblicknahme	Zobl Dieter, Zur Frage der Einblicknahme in das Aktienbuch, SZW 76 (1992) S. 49 ff.
Zobl Governance	Zobl Dieter, Was ist Corporate Governance?, in: Forstmoser Peter/von der Crone Hans Caspar/Weber Rolf H./Zobl Dieter (Hrsg.), Corporate Governance, Symposium zum 80. Geburtstag von Arthur Meier-Hayoz, Zürich 2002, S. 15 ff.
Zweifel	Zweifel Martin, Holdinggesellschaft und Konzern, Diss. Zürich 1973 = SSHW 1

Materialienverzeichnis

Zitierweise	Quelle
Basel II	Basler Ausschuss für Bankenaufsicht, Internationale Konvergenz der Eigenkapitalmessung und der Eigenkapitalanforderungen, Überarbeitete Rahmenvereinbarung, Juni 2004, <http://www.bis.org/publ/bcbs107ger.pdf?noframes=1> (besucht am 28. April 2012)
Bericht Bundesrat	Unternehmensbewertung im Erbrecht, Bericht des Bundesrates vom 1. April 2009, <http://www.ejpd.admin.ch/content/dam/data/pressemitteilung/2009/2009-04-01/ber-br-d.pdf> (besucht am 28. April 2012)
Bericht HOFSTETTER	HOFSTETTER KARL, Corporate Governance in der Schweiz, Bericht im Zusammenhang mit den Arbeiten der Expertengruppe «Corporate Governance», 1. Juli 2002, <http://www.six-exchange-regulation.com/download/admission/being_public/governance/cg_ch_de.pdf> (besucht am 28. April 2012)
Bericht RK-S	Parlamentarische Initiative, Indirekter Gegenentwurf zur Volksinitiative «gegen die Abzockerei», Bericht der Kommission für Rechtsfragen des Ständerates vom 25. Oktober 2010, BBl 2010 S. 8253 ff.
Begleitbericht VE OR 2005	Begleitbericht zum Vorentwurf zur Revision des Aktien- und Rechnungslegungsrechts im Obligationenrecht vom 2. Dezember 2005, <http://www.bj.admin.ch/content/dam/data/wirtschaft/gesetzgebung/aktienrechtsrevision/vn-ber-d.pdf> (besucht am 28. April 2012)
Begleitbericht HRegV	Begleitbericht zur Totalrevision der Handelsregisterverordnung (HRegV), Vernehmlassungsentwurf vom 28. März 2007, <http://www.admin.ch/ch/d/gg/pc/documents/1399/Bericht.pdf> (besucht am 28. April 2012)
Botschaft Aktienrecht	Botschaft des Bundesrates zur Revision des Aktienrechts vom 23. Februar 1983, BBl 1983 II S. 745 ff. (zitiert «Botschaft Aktienrecht» nach dem Sonderdruck)
Botschaft FusG	Botschaft zum Bundesgesetz über Fusion, Spaltung, Umwandlung und Vermögensübertragung (Fusionsgesetz, FusG) vom 13. Juni 2000, BBl 2000 S. 4337 ff.
Botschaft Obligationenrecht	Botschaft zur Revision des Obligationenrechts (GmbH-Recht sowie Anpassungen im Aktien-, Genossenschafts-, Handelsregister- und Firmenrecht) vom 19. Dezember 2001, BBl 2002 S. 3148 ff.

Materialverzeichnis

Botschaft OR/RAG 2004	Botschaft zur Änderung des Obligationenrechts (Revisionspflicht im Gesellschaftsrecht) sowie zum Bundesgesetz über die Zulassung und Beaufsichtigung der Revisorinnen und Revisoren vom 23. Juni 2004, BBl 2004 S. 3969 ff.
Botschaft Transparenz	Botschaft zur Änderung des Obligationenrechts (Transparenz betreffend Vergütungen an Mitglieder des Verwaltungsrates und der Geschäftsleitung) vom 23. Juni 2004, BBl 2004 S. 4471 ff.
Botschaft Aktien-/ Rechnungslegungsrecht	Botschaft zur Änderung des Obligationenrechts (Aktienrecht und Rechnungslegungsrecht sowie Anpassungen im Recht der Kollektiv- und der Kommanditgesellschaft, im GmbH-Recht, Genossenschafts-, Handelsregister- sowie Firmenrecht) vom 21. Dezember 2007, BBl 2008 S. 1589 ff.
BP-KMU	Best Practice im KMU, Empfehlungen zur Führung und Aufsicht von kleinen und mittleren Unternehmen, IFPM-HSG Center for Corporate Governance der Universität St. Gallen (Hrsg.), St. Gallen 2009, <www.kmu.admin.ch/publikationen/#sprungmarke0_66> (besucht am 28. April 2012)
Corporate-Governance-Studie IRC	Studie zur praktischen Umsetzung der Corporate Governance-Richtlinie des Instituts für Rechnungslegung und Controlling der Universität Zürich (MEYER Conrad) im Auftrag der SWX Swiss Exchange vom 1. Dezember 2003, <www.six-exchange-regulation.com/download/admission/being_public/governance/cg_study_de.pdf> (besucht am 28. April 2012)
EBK-JB Jahrzahl	Jahresbericht der Eidgenössischen Bankenkommission
EBK RS 06/6	Rundschreiben der Eidg. Bankenkommission: Überwachung und interne Kontrolle vom 27. September 2006, <http://www.finma.ch/archiv/ebk/d/regulier/rundsch/2006/rs_0606_d.pdf>, (besucht am 28. April 2012)
Jusletter	<http://jusletter.weblaw.ch/_574?current=1&lang=de> (besucht am 28. April 2012)
Leitfaden Familienunternehmen	Familie: Unternehmen: Umfeld – Governance für Familienunternehmen: Wie man das gesunde Wachstum der Familienwerte steuert, FOPP Leonhard (CONTINUUM AG)/PRAGER Tis (PRAGER DREIFUSS)/VEREINIGUNG DER PRIVATEN AKTIENGESELLSCHAFTEN (Hrsg.), Bern 2006, <http://www.ecgi.org/codes/documents/swisscode_family_firms_de.pdf> (besucht am 28. April 2012)
Mitteilung	Mitteilung der Zulassungsstelle Nr. 4/2006 vom 28. Juli 2006 <http://www.six-exchange-regulation.com/download/admission/regulation/notices/2006/notice_200604_de.pdf> (besucht am 28. April 2012)

RLCG 2009	Richtlinie betreffend Informationen zur Corporate Governance (Corporate-Governance-Richtlinie) vom 29. Oktober 2008, in Kraft seit 1. Juli 2009, <http://www.six-exchange-regulation.com/down load/regulation/archive/issuers/until_2009_06_30/swx_guideline_ 20070101-1_de.pdf> (besucht am 28. April 2012)
RLCG 2002	Richtlinie betreffend Informationen zur Corporate Governance (Corporate-Governance-Richtlinie) vom 17. April 2002, in Kraft seit 1. Juli 2002, revidiert per 1. Januar 2007, <http://www.six-exchange-regulation.com/download/regulation/archive/issuers/until _2009_06_30/swx_guideline_20070101-1_de.pdf> (besucht am 28. April 2012)
SCBP	Swiss Code of Best Practice for Corporate Governance, erarbeitet unter dem Patronat der economiesuisse (Hrsg.), vom 25. März 2002, <http://www.six-exchange-regulation.com/download/admis sion/being_public/governance/scbp_de.pdf> (besucht am 28. April 2012)
SCBP Anhang 1	Anhang 1 zum Swiss Code of Best Practice for Corporate Governance – Empfehlungen zu den Entschädigungen von Verwaltungsrat und Geschäftsleitung, mit Erläuterungen, vom 6. September 2007, <http://www.sivg.ch/data/Dokuthek/Swiss_Code_Anhang_1 _Entschaedigungen_d.PDF> (besucht am 28. April 2012)
Stellungnahme BR	Parlamentarische Initiative, Indirekter Gegenentwurf zur Volksinitiative «gegen die Abzockerei», Zusatzbericht vom 22. November 2010 der Kommission für Rechtsfragen des Ständerates, Stellungnahme des Bundesrates vom 3. Dezember 2010, BBl 2010 S. 243 ff.
VE OR 2005	Vorentwurf zur Revision des Aktien- und Rechnungslegungsrechts im Obligationenrecht, <http://www.bj.admin.ch/content/dam/data/ wirtschaft/gesetzgebung/aktienrechtsrevision/entw-d.pdf> (besucht am 28. April 2012)
Volksinitiative «Minder»	Eidgenössische Volksinitiative «gegen die Abzockerei», eingereicht am 5. Oktober 2006, vorgeprüft am 17. Oktober 2006 (BBl 2006 S. 8755 ff.), zustande gekommen am 26. Februar 2008 (BBl 2008 S. 2577 ff.)
Zusatzbericht RK-S	Parlamentarische Initiative, Indirekter Gegenentwurf zur Volksinitiative «gegen die Abzockerei», Zusatzbericht der Kommission für Rechtsfragen des Ständerates vom 22. November 2010, BBl 2010 S. 209 ff.
Zusatzbotschaft Aktien-/ Rechnungslegungsrecht	Botschaft zur Volksinitiative «gegen die Abzockerei» und zur Änderung des Obligationenrechts (Aktienrecht) vom 5. Dezember 2008, BBl 2009 S. 299 ff.

Abkürzungsverzeichnis

Abkürzung	Bedeutung
a.A.	anderer Ansicht
a.a.O.	am angegebenen Ort
a.E.	am Ende
Abs.	Absatz
ABV	Aktionärbindungsvertrag
AG	Aktiengesellschaft(en)
AHVG	Bundesgesetz über die Alters- und Hinterlassenenversicherung (AHVG) vom 20. Dezember 1946 (SR 831.10)
AmtlBull. NR/SR	Amtliches Bulletin des Nationalrates/Ständerates
aOR	altes OR
aZGB	altes ZGB
Aufl.	Auflage
Arbeitsgruppe «CG»	Arbeitsgruppe «Corporate Governance» bestehend aus Peter BÖCKLI (Vorsitz), Claire HUGUENIN, und François DESSEMONTET
Arbeitsausschuss «SCBP»	Arbeitsausschuss «Swiss Code of Best Practice» bestehend aus Peter BÖCKLI, Karl HOFSTETTER, Thomas HODLER, Richard T. MEIER, Christian STIEFEL sowie zeitweise Herbert BUFF und Thomas PLETSCHER
Art.	Artikel
ASR	Abhandlungen zum schweizerischen Recht, Bern 1904 ff., Neue Folge Bern 1924 ff.
AVO	Verordnung vom 9. November 2005 über die Beaufsichtigung von privaten Versicherungsunternehmen (Aufsichtsverordnung, AVO) (SR 961.011)
BankG	Bundesgesetz vom 8. November 1934 über die Banken und Sparkassen (Bankengesetz, BankG) (SR 952.0)
BankV	Verordnung vom 17. Mai 1972 über die Banken und Sparkassen (Bankenverordnung, BankV) (SR 952.02)
BBL	Bundesblatt
BEG	Bundesgesetz über Bucheffekten (Bucheffektengesetz, BEG) vom 3. Oktober 2008 (SR 957.1)

Abkürzungsverzeichnis

BEHG	Bundesgesetz über die Börsen und den Effektenhandel (Börsengesetz, BEHG) vom 24. März 1995 (SR 954.11)
Bd.	Band
BGE	Bundesgerichtsentscheid
BR	Bundesrat
bspw.	beispielsweise
BIRC	Beiträge des Instituts für Rechnungswesen und Controlling der Universität Zürich
bzw.	beziehungsweise
CG	Corporate Governance
CHF	Schweizer Franken
DBG	Bundesgesetz vom 14. Dezember 1990 über die direkte Bundessteuer (DBG) (SR 641.11)
ders.	derselbe
d.h.	das heisst
dies.	dieselbe
D&O-Versicherung	Directors-and-Officers-Versicherung (Organ- oder Manager-Haftpflichtversicherung)
E	Entwurf
EBK	Eidgenössische Bankenkommission (heute FINMA)
Edit.	Editeurs
EJPD	Eidgenössisches Justiz- und Polizeidepartement
Erw.	Erwägung
economiesuisse	economiesuisse Dachverband der Schweizer Unternehmen
E OR 2004	Entwurf zur Änderung des Obligationenrechts (GmbH-Recht sowie Anpassungen im Aktien-, Genossenschafts-, Handelsregister- und Firmenrecht) (OR), BBl 2004 4117 ff.
E RAG	Entwurf zum Bundesgesetz über die Zulassung und die Beaufsichtigung der Revisorinnen und Revisoren (Revisionsaufsichtsgesetz, RAG), BBl 2004 4139 ff.
E OR 2007	Entwurf zur Änderung des Obligationenrechts (Aktienrecht und Rechnungslegungsrecht sowie Anpassungen im Recht der Kollektiv- und der Kommanditgesellschaft, im GmbH-Recht, Genossenschafts-, Handelsregister- sowie Firmenrecht), BBl 2008 S. 1751

E OR 2008	Ergänzungsentwurf zum Entwurf zur Änderung des Obligationenrechts (Aktienrecht und Rechnungslegungsrecht sowie Anpassungen im Recht der Kollektiv- und der Kommanditgesellschaft, im GmbH-Recht, Genossenschafts-, Handelsregister- sowie Firmenrecht), BBl 2009 S. 343 ff.
E OR 2011	Obligationenrecht (Rechnungslegungsrecht) Änderungen vom 23. Dezember 2011, BBl 2012 S. 63
E-Parl OR	Indirekter Gegenvorschlag zur Volkinitiative «Minder», Vorlage der Redaktionskommission für die Schlussabstimmung, Obligationenrecht (Vergütungen bei börsenkotierten Gesellschaften sowie weitere Änderungen im Aktienrecht), Änderung vom 16. März 2012, <http://www.parlament.ch/sites/doc/CuriaFolgeseite/2010/20100443/Schlussabstimmungstext%201%20NS%20D.pdf>, (besucht am 3. April 2012)
Expertenbericht Teilrevision Aktienrecht «CG»	Expertenbericht der Arbeitsgruppe «Corporate Governance» (Peter BÖCKLI, Claire HUGUENIN, François DESSEMONTET) zur Teilrevision des Aktienrechts vom 30. September 2003
f./ff.	und folgende Seite/Seiten
FINMA	Eidgenössische Finanzmarktaufsicht FINMA (vormals EBK)
Fn.	Fussnote(n)
FusG	Bundesgesetz über Fusion, Spaltung, Umwandlung und Vermögensübertragung (Fusionsgesetz, FusG) vom 3. Oktober 2003 (SR 221.301)
FS	Festschrift
GesKR	Schweizerische Zeitschrift für Gesellschafts- und Kapitalmarktrecht sowie Umstrukturierungen, Zürich 2006 ff.
gl.A.	gleicher Ansicht
GmbH	Gesellschaft(en) mit beschränkter Haftung
HRegV	Handelsregisterverordnung (HRegV) vom 17. Dezember 2007 (SR 221.411)
Hrsg.	Herausgeber
IFRS	International Financial Reporting Standards, erarbeitet vom International Accounting Standards Board (IASB), London
i. d. R.	in der Regel
insbes.	insbesondere
IRC	Institut für Rechnungswesen und Controlling der Universität Zürich
i.V.m.	in Verbindung mit
lit.	litera (Buchstabe)

Abkürzungsverzeichnis

KMU	kleine und mittlere Unternehmen
KR SIX	Kotierungsreglement der Schweizer Börse SIX Swiss Exchange vom 23. April 2009, in Kraft seit 1. Juli 2009, teilrevidiert am 26. April 2010, in Kraft seit 1. Mai 2010, <http://www.six-exchange-regulation.com/admission_manual/03_01-LR_de.pdf> (besucht am 15. November 2012)
KR SWX	Kotierungsreglement der Schweizer Börse SWX Swiss Exchange vom 24. Januar 1996, <http://www.six-exchange-regulation.com/download/regulation/archive/issuers/until_2009_06_30/lr_2009_01_01_de.pdf> (besucht am 15. November 2012)
LBR	Luzerner Beiträge zur Rechtswissenschaft, Luzern
m.a.V.	mangels anderer Vereinbarung
m.E.	meines Erachtens
Mio.	Million(en)
m.w.H.	mit weiterem/n Hinweis(en)
m.V.a.	mit Verweisung auf
MWStG	Bundesgesetz vom 12. Juni 2009 über die Mehrwertsteuer (Mehrwertsteuergesetz, MWSTG) (SR 641.20)
NZZ	Neue Zürcher Zeitung, Zürich
OR	Bundesgesetz betreffend die Ergänzung des Schweizerischen Zivilgesetzbuches, Fünfter Teil: Obligationenrecht vom 30. März 1911 (SR 220)
Pra	Die Praxis des Bundesgerichtes, Basel (1912 ff.)
publ.	publiziert
RAG	Bundesgesetz über die Zulassung und Beaufsichtigung der Revisorinnen und Revisoren (Revisionsaufsichtsgesetz, RAG) vom 16. Dezember 2005 (SR 221.302)
RK-S	Rechtskommission des Ständerates
Rz.	Randziffer
S.	Seite
Schl.Best. OR 1991	VIII. Schlussbestimmungen des Bundesgesetzes über die Revision des Aktienrechts, in Kraft seit 1. Juli 1992 (AS 1992 S. 733)
Seco	Staatssekretariat für Wirtschaft
SemJud	La Semaine Judiciare, Genf 1879 ff.
SHAB	Schweizerisches Handelsamtsblatt, Bern
SIX	SIX Swiss Exchange AG, Zürich (vormals SWX)
SJ	La Semaine Judiciaire, Genf

SJZ	Schweizerische Juristenzeitung, Zürich 1904 ff.
SSHW	Schweizer Schriften zum Handels- und Wirtschaftsrecht, Zürich
SSPHW	St. Galler Studien zum Privat-, Handels- und Wirtschaftsrecht, Bern/Stuttgart/Wien
StG ZH	Steuergesetz (StG) vom 8. Juni 1997 (LS 631.1)
SnA	Schriften zum neuen Aktienrecht, Zürich
Swiss GAAP FER	Fachempfehlungen zur Rechnungslegung, erarbeitet von der Fachkommission für Empfehlungen zur Rechnungslegung und hrsg. von der Stiftung für Empfehlungen zur Rechnungslegung, Zürich
SWX	SWX Swiss Exchange AG, Zürich (heute SIX)
SPR	Schweizerisches Privatrecht, Basel/Frankfurt am Main (1969 ff.)
SR	Systematische Sammlung des Bundesrechts, Bern 1970 ff.
SZW	Schweizerische Zeitschrift für Wirtschaftsrecht, Zürich 1990 ff. (bis 1989: SAG)
TStG	Bundesgesetz über die Tabakbesteuerung (Tabaksteuergesetz, TStG) vom 21. März 1969 (SR 641.31)
u.ä.	und ähnliches
u.U.	unter Umständen
u.w.m.	und weitere(s) mehr
VPAG	Vereinigung der privaten Aktiengesellschaften, Basel
VStG	Bundesgesetz vom 13. Oktober 1965 über die Verrechnungssteuer (VStG) (SR 641.21)
ZBGR	Schweizerische Zeitschrift für Beurkundungs- und Grundbuchrecht, Wädenswil (1920 ff.)
ZGB	Schweizerisches Zivilgesetzbuch vom 10. Dezember 1907 (SR 210)
Ziff.	Ziffer
ZPO	Schweizerische Zivilprozessordnung (Zivilprozessordnung, ZPO) vom 19. Dezember 2008 (SR 272)
ZStP	Zürcher Studien zum Privatrecht

Vorbemerkungen

In den vergangenen Jahren sind unzählige juristische Publikationen zu Themen der Corporate Governance erschienen, welche sich – abgesehen von einigen kürzeren Abhandlungen und zwei Monographien in französischer Sprache – jedoch im Wesentlichen mit kotierten Gesellschaften befassen. Gegenstand der vorliegenden Arbeit sind vornehmlich kleinere und mittlere, nicht kotierte Aktiengesellschaften, welche sich in ihren Bedürfnissen und ihrer Ausgestaltung wesentlich von kotierten Gesellschaften unterscheiden. Entsprechend anders sind die unter Corporate-Governance-Gesichtspunkten relevanten Fragestellungen, und diese wiederum sind aufgrund der vielfältigen Erscheinungsformen privater Aktiengesellschaften untereinander sehr unterschiedlich. Im Folgenden sollen daher unterschiedliche Ausgestaltungsmöglichkeiten und zweckmässige Verhaltensmuster von/in nicht kotierten Gesellschaften aufgezeigt werden.

Private Aktiengesellschaften, insbesondere Familien-Aktiengesellschaften, unterstehen nicht nur den (dispositiven oder zwingenden) Normen des Gesellschaftsrechts, sondern sie sind auch mannigfaltig geprägt durch Bestimmungen des Vertragsrechts sowie unter Umständen des Familien- und Erbrechts. Die vorliegende Arbeit beschränkt sich im Wesentlichen auf die gesellschaftsrechtliche und schuldvertragliche Analyse privater Gesellschaften. Darüber hinaus unterliegen private Gesellschaften zahlreichen anderen zivilrechtlichen oder auch steuer- und/oder (sozial)versicherungsrechtlichen Normen, welche für die spezifische Ausgestaltung von massgeblicher Bedeutung sein können. Diese Aspekte werden lediglich vereinzelt gestreift, ohne ihnen damit ihre Bedeutung absprechen zu wollen.

1. Kapitel: Grundlagen

§ 1. Ursprünge, Begriff und Gegenstand der Corporate Governance

I. Kurze Historie der Corporate Governance in der Schweiz

Die Ursprünge der Corporate-Governance-Diskussion liegen im angelsächsischen Raum und gehen in die Siebzigerjahre zurück. Mit derselben Selbstverständlichkeit, mit welcher die Schweiz die Diskussion unter dem Titel Corporate Governance während beinahe zweier Jahrzehnte nicht geführt hat[1], brach diese *Diskussion in den Neunzigerjahren* über die *Schweiz* herein und dauert *bis heute* rege fort[2]. Auf politischer Ebene gelangte das Thema gar erst im neuen Jahrtausend ins Bewusstsein, führte dann jedoch zu einer beinahe inflationären Flut parlamentarischer Vorstösse[3], welche unter anderem dazu führte, dass das Bundesamt für Justiz am 1. Oktober 2002 eine Arbeitsgruppe «CG» beauftragte, einen Bericht über eine Teilrevision des Aktienrechts nach den Grundsätzen der Corporate Governance zu verfassen, um so den zahlreichen parlamentarischen Vorstössen Rechnung zu tragen. Diesen Bericht erstattete die genannte Exper-

---

[1] Womit nicht gesagt sein soll, dass sie sich nicht sehr wohl mit Themen der Corporate Governance befasst hat, etwa im Rahmen der Aktienrechtsrevision 1968/1991. So nennt die Botschaft OR 1983 unter den fünf Hauptzielen der damaligen Revision unter anderem die Erhöhung der Transparenz, die Verstärkung des Aktionärsschutzes und die Verbesserung der Struktur sowie der Funktionsfähigkeit der Organe, mithin klassische Themen der Corporate-Governance-Diskussion (vgl. Botschaft Aktienrecht, S. 23 ff.), welche Ziele die Reform im wesentlichen auch erreichte (näheres bei FORSTMOSER/ MEIER-HAYOZ/NOBEL, § 4 Rz 83 ff., 89 ff., 92, sowie FORSTMOSER Corporate Governance Schweiz, S. 27 ff.); in diesem Sinne auch P. KUNZ (Corporate Governance, S. 472 m.w.H., 482), wonach es sich bei den Postulaten der Corporate Governance nicht um neue Themen, sondern um «eigentliche ‹Klassiker› des aktienrechtlichen Diskurses» handelt.

[2] Zum Ganzen eingehend GIGER, S. 6.

[3] Eine detaillierte Übersicht über sämtliche, in den Jahren 2001 und 2002 eingereichten, parlamentarischen Vorstösse zum Thema Aktienrecht und Rechnungslegung findet sich auf der Homepage des Bundesamtes für Justiz <http://www.ofj.admin.ch/bj/de/home/ themen/wirtschaft/gesetzgebung/aktienrechtsrevision/parlamentarische_vorstoesse. html> (besucht am 15. November 2012), eine thematisch gegliederte Auswahl aus diesen Vorstössen etwa in BÖCKLI/HUGUENIN/DESSEMONTET, S. 36 f.

tenkommission dem Bundesamt für Justiz am 30. September 2003[4]. Sämtliche in jüngerer Zeit geschaffenen oder revidierten gesellschaftsrechtlichen Bestimmungen sowie aktuell in Gang befindliche Rechtsetzungsprojekte im Bereich des Gesellschaftsrechts befassen sich mit Anliegen der Corporate Governance[5].

Parallel zu den gesetzgeberischen Bestrebungen wurden auf dem Wege der Selbstregulierung[6] zwei wichtige Regelwerke geschaffen: die von der SWX (heute SIX) auf den 1. Juli 2002 erlassene «Richtlinie betreffend Informationen zur Corporate Governance» (RLCG)[7] und der vom Vorstand der economiesuisse am 25. März 2002 genehmigte «Swiss Code of Best Practice for Corporate Governance» (SCBP)[8].

II. Begriff und Gegenstand der Corporate Governance

Die Verspätung, mit welcher das Thema in der Schweiz aufgenommen wurde, mag einerseits in der generellen schweizerischen Zurückhaltung, andererseits aber wohl auch in der schwierigen Fassbarkeit des Begriffs liegen. Wörtlich übersetzt bedeutet Corporate Governance die *«körperschaftliche Steuerung» eines Unternehmens*[9]. Da sich eine Definition des dem angelsächsischen Rechtsraum entnommenen Begriffes im Sinne unserer kontinentaleuropäischen Rechtstradition als schwierig erweist, drängt es sich auf, den Begriff funktional sowie örtlich spezifizierend anzugehen[10].

Corporate Governance umschreibt zum einen die verschiedenen Berichte und Regelwerke[11], welche sich generell-abstrakt und mit unterschiedlicher Verbindlichkeit mit der *optimalen Ausgestaltung, Führung und Kontrolle von Unternehmen* befassen. Zum anderen stellt Corporate Governance – wie GIGER[12] es umschreibt – eine neue, juristisch-ökonomisch-soziologisch interdisziplinäre Betrachtungsweise in dem Sinne dar, als gewisse, in Aktiengesellschaften bereits hinlänglich bekannte Fragestellungen aufgrund einer teils wissenschaftlichen, teils gesellschaftlichen Entwicklung, erweitert, verschärft oder verändert

---

[4] Dazu eingehend BÖCKLI/HUGUENIN/DESSEMONTET, S. 3 f., 37 ff.
[5] P. KUNZ Corporate Governance, S. 481; dazu eingehender hinten S. 14, § 2.I.2.
[6] Zum Begriff hinten S. 22, § 2.II.2.
[7] Dazu eingehender hinten S. 25, § 2.III.
[8] Dazu eingehender hinten S. 21, § 2.II.
[9] Näheres bei BÖCKLI Aktienrecht, § 14 Rz. 22; C. BÜHLER Regulierung, Rz. 340.
[10] BÖCKLI Schnellstrassen, S. 134; GIGER, S. 6 f.; ZOBL Governance, S. 11.
[11] Detaillierte Übersichten und Darstellungen der massgeblichen Erlasse zur Corporate Governance in den USA, Grossbritannien, Frankreich, Deutschland, der EU, der OECD u.w.m. finden sich bei BÖCKLI Aktienrecht, § 14 Rz. 50 ff. und GIGER, S. 16 ff.
[12] S. 11 f.

betrachtet werden. C. BÜHLER[13] definiert Corporate Governance in diesem Sinne als «die Gesamtheit aller Steuerungsmechanismen, die im Hinblick auf einen möglichst effizienten Interessenausgleich unter den verschiedenen Anspruchsgruppen ein funktional ausgewogenes Zusammenspiel von Führung und Kontrolle im Unternehmen gewährleisten sollen». In den Worten BÖCKLIS[14] ist Corporate Governance nur – aber immerhin – ein methodischer Ansatzpunkt, welcher das Problembewusstsein schärfen und mögliche Lösungen aufzeigen soll.

Inhaltlich befasst sich Corporate Governance mit Fragen der zweckmässigen Strukturierung von Unternehmen, mit der Unterbindung von Missbräuchen jeglicher Art sowie mit allfälligen Korrekturmassnahmen. Corporate Governance soll mithin präventiv wirken[15].

III. «Principal and agent»-Theorie – Versuche einer Systematisierung der Corporate Governance

Grundlegende Bedeutung für die Corporate-Governance-Diskussion erlangte die 1931/32 erschienene Publikation von BERLE/MEANS[16], worin diese das vermehrte Auseinanderfallen von Eigentümerstellung und Leitungsfunktion in Gesellschaften wissenschaftlich bearbeiteten und die sog. «principal and agent»-Theorie begründeten. BERLE/MEANS stellten fest, dass in modernen börsenkotierten Aktiengesellschaften, in denen die Aktionäre als Auftraggeber («principals») die Geschäftsführung in die Hände von Managern («agents») legten, die Distanz zum Unternehmen so gross werden könne, dass die Eigentümer die Aufsichtsfunktion nicht mehr wahrnehmen könnten. Um zu verhindern, dass bei *Gegensätzen zwischen Interessen der Eigentümer und der Manager* den Interessen der Letzteren nicht der Vorzug gegeben werde, bedürfe es *adäquater Kontroll- und Leitungsstrukturen*[17]. Corporate Governance zielt – so verstanden – darauf ab, die Stellung der Aktionäre direkt oder indirekt zu schützen, organisatorisch wie strukturell. Unter dieses engere Verständnis von Corporate Governance, welches vornehmlich auf die Mehrung des sog. «shareholder value» ausgerichtet ist, fallen auch Fragen zur Kapitalstruktur, zur Ausübung der Aktio-

---

13 Regulierung, Rz. 365.
14 Revisionsfelder, S. 764.
15 P. KUNZ Corporate Governance, S. 472.
16 S. 112 ff.
17 Näheres bei BÖCKLI Aktienrecht, § 14 Rz. 18 ff.; GIGER, S. 7 f., 31 ff.; Bericht HOFSTETTER, S. 6.

närsrechte an der Generalversammlung sowie zu den prozessualen Schutzrechten (Klagerechten)[18].

In einem breiter gefassten Verständnis der Corporate Governance werden Interessen weiterer Anspruchsgruppen wie Arbeitnehmer, Kunden, Gläubiger oder Gemeinwesen, mithin der sog. *«stakeholder»* einbezogen. Soweit sich diese Interessen nicht mit denjenigen der Aktionäre überschneiden, wurde dieser Ansatz früher als zu weit gehend abgelehnt[19], in jüngerer Zeit hat er sich jedoch durchgesetzt.

Auf diesen Grundüberlegungen basierend finden sich in der Literatur verschiedene, allerdings uneinheitliche *Systematisierungsversuche* in «Corporate Governance im weiteren», «im engeren» sowie «im engsten Sinne», welche letztlich jedoch unbehelflich und akademischer Natur sind[20]. Richtig erscheint vielmehr der Versuch, die Corporate-Governance-Problematik über die Gegenstände, die einer zweckmässigen Regelung bedürfen, zu strukturieren. So umschreibt etwa BÖCKLI[21] Corporate Governance als das Streben einer Unternehmung nach einer Balance der Kräfte sowohl im sog. «inneren Dreieck», d.h. zwischen Management, Verwaltungsrat und dem Revisionsorgan, als auch im sog. «äusseren Dreieck», d.h. zwischen der Gesellschaft, den Aktionären/dem Kapitalmarkt sowie weiteren Anspruchsgruppen.

---

[18] FORSTMOSER Corporate Governance Schweiz, Fn. 7; GIGER, S. 7 ff.; Bericht HOFSTETTER, S. 6.
[19] Näheres bei GIGER, S. 9 f.
[20] Etwa GIGER, S. 7 ff. oder Bericht HOFSTETTER, S. 6; gl. A. FORSTMOSER Corporate Governance Schweiz, Fn. 7, m.w.H. Verschiedentlich ist m.E. zu Recht auch darauf hingewiesen worden, dass sich die Interessen der Aktionäre und übriger Anspruchsgruppen – in langfristiger Optik – mitnichten widersprechen, da es aus Sicht aller Beteiligten um die langfristige Stärkung eines Unternehmens, die Sicherung der Wettbewerbsfähigkeit und damit die Steigerung des Unternehmenswertes gehen soll (statt Vieler: Bericht HOFSTETTER, S. 7; differenzierend: FORSTMOSER (Profit, S. 64 und 67 ff.), welcher diese Aussage in der Regel bestätigt, jedoch auch Konstellationen aufzeigt, in denen die Interessen der Aktionäre denjenigen anderer Beteiligter widersprechen können, sowie eingehend nachweist, dass die Ausrichtung auf das langfristige Unternehmensinteresse sowohl der Konzeption des Schweizer Gesetzgebers, der Gerichtspraxis als auch der herrschenden Lehre entspricht.
[21] Schnellstrassen, S. 133 f.

IV. Kernthemen der Corporate Governance im Allgemeinen

Die Corporate-Governance-Diskussion wurde und wird nach wie vor stark durch die «principal and agent»-Theorie geprägt. Sie befasst sich vornehmlich mit Problemen echter Publikumsgesellschaften, in welchen die Grösse, die finanzielle Ausstattung der Gesellschaft und die starke Zersplitterung des Aktionariats den Anlegern eine *aktive Einflussnahme* auf die Geschicke der Gesellschaft und die rechtzeitige Erkennung von Fehlentwicklungen oder Missbräuchen erschwert[22]. Anders liegen die Dinge in sog. unechten Publikumsgesellschaften, welche von einem Gross- oder Mehrheitsaktionär beherrscht werden. Hier steht v.a. der *Interessenausgleich* zwischen Minderheits- und Mehrheitsaktionären im Vordergrund[23].

Den aus diesen grundlegend unterschiedlichen Strukturen erwachsenden Problemen soll Abhilfe geschaffen werden im Wesentlichen durch drei Regelungsschwerpunkte:

1. Ausgestaltung der Führungsebene der Gesellschaft

Eine *zweckmässige Aufgabenteilung* zwischen Verwaltungsrat und Geschäftsleitung, die Festlegung einer adäquaten Arbeitsweise und allenfalls Aufgabenteilung innerhalb des Verwaltungsrates, ein *adäquater Umgang mit Interessenkonflikten* sowie die *Errichtung wirksamer Kontrollmechanismen* – nicht nur, aber auch hinsichtlich unangemessener Entschädigungen – soll für ausreichende «checks and balances» innerhalb und gegenüber der Unternehmensspitze sorgen[24]; nur so kann letztlich überprüft werden, ob die Mitglieder des Verwaltungsrates und/oder der Geschäftsleitung die ihnen obliegenden Pflichten hinreichend und zu angemessenen Konditionen erfüllen[25].

2. Ausgestaltung des Verhältnisses der Aktionäre zur Gesellschaft

Zwar ist das schweizerische Aktienrecht vom *Grundsatz der Kapitalbezogenheit* beherrscht, wonach sich die Mitwirkungs- und Vermögensrechte des Aktionärs

---

[22] BÖCKLI/HUGUENIN/DESSEMONTET, S. 19, 21.
[23] GIGER, S. 28 ff.; Bericht HOFSTETTER, S. 8; FORSTMOSER Corporate Governance KMU, S. 477 ff.
[24] FORSTMOSER Corporate Governance Schweiz, S. 23; GIGER, S. 52.
[25] BÖCKLI/HUGUENIN/DESSEMONTET, S. 99.

grundsätzlich nach dem Kapitalanteil des Aktionärs an der Gesellschaft messen[26], doch lässt das Gesetz verschiedene *Abweichungen* dieser Demokratie nach Massgabe des Kapitals zu[27]. Solche Abweichungen vom Grundsatz der Kapitalbezogenheit sind – unter Corporate-Governance-Gesichtspunkten betrachtet – nicht unproblematisch, zumal sie sowohl die institutionelle (interne) Kontrolle der Unternehmensleitung durch die Aktionäre[28] als auch deren externe Kontrolle durch den (Übernahme-) markt behindern[29]. Der Gesetzgeber hat sich in der Aktienrechtsrevision 1991 nach eingehender Diskussion jedoch für die Beibehaltung dieser Institute – wenn auch in eingegrenztem Ausmass[30] – entschieden. Dies im Bestreben, die Aktiengesellschaft als Rechtsform nicht nur für Publikumsgesellschaften, sondern auch für Mittel- und Kleingesellschaften zu erhalten, was nach vielfältigeren Ausgestaltungsmöglichkeiten der Kapitalstruktur rief. Der Gesetzgeber hat erkannt, dass die Bedürfnisse sehr verschieden sein können[31] und sich auf Massnahmen zum Schutze der Minderheiten insbesondere bei nachträglicher Einführung von Vinkulierungsbestimmungen, Stimmrechtsaktien und Partizipationsscheinen konzentriert. Dass diese Entscheidung richtig war, belegen Gesellschaften mit heterogenen Kapitalstrukturen, welche im Markt durchaus erfolgreich sind[32].

---

[26] Dazu eingehender hinten S. 17, § 2.I.3.a.
[27] FORSTMOSER/MEIER-HAYOZ/NOBEL, § 2 Rz. 25 ff.; Bericht HOFSTETTER, S. 26; dazu eingehender hinten S. 19, § 2.I.3.ab.
[28] Indem bspw. Stimmrechtsaktien eine Intervention gegen ein Missmanagement erschweren oder gar verunmöglichen können (GIGER, S. 175).
[29] Bericht HOFSTETTER, S. 27.
[30] So darf der Nennwert der Stimmrechtsaktien einen Zehntel der übrigen Aktien nicht übersteigen (Art. 693 Abs. 2 OR), und die Stimmrechtsprivilegien entfallen bei bestimmten wichtigen Beschlüssen der Generalversammlung (Art. 693 Abs. 3 OR). Das Partizipationskapital darf das Doppelte des Aktienkapitals nicht übersteigen (Art. 656b Abs. 1 OR; anders Art. 656b Abs. 1 E OR 2007, wonach diese Beschränkung künftig nur für nicht kotierte Aktiengesellschaften gelten soll). Auch die Möglichkeiten der Vinkulierung sind insbesondere für börsenkotierte Gesellschaften eingeschränkt worden (Art. 685a ff. OR). Schliesslich haben die nicht privilegierten Aktionäre – seit jeher – Anspruch auf Entsendung mindestens eines Vertreters ihrer Beteiligungskategorie in den Verwaltungsrat (Art. 709 Abs. 1 OR).
[31] So etwa, indem die Gewährung überproportionaler Stimmrechte auch in Publikumsgesellschaften unter Umständen notwendig ist, um Anleger gewinnen zu können, oder indem die Ausgabe von Partizipationsscheinen erfolgt, um ohne eine Verschiebung der Machtverhältnisse Eigenkapital beschaffen zu können, oder um leitende Angestellte an der Gesellschaft zu beteiligen (GIGER, S. 175 und 178; BÖCKLI/HUGUENIN/DESSEMONTET, S. 157).
[32] HOFSTETTER (Bericht, S. 27) vermutet aufgrund dieses Markterfolgs, dass die Ausstattung von Kapitalinvestoren mit unterschiedlichen Stimmrechten effizient sein kann.

3. Transparenz

Schliesslich kann ein Aktionär die Richtigkeit geschäftspolitischer Entscheide oder die Angemessenheit von Vergütungen von Mitgliedern der Geschäftsleitung oder des Verwaltungsrates nur dann überprüfen, wenn nicht nur *die wichtigsten Beteiligungsverhältnisse*, die *finanzielle Situation* der Gesellschaft und der *Geschäftsverlauf*, sondern auch generelle Überlegungen etwa zur *Unternehmensstrategie* oder zur *Nachfolgeplanung* offen gelegt werden. Transparenz bildet auch eine unabdingbare Voraussetzung, rechtzeitig gegen mögliche Fehlentwicklungen einzuschreiten.

V. Kernthemen der Corporate Governance in nicht kotierten Gesellschaften im Besonderen

So vielfältig wie die Ausgestaltung nicht kotierter Aktiengesellschaften sein kann – Ein- oder Zweipersonengesellschaft, Kleingesellschaft oder (Familien-)gesellschaften mit breit gestreutem Aktionariat[33] –, so *verschiedenartig* sind die unter Corporate-Governance-Gesichtspunkten zentralen Fragestellungen. Gerade auch in nicht kotierten Gesellschaften sollen *Problemfelder* geortet und diese – entsprechend den Bedürfnissen der jeweiligen Gesellschaft, aber ohne das Unternehmen auf operativer Ebene zu behindern – adäquaten Lösungen zugeführt werden.

Charakteristisch für nicht kotierte Aktiengesellschaften ist der Umstand, dass der Aktionär aus mannigfaltigen Gründen enger mit der Gesellschaft verbunden ist. Diese *engere Bindung* kann ökonomisch begründet sein, ist es mangels eines organisierten, liquiden Aktienmarkts doch oft schwierig, für ein Minderheitspaket einen Käufer zu finden, welcher für die Aktien einen angemessenen Preis bezahlt[34]. Ist dennoch ein Käufer gefunden, stehen häufig Vinkulierungsbestimmungen im Wege, welche eine Übertragung schlechthin verunmöglichen oder eine solche zwar erlauben, jedoch zu einem unattraktiven Preis, wenn nämlich die Gesellschaft aufgrund einer «Escape-Clause» im Sinne von Art. 685b Abs. 1 OR[35] einen Erwerber ablehnen und die Aktien vom Verkäufer zum allenfalls weniger attraktiven, sog. wirklichen Wert im Zeitpunkt des Gesuches über-

---

[33] BÖCKLI Aktienrecht, § 14 Rz. 352; dazu eingehender hinten S. 31, § 3.
[34] BÖCKLI/HUGUENIN/DESSEMONTET, S. 62; BÖCKLI Aktienrecht, § 14 Rz. 353; BURKHALTER, Rz. 8; FORSTMOSER Corporate Governance KMU, S. 482; C. BÜHLER Family Business, S. 320; DERS. Regulierung, Rz. 399.
[35] Dazu eingehender hinten S. 77, § 4.III.2.cej.

1. Kapitel: Grundlagen

nehmen kann[36]. Ferner wirken sich in einem Aktionärbindungsvertrag festgeschriebene Bewertungsregeln häufig in dem Sinne ungünstig auf einen Verkauf der Aktien aus, als sie lediglich die Veräusserung zu einem unattraktiven Preis gestatten[37]. Die Veräusserung nur eines Teils der Aktien steht oftmals auch nicht zur Diskussion, da dadurch fein austarierte Beteiligungsverhältnisse verschoben und unter Umständen gesetzliche oder statutarische Sperrminoritäten aufgegeben werden[38]. Häufig bewirken auch persönliche oder familiäre Bindungen unter den Aktionären deren tendenziell grössere Nähe zur Gesellschaft.

Diese engere Bindung kann sich *positiv* auswirken, indem etwa eine längerfristige, nachhaltige Optik in der Unternehmensführung unterstützt wird[39]. Aktionäre nicht kotierter Gesellschaften sind in der Regel auch ausdauernder, wenn es Krisenzeiten zu überwinden gilt. Persönliche Verflechtungen können aber auch *erschwerend* sein, beispielsweise, wenn familiäre Streitigkeiten auf dem Buckel der Unternehmung ausgetragen werden oder wenn aus Rücksicht auf die Freundschaft/den Familienfrieden in Personalfragen suboptimale Entscheidungen gefällt werden. Überschaubare Verhältnisse zeitigen in der Regel den Vorteil gegenseitiger Kontrolle; es besteht aber auch die Gefahr zu grossen Vertrauens in persönlich verbundene Personen und einer Befangenheit, an ihnen Kritik oder Zweifel zu äussern.

Aus diesen Gründen erweist sich eine gute Corporate Governance gerade in nicht kotierten Aktiengesellschaften als besonders wichtig. Im Vordergrund stehen dabei folgende Kernthemen:

1. Ausgestaltung des Verhältnisses der Aktionäre untereinander – Minderheitenschutz

Auch in nicht kotierten Gesellschaften stellen sich die *klassischen Agency-Probleme*, wenn erstens Nicht-Gesellschafter mit Aufgaben im Verwaltungsrat oder der Geschäftsführung betraut sind oder zweitens gewisse Aktionäre nicht gleichzeitig im Verwaltungsrat oder in der Geschäftsführung aktiv sind. Entschärft ist das Problem der Interessengegensätze zwischen Aktionariat und Gesellschaftsführung indessen, wenn faktisch Selbstorganschaft besteht – im Falle von Einpersonen-AG[40] fällt es gänzlich dahin.

---

[36] BÖCKLI Aktienrecht, § 14 Rz. 356; C. BÜHLER Family Business, S. 322; DERS. Regulierung, Rz. 1355.
[37] BURKHALTER, Rz. 8.
[38] FORSTMOSER Corporate Governance KMU, S. 482 f.
[39] Ähnlich BURKHALTER, Rz. 8; FORSTMOSER Corporate Governance KMU, S. 482 ff.; in diesem Sinne auch Ziff. 1.1 BP-KMU.
[40] Dazu hinten S. 34, § 3.II.

Stattdessen stehen in Familiengesellschaften und anderen privaten Gesellschaften *Interessengegensätze innerhalb des Aktionariats* im Vordergrund, sei dies zwischen Mehrheits- und Minderheitsaktionären oder zwischen aktiv im Unternehmen tätigen und lediglich an der Gesellschaft beteiligten Aktionären[41]; der Ausgleich dieser sich unter Umständen widersprechenden Interessen bildet eine vornehmliche und spezifische Aufgabe der Corporate Governance in nicht kotierten Gesellschaften.

2. Ausgestaltung der Führungsebene der Gesellschaft

Gleichermassen einer angemessenen Strukturierung und Kontrolle, wenn auch wiederum unterschiedlicher Ausgestaltung, bedarf in nicht kotierten Gesellschaften die Führungsebene. Gerade in Kleingesellschaften mit *Personalunion* zwischen Geschäftsführer und Verwaltungsratspräsident birgt das Fehlen *adäquater Kontrollmechanismen* häufig besondere Gefahren[42].

3. Interne Transparenz

Im Gegensatz zu Publikumsgesellschaften, in denen der Kapitalmarkt als Ganzes zu informieren ist und so viele Informationen einer breiten Öffentlichkeit zugänglich gemacht werden, bedarf es in nicht kotierten Aktiengesellschaften lediglich einer internen Transparenz. Diese muss jedoch auch in kleineren Gesellschaften, welche auf den ersten Blick übersichtlich erscheinen und auch Raum für informellen *Informationsaustausch* bieten, *institutionalisiert* sein, um zu verhindern, dass Informationen – insbesondere Minderheitsaktionären – bewusst oder unbewusst vorenthalten werden[43].

4. Ausgestaltung der Vermögensrechte der Aktionäre

Da – wie vorn[44] dargelegt – der ausstiegswillige Aktionär seine Beteiligung an einer nicht kotierten Gesellschaft oftmals nicht oder nicht zu einem angemessenen Preis veräussern kann, kommt den Vermögensrechten besondere Bedeutung zu. Der Minderheitsaktionär sollte eine *angemessene Dividende* erhalten, welche ihm zumindest die Bezahlung der mit seiner Beteiligung verbundenen Kos-

---

[41] BURKHALTER, Rz. 2; FORSTMOSER Corporate Governance KMU, S. 481 f.; SCHWARZ, S. 489; SÖDING, S. 5.
[42] Dazu eingehender hinten S. 235, § 6.III.11.hb.
[43] So auch BÖCKLI Aktienrecht, § 14 Rz. 357; dazu eingehender hinten S. 137, § 6.I.4.
[44] S. 9, § 1.V.

ten, insbesondere der Vermögenssteuer ermöglicht[45]. Wünschenswert ist, dass auch das mit einer Investition in Eigenkapital verbundene, erhöhte Risiko (häufig geht auch ein Klumpenrisiko mit einher) abgegolten und zumindest der Ertrag einer risikofreien Anlage erreicht wird[46].

VI. Beweggründe für die Beachtung der Grundsätze guter Corporate Governance auch in nicht kotierten Aktiengesellschaften

Die Beweggründe, auch in nicht kotierten Aktiengesellschaften nach einer bestmöglichen Corporate Governance zu streben, sind mannigfaltig. Ganz generell ist «ein gut geführtes und kontrolliertes Unternehmen mit starker Ertragskraft» wohl Ziel jedes Unternehmensführers – ein solches ist «mit hoher Wahrscheinlichkeit auch ein guter Abnehmer, ein vorbildlicher Arbeitgeber, der verlässlichste Schuldner und der kräftigste Steuerzahler»[47] und dient auf diese Weise nicht nur den Eitelkeiten der Unternehmensführung, sondern allen «stakeholdern». Auch in nicht kotierten Gesellschaften wirkt sich eine gute Corporate Governance positiv auf die *Reputation* eines Unternehmens sowie indirekt auf das Vertrauen in dessen Produkte oder Dienstleistungen und dies wiederum auf den *Unternehmenserfolg* und den *Unternehmenswert* aus.

Zweifelsfrei begünstigt eine gute Corporate Governance die Beschaffung sowohl von Eigen- als auch von Fremdkapital: In transparente, gut strukturierte Gesellschaften wird eher investiert. Transparente und kompetente Corporate-Governance-Informationen ermöglichen eine zuverlässige Beurteilung von Kredit-, Markt- und operationellen Risiken, was sich sowohl in der Beurteilung der *Kreditwürdigkeit* als auch in den diesbezüglichen *Konditionen* niederschlägt[48]. Die Einhaltung gewisser Corporate-Governance-Standards wird von den Kapitalgebern heute denn auch regelmässig geprüft[49].

Corporate-Governance-Aspekte bilden häufig auch nicht unwesentliche Entscheidungsfaktoren für die Annahme respektive Ablehnung von Verwaltungsratsmandaten, indem nicht nur die finanzielle Situation der Gesellschaft, sondern beispielsweise die Organisation der Gesellschaftsführung, deren personelle

---

[45] BÖCKLI Aktienrecht, § 14 Rz. 355; FORSTMOSER Corporate Governance KMU, S. 483; dazu eingehender hinten S. 126, § 5.VI.4.
[46] FORSTMOSER Corporate Governance KMU, S. 492; C. BÜHLER Regulierung, Rz. 1358.
[47] BÖCKLI/HUGUENIN/DESSEMONTET, S. 25.
[48] R. MÜLLER Corporate Governance, S. 10 ff. m.V.a. Basel II; VON MOOS Familienunternehmen, S. 119; NOBEL Corporate Governance, S. 342.
[49] ROTH PELLANDA, Rz. 36.

Besetzung, die Ausgestaltung des Rechnungswesens und Ähnliches ausschlaggebend sein können. In diesem Sinne ist eine gute Corporate Governance auch in nicht kotierten Gesellschaften entscheidend für die *Attraktivität von Verwaltungsratsmandaten* sowie in der Folge für die Mandatsausübung[50]. Darüber hinaus ist eine Gesellschaft mit guter Corporate Governance als Arbeitgeber attraktiv, was ihre Position im *Wettkampf um die guten Arbeitskräfte* verbessert. Schliesslich bildet die Corporate Governance auch einen wichtigen Aspekt beim *Unternehmenskauf.* Transparenz und klare Strukturen erleichtern die Due Diligence und helfen, Abzüge vom Unternehmenswert zufolge Unsicherheiten zu vermeiden.

§ 2. Rechtsgrundlagen und Regelwerke

I. Obligationenrecht

1. Grundkonzeption des Aktienrechts: Von der «Einheit des Aktienrechts» zur «Stammregelung mit Differenzierungen»

Das ursprüngliche gesetzgeberische Leitbild der *Einheit des Aktienrechts* ist bereits im Rahmen der Aktienrechtsrevision 1991 durch verschiedene Sonderbestimmungen für grosse Gesellschaften aufgebrochen worden[51]. Durch den Erlass des Börsengesetzes, resp. das gestützt auf Art. 8 BEHG erlassene Kotierungsreglement hat sich der Gesetzgeber weiter von diesem Grundsatz entfernt, indem er ein eigentliches *Sonderrecht* für an der Börse kotierte Gesellschaften geschaffen hat[52]. Auch das Fusionsgesetz sieht *Differenzierungen* vor, indem es umfangreiche Erleichterungen für KMU[53] enthält. Diese Tendenz zur Differenzierung nach Massgabe der wirtschaftlichen Bedeutung von Gesellschaften[54]

---

[50] R. MÜLLER Corporate Governance, S. 14.
[51] Vgl. die detaillierten Übersichten in BÖCKLI Aktienrecht, § 1 Rz. 100, sowie in FORSTMOSER/MEIER-HAYOZ/NOBEL, § 2 Rz. 62.
[52] NOBEL prägt den Begriff des «Börsengesellschaftsrechts» (NOBEL Finanzmarktrecht, § 11 Rz. 1; DERS. Börsengesellschaftsrecht, S. 301 ff.); dazu auch eingehend VON DER CRONE Recht der Publikumsgesellschaften, S. 73 ff.
[53] So Art. 14 Abs. 2, Art. 15 Abs. 2, Art. 16 Abs. 2, Art. 39 Abs. 2, Art. 41 Abs. 2, Art. 61 Abs. 2, Art. 62 Abs. 2 sowie Art. 3 Abs. 2 FusG.
[54] Hierzu haben sich die Kriterien «Bilanzsumme/Umsatz/Arbeitsplätze» – wenn auch in quantitativer Hinsicht noch immer nicht ganz einheitlich (dazu eingehender hinten S. 62, § 3.VII.1.b.) – durchgesetzt.

setzte sich auch in der Erneuerung des Revisionsrechts[55] fort[56]. BÖCKLI[57] ortet in diesem Umstand eine Abkehr von der ursprünglichen Idee der Einheit des Aktienrechts und spricht von einer Stammregelung mit Differenzierungen. VOGT[58] sieht darin gar eine Aufbrechung der Kodifikationsidee.

In jüngerer Zeit beschloss nun die Kommission für Rechtsfragen des Nationalrats, das EJPD mit der Erarbeitung eines Vorschlages eines Aktienrechts mit einem für alle Gesellschaften und einem nur für kotierte Gesellschaften geltenden Teil zu erarbeiten[59]; der entsprechende Entwurf wurde der Kommission für Rechtsfragen des Nationalrats vorgelegt, bis anhin jedoch weder beraten noch beschlossen[60]. Die Sistierung wird bis mindestens nach der Abstimmung über die «Volksinitiative Minder» im März 2012 aufrecht erhalten bleiben. Auch die Referendumsvorlage zum Rechnungslegungsrecht vom 23. Dezember 2011[61] sieht für grössere Unternehmen strengere Rechnungslegungsvorschriften vor.

2. Corporate-Governance-Bestimmungen im Obligationenrecht und in anderen bundesrechtlichen Erlassen

Im Aktienrecht finden sich zahlreiche Bestimmungen, welche sich mit klassischen Fragen der Corporate Governance befassen. Im Zentrum steht dabei die grundsätzliche *Kompetenzausscheidung* zwischen der *Generalversammlung* und dem *Verwaltungsrat*[62]. Daneben finden sich zahlreiche weitere Kompetenzzuweisungsnormen sowie Normen über die *innere Gestaltung* einer Gesellschaft

---

[55] Art. 727 ff. OR.
[56] Dies hat zu einer Abkehr von der Anknüpfung an die Rechtsform hin zu einem problembezogenen, rechtsformneutralen Ansatz geführt. Der Gesetzgeber differenziert vermehrt nach Kriterien der Grösse des Unternehmens, des Vereins oder der Stiftung sowie anderer relevanter Umstände, so etwa im Fusionsgesetz (statt Vieler: BSK FusG-MORSCHER, Art. 1 Rz. 2 und 4), im seit 1. Januar 2008 geltenden Rechnungslegungs- und Revisionsrecht (Botschaft OR/RAG 2004, S. 3969, resp. Art. 727 ff. OR) sowie in den vorgeschlagenen Bestimmungen über die Buchführung und Rechnungslegung (Begleitbericht VE OR 2005, S. 33 f.; Botschaft Aktien-/Rechnungslegungsrecht, S. 1623).
[57] Aktienrecht, § 1 Rz. 94, 97 ff.
[58] S. 142 f. m.w.H.
[59] <http://www.parlament.ch/d/mm/2009/Seiten/mm-rk-n-2009-10-30.aspx> (besucht am 15. November 2012).
[60] BLANC/ZIHLER, S. 413.
[61] BBl 2012 S. 63 ff.
[62] Art. 698 OR (Befugnisse der Generalversammlung), Art. 716 OR (Aufgaben des Verwaltungsrates), 716a OR (unübertragbare Aufgaben des Verwaltungsrates), Art. 726 OR (Abberufung und Einstellung von Ausschüssen, Delegierten, Direktoren und anderen Bevollmächtigten oder Beauftragten).

§ 2 Rechtsgrundlagen und Regelwerke

(beispielsweise die Bestellung und die Aufgaben des Verwaltungsratspräsidenten[63]), die Delegation von Aufgaben[64] und die Ausschussbildung im Verwaltungsrat[65], ferner *Mitwirkungs- und Schutzrechte der Aktionäre*[66], *Informations- und Transparenzvorschriften*[67], *Untersuchungs- und Klagerechte*[68] sowie allge-

---

[63] Art. 712 OR (Bezeichnung eines Präsidenten des Verwaltungsrates), Art. 713 Abs. 1 und 3 OR (Stichentscheid des Präsidenten und Protokollunterzeichnung), Art. 715 OR (Einberufung von Verwaltungsratssitzungen), Art. 715a Abs. 3, 4 und 5 OR (Behandlung von Gesuchen von Verwaltungsräten um Auskunft, Anhörung und Einsicht) sowie Art. 717a Abs. 1 und 2 E OR 2007 (Entgegennahme von Mitteilungen über Interessenkonflikte von Verwaltungsräten und gegebenenfalls diesbezügliche Information).

[64] Art. 716b OR (Übertragung der Geschäftsführung).

[65] Art. 716a Abs. 2 OR und Art. 716c Abs. 1 und 2 Ziff. 1 E OR 2007.

[66] Art. 699 Abs. 3 OR (Einberufungs- und Traktandierungsrecht), Art. 700 Abs. 2 OR (Antragsrecht), Art. 698 Abs. 2 Ziff. 2 OR (Befugnisse der Generalversammlung), Art. 703 und 704 OR (Quoren für Beschlussfassung und Wahlen in der Generalversammlung), Art. 705 OR (Abberufung von Verwaltungsratsmitgliedern, Revisionsstelle sowie anderen Bevollmächtigten und Beauftragten), Art. 712 Abs. 1 OR (statutarische Wahl des Verwaltungsratspräsidenten), Art. 730 OR (Wahl der Revisionsstelle), Art. 698 Ziff. 5 i.V.m. Art. 758 OR (Entlastung der Mitglieder des Verwaltungsrates), Art. 685, 685a und 685b OR (Beschränkung der Vinkulierung), Art. 652b OR (Bezugsrecht), Art. 653c OR (Vorwegzeichnungsrecht), Art. 693 Abs. 2 OR (Begrenzung der Stimmrechtsprivilegien), Art. 709 OR (statutarische Gruppen- oder Minderheitenvertreter im Verwaltungsrat), Art. 627 Ziff. 4 E OR 2007 (statutarische Zuständigkeit der Generalversammlung zur Festlegung der Vergütungen der Mitglieder des Verwaltungsrates, der mit der Geschäftsführung betrauten Personen, der Mitglieder des Beirats und ihnen nahestehender Personen resp. diesbezüglicher statutarischer Genehmigungsvorbehalt der Generalversammlung), Art. 710 Abs. 1 E OR 2007 (jährlich einzelne Wiederwahl der Verwaltungsratsmitglieder), resp. Art. 710 Abs. 1 und 2 E-Parl OR (Einzelwahl der Mitglieder des Verwaltungsrates auf ein Jahr in kotierten Gesellschaften, auf drei Jahre in nicht kotierten Gesellschaften), Art. 731c, insbesondere 731i ff. E-Parl OR (Genehmigung des vom Verwaltungsrat erlassenen Vergütungsreglements sowie der vom Verwaltungsrat für sich selbst und die Geschäftsleitung beschlossenen Gesamtbeträge durch die Generalversammlung).

[67] Art. 715a OR (Auskunfts- und Einsichtsrecht des Verwaltungsrates), Art. 663, 663a und 663e OR (Geschäftsberichts- und Bilanz-Mindestgliederungsvorschriften), Art. 696 OR (Bekanntgabe von Geschäfts- und Revisionsbericht), Art. 697 OR (Auskunfts- und Einsichtsrecht der Aktionäre), Art. 716b OR (Auskunft über die Organisation der Gesellschaft), Art. 697 Abs. 2 E OR 2007 (jederzeitiges schriftliches Auskunftsrecht in nicht kotierten Gesellschaften), Art. 930 OR (Publizität des Handelsregisters).

[68] Art. 697a ff. OR (Einleitung einer Sonderprüfung), resp. Art. 697a Abs. 2 E OR 2007 (Einleitung einer Sonderuntersuchung), Art. 754 OR (Verantwortlichkeitsklage), Art. 731b OR (Klage bei Mängeln in der Organisation), Art. 678 OR (Rückforderungsklage) und Art. 706b i.V.m. Art. 714 OR (Nichtigkeitsklage).

1. Kapitel: Grundlagen

meine *Handlungsgrundsätze* (Sorgfalts- und Treuepflicht[69] sowie Gleichbehandlungspflicht[70] des Verwaltungsrates)[71].

Schliesslich befassen sich auch die auf den 1. Januar 2007 in Kraft gesetzten *Transparenzvorschriften* für kotierten Aktiengesellschaften[72] sowie die auf den 1. Januar 2008 in Kraft gesetzten, revidierten Bestimmungen des Gesellschaftsrechts – im Zuge der Neuregelung des GmbH-Rechts wurden auch einzelne aktienrechtliche Bestimmungen revidiert und das Revisionsrecht grundlegend neu geordnet[73] –, das *Revisions-* und das *Revisionsaufsichtsrecht*[74] sowie die in der Folge total revidierte, ebenfalls auf den 1. Januar 2008 in Kraft gesetzte *Handelsregisterverordnung*[75] mit Anliegen der Corporate Governance[76].

Auch der Entwurf zur Revision des Aktien- und Rechnungslegungsrechts im Obligationenrecht, welcher dem Parlament im Dezember 2007 unterbreitet wurde[77], sieht verschiedene, unter Corporate-Governance-Gesichtspunkten wichtige Verbesserungen, insbesondere Verstärkungen der Aktionärsrechte vor[78]. Am 26. Februar 2008 wurde die *Volksinitiative «Minder»* eingereicht[79], welche restriktive Vergütungsregeln für das Management börsenkotierter Gesellschaften zum Gegenstand hat, sich mithin mit einem klassischen Thema der Corporate Governance befasst. Die Volksinitiative «Minder» führte zu einem – ursprünglich vom Bundesrat ebenfalls als indirekten Gegenvorschlag zur Volksinitiative «Minder» unterbreiteten[80] – Ergänzungsentwurf[81] und im Jahre

---

[69] Art. 717 OR (allgemein) und Art. 717 Abs. 1ᵃ E OR 2007 resp. Art. 717 Abs. 1bis E-Parl OR (Kriterien für die Festlegung von Vergütungen).
[70] Art. 717 Abs. 2 allenfalls i.V.m. Art. 706 Abs. 2 Ziff. 3 OR.
[71] Zum Ganzen eingehend C. BÜHLER Regulierung, Rz. 611 ff.
[72] Art. 663b(^bis) OR.
[73] Art. 727 ff. OR.
[74] Art. 727 ff. OR und Art. 1 ff. RAG; Botschaft Obligationenrecht, S. 3148 ff.; Botschaft OR/RAG, S. 3969 ff.
[75] Art. 1 ff. HRegV; Begleitbericht HRegV, passim.
[76] Statt Vieler: P. KUNZ Corporate Governance, S. 481.
[77] Botschaft Aktien-/Rechnungslegungsrecht, S. 1539 ff.
[78] C. BÜHLER Regulierung, Rz. 607 f.
[79] BBl 2008, S. 2577 f. und BBl 2006, S. 8755 ff.
[80] Mit Beschluss des Nationalrats vom 17. März 2010 wurde dieser zu einem direkten Gegenvorschlag erhoben (<http://www.parlament.ch/ab/frameset/d/n/4813/323723/d_n_4813_323723_323739.htm> [besucht am 15. November 2012] und <http://www.parlament.ch/ab/frameset/d/n/4813/323984/d_n_4813_323984_323985.htm> [besucht am 15. November 2012]. Die Kommission für Rechtsfragen des Ständerats hat hierauf beschlossen, als neuen indirekten Gegenvorschlag zur Volksinitiative «Minder» eine Kommissionsinitiative auszuarbeiten und diese mit Bericht vom 25. Oktober 2010 unterbreitet (BBl 2010, S. 8307 ff.); am 22. November 2010 hat die Kommission für Rechtsfragen des Ständerats als Zusatz zu dieser Kommissionsinitiative das sog. Tantiemenmodell sowie auf Antrag einer beträchtlichen Kommissionsminderheit ein alternatives Modell eingebracht (<http://www.parlament.ch/d/mm/2010/Seiten/mm-rk-s-2010-11-23.aspx>

2009 zu einer ersten Zweiteilung der Aktienrechtsrevisionsvorlage in einen aktien- und rechnungslegungsrechtlichen Teil sowie zur Sistierung des Letzteren. In einem späteren Zeitpunkt wurde schliesslich auch derjenige Teil der aktienrechtlichen Bestimmungen, welcher sich nicht mit in der Volksinitiative «Minder» aufgeworfenen Themen befasste, sistiert[82]. Im Parlament bearbeitet und am 16. März 2012 von National- und Ständerat angenommen wurde ein *indirekter Gegenvorschlag* zur Volksinitiative «Minder»[83], welcher auf einem Entwurf der Rechtskommission des Ständerats vom 25. Oktober 2010[84] basiert und massgebliche Erweiterungen nicht nur der Rechte der Aktionäre, sondern auch der Pflichten des Verwaltungsrates vorsieht; der indirekte Gegenvorschlag zur Volksinitiative «Minder» würde – nach dannzumaliger Publikation und unbenutztem Ablauf der Referendumsfrist – in Kraft treten, wenn die Initiative zurückgezogen oder abgelehnt wird[85]. Ein Teilaspekt, nämlich die Zulässigkeit und Behandlung sehr hoher Vergütungen, sollte Volk und Ständen nach dem Willen des Nationalrat jedoch nicht im genannten indirekten Gegenvorschlag, sondern in einem direkten Gegenvorschlag zur Volksinitiative «Minder», mithin auf Verfassungsebene unterbreitet werden[86]; dies hat der Nationalrat am 15. Juni 2012 jedoch abgelehnt[87].

3. Corporate-Governance-relevante aktienrechtliche Prinzipien

a. Kapitalbezogenheit und Anonymität

aa. Grundsatz

Die Konzeption der schweizerischen Aktiengesellschaft ist nach einhelliger Lehre und Praxis kapitalbezogen und anonym, d.h. die Mitgliedschaft eines

---

[besucht am 15. November 2012]), worauf der Bundesrat in Ergänzung und Weiterentwicklung dieser Vorschläge ein Kombinationsmodell vorgeschlagen hat (<http://www.bj.admin.ch/content/bj/de/home/dokumentation/medieninformationen/2010/ref_2010-12-031.html> [besucht am 15. November 2012]); zu diesen Vorschlägen inhaltlich eingehender hinten Fn. 1574.

[81] Zusatzbotschaft Aktien-/Rechnungslegungsrecht, S. 299 ff.
[82] GesKR-Konkordanztabelle, S. 2 (<http://www.geskr.ch/Files/GesKR_Konkordanztabelle_März_2012.pdf> [besucht am 15. November 2012]).
[83] Der Schlussabstimmungstext findet sich unter: <www.parlament.ch/sites/doc/CuriaFolge seite/2010/20100443/Schlussabstimmungstext%201%20NS%20D.pdf> (besucht am 2. April 2012).
[84] Dazu bereits vorn Fn. 80.
[85] BBl 2010, S. 8320; dazu HÄUSERMANN, Rz. 1.
[86] AmtlBull 2010, S. 230 ff.; dazu HÄUSERMANN, Rz. 1 und 73 ff.
[87] AmtlBull 2012, S. 1235 f.; dazu FORSTMOSER Say-on-Pay, S. 336.

Aktionärs ist nicht auf seine Person ausgerichtet, sondern sie bestimmt sich grundsätzlich nach seiner Kapitalbeteiligung[88]. Die Mitwirkungsrechte bemessen sich nach dem Kapitaleinsatz, zu welchem sich der einzelne Gesellschafter verpflichtet hat, während sich die Vermögensrechte nach dem effektiv auf das Grundkapital geleisteten Betrag richten[89]. Die Mitgliedschaft, resp. die in Wertpapieren verurkundeten Anteile sind im Grundsatz frei übertragbar[90].

Ausfluss dieser grundsätzlich kapitalbezogenen und anonymen Gesellschaftsstruktur ist es, dass Beziehungen zwischen den Aktionären fehlen. Im Gegensatz etwa zum deutschen Recht unterliegt der Aktionär nach herrschender Lehre[91] und Rechtsprechung[92] *keiner Treuepflicht*, weder gegenüber der Gesellschaft noch gegenüber den anderen Aktionären. Vereinzelt wird in der Lehre allerdings die These vertreten, dass Aktionäre in «stark personalistisch strukturierten Gesellschaften» wegen der intensiven persönlichen Bindung einer gegenseitigen Treuepflicht unterliegen, resp. dass den Haupt- (insbesondere den Mehrheits-) aktionär gegenüber der Gesellschaft sowie den Minderheitsaktionären eine Pflicht zur Rücksichtnahme trifft[93]. Nach überwiegender Lehre[94] unterliegen Aktionäre jedoch auch in personalistisch ausgestalteten Gesellschaften – neben der Liberierungspflicht – lediglich der allgemeinen Pflicht zum Handeln nach Treu und Glauben[95], dem Rechtsmissbrauchsverbot sowie der Pflicht zur schonenden Rechtsausübung[96]; eine echte Treuepflicht kann aber aus einer (faktischen Organstellung) oder einem Aktionärbindungsvertrag (explizite Verankerung oder Konsequenz aus dem Recht der einfachen Gesellschaft)[97] erwachsen.

---

[88] Art. 680 Abs. 1 i.V.m. Art. 620 Abs. 2 OR. BLOCH (S. 260) umschreibt etwa Art. 680 OR als eine «disposition essentielle au premier sens du terme, puisqu'il concrétise le caractère éminemment capitaliste de la société anonyme».

[89] Gewisse Schutzrechte stehen dem Aktionär jedoch unabhängig von der Höhe der Kapitalbeteiligung zu (FORSTMOSER/MEIER-HAYOZ/NOBEL, § 2 Rz. 22 ff.).

[90] FORSTMOSER/MEIER-HAYOZ/NOBEL, § 2 Rz. 33; BÖCKLI Aktienrecht, § 1 Rz. 13; BSK OR II-BAUDENBACHER, Vorbem. zu Art. 620 Rz. 8.

[91] Statt Vieler: FORSTMOSER/MEIER-HAYOZ/NOBEL, § 42 Rz. 24 ff.; BÖCKLI Aktienrecht, § 1 Rz. 19 f.; eine Übersicht über die v.a. ältere Lehre, welche eine Treuepflicht des Aktionärs bejahte, findet sich in BÖCKLI Aktienrecht, § 1 Fn. 69, darunter insbesondere WOHLMANN, S. 107 f. und 114 ff., welcher in personalistischen Aktiengesellschaften eine Treuepflicht als gegeben erachtet.

[92] BGE 105 II 128, 99 II 62, 91 II 305.

[93] BSK OR II-BAUDENBACHER, Art. 620 Rz. 35; HÜNERWADEL, S. 72 ff., insbes. 76 und 81 f. m.w.H.

[94] FORSTMOSER/MEIER-HAYOZ/NOBEL, § 39 Rz. 142 und § 42 Rz. 26 ff.; BÖCKLI Aktienrecht, § 1 Rz. 19 und § 13 Rz. 659 f.; BSK OR II-KURER/KURER, Art. 680 Rz. 7 f.; BAUMANN, S. 206 ff. m.w.H.; WOHLMANN, passim, insbes. S. 107 f.

[95] Art. 2 Abs. 1 ZGB.

[96] Zu diesen Pflichten hinten S. 20, § 2.I.3.c.

[97] Dazu eingehender hinten S. 112, § 5.II.4.

Da die Aktionäre – abgesehen von der gemeinsamen Beteiligung an der Gesellschaft – von Gesetzes wegen nicht verbunden sind, fehlt es auch an einer sog. «actio pro socio», mittels welcher die Gesellschafter untereinander die Erbringung der gesellschaftsvertraglichen Leistungen erwirken könnten[98].

ab. Abweichungen

Immerhin lässt das Gesetz – innerhalb gewisser Schranken – eine personenbezogene Ausgestaltung der Aktiengesellschaft zu, von welcher Möglichkeit insbesondere in nicht kotierten Aktiengesellschaften rege Gebrauch gemacht wird. Im Vordergrund stehen dabei die *verschiedenen statutarischen Ausgestaltungsmöglichkeiten* – Vinkulierung von Namenaktien[99], Einführung von Stimmrechtsaktien[100], Stimmrechtsbeschränkungen[101], Vorzugsaktien[102], Partizipations-[103] oder Genussscheine[104], Vertretungsbeschränkungen[105] sowie Präsenz- und/oder Abstimmungsquoren[106] –, welche häufig durch *schuldvertragliche Vereinbarungen*[107] ergänzt werden.

b. Gleichbehandlungspflicht

Gemäss Art. 717 Abs. 2 OR sind «Aktionäre unter gleichen Voraussetzungen gleich zu behandeln». Diese Gleichbehandlungspflicht obliegt sowohl dem *Verwaltungsrat* als Organ, *einzelnen Mitgliedern* als auch *Dritten*, welche mit der Geschäftsführung betraut sind, ferner auch den sog. faktischen Organen[108]. Nach Art. 706 Abs. 2 Ziff. 3 OR unterliegt auch die Generalversammlung dem Gleichbehandlungsgrundsatz, indem deren Beschlüsse anfechtbar sind, wenn sie «eine durch den Gesellschaftszweck nicht gerechtfertigte Ungleichbehandlung oder Benachteiligung der Aktionäre bewirken». Beide Bestimmungen verlangen somit keine absolute, sondern lediglich eine *relative Gleichbehandlung*. Eine Ungleichbehandlung darf nach ständiger bundesgerichtlicher Rechtsprechung

---

[98] FORSTMOSER/MEIER-HAYOZ/NOBEL, § 1 Rz. 34.
[99] Art. 685a ff. OR; dazu eingehender hinten S. 69, § 4.III.2.c.
[100] Art. 693 OR; dazu eingehender hinten S. 80, § 4.III.2.db.
[101] Art. 692 Abs. 2 OR; dazu eingehender hinten S. 160, § 6.I.7.db.
[102] Art. 654 OR; dazu eingehender hinten S. 86, § 4.III.3.
[103] Art. 657 OR; dazu eingehender hinten S. 90, § 4.III.4.
[104] Art. 656a ff. OR; dazu eingehender hinten S. 95, § 4.III.5.
[105] Dazu eingehender hinten S. 157, § 6.I.7.da.
[106] Dazu eingehender hinten S. 151, § 6.I.7.a. und S. 152, § 6.I.7.b.
[107] Dazu eingehender hinten S. 106, § 5.II.1.
[108] FORSTMOSER/MEIER-HAYOZ/NOBEL, § 28 Rz. 65 und § 39 Rz. 29; BSK OR II-WATTER/ROTH PELLANDA, Art. 717 Rz. 22.

dann erfolgen, wenn sie ein geeignetes Mittel darstellt, um ein gerechtfertigtes Ziel zu erreichen[109], mithin wenn sie nicht unsachlich oder übermässig ist und im Interesse der Gesellschaft und damit aller Aktionäre liegt[110]. Selbstredend sind auch statutarische Ungleichbehandlungen (beispielsweise Vorzugs- oder Stimmrechtsaktien), soweit das Gesetz sie vorsieht, zulässig[111].

c. **Sachlichkeitsgebot, Pflicht zur schonenden Rechtsausübung und Rechtsmissbrauchsverbot**

Eine Einschränkung der Aktionärsrechte unterliegt ferner dem Gebot der Sachlichkeit. Gemäss Art. 706 Abs. 2 Ziff. 2 OR sind Beschlüsse der Generalversammlung anfechtbar, wenn sie Rechte von Aktionären in unsachlicher Weise entziehen oder beschränken, resp. eine *durch den Gesellschaftszweck nicht gerechtfertigte Ungleichbehandlung* oder Benachteiligung der Aktionäre bewirken[112]. Unter diese Bestimmung fallen sowohl generell-abstrakte als auch individuell-konkrete Einschränkungen der Aktionärsrechte, welche inhaltlich in unsachlicher, übermässiger oder durch das Gesellschaftsinteresse nicht hinreichend gerechtfertigter Weise erfolgen[113].

Ebenfalls Ausfluss des Sachlichkeitsgebots ist der Grundsatz der schonenden Rechtsausübung, welcher verlangt, dass zur Erreichung eines bestimmten, legitimen Zieles jeweilen derjenige Weg zu wählen ist, welcher für die Betroffenen die *wenigsten Einschränkungen und die geringsten Nachteile* mit sich bringt[114]. Mittlerweile hat das Bundesgericht diesen ursprünglich aus dem Sachenrecht stammenden, von der Lehre aber schon seit längerem auch für das Gesellschaftsrecht herangezogenen Grundsatz im Gesellschaftsrecht explizit anerkannt; er gebiete, «dass die zuständige Mehrheit die ihr eingeräumte Macht im

---

[109] BGE 117 II 312 m.V.a. 102 II 267.
[110] Dazu eingehend: HUGUENIN Gleichbehandlungsprinzip, S. 5 ff.; FORSTMOSER/MEIER-HAYOZ/NOBEL, § 39 Rz. 11 ff.; ZK-HOMBURGER, Art. 717 OR Rz. 1107 ff.; BSK OR II-WATTER/ROTH PELLANDA, Art. 717 Rz. 23; BÖCKLI Aktienrecht § 13 Rz. 680 und § 4 Rz. 248 ff.; KRNETA, Rz. 1922; C. BÜHLER Regulierung, Rz. 665.
[111] BÖCKLI Aktienrecht § 13 Rz. 679; BSK OR II-WATTER/ROTH PELLANDA, Art. 717 Rz. 24.
[112] Das Erfordernis der Sachlichkeit findet sich auch in Art. 652b Abs. 2 und Art. 653c Abs. 3 OR.
[113] Dazu BÖCKLI Aktienrecht, § 16 Rz. 113 ff.; FORSTMOSER/MEIER-HAYOZ/NOBEL, § 39 Rz. 87 ff.; BSK OR II-TRUFFER/DUBS, Art. 706 Rz. 12 f.
[114] FORSTMOSER/MEIER-HAYOZ/NOBEL, § 39 Rz. 95; zum Ganzen eingehend PELLI, S. 47 ff. und 75 ff.; RÜTTIMANN, S. 121 ff.

Hinblick auf entgegengesetzte Interessen der Minderheit nicht missbrauchen darf, indem sie diese ohne sachlichen Grund verletzt»[115].

Ferner unterliegt die Aktiengesellschaft dem generellen Regulativ des Rechtsmissbrauchsverbots gemäss Art. 2 Abs. 2 ZGB[116]. Im Innenverhältnis kann eine Missbrauchsproblematik unter den Aktionären, zwischen Aktionären und Organen oder innerhalb der Organe auftreten[117].

II. «Swiss Code of Best Practice for Corporate Governance» (SCBP)

1. Entstehung

Der Dachverband der Schweizer Unternehmen, *economiesuisse*, welcher die Interessen aller Branchen (Industrie, Finanzsektor sowie übrige Dienstleistungen) vertritt, lud in Absprache mit der SWX (heute SIX) interessierte Mitgliedfirmen und Verbände zur Teilnahme an einer *Expertengruppe «Corporate Governance»* ein, welche die Grundsätze guter Corporate Governance in der Schweiz erarbeiten sollte. Aus dem Kreis dieser sehr breit abgestützten Expertengruppe[118] wurde ein Arbeitsausschuss[119] gebildet, welcher unter dem Vorsitz von KARL HOFSTETTER einen *umfangreichen Bericht* über den Ist-Zustand der Corporate Governance in der Schweiz verfasste und den diesbezüglichen gesetzgeberischen, resp. selbstregulatorischen[120] Handlungsbedarf aufzeigte. Gestützt auf diese Erkenntnisse redigierte PETER BÖCKLI – unterstützt vom genannten Arbeitsausschuss – den *«Swiss Code of Best Practice for Corporate Governance» (SCBP)*, welcher zusammen mit dem Entwurf der Transparenzrichtlinie der SWX (heute SIX) im Herbst 2001 in eine breite Vernehmlassung geschickt wurde. Die definitive Fassung des SCBP wurde vom Vorstand der economiesuisse am 25. März 2002 genehmigt[121]. Nachdem die Diskussion über

---

[115] BGE 131 III 463 m.V.a. 117 II 302 und 121 III 238 m.w.H; dazu FORSTMOSER/MEIER-HAYOZ/NOBEL, § 39 Rz. 95 ff.; BSK OR II-ZINDEL/ISLER, Art. 652b Rz. 24.
[116] Das Bundesgericht hat anerkannt, dass eine Verletzung des Rechtsmissbrauchsverbots neben dem Gleichbehandlungsgrundsatz gesondert zu prüfen ist; dies, da der Gleichbehandlungsgrundsatz nicht lex specialis im Aktienrecht zu Art. 2 ZGB sei, sondern lediglich Art. 2 ZGB im Aktienrecht konkretisiere (BGE 102 II 268).
[117] Dazu eingehend RÜTTIMANN, S. 56 ff.
[118] Die detaillierte Liste der Teilnehmer findet sich im SCBP Ingress, S. 3.
[119] Bestehend aus PETER BÖCKLI, KARL HOFSTETTER, THOMAS HODLER, RICHARD T. MEIER, CHRISTIAN STIEFEL sowie zeitweise HERBERT BUFF und THOMAS PLETSCHER.
[120] Dazu sogleich hinten S. 22, § 2.II.2.
[121] Bericht HOFSTETTER, S. 1; SCBP, Ingress S. 2 f.; SCBP Vorwort, letzter Absatz.

übersetzte Entschädigungen von Spitzenmanagern in der Öffentlichkeit immer breiteren Raum einnahm, wurde erneut KARL HOFSTETTER mit der Verfassung eines Sonderberichts zur Frage der Entschädigung von Verwaltungsrat und Management in Publikumsgesellschaften beauftragt, welcher die Grundlage für die Ausarbeitung eines Anhang 1 zum SCBP bildete. Der SCBP wurde am 15. Oktober 2007 als Reaktion auf die neu in das Obligationenrecht eingefügten Salär-Transparenzvorschriften[122] neu aufgelegt und durch den *Anhang 1*, welcher ausführliche *Empfehlungen zu den Entschädigungen* von Verwaltungsrat und Geschäftsleitung beinhaltet, ergänzt und verdeutlicht; Anhang 1 bildet einen integrierenden Bestandteil des SCBP, resp. geht Ziff. 25 und 26 SCBP vor, insoweit als er Abweichungen vom SCBP enthält[123].

2. Selbstregulierung/Soft law

Der SCBP ist ein Akt der Selbstregulierung. Nach LANGHART ist unter Selbstregulierung eine von Privaten kraft staatlicher Delegation oder – wie vorliegend – freiwillig geschaffene Regelung in einem Bereich zu verstehen, welcher sie betrifft und in welchem ein Regelungsbedarf besteht; die Regelung ist von relativer Allgemeinheit, wahrt das öffentliche Interesse und kann in Form eines Vertrages, einer Satzung oder eines anderen rechtlich nicht bindenden Mittels erfolgen[124]. Typisch für Akte der Selbstregulierung ist nach WEBER[125] das Bestreben, eine staatliche Regelung womöglich überflüssig zu machen oder zu vermeiden. Selbstregulierungserlasse haben den Vorteil, dass sie durch *professionelle Erlassgeber innert nützlicher Frist* erlassen und veränderten Bedürfnissen *leichter wieder angepasst* werden können; sie sind häufig sachnah und praxisbezogen, laufen manchmal jedoch die Gefahr der Überreglementierung. *Defizite* weisen sie sodann in Bezug auf ihre *demokratische Legitimation*, auf Sanktionen und deren *Durchsetzung* bei Regelverstössen sowie hinsichtlich Haftungsfragen auf[126].

Das Bestreben, einer staatlichen Regelung zuvorzukommen, spielte auch für die Entstehung des SCBP eine nicht unmassgebliche Rolle. Angeregt durch die zwischenzeitlich auch in Europa in Gang befindliche Corporate-Governance-Diskussion und aufgrund eines gegenüber dem Ausland erhöhten Erklärungs- und Kommunikationsbedürfnisses[127] sowie – nicht unmassgeblich – unter dem

---

[122] Art. 663b^{bis} ff. OR.
[123] SCBP Anhang 1, S. 2.
[124] LANGHART S. 93 ff., insbes. 95 und 97 m.w.H.
[125] Selbstregulierung, S. 22.
[126] Statt Vieler: BÖCKLI Revisionsfelder, S. 769; C. BÜHLER Regulierung, Rz. 129 ff. und 181 ff.
[127] U.a. im Zusammenhang mit der Kotierung von Aktien der Novartis AG und der UBS AG an der New York Stock Exchange (BÖCKLI Harte Stellen, S. 982).

Eindruck verschiedener Skandale in schweizerischen Publikumsgesellschaften im Jahre 2001/2002 wurden die Arbeiten am SCBP vorangetrieben. Im Bereich der Corporate Governance gewichtete man die Vorteile eines Selbstregulierungserlasses stärker als die demokratische Abstützung einer gesetzlichen Regelung[128]. Gewisse Fragen blieben jedoch einer Regelung durch den Gesetzgeber vorbehalten[129].

3. Best Practice

Die Festschreibung von «Best Practices» findet in verschiedenen Bereichen insbesondere des Wirtschaftsrechts zunehmende Bedeutung[130]. Im Bereich der Corporate Governance definiert VON DER CRONE[131] diese als an Unternehmen gerichtete Festlegungen, «wo und wie [sie] über die gesetzlichen Minimalanforderungen hinaus gehen müssen, damit ihr Umgang mit dem Prinzipal-Agent-Problem dem Stand der Kunst entspricht», wobei den Unternehmen typischerweise insbesondere in kontroversen Bereichen[132] Gestaltungsspielraum eingeräumt und lediglich die favorisierte Lösung der betreffenden Fragestellung umschrieben werde. Ziel solcher nichtstaatlicher Normen ist es, die auffälligsten *Lücken* und *Fehler* zu *identifizieren* sowie *geeignete Verhaltensweisen* und *Methoden* zu ihrer Vermeidung zu *empfehlen*. Häufig treten solche Normen mittels einer Verbindlicherklärung durch Berufsvereinigungen in ein Stadium indirekten Zwanges, allenfalls fliessen sie schliesslich in die Gesetzgebung ein[133]. Letzteres ist – um lediglich ein Beispiel zu nennen – im Bereich der Transparenz der Vergütungen an die Mitglieder des Verwaltungsrates und der Geschäftsleitung kotierter Aktiengesellschaften erfolgt[134].

---

[128] BÖCKLI Revisionsfelder, S. 769; P. KUNZ Corporate Governance, S. 481 f.
[129] So bspw. die Neukonzeption der aktienrechtlichen Generalversammlung in Richtung des «proxy»-Modells (Bericht HOFSTETTER, S. 18, 20) oder die Behandlung vertraglich nicht lösbarer Probleme mit Dispoaktien (Bericht HOFSTETTER, S. 23).
[130] Vgl. etwa VON DER CRONE Verantwortlichkeit, S. 246 f. sowie P. KUNZ Corporate Governance, S. 477.
[131] Verantwortlichkeit, S. 247 f.
[132] So etwa SCBP Empfehlung 18, welcher für Unternehmen die Doppelspitze (personelle Trennung von Verwaltungsratspräsident und CEO) bevorzugt, die Personalunion von Mitgliedern des Verwaltungsrats und der Geschäftsleitung jedoch zulässt, diesfalls jedoch die Schaffung adäquater Kontrollmechanismen bspw. durch einen sog. «lead director» nahe legt.
[133] BÖCKLI Neun Regeln, S. 576; eine Übersicht über wichtige Akte der Selbstregulierung aus dem Bereich des Wirtschaftsrechts, welche in die Gesetzgebung eingeflossen sind, findet sich bei BÖCKLI Revisionsfelder, S. 769 f.
[134] Art. 663b^{bis} OR.

4. Regelungsgegenstand

Der SCBP richtet sich grundsätzlich an schweizerische Publikumsgesellschaften und enthält Empfehlungen zur *Behandlung der Aktionäre* durch die Gesellschaft, zu *Aufgaben, Zusammensetzung* und *Arbeitsweise des Verwaltungsrats*, zur *Ausgestaltung* von *Verwaltungsrat* und *Geschäftsleitung*, zu Fragen der *internen Kontrolle* sowie zur *Revision*. Durch den Anhang 1 wurden dem SCBP nunmehr sehr detaillierte Empfehlungen hinsichtlich der Gestaltung des *Entschädigungssystems*, dessen Festlegung, Prüfung durch die Generalversammlung sowie dessen Offenlegung angefügt.

Gemäss SCBP 2.1 Präambel Abs. 3 können auch nicht kotierte, volkswirtschaftlich bedeutende Gesellschaften oder Organisationen dem Swiss Code zweckmässige Leitideen entnehmen. SCBP Empfehlung 28 schliesslich richtet sich explizit an KMU und empfiehlt, an Stelle von Ausschüssen Einzelbeauftragte einzusetzen oder die entsprechenden Aufgaben durch den Gesamtverwaltungsrat wahrnehmen zu lassen. Die Begriffe «KMU» sowie «wirtschaftlich bedeutende Gesellschaften und Organisationen» definiert der SCBP jedoch nicht. M.E. tun nicht nur volkswirtschaftlich bedeutende Unternehmen, sondern auch Kleingesellschaften gut daran, die dem SCBP zugrunde liegenden Empfehlungen – in einer ihrer individuellen Ausgestaltung und Gesellschaftsgrösse angepassten Weise – umzusetzen.

5. Umsetzung des SCBP

Die Schaffung und Verabschiedung des SCBP wurde mehrheitlich positiv aufgenommen, was auf dem Hintergrund des breit abgestützten Entstehungsprozesses nicht sonderlich erstaunt. Die economiesuisse hat im Jahre 2004 die Umsetzung des SCBP durch 33 Unternehmen des SMI-Indexes analysiert[135] und kommt zum Schluss, dass diejenigen Empfehlungen, deren Aspekte sie einer genaueren Untersuchung unterzogen hatte[136], *rasch und zufriedenstellend* umge-

---

[135] Analysiert wurden die Geschäftsberichte der Jahre 2002 und 2003 im Vergleich zu den Geschäftsberichten des Jahres 2001 sowie die Firmenhomepages der folgenden Unternehmen: ABB, Adecco, Ascom, Bâloise, Clariant, Coop, Credit Suisse, EMS, Givaudan, Holcim, Julius Bär, Kudelski, Lonza, Nestlé, Novartis, Post, Richemont, Roche, SBB, Schindler, Serono, SGS, Sulzer, Swatch, Swisscom, Swiss Life, Swiss Re, Syngenta, Tamedia, UBS, Unaxis, Zurich Financial Services (dossierpolitik, S. 3 f).

[136] Es waren dies die Aspekte der Verantwortung des Verwaltungsrates für ein internes Kontrollsystem/Risikomanagement, der Ausgestaltung der Unternehmensspitze, der Unabhängigkeit der Ausschüsse, der Ausgestaltung und Offenlegung der Entschädigungspolitik, der Wirksamkeit und Ausgestaltung der Revision sowie der Erleichterung der Ausübung der Aktionärsrechte (dossierpolitik, S. 3 ff.).

§ 2 Rechtsgrundlagen und Regelwerke

setzt worden sind[137]. Die Wichtigkeit der Corporate Governance sowie der diesbezüglich notwendigen Kommunikation wurde – auch von nicht kotierten Unternehmen – erkannt. Neben inhaltlichen Verbesserungen etwa hinsichtlich der Führungsstruktur wurde vor allem auch die Berichterstattung ergänzt und verbessert. Die Angaben zur Corporate Governance in den Geschäftsberichten sind, da sie sich strukturell häufig am SCBP resp. der RLCG orientieren, übersichtlicher und vergleichbarer geworden. Die gewählte Vorgehensweise der Selbstregulierung hat sich damit als richtig erwiesen[138].

III. «Richtlinie betreffend Informationen zur Corporate Governance» (RLCG 2002 resp. 2009)

1. Entstehung

Gemäss Art. 8 Abs. 2 und 3 BEHG hat die Börse Vorschriften über die Handelbarkeit von Effekten zu erlassen und festzulegen, welche Informationen den Anlegern für die Beurteilung der Eigenschaften der Emittenten sowie die Qualität des Emittenten offenzulegen sind; dabei hat sie internationalen Standards Rechnung zu tragen. Da der *Markt* hinsichtlich gewisser Punkte keine oder eine nur *ungenügende Transparenz* herzustellen vermochte, erachtete es die SWX (heute SIX) als geboten[139], diese Defizite[140] durch den Erlass einer Richtlinie zu beheben. Gestützt auf Art. 8 BEHG resp. Art. 1, 3 und 64 KR SWX verfasste die SWX (heute SIX) zusammen mit HANS CASPAR VON DER CRONE eine «Richtlinie betreffend Informationen zur Corporate Governance» (RLCG 2002) vom 17. April 2002, welche von der EBK (heute FINMA) in ihrer Funktion als Aufsichtsbehörde genehmigt und – mit Wirkung für das Geschäftsjahr, welches

---

[137] Eine Ausnahme bildete im November 2004 noch die Berichterstattung über die Entschädigungspolitik, welche sich auf eine summarische Offenlegung der Gesamtsumme aller Entschädigungen an den Verwaltungsrat und die Geschäftsleitung (allenfalls unter separater Ausweisung der höchsten Einzelentschädigung) beschränkte, während keines der untersuchten Unternehmen Angaben über das Entschädigungssystem oder über die Korrelation zwischen persönlichem Beitrag zum nachhaltigen Unternehmenserfolg und der Höhe der Entschädigung machte (dossierpolitik, S. 5 f.).
[138] dossierpolitik, S. 6 f.
[139] Zum Erlass von Bestimmungen über die Transparenz der Vergütungen sowie über die Offenlegung von Managementtransaktionen war die SWX (heute SIX) sodann konkret von der EBK (heute FINMA) aufgefordert worden (vgl. P. KUNZ Corporate Governance m.V.a. EBK-JB 2003 S. 93 ff. und EBK-JB 2004, S. 71).
[140] Im Besonderen informierten Unternehmen ungenügend über Interessenbindungen von Verwaltungsrats- und Geschäftsleitungsmitgliedern sowie über deren Entschädigung (STAUB, S. 157 m.w.H).

am oder nach dem 1. Januar 2002 begann – auf den 1. Juli 2002 in Kraft gesetzt wurde[141]. Die RLCG 2002 ist in *Koordination mit den Autoren des SCBP* geschaffen worden. Auf diese Weise ist ein ganzheitliches Regelgefüge entstanden, welches auch als Ganzes zu betrachten ist[142]. Die RLCG 2002 ist per 1. Januar 2007 überarbeitet und teilrevidiert[143] sowie auf den 1. Juli 2009 durch die RLCG 2009 ersetzt worden[144]. Auch die RLCG 2002 resp. 2009 ist – trotz formaler Genehmigung durch die EBK resp. die FINMA – ein Akt der Selbstregulierung[145].

2. Anwendungsbereich und Regelungsgegenstand

Die RLCG 2002 resp. 2009 findet gemäss Art. 3 Anwendung auf Gesellschaften mit Sitz in der Schweiz, deren *Beteiligungsrechte an der SWX resp. SIX kotiert* sind, sowie auf Gesellschaften mit Sitz im Ausland, deren Beteiligungsrechte an der SWX resp. SIX, nicht aber im Heimatstaat kotiert sind. Gemäss RLCG 2002 resp. 2009 Art. 2, 4 und 5 sind die genannten Publikumsgesellschaften dazu angehalten, den *Investoren* gewisse *Informationen* zur Corporate Governance in geeigneter Form, d.h. auf das Wesentliche beschränkt, sachgerecht und verständlich, in einem separaten Kapitel im Geschäftsbericht oder mittels Verweisung im Geschäftsbericht auf eine andere, leicht zugängliche Informationsquelle *zur Verfügung* zu *stellen*. Der Anhang spezifiziert die offen zu legenden Informationen in über 50 Punkten, gegliedert in neun Titel[146] und zahlreiche Untertitel.

Die Richtlinie folgt dem Grundsatz *«comply or explain»*. Zieht es eine Gesellschaft vor, bestimmte Informationen nicht offen zu legen, so hat sie dies im Geschäftsbericht einzeln und substanziell zu begründen[147]. Während die Anga-

---

[141] RLCG 2002 Rz. 9.
[142] GIGER, S. 17 m.w.H.; nach STAUB (S. 57) bildet der Bericht HOFSTETTER wesentliche Grundlage beider Erlasse und damit Teil dieses einheitlichen Regelwerks; er spricht von einer «Trias der neuen schweizerischen Corporate Governance».
[143] Mitteilung, S. 1.
[144] RLCG 2009 Art. 9.
[145] Dazu näheres bei STAUB, S. 70 ff. sowie vorn S. 22, § 2.II.2.
[146] Es sind dies: (1) Konzernstruktur und Aktionariat, (2) Kapitalstruktur, (3) Verwaltungsrat, (4) Geschäftsleitung, (5) Entschädigungen, Beteiligungen und Darlehen, (6) Mitwirkungsrechte der Aktionäre, (7) Kontrollwechsel und Abwehrmassnahmen, (8) Revisionsstelle sowie (9) Informationspolitik.
[147] RLCG 2002/2009 Rz. 7. BÖCKLI (Harte Stellen, S. 392) spricht von einem Prinzip der «Halbverbindlichkeit»; dazu auch GIGER, S. 66 ff., und STAUB, S. 184 ff. STAUB (S. 194 m.w.H.) postuliert – wie bereits die EBK (heute FINMA) – die Aufhebung des Prinzips «comply or explain» und schlägt vor, eine Abweichung von der grundsätzlichen Offen-

ben zu Entschädigungen, Beteiligungen und Darlehen von/an Mitglieder des Verwaltungsrates und der Geschäftsleitung gemäss Ziff. 5 des Anhangs in der RLCG 2002 noch von diesem Grundsatz ausgenommen waren, schreibt zwischenzeitlich Art. 663b^{bis} OR deren Offenlegung im Anhang des Geschäftsberichts vor.

3. Umsetzung der RLCG 2002

Da die SWX (heute SIX) mit dem Erlass der RLCG 2002 regulatorisches Neuland betreten hatte, liess sie für das erste Jahr nach Inkrafttreten eine wissenschaftliche Studie über die Umsetzung der RLCG 2002 durch das Institut für Rechnungswesen und Controlling der Universität Zürich erarbeiten. Diese förderte bereits für das Jahr 2002 einen Umsetzungsgrad von stattlichen 85% zu Tage[148]. Studien der Folgejahre zeigten noch weitere Verbesserungen auf, nämlich einen Umsetzungsgrad von 94% im Jahr 2003 sowie gar von 98% im Jahr 2004. Die *Berichterstattung* der an der SWX (heute SIX) kotierten Unternehmen hatte damit schon früh ein *sehr hohes Niveau* erreicht[149].

Gerade weil – wie FORSTMOSER[150] eingehend dargelegt hat – das schlechte Abschneiden der Schweiz in internationalen Ratings auf ein mangelndes Verständnis des schweizerischen Rechts zurück zu führen war, bestand ein Kommunikations- und Erklärungsbedarf, welchem nachgekommen werden musste. Dass die Informationen zur Corporate Governance nun zusammengefasst an einem Ort zur Verfügung stehen, ist zweifelsfrei positiv zu werten. Die RLCG 2002 und der SCBP trugen so erheblich zur Steigerung der Attraktivität der schweizerischen Titel und generell zur *Stärkung des Börsenplatzes Schweiz* bei[151]. Darüber hinaus kommt der RLCG 2002 resp. 2009 eine *Allokationsfunktion* zu, indem sie den Anlegern zu bestmöglichen Entscheidungen verhilft und so die Zuteilung der Ressourcen optimiert, sowie eine *Verhaltens-*

---

legungspflicht lediglich im Falle sog. irrelevanter Sachverhalte mittels Negativerklärung zuzulassen.
[148] Corporate-Governance-Studie IRC, S. VI.
[149] MEYER/STAUB, S. 31; C. MEYER, S. 132 und 136; ausführlich ferner STAUB, S. 81 ff.
[150] Corporate Governance Schweiz, S. 27 ff. Schon vor dem Inkrafttreten des SCBP resp. der RLCG befassten sich in der Schweiz zahlreiche gesetzliche Bestimmungen mit Fragen der Corporate Governance, nur fanden sich diese nicht gebündelt in einem Erlass, sondern im OR (dazu bereits vorn S. 14, § 2.I.2.) sowie im BEHG und den gestützt auf letzteres erlassenen Verordnungen; ferner sorgte die Öffentlichkeit des Handelsregisters sowie weitere Verzeichnisse bereits für weitgehende Transparenz (FORSTMOSER, a.a.O.); gl.A. VON PLANTA/RÖTHELI, S. 432.
[151] VON PLANTA/RÖTHELI, S. 432; STAUB, S. 158.

steuerungsfunktion, indem Unternehmen durch die Publizität animiert werden, gewisse Corporate-Governance-Grundsätze einzuhalten[152].

IV. Anwendung von Normen des SCBP oder der RLCG 2002 resp. 2009 auf nicht kotierte Gesellschaften

Eine uniformere Ausgestaltung der Corporate-Governance-Regelwerke wurde nie angestrebt und würde sich auch nicht bewähren, da sich die Problemstellungen in Gesellschaften unterschiedlicher Grösse und Struktur massgeblich unterscheiden. Die RLCG 2002 resp. 2009 richtet sich naturgemäss nur an börsenkotierte Gesellschaften[153]. Auch der SCBP findet nur auf kotierte Gesellschaften Anwendung; er strebt keine Uniformität an, sondern lässt gemäss SCBP Empfehlung 28 explizit Raum für individuelle, an die konkreten Verhältnisse eines jedes Unternehmens mit der ihm eigenen, spezifischen Aktionärsstruktur und Grösse angepasste Lösungen[154]. Darüber hinaus können auch nicht kotierte Gesellschaften dem SCBP zweckmässige Leitideen entnehmen[155], doch ist zu beachten, dass diese nicht kotierten Gesellschaften aufgrund ihrer häufig andersartigen Ausgestaltung *nur bedingt* als *Lösungsansätze* dienen[156].

Spezifisch für nicht kotierte Gesellschaften finden sich Ansätze in einem Leitfaden für mittlere und grössere Familienunternehmen, resp. für von privaten Aktionären geführte Unternehmen[157] sowie in den Empfehlungen zur Führung und Aufsicht von kleinen und mittleren Unternehmen (Best Practice im KMU)[158], auf welche im Folgenden kurz eingetreten wird.

---

[152] GIGER, S. 133 m.w.H.
[153] Dazu vorn S. 26, § 2.III.2.
[154] Dazu vorn S. 24, § 2.II.4.
[155] SCBP 2.1 Präambel Abs. 3.
[156] So warnt etwa P. KUNZ (Corporate Governance, S. 488) vor einer mittelbaren Anwendung des SCBP oder der RLCG auf private Gesellschaften.
[157] Dazu sogleich hinten S. 29, § 2.V.
[158] Dazu sogleich hinten S. 30, § 2.VI.

V. Leitfaden «Familie: Unternehmen: Umfeld – Governance für Familienunternehmen: Wie man das gesunde Wachstum der Familienwerte steuert»

Um auf die spezifischen Bedürfnissen von Gesellschaften in privatem und insbesondere Familienbesitz einzugehen, wurde – ebenfalls auf dem Wege der Selbstregulierung – ein Leitfaden «Familie: Unternehmen: Umfeld – Governance für Familienunternehmen: Wie man das gesunde Wachstum der Familienwerte steuert» geschaffen. Initialisiert und erarbeitet wurde der *Leitfaden Familienunternehmen* von LEONHARD FOPP und TIS PRAGER mit einem unter der Federführung von JULIA RUTISHAUSER stehenden Arbeitskreis von Experten aus der *Wirtschaft* (insbesondere Vertretern von Familienunternehmen), der *Wissenschaft* sowie aus *Wirtschaftsverbänden*[159].

Familienunternehmen[160] sind in dreifacher Hinsicht herausgefordert: Neben der *Unternehmung* bedarf die *Familie* einer angemessenen Führung, und auch mit Ansprüchen des *Umfelds* ist adäquat umzugehen[161]. Der Leitfaden Familienunternehmen ist denn auch nach diesen drei Themen gegliedert. Insbesondere in Punkten, in welchen sich Familienunternehmen stark von anderen unterscheiden, soll der Leitfaden Familienunternehmen ergänzend zum SCBP zur Anwendung gelangen. So ist in Familiengesellschaften beispielsweise die *Bündelung der Aktionärsinteressen und -stimmen* von grosser Bedeutung, zu dessen Zweck der Leitfaden Familienunternehmen das Instrument der Familienversammlung resp. des Familienrats[162] empfiehlt; aber auch für *Nachfolgeregelungen* enthält der Leitfaden Familienunternehmen spezifische Empfehlungen[163].

Der Leitfaden Familienunternehmen beinhaltet 20 Empfehlungen und 85 teilweise sehr ausschweifende Detailerörterungen/Empfehlungen allgemeiner Art, welche sich über weite Strecken eng an den SCBP anlehnen und stellenweise auch auf das Gesetz verweisen. Diese Weitschweifigkeit ist zu bedauern, sind doch gerade mittlere und kleine Familienunternehmen, an welche sich der Leitfaden v.a. richtet[164], an möglichst schlanken Strukuren, einfachen Abläufen und direkten Entscheidungswegen interessiert – der Leitfaden Familienunternehmen postuliert demgegenüber die Verabschiedung zahlreicher Papiere: Familienleit-

---

[159] Die Liste der Teilnehmer findet sich im Ingress des Leitfadens Familienunternehmen, S. 6.
[160] Zu den Besonderheiten der Familien-AG eingehender hinten S. 41, § 3.IV.2.
[161] Ziff. 1.5. Leitfaden Familienunternehmen.
[162] Dazu eingehender hinten S. 166, § 6.II.
[163] Vorwort des Leitfadens Familienunternehmen, S. 5; Ziff. 4.3 und 4.4 Leitfaden Familienunternehmen.
[164] Ingress des Leitfadens Familienunternehmen, S. 6.

bild, Vermögensstrategie, Nachfolge- und Notfallplan, Unternehmensleitbild und -strategie sowie Organisationskonzept[165]. Damit soll nicht gesagt sein, dass sich Aktionäre und Unternehmensführung in Familiengesellschaften nicht mit diesen Themen befassen sollen; sie brauchen es aber nicht in derart formalisierter Weise zu tun.

Die vorliegende Arbeit konzentriert sich auf die organisatorisch und inhaltlich wesentlichsten Empfehlungen und stellt diese im jeweiligen Kontext dar[166].

VI. Best Practice im KMU (BP-KMU)

Das Projektteam des IFPM-HSG Center for Corporate Governance der Universität St. Gallen, bestehend aus ANDREAS BINDER, ROLF DUBS, MARTIN HILB, GABRIELA MANSER, ROLAND MÜLLER und NINA SPIELMANN hat im Bestreben darum, dass sich KMU nicht auf das blosse Einhalten gesetzlicher Mindeststandards beschränken, sondern um eine bestmögliche Praxis bemühen, *Empfehlungen* für die *Führung und Aufsicht von KMU* erarbeitet. Diese gliedern sich in vier sog. «Dimensionen»: (1) die situative Dimension (besondere Verhältnisse des KMU), (2) die strategische Dimension (Unternehmensstrategie und -führung), (3) die integrative Dimension (effiziente Verwaltungsrats- und Geschäftsleitungsteams) sowie (4) die Kontroll-Dimension. Die Empfehlungen zeigen die Besonderheiten und mögliche Lösungsansätze von KMU-Problemstellungen in kurzer, prägnanter Weise auf und vermögen einem potentiellen Gesellschaftsgründer und juristischen Laien zweifelsfrei einen ersten Überblick zu verschaffen. Die Empfehlungen sind jedoch stellenweise stark systematisierend, wiederholen die gesetzliche Regelung oder konkretisieren diese lediglich für den spezifischen KMU-Kontext.

Die vorliegende Arbeit beschränkt sich auch bezüglich des BP-KMU auf die Darstellung derjenigen Empfehlungen, welche inhaltlich neu oder für KMU in besonderer/neuer Weise konkretisierend sind, im jeweiligen Kontext.

---

[165] Ziff. 4.1, 4.2, 4.5, 5.1 und Rz. 46 Leitfaden Familienunternehmen.
[166] Eine umfassende Darstellung findet sich auch in C. BÜHLER Regulierung, Rz. 1330 ff.

§ 3 Nicht kotierte Aktiengesellschaften, deren Eigenheiten und spezifische Problemstellungen

Im folgenden Paragraphen sollen nach einer Kurzübersicht über die verschiedenen Arten von Aktiengesellschaften (I.) die unterschiedlichen Erscheinungsformen nicht kotierter Gesellschaften (von der Einpersonen-AG bis zu den Aktiengesellschaften in Konzernstrukturen) eingehender erörtert sowie deren Eigenheiten und besonderen Problemstellungen beleuchtet (II.–V.), ferner die mannigfaltigen Beweggründe zur Wahl der Rechtsform der Aktiengesellschaft (V.) dargelegt und schliesslich in einem kleinen Exkurs die unterschiedlichen Definitionen und die Bedeutung von KMU im allgemeinen (VII.) aufgezeigt werden.

I. Publikumsgesellschaften und private Gesellschaften

1. Leitbild des Gesetzgebers

Welche Art von Aktiengesellschaft dem Gesetzgeber als «klassische Aktiengesellschaft» vorschwebte, blieb in Literatur und Rechtsprechung umstritten. Der Botschaft zur Aktienrechtsrevision 1991 ist immerhin zu entnehmen, dass Leitbild des Aktienrechts – wenngleich das Gesetz nicht wenige auf Kleinaktiengesellschaften zugeschnittene Bestimmungen enthalte – zweifelsfrei die Gesellschaft mit grossem Aktionärskreis sei[167].

Nach FORSTMOSER/MEIER-HAYOZ/NOBEL hatte der Gesetzgeber eine *mittelgrosse Publikumsgesellschaft*, eine «wirtschaftliche Zwecke verfolgende und gewinnstrebige, kapitalbezogen strukturierte Aktiengesellschaft mit relativ grossem Grundkapital und Geschäftsvolumen, die eine veränderliche Vielzahl selbständig handelnder, mit der Gesellschaft nur durch ihre Kapitalbeteiligung verbundener Aktionäre aufweist» vor Augen; ob die Aktien an einer Börse gehandelt würden, sei in diesem Zusammenhang nicht von Belang[168].

In der laufenden Aktienrechtsreform bleibt es bei der Fokussierung auf grosse Gesellschaften, mit einer starken Gewichtung kotierter Gesellschaften. Ver-

---

[167] Botschaft Aktienrecht, S. 3.
[168] FORSTMOSER/MEIER-HAYOZ/NOBEL, § 2 Rz. 13 f. und 20.

mehrt wird nun aber den Anforderungen kleinerer und mittlerer Gesellschaften durch eigene Bestimmungen Rechnung getragen[169].

2. Mögliche Formen von Aktiengesellschaften und Verbreitung

Da das Aktienrecht jedoch eine ausgesprochen *schwache Typbindung* aufweist, kann eine Aktiengesellschaft – solange die zwingenden gesetzlichen Bestimmungen und damit die in der Legaldefinition enthaltenen Begriffselemente[170] eingehalten sind – beliebig ausgestaltet werden. Die Rechtsform der Aktiengesellschaft kann nicht nur Publikumsgesellschaften, sondern auch sog. privaten Aktiengesellschaften, d.h. Gesellschaften, welche nicht an einer Börse kotiert sind und einen geschlossenen Aktionärskreis aufweisen, deren Mitglieder durch persönliche Bande verbunden sind[171] als Rechtskleid dienen. Private Aktiengesellschaften wiederum können sich in ihrer Grösse und Ausgestaltung stark unterscheiden: von der *Ein-*[172] *oder Zweipersonengesellschaft*[173] über die kleine *Familien- und/oder Freundesgesellschaft* bis zur *Grossfamiliengesellschaft* mit Dutzenden von in Familienzweigen organisierten Aktionären[174]. Aus diesem Grunde wurde die Aktiengesellschaft auch einprägsam als «Bonne à tout faire» des schweizerischen Gesellschaftsrechts bezeichnet[175].

In Zahlen präsentiert sich das Verhältnis kotierter und nicht kotierter Aktiengesellschaften folgendermassen: Per 1. Januar 2012 waren im Handelsregister

---

[169] Bspw. Art. 689d Abs. 2 und 3 E OR 2007 resp. E-Parl OR, wonach im Falle einer statutarischen Beschränkung des Vertretungsrechts an der Generalversammlung auf einen anderen Aktionär auf Verlangen ein unabhängiger Stimmrechtsvertreter bezeichnet werden muss, ferner das lediglich für nicht kotierte Gesellschaften vorgeschlagene jederzeitige Auskunftsrecht des Aktionärs vom Verwaltungsrat (Art. 697 Abs. 2 E OR 2007) sowie das Auskunftsrecht hinsichtlich Vergütungen, Darlehen, Kredite usw. (Art. $697^{quinquies}$ E OR 2007); die letzten beiden Bestimmungen wurden jedoch im Verlaufe der parlamentarischen Beratungen wieder gestrichen.

[170] Es sind dies die körperschaftliche Struktur, die Konzeption der AG als Grundkapitalgesellschaft, die ausschliessliche Haftung des Gesellschaftsvermögens sowie die Eintragung im Handelsregister (Art. 620 Abs. 1 OR).

[171] Es wird auch von personalistischen, personenbezogenen, individualistisch strukturierten oder geschlossenen Aktiengesellschaften gesprochen (FORSTMOSER/MEIER-HAYOZ/ NOBEL, § 62 Rz. 3 f.; BÖCKLI/HUGUENIN/DESSEMONTET, S. 42).

[172] Dazu sogleich hinten S. 34, § 3.II.

[173] Dazu sogleich hinten S. 37, § 3.III.

[174] BÖCKLI Aktienrecht § 1 Rz. 25 ff. und § 14 Rz. 352; BSK OR II-BAUDENBACHER, Vor Art. 620 OR Rz. 9; zur Familien-AG sogleich hinten S. 41, § 3.IV.

[175] FORSTMOSER Vinkulierung, S. 90; DERS. Organisation II, § 2 Rz. 21; MEIER-HAYOZ/ FORSTMOSER, § 10 Rz. 41.

194'289 Aktiengesellschaften eingetragen[176], wovon lediglich 286 börsenkotiert waren[177]. Im Jahre 2008 erwirtschafteten die an der Börse kotierten Gesellschaften jedoch 16% des schweizerischen Bruttoinlandproduktes[178]. Nach wie vor handelt es sich bei der Aktiengesellschaft um die am weitesten verbreitete Gesellschaftsform in der Schweiz; zwar hat die GmbH nach Inkrafttreten des revidierten Aktienrechts im Jahre 1992 an Bedeutung gewonnen, sie liegt mit 118'134 Gesellschaften in der Rechtsform einer GmbH jedoch nach wie vor deutlich hinter der AG mit 186'969 Gesellschaften[179].

3. Besonderheiten privater Aktiengesellschaften

Private Aktiengesellschaften weisen häufig eine Ausgestaltung auf, welche sich derjenigen von Personengesellschaften annähert. So ist die Übertragung von Aktien in der Regel durch statutarische Vinkulierungsbestimmungen erschwert oder gar ausgeschlossen[180]. In personalistisch ausgestalteten kleinen Aktiengesellschaften oder in Einpersonen-AG sind häufig einzelne oder alle Aktionäre mit der Unternehmensleitung betraut (eine Annäherung an das die Personengesellschaften beherrschende Prinzip der Selbstorganschaft)[181]. Statutarisch kann die Ausübung des Stimmrechts mittels Stimmrechtsaktien[182], Stimmrechtsbeschränkungen[183], Abstimmungs- und Präsenzquoren[184] in vielfältiger Weise ausgestaltet und spezifischen Bedürfnissen angepasst werden. Nicht selten dient ferner das Privatvermögen der Aktionäre in Form von Garantieverträgen, Bürgschaften, Schuldmitübernahmen oder hypothekarischen Sicherheiten über das Gesellschaftsvermögen hinaus als Sicherheit für Gesellschaftsschulden. Mannigfaltige Verpflichtungen unter den Aktionären (Stimmbindungen, Verfü-

---

[176] Vgl. die Statistik des Eidg. Amtes für das Handelsregister (<www.zefix.ch/zfx-cgi/hrform.cgi/hraPage?alle_eintr=on&pers_sort=original&pers_num=0&language=1&col_width=366&amt=007> [zuletzt besucht am 29. April 2012]).
[177] Vgl. Liste der im April 2012 an der SIX kotierten Unternehmen (<www.six-swiss-exchange.com/shares/companies/issuer_list_de.html> [zuletzt besucht am 29. April 2012]).
[178] Mediemitteilung des Bundesamtes für Justiz vom 11. Januar 2010 (<www.bj.admin.ch/bj/de/home/dokumentation/medieninformationen/2010/2010-01-11.html> [zuletzt besucht am 7. April 2012]); HAUSER/HAUSER/MOSER, S. 51.
[179] Vgl. Handelsregister-Statistik 2010 (<http://zefix.admin.ch/statistics/2010%20%20Anzahl%20eingetrag.%20Gesellschaften%20pro%20Rechtsform%20und%20Kanton.pdf> [zuletzt besucht am 21. Oktober 2012]) sowie MÜLLER/KÖNIG, S. 16 f.
[180] Art. 685 und 685a ff.; dazu eingehender hinten S. 69, § 4.III.2.c.
[181] FORSTMOSER Organisation II, § 3 Rz. 3; KRNETA, Rz. 1710; zur Selbstorganschaft in Familiengesellschaften im Besonderen S. 43, § 3.IV.2.d.
[182] Art. 693 OR; dazu eingehender hinten S. 80, § 4.III.2.d.
[183] Art. 692 Abs. 2 OR; dazu eingehender hinten S. 160, § 6.I.7.db.
[184] Dazu eingehender hinten S. 151, § 6.I.7.a. und S. 152, § 6.I.7.b.

gungsbeschränkungen über die Aktien, Treuepflichten u.w.m.) finden sich schliesslich in Aktionärbindungsverträgen, welche die gesellschaftsrechtliche Ordnung ergänzen[185].

Eine *personenbezogene Ausgestaltung* von Aktiengesellschaften ist innerhalb der gesetzlichen Schranken zulässig; um einer guten Corporate Governance zu genügen, bedarf es unter Umständen indessen gewisser Vorkehrungen, welche in der vorliegenden Arbeit dargestellt werden sollen.

II. Die Einpersonen-AG

1. Entstehung

Während es bis Ende 2006 zur Gründung einer Aktiengesellschaft dreier natürlicher oder juristischer Personen[186] bedurfte, der Gesetzgeber den Fortbestand einer Aktiengesellschaft als Einpersonengesellschaft jedoch bereits unter damaligem Recht tolerierte[187], sieht das Gesetz seit der Revision vereinzelter aktienrechtlicher Bestimmungen im Rahmen der Totalrevision des GmbH-Rechts die *Gründung durch eine Person* nunmehr explizit vor[188].

2. Arten

Bei der klassischen Einpersonen-AG, deren Aktien – abgesehen von allenfalls wenigen treuhänderisch auf Dritte übertragenen Aktien – eine Person alleine hält, handelt es sich faktisch um eine Einzelunternehmung mit beschränkter Haftung. Unter den Begriff der Einpersonen-AG subsumiert die Praxis jedoch auch die sog. Quasi-Einpersonen-AG, deren Aktien eine gewisse Streuung auf unabhängige Dritte aufweisen, welche jedoch klarerweise von einem Hauptak-

---

[185] Dazu eingehender hinten S. 105, § 5.II.
[186] Art. 625 Abs. 1 aOR. Die Praxis hat die Gründung mittels Strohmänner, welche – in eigenem Namen, aber auf fremde Rechnung – fiduziarisch für einen Dritten tätig wurden, ihre Aktien nach der Gründung der Gesellschaft jedoch wieder abtraten, jedoch stets zugelassen.
[187] Art. 625 Abs. 2 aOR sah für den Fall des nachfolgenden Absinkens der Zahl der Aktionäre unter drei nicht die Auflösung der Gesellschaft ipso iure vor, sondern überliess es dem Aktionär oder einem Gläubiger, die Wiederherstellung des gesetzmässigen Zustandes, widrigenfalls die Auflösung der Gesellschaft gerichtlich durchzusetzen (FORSTMOSER/MEIER-HAYOZ/NOBEL, § 62 Rz. 29).
[188] Art. 625 OR.

tionär beherrscht werden[189]. Massgebendes Kriterium ist somit nicht die formelle, sondern *die tatsächliche Beherrschung der Gesellschaft*, sei dies unmittelbar *durch den Allein-, den Hauptaktionär* oder mittelbar durch eine *abhängige Drittperson*[190]. Einzel- oder beherrschender Gesellschafter kann dabei eine natürliche Person, eine Erbengemeinschaft oder eine andere Rechtsgemeinschaft, eine Holdinggesellschaft oder andere privatrechtliche oder eine öffentlichrechtliche Körperschaft sein[191].

3. Rechtsprechung des Bundesgerichts

Das Bestreben, eine Beschränkung des Haftungssubstrats auf das Vermögen einer Gesellschaft zu erwirken, ist nach bundesgerichtlicher Rechtsprechung weder «als ungewöhnlich, sachwidrig noch als absonderlich» zu bezeichnen; ein Geschäft zwecks Begrenzung des eigenen wirtschaftlichen Risikos über eine Aktiengesellschaft zu tätigen, ist also nach Auffassung des Bundesgerichts legitim, steht doch ausser Zweifel, dass «das Gesellschaftsrecht ganz allgemein einer Haftungsbeschränkung dienen kann, ja geradezu dienen soll»[192]. Voraussetzung ist jedoch, dass das Rechtsinstitut der AG nicht in seiner Form missbraucht oder seinem Zweck entfremdet wird, indem etwa die aktienrechtlichen Vorschriften über die Organisation und Struktur der AG – formal oder inhaltlich – nicht beachtet[193] oder Gesellschafts- und Privatvermögen rechtlich nicht strikte getrennt werden[194]. Wird eine AG jedoch *vorschriftsgemäss ausgestaltet und geführt*, ist nach überwiegender Lehre und ständiger Rechtsprechung des Bundesgerichts *trotz wirtschaftlicher Identität* zwischen Allein- oder Hauptaktionär und Gesellschaft *die selbständige juristische Persönlichkeit* der letzteren *grundsätzlich beachtlich*[195]. Nicht beachtet wird die rechtliche Selbständigkeit einer Gesellschaft jedoch, wenn die Berufung darauf gegen Treu und Glauben ver-

---

[189] Statt Vieler: BSK OR II-BAUDENBACHER, Art. 625 Rz. 21 m.w.V.; FORSTMOSER/MEIER-HAYOZ/NOBEL, § 62 Rz. 27 f.; P. KUNZ Minderheitenschutz, S. 146 f.; DERS. Ein- und Zweipersonen-Aktiengesellschaften, S. 65 f.

[190] BGE 96 II 442 = Pra 60 (1971) Nr. 104 S. 321 ff., BGE 92 II 160 und 163 f., 72 II 76, 71 II 272 ff.

[191] SCHÖNLE, S. 30.

[192] BGE 113 V 95 f.

[193] FORSTMOSER/MEIER-HAYOZ/NOBEL (§ 62 Rz. 40) sprechen einprägsam davon, dass das «Spiel der AG (zu) spielen» sei; dazu auch BSK OR II-BAUDENBACHER (2. Aufl.), Art. 625 Rz. 25 f. m.v.a. BGE 86 II 183, 123 III 31.

[194] BGE 115 Ib 61, 92 II 163 f. = Pra 56 (1967) Nr. 23 S. 72 ff., BGE 86 II 180, 81 II 342 f., 67 II 29.

[195] BGE 117 IV 263 ff., 108 II 214, 102 III 169 f., 98 II 99, 97 II 293, 81 II 455; zur Situation in Konzernverhältnissen im Besonderen hinten S. 54, § 3.VI.1.c.

stösst, weil Rechte oder schutzwürdige Interessen aussen stehender Dritter verletzt sind[196]. In diesen Fällen kann ein Haftungsdurchgriff erfolgen[197].

4. Spezifische Problemstellungen

Die Zulässigkeit der Einpersonen-AG erfordert auch die Zulässigkeit von Rechtsgeschäften derselben in *Selbstkontraktion*. Nach bundesgerichtlicher Rechtsprechung darf ein Alleinaktionär und einzelzeichnungsberechtigtes Verwaltungsratsmitglied als solches mit sich selbst Geschäfte abschliessen; dies, da eine Interessenkollision diesfalls entfalle und den Gläubigern nötigenfalls die paulianischen Anfechtungsklagen oder die Verantwortlichkeitsklage zur Verfügung stünden. Im Falle einer Quasi-Einpersonen-AG bedarf es nach bundesgerichtlicher Rechtsprechung aus Gründen des Minderheitenschutzes hingegen einer Genehmigung des Insichgeschäfts durch die Generalversammlung[198]. In formeller Hinsicht verlangt Art. 718b OR seit 1. Januar 2008 in jedem Fall, dass Verträge, bei denen die Gesellschaft durch diejenige Person vertreten wird, mit der sie den Vertrag abschliesst, schriftlich abgefasst werden.

Anders als bei der reinen Einpersonen-AG stellen sich bei der Quasi-Einpersonen-AG *minderheitenschutzrechtliche Probleme*, welche durch den Umstand, dass die Kapitalmehrheit in einer Person vereint ist, noch akzentuiert werden[199].

Von häufig unterschätzter Bedeutung insbesondere in klassischen Einpersonen-AG ist – neben der Einhaltung des oben erwähnten Trennungsprinzips[200] – sodann die Einhaltung sämtlicher *Formalien*, beispielsweise die Protokollierung der Entscheide des (häufig einzigen) Verwaltungsrats, die Abhaltung einer General«versammlung» innerhalb von sechs Monaten nach Abschluss des Geschäftsjahres oder die Erstellung aller für Kapitalveränderungen notwendigen Unterlagen und Berichte[201].

---

[196] Vgl. etwa BGE 97 II 293, 92 II 164 m.w.H.
[197] Dazu eingehend hinten S. 52, § 3.VI.1.b. und S. 54, § 3.VI.1.c.
[198] BGE 126 III 365 f.; SJZ 96 (2000) S. 468; BÖCKLI Aktienrecht, § 13 Rz. 607 f.
[199] P. KUNZ Minderheitenschutz, § 2 Rz. 20
[200] Dazu eingehend hinten S. 52, § 3 VI.1.b und S. 55, § 3.VI.2.
[201] P. KUNZ Minderheitenschutz, S. 52, § 2 Rz. 29 f.; N. MEYER, S. 244; BSK OR II-BAUDENBACHER (2. Aufl.), Art. 625 Rz. 25.

III. Die Zweipersonen-AG

1. Arten

In einer Zweipersonen-AG befinden sich sämtliche Aktien im Eigentum zweier Personen. Halten die beiden Aktionäre das Kapital und die Stimmen der Gesellschaft zu gleichen Teilen, handelt es sich um eine *sog. paritätische oder echte Zweipersonen-AG*. Sind das Kapital und die Stimmkraft hingegen nicht gleichmässig verteilt, liegt eine *sog. nicht-paritätische Zweipersonen-AG* vor, wobei die Beteiligung des Minderheitsaktionärs nicht derart klein sein darf, dass dies praktisch die Auswirkungen einer Einpersonen-AG zeitigen würde[202]. Vergleichbare Konstellationen finden sich in Gesellschaften, in denen sich zwei unter sich einheitliche Aktionärsgruppen – sei dies paritätisch oder nicht – gegenüberstehen.

Gemeinschaftsunternehmen (*Joint Ventures*), in denen der Gleichberechtigung der Zusammenarbeit zentrale Bedeutung zukommt, bedienen sich zur Realisation eines sachlich oder räumlich begrenzten Projekts häufig der Rechtsform der AG; es handelt sich in diesen Fällen um originär geschaffene Zweipersonen-AG. Nachträglich können Zweipersonen-AG beispielsweise entstehen, wenn sich die Zahl der Aktionäre im Laufe der Zeit auf zwei reduziert, im Falle eines erbrechtlichen Übergangs von Aktien auf zwei Erben oder zufolge Beitritts eines zweiten Aktionärs in eine Einpersonen-AG[203].

2. Entstehung

Während die Zweipersonengesellschaft – wie die Einpersonengesellschaft – früher unter Beizug eines Dritten/Strohmannes gegründet werden musste, können heute *zwei Personen* originär (oder auch ursprünglich eine *Person alleine*) eine Zweipersonen-AG gründen[204].

---

[202] Statt Vieler: H.-K. PEYER, S. 14 f.; FORSTMOSER/MEIER-HAYOZ/NOBEL, § 62 Rz. 103 f.; P. KUNZ Ein- und Zweipersonen-Aktiengesellschaften, S. 66.
[203] VON DER CRONE Pattsituationen, S. 38.
[204] Art. 625 (a)OR.

3. Spezifische Problemstellungen

a. Minderheitenschutz in der nicht-paritätischen Zweipersonen-AG

Die Generalversammlung fasst ihre Beschlüsse resp. vollzieht die Wahlen mangels anderweitiger gesetzlicher oder statutarischer Bestimmungen mit der absoluten Mehrheit der vertretenen Aktienstimmen[205]. Der Minderheitsaktionär kann folglich nur in denjenigen Fällen, in denen das Gesetz[206] oder die Statuten ein qualifiziertes Stimmenquorum oder die Statuten ein Anwesenheitsquorum vorsehen, Beschlüsse oder Wahlen gegen seinen Willen verhindern[207]; in diesen Fällen vermag der Mehrheitsaktionär wiederum durch die Verweigerung seiner Zustimmung oder sein Fernbleiben von der Generalversammlung die Beschlussfassung an sich zu verhindern. In allen übrigen Fällen *unterliegt der Minderheits- dem Mehrheitsaktionär*. Abgesehen von den Fällen, in denen Präsenz- und Beschlussfassungsquoren nicht erreicht werden können, erweist sich somit nicht die Beschlussfassung in der Generalversammlung[208] als solche als *problematisch*, sondern die *inhaltliche Beschaffenheit der Beschlüsse*.

Der Umstand, dass sich in der nicht-paritätischen Zweipersonen-AG immer ein Minderheitsaktionär und ein Mehrheitsaktionär gegenüber stehen, wirft die Frage nach besonderen Vorkehrungen zum Schutze des Ersteren auf, und dies umso akzentuierter, als dieses Mehrheits-Minderheits-Verhältnis nicht einzelfallbezogen ist, sondern in immer gleicher Weise fest steht[209].

Dabei soll der *Minderheitenschutz* – von expliziten gesetzlichen oder statutarischen Regeln, wie insbesondere Quorumsvorschriften abgesehen – nach bundesgerichtlicher Rechtsprechung nicht die Macht der Mehrheit als solche einschränken, sondern nur dann Anwendung finden, «*wenn die Mehrheit* die ihr in Art. 703 OR eingeräumte *Macht* im Hinblick auf entgegengesetzte Interessen der Minderheit *offensichtlich missbraucht*». Im Gesellschaftsrecht sei grundsätzlich der Wille der Kapitalmehrheit ausschlaggebend; mit dem Eintritt in die Gesellschaft unterwerfe sich der Aktionär diesem Grundsatz und anerkenne, dass die Mehrheit auch dann bindend entscheide, wenn sie nicht die bestmögli-

---

[205] Art. 703 OR.
[206] Es sind dies insbesondere Art. 704, Art. 706 Abs. 2 Ziff. 4 und Art. 731 Abs. 2 OR.
[207] N. MEYER, S. 254.
[208] Dazu hinten S. 151, § 6.I.7.
[209] FORSTMOSER/MEYER-HAYOZ/NOBEL, § 62 Rz. 51; P. KUNZ Ein- und Zweipersonen-Aktiengesellschaften, S. 66; DERS. Minderheitenschutz, § 1 Rz. 121 ff., § 2 Rz. 21 f.

che Lösung treffe und ihre eigenen Interessen denjenigen der Minderheit vorgehen lasse[210].

b. Beschluss(un)fähigkeit der Generalversammlung in der paritätischen Zweipersonen-AG

In der paritätischen Zweipersonen-AG bewirkt die gleiche Stärke der beiden Aktionäre, dass Generalversammlungsbeschlüsse nur einstimmig gefällt werden können. Oder anders ausgedrückt: *jeder der Aktionäre* verfügt über eine absolute, nicht überwindbare *Sperrminorität*, mittels welcher er die Beschlussfassung gänzlich verhindern kann. Im Gegensatz zur nicht-paritätischen erweist sich bei der paritätischen Zweipersonen-AG somit bereits die Beschlussfassung, genauer die Unmöglichkeit der Beschlussfassung als problematisch. Scheitert die Konsenssuche lediglich in untergeordneten Einzelfragen, tangiert dies die Funktionsfähigkeit einer Gesellschaft als solche noch nicht; sind sich die Aktionäre indessen fortdauernd in wesentlichen Punkten uneinig, läuft die Gesellschaft Gefahr einer kompletten *Lähmung*, welche unweigerlich zum Zusammenbruch der Gesellschaft führt[211].

Anders verhält es sich in einer paritätischen Zweipersonen-AG, deren Statuten für den Fall von Stimmengleichheit den *Stichentscheid* des Vorsitzenden vorsehen[212]. In solchen Gesellschaften stellen sich nicht die spezifischen Probleme einer paritätischen AG, sondern diejenigen einer Zweipersonen AG mit *Minderheit und Mehrheit*.

c. Lösungsansätze

In einer nicht paritätischen Zweipersonen-AG stellt wie erwähnt die dauernde Minorisierung des Minderheitsaktionärs die grösste Problematik dar. Das Gesetz stellt dem Minderheits-Aktionär verschiedene Handlungsinstrumente zur Verfügung, denen sich auch der Minderheitsaktionär einer nicht paritätischen Zweipersonen-AG zur Ausübung oder zum Schutz seiner Stellung bedienen kann, so insbesondere die *Anfechtung von Beschlüssen der Generalversammlung*[213], die

---

[210] BGE 102 II 269, 99 II 62, 95 II 163; dazu auch H.-K. PEYER, S. 46 f.
[211] N. MEYER, S. 256; P. KUNZ Ein- und Zweipersonen-Aktiengesellschaften, S. 68; FORSTMOSER/MEIER-HAYOZ/NOBEL, § 62 Rz. 104 f.; VON DER CRONE (Pattsituationen, S. 38 ff.) zeigt neben den juristischen auch die ökonomischen Vor- und Nachteile des Einstimmigkeitsprinzips auf.
[212] Dazu eingehender hinten S. 156, § 6.I.7.c.
[213] Dazu eingehend hinten S. 280, § 8.IV.

Verantwortlichkeitsklage[214] oder nötigenfalls die *Klage auf Auflösung* der Gesellschaft aus wichtigem Grund[215].

In einer paritätischen Zweipersonen-AG kann auf statutarischem Wege die Beschlussunfähigkeit der Generalversammlung durch den *Stichentscheid* des Vorsitzenden der Generalversammlung *behoben* werden[216]. Auf schuldvertraglichem Wege können sodann *Stimmbindungsabsprachen* oder auch *Treuepflichten* unter den Aktionären begründet werden[217]. Um eine dauernde Blockierung auf dem Wege der Bereinigung der Aktionärsstruktur endgültig zu beseitigen, können auch erweiterte wichtige *Gründe*, welche eine *Auflösungsklage* rechtfertigen[218, 219], oder gar ein Minderheitenrecht, welches die Auflösung auch ohne wichtigen Grund beschliessen kann, eingeführt werden.

d. Beschluss(un)fähigkeit des Zweipersonen-Verwaltungsrates

Gemäss Art. 713 Abs. 1 OR werden die Beschlüsse des Verwaltungsrates mit der Mehrheit der abgegebenen Stimmen gefasst, wobei der Vorsitzende den Stichentscheid hat, sofern die Statuten nichts anderes vorsehen. Da der Stichentscheid, wie sogleich vorstehend[220] erwähnt, die Problemstellungen einer nichtparitätischen Gesellschaft begündet, in welcher die Meinung des Präsidenten des Verwaltungsrats eine *dauernde Majorisierung* erfährt, finden sich in Zweipersonen-Verwaltungsräten, wie sie in Zweipersonen-AG vornehmlich anzutreffen sind, häufig statutarische Bestimmungen, welche den gesetzlich vorgesehenen Stichentscheid des Präsidenten wegbedingen[221]. Die Wegbedingung des Stichentscheids zeitigt in Zweipersonen-Verwaltungsräten jedoch wiederum die Gefahr einer *Beschlussunfähigkeit*.

Ziel einer guten Corporate Governance ist eine massgeschneiderte, nicht dauerhaft blockierende oder einseitig majorisierende Ausgestaltung des Verwaltungsrates; dies lässt sich am Effektivsten auf dem Wege *schuldvertraglicher Vereinbarungen*[222] erreichen. Abhilfe kann unter Umständen durch Vereinbarung eines

---

[214] Dazu eingehend hinten S. 273, § 8.I.
[215] Dazu eingehend hinten S. 284, § 8.VI.1.
[216] Dazu eingehend hinten S. 156, § 6.I.7.c.
[217] Dazu eingehend hinten S. 106, § 5.II.1, S. 112, § 5.II.4. und S. 125, § 5.VI.3.
[218] Dazu eingehend hinten S. 285, § 8.VI.1.c.
[219] Bei faktischer Handlungsunfähigkeit kommt allenfalls auch eine Auflösung ohne statutarische Basis in Betracht (vgl. BGE 4A_729/2011, worin das Bundesgericht in einer Genossenschaft, in welcher eine andauernde Pattsituation und Handlungsunfähigkeit der Gesellschaft Auslöser einer Auflösungsklage war, diese – wenn auch aus Gründen der Unterschreitung der Mindestmitgliederzahl – als zulässig erachtet hat).
[220] S. 39, § 3.III.3.b.
[221] Dazu eingehender hinten S. 200, § 6.III.9.b.
[222] Dazu eingehender hinten S. 125, § 5.VI.3.

alternierenden Präsidiums, Zuwahl eines externen Dritten in den Verwaltungsrat/als Verwaltungsratspräsidenten, Bestellung eines Vermittlers im Falle von Streitigkeiten oder in Form eines Vetorechts hinsichtlich gewisser Fragen geschaffen werden[223].

IV. Die Familien-AG

1. Die Familiengesellschaft im Allgemeinen

Im Schweizer Recht findet sich für Familiengesellschaften keine spezifische Rechtsform, d.h. eine Familiengesellschaft kann sich jeder der vom Gesetz zur Verfügung gestellten Rechtsformen bedienen. Wenngleich der Gesetzgeber v.a. bei der Schaffung der Personengesellschaften, insbesondere der Kollektivgesellschaft, auch Familiengesellschaften im Auge hatte, bedienten und bedienen sich Familiengesellschaften weit *überwiegend* einer *Kapitalgesellschaft*[224, 225].

2. Die Familien-AG im Besonderen

Bei der Familien-AG handelt es sich um eine Aktiengesellschaft, welche *regelmässig* eine *personalistische Ausprägung* in dem Sinne aufweist, als die Gesellschaft stark durch die Beziehungen der Gesellschafter untereinander und ihre Persönlichkeit geprägt werden[226]. In der Praxis finden sich Familien-AG in unterschiedlichster Ausgestaltung: vom die Rechtsform einer AG bekleidenden Kleinbetrieb mit wenigen Angestellten, welcher eine Bäckerei o.ä. betreibt, bis zur international tätigen Unternehmensgruppe, welche an der Börse kotiert ist und deren Beteiligungen in einer Familienholding gehalten werden[227].

---

[223] Dazu eingehender hinten S. 183, § 6.III.4.b.

[224] VOGEL, S. 10, 14, 45 ff. Gemäss der Studie KMU-HSG Familienunternehmen Schweiz (Anhang 9.1.2.) weisen 80% der Familienunternehmen die Rechtsform der AG sowie 6.2% diejenige der GmbH auf (Ziff. 1 Leitfaden Familienunternehmen m.V.a. FREY/HALTER/ZELLWEGER, S. 5; zur Studie eingehend auch MARTIN, S. 28 ff. und PREMAND, § 1 Rz. 38 ff.). Aktuellere, systematisch erhobene Verhältniszahlen liegen keine vor; es ist jedoch anzunehmen, dass sich der Prozentsatz der GmbHs zufolge der durch die Revision des GmbH-Rechts gesteigerten Attraktivität dieser Rechtsform auch in Familienunternehmen erhöht haben dürfte (so auch MÜLLER/KÖNIG, S. 6).

[225] Nach der Unternehmenssteuerreform II erweisen sich die Rechtsform der AG und der GmbH auch wegen der Steuerprivilegien im Vergleich zu den Personengesellschaften als attraktiver.

[226] Statt Vieler: BAUMANN, S. 11 m.w.H.; dazu sogleich hinten S. 42, § 3.IV.2.b.

[227] BAUMANN, S. 181 ff.; PREMAND, § 1 Rz. 44 ff., je m.w.H.

a. Entstehung

In erster Generation werden Unternehmen, selbst wenn sie unter tatkräftiger Mithilfe des Ehepartners oder anderer Familienmitglieder betrieben werden, häufig als Einzelunternehmen – dies allenfalls freilich in körperschaftsrechtlicher Form, als Einpersonen-AG – geführt. Die Rechtsform der *AG* wird *oftmals* erst *im Hinblick auf Nachfolgeregelungen* (sei dies zu Lebzeiten oder auf die Zeit nach dem Tod eines Gesellschafters hin), mithin mit dem Eintritt der zweiten Generation in die Gesellschaft gewählt[228].

Je älter eine Familien-AG wird, umso zahlreicher und verästelter wird oft der Kreis der Familienaktionäre; darüber hinaus entwickelt ein wachsendes Unternehmen ein zunehmendes Bedürfnis hinsichtlich des Organisationsgrades – beides Faktoren, welche die Komplexität der sich stellenden Fragen naturgemäss erhöhen. Ist eine Familien-AG in der ersten Generation häufig vom Gründer allein beherrscht, teilen sich in der zweiten Generation oftmals Geschwister die Macht. Bereits zu diesem, allenfalls erst zu einem späteren Zeitpunkt sind nicht mehr alle Familienmitglieder aktiv in der Gesellschaft tätig, was neue Interessengegensätze eröffnet. Müssen schliesslich nicht aktive Familienmitglieder ausbezahlt werden, bedarf dies erheblicher finanzieller Mittel[229].

b. Überwiegend verwandtschaftliche oder freundschaftliche Bindung unter den Gesellschaftern

Nach FORSTMOSER/MEIER-HAYOZ/NOBEL zeichnet sich eine Familien-AG dadurch aus, dass ihre «Aktionäre typischerweise alle oder doch überwiegend derselben Familie angehören, so dass die Gesellschaft durch die Familienzugehörigkeit entscheidend geprägt wird»[230]. Als Gesellschafter kommen mithin *blutsverwandte oder adoptierte und verschwägerte Personen sowie deren Ehegatten/registrierte Partner* in Betracht[231]. Darüber hinaus können mit der Familie *bekannte oder befreundete, externe Personen* Aktionärsstellung erlangen, vorausgesetzt, die Familie behalte die Beteiligungsmehrheit oder zumindest eine kontrollierende Minderheit[232]. In der Terminologie von BAUMANN[233] handelt es

---

[228] BAUMANN, S. 20 f. Seit der Aktienrechtsrevision 1991 wird – gerade in kleineren Verhältnissen – vermehrt auch die Rechtsform der GmbH gewählt (MEIER-HAYOZ/FORSTMOSER, § 18 Rz. 162 f.); der Umstand, dass der revidierte Art. 625 OR die Gründung von Einpersonen-AG nun explizit vorsieht, sowie die Erleichterungen, welche das neue Revisionsrecht für KMU enthält (insbes. Art. 727a Abs. 2 OR), wird vermutlich wieder zu einer Zunahme von Aktiengesellschaften führen.

[229] VON MOOS Besonderheiten, S. 109 f.

[230] FORSTMOSER/MEIER-HAYOZ/NOBEL, § 62 Rz. 5.

[231] Dazu eingehend: BAUMANN, S. 22; MARTIN, S. 36; PREMAND, § 2 Rz. 81 ff.

[232] Bspw. mittels Stimmrechtsaktien und Vinkulierungsvorschriften; so auch MARTIN, S. 37.

sich im ersteren Falle um eine Familiengesellschaft im engeren Sinne, in zweiterem Falle um eine solche im weiteren Sinne; die Lehre ist sich jedoch nicht einig, wieviele Gesellschafter für die Bejahung einer Familiengesellschaft aus einer Familie stammen müssen.

Diese verwandtschaftlich und/oder freundschaftlich geprägten Konstellationen bewirken häufig ein ausgeprägtes Vertrauensverhältnis unter den Gesellschaftern, welches sich unter Umständen jedoch auch in ein besonderes Misstrauensverhältnis wandeln kann[234].

c. Beschränkte, in der Regel konstante Anzahl von Gesellschaftern

Familien-AG weisen typischerweise einen *beschränkten Kreis von Gesellschaftern* auf[235]. Häufig, aber nicht immer, betreiben sie ein KMU. Abgesehen von Todesfällen, welche Erweiterungen des Aktionärskreises nach sich ziehen, sind im *Aktionariat keine* oder *nur wenige Wechsel* zu verzeichnen[236].

Anders sieht es aus im Falle einer sog. «verdeckten Familien-AG», in welcher eine Familie lediglich eine kontrollierende Beteiligung bewahrt, die übrigen Aktien jedoch bei Dritten liegen und oft an der Börse gehandelt werden[237].

d. Häufig schlanke Gesellschaftsstruktur

Die dem schweizerischen Aktienrecht innewohnende Flexibilität bietet Raum für vielfältigste Ausgestaltungsmöglichkeiten auch von Familien-AG. Häufig weisen Familien-AG eine stark vereinfachte Organisation auf, in welcher die wichtigsten Organe mit Familienmitgliedern besetzt sind[238]. In diesen Gesellschaften findet sich – wirtschaftlich betrachtet – das üblicherweise den Personengesellschaften eigene Prinzip der *Selbstorganschaft*[239] verwirklicht; wenn alle Aktionäre an der Geschäftsleitung teilnehmen, ähnlich dem Recht der Kol-

---

[233] S. 6 und 21 f. m.w.H.
[234] VOGEL, S. 21 f.
[235] BAUMANN, S. 25; MARTIN, S. 27; PREMAND, § 1 Rz. 25.
[236] VOGEL, S. 22; PREMAND, § 1 Rz. 27.
[237] FORSTMOSER/MEIER-HAYOZ/NOBEL, § 62 Rz. 5; BAUMANN, S. 25; PREMAND, § 1 Rz. 25; Beispiele: Roche, Schindler, wobei in diesen Fällen freilich die Situation aufgrund der börsenrechtlichen Transparenzvorschriften offengelegt ist.
[238] VOGEL, S. 22; PREMAND, § 7 Rz. 544 ff.
[239] Dazu allgemein MEIER-HAYOZ/FORSTMOSER, § 2 Rz. 118.

lektivgesellschaft, wenn die Geschäftsleitung nur einigen Aktionären obliegt, ähnlich dem Recht der Kommanditgesellschaft[240].

In Verwirklichung des die AG grundsätzlich beherrschenden Prinzips der *Drittorganschaft*[241] ist es selbstredend auch möglich, familienexterne Dritte mit der Geschäftsführung zu betrauen[242].

e. Personalistische Ausgestaltung

Familien-AG sind häufig sowohl statutarisch als auch schuldvertraglich stark personalistisch ausgestaltet. *Mittels Kombination gesellschafts- und schuldvertraglicher Instrumente* versucht man, den mannigfaltigen Bedürfnissen von Gesellschaften, welche im Laufe der Zeit auch einem starken Wandel unterworfen sein können, gerecht zu werden. Auf diese Weise ist es auch möglich, eine Familien-AG so auszugestalten, dass die Familie, obwohl sie über keine Mehrheitsbeteiligung mehr verfügt, die Gesellschaft beherrscht[243].

f. Prägung der Gesellschaft durch die Familie

Familiengesellschaften sind vielfach auch geprägt vom *Willen* der Familie, die Gesellschaft im *gemeinsamen Familienbesitz* zu führen und als solche *zu erhalten*[244]. Hierzu benötigt eine Familie einen kapital- oder zumindest stimmenmässig relevanten Anteil am Unternehmen, welcher sie befähigt, ein Unternehmen zu beherrschen[245]. Nach PREMAND[246] genügt im Lichte von Art. 703 OR hierzu die absolute Mehrheit der vertretenen Aktienstimmen, erlaubt dies der Familie doch, eine Reihe für die Gesellschaft wesentlicher Entscheidungen zu bestimmen, darunter insbesondere die Wahl der Mitglieder des Verwaltungsrats.

---

[240] Gerade in diesen Gesellschaften muss jedoch das «Spiel der AG gespielt werden», d.h. die aktienrechtliche Organisation und deren formale Erfordernisse (z.B. Durchführung zumindest einer ordentlichen Generalversammlung, Geschäftsführung durch den Verwaltungsrat, Protokollierung der Beschlüsse der Generalversammlung resp. des Verwaltungsrates, u.U. Prüfung durch eine Revisionsgesellschaft) müssen eingehalten werden (FORSTMOSER/MEIER-HAYOZ/NOBEL, § 62 Rz. 9 ff., 40).

[241] In Körperschaften hat ein Gesellschafter weder das Recht noch die Pflicht, Aufgaben der Geschäftsführung zu übernehmen; vielmehr werden Gesellschafter oder eben auch Dritte Organträger durch Bestellung durch das hierfür zuständige Organ (MEIER-HAYOZ/FORSTMOSER, § 2 Rz. 119 ff., § 16 Rz. 32).

[242] VOGEL, S. 57; BAUMANN, S. 65; PREMAND, § 7 Rz. 547: nach neuem Recht ist das Erfordernis der Mitgliedschaft des Verwaltungsratsmitglieds in der Gesellschaft entfallen (Art. 707 Abs. 1 OR).

[243] VOGEL, S. 59; BAUMANN, S. 66.

[244] VOGEL, S. 21 f.; BAUMANN, S. 24; PREMAND, § 1 Rz. 30.

[245] C. BÜHLER Familiy Business, S. 318; DERS. Regulierung, Rz. 1323; VON MOOS Familienunternehmen, S. 15; BAUMANN, S. 19.

[246] § 3 Rz. 155.

Die Familie hält oftmals nicht nur die Beteiligungsmehrheit, sondern führt die Gesellschaft auch *operationell* und/oder besetzt zumindest die *wichtigsten Organe*. Dadurch vermag eine Familie eine Gesellschaft nicht nur betriebswirtschaftlich, sondern auch durch ihre spezifischen moralischen und ethischen Ansichten stark zu prägen. Häufig ist die Familie bestrebt, diesen Einfluss zu erhalten und an die nächste Generation weiter zu geben[247].

Der erwähnte breite gesetzgeberische Spielraum darf und soll bei der Ausgestaltung einer Familien-AG ausgeschöpft werden. Eine gute Corporate Governance strebt stets nach einer Ausgewogenheit in dem Sinne, als neben der Verfolgung der genannten persönlichen und familiären Ziele mit den tauglichsten Mitteln den Interessen auch der übrigen Beteiligten Genüge getan wird. Auch nach S. BÜHLER[248] verlangen Familienunternehmen nach einer speziellen Corporate Governance, in welchen diese deren *spezifische Chancen* (i.d.R. langfristigere Perspektive, nachhaltige Handlungsweise, flexible Organisation und Entscheidungswege, hohes Qualitätsbewusstsein) nutzen und gleichzeitig die diesen üblicherweise *inhärenten Gefahren* (nicht gerechtfertigte, unterschiedliche Behandlung von Familienmitgliedern und externen Angestellten, Vergangenheitsorientierung, Austragung familiärer Konflikte innerhalb der Gesellschaft, gewisse Risikoaversion) vermeiden.

V. Private Aktiengesellschaften mit Konzernstrukturen

1. Begriff des Konzerns

a. Rechtlich selbständige Konzerngesellschaften

Gemäss der Legaldefinition des Art. 663e OR ist ein Konzern eine Gesellschaft, welche «durch Stimmenmehrheit oder auf andere Weise eine oder mehrere

---

[247] FORSTMOSER/MEIER-HAYOZ/NOBEL, § 62 Rz. 5; VOGEL, S. 22; BAUMANN, S. 11, 19 f.; MARTIN, S. 36; PREMAND, § 1 Rz. 28.
[248] S. 163 ff. Um dies zu erreichen formuliert S. BÜHLER zehn allgemein gehaltene, Familienunternehmens-spezifische Empfehlungen, welche da wären (1) «Business first», (2) Nähe von Führung und Eigentum, (3) Situationsgerechte Besetzung der Leitungsorgane, (4) Regeln und Verfahren zur Konfliktbewältigung, (5) Klare Rollen und Instrumente in der Unternehmensführung, (6) Gezieltes Heranführen von Familienmitgliedern an die Unternehmung, (7) Faire Regeln für Veränderungen im Aktionariat, (8) Bewusste Vermögensstrategie für erhöhte Handlungsoptionen, (9) Objektivierung von Entscheidprozessen, (10) Stärkung des Modells Familienunternehmen.

Gesellschaften *unter einheitlicher Leitung*» zusammenfasst[249]. Im Unterschied etwa zur Unternehmensstrukturierung mittels Zweigniederlassungen, welche rechtlich nicht selbständig sind, oder zur Fusion von Gesellschaften, bei welcher die verschmolzenen Unternehmen ineinander aufgehen, wahren die in einem Konzern miteinander verbundenen Unternehmen ihre *eigene juristische Persönlichkeit*.

Die Art und Weise, wie die Konzernbildung erfolgt, hat der Gesetzgeber bewusst offen gelassen, um einen möglichst weitgehenden Anwendungsbereich der konzernrechtlichen Bestimmungen des Aktienrechts zu sichern; die Konzernierung kann in Form von Beteiligungen[250], durch personelle Verflechtungen, faktische Abhängigkeiten, statutarisch oder vertraglich erfolgen[251]. Das Gesetz schreibt jedoch Konzernen einer gewissen Grösse oder wenn 10% der Aktionäre es verlangen eine konsolidierte Rechnungslegung vor[252].

b. Einheitliche wirtschaftliche Leitung

Neben dem Tatbestandsmerkmal der juristischen Selbständigkeit der Konzernglieder verlangt der Konzernbegriff des Art. 663e OR wie erwähnt, dass die verbundenen Unternehmen unter einheitlicher wirtschaftlicher Leitung stehen. Ob unter den Begriff der einheitlichen Leitung im Sinne von Art. 663e OR lediglich Fälle effektiv ausgeübter Einflussnahme (*Leitungsprinzip*) zu subsumieren sind, oder bereits die Beherrschungsmöglichkeit (*Kontrollprinzip*) genügt, war lange Zeit umstritten[253]. Nach HANDSCHIN[254] war diese Differenzierung jedoch nur scheinbar erheblich, da auch die Vertreter der Auffassung, wonach die lediglich potentielle einheitliche Leitung genüge, am Erfordernis der wirt-

---

[249] Kraft Verweisung finden die konzernrechtlichen Normen des Aktienrechts auch Anwendung auf die Kommandit-AG (Art. 764 Abs. 3 OR), die GmbH (Art. 805 OR) sowie die Kreditgenossenschaften und die konzessionierten Versicherungsgenossenschaften (Art. 858 Abs. 2 OR); die folgenden Ausführungen gehen davon aus, dass sowohl die herrschende als auch die beherrschten Gesellschaften die Rechtsform der Aktiengesellschaft aufweisen.

[250] Diese Form der Konzernierung herrscht vor: es kann sich um eine 100%-ige Beteiligung, um eine Mehrheitsbeteiligung (mit verschiedenen Graden der Beherrschungsintensität) oder auch um eine Minderheitsbeteiligung (in Verbindung mit Stimmrechtsaktien oder Stimmbindungsverträgen) handeln (MEIER-HAYOZ/FORSTMOSER, S. 707; VON BÜREN, S. 79).

[251] Statt Vieler: VON BÜREN, S. 77 ff.; HANDSCHIN (Konzern, S. 27, 30, 36 ff.) spricht einprägsam vom Gegensatz zwischen «tatsächlicher Einheit und juristischer Vielfalt»; BSK OR II-BAUDENBACHER, Vor Art. 620 Rz. 19; BEYELER, S. 80.

[252] Art. 663e OR.

[253] Leitungsprinzip: BÖCKLI Aktienrecht, § 9 Rz. 23; Kontrollprinzip: BSK OR II-NEUHAUS/BLÄTTLER, Art. 663e Rz. 8 f., je m.w.H.

[254] Konzern, S. 31, 42 ff.; im Ergebnis gleich: VON BÜREN, S. 82; BEYELER, S. 113 ff.

schaftlichen Einheit des beherrschten Unternehmens festhielten, was ein gewisses Mass an effektiv ausgeübter, einheitlicher Leitung erfordere. *Inskünftig* soll das *Kontrollprinzip* gelten[255]; es wird in Art. 963 E OR 2007 in der Weise ausformuliert, als die Kontrolle eines Unternehmens dann als gegeben gilt, «wenn eine juristische Person direkt oder indirekt über die Mehrheit der Stimmen im obersten Organ (bei der AG in der Generalversammlung) verfügt», aber auch, «wenn die juristische Person direkt oder indirekt das Recht hat, die Mehrheit der Mitglieder des obersten Leitungs- oder Verwaltungsorgans (bei der AG des Verwaltungsrates) zu bestellen oder abzuberufen. [...] Ein Kontrollverhältnis besteht ferner dann, wenn aufgrund der Statuten, der Stiftungsurkunde, eines Vertrags oder vergleichbarer Instrumente (beispielsweise durch ein Trustverhältnis) ein beherrschender Einfluss ausgeübt werden kann»[256].

In den sich naturgemäss in gewissen Punkten widersprechenden Tatbestandsmerkmalen der einheitlichen Leitung und des juristisch selbständigen Unternehmens gründen die meisten konzernrechtlichen Fragestellungen[257]. In KMU-Konzernen kann dieser Widerspruch zwischen der Konzernleitung und den Kompetenzen des Verwaltungsrates der Tochtergesellschaften aufgrund der in der Regel bescheideneren Grössenverhältnisse einfacher synchronisiert werden durch Schaffung einer Personalunion zwischen Mitgliedern der Konzernleitung und den Verwaltungsräten der Tochtergesellschaften[258].

2. Begriff der Holding

Das Aktienrecht definiert Holdinggesellschaften in Art. 708 Abs. 1 und Art. 671 Abs. 4 OR als Gesellschaften, «deren *Zweck hauptsächlich in der Beteiligung an anderen Unternehmen* besteht». Holdinggesellschaften können verschiedene Funktionen haben: Sie können sich auf das reine Halten von Beteiligungen beschränken, ohne auf das von ihr gehaltene Unternehmen einzuwirken, oder aber als Konzernobergesellschaft die für den Konzernbegriff erforderliche einheitliche wirtschaftliche Leitungfunktion wahrnehmen; in diesem Fall handelt es sich – im Gegensatz zur sog. Kontrollgesellschaft – um eine sog. reine Anlagegesellschaft[259]. Holding und Konzern sind insofern miteinander verflochten, als

---

[255] Dazu BÖCKLI Aktienrecht, § 9 Rz. 24.
[256] Botschaft Aktien-/Rechnungslegungsrecht, S. 1723.
[257] VON BÜREN, S. 79, 83; HANDSCHIN Konzern, S. 42; BEYELER, S. 3.
[258] HANDSCHIN KMU-Konzern, S. 316; BEYELER, S. 3.
[259] Nach dem inskünftig geltenden Kontrollprinzip (dazu sogleich vorn S. 46, § 3.V.1.b.) ist auch die Anlagegesellschaft Konzernobergesellschaft, indem sie über die Mehrheit der Stimmen verfügt (auch wenn sie diese nicht für eine einheitliche Leitung ausübt).

sich in Konzernstrukturen häufig Holdinggesellschaften finden, welche die Beteiligungen an den abhängigen Gesellschaften halten[260].

3. Beweggründe für die Konzernbildung bei privaten Aktiengesellschaften im Allgemeinen sowie bei Familiengesellschaften im Besonderen

a. Betriebswirtschaftliche und wirtschaftspolitische Beweggründe

Auch bei privaten Aktiengesellschaften werden Konzerne häufig im Bestreben gebildet, verschiedene parallel geführte Gesellschaften einer einheitlichen wirtschaftlichen Strategie und Leitung zuzuführen, um damit etwaige *Doppelspurigkeiten* zwischen parallel geführten Gesellschaften zu *tilgen*, *Synergien* und Standortvorteile zu *nutzen* sowie Kapital, Wissen und Arbeitskraft optimal einzusetzen. Unter Umständen können auch bei privaten Aktiengesellschaften wirtschaftspolitische Motive wie die Überwindung von Zöllen, Importrestriktionen oder technischen Handelshemmnissen ausschlaggebend sein[261].

b. Risikobeschränkung

Häufig werden auch bei privaten Aktiengesellschaften Konzernstrukturen gebildet, um – zufolge der rechtlichen Selbständigkeit eines jeden der miteinander verbundenen Unternehmen – die *Haftung einer jeden Gesellschaft auf ihr Vermögen zu beschränken*, was insbesondere in grenzüberschreitenden Konstellationen von Bedeutung sein kann[262]. Grundsätzlich können eingebundene Gesellschaften nicht zur Erfüllung von Verbindlichkeiten anderer Konzernunternehmen herangezogen werden. Lehre und Praxis haben jedoch verschiedene Ansätze entwickelt, in denen die haftungsrechtliche Trennung zwischen Konzernunternehmen durchbrochen werden kann und Gläubiger resp. Minderheitsaktionäre auf die Obergesellschaft oder auf deren Organmitglieder greifen können[263].

c. Gesellschaftsrechtliche Beweggründe

Mannigfaltig sind ferner die Beweggründe gesellschaftsrechtlicher Art, aufgrund welcher insbesondere bei Familiengesellschaften Holding- oder Konzern-

---

[260] VON BÜREN, S. 16 ff.; BEYELER, S. 21 ff.; ZWEIFEL, S. 35 ff., insbes. S. 58.
[261] VON BÜREN, S. 31 ff.; BEYELER S. 47 ff.; BAUMANN, S. 78.
[262] BAUMANN, S. 79.
[263] Dazu eingehender hinten S. 54, § 3.VI.1.c.

strukturen eingeführt werden. So steht in Fällen, in denen auch Externe an einer Unternehmung beteiligt sind, etwa die *Bündelung der Familienstimmen* im Zentrum. Die einheitliche Ausübung der Stimmen einer Familie oder eines freundschaftlich verbundenen Kreises kann auch bei einer kleineren Beteiligung zu einer Beherrschung einer Gesellschaft verhelfen. Ferner weist das Aktionariat in Familiengesellschaften mit jeder Generation, welche neu in die Gesellschaft eintritt, eine stärkere Zersplitterung auf, was erfahrungsgemäss die Konsenssuche in geschäftspolitischen Entscheiden nicht erleichtert. Durch die Errichtung einer Holdinggesellschaft kann die Austragung allfälliger Meinungsverschiedenheiten auf die Holdingebene «gehoben» und so von der operativen Tochtergesellschaft ferngehalten werden. Darüber hinaus kann die Holdinggesellschaft das *Gefäss für* verschiedenste, den individuellen familiären oder freundschaftlichen Bedürfnissen entsprechende *Regelungen* hinsichtlich Sondervergütungen u.ä. bilden. Auch in (noch) konsensfähigen Familien- resp. in auf andere Weise verbundenen Verhältnissen ist die *Trennung von Unternehmen und Familie oder Freundschaft* aus Gründen der Prävention von Interessenkollisionen geboten[264].

Hält eine Familie oder ein anderweitig verbundener privater Kreis Beteiligungen an mehreren Gesellschaften, bietet die Errichtung einer Holdingstruktur überdies den Vorteil, dass die Eigentumsverhältnisse und Mitbestimmungsrechte nur einmal – auf der Ebene der Holding – geregelt werden müssen[265].

Eine nicht kotierte Holdinggesellschaft verleiht schliesslich – soweit sich unter den gehaltenen Beteiligungen nicht solche an kotierten Gesellschaften befinden, welche aufgrund des Börsengesetzes bei Überschreitung gewisser Prozentsätze offen gelegt werden müssen – die gewünschte *Anonymität* hinsichtlich der Beteiligungsverhältnisse und allfälliger diesbezüglicher Veränderungen auf der Holdingebene[266].

d.   Steuerliche Beweggründe

Die Gründung einer Holdinggesellschaft erweist sich häufig auch als geeignet, wenn langjährige und verdiente Mitarbeiter, insbesondere Mitglieder der Geschäftsleitung, eine Gesellschaft übernehmen wollen, ohne über die hierzu erforderlichen Mittel zu verfügen. In solchen Fällen eines sog. «*management-buyout»* erwirbt die von den Managern gegründete Holdinggesellschaft sämtliche Aktien der fraglichen Gesellschaft, wobei der Kaufpreis teilweise gestundet und – über die Holding – allmählich aus den mit der Gesellschaft erwirtschafteten

---

[264] BAUMANN, S. 76 f.
[265] BAUMANN, S. 78.
[266] Art. 20 Abs. 1 BEHG; BAUMANN, S. 81 m.w.H.

Mitteln beglichen wird. Ein solches Vorgehen zeitigt steuerliche Vorteile, indem bspw. die von der Tochtergesellschaft an die Holding zu entrichtenden Dividenden aufgrund des Holdingprivilegs steuerfrei sind[267].

e. Überlegungen im Hinblick auf die Unternehmensnachfolge

Aus ähnlichen finanziellen Motiven sowie aus Gründen der – durch die Praxis der Steuerbehörden mitunter unterbundenen – Steueroptimierung werden im Hinblick auf die Übertragung einer Gesellschaft auf die nächste Generation häufig *sog. Erbenholdinggesellschaften* gegründet. Die noch durch den Unternehmer oder bereits durch die zukünftigen Erben beherrschte Holdinggesellschaft erwirbt die Aktien der ursprünglichen Gesellschaft, deren Kaufpreis ebenfalls teilweise gestundet resp. in Raten aus dem durch die operative Gesellschaft entrichteten Gewinn bezahlt werden. Auf diese Weise können Erben, welche sich von einem Familienunternehmen lösen wollen, auch bei Fehlen anderweitiger finanzieller Mittel allmählich abgefunden werden[268]. Hält eine Erbenholding schliesslich Beteiligungen an verschiedenen Familiengesellschaften, zeitigt dies den Vorteil, dass sich die diesbezügliche erbrechtliche Auseinandersetzung auf eine Ebene, nämlich die Bewertung und Aufteilung der Aktien der Holdinggesellschaft beschränkt[269]. Zudem bekommen alle das Gleiche, nämlich Aktien, die im gleichen quotalen Verhältnis Beteiligungen an anderen Gesellschaften verkörpern. Daher ist es dann gar nicht so wichtig, wie die Bewertung ausfällt: Sie ist für alle gleich günstig oder gleich schlecht. Anders verhält es sich dagegen, wenn man den verschiedenen Erben unterschiedliche Gesellschaften und Unternehmen zuweist.

---

[267] VON MOOS Familienunternehmen, S. 140. Der Verkauf der Aktien unterliegt grundsätzlich nicht der Gewinnbesteuerung. Zu beachten ist allerdings die Unternehmensbesteuerung aufgrund indirekter Teilliquidation, wonach aufgrund des per 1. Januar 2007 revidierten Art. 20 Abs. 1 lit. a DBG der Erlös aus dem Verkauf einer Beteiligung von mindestens 20 Prozent am Kapital eines Unternehmens in dem Umfang als Ertrag besteuert wird, als innert fünf Jahren nach dem Verkauf unter Mitwirkung des Verkäufers nicht betriebsnotwendige Substanz, die im Zeitpunkt des Verkaufs bereits vorhanden und handelsrechtlich ausschüttungsfähig war, ausgeschüttet wird.

[268] VON MOOS Familienunternehmen, S. 137 f. und 140.

[269] BAUMANN, S. 78 f.

VI. Beweggründe für die Gründung privater Aktiengesellschaften

1. Risikobeschränkung

Das ausschlaggebende Motiv zur Gründung einer Aktiengesellschaft bildet häufig das Bestreben, die unbeschränkte *persönliche Haftbarkeit des Einzelunternehmers* oder mehrerer *Personengesellschafter aufzuheben* und durch eine ausschliessliche Haftung des Gesellschaftsvermögens zu ersetzen[270].

Das Bedürfnis nach einer Risikobeschränkung wächst einerseits mit dem Wachstum eines Unternehmens resp. mit verstärktem Risikoprofil der von der Gesellschaft betriebenen Aktivitäten. Eine Haftungsbegrenzung kann sich aber auch in Familiengesellschaften oder ähnlichen Konstellationen, in denen sich gewisse Gesellschafter auf eine rein finanzielle Beteiligung zurückziehen, aufdrängen[271].

Selbstredend bleibt es dem Haupt- oder Alleinaktionär unbenommen (und ist er allenfalls faktisch gezwungen), sein *Privatvermögen* dennoch *punktuell* als Sicherheit für Gesellschaftsschulden neben dem Gesellschaftsvermögen *zur Verfügung* zu stellen; gerade in privaten Aktiengesellschaften sind Garantieverträge, Bürgschaften, Schuldmitübernahmen oder hypothekarische Sicherheiten von Gesellschaftern zugunsten von Gesellschaftsgläubigern sehr häufig anzutreffen[272]. Auch VOGEL[273] weist darauf hin, dass es sich im Falle der Familien-AG – und wie zu ergänzen ist: generell im Falle privater Gesellschaften – um eine lediglich (aber immerhin) rechtliche Beschränkung handle, welche den wirtschaftlichen Realitäten häufig nicht entspreche; häufig könne der im Laufe der Geschäftstätigkeit einer Gesellschaft resultierende weitere Kapitalbedarf aus Gründen der Beschränkung des Aktionärskreises sowie des beschränkten Haftungssubstrats, welches kleinen Aktiengesellschaften die Erlangung kommerziellen Fremdkapitals erschwere, nur mittels Sicherung des Gesellschaftskredits durch Mittel der Gesellschafter gedeckt werden. Als Vorteil bleibt immerhin, dass die Aktionäre ihr Privatvermögen als Kreditbasis ganz gezielt einsetzen können und dass eine generelle Haftung für Verpflichtungen der Gesellschaft aller Art – auch etwa solchen aus ausservertraglicher Haftung – entfällt.

---

[270] Art. 620 Abs. 2 und 680 Abs. 1 OR; BÖCKLI Aktienrecht, § 1 Rz. 14; FORSTMOSER/MEIER-HAYOZ/NOBEL, § 62 Rz. 36; BSK OR II-BAUDENBACHER, Art. 620 Rz. 30; N. MEYER, S. 242; BAUMANN, S. 61 f.; VOGEL, S. 55 f.
[271] BAUMANN, S. 62 m.w.H.
[272] FORSTMOSER/MEIER-HAYOZ/NOBEL, § 62 Rz. 14, Fn. 8.
[273] S. 55 f.

a. Grundsatz der Risikobeschränkung

Gemäss Art. 620 Abs. 1 OR haftet für die Verbindlichkeiten der Gesellschaft nur das Gesellschaftsvermögen; gemäss Abs. 2 der genannten Bestimmung ist die persönliche Haftung der Aktionäre – im Gegensatz zu den Personengesellschaften – grundsätzlich ausgeschlossen. Dies gründet in der *Anerkennung der Aktiengesellschaft als selbständiger juristischer Person* und wird auch durch Art. 680 Abs. 1 OR zum Ausdruck gebracht, wonach dem Aktionär neben der Liberierung seiner Aktien keine weiteren Verpflichtungen auferlegt werden dürfen[274, 275].

b. Durchgriff zufolge Missbräuchlichkeit

Voraussetzung dafür, dass eine Risikobeschränkung zum Tragen kommt, ist, dass die Aktiengesellschaft dem *gesellschaftsrechtlichen Trennungsprinzip* nachlebt, d.h. dass die Gesellschaft und die dahinter stehenden natürlichen oder juristischen Personen rechtlich und tatsächlich sowohl in persönlicher als auch in vermögensmässiger Hinsicht vollständig getrennt bleiben[276]. Eine Durchbrechung dieser Trennung zwischen AG und Aktionären in Form des sog. Durchgriffs nimmt das Bundesgericht dann vor, wenn die rechtliche Selbständigkeit *«im Einzelfall rechtsmissbräuchlich, entgegen Treu und Glauben geltend gemacht»* wird[277]. Dies ist der Fall, wenn die Berufung auf die rechtliche Selbständigkeit «in Verletzung des Vertrauensgrundsatzes oder der schutzwürdigen Interessen eines Dritten» erfolgt[278].

Das Bundesgericht stützt seine Rechtsprechung zur Zulässigkeit eines Durchgriffs mithin auf das Gebot des Handelns nach Treu und Glauben gemäss Art. 2 Abs. 1 ZGB sowie auf das Rechtsmissbrauchsverbot gemäss Art. 2 Abs. 2 ZGB. Ob eine zweck- und funktionswidrige Verwendung des Rechtsinstituts der AG vorliegt, ist im Einzelfall anhand objektiver Kriterien zu prüfen[279]. Das Bundesgericht hat die Rechtsprechung zum Durchgriff v.a. bei Konzernverhältnissen[280] sowie bei Einpersonengesellschaften[281], d.h. in Strukturen mit ausgeprägtem

---

[274] BÖCKLI Aktienrecht, § 1 Rz. 15; MARTIN, S. 40.
[275] Die Haftung erstreckt sich nicht nur auf das Grundkapital von CHF 100'000 (Art. 621 OR), sondern auf das gesamte Gesellschaftsvermögen (BSK OR II-BAUDENBACHER, Art. 620 Rz. 30).
[276] FORSTMOSER/MEIER-HAYOZ/NOBEL, § 62 Rz. 39 ff.
[277] BGE 113 II 31.
[278] BGE vom 9. Mai 1996, übersetzt in SJZ 93 (1997) S. 377 f.
[279] Statt Vieler: FORSTMOSER/MEIER-HAYOZ/NOBEL, § 62 Rz. 52 f.
[280] Dazu vorn S. 54, § 3.VI.1.c.
[281] Dazu vorn S. 36, § 3.II.4.

Machtgefälle entwickelt[282]; ähnliche Problemstellungen können sich jedoch auch in Gesellschaften mit mehreren Aktionären finden[283].

Der Durchgriff dient im Wesentlichen der *Erschliessung neuen Haftungssubstrats*, indem der oder die Hauptaktionär(e) den Gläubigern (oder in Konzernverhältnissen den Minderheitsaktionären) direkt haftbar werden[284]. Ob dadurch das Schuldverhältnis als Ganzes (mit den entsprechenden Erfüllungsverpflichtungen) auf den/die Aktionär(e) übergeht oder ob dieser nur im Sinne einer Haftungserstreckung für den Schaden einzustehen hat, ist strittig[285]. Ein Durchgriff kann jedoch *auch andere Rechtsfolgen* als die direkte Haftung der dahinterstehenden Aktionäre zeitigen[286].

ba. Arten

Im Vordergrund steht der *sog. direkte Durchgriff* durch die juristische Person hindurch auf den dahinter stehenden Aktionär[287]. Der Durchgriff braucht jedoch nicht immer zu einer Haftung des Dahinterstehenden zu führen. So kann etwa aufgrund von Durchgriffsüberlegungen auch unterbunden werden, dass mittels «Zwischenschaltung» einer juristischen Person personengerichtete Verbote oder Unvereinbarkeiten umgangen werden. Auch kann eine juristische Person der Verschleierung der Identität oder der Motive der dahinter stehenden Person(en) dienen[288]. Denkbar – wenn auch selten – ist sodann der *sog. umgekehrte Durch-*

---

[282]   Ein Überblick über die Kasuisitik findet sich in BSK OR II-BAUDENBACHER, Art. 625 Rz. 25, ferner bei KUZMIC, S. 104 Fn. 425 f. und 429.
[283]   FORSTMOSER/MEIER-HAYOZ/NOBEL, § 62 Rz. 51.
[284]   KUZMIC, S. 98; BÖCKLI Aktienrecht, § 11 Rz. 457 und 462.
[285]   KUZMIC, S. 117 m.w.H.; FORSTMOSER/MEIER-HAYOZ/NOBEL, § 62 Rz. 68 ff.
[286]   Über die angemessenen Rechtsfolgen entscheiden die Gerichte kasuistisch, so bspw. in: BGE 58 II 166 f. (Nichtanerkennung einer zwecks Begründung eines Gerichtsstandes in der Schweiz erfolgten, fiduziarischen Forderungsabtretung an eine verbundene Gesellschaft), BGE 71 II 275 f. (Erstreckung eines vertraglichen Fabrikations- und Konkurrenzverbots vom Vertragspartner auf von diesem faktisch beherrschte Gesellschaften), BGE 81 II 455 ff. (Solidarbürgschaft eines Alleinaktionärs mit einem Dritten für die Schulden einer Gesellschaft – kein Rückgriff des die Bürgschaftsverpflichtung erfüllenden Alleinaktionärs, wenn die verbürgte Forderung durch eine vom gleichen Aktionär beherrschte Gesellschaft erworben und gegen den Mitbürgen geltend gemacht wird), BGE 112 II 56 (Die Übertragung eines Arbeitsverhältnisses mit einem Unternehmen auf eine mit dem Veräusserer identische juristische Person bewirkt keine Unterbrechung der für die Berechnung einer Abgangsentschädigung relevanten Dauer [Art. 339b OR] des Arbeitsverhältnisses [dazu KUZMIC, S. 117 m.w.H.; FORSTMOSER/MEIER-HAYOZ/NOBEL, § 62 Rz. 68 ff.]).
[287]   So bspw. in BGE 71 II 275 f., 112 II 56, 113 II 36 f.
[288]   KUZMIC, S. 114 f.

griff, d.h. die Belangung der Gesellschaft für Verbindlichkeiten des dahinter stehenden Aktionärs[289].

bb. Anwendungsfälle

Die gesellschaftsrechtliche Literatur hat die schweizerische und ausländische Kasuistik in verschiedene Gruppen typischer Durchgriffskonstellationen zu gliedern versucht, wobei sich deren vier etabliert haben. Es sind dies erstens die Fälle der *Sphären- und Vermögensvermischung*, in welchen die Beteiligten die Selbständigkeit der juristischen Person ungenügend beachten, zweitens die Fälle der *Unterkapitalisierung*, in welchen Gesellschaften hinsichtlich ihres Kapitals ungenügend, d.h. den ihren Tätigkeit innewohnenden wirtschaftlichen Risiken nicht angemessen ausgestattet sind, drittens die Fälle der *Fremdsteuerung der Gesellschaft*, welche sich dann als problematisch erweist, wenn die Interessen des beherrschenden Aktionärs mit denjenigen der beherrschten Gesellschaft kollidieren, und viertens die Fälle des *Institutsmissbrauchs*, in denen die gesetzlichen Vorgaben wohl eingehalten sind, die Berufung auf die juristische Person und die üblicherweise mit ihr verbundene Haftungsbegrenzung sich aber dennoch als missbräuchlich erweist[290].

In privaten Aktiengesellschaften besteht zweifelsfrei eine erhöhte Gefahr der Spähren- und Vermögensvermischung. Da die Gesellschafter, wenn die Gesellschaft Fremdkapital benötigt, wie vorstehend bereits erwähnt[291], jedoch oftmals gezwungen sind, ihr (Privat)vermögen dem Risiko auszusetzen, entfaltet der Aspekt der Risikobegrenzung seinen Vorteil nur in sehr beschränktem Masse.

c. Haftungssituation in Konzernverhältnissen im Besonderen

Auch in Konzernstrukturen ist die Haftung einer jeden Gesellschaft grundsätzlich beschränkt auf je ihr eigenes Vermögen[292]. In Konzernverhältnissen wird – neben der üblichen Inanspruchnahme der Mitglieder des Verwaltungsrates

---

[289] Dazu statt Vieler: FORSTMOSER/MEIER-HAYOZ/NOBEL, § 62 Rz. 59; ZR 90 (1991) Nr. 85; BGE 71 II 272 ff., 102 III 172 f. und 5A_587/2007 Erw. 2.1 ff.

[290] Letzteres ist bspw. der Fall bei der «Aufsplittung» ein und derselben Tätigkeit auf verschiedene Gesellschaften mit dem alleinigen Zweck, das Haftungssubstrat auf das Vermögen der jeweils betroffenen Gesellschaft zu beschränken (FORSTMOSER/MEIER-HAYOZ/NOBEL, § 62 Rz. 79 m.V.a. zwei amerikanische Fälle Mull v. Colt Co. (31 f.R.D.154 [1962]) und Walkowsky v. Carlton (233 N.N.2d6 [1966]), welche als rechtsmissbräuchlich beurteilt worden waren, sowie KUZMIC, S. 103). Allgemein zur Systematisierung: FORSTMOSER/MEIER-HAYOZ/NOBEL, § 62 Rz. 63 ff.; KUZMIC, S. 121 ff.

[291] Dazu sogleich vorn S. 41, § 3.IV.1.

[292] Art. 620 Abs. 1 OR; VON BÜREN, S. 177 ff.; FORSTMOSER Haftung Konzern, S. 124; HANDSCHIN Konzern, S. 293; BSK OR II-BAUDENBACHER, Vor Art. 620 Rz. 23.

oder der Geschäftsleitung der Untergesellschaft aus formeller Organstellung[293], resp. der aus Gründen der Bonität oftmals aussichtsreicheren Belangung der Revisionsstelle[294] – häufig versucht, die Konzernobergesellschaft oder deren Verwaltungsrats- oder Geschäftsleitungsmitglieder für die Erfüllung von Verpflichtungen einer Tochtergesellschaft heranzuziehen. Bekleiden Organpersonen aus der Konzernobergesellschaft auch Organstellungen in Konzernuntergesellschaften, fällt eine Haftung der natürichen Person *aus formeller Organstellung* in Betracht[295]; erfolgt die Einflussnahme hingegen lediglich faktisch, haftet die Obergesellschaft gegebenenfalls *aufgrund materieller Organstellung*[296]. Erweist sich die *Berufung auf die juristische Selbständigkeit einer Untergesellschaft als rechtsmissbräuchlich*, kann – wie oben dargelegt – gestützt auf Art. 2 Abs. 2 ZGB auf die Obergesellschaft «durchgegriffen» werden[297]. In Fällen, in denen eine Obergesellschaft zwar nicht in Form einer Patronats-, Bürgschafts- oder Garantieerklärung für eine Untergesellschaft einsteht, jedoch anderweitig ein *Vertrauen in den Konzern erweckt und anschliessend enttäuscht*, kann eine Obergesellschaft nach bundesgerichtlicher Rechtsprechung dafür zur Verantwortung gezogen werden[298].

2. Trennung von Privat- und Geschäftsvermögen

Wie bereits erwähnt geht das Aktienrecht, was ebenfalls die Konsequenz der Anerkennung der juristischen Persönlichkeit der Aktiengesellschaft ist, vom Trennungsprinzip aus, d.h. von der vollständigen rechtlichen und tatsächlichen Trennung der AG und ihrer Gesellschafter sowohl in persönlicher als auch in vermögensrechtlicher Hinsicht[299]. Diese Trennung erweist sich nicht nur für die Gesellschafter, sondern auch für die Gesellschaftsgläubiger als vorteilhaft, bleiben die *Vermögensverhältnisse* doch *klarer* und steht das Gesellschaftsvermögen bis zu ihrer vollen Deckung ausschliesslich den Gesellschaftsgläubigern zu. Überdies erlaubt es den Gesellschaftern, *Privatvermögen zu bilden*, welches zu ganz anderen Zwecken, etwa – was häufig zentrale Voraussetzung einer gütlichen Nachfolgerregelung für das Unternehmen darstellt – auch zur Abfindung

---

[293] Art. 754 Abs. 1 OR; FORSTMOSER Haftung Konzern, S. 101 ff.
[294] Art. 755 OR; FORSTMOSER Haftung Konzern, S. 121 f.
[295] DRUEY/VOGEL, S. 359 ff.; FORSTMOSER Haftung Konzern, S. 118 ff.
[296] VON BÜREN, S. 204 ff.; FORSTMOSER Haftung Konzern, S. 118 ff.; DRUEY/VOGEL, S. 368 ff.
[297] VON BÜREN, S. 181 ff.; DRUEY/VOGEL, S. 59 ff.; FORSTMOSER Haftung Konzern, S. 131 f.; dazu auch sogleich vorn S. 52, § 3.VI.1.b.
[298] BGE 124 III 297, 120 II 331 ff.; VON BÜREN, S. 187 ff.; DRUEY/VOGEL, S. 119 ff.; FORSTMOSER Haftung Konzern, S. 132 ff.; dazu eingehend die Monografien von BRECHBÜHL und KUZMIC, passim.
[299] Dazu statt Vieler: FORSTMOSER/MEIER-HAYOZ/NOBEL, § 62 Rz. 39.

von Erben, welche nicht an der Weiterführung einer Familiengesellschaft interessiert sind, eingesetzt werden kann[300].

3. Nachfolgeregelung

Häufig wird die Rechtsform der Aktiengesellschaft auch mit Blick auf die eines Tages anstehende Regelung der Nachfolge des/der Unternehmensgründer gewählt. Ziel der Nachfolgeregelung ist es, das Unternehmen zu erhalten sowie möglichst erb-, gesellschafts- oder vertragsrechtliche Streitigkeiten zu vermeiden. Im Gegensatz zu den Personengesellschaften, welche sich – mangels anderer gesellschaftsvertraglicher Vereinbarung sowie mit Ausnahme des Hinschieds eines Kommanditärs[301] – beim Tode eines Gesellschafters ipso iure auflösen[302], bleibt eine *Aktiengesellschaft vom Ableben eines Gesellschafters unberührt*[303]. Die Erben erwerben die Aktien des Verstorbenen kraft Universalsukzession gemeinschaftlich zu gesamter Hand, d.h. die Aktiengesellschaft besteht mit der Erbengemeinschaft als neuer Aktionärin fort[304].

Nicht selten werden Beteiligungspapiere bereits zu Lebzeiten auf die künftigen Erben übertragen. Ist eine Übertragung zu Lebzeiten nicht erfolgt, können diese testamentarisch oder erbvertraglich einfach auf verschiedene Erben aufgeteilt werden[305], weisen Aktien doch einen zahlenmässig bestimmbaren, inneren Wert auf[306]. Auf diese Weise kann der Wert des Unternehmens unter die Erben aufgeteilt werden, ohne dass das Unternehmen an sich aufgeteilt oder durch Herauslösung einzelner Vermögensteile geschwächt würde[307]. Das darf allerdings nicht darüber hinwegtäuschen, dass es in Aktiengesellschaften mit stark personalistischem Einschlag mit einer blossen Zuteilung von Aktien auf verschiedene Personen nicht getan ist.

---

[300] VOGEL, S. 58; MARTIN, S. 43.
[301] Art. 619 Abs. 2 OR.
[302] Art. 545 Abs. 2, Art. 674 Abs. 1 resp. 619 Abs. 1 i.V.m. Art. 545 Abs. 2 OR.
[303] FORSTMOSER/MEIER-HAYOZ/NOBEL, § 62 Rz. 23.
[304] Art. 560 Abs. 1 und 2 i.V.m. Art. 602 Abs. 1 und 2 ZGB.
[305] Dies bedarf der Einhaltung der entsprechenden Formvorschriften (Art. 498 ff. und 512 ff. ZGB).
[306] Bei nicht (regelmässig) gehandelten Aktien bestimmt sich der innere Wert aufgrund des Substanzwerts, welcher der prozentualen Beteiligung am Nettovermögen der Gesellschaft entspricht, sowie aufgrund der Ertragskraft, d.h. an den in Zukunft zu erwartenden Dividenden (vgl. FORSTMOSER/MEIER-HAYOZ/NOBEL, § 49 Rz. 40 ff.). Eine praxisorientierte Übersicht über alternative Bewertungsmethoden findet sich bei LEYSINGER, S. 49 ff.
[307] BAUMANN, S. 70; MARTIN, S. 41.

4. Unternehmensverkauf

Vor Inkrafttreten des FusG war eine Aktiengesellschaft oftmals auch im Hinblick auf den Verkauf eines Unternehmens vorteilhafter als eine Einzelunternehmung, war die unter früherem Recht notwendige Übertragung der Aktiven und Passiven einer Einzelunternehmung in der Regel doch viel umständlicher als die Übertragung der Aktien der Aktiengesellschaft[308]. Heute können im Handelsregister eingetragene Einzelunternehmen und Gesellschaften ihr Vermögen (oder Teile davon) mit dem Institut der Vermögensübertragung nach Art. 69 ff. FusG auf andere Rechtsträger übertragen, d.h. der Vermögensübergang erfolgt uno actu mit allen Aktiven und Passiven[309]. Die Vermögensübertragung nach Fusionsgesetz brachte zwar Erleichterungen gegenüber dem früheren Recht, sie ist jedoch noch immer schwerfälliger als der formfreie Verkauf von Aktien, weshalb die *AG* ihre Funktion als *Mittel zur Übertragung einer Vermögensgesamtheit* nicht verloren hat.

5. Flexibilität des schweizerischen Aktienrechts

Die Flexibilität des schweizerischen Aktienrechts bietet nicht nur Raum für Gesellschaften verschiedenster Grösse und individuellster Ausgestaltung[310], sondern auch dafür, dass sich die *Organisation einer Gesellschaft* den sich im Laufe der Zeit *verändernden Gegebenheiten und Anforderungen anzupassen* vermag. Genügt einer Gesellschaft in der Gründungs- und Aufbauphase häufig eine schlanke Struktur, bedarf sie mit zunehmender Grösse und/oder mit verstärktem Risikoprofil der geschäftlichen Tätigkeit einer komplexeren, inneren Organisation. Ebenso vermag sich das schweizerische Aktienrecht etwa anzupassen, wenn sich (Familien)aktionäre von der Gesellschaft loszulösen beginnen und/oder – aufgrund des die Aktiengesellschaft beherrschenden Prinzips der Drittorganschaft – vermehrt auch Nichtgesellschafter resp. Nichtfamilienmitglieder mit der Geschäftsführung betraut werden. Auf diese Weise können sich – gerade auch in Familiengesellschaften – weniger befähigte und/oder interessierte Aktionäre mit der Rolle des Investors begnügen, befähigte und akzeptierte Aktionäre hingegen mit der Geschäftsführung betraut werden[311]. Aus diesen Gründen erweist sich die Aktiengesellschaft auch für private Gesellschaften als geeignete Rechtsform.

---

[308] FORSTMOSER/MEIER-HAYOZ/NOBEL, § 62 Rz. 35.
[309] BÖCKLI Aktienrecht, § 3 Rz. 371; BSK FUSG-MALACRIDA, Art. 69 Rz. 1 ff.; ZK FUSG-BERETTA, Art. 69 Rz. 1 ff.
[310] Dazu vorn S. 32, § 3.I.2 und S. 33, § 3.I.3.
[311] BAUMANN, S. 61 ff.

6. Firmenfreiheit

Die Firmenwahl ist bei Kapitalgesellschaften vom Grundsatz der Firmenfreiheit beherrscht, d.h. eine Aktiengesellschaft kann die *Firma* – unter Wahrung der allgemeinen Grundsätze des Wahrheitsgebots, des Täuschungsverbots sowie der deutlichen Unterscheidbarkeit gegenüber bereits bestehenden Firmen – unter Verwendung von Sachbezeichnungen, Phantasienamen, Personennamen oder einer Kombination derselben *frei wählen*; seit 1. Januar 2008 muss die *Rechtsform* immer angegeben werden[312]. Veränderungen im Aktionariat haben keinen Einfluss auf die Firma, weshalb auch eine Personenfirma in der Unternehmensnachfolge oder in der Generationenfolge erhalten bleiben kann, auch wenn der Bezug zum Träger des Namens allmählich entfällt[313].

7. Möglichkeiten der Erschliessung von Eigen- und Fremdkapital

Zwar *haftet* in der Aktiengesellschaft, im Gegensatz zu den Personengesellschaften, in welchen mangels anderer Vereinbarung – mit Ausnahme der Kommanditäre[314] – alle Gesellschafter zur Geschäftsführung berechtigt und verpflichtet sind sowie einer ausschliesslichen oder subsidiären, aber in jedem Fall unbeschränkten persönlichen Haftung unterliegen[315], *nur das Gesellschaftsvermögen*[316]. Auch dürfen dem Aktionär über die Liberierung seiner Aktien hinaus keinerlei Pflichten – mithin auch keine Geschäftsführungspflichten – auferlegt werden[317]. Diese Umstände können sich unter Umständen jedoch auch positiv auf die Aquisition von Eigen- und Fremdkapital auswirken, bspw. indem das für die unternehmerische Tätigkeit ausgeschiedene und in die AG eingebrachte Vermögen ausschliesslich den Unternehmesgläubigern als Haftungssubstrat zur Verfügung steht.

---

[312] Art. 950 i.V.m. Art. 944 Abs. 1 und 951 Abs. 2 OR (dazu Botschaft Obligationenrecht, S. 3240 f.); allgemein zu den Grundsätzen der Firmenbildung: FORSTMOSER/MEIER-HAYOZ/NOBEL, § 8 Rz. 10 ff.; BÖCKLI Aktienrecht, § 1 Rz. 452 ff.

[313] VOGEL, S. 56 f.; BAUMANN, S. 71 f.; MARTIN, S. 40 ff.

[314] Der Kommanditär haftet Dritten gegenüber nur mit der im Handelsregister eingetragenen Kommanditsumme (Art. 608 Abs. 1 OR); wenn er aber für die Gesellschaft Geschäfte abschliesst, ohne zu erklären, dass er als Prokurist oder Bevollmächtigter handelt, haftet er gleich einem unbeschränkt haftenden Gesellschafter (Art. 605 OR).

[315] Art. 535, 533 und 549 Abs. 2 OR; Art. 557 i.V.m. Art. 535 und 568 OR; Art. 598 i.V.m. Art. 535 und 604 resp. 605 ff. OR.

[316] Vgl. vorn S. 52, § 3.VI.1.a.

[317] Art. 680 Abs. 1 OR; dazu auch BÖCKLI Aktienrecht, § 1 Rz. 15; FORSTMOSER/MEIER-HAYOZ/NOBEL, § 42 Rz. 8 ff.; BSK OR II-KURER/KURER, Art. 680 Rz. 5 ff.

a. Eigenkapital

Dass ein Aktionär eine *reine Kapitalinvestition* tätigt, erleichtert zum einen die Suche nach potentiellen Geldgebern. Zum anderen müssen die ursprünglichen Gesellschafter ihre beherrschende Stellung trotz Aufnahme neuer Gesellschafter nicht aufgeben. Durch die Schaffung verschiedener Beteiligungsarten[318] kann die beherrschende Stellung gewisser Aktionäre in einer ihren Kapitaleinsatz übersteigenden Weise verstärkt werden, was die Attraktivität einer Gesellschaft für neue Investoren freilich naturgemäss verringert. Ist ein Geldgeber auf besondere Weise mit einer Gesellschaft verbunden, verspricht eine Gesellschaft regelmässige, hohe Erträge oder anderweitige finanzielle Anreize[319], kann dieses Defizit in gewissen Fällen jedoch behoben werden[320].

Attraktiv ist die Aktiengesellschaft schliesslich für Geldgeber, welche *anonym bleiben* wollen; nach aussen treten die Gesellschaft resp. die diese vertretenden Personen auf, während im Inneren der Kapitalgeber als Mehrheitsaktionär das Sagen haben kann[321].

b. Fremdkapital

Den Gläubigern einer Aktiengesellschaft dient *nur* das *Gesellschaftsvermögen* als *Haftungssubstrat* für ihre Forderungen. Handelt es sich um eine kleinere Gesellschaft mit eher schleppendem Geschäftsgang, wird ein Fremdkapitalgeber daher wohl auf die Stellung *zusätzlicher*, persönlicher *Sicherheiten* durch gewisse Gesellschafter oder Dritte resp. deren Immobilien drängen. Demgegenüber wird ein grösseres, gesundes Unternehmen einfacher Fremdkapitalgeber finden, ohne hierzu weitere Sicherheiten anbieten zu müssen[322]. Auch die für Aktiengesellschaften geltenden, *strengeren Buchführungsvorschriften*[323] können für Fremdkapitalgeber ein nicht unwesentliches Entscheidungskriterium sein.

8. Steuerliche Vor- und Nachteile

Für die Wahl der Rechtsform der Aktiengesellschaft können auch steuerliche Überlegungen wie etwa das Bestreben nach einer *Domizilbegründung* ausschlaggebend sein. Dabei ist bei privaten Aktiengesellschaften immer die ge-

---

[318] Insbesondere durch die Schaffung von Partizipationsscheinen (dazu eingehender hinten S. 90, § 4.III.4.) oder Stimmrechtsaktien (dazu eingehender hinten S. 80, § 4.III.2.d.).
[319] Etwa die Ausgabe von Vorzugsaktien (dazu eingehender hinten S. 86, § 4.III.3.).
[320] Zum Ganzen BAUMANN, S. 67 f.
[321] N. MEYER, S. 242; VOGEL, S. 55.
[322] BAUMANN, S. 68 m.w.H.
[323] Art. 662a ff. OR, resp. Art. 957 ff. E OR 2011.

samte steuerliche Belastung sowohl der Gesellschafter als auch der Gesellschaft zu betrachten[324].

Nachteilig wirkt sich in jedem Fall die mit der AG verbundene *wirtschaftliche Doppelbesteuerung* aus. Diese erfolgt durch die Besteuerung der Unternehmensgewinne (mit Gewinnsteuer) sowohl in der Unternehmung als auch der Dividenden (mit Einkommenssteuer) beim Aktionär[325]. Seit Inkraftsetzung der Unternehmenssteuerreform II werden die an eine natürliche Person ausgeschütteten Dividenden jedoch nicht mehr voll besteuert, wenn diese Person zu mindestens 10% am Grundkapital der Gesellschaft beteiligt ist. Dividenden auf Beteiligungen im Geschäftsvermögen werden neu nur noch zu 50% besteuert; gehören die Beteiligungen zum Privatvermögen, werden die Dividenden zu 60% besteuert[326]. Ob und in welchem Ausmass die Kantone die wirtschaftliche Doppelbelastung mildern wollen, können sie entscheiden[327]; mit Ausnahme des Kantons Neuenburg haben bis 1. Januar 2011 sämtliche Kantone eine *privilegierte Dividendenbesteuerung* eingeführt[328]. Diese steuerlichen Erleichterungen haben – im Verbund mit *Vorteilen* der AG gegenüber der Einzelunternehmung oder den Personengesellschaften *bei den Sozialabgaben* – dazu geführt, dass heute meist besser fährt, wer seine unternehmerische Tätigkeit im Rahmen einer AG betreibt. In der Vergangenheit wurden Unternehmensgewinne häufig thesauriert, mit dem Ziel, bei einer Veräusserung von im Privatvermögen gehaltenen Aktien steuerfreie Kapitalgewinne zu erzielen. Sodann wurde versucht, durch hohe Gehälter der Gesellschaft Mittel zu entnehmen, die bei dieser nicht der Gewinnbesteuerung unterstanden. Durch die steuerliche Entlastung von Dividenden, auf welchen im Gegensatz zu Lohnzahlungen auch keine Sozialabgaben geschuldet sind, erhofft man sich eine *vermehrte Dividendenausschüttung*, und dies hat sich inzwischen – verbunden mit einer Umstellung von möglichst hohen auf möglichst tiefe Gehälter – auch bewahrheitet.

---

[324] Für die Familien-AG ausführlicher: BAUMANN, S. 72 ff. m.w.H.
[325] Zum Ganzen auch BAUMANN, S. 34 f., 73 und 253 m.w.H.
[326] Art. 18b Abs. 1 und 20 Abs. 1bis DBG.
[327] <http://www.efd.admin.ch/dokumentation/zahlen/00579/00608/00632/index.html?lang=de> (besucht am 15. November 2012).
[328] <http://www.bdo.ch/fileadmin/user_upload/download/PDF_Dokumente/publikationen/BDO_Newsletter/Newsletter_03_2011/Dividendenprivileg_2011.pdf> (besucht am 15. November 2012); diese kantonalen Regelungen weisen – wie im Steuerwettbewerb zwischen den Kantonen üblich – erhebliche Differenzen aus, indem die Mindestbeteiligungsquote in allen Kantonen 5 bis 10% betragen muss, der Umfang der Entlastung indessen zwischen 20 und 80% variiert.

9. Unternehmensstrukturierung – Beziehung zu anderen Unternehmen

Häufig dienen Einpersonen-AG im Speziellen auch der *Bildung und Strukturierung von Konzernen*, indem mehrere rechtlich selbständige Tochtergesellschaften unter einheitlicher Leitung einer Muttergesellschaft, welche die Mehrheit oder alle Aktien der ersteren hält, zusammengefasst werden[329].

Schliesslich eignet sich die Aktiengesellschaft auch für den *Austausch von Beteiligungen*, was in Konstellationen langfristiger, massgeblicher Zusammenarbeit nicht selten ist[330].

VII. Exkurs: KMU

Da es sich beim Löwenanteil der nicht kotierten Gesellschaften, welche Gegenstand der vorliegenden Arbeit bilden, um klassische KMU handelt, wird im Folgenden kurz auf unterschiedliche Definitionen des Begriffs KMU und die Bedeutung der KMU in der Schweiz eingegangen.

1. Definitionen

a. Allgemein

Der Begriff KMU (**k**leine und **m**ittlere **U**nternehmen) ist weder betriebs- noch volkswirtschaftlich oder juristisch streng definiert. In der ökonomischen Literatur finden sich zum einen Unterteilungen nach *qualitativen Kriterien*, welche sich insbesondere an der Funktion des Kapitalgebers in der Unternehmung orientieren. Zum anderen werden *quantitative Kriterien*, vorab die Anzahl der beschäftigten Mitarbeiter, herangezogen[331]. Die BP-KMU subsumieren unter den Begriff KMU nicht nur die Adressaten der Empfehlungen, mithin die kleinen und mittleren Unternehmen, sondern auch deren *Ziele*, nämlich die **L**angfristige **Z**ufriedenheit und **L**oyalität von **K**und(innen) und **L**ieferanten, **M**itarbeitenden und **Ö**ffentlichkeit sowie **U**nternehmenseigner(innen)[332].

---

[329] Statt Vieler: FORSTMOSER/MEIER-HAYOZ/NOBEL, § 62 Rz. 37; BSK OR II-BAUDENBACHER, Art. 625 Rz. 21, Vor Art. 620 Rz. 19; dazu vorn S. 45, § 3.V.
[330] VOGEL, S. 58; BAUMANN, S. 69.
[331] HABERSAAT/SCHÖNENBERGER/WEBER, S. 10.
[332] BP-KMU, S. 1.

b. Gesetzliche Definitionen

Der Gesetzgeber hat in Art. 2 lit. e *FusG erstmals* eine *Legaldefinition* der KMU geschaffen, wonach in diesem Gesetz «Gesellschaften, die keine Anleihensobligationen ausstehend haben, deren Anteile nicht an der Börse kotiert sind und die überdies zwei der nachfolgenden Grössen nicht (...) überschreiten: 1. Bilanzsumme von 20 Millionen Franken, 2. Umsatzerlös von 40 Millionen Franken, 3. 200 Vollzeitstellen im Jahresdurchschnitt» als KMU gelten. Diese Definition lehnt sich hinsichtlich der Abgrenzungskriterien an Art. 663e Abs. 2 und 727 Abs. 1 Ziff. 2 OR an[333]. Die letztgenannte Bestimmung umschreibt die wirtschaftlich bedeutenden Unternehmen ebenfalls anhand der Kennzahlen Bilanzsumme, Umsatzerlös und Vollzeitstellen im Jahresdurchschnitt. Im Botschaftstext wurde explizit auf die Verwendung dieser Kriterien bereits im geltenden OR und im FusG verwiesen[334]. In quantitativer Hinsicht unterschied sich die Umschreibung indessen wesentlich, indem Art. 727 Abs. 1 Ziff. 2 OR die Kennzahlen, die Gesellschaften – um lediglich der eingeschränkten, und nicht der ordentlichen Revision zu unterliegen – in zwei aufeinander folgenden Geschäftsjahren nicht überschreiten dürfen, ursprünglich auf eine Bilanzsumme von 10 Millionen Franken, einen Umsatzerlös von 20 Millionen Franken sowie auf 50 Vollzeitstellen im Jahresdurchschnitt festgelegt hatte[335]. Diese *Schwellenwerte* wurden auf den 1. Januar 2012 auf eine Bilanzsumme von 20 Millionen Franken, einen Umsatzerlös von 40 Millionen Franken sowie auf 250 Vollzeitstellen im Jahresdurchschnitt erhöht[336], womit sie mit Ausnahme der Vollzeitstellenanzahl nun übereinstimmen.

Im Gemeinschaftsrecht richtet sich die Definition der KMU nach der Empfehlung 2003/361/EG der Kommission der Europäischen Gemeinschaften vom 5. Mai 2003[337]. Gemäss Art. 2 der genannten Empfehlung gelten als KMU Unternehmen, welche weniger als 250 Personen beschäftigen und entweder einen Jahresumsatz von höchstens 50 Millionen Euro erzielen oder deren Jahresbilanzsumme sich auf höchstens 43 Millionen Euro beläuft, innerhalb der Katego-

---

[333] Der Botschaftstext betont, dass diese Legaldefinition lediglich auf das FusG angewendet werden könne; um eine grosse Mehrheit der schweizerischen Unternehmen von verschiedenen im FusG gründenden Pflichten zu entlasten, sei der Begriff KMU bewusst weit gefasst worden (Botschaft FusG, S. 4366).

[334] Botschaft OR/RAG, S. 3991, mit dem weiteren Hinweis, dass diese Kriterien auch in EU-Richtlinien der Differenzierung gesellschaftsrechtlicher Anforderungen diene.

[335] Auch Art. 963a E OR 2007 orientiert sich für die Befreiung juristischer Personen von der Erstellung einer Konzernrechnung an diesen Kennzahlen.

[336] Art. 727 Abs. 1 Ziff. 2 OR (BBl 2008, S. 1589).

[337] ABl. L 124 vom 20. Mai 2003, S. 36 ff.; die Definition ist u.a. von grosser Bedeutung bei den KMU-Förderungsmassnahmen (Verordnung [EG] Nr. 70/2001 der Kommission vom 12. Januar 2001 über die Anwendung der Artikel 87 und 88 EG-Vertrag auf staatliche Beihilfen am KMU, ABl. L 10 vom 13. Januar 2001, S. 33).

rie KMU schliesslich als kleine Unternehmen solche, die weniger als 50 Personen beschäftigen und einen Jahresumsatz bzw. eine Jahresbilanz von 10 Millionen Euro nicht übersteigen, als Kleinstunternehmen schliesslich solche, die weniger als 10 Personen beschäftigen und deren Jahresumsatz bzw. deren Jahresbilanz 2 Millionen Euro nicht überschreitet.

In Anlehnung an Europa schlug auch die Arbeitsgruppe «CG» eine «KMU-Schwelle» von 250 Vollzeitstellen sowie Jahresumsatz und -bilanzsummen von 60, resp. 30 Millionen Franken vor[338].

c. Regulatorische Definitionen

Der *BP-KMU* definiert die Adressaten seiner Empfehlungen allein aufgrund der *Nichtkotierung* sowie der *Anzahl Mitarbeiter*, wonach als kleine Unternehmen solche mit 10 bis 50 Mitarbeitenden, und als mittlere Unternehmen solche mit bis zu 500 Mitarbeitenden gelten[339].

d. Fazit

Massgeblich für die vorliegende Arbeit sind weniger die genannten Schwellenwerte als vielmehr die *Grösse und Zusammensetzung des Aktionariats*, wodurch sich die Fragestellungen und Problemfelder von denjenigen börsenkotierter Gesellschaften unterscheiden.

Richtig erscheint ferner die Festellung des Leiters der Task Force KMU des seco, wonach der sechste Bericht des Europäischen Beobachtungsnetzes für KMU zeige, dass es «kein ‹durchschnittliches› kleines oder mittleres Unternehmen, sondern mehrere KMU-Typen oder Gruppen mit spezifischen Bedürfnissen und spezifischem Verhalten»[340] gebe.

2. Bedeutung der KMU

Aus der letzten, vom Bundesamt für Statistik (BFS) im Jahre 2008 durchgeführten, gesamtschweizerischen Betriebszählung bei allen Betrieben und Unternehmen des Industrie-, Gewerbe- und Dienstleistungssektors resultierten 311'707 KMU (> 250 Personen) mit insgesamt 2'327'802 Beschäftigten, welche rund 1'154 Grossunternehmen (<250 Personen) mit insgesamt 1'166'269 Beschäftigten gegenüber standen; 99.6% aller Unternehmen sind mithin KMU, während sich der Anteil der KMU an der Summe aller Beschäftigten auf 66.6% be-

---

[338] BÖCKLI/HUGUENIN/DESSEMONTET, S. 66 ff., 171.
[339] BP-KMU, S. 1.
[340] Vorwort zu HABERSAAT/SCHÖNENBERGER/WEBER, S. 3

läuft[341]. Diese Zahlen zeigen die *grosse wirtschaftliche Bedeutung der KMU* deutlich auf[342] und erklären die Bildung und Gründung zahlreichster KMU-Interessensgemeinschaften[343], (z.T. auch behördlicher) -informationsplattformen[344], -forschungsstellen[345], -stiftungen[346], -magazine[347] u.w.m.

Nach Auffassung des Bundesrates ist es wichtig, die KMU soweit als möglich von administrativen Mehrarbeiten, zusätzlichen Investitionen und Erschwernissen im Betriebsablauf zu entlasten, weshalb im Oktober 1999 in Gesetzgebungsverfahren KMU-Verträglichkeitstest eingeführt wurden; durch einen Besuch in rund einem Dutzend gezielt ausgewählter KMU muss das Seco in Erfahrung bringen, wie sich eine Vorlage auswirkt[348].

---

[341] <http://www.bfs.admin.ch/bfs/portal/de/index/themen/06/02/blank/key/01/groesse.html> (besucht am 1. August 2012).

[342] So auch MÜLLER/KÖNIG, S. 120 f.

[343] Bspw. die Vereinigung der Privaten Aktiengesellschaften (<http://www.vpag.ch> [besucht am 15. November 2012]) oder die Wirtschaftskammer Baselland (<http://www.kmu.org> [besucht am 15. November 2012]), welche sich spezifisch auch der KMU-Beratung widmet.

[344] Bspw. des Staatssekretariats für Wirtschaft SECO (<http://www.kmu.admin.ch> ([besucht am 15. November 2012]) oder des Bundesamts für Sozialversicherungen (<http://www.bsv.admin.ch/kmu/index.html> [besucht am 15. November 2012]).

[345] Bspw. der Universität St. Gallen (<http://www.kmu.unisg.ch/> [besucht am 15. November 2012]) oder der Universität Luzern (<http://www.unilu.ch/deu/kmu-institut_81053.aspx> [besucht am 15. November 2012]).

[346] Bspw. die Stiftung KMU Schweiz (<http://www.stiftung-kmu.ch> [besucht am 15. November 2012]).

[347] Bspw. das KMU-Magazin (<http://www.kmu-magazin.ch> [besucht am 15. November 2012]).

[348] Kasten 1 unter: <http://www.dievolkswirtschaft.ch/editions/200607/Muller.html> (besucht am 1. August 2012).

2. Kapitel: Gesellschafts- und vertragsrechtliche Ausgestaltung nicht kotierter Aktiengesellschaften

Vorbemerkungen zu den einschlägigen privatautonomen Grundlagen nicht kotierter Aktiengesellschaften

Die Statuten bilden – in einem Zusammenwirken mit Reglementen und den gesetzlichen Vorgaben – die in einer Aktiengesellschaft geltende Ordnung, gewissermassen die Gesellschaftsverfassung; ihr Erlass ist daher zwingend und hat durch die Generalversammlung zu erfolgen[349]. Neben dem absolut notwendigen Inhalt gemäss Art. 626 OR können die Statuten mannigfaltige Bestimmungen – sog. bedingt notwendigen Statuteninhalt, mit welchem von der dispositiven gesetzlichen Ordnung abgewichen wird – enthalten[350], wodurch Aktiengesellschaften unterschiedlichst ausgestaltet werden können[351].

Private Aktiengesellschaften weisen häufig eine Ausgestaltung auf, welche sich derjenigen von Personengesellschaften annähert[352]. Dies erfolgt durch ein *Mit- und Nebeneinander mannigfaltiger statutarischer, reglementarischer und schuldvertraglicher Bestimmungen*, mittels welcher versucht wird, die *bestmögliche Struktur* für die jeweilige Gesellschafterkonstellation zu finden. Längerfristige Anliegen in privaten Gesellschaften sind häufig die Erhaltung des Besitzes und Einflusses einer Familie oder eines anderweitig geschlossenen Kreises sowie die langfristige Erhaltung des Geschaffenen; von Bedeutung ist hier die Verhinderung einer unzweckmässigen Zersplitterung der Gesellschaftsanteile, unter Beachtung des erbrechtlichen Pflichtteilsrechts und ohne dadurch den Erbgang übermässig zu behindern[353].

Im Folgenden werden daher nach den statutarischen Ausgestaltungsmöglichkeiten der Kapitalstruktur (§ 4) die – insbesondere auch die gesellschaftsrechtliche Kapitalstruktur ergänzenden – schuldvertraglichen Gestaltungsmöglichkeiten

---

[349] Art. 698 Abs. 2 Ziff. 1 OR; dazu auch hinten S. 141, § 6.I.5.a und S. 203, § 6.III.10.a.
[350] Art. 627 f. OR.
[351] Grundlegend zu den Statuten statt Vieler: BÖCKLI Aktienrecht, § 1 Rz. 450 f.; FORSTMOSER Organisation II, § 14 Rz. 2 ff.; P. KUNZ Statuten, S. 55 ff.
[352] Dazu eingehender vorn S. 33, § 3.I.3.
[353] VOGEL, S. 66 ff.

(§ 5) dargestellt, bevor auf die Ausgestaltungsmöglichkeiten in der Organisation der Gesellschaft (§ 6) sowie hinsichtlich der Revision (§ 7) eingegangen wird.

§ 4. Statutarische Ausgestaltungsmöglichkeiten der Kapitalstruktur

Ein wesentliches Gestaltungselement privater Aktiengesellschaften ist die Kapitalstruktur, deren Flexibilität es nachgerade erlaubt, den unterschiedlichen Bedürfnissen der verschiedenen Aktiengesellschaften Rechnung zu tragen (I.). Neben verschiedenen Möglichkeiten der Verbriefung von Mitgliedschaftsrechten (II.) bieten verschiedene Beteiligungsarten die Möglichkeit, auf die Zusammensetzung des Aktionärskreises mehr oder weniger Einfluss zu nehmen, kapitalunabhängige Gewichtungen von Stimm- oder Vermögensrechten vorzunehmen u.w.m. (III.); ergänzt werden kann das häufig grosse Bedürfnis nach Geschlossenheit des Aktionariats schliesslich mittels statutarischer Erwerbsrechte, Verfügungs- und Nutzniessungsbeschränkungen (IV. und V.).

I. Flexible Kapitalstruktur

Die Flexibilität des schweizerischen Aktienrechts zeigt sich unter anderem in einer relativ grossen Freiheit hinsichtlich der Ausgestaltung der Kapitalstruktur. Das Gesetz stellt nicht nur *verschiedene Formen der wertpapierrechtlichen Verurkundung* der Mitgliedschaft in einer Aktiengesellschaft zur Verfügung (Inhaber-, Namen- und Rektaaktien), sondern auch *unterschiedliche Beteiligungsformen*, mittels welcher den individuellen Bedürfnissen von Aktiengesellschaften begegnet werden kann. So kann durch die Einführung von Stimmrechts- oder Vorzugsaktien[354], von Stimmrechtsbeschränkungen[355] oder auf dem Wege einer lediglich teilweisen Liberierung gewisser Namenaktien[356] (unter Anbindung der Rechte auf Dividende und Liquidationsergebnis am Nennwert der Aktien) vom die Aktiengesellschaft grundsätzlich beherrschenden Prinzip der Kapitalbezogenheit abgewichen werden[357].

---

[354] Dazu hinten S. 80, § 4.III.2.d. und S. 86, § 4.III.3.
[355] Dazu hinten S. 160, § 6.I.7.db.
[356] Dazu hinten S. 69, § 4.III.2.a.
[357] FORSTMOSER/MEIER-HAYOZ/NOBEL, § 43 Rz. 18 ff. und § 41 Rz. 20 ff.; dazu eingehender vorn S. 19, § 2.I.3.ab.

Private Aktiengesellschaften weisen – unter Verwendung dieser verschiedenen Beteiligungsformen – sehr häufig eine stark personenbezogene Ausgestaltung auf. Zu Recht weist BAUMANN in diesem Zusammenhang auf die jeder individuellen Ausgestaltung innewohnende Gefahr hin, dass sich unterschiedliche Aktienkategorien bei Veränderungen der ihnen zugrunde liegenden Konstellationen und Fähigkeiten insbesondere in späteren Generationen destabilisierend auswirken können[358]. Dieser Problematik muss man sich bei der Schaffung solcher massgeschneiderten, privaten Gesellschaftsstrukturen bewusst sein.

II. Verbriefung der Mitgliedschaftsrechte

Die grundsätzlich freie Übertragbarkeit der Mitgliedschaft, mithin die Handelbarkeit der Gesellschafterstellung an sich, bildet ein wesentliches Strukturmerkmal der Aktiengesellschaft. Um die mit der Gesellschafterstellung verbundenen Rechte zu versachlichen und ihre Zirkulation zu gewährleisten, werden diese typischerweise in einem *Wertpapier* im Sinne von Art. 965 OR verbrieft. Insbesondere in privaten Aktiengesellschaften mit einem beschränkten Aktionärskreis wird – bewusst oder aus Nachlässigkeit – jedoch *häufig* auf die Ausgabe von Wertpapieren *verzichtet* und bestenfalls eine *Beweisurkunde* über die Mitgliedschaft ausgestellt[359]. Nach Lehre und Rechtsprechung[360] setzten bereits nach bisherigem Recht weder die Entstehung noch die Ausübung der Mitgliedschaftsrechte oder deren Übertragung eine wertpapiermässige Verbriefung voraus; dies soll in Art. 622 Abs. 4 und 5 E OR 2007 nun explizit klargestellt werden[361].

Die Beteiligungsrechte des Aktionärs gründen im notariell beglaubigten Errichtungsakt resp. den Statuten, allenfalls auch in Reglementen oder besonderen Generalversammlungsbeschlüssen der Gesellschaft; falls eine wertpapiermässige Verurkundung erfolgt, handelt es sich daher um kausale Wertpapiere. Im Falle eines Verzichts auf die Ausgabe von Wertpapieren werden diese nach den Regeln des Zessionsrechts gemäss Art. 164 ff. OR, d.h. durch den blossen Nachweis einer lückenlosen Kette schriftlicher Abtretungserklärungen übertragen[362]. *Verbreitet* sind gerade in Aktiengesellschaften mit einem kleineren Kreis

---

[358] BAUMANN, S. 123.
[359] Dies ist insofern von Vorteil, als einem möglichen Verlust in der Folge nicht mit einer aufwändigen richterlichen Kraftloserklärung begegnet werden muss (BAUEN/BERNET, S. 55 Fn. 35).
[360] BGE 83 II 454 f., 48 II 395.
[361] Botschaft Aktien-/Rechnungslegungsrecht, S. 1637.
[362] BSK OR II-BAUDENBACHER, ART. 622 Rz. 1 ff.; FORSTMOSER/MEIER-HAYOZ/NOBEL, § 43 Rz. 17 ff.; BAUEN/BERNET, Rz. 177; BÖCKLI Aktienrecht, § 4 Rz. 122 ff.

von Aktionären *sog. Aktienzertifikate* über eine bestimmte Anzahl von Aktien. Aktienzertifikate können über alle Arten von Aktien ausgestellt werden und gelten «an Stelle von gedruckten Aktientiteln»[363]. Bucheffekten entstehen mit der Hinterlegung von Wertpapieren zur Sammelverwahrung oder von Globalurkunden bei einer Verwahrungsstelle oder deren Gutschrift in einem Effektenkonto, resp. der Eintragung von Wertrechten im Hauptregister einer Verwahrungsstelle und deren Gutschrift in einem Effektenkonto[364].

III. Beteiligungsarten

1. Inhaberaktien

Gemäss Art. 622 Abs. 1 OR können Aktien auf den Inhaber lauten. Inhaberaktien dürfen erst ausgegeben werden, wenn sie voll liberiert sind[365]. Inhaberaktien sind *echte Inhaberpapiere* im Sinne von Art. 978 ff. OR. Ihre Übertragung bedarf neben einem gültigen Rechtsgrund der Übertragung des Besitzes an der Urkunde; anderweitige Erschwerungen der Übertragung sind nicht zulässig[366]. Der Erwerber einer Inhaberaktie erwirbt automatisch alle mit der Aktie verbundenen Vermögens- und Mitgliedschaftsrechte, d.h. die *Gesellschaft* kann *keinerlei Einfluss auf die Zusammensetzung des Aktionärskreises* ausüben[367]. Entsprechend einfach gestaltet sich die Legitimation gegenüber der Gesellschaft: gemäss Art. 689a Abs. 2 OR kann die Mitgliedschaftsrechte aus Inhaberaktien ausüben, wer die Aktie vorlegen oder auf andere Weise deren Besitz nachweisen kann. Nach überwiegender Lehre geht die Wahrung der *Anonymität des Inhaberaktionärs* so weit, dass er – sofern er nicht das Wort ergreift – seine Identität sogar bei Ausübung seiner Rechte an der Generalversammlung nicht preisgeben muss[368]. Die Anonymität des Gesellschafters widerspricht häufig den Bedürfnissen nicht kotierter Aktiengesellschaften.

---

[363] BGE 86 II 98; dazu auch MEIER-HAYOZ/FORSTMOSER, § 16 Rz. 290.
[364] Art. 6 Abs. 1 BEG.
[365] Art. 683 Abs. 1 OR.
[366] Art. 697 Abs. 1 OR; BÖCKLI Aktienrecht, § 4 Rz. 98; BSK OR II-BAUDENBACHER, ART. 622 Rz. 12.
[367] BSK OR II-OERTLE/SHELBY DU PASQUIER, Art. 683 Rz. 7.
[368] FORSTMOSER/MEIER-HAYOZ/NOBEL, § 39 Rz. 6; BAUEN/BERNET, Rz. 282.

2. Namenaktien

a. Gewöhnliche Namenaktien

Gemäss Art. 622 Abs. 1 OR können Aktien auch auf den Namen lauten. Namenaktien sind *gesetzliche Ordrepapiere* im Sinne von Art. 1145 ff. OR[369]. Im Gegensatz zu Inhaberaktien dürfen Namenaktien bereits ausgegeben werden, wenn sie zu mindestens 20% liberiert sind[370]. Zur Übertragung einer Namenaktie bedarf es der Übergabe des Besitzes an der Urkunde sowie eines Indossaments, d.h. einer expliziten Übertragungserklärung auf der Aktie selbst[371].

Art. 686 Abs. 1 und 3 OR verpflichtet die Aktiengesellschaft, über die Namenaktien ein *Aktienbuch* zu führen, in welches Eigentümer und Nutzniesser mit Namen und Adressen einzutragen sind, sowie die Eintragung auf dem Aktientitel zu bescheinigen; durch die Eintragung im Aktienbuch erfolgt die Legitimation der Aktionäre gegenüber der Gesellschaft. Im Unterschied zu den Inhaberaktionären sind die *Namenaktionäre der Gesellschaft* somit *bekannt*, was den Bedürfnissen von Gesellschaften mit einem beschränkten Aktionärskreis bedeutend besser entspricht.

b. Rektaktien

Mittels einer sog. Rektaklausel in den Statuten können Namenaktien auch als *echte Namenpapiere* im Sinne von Art. 974 OR ausgestaltet werden. Rektaktien müssen durch Zession, d.h. durch schriftliche Abtretungserklärung, welche im Gegensatz zum Indossament nicht auf die Aktienurkunde gesetzt zu werden braucht, übertragen werden[372].

c. Vinkulierte Namenaktien

ca. Allgemeines

In Abweichung des die Aktiengesellschaft *grundsätzlich* beherrschenden Prinzips der freien Übertragbarkeit der Aktien[373] können die Statuten gemäss Art. 685a Abs. 1 OR bestimmen, dass *Namenaktien nur mit Zustimmung der Gesellschaft übertragen* werden können. Innerhalb des Rahmens der gesetzlich zulässigen Ablehnungsgründe, welche für kotierte und nicht kotierte Gesell-

---

[369] Art. 684 Abs. 2 OR.
[370] Art. 632 Abs. 1 OR.
[371] Art. 684 Abs. 2 i.V.m. 967 OR.
[372] Art. 697 Abs. 2 OR; FORSTMOSER/MEIER-HAYOZ/NOBEL, § 43 Rz. 34 ff.; BÖCKLI Aktienrecht, § 4 Rz. 102; BSK OR II-OERTLE/Shelby DU PASQUIER, Art. 684 Rz. 6.
[373] Art. 684 Abs. 1 OR.

schaften unterschiedlich umschrieben sind, kann die Gesellschaft auf diese Weise die Zusammensetzung des Aktionärskreises beeinflussen und potentielle Erwerber ablehnen. Dies entspricht in Gesellschaften mit einem beschränkten Aktionärskreis einem grossen Bedürfnis, weshalb vinkulierte Namenaktien *in privaten Aktiengesellschaften die Regel* sind.

cb. Gesetzliche und statutarische Vinkulierung

Eine *gesetzliche* Übertragungsbeschränkung findet sich in Art. 685 OR, wonach die Übertragung nicht voll liberierter Namenaktien – vorbehältlich des Erwerbs durch Erbgang, Erbteilung, eheliches Güterrecht oder Zwangsvollstreckung – der Zustimmung der Gesellschaft bedarf, wobei diese nur bei zweifelhafter Zahlungsfähigkeit des Erwerbers verweigert werden darf. Es handelt sich dabei um eine reine «*Bonitätsvinkulierung*»[374].

Im Übrigen bedürfen Vinkulierungsbestimmungen – mit Ausnahme der sog. Strohmannklausel sowie der sog. «Escape Clause», welche ebenfalls von Gesetzes wegen, jedoch nur bei Vorliegen statutarischer Übertragungsbeschränkungen zur Anwendung gelangen – einer expliziten und detaillierten *Verankerung in den Statuten*[375].

cc. Ursprüngliche und nachträgliche Vinkulierung

Häufig besteht in privaten Aktiengesellschaften das Bedürfnis nach Mitbestimmung hinsichtlich der Zusammensetzung des Aktionärskreises bereits im Zeitpunkt der Gründung der Gesellschaft. In diesen Fällen enthalten bereits die *Gründungsstatuten*, welche der Zustimmung aller Gründer anlässlich der Gründungsversammlung bedürfen[376], entsprechende Vinkulierungsbestimmungen.

Übertragungsbeschränkungen können jedoch auch nachträglich eingeführt oder bestehende Vinkulierungsbestimmungen können verschärft werden. Da dies einen wesentlichen Eingriff in die Rechtsstellung des Aktionärs darstellt, bedarf *die nachträgliche Einführung resp. Verschärfung* von Vinkulierungsbestimmungen gemäss Art. 704 Abs. 1 Ziff. 3 OR des für wichtige Beschlüsse *notwendigen, qualifizierten Mehrs*, mithin der Zustimmung von zwei Dritteln aller vertretenen Stimmen sowie der absoluten Mehrheit der vertretenen Aktien-

---

[374] Dazu eingehend KLÄY, S. 293 ff.; BÖCKLI Aktienrecht, § 6 Rz. 35 f.; FORSTMOSER/MEIER-HAYOZ/NOBEL, § 44 Rz. 117 ff.; BSK OR II-OERTLE/SHELBY DU PASQUIER, Art. 685 Rz. 3 ff.; MARTIN, S. 84 f.
[375] Dazu sogleich hinten eingehend S. 76, § 4.III.2.cei und S. 77, § 4.III.2.cej.
[376] Art. 629 Abs. 1 OR; FORSTMOSER/MEIER-HAYOZ/NOBEL, § 14 Rz. 10; BSK OR II-SCHENKER, Art. 629 Rz. 6.

nennwerte[377]. In materieller Hinsicht dürfen nachträglich eingeführte Vinkulierungsbestimmungen/-verschärfungen *nicht gegen die allgemeinen aktienrechtlichen Grundprinzipien verstossen*, d.h. das Sachlichkeitsgebot muss gewahrt sein, indem die Beschränkung der Aktionärsrechte durch schutzwürdige Interessen der Gesellschaft gerechtfertigt sein muss. Als Ausfluss der Pflicht zur schonenden Rechtsausübung darf eine Vinkulierungsbestimmung die Übertragung der Aktien ferner nicht stärker erschweren, als dies für die Erreichung des verfolgten Zwecks notwendig ist (Erforderlichkeitsgrundsatz, Übermassverbot) und nicht unverhältnismässig in Aktionärsrechte eingreifen (Zweckproportionalität, Interessenabwägung). Schliesslich muss das Gleichbehandlungsprinzip eingehalten werden[378], weshalb eine Verschärfung oder Neueinführung der Vinkulierung nicht nur einzelne Aktionäre treffen darf[379]. Generalversammlungsbeschlüsse betreffend Vinkulierungsbestimmungen, welche Aktionärsrechte in gesetzeswidriger-, statutenwidriger oder unsachlicher Weise entziehen oder beschränken, können mittels Anfechtungsklage beseitigt werden[380].

cd.   Entscheidungskompetenz

Der Entscheid über die Anerkennung eines Aktionärs obliegt *grundsätzlich* dem *Verwaltungsrat*, welcher – unter Erlass der hierfür nötigen Weisungen und Ausübung einer gewissen Aufsicht – damit jedoch auch einen *Ausschuss*, eventuell den Präsi*denten* oder den *Sekretär* des Verwaltungsrates allein oder eine *allfällige Geschäftsleitung* betrauen kann[381]. Nach überwiegender Lehre bedarf es hierzu einer ausdrücklichen Ermächtigung in den Statuten sowie einer Delegation im Rahmen eines Organisationsreglements[382]. Da es sich beim Genehmigungsentscheid nicht um eine unübertragbare und unentziehbare Kompetenz des Verwaltungsrates im Sinne von Art. 716a OR handelt, kann dieser statutarisch auch der *Generalversammlung* zugewiesen werden, was in nicht kotierten, pri-

---

[377] KLÄY, S. 344; BÖCKLI Aktienrecht, § 6 Rz. 25.; BAUEN/BERNET, Rz. 203; FORSTMOSER/MEIER-HAYOZ/NOBEL, § 44 Rz. 254.
[378] Zu diesen Grundsätzen allgemein vorn S. 19, §.2.I.3.b. und S. 20, § 2.I.3.c.
[379] Dies kann etwa der Fall sein bei der Neueinführung oder Herabsetzung einer Prozentklausel, von der nur einzelne grosse Aktionäre insofern betroffen sind, als diese ihr Aktienpaket nicht mehr als Ganzes übertragen können.
[380] Art. 706 Abs. 2 Ziff. 1–3, 706b OR. KLÄY, S. 344 f.; dazu auch hinten S. 280, § 8.IV. und S. 283, § 8.V.
[381] BÖCKLI Aktienrecht, § 6 Rz. 33.
[382] BSK OR II-OERTLE/SHELBY DU PASQUIER, Art. 685a Rz. 8 und 685d Rz. 16; KLÄY, S. 354 m.w.H.; a.A. BÖCKLI Aktienrecht, § 6 Rz. 33.

vaten Aktiengesellschaften mit einem kleineren Aktionärskreis häufig einem Bedürfnis entspricht, und auch nur in solchen praktikabel ist[383].

Die Ablehnung eines Erwerbers muss im konkreten Fall aufgrund der statutarischen oder allenfalls gesetzlichen Vinkulierungsbestimmung gerechtfertigt sein[384].

ce.   Statutarische Vinkulierungsgründe

cea.   Wichtige, in den Statuten genannte Gründe

Statutarisch kann die Übertragbarkeit von Namenaktien nicht kotierter Gesellschaften gemäss Art. 685b Abs. 1 und 2 OR lediglich erschwert werden, indem wichtige, genügend konkret umschriebene Gründe, welche *im Hinblick* auf den *Gesellschaftszweck* oder die *wirtschaftliche Selbständigkeit des Unternehmens* die Verweigerung einer Übertragung rechtfertigen, in die Statuten eingefügt werden. Aus Gründen der Transparenz müssen die Ablehnungsgründe den *Statuten abschliessend, klar und konkret* zu entnehmen sein; aufgrund der Statuten muss ersichtlich sein, wer die Aktien erwerben kann, resp. an wen die Aktien verkauft werden können[385]. Nach überwiegender Lehre handelt es sich bei Art. 685b Abs. 2 OR um eine abschliessende Aufzählung der zulässigen Zielsetzungen statutarischer Ablehnungsgründe, d.h. Statutenbestimmungen, welche sich nicht im Hinblick auf die Sicherung des Gesellschaftszwecks oder die Selbständigkeit des Unternehmens rechtfertigen, sind unzulässig[386].

ceb.   Konkurrenzklauseln

In nicht kotierten Aktiengesellschaften mit häufig kleineren, stärker personenbezogenen Strukturen steht oftmals das Fernhalten von Konkurrenten im Zentrum. Die Untersagung des Erwerbs massgeblicher Beteiligungen durch Konkurrenten wird von der Lehre überwiegend als durch den Gesellschaftszweck, unter Umständen auch unter dem Aspekt der Erhaltung der wirtschaftlichen Selbstän-

---

[383] KLÄY, S. 354 f.; BSK OR II-OERTLE/SHELBY DU PASQUIER, Art. 685a Rz. 8 f.; FORSTMOSER/MEIER-HAYOZ/NOBEL, § 44 Rz. 129; BÖCKLI Aktienrecht, § 6 Rz. 31, 33 f.; PREMAND, § 5 Rz. 217.

[384] KLÄY, S. 138, 140.

[385] Dazu eingehend KLÄY, S. 134 ff.; BÖCKLI Aktienrecht, § 6 Rz. 244 ff. und 257 ff.; FORSTMOSER/MEIER-HAYOZ/NOBEL, § 44 Rz. 133 ff. und 156 ff.; FORSTMOSER Vinkulierung, S. 98; TSCHÄNI, S. 15 ff.; MARTIN, S. 88 ff.

[386] KLÄY, S. 148 f.; BÖCKLI Aktienrecht, § 6 Rz. 244; MARTIN, S. 97; a.A. FORSTMOSER/ MEIER-HAYOZ/NOBEL, § 44 Rz. 152 ff., wonach aufgrund teleologischer Auslegung auch andere wichtige Gründe zuzulassen sind, wenn die Interessen der Gesellschaft ebenso gefährdet erscheinen.

digkeit als gerechtfertigt erachtet[387]. In quantitativer Hinsicht orten FORSTMOSER/MEIER-HAYOZ/NOBEL in kleinen, stark personenbezogenen Verhältnissen bereits im Erwerb einer einzigen Aktie, resp. in den dieser innewohnenden aktienrechtlichen Informationsrechten ein beträchtliches Störungspotential, welches die Ablehnung eines konkurrenzierenden Erwerbers zu rechtfertigen vermag[388]. BÖCKLI demgegenüber sieht im Erwerb einer einzigen Aktie durch einen Konkurrenten noch keine Bedrohung der wirtschaftlichen Selbständigkeit der Unternehmung; auch unter dem Gesichtspunkt des Gesellschaftszwecks betrachtet erachtet er erst eine Beteiligungsquote von 5 bis 10% als problematisch und eine Ablehnung rechtfertigend[389]. Inhaltlich fordert die Lehre verschiedentlich eine *statutarische Umschreibung* etwa dahingehend, *in welcher Geschäftstätigkeit* resp. *in welchem örtlichen Rahmen* die eine Ablehnung rechtfertigende *Konkurrenzierung* zu erfolgen habe[390]. Existenz und Ausmass der Konkurrenzierung bestimmen sich nach dem statutarischen Gesellschaftszweck, weshalb auch dieser präzise und umfassend zu formulieren ist[391].

cec.   Konzern- oder Selbständigkeitsklauseln

Zulässig sind weiter sog. Konzernklauseln, welche die Ablehnung der Übertragung von Aktien, welche die *tatsächliche oder rechtliche Eingliederung in einen Konzern* oder auch die *Erlangung der Kontrolle* durch irgendeinen *Dritten* zur Folge hätte, vorsehen[392]. Nach m.E. zutreffender Ansicht kann nicht jeder Kontrollwechsel verhindert werden, sondern nur derjenige, welcher die wirtschaftliche Selbständigkeit des Unternehmens gefährdet, bspw. durch Eingliederung in den Konzern oder anderweitige, nicht selbständige Fortführung des Betriebs; in den anderen Fällen sind bestehende Mehrheiten über die «Escape-Clause» zu schützen[393]. Auch in privaten Aktiengesellschaften können Konzernklauseln erwünscht und sinnvoll sein.

---

[387] FORSTMOSER/MEIER-HAYOZ/NOBEL, § 44 Rz. 140 ff.; KLÄY, S. 161 f.; BÖCKLI Aktienrecht, § 6 Rz. 258 ff.; BSK OR II-OERTLE/SHELBY DU PASQUIER, Art. 685b Rz. 4 ff.; TSCHÄNI, S. 18.

[388] FORSTMOSER/MEIER-HAYOZ/NOBEL, § 44 Rz. 140 ff., insbes. 146.

[389] BÖCKLI Aktienrecht, § 6 Rz. 258 ff.; ähnlich auch BSK OR II-OERTLE/SHELBY DU PASQUIER, Art. 685b Rz. 6 m.V.a. BGE 4C.35/2007 Erw. 3.4.

[390] TSCHÄNI, S. 18; BSK OR II-OERTLE/SHELBY DU PASQUIER, Art. 685b Rz. 4 f.; KLÄY, S. 161 ff.; Formulierungsvorschläge für entsprechende Statutenbestimmungen finden sich bei KLÄY, S. 581; ZINDEL/HONEGGER/ISLER/BENZ, S. 16 f.

[391] MARTIN, S. 93 m.V.a. FORSTMOSER/MEIER-HAYOZ/NOBEL, § 8 Rz. 56.

[392] BÖCKLI Aktienrecht, § 6 Rz. 268 f.; KLÄY, S. 167 ff.; TSCHÄNI, S. 21; BSK OR II-OERTLE/SHELBY DU PASQUIER, Art. 685b Rz. 5; MARTIN, S. 94 f. Formulierungsvorschläge für entsprechende Statutenbestimmungen finden sich bei TSCHÄNI, S. 28.

[393] BÖCKLI Aktienrecht, § 6 Rz. 268 f.; KLÄY, S. 168 ff.; TSCHÄNI, S. 21; BSK OR II-OERTLE/SHELBY DU PASQUIER, Art. 685b Rz. 5; MARTIN, S. 94 f.; Formulierungsvorschläge für entsprechende Statutenbestimmungen finden sich bei TSCHÄNI, S. 28.

ced. *Fähigkeitsklauseln und andere persönlichkeitsbezogene Vinkulierungsgründe*

In privaten Aktiengesellschaften besteht sodann häufig das Bedürfnis, die Übertragung von Aktien auf Personen zu beschränken, welche über bestimmte Eigenschaften oder Fähigkeiten verfügen; auch dies ist nur zulässig, wenn diese Eigenschaften und Fähigkeiten *für die Erreichung des Gesellschaftszwecks* oder die *Erhaltung der wirtschaftlichen Selbständigkeit relevant* sind. So kann etwa in politisch, philosophisch oder religiös klar ausgerichteten Gesellschaften verlangt werden, dass Aktionäre diese Grundhaltungen teilen, oder in Gesellschaften, welche gewisse professionelle Dienstleistungen erbringen[394], dass Aktionäre über bestimmte Fähigkeitsausweise verfügen müssen. Die vom Aktionär zu erfüllenden Voraussetzungen sind in der entsprechenden Vinkulierungsklausel *exakt zu umschreiben*[395]. Solche Klauseln finden sich in privaten Aktiengesellschaften nicht selten.

cee. *Nichtbeitritt zu einem Aktionärbindungsvertrag als Ablehnungsgrund*

Die Zulässigkeit einer Statutenbestimmung, welche die Genehmigung eines Aktienerwerbers an dessen Beitritt zu einem bestehenden Aktionärbindungsvertrag koppelt, ist nach geltendem Aktienrecht *umstritten*. Ein Teil der Lehre ortet darin einen unzulässigen Ablehnungsgrund und damit eine gegen Art. 685b Abs. 7 OR verstossende Übertragungserschwerung[396]. Nach FORSTMOSER ist eine entsprechende Statutenbestimmung einer differenzierten Betrachtung zu unterziehen; erweist sich der konkrete Inhalt eines Aktionärbindungsvertrages durch Art. 685b Abs. 2 OR als gedeckt, und wird dieser auch in den Statuten offen gelegt, erachtet er eine solche Regelung als zulässig. Als Beispiel führt FORSTMOSER[397] eine kleine, personenbezogene Aktiengesellschaft an, in welcher sich eine vertragliche Geheimhaltungspflicht und ein Konkurrenzverbot (im Hinblick insbesondere auf die wirtschaftliche Selbständigkeit der Gesellschaft) rechtfertigen können, wenn Aktionäre von Informationen, welche das Geschäftsgeheimnis berühren, Kenntnis erlangen.

---

[394] Bspw. Anwaltskanzleien in der Rechtsform einer AG.
[395] KLÄY, S. 157 ff.; FORSTMOSER/MEIER-HAYOZ/NOBEL, § 44 Rz. 141 ff.; BSK OR II-OERTLE/SHELBY DU PASQUIER, Art. 685b Rz. 4; TSCHÄNI, S. 20 f.; MARTIN, S. 94; Formulierungsvorschläge für entsprechende Statutenbestimmungen finden sich bei KLÄY, S. 579 f.; ZINDEL/HONEGGER/ISLER/BENZ, S. 16 f.
[396] BÖCKLI Aktienrecht, § 6 Rz. 299; KLÄY, S. 176: BSK OR II-OERTLE/SHELBY DU PASQUIER, Art. 685b Rz. 20; TSCHÄNI, S. 44; MARTIN, S. 97 und 259.
[397] Vinkulierung, S. 97 ff.; gl.A. (ohne Begründung) auch BSK OR II-KURER/KURER, Art. 680 Rz. 13.

In privaten Aktiengesellschaften besteht oftmals der Wunsch, den Nichtbeitritt zu einem Aktionärbindungsvertrag als Ablehnungsgrund in die Statuten einzufügen. Der lediglich eingeschränkten (und umstrittenen) Zulässigkeit einer entsprechenden Vinkulierungsbestimmung ist bei deren Redaktion Rechnung zu tragen.

cef. Familien- oder Sippenklauseln

In Familiengesellschaften besteht nicht selten der Wunsch, die Übertragung von Aktien auf Mitglieder der Familie zu beschränken. Ein *Teil der Lehre* erachtet die Ablehnung von Aktionären unter *Bezugnahme auf den Gesellschaftszweck* als zulässig, vorausgesetzt, letzterer umschreibe den familiären Nutzen oder die (zumindest) mehrheitliche Beteiligung durch die Familie entsprechend[398]. Ein *überwiegender Teil der Lehre bejaht die Zulässigkeit* einer entsprechenden Vinkulierungsbestimmung, mit der Begründung, die Erhaltung der wirtschaftlichen Selbständigkeit – oder nach BÖCKLI der Art. 685b OR zu Grunde liegende Gedanke der geschlossenen Gesellschaft – rechtfertige eine solche Beschränkung[399]. Nach KLÄY[400] ist eine entsprechende Beschränkung nur dann gerechtfertigt, wenn ein innerer, relevanter Zusammenhang zwischen dem Tätigkeitsfeld der Gesellschaft und der Familie bestehe: «Die Sicherung der Beherrschung einer Gesellschaft durch eine bestimmte Familie kann nicht unter die ‹Wahrung der wirtschaftlichen Selbständigkeit des Unternehmens› subsumiert werden». Die Beschränkung der Übertragbarkeit der Aktien auf nur wenige Personen einer Familie widerspreche der Grundstruktur der Aktiengesellschaft, weshalb Familienklauseln abzulehnen seien. Der familiäre Charakter einer Gesellschaft kann seiner Ansicht nach nur auf dem Wege der «Escape Clause»[401] erhalten werden.

---

[398] BSK OR II-OERTLE/SHELBY DU PASQUIER, Art. 685b Rz. 4; ZINDEL/HONEGGER/ISLER/BENZ, S. 85; MARTIN, S. 105 ff.

[399] Statt Vieler: BÖCKLI Aktienrecht, § 6 Rz. 277 ff.; TSCHÄNI, S. 19; Formulierungsvorschläge für entsprechende Statutenbestimmungen finden sich bei ZINDEL/HONEGGER/ISLER/BENZ, S. 16 f.; TSCHÄNI, S. 19; eine detaillierte Übersicht über diese Lehrmeinungen findet sich bei PREMAND, § 5 Rz. 237 f.

[400] KLÄY, S. 172 ff.; gl.A. PREMAND, § 5 Rz. 242 ff. und 258 ff., welche zu Recht darauf hinweist, dass die Gesellschaft bei einer Übernahme der Aktien für Rechnung anderer Aktionäre und bei der Verteilung derselben den Grundsatz der Gleichbehandlung zu beachten habe, weshalb in Gesellschaften mit Nichtfamilienmitgliedern im Aktionariat verschiedene Aktienkategorien für Familienmitglieder und Dritte geschaffen werden müssten.

[401] Dazu sogleich hinten S. 77, § 4.III.2.cej.

ceg. Prozentklauseln

Die *herrschende Lehre* erachtet es – obwohl eine Art. 685d Abs. 1 OR entsprechende gesetzliche Norm für nicht börsenkotierte Aktien fehlt – auch in nicht kotierten Gesellschaften als *zulässig, aus Gründen der Erhaltung der Selbständigkeit eines Unternehmens* die Beteiligung der Aktionäre quoten- oder prozentmässig zu begrenzen, wobei BÖCKLI[402] die untere Grenze für eine entsprechende Quote bei 3% bis 5% festlegt. Nach KLÄY[403] ist eine Begrenzung von 5% bis 33 % zulässig. Üblicherweise werden solche Begrenzungen mit einer Gruppenklausel kombiniert, wonach die Beteiligungen koordiniert vorgehender Aktionäre als Teil einer Gruppe betrachtet werden, welche als solche unter die fragliche Begrenzung fällt[404].

ceh. Ausländerklauseln

Nach herrschender Lehre findet Art. 4 Schl.Best. OR 1991, wonach eine statutarische Bestimmung betreffend die *Ablehnung von Ausländern* erlaubt ist, *sofern deren Anerkennung der Gesellschaft einen bundesrechtlich verlangten Nachweis schweizerischer Beherrschung verunmöglichen würde*, auch auf nicht kotierte Gesellschaften Anwendung. Die dabei zur Anwendung gelangende bundesrechtliche Bestimmung ist in den Statuten anzuführen[405]. Diese Bestimmung hat ihre Bedeutung heute jedoch weitgehend verloren.

cei. Strohmann- oder Fiduzklauseln

Auch in nicht kotierten Aktiengesellschaften kann einem Erwerber, welcher nicht bereit ist, zu erklären, dass er die *Aktien in eigenem Namen und auf eigene Rechnung* erwirbt, gestützt auf Art. 685b Abs. 3 OR die Anerkennung als Aktionär verweigert werden. Diese sog. Strohmann- oder Fiduzklausel *verhindert die Unterwanderung von Vinkulierungsbestimmungen* durch den fiduziarischen Erwerb von Namenaktien[406]. Nach überwiegender Lehre gelangt Art. 685b

---

[402] Aktienrecht, § 6 Rz. 270 ff.; zum Ganzen auch: TSCHÄNI, S. 21 ff.; KLÄY, S. 163 ff.; FORSTMOSER/MEIER-HAYOZ/NOBEL, § 44 Rz. 151; MARTIN, S. 95 f.

[403] S. 164.

[404] TSCHÄNI, S. 22; Formulierungsvorschläge für entsprechende Statutenbestimmungen finden sich bei KLÄY, S. 581 ff.; ZINDEL/HONEGGER/ISLER/BENZ, S. 16 f.; TSCHÄNI, S. 21 f.

[405] KLÄY, S. 170 ff.; BÖCKLI Aktienrecht, § 6 Rz. 282 ff.; FORSTMOSER/MEIER-HAYOZ/NOBEL, § 44 Rz. 145 und 194 ff.; TSCHÄNI, S. 23 ff.; BSK OR II-OERTLE/SHELBY DU PASQUIER, Art. 685b Rz. 7; MARTIN, S. 93 f.; Formulierungsvorschläge für entsprechende Statutenbestimmungen finden sich bei KLÄY, S. 583 f.; ZINDEL/HONEGGER/ISLER/BENZ, S. 16 f.; TSCHÄNI, S. 25 f.

[406] Nach KLÄY (S. 196) handelt es sich deshalb nicht um einen selbständigen, materiellen Ablehnungsgrund, sondern um eine Regelung zur Durchsetzung der statutarischen Vinkulierungsgründe; Formulierungsvorschläge für entsprechende Statutenbestimmungen

Abs. 3 OR auf alle vinkulierten Namenaktien zur Anwendung, ohne dass die Statuten eine entsprechende statutarische Strohmannklausel enthalten müssen[407].

cej. «*Escape-Clause*»

Beschränken die Statuten die Übertragbarkeit von Namenaktien, kann die Gesellschaft ein Zustimmungsgesuch eines Erwerbers gestützt auf Art. 685b Abs. 1 OR *ohne jegliche Grundangabe ablehnen*, wenn sie dem Veräusserer anbietet, die *Aktien* für eigene Rechnung, für Rechnung anderer Aktionäre oder Dritter *zum wirklichen Wert im Zeitpunkt des Gesuches* zu *übernehmen*[408]. Die Bestimmung gelangt nach einhelliger Lehre auch ohne explizite Erwähnung in den Statuten auf sämtliche vinkulierten Aktien zur Anwendung, d.h. es genügt eine statutarische Vinkulierungsbestimmung jedwelcher Art[409]. Die «Escape-Clause» ermöglicht zum einen, dass eine Gesellschaft einen unerwünschten Erwerber auch bei Nichtvorliegen eines statutarischen Ausschlussgrundes[410] ablehnen kann[411]; zum anderen ermöglicht sie Aktionären, welche einen Käufer gefunden haben, auch effektiv aus einer Gesellschaft auszuscheiden, wodurch die «Beschneidung» der freien Übertragbarkeit durch die Vinkulierung wieder aufgehoben wird[412].

---

finden sich bei KLÄY, S. 590; ZINDEL/HONEGGER/ISLER/BENZ, S. 16 f.; TSCHÄNI, S. 30 f.

[407] FORSTMOSER/MEIER-HAYOZ/NOBEL, § 44 Rz. 122 und 171; BSK OR II-OERTLE/ SHELBY DU PASQUIER, Art. 685b Rz. 15; TSCHÄNI, S. 30 f.; KLÄY, S. 195 ff.; BÖCKLI Aktienrecht, § 6 Rz. 285 f.; MARTIN, S. 98.

[408] FORSTMOSER/MEIER-HAYOZ/NOBEL, § 44 Rz. 121 und 161 ff.; BSK OR II-OERTLE/ SHELBY DU PASQUIER, Art. 685b Rz. 9 ff.; TSCHÄNI, S. 27 ff.; BÖCKLI Aktienrecht, § 6 Rz. 195 ff.; MARTIN, S. 98 ff. Erfolgt der Erwerb der Aktien auf Rechnung der Gesellschaft, sind Art. 659 Abs. 1 und 2 OR (Erwerb nur mittels frei verwendbarem Eigenkapital, im Allgemeinen nur bis zu zehn Prozent, vorübergehend ausnahmsweise bis zu zwanzig Prozent des Aktienkapitals) zu beachten, was beim Erwerb der Aktien durch die Gesellschaft auf fremde Rechnung nicht der Fall ist (KLÄY, S. 185 f. und 188 f.).

[409] So KLÄY (S. 178 ff.), wonach die «Escape Clause» sowie die Möglichkeit, fiduziarische Aktienerwerber [dazu sogleich vorn S. 77, § 4.III.2.cej. und S. 76, § 4.III.2.cei] abzulehnen, daher «gesetzlich vorgesehene Ablehnungsgründe für statutarisch vinkulierte Aktien» darstellen; dazu auch FORSTMOSER/MEIER-HAYOZ/NOBEL, § 44 Fn. 53; BÖCKLI Aktienrecht, § 6 Rz. 197; TSCHÄNI, S. 27; BSK OR II-OERTLE/SHELBY DU PASQUIER, Art. 685b Rz. 10; MARTIN, S. 98.

[410] Dazu sogleich vorn S. 72, § 4.III.2.cea.

[411] Auch die Ausübung der «Escape-Clause» hat im Rahmen der aktienrechtlichen Prinzipien zu erfolgen, d.h. der entscheidende Verwaltungsrat muss (i) die Sorgfalts- und Treuepflicht gemäss Art. 717 Abs. 1 OR wahren, d.h. er darf die Titel nur übernehmen, wenn es im Interesse der Gesellschaft ist, (ii) er muss die Aktionäre – sowohl die verkaufs- als auch die kaufswilligen – gleich behandeln, und (iii) er darf dabei nicht missbräuchlich vorgehen (KLÄY, S. 181 ff.).

[412] FORSTMOSER/MEIER-HAYOZ/NOBEL, § 44 Rz. 161; KLÄY, S. 176 f.

Die Zustimmung zur Übertragung der Aktien kann nur verweigert werden, wenn alle Aktien von der Gesellschaft zum wirklichen Wert im Zeitpunkt des Gesuches übernommen werden. Nach bundesgerichtlicher Rechtsprechung hat dabei «der von der Gesellschaft abgelehnte Aktienerwerber Anspruch auf volle Entschädigung [...], die aufgrund des inneren Werts der Aktien festgelegt wird [...]. Dabei handelt es sich nach herrschender Literaturmeinung um einen *objektiven Wert*, der als *Gesamtwert der Gesellschaft unter Einschluss von Substanz- und Ertragswert* zu bestimmen ist [...]»[413]. *In der Regel* wird der Bewertung die Annahme der *Fortführung der Gesellschaft* zugrunde gelegt; *ausnahmsweise* kann jedoch die Anwendung eines *höheren Liquidationswerts* geboten sein[414].

Eine Veräusserung der Aktien zu diesem wirklichen Wert kann unter Umständen wenig attraktiv sein. Unter Corporate-Governance-Gesichtspunkten ist sowohl den Interessen der ausscheidungswilligen als auch den Interessen der in der Gesellschaft verbleibenden Aktionäre Rechnung zu tragen. Bei der *Preisbestimmung* sind daher *verschiedene Faktoren* zu berücksichtigen, so beispielsweise die *Grösse* des zum Verkauf stehenden *Aktienpakets* (Minderheitsbeteiligung mit oder ohne Sperrminorität), aber auch der konkret *bei einem Dritten erzielbare Preis*, die mit der Realisierung des Aktienwertes verbundenen *Kosten*, das Interesse des Aktionärs an einer möglichst schnellen Auszahlung in bar, das Interesse der Gesellschaft, die Auszahlung möglichst aus den laufenden Gewinnen zu tätigen u.w.m[415].

Statutarischen Bewertungsmechanismen, welche in einem tieferen als dem dargelegten Wert resultieren, oder generell der Nichteinigung kann gestützt auf Art. 685b Abs. 5 OR durch *Anrufung des Gerichts* zur Bestimmung des wirklichen Wertes begegnet werden. Gleiches gilt für unzulässige statutarische Bestimmungen hinsichtlich der Bewertungsinstanz (etwa die Benennung der Revisionsstelle, da diese die hierfür erforderliche Unabhängigkeit nicht aufweist[416]). Vor dem Hintergrund der Pflicht zur Gleichbehandlung der Aktionäre sowie aus Gründen des Kapitalschutzes erweist sich die Festlegung eines höheren Preises als problematisch[417]. Zur Preisfestsetzung vorgesehene statutarische oder ver-

---

[413] BGE 120 II 261; zur Wertbestimmung eingehend: BÖCKLI Aktienrecht, § 6 Rz. 221 ff.; KLÄY, S. 189 ff.; FORSTMOSER/MEIER-HAYOZ/NOBEL, § 44 Rz. 163 f.; BSK OR II-OERTLE/SHELBY DU PASQUIER, Art. 685b Rz. 12; TSCHÄNI, S. 28 ff.; MARTIN, S. 99 f.; zum aOR, jedoch mit unveränderter Gültigkeit und detaillierter Übersicht über die verschiedenen Ansichten zur Bestimmung des inneren Wertes in der Lehre: LUTZ, S. 217 ff.
[414] KLÄY, S. 189 f.
[415] FORSTMOSER Corporate Governance KMU, S. 499 f.; KLÄY, S. 189 f.
[416] ZR 85 (1986) Nr. 89.
[417] So TSCHÄNI, S. 28 f.; FORSTMOSER/MEIER-HAYOZ/NOBEL, § 44 Rz. 168 ff.; BÖCKLI Aktienrecht, § 6 Rz. 232 ff.; KLÄY, S. 191 f., 193 ff.; a.A. BSK OR II-OERTLE/SHELBY DU PASQUIER, Art. 685b Rz. 18 f.; Formulierungsvorschläge für entsprechende Statuten-

tragliche *Schiedsgerichtsklauseln* binden schliesslich *nur* diejenigen *Aktionäre, welche sich ihnen schriftlich unterworfen* haben[418].

Ein Verwaltungsratsentscheid betreffend die *Ablehnung* eines Erwerbers unter Übernahme der Aktien zum wirklichen Wert darf überdies nicht missbräuchlich oder willkürlich sein. Die Ablehnung hat *durch* das *Gesellschaftsinteresse gerechtfertigt* zu sein und das Prinzip der *relativen Gleichbehandlung*[419] zu beachten[420]. In zeitlicher Hinsicht hat die Genehmigung resp. Verweigerung der Zustimmung zur Übertragung *innerhalb von drei Monaten* zu erfolgen, andernfalls die Zustimmung als erteilt gilt[421]. Das Übernahmeangebot der Gesellschaft hat der Eigentümer innerhalb eines Monats abzulehnen, andernfalls es als angenommen gilt[422].

Gerade in privaten Aktiengesellschaften, in denen aus Sicht der Gesellschaft die Überschau- und Bestimmbarkeit des Aktionariats, aus Sicht der Gesellschafter demgegenüber die *Möglichkeit eines Ausstiegs zu einem angemessenen Preis von eminenter Wichtigkeit* sind[423], gelangt die «Escape-Clause» häufig zur Anwendung. Die Abwicklung des Rückkaufes eigener Aktien kann statutarisch genauer umschrieben werden, etwa in Form eines Vorrechts der bisherigen Aktionäre auf Übernahme der Aktien und einer Aufteilung dieser Aktien unter die erwerbswilligen Aktionäre, welche das Gleichbehandlungsgebot zu wahren hat[424]. Solche Vorrechte sind nicht unproblematisch und dürfen nicht in einer Anbietungspflicht des veräusserungswilligen Aktionärs münden[425]. C. BÜHLER[426] schlägt zur Aufteilung dieser Aktien ein gemässigtes und zugleich abgestuftes, unter Umständen auch schuldvertraglich zu vereinbarendes, Vinkulierungssystem vor, welches den Familienaktionären ein primäres, den Minderheitsaktionären ein sekundäres Erwerbsrecht einräumt, und eine Veräus-

---

bestimmungen finden sich bei KLÄY, S. 578 f. und 584 ff.; ZINDEL/HONEGGER/ISLER/BENZ, S. 17 f.; TSCHÄNI, S. 28 f.

[418] Art. 358 ZPO.
[419] Dazu eingehender vorn S. 19, § 2.I.3.b.
[420] BGE 4C.242/2001 Erw. 3.3; dazu eingehend statt Vieler: BÖCKLI Aktienrecht, § 14 Rz. 356, § 6 Rz. 203 ff. und 215.
[421] Art. 685c Abs. 3 OR.
[422] Art. 685c Abs. 6 OR; dazu statt Vieler: KLÄY, S. 192 f.
[423] So empfiehlt auch der Leitfaden Familienunternehmen (Ziff. 4.2), Vorkehren zu treffen, damit einzelne Mitglieder aus dem Unternehmen ausscheiden können.
[424] KLÄY, S. 193 ff.
[425] Sie sind deshalb so auszugestalten, dass der Verwaltungsrat verpflichtet wird, die zum Verkauf anstehenden Aktien zu erwerben und diese nach bestimmten Regeln den Aktionären anzubieten; auf diese Weise obliegt die Anbietungspflicht dem Verwaltungsrat und nicht dem veräusserungswilligen Aktionär.
[426] Regulierung, Rz. 1356. Ob eine solche Regelung vor dem Gleichbehandlungsprinzip standhält, erscheint jedoch mehr als fraglich.

serung an Dritte nur zulässt, wenn es an einer internen Veräusserungsmöglichkeit aller Aktien fehlt.

d. Stimmrechtsaktien

da. Begriff, Inhalt und Voraussetzungen

Das die Aktiengesellschaft grundsätzlich beherrschende Prinzip der Kapitalbezogenheit zeigt sich u.a. darin, dass die Aktionäre gemäss Art. 692 Abs. 1 OR ihr Stimmrecht an der Generalversammlung grundsätzlich nach dem Verhältnis des gesamten Nennwerts der ihnen gehörenden Aktien ausüben, d.h. dass sich die Stimmkraft grundsätzlich an der Kapitalbeteiligung bemisst. In Abweichung dieses Grundsatzes können die Statuten gemäss Art. 693 Abs. 1 OR festsetzen, dass sich das Stimmrecht unabhängig vom Nennwert nach der Zahl der dem Aktionär gehörenden Aktien bemisst, so dass auf jede Aktie eine Stimme entfällt (sog. Stückstimmrechtsklausel)[427]; weisen die Aktien einer Gesellschaft unterschiedliche Nennwerte auf, entstehen auf diese Weise sog. unechte/indirekte/verdeckte Stimmrechtsaktien, welche gewissen Aktionären eine ihre *effektive Kapitalbeteiligung übersteigende Stimmkraft* verleihen[428].

Gemäss Art. 693 Abs. 2 OR dürfen Stimmrechtsaktien *nur* als *Namenaktien* ausgegeben werden und müssen *voll liberiert* sein; die privilegierten Aktionäre sollen der Gesellschaft bekannt sein und ihre Privilegierung soll nicht durch eine lediglich teilweise Liberierung der Aktien noch verstärkt werden[429].

db. Einführung und Abschaffung von Stimmrechtsaktien

Werden Stimmrechtsaktien bereits bei der *Gründung* einer Aktiengesellschaft eingeführt, bedürfen die – eine entsprechende Klausel enthaltenden – Gesell-

---

[427] Dazu auch vorn S. 17, § 2.I.3.a und S. 19, § 2.I.3.b.
[428] Nicht zulässig ist die Schaffung von Aktien, denen bei gleichem Nennwert unterschiedliche Stimmkraft zukommt (sog. echte/direkte/offene Stimmrechtsaktien); FORSTMOSER/MEIER-HAYOZ/NOBEL, § 24 Rz. 11 ff. und 95 ff.; GERSTER, S. 7 ff. und 61 ff. m.w.H.; RÖTHLISBERGER, S. 41 f.; BSK OR II-LÄNZLINGER, Art. 693 Rz. 1; MARTIN, S. 170. Ein Stimmrechtsprivileg kommt auch teilliberierten Namenaktien zu, indem deren Stimmkraft sich nicht an der lediglich teilweisen Liberierung, sondern am Nennwert bemisst; solchen sog. unechten/unwahren/uneigentlichen Stimmrechtsaktien kommt daher ein bis zu fünfmal höheres Stimmrecht zu als voll liberierten Aktien (Art. 632 Abs. 1 OR; FORSTMOSER/MEIER-HAYOZ/NOBEL, § 24 Rz. 102 f.; BSK OR II-LÄNZLINGER, Art. 693 Rz. 8; GERSTER, S. 102 f.; RÖTHLISBERGER, S. 42). Es bleibt aber das Risiko, dass die Gesellschaft zu einem späteren Zeitpunkt (und spätestens in einem allfälligen Konkurs) die Vollliberierung verlangt.
[429] FORSTMOSER//MEIER-HAYOZ/NOBEL, § 24 Rz. 104; GERSTER, S. 66 und 76 ff.; BSK OR II-LÄNZLINGER, Art. 693 Rz. 2; RÖTHLISBERGER, S. 44; MARTIN, S. 170.

schaftsstatuten[430] der in öffentlicher Urkunde erklärten *Zustimmung aller Gesellschafter*[431].

Werden Stimmrechtsaktien erst zu einem *späteren Zeitpunkt* eingeführt, bedarf der entsprechende Beschluss der Generalversammlung des *qualifizierten Quorums* gemäss Art. 704 Abs. 1 Ziff. 2 OR. In der Lehre ist über die Frage, ob unter den gesetzlichen Terminus «Einführung von Stimmrechtsaktien» – sei dies durch die Ausgabe neuer Stimmrechtsaktien oder durch die Umwandlung bisheriger Aktien in Stammaktien – lediglich die erstmalige Schaffung oder auch jede spätere Ausgabe von Stimmrechtsaktien falle, eine Kontroverse entstanden[432]. Nach überwiegender Lehre und Rechtsprechung ist das qualifizierte Quorum nur dann erforderlich, *wenn «durch die Schaffung von Stimmrechtsaktien die bisherigen Aktien oder einzelne von ihnen überproportional an Stimmkraft verlieren»*[433], also z.B. nicht bei einem Split aller bestehenden Aktien in je eine Stimmrechtsaktie (kleiner Nennwert) und eine Stammaktie (grösserer Nennwert). SÖDING[434] empfiehlt im Falle einer Minderheitsbeteiligung daher, von Anbeginn an auf einer klaren statutarischen Bestimmung, wonach *jede* Schaffung von Minderheitsaktien mit qualifiziertem Quorum zu erfolgen hat, zu bestehen.

Ob auch für die *Abschaffung* von Stimmrechtsaktien das qualifizierte Quorum gemäss Art. 704 Abs. 1 Ziff. 2 OR erforderlich ist, ist in der Lehre ebenfalls umstritten. Die *überwiegende Zahl der Autoren* erachtet – m.E. zu Recht – die *absolute Mehrheit* als *genügend*, zumal bei dieser Abstimmung das Stimmkraftprivileg gilt; die absolute Mehrheit kann zumeist nur mit mehrheitlicher Zustimmung der Stimmrechtsaktionäre erreicht werden, wodurch diese einen genügenden Eigenschutz geniessen[435]. BÖCKLI[436] vertritt neuerdings jedoch die Auffassung, dass der Abschaffungsentscheid aus Gründen des Schutzes dersel-

---

[430] Art. 627 Ziff. 10 OR.
[431] Art. 629 Abs. 1 OR; dazu GERSTER, S. 112 ff.; FORSTMOSER/MEIER-HAYOZ/NOBEL, § 24 Rz. 117.
[432] Dazu TANNER Quoren, S. 238 f.; GERSTER, S. 111 ff., je m.w.H.
[433] BGE 116 II 531; dazu ausführlich (unter aOR) TANNER Quoren, S. 237 ff., insbes. 260; unter geltendem Recht ausführlich GERSTER, S. 137 ff.; RÖTHLISBERGER, S. 58; ferner P. KUNZ Minderheitenschutz, § 1 Fn. 349; BÖCKLI Aktienrecht, § 12 Rz. 369 ff.; teilweise a.A. FORSTMOSER/MEIER-HAYOZ/NOBEL, § 24 Rz. 37 ff. und 118 ff.; BSK OR II-DUBS/TRUFFER, Art. 704 Rz. 8.
[434] S. 137.
[435] TANNER Quoren, S. 258 f.; GERSTER, S. 204 ff.; RÖTHLISBERGER, S. 77 ff., welcher aber für diejenigen Fälle, in denen der «Selbstschutz» der Stimmrechtsaktionäre – bspw. zufolge von Höchststimmklauseln oder einer Minderheitenstellung der Stimmrechtsaktionäre – nicht wirken kann, zusätzlich zum gesetzlichen Quorum von Art. 703 OR die Zustimmung einer Sonderversammlung der Stimmrechtsaktionäre analog Art. 654 Abs. 2 und 3 sowie Art. 656f Abs. 4 OR postuliert; gl.A. SÖDING, S. 140.
[436] Aktienrecht, § 12 Rz. 375 ff.

ben Rechtsgüter dem qualifizierten Quorum von Art. 704 Abs. 1 Ziff. 2 OR unterliege. Überwiegend abgelehnt wird in der neueren Lehre die Notwendigkeit einer Sonderversammlung der Stimmrechtsaktionäre analog Art. 654 Abs. 2 und 3 OR[437].

Inhaltlich sind die *aktienrechtlichen Grundprinzipien* der Gleichbehandlung aller Aktionäre, der Sachlichkeit sowie der schonenden Rechtsausübung *zu wahren*[438].

dc. Problematik von Stimmrechtsaktien

Wird eine Gesellschaft mittels Stimmrechtsaktien beherrscht, hat dies eine *Minorisierung der Kapitalmehrheit* zur Folge. Problematisch ist dieser Umstand insofern, als häufig die geschäftsführenden Aktionäre die Stimmrechtsaktien halten und die Geschäftspolitik der Gesellschaft festlegen, ohne dafür auch wirtschaftlich das entsprechende Risiko zu tragen; darüber hinaus kann die Kapitalmehrheit den Verwaltungsrat nicht mehr kontrollieren und die unter Umständen dringend gebotene Abwahl eines unfähigen und/oder seine Stellung missbrauchenden Verwaltungsrates ist ihr verwehrt. In der Lehre wird de lege ferenda daher verschiedentlich die Abschaffung der Stimmrechtsaktien gefordert[439]; namhafte Autoren plädieren jedoch gerade vor dem Hintergrund der spezifischen Bedürfnisse nicht kotierter Gesellschaften, für welche mittels Stimmrechtsaktien oftmals eine massgeschneiderte Lösung gefunden werden kann, m.E. zu Recht für die Beibehaltung dieses Gestaltungsinstruments[440]. Auch in der aktuellen Revision des Aktien- und Rechnungslegungsrechts wird die Stimmrechtsaktie nicht in Frage gestellt[441]. *Wichtig* ist indessen, dass sich die Aktionäre *der möglichen negativen Auswirkungen* einer Ausgestaltung mit-

---

[437] BÖCKLI Aktienrecht, § 12 Rz. 379 ff.; GERSTER, S. 138 und 198 ff.; FORSTMOSER/MEIER-HAYOZ/NOBEL, § 26 Rz. 17 ff.; TANNER Quoren, S. 258 f.

[438] Dazu ausführlich GERSTER, S. 117 ff.; RÖTHLISBERGER, S. 63 ff.; FORSTMOSER/MEIER-HAYOZ/NOBEL, § 24 Rz. 119; BÖCKLI (Aktienrecht, § 4 Rz. 140) weist jedoch zu Recht darauf hin, dass die Stimmrechtsaktie an sich ein «gesetzlich ausgestaltetes Diskriminierungsinstrument» sei. Allgemein zu diesen Prinzipien vorn S. 19, § 2.I.3.b und S. 20, § 2.I.3.c.

[439] Dazu ausführlich GERSTER, S. 43 ff., insbes. 49.

[440] So etwa BÖCKLI Aktienrecht, § 4 Rz. 154 f.; HOFSTETTER (S. 24 f.) verteidigt das Institut der Stimmrechtsaktien auch mit dem Hinweis auf die Verblassung des einstmals in den USA hochgepriesenen Grundsatzes «one share one vote» sowie auf entsprechende Entwicklungen in Europa und postuliert aus Corporate-Governance-Perspektive einzig diesbezügliche Transparenz. VON DER CRONE/REISER/PLAKSEN (S. 94 ff.) weisen überdies nach, dass sich Stimmrechtsaktien auch in Publikumsgesellschaften positiv auf den Wert und die Rentabilität von Übernahmen auswirken.

[441] Botschaft Aktien-/Rechnungslegungsrecht, S. 1605 ff. und 1669 f.; dazu auch PREMAND, § 6 Rz. 42.

tels Stimmrechtsaktien *bewusst* sind und dass *diesbezüglich Transparenz* herrscht.

dd. Schranken der Privilegierung

Das Gesetz beschränkt die Stimmrechtsprivilegierung in zweierlei Hinsicht, inhaltlich und mit Bezug auf die Gegenstände der Beschlussfassung. Zum einen darf der *Nennwert der übrigen Aktien das Zehnfache des Nennwertes der Stimmrechtsaktien nicht übersteigen*[442]. Zum anderen findet *bei gewissen Beschlüssen*, nämlich der Wahl der Revisionsstelle, der Ernennung von Sachverständigen zur Prüfung der Geschäftsführung oder einzelner Teile, bei der Beschlussfassung über die Einleitung einer Sonderprüfung sowie bei der Beschlussfassung über die Anhebung einer Verantwortlichkeitsklage die *Privilegierung der Stimmrechtsaktionäre keine Anwendung*[443]; damit wollte der Gesetzgeber in Fällen, in denen die *Kapitalmehrheit* durch Stimmrechtsaktien minorisiert ist, dieser die *wichtigsten Kontrollinstrumente* erhalten. Die Bestimmung ist zwingender Natur[444]. Relativiert wird der Einfluss der Stimmrechtsaktionäre ferner durch das Erfordernis des qualifizierten Quorums (zwei Drittel der vertretenen Stimmen und absolute Mehrheit der vertretenen Aktiennennwerte), welches Art. 704 OR für gewisse wichtige Beschlüsse der Generalversammlung vorsieht[445]. Statutarisch sind weitere Einschränkungen möglich, was interessante Gestaltungsmöglichkeiten eröffnet. Nicht zulässig ist nach zutreffender Ansicht PREMANDS[446] jedoch eine personenbezogene Einschränkung in dem Sinne, als lediglich Familienmitglieder Stimmrechtsaktien halten oder Stimmrechtsvorteile ausüben könnten.

---

[442] Art. 693 Abs. 2 letzter Satz OR; dazu GERSTER, S. 71 ff.; BSK OR II-LÄNZLINGER, Art. 693 Rz. 5. Gemäss Art. 5 Schl.Best. OR 1991 dürfen Gesellschaften, welche vor der Aktienrechtsrevision 1991 Stimmrechtsaktien mit einer stärkeren Privilegierung geschaffen haben, diese beibehalten (sog. «Grandfathering-Klausel»).

[443] Art. 693 Abs. 3 OR. U.a. BÖCKLI (Aktienrecht, § 4 Rz. 141b und § 18 Rz. 452d f. m.w.H.) vertritt die Auffassung, dass das Stimmkraftprivileg auch beim Entlastungsbeschluss keine Wirkung entfalten soll. Dieser Katalog der Beschlüsse, zu welchen nach Kapitalmehrheit abgestimmt werden muss, soll de lege ferenda durch die Klage auf Rückerstattung einer ungerechtfertigten Leistung erweitert werden (Art. 693 Abs. 3 Ziff. 5 E OR 2007).

[444] GERSTER, S. 42 f. und 159 ff.; BSK OR II-LÄNZLINGER, Art. 693 Rz. 10.

[445] FORSTMOSER/MEIER-HAYOZ/NOBEL, § 24 Rz. 115; BAUEN/BERNET, Rz. 190; BSK OR II-LÄNZLINGER, Art. 693 Rz. 11; MARTIN, S. 172 f.

[446] § 6 Rz. 426 ff., insbes. 429 m.V.a. VON SALIS Stimm- und Vertretungsrecht, S. 266 und GERSTER, S. 45 f.

de. Funktion/Anwendungsfälle

Stimmrechtsaktien kommt in privaten Aktiengesellschaften eine grosse Bedeutung zu, stellen diese doch – wie bereits der Botschaft Aktienrecht von 1983 zu entnehmen war[447] – «geeignete Instrumente zur *Bildung von Führungsschwergewichten*, insbesondere in Klein- und Familienaktiengesellschaften» dar. Die Zuweisung der Stimmenmehrheit an einen einzelnen Aktionär/an einige Aktionäre kann etwa in Gesellschaften, deren Kapitalbedarf die Möglichkeiten des/der bisherigen Gesellschafters/Gesellschafter übersteigt, geboten sein; auf diese Weise können sich *Dritte an der Gesellschaft beteiligen, ohne* dass die ursprünglichen (Familien-)Aktionäre den *bestimmenden Einfluss* auf das Unternehmen *aufgeben* müssen. Oder es können sich gewisse Aktionäre *auf* ihre *Kapitalbeteiligung zurückziehen* und die im Unternehmen aktiv tätigen Gesellschafter stimmenmässig privilegieren, was etwa im Zuge von Nachfolgeregelungen in Familiengesellschaften bei zunehmender Verästelung der Familienstämme häufig einem Bedürfnis entspricht[448]. Stimmrechtsaktien können im Gegenteil aber auch der Verstärkung der Stimmrechte einer Minderheit dienen, indem bspw. einem Aktionär, welcher einen Aktienanteil von lediglich 20% hält, ein erhöhtes Stimmengewicht eingeräumt wird, welches ihm zumindest eine Sperrminorität bei wichtigen Beschlussfassungen verschafft[449]. Nicht selten werden Stimmrechtsaktien schliesslich *in Sanierungsfällen* geschaffen, sei dies, um den massgebenden Einfluss aller bisherigen Aktionäre oder – bei einer Sanierung durch lediglich einen Teil der bisherigen Aktionäre – nur gewisser Aktionäre zu erhalten, oder um im Gegenteil die neuen Geldgeber für ihr finanzielles Engagement in Krisenzeiten speziell zu entschädigen[450].

df. Kautelen

Stimmrechtsaktien vermögen in nicht kotierten Gesellschaften häufig optimale Lösungen für spezifische Konstellationen zu schaffen. Es muss jedoch stets im Auge behalten werden, dass sich die zugrunde liegenden Verhältnisse sehr schnell ändern können und sich eine *einstmals massgeschneiderte Lösung in einem späteren Zeitpunkt nachteilig* auf die Gesellschaft und die übrigen Aktionäre auswirken kann, etwa weil die Nachkommen eines verstorbenen stimmrechtsprivilegierten Aktionärs nicht fähig oder untereinander zerstritten sind, oder ganz andere Interessen verfolgen als der Erblasser[451]. Auch allfällige späte-

---

[447] Botschaft Aktienrecht, S. 43.
[448] GERSTER, S. 27 ff.; FORSTMOSER/MEIER-HAYOZ/NOBEL, § 24 Rz. 97; VOGEL, S. 118; MARTIN, S. 171 f.
[449] SÖDING, S. 134, 141.
[450] GERSTER, S. 29, 34, 79 ff. und 116.
[451] PREMAND, § 6 Rz. 424; SÖDING, S. 141.

§ 4 Statutarische Ausgestaltungsmöglichkeiten der Kapitalstruktur

re *erbrechtliche Konsequenzen* sind in die konkrete Ausgestaltung einzubeziehen. So ist beispielsweise bei der testamentarischen Zuweisung stimmrechtsprivilegierter Aktien an einen Nachkommen, welcher bereit und willig ist, das Unternehmen weiterzuführen, zu beachten, dass diese Stimmrechtsaktien einen höheren Wert haben als Stammaktien[452]. Besteht der Nachlass, wie bei KMU nicht selten, im Wesentlichen aus der Unternehmung, könnte eine entsprechende testamentarische Teilungsvorschrift die Pflichtteile anderer Erben verletzen und folglich der Klage auf Herabsetzung auf das erlaubte Mass unterliegen[453]; in einer solchen Konstellation gebiete eine vorausschauende Nachfolgeplanung vielmehr die Vereinbarung eines Aktionärbindungsvertrages, worin sich die Aktionäre unter Einräumung verschiedener gegenseitiger Rechte (Vorkaufs-, Mitverkaufsrecht, Gewinnanteils-, Mitwirkungs- und Einsichtsrechte) und Pflichten (Verkaufsverbot, Verbot verdeckter Gewinnentnahmen)[454] zur mittelfristigen Weiterführung des Familienunternehmens verpflichten[455].

Um sachlich nicht mehr gerechtfertigte *Stimmrechtsprivilegien* gewisser Personen oder Familienzweige zu verhindern, können diese *befristet* werden (beispielsweise auf die Dauer der beruflichen Tätigkeit eines Aktionärs in einer Gesellschaft), wobei eine solche Befristung nicht individuell für einzelne Stimmrechtsaktien, sondern nur für sämtliche bei einer Gelegenheit ausgegebene Stimmrechtsaktien vorgesehen werden kann. Stimmrechtsprivilegien können auch *in ihrem Umfang beschränkt* werden, beispielsweise durch statuarische

---

[452] Mangels anderer Vereinbarung zwischen den Erben werden alle Nachlassgegenstände, mithin auch Aktien, gestützt auf Art. 617 ZGB zum Verkehrswert im Zeitpunkt der Teilung angerechnet (BSK ZGB II-SCHAUFELBERGER, Art. 617 Rz. 1 f.). Dieser Verkehrswert wird im Falle von Aktien in Anlehnung an Art. 685b Abs. 4 OR und die diesbezügliche bundesgerichtliche Rechtsprechung bestimmt, wonach dieser «wirkliche Wert» Anspruch auf volle Entschädigung ermittelt und die Unternehmensbewertung nach objektiven Kriterien, grundsätzlich unter der Annahme der Fortführung sowie in der Regel Substanz- und Ertragswert des Unternehmens einschliessend zu erfolgen hat (BGE 120 II 261). Der Bundesrat hat sich in seinem Bericht vom 1. April 2009 zur Frage der Erleichterung der erbrechtlichen Übertragung von Unternehmen dezidiert gegen eine Ablehnung oder Relativierung des Liquidationswertes als Wertuntergrenze des Verkehrswertes, wie es das Bundesgericht in BGE 120 II 262 f. entschieden hat, gewendet und eine Unternehmensbewertung in der Erbfolge zum «Ertragswert» im Sinne eines niedrigeren Fortführungswerts (analog dem bäuerlichen Bodenrecht) aus marktwirtschaftlichen Überlegungen sowie aus Gründen des Pflichtteilsschutzes abgelehnt (Bericht Bundesrat, S. 19 f. und 21 ff.).
Der Mehrwert der Stimmrechtsaktien im Vergleich zu den Stammaktien könnte bspw. ähnlich einem Paketzuschlag für ein Aktienpaket, mit welchem der Verkäufer die Beherrschung einer Gesellschaft erreicht, festgelegt werden (zum Ganzen: HERZOG, S. 194 f. m.w.H.).
[453] Art. 608 Abs. 1 und 522 Abs. 1 ZGB.
[454] Dazu eingehender hinten S. 106 ff., § 5.II.1.–5.
[455] Vgl. HERZOG, S. 196.

Auflistung derjenigen Gegenstände, hinsichtlich welcher die Stimmrechtsprivilegien nicht zur Anwendung gelangen sollen[456].

dg. Anspruch auf Vertretung im Verwaltungsrat

Hat eine Gesellschaft Aktien mit unterschiedlichem Stimmrecht oder unterschiedlichen vermögensrechtlichen Ansprüchen ausstehend, müssen die Statuten gemäss Art. 709 Abs. 1 OR die Wahl wenigstens eines Vertreters einer jeden Aktienkategorie im Verwaltungsrat vorsehen. Anspruch auf Vertretung im Verwaltungsrat haben *sowohl Stimmrechts- als auch Stammaktionäre*; ob die Aktionäre in der Folge von diesem Vertretungsrecht Gebrauch machen, steht ihnen frei. Fehlt eine entsprechende Statutenbestimmung, was eher die Regel als die Ausnahme ist, besteht ein unmittelbarer gesetzlicher Anspruch auf Vertretung der verschiedenen Aktienkategorien[457]. Nach bundesgerichtlicher Rechtsprechung besteht dieses Vertretungsrecht konkret in einem Vorschlagsrecht mit insofern verbindlicher Wirkung, als die Generalversammlung die Wahl nur aus wichtigen Gründen ablehnen kann[458].

3. Vorzugsaktien

a. Begriff, Inhalt und Arten

Gemäss Art. 654 Abs. 1 OR kann eine Gesellschaft statutarisch eine besondere Kategorie von Vorzugsaktien schaffen. Vorzugsaktien sind gegenüber Stammaktien in vermögensrechtlicher Hinsicht privilegiert, indem sie *Vorrechte bezüglich der Dividende* (mit oder ohne Nachbezugsrecht), *dem Liquidationsanteil oder dem Bezugsrecht* einräumen[459]. Charakteristisch für Vorzugsaktien ist, dass es sich bei den Vorrechten um solche vermögensrechtlicher Art handelt, welche sich am Kapitalanteil bemessen. Im Gegensatz etwa zur Einräumung von Gründervorteilen gestützt auf Art. 628 Abs. 3 OR sind bei Vorzugsaktien die Vor-

---

[456] GERSTER, S. 159, 165 ff.; SÖDING, S. 141 f.
[457] GERSTER, S. 169 ff.; BÖCKLI Aktienrecht, § 13 Rz. 66 ff.
[458] Einschlägig: BGE 66 II 50, ferner 120 II 50 f. sowie 107 II 183 ff.; dazu GERSTER, S. 172 ff.; BÖCKLI Aktienrecht, § 13 Rz. 68 ff.; FORSTMOSER/MEIER-HAYOZ/NOBEL, § 27 Rz. 81 ff.
[459] Art. 656 OR. Die Aufzählung der im Gesetz genannten Vorrechte ist nicht abschliessend; die Einräumung anderer Vorrechte ist möglich, soweit sie vermögens- und nicht mitgliedschaftsrechtlicher Art sind (BSK OR II-LIEBI, Art. 654–656 Rz. 14; BÖCKLI Aktienrecht, § 4 Rz. 163).

rechte nicht personenbezogen, sondern *mit* der *Aktie verbunden*, d.h. auch *übertrag- und verwertbar*[460].

Lautet die Regelung dahingehend, dass nach der Entrichtung einer in Prozenten festgelegten Vorzugsdividende weitere Dividenden an alle Aktionäre ausbezahlt werden, handelt es sich um eine sog. unlimitierte Vorzugsdividende – im Gegensatz zur sog. limitierten Vorzugsdividende, bei welcher lediglich die Stammaktionäre in den Genuss weiterer Dividenden gelangen. Die Privilegierung kann auch in einer rein quantitativen Besserstellung der Vorzugsaktien gegenüber den Stammaktien (beispielsweise in Form einer doppelten Dividende für Vorzugsaktien) bestehen. Bei der sog. kumulativen Vorzugsdividende besteht darüber hinaus ein Recht auf Nachbezug ausgefallener Dividenden in dem Sinne, als auf Stammaktien erst wieder Dividenden entrichtet werden dürfen, nachdem sämtliche Vorzugsdividenden der Vorjahre entrichtet worden sind[461].

Eine Privilegierung hinsichtlich des Liquidationserlöses kann darin bestehen, dass eine Verteilung an die Stammaktionäre – sei es an diese allein oder an sämtliche Aktionäre – erst nach Rückzahlung des Nennwertes der Vorzugsaktien erfolgen kann. Die Vorrechte können sich aber (ähnlich wie die in den USA vornehmlich in börsenkotierten Aktiengesellschaften verbreiteten tracking stocks) auch auf bestimmte Vermögensgegenstände der Gesellschaft beziehen; sind diese im Zeitpunkt der Liquidation der Gesellschaft noch vorhanden, können sie im Falle der Auflösung der Gesellschaft bestimmten Aktionären zugewiesen werden[462].

Vorrechte hinsichtlich des Bezugsrechts können beispielsweise lediglich einem bestimmten Kreis von Aktionären ein Recht auf Bezug neuer Aktien einräumen. Solche Regelungen finden jedoch kaum Verbreitung[463].

b. Einführung und Abschaffung von Vorzugsaktien

Werden Vorzugsaktien bei der *Gründung* geschaffen, bedarf die entsprechende statutarische Regelung, welche Anzahl, Nennwert, Inhalt und Umfang der Vorrechte der Vorzugsaktien genau umschreibt[464], der in öffentlicher Urkunde erklärten *Zustimmung sämtlicher Gesellschafter*[465].

---

[460] FORSTMOSER/MEIER-HAYOZ/NOBEL, § 41 Rz. 28 f. und Fn. 12; BSK OR II-LIEBI, Art. 654–656 Rz. 3 f. und 14 f.
[461] BÖCKLI Aktienrecht, § 4 Rz. 157, 161 f.; BSK OR II-LIEBI, Art. 654–656 Rz. 16 ff.; FORSTMOSER/MEIER-HAYOZ/NOBEL, § 41 Rz. 26 ff.
[462] BÖCKLI Aktienrecht, § 4 Rz. 157, 163; BSK OR II-LIEBI, Art. 654–656 Rz. 4 und 33 ff.
[463] BSK OR II-LIEBI, Art. 654–656 Rz. 28; BÖCKLI Aktienrecht, § 4 Rz. 161.
[464] Art. 627 Ziff. 9 OR.
[465] Art. 629 Abs. 1 OR; dazu BSK OR II-LIEBI, Art. 654–656 Rz. 54.

Die *nachträgliche Schaffung* von Vorzugsaktien bedarf keiner vorbestehenden statutarischen Grundlage[466]. Hat eine Gesellschaft noch keine Vorzugsaktien ausstehend, können solche mit dem für Statutenänderungen vorgesehenen Quorum der absoluten Mehrheit der vertretenen Aktienstimmen gemäss Art. 703 OR beschlossen werden. Bestehen in einer Gesellschaft indessen *bereits statutarische Vorrechte*, so muss nicht nur die Generalversammlung mit dem genannten Quorum zustimmen, sondern gestützt auf Art. 654 Abs. 2 OR auch *die Sonderversammlung der beeinträchtigten Vorzugsaktionäre*. Gleiches gilt gemäss Art. 654 Abs. 3 OR auch für die Beschränkung oder Aufhebung von mit Vorzugsaktien verbundenen, statutarischen Vorrechten[467].

Inhaltlich sind die Anforderungen von Art. 706 OR sowie die *aktienrechtlichen Grundprinzipien zu wahren*, d.h. die Einräumung bestimmter Vorrechte darf keine Gesetzes- oder Statutenbestimmungen verletzen, muss durch das Gesellschaftsinteresse sachlich gerechtfertigt, erforderlich und angemessen sein sowie allen Aktionären in gleicher Weise offen stehen[468]. So sind etwa neu zu schaffende Vorzugsaktien den bisherigen Aktionären entsprechend ihrem bisherigen Aktienbesitz zum Bezug anzubieten oder darf eine Privilegierung bei Schaffung von Vorzugsaktien im Rahmen einer Sanierung nicht weiter gehen als dies zur Gewinnung neuer Aktionäre erforderlich ist[469].

c. Problematik von Vorzugsaktien

Die Schaffung von Vorzugsaktien bedeutet – wie die von Stimmrechtsaktien – eine *Durchbrechung des Prinzips der Kapitalbezogenheit*, indem diesen – insofern besteht nun ein Gegensatz zu Stimmrechtsaktien – zusätzliche Vermögensrechte zukommen. Da der Wert von Stammaktien in der Regel unter demjenigen von Vorzugsaktien liegt[470], kann durch den Erwerb der Ersteren in der Gesellschaft ein Einfluss erlangt werden, welcher die eingesetzten Mittel übersteigt[471].

---

[466] BÖCKLI Aktienrecht, § 4 Rz. 159.
[467] BÖCKLI Aktienrecht, § 4 Rz. 167 ff.; BSK OR II-LIEBI, Art. 654–656 Rz. 55 ff.; FORSTMOSER/MEIER-HAYOZ/NOBEL, § 41 Rz. 38 ff.; zur Sonderversammlung eingehend: HORBER Sonderversammlung, S. 13 ff.
[468] BÖCKLI Aktienrecht, § 4 Rz. 159, 168; BSK OR II-LIEBI, Art. 654–656 Rz. 76 f.; FORSTMOSER/MEIER-HAYOZ/NOBEL, § 41 Rz. 45; zu den Prinzipien allgemein vorn S. 19, § 2.I.3.b. und S. 20, § 2.I.3.c.
[469] FORSTMOSER/MEIER-HAYOZ/NOBEL, § 41 Fn. 18.
[470] Anrechnung und Bewertung im Erbfall erfolgt nach denselben Grundsätzen wie diejenige von Stimmrechtsaktien (dazu vorn Fn. 452).
[471] GERSTER, S. 99; FORSTMOSER/MEIER-HAYOZ/NOBEL, § 41 Rz. 28.

d. Funktion/Anwendungsfälle

Bei der Gründung oder auch im Zuge einer späteren Neugestaltung oder einem Ausbau der Gesellschaft können Vorzugsaktien geschaffen werden, *um besondere Leistungen von Gesellschaftern zu belohnen*; sie können aber auch einfach verschiedenen Interessen innerhalb des Aktionariats dienen, etwa Aktionären, welche sich allmählich aus der Unternehmensführung zurückziehen, dafür aber vermögensmässig entschädigt werden möchten. Eine ähnliche Konstellation findet sich häufig auch in Familiengesellschaften oder anderen Gesellschaft mit einem beschränkten Aktionärskreis, an welchen nachfolgende Generationen beteiligt sind; in solchen Gesellschaften vermag die Schaffung von *Vorzugsaktien für die primär an hohen Erträgen interessierten passiven Aktionäre* (allenfalls in Kombination mit Stimmrechtsaktien zugunsten der aktiven Unternehmeraktionäre) eine optimale Lösung zu bieten[472]. In Familiengesellschaften werden Vorzugsaktien häufig auch erst im Zeitpunkt, in welchem sich *Dritte an der Gesellschaft beteiligen*, geschaffen[473]. In *Joint-Venture-Gesellschaften*, in welche die Partner *Sacheinlagen unterschiedlicher Grösse* einbringen, oder bei Umwandlungen von Kollektiv- oder Kommanditgesellschaften in Aktiengesellschaften, in welchen unterschiedliche Kapital- resp. Gewinnanteile festgeschrieben werden, kann mittels Vorzugsaktien schliesslich ein angemessener *Ausgleich* geschaffen werden, falls dies nicht durch die Zuweisung einer entsprechenden Anzahl Aktien möglich ist[474]. Auch Mitarbeiteraktien können als Vorzugsaktien ausgestaltet werden[475]. Vor allem finden Vorzugsaktien jedoch Anwendung in *aussergerichtlichen Sanierungsfällen*, mithin in Situationen, in denen Dritte – oftmals Gläubiger der Gesellschaft, welche auf diese Weise ihre Forderungen zumindest zur Verrechung bringen können – ohne die Gewährung vermögensmässiger Vorteile nicht mehr zur Zeichnung von Aktien einer finanziell angeschlagenen Gesellschaft bereit wären[476].

e. Kautelen

Wie bei den Stimmrechtsaktien ist auch bei Vorzugsaktien zu beachten, dass sich die der aktuellen Regelung zugrunde liegenden spezifischen Interessenlagen und Konstellationen verändern können. Um zu verhindern, dass sich die

---

[472] BSK OR II-LIEBI, Art. 654–656 Rz. 3; FORSTMOSER/MEIER-HAYOZ/NOBEL, § 41 Rz. 33 ff.; GERSTER, S. 100.
[473] VOGEL, S. 119.
[474] BÖCKLI Aktienrecht, § 4 Rz. 156; BSK OR II-LIEBI, Art. 654–656 Rz. 4.
[475] BSK OR II-LIEBI, Art. 654–656 Rz. 6; FORSTMOSER/MEIER-HAYOZ/NOBEL, § 41 Rz. 13; LYK, S. 94 ff.
[476] FORSTMOSER/MEIER-HAYOZ/NOBEL, § 41 Rz. 37; BSK OR II-LIEBI, Art. 654–656 Rz. 5; BÖCKLI Aktienrecht, § 4 Rz. 156.

Vorzugsaktien nachteilig auf eine Gesellschaft auswirken, können diese ebenfalls befristet oder an gewisse (resolutive) Bedingungen geknüpft werden.

f. Anspruch auf Vertretung im Verwaltungsrat

Gestützt auf Art. 709 Abs. 1 OR haben Vorzugsaktionäre Anspruch auf die Wahl wenigstens eines Vertreters ihrer Aktienkategorie im Verwaltungsrat[477].

4. Partizipationsscheine

a. Begriff und Inhalt

Gemäss Art. 656a Abs. 1 OR können die Statuten ein Partizipationskapital vorsehen, das in Teilsummen (Partizipationsscheine) zerlegt ist, welche gegen Einlage ausgegeben werden, einen Nennwert haben, aber kein Stimmrecht gewähren. Beim Partizipationsschein handelt es sich mithin um eine Art «stimmrechtslose Aktie», welche mit Ausnahme des Stimmrechts sowie der damit zusammenhängenden Rechte[478] alle üblicherweise aus einer Aktie fliessenden Rechte gewährt[479]. Dies manifestiert sich unter anderem in der Gleichbehandlungsnorm des Art. 656a Abs. 2 OR, wonach das Partizipationskapital mangels anderweitiger gesetzlicher Bestimmungen dem Aktienkapital gleichgestellt ist[480], sowie in Art. 656f Abs. 1 OR, wonach Partizipanten in vermögensrechtlicher Hinsicht, d.h. bei der Verteilung des Bilanzgewinns, des Liquidationsergebnisses sowie beim Bezug neuer Aktien nicht schlechter gestellt werden dürfen als Aktionäre[481].

Der Ausschluss vom Stimmrecht ist zwingend; eine Statutenbestimmung, welche Partizipanten auch nur in gewissen Punkten ein Stimmrecht an der Generalversammlung einräumen würde, wäre nichtig[482]. Das *Gesetz* gewährt den Parti-

---

[477] Zur konkreten Ausgestaltung dieses Vorschlagsrechts vgl. vorn S. 86, § 4.III.2.dg.
[478] Art. 656c Abs. 1 OR. Als mit dem Stimmrecht zusammenhängende Rechte gelten gemäss Art. 656c Abs. 2 OR das Recht auf Einberufung der Generalversammlung, das Teilnahmerecht, das Recht auf Auskunft und Einsicht und das Antragsrecht (dazu DEMARMELS, S. 76 ff.).
[479] DEMARMELS, S. 41 ff.; BÖCKLI Aktienrecht, § 5 Rz. 13 und 38 f.; BSK OR II-HESS/RAMPINI/SPILLMANN, Art. 656a Rz. 1; FORSTMOSER/MEIER-HAYOZ/NOBEL, § 46 Rz. 8 ff.
[480] DEMARMELS, S. 49 f.; BSK OR II-HESS/RAMPINI/SPILLMANN, Art. 656a Rz. 5 ff.
[481] DEMARMELS, S. 51 f.; FORSTMOSER/MEIER-HAYOZ/NOBEL, § 46 Rz. 26; BSK OR II-HESS/RAMPINI/SPILLMANN, Art. 656f Rz. 2; ZINDEL, S. 213.
[482] DEMARMELS, S. 75 f.; BÖCKLI Aktienrecht, § 5 Rz. 44; BSK OR II-HESS/RAMPINI/SPILLMANN, Art. 656a Rz. 4 und 656c Rz. 1; PETER, S. 755; FORSTMOSER/MEIER-HAYOZ/NOBEL, § 46 Rz. 37 ff.

zipanten jedoch *gewisse unentziehbare, mitgliedschaftliche Rechte*. So müssen Partizipanten über die Einberufung einer Generalversammlung, die Traktanden sowie über die Anträge informiert werden; gleiches gilt für die Beschlüsse der Generalversammlung, welche unter entsprechendem Hinweis an die Partizipanten am Sitz der Gesellschaft zur Einsicht aufgelegt werden müssen[483]. Ferner können Partizipanten mittels schriftlicher Begehren zu Handen der Generalversammlung Auskunft und Einsicht oder die Einleitung einer Sonderprüfung verlangen[484]. Schliesslich sind Partizipanten legitimiert, gesetzes- oder statutenwidrige Generalversammlungsbeschlüsse anzufechten[485], Verantwortlichkeitsklage gegen die Organe der Gesellschaft zu erheben[486] oder die Auflösung der Gesellschaft aus wichtigem Grund zu begehren[487].

Auf statutarischem Wege können den Partizipanten gemäss Art. 656c Abs. 2 OR *weitere Mitwirkungsrechte*, insbesondere das Recht auf Einberufung einer Generalversammlung, das Recht auf (stimmrechtslose) Teilnahme und Antragstellung an der Generalversammlung sowie ein erweitertes Recht auf Auskunft und Einsicht eingeräumt werden[488].

Um die stimmrechtslosen Partizipanten vor Generalversammlungsbeschlüssen, welche ihre Position verschlechtern, zu bewahren, gleichsam aber die Handlungs- und Wandlungsfähigkeit der Gesellschaft zu wahren, hat der Gesetzgeber in Art. 656f Abs. 3 OR den *Grundsatz der sog. Schicksalsgemeinschaft* festgeschrieben, wonach Statutenänderungen und andere Generalversammlungsbe-

---

[483] Art. 656d Abs. 1 und 2 OR; dazu DEMARMELS, S. 98 ff.; BÖCKLI Aktienrecht, § 5 Rz. 53 f. und 59 f.; BSK OR II-HESS/RAMPINI/SPILLMANN, ART. 656d Rz. 1 ff.; PETER, S. 754; FORSTMOSER/MEIER-HAYOZ/NOBEL, § 46 Rz. 43, 48.
Die Revision des Aktien- und Rechnungslegungsrechts sieht für Partizipanten neu die elektronische Zugänglichkeit der Generalversammlungsprotokolle innert 20 Tagen nach der Generalversammlung oder auf Wunsch jedes Partizipanten die kostenlose Zustellung einer Kopie des Generalversammlungsprotokolls vor (Art. 656d Abs. 2 E OR 2007).

[484] Art. 656c Abs. 3 OR.

[485] Art. 656a Abs. 2 OR i.V.m. Art. 706 OR; dazu PETER S. 754; DEMARMELS, S. 102 ff.; BÖCKLI Aktienrecht, § 5 Rz. 61; FORSTMOSER/MEIER-HAYOZ/NOBEL, § 46 Rz. 44; BSK OR II-HESS/RAMPINI/SPILLMANN, ART. 656d Rz. 5. Nach ZINDEL (S. 212 m.w.H.) können Partizipanten lediglich Generalversammlungsbeschlüsse anfechten, welche die Rechtsstellung der Partizipanten beeinträchtigen.

[486] DEMARMELS, S. 104 ff.; FORSTMOSER/MEIER-HAYOZ/NOBEL, § 46 Rz. 45; BÖCKLI Aktienrecht, § 5 Rz. 61; PETER, S. 754.

[487] Art. 656a Abs. 2 OR i.V.m. Art. 736 Ziff. 4 OR; dazu DEMARMELS, S. 106 ff.; BÖCKLI Aktienrecht, § 5 Rz. 61; FORSTMOSER/MEIER-HAYOZ/NOBEL, § 46 Rz. 46 f.; PETER, S. 754. Die hierfür erforderliche Unzumutbarkeit der Weiterführung der Gesellschaft nach Treu und Glauben ist dabei aus Sicht des Partizipanten zu beurteilen (ZINDEL, S. 213).

[488] ZINDEL, S. 214; BÖCKLI Aktienrecht, § 5 Rz. 62 ff.; BSK OR II-HESS/RAMPINI/SPILLMANN, Art. 656c Rz. 2; FORSTMOSER/MEIER-HAYOZ/NOBEL, § 46 Rz. 40.

schlüsse, welche die Stellung der Partizipanten verschlechtern, nur dann zulässig sind, wenn auch die diesen gleichgestellten Aktionäre (d.h. gemäss Art. 656f Abs. 2 OR im Falle von verschiedenen Aktienkategorien zumindest die am wenigsten bevorzugten Aktionäre[489]) eine entsprechende Beeinträchtigung erfahren[490]. Eine einseitige, lediglich zu Lasten der Partizipanten gehende Beschneidung ihrer gesetzlichen und/oder statutarischen Vermögens- und/oder Mitwirkungsrechte bedarf gemäss Art. 656f Abs. 4 OR neben der Zustimmung der Generalversammlung derjenigen der Sonderversammlung der betroffenen Partizipanten[491].

b. Arten und wertpapierrechtliche Ausgestaltung

Aufgrund der verschiedenen statutarischen Ausgestaltungsmöglichkeiten der Partizipationsscheine können diese *vielfältigste Formen* annehmen; sie können mit Ausnahme des Stimmrechts einer Aktie gleichkommen oder eher einem Genussschein ähnlich ausgestaltet sein[492], wobei Partizipationsscheine im Gegensatz zu Genussscheinen immer zu liberieren sind, einen Nennwert aufweisen und als Partizipationsschein zu bezeichnen sind; es kann auch eine Besserstellung der Partizipationsscheininhaber gegenüber den Aktionären erfolgen. Bei der Schaffung solcher Vorzugs-Partizipationsscheine ist Art. 654 Abs. 2 OR zu beachten, mithin die Zustimmung allfälliger Vorzugsaktionäre einzuholen[493]. Nicht zulässig ist es, statutarisch personenbezogene Erwerbsvoraussetzungen wie bspw. die Familienzugehörigkeit statutarisch festzusetzen[494].

---

[489] BSK OR II-HESS/RAMPINI/SPILLMANN, Art. 656f Rz. 3.
[490] DEMARMELS, S. 52 f., 84 f.; FORSTMOSER/MEIER-HAYOZ/NOBEL, § 26 Rz. 18 f. und § 46 Rz. 31; PETER, S. 754 f.; BSK OR II-HESS/RAMPINI/SPILLMANN, Art. 656f Rz. 3.
[491] DEMARMELS, S. 86 f.; BSK OR II-HESS/RAMPINI/SPILLMANN, ART. 656f Rz. 5; FORSTMOSER/MEIER-HAYOZ/NOBEL, § 26 Rz. 20 ff. Der Zustimmung einer besonderen Partizipantenversammlung bedarf es lediglich im Falle einer Beeinträchtigung der Rechte der Partizipanten. Eine solche ist bei einer Umwandlung von Partizipationsscheinen in gewöhnliche Aktien nicht gegeben, erfährt der Partizipant dadurch doch einen Rechtszuwachs. Die Umwandlung von Partizipationsscheinen in vinkulierte Aktien bewirkt demgegenüber eine Erschwerung der Übertragbarkeit und damit der Veräusserlichkeit der Beteiligung sowie u.U. einen Anonymitätsverlust, was nach überwiegender Lehre der Zustimmung der Partizipantenversammlung bedarf (FORSTMOSER/MEIER-HAYOZ/NOBEL, § 26 Fn. 11a; BÖCKLI § 5 Rz. 27 ff.; HORBER Sonderversammlung, S. 38 ff.). Die Revision des Aktien- und Rechnungslegungsrechs sieht für die Umwandlung von Partizipationsscheinen in Aktien zwingend den Beschluss einer Zweidrittels-Mehrheit vor (Art. 704 Abs. 1 Ziff. 6 E OR 2007), was nicht in jedem Fall zweckmässig sein muss (BÖCKLI Aktienrecht, § 5 Rz. 29a).
[492] PETER, S. 755.
[493] FORSTMOSER/MEIER-HAYOZ/NOBEL, § 46 Rz. 33; BÖCKLI Aktienrecht, § 5 Rz. 20; BSK OR II-HESS/RAMPINI/SPILLMANN, Art. 656a Rz. 7.
[494] PREMAND, § 6 Rz. 438.

§ 4 Statutarische Ausgestaltungsmöglichkeiten der Kapitalstruktur

In wertpapierrechtlicher Hinsicht können Partizipationsscheine *auf den Inhaber oder auf den Namen lauten*[495]. Die Übertragung von Namen-Partizipationsscheinen kann im Rahmen von Art. 685a f. OR statutarisch erschwert werden; vinkulierte Partizipationsscheine finden sich in der Praxis jedoch eher selten[496]. Auch eine Teilliberierung von Partizipationsscheinen – im Minimum 20% des Partizipationskapitals – ist möglich[497]; diesfalls müssen jedoch Namen-Partizipationsscheine ausgestellt werden[498].

Was die zulässige Höhe des Partizipationskapitals anbelangt, legt das Gesetz – da eine Gesellschaft ja auch gänzlich auf ein solches verzichten kann – kein Mindestpartizipationskapital fest[499]; der Mindestnennwert pro Partizipationsschein muss jedoch wie der von Aktien einen Rappen betragen[500]. Nach oben begrenzt das Gesetz das *Partizipationskapital* dahingehend, dass es sich *maximal* auf *das Doppelte des Aktienkapitals* belaufen darf[501]; diese Grenze soll für nicht kotierte Gesellschaften auch nach der Revision des Aktien- und Rechnungslegungsrechts beibehalten bleiben[502].

c. Einführung und Abschaffung von Patizipationsscheinen

Partizipationskapital kann bereits bei der *Gründung* oder in einem *späteren Zeitpunkt* auf dem Wege der Kapitalerhöhung geschaffen werden. Die Abschaffung von Partizipationskapital kann auf dem Wege der *Kapitalherabsetzung* oder durch *Umwandlung in Aktienkapital* erfolgen[503].

---

[495] Art. 656a Abs. 2 i.V.m. Art. 622 Abs. 1 OR.
[496] PETER, S. 754; BÖCKLI Aktienrecht, § 5 Rz. 32; BSK OR II-HESS/RAMPINI/SPILLMANN, Art. 656a Rz. 3.
[497] Art. 656b Abs. 2 i.V.m. Art. 652c und 632 Abs. 1 OR.
[498] Art. 683 i.V.m. Art. 656b Abs. 2 OR; auch teilliberierte Namen-Partizipationsscheine sind gesetzlich vinkuliert (BÖCKLI Aktienrecht, § 5 Fn. 61); zum Ganzen: FORSTMOSER/MEIER-HAYOZ/NOBEL, § 46 Rz. 23 ff.; BÖCKLI Aktienrecht, § 5 Rz. 31 f. und 41 f.; BSK OR II-HESS/RAMPINI/SPILLMANN, ART. 656b Rz. 2.
[499] Art. 656b Abs. 2 OR.
[500] Art. 656a Abs. 2 i.V.m. Art. 622 Abs. 4 OR.
[501] Art. 656b Abs. 1 OR.
[502] Art. 656b Abs. 1 E OR 2007; dazu Botschaft Aktien-/Rechnungslegungsrecht, S. 1617.
[503] DEMARMELS, S. 53, 57 f., 70 ff.; BÖCKLI Aktienrecht, § 5 Rz. 21 ff.; FORSTMOSER/MEIER-HAYOZ/NOBEL, § 46 Rz. 65 ff. Ob die Umwandlung von Partizipationskapital in Aktienkapital technisch durch einfache Statutenänderung analog der Umwandlung von Inhaber- in Namenaktien (Art. 622 Abs. 3 OR) erfolgen darf oder einer effektiven Herabsetzung des Partizipationskapitals mit unmittelbar darauf erfolgender Erhöhung des Aktienkapitals bedarf, ist in der Lehre umstritten (dazu FORSTMOSER/MEIER-HAYOZ/NOBEL, § 46 Rz. 69 ff. oder BÖCKLI Aktienrecht, § 5 Rz. 22 ff., je m.w.H.).

d. Vertretung im Verwaltungsrat

Im Gegensatz zu den Stimmrechts- oder Vorzugsaktionären haben Partizipanten von Gesetzes wegen *keinen Anspruch* auf die Vertretung ihrer Aktienkategorie im Verwaltungsrat; ein Vertretungsrecht kann gemäss Art. 656e OR jedoch statutarisch begründet werden[504].

e. Funktion/Anwendungsfälle

Die ursprüngliche Schaffung von Partizipationskapital ist eher selten. Häufiger findet sich die nachträgliche Ausgabe von Partizipationsscheinen, welche einer Aktiengesellschaft die Möglichkeit bietet, *Risikokapital* zu schaffen, *ohne* dass bestehende Aktionäre *Stimmkraftverschiebungen* oder gar einen *Kontrollverlust* zu gewärtigen hätten[505]. Unter Umständen wird Partizipationskapital in *Sanierungsfällen* geschaffen und *an Investoren* ausgegeben, welche – wissend darum, dass sie in einer nicht kotierten Gesesellschaft ohnehin wenig oder kein Gewicht haben – am Stimmrecht gar nicht interessiert sind[506]. Verbreitet ist die Schaffung von Partizipationskapital insbesondere *in Familiengesellschaften* und/oder im Rahmen von *Nachfolgeregelungen*, können nicht an der Geschäftsführung beteiligte Familienmitglieder auf diese Weise doch ihre Beteiligung an der Gesellschaft behalten und vermögensmässig – allenfalls bevorzugt – teilhaben, während die *Führungsmacht bei den Unternehmeraktionären gebündelt* wird[507]. Die Schaffung von Partizipationskapital kann, wenn es von Mehrheitsaktionären gehalten wird, umgekehrt jedoch auch dazu dienen, die Stimmkraft von Minderheitsaktionären, welche lediglich Aktien halten, gemessen am gesamten Gesellschaftskapital zu erhöhen[508].

Mitarbeiter-Partizipationsscheine sind wegen des Fehlens gewichtiger Mitgliedschaftsrechte weniger geeignet als Mitarbeiter-Aktien, finden sich aber sehr wohl in Familien- oder anderen geschlossenen Gesellschaften, in denen Mitar-

---

[504] Legen die Statuten das diesbezügliche Verfahren nicht detaillierter fest, gelangt das vom Bundesgericht entwickelte Vorschlagsverfahren (dazu vorn S. 86, § 4.III.2.dg.) zur Anwendung; dazu BÖCKLI Aktienrecht, § 5 Rz. 46 ff.; BSK OR II-HESS/RAMPINI/SPILLMANN, ART. 656e Rz. 2 f.; FORSTMOSER/MEIER-HAYOZ/NOBEL, § 46 Rz. 53; PETER, S. 755; ZINDEL, S. 215.
[505] GIGER, S. 175; BÖCKLI/HUGUENIN/DESSEMONTET, S. 157; PREMAND, § 6 Rz. 435.
[506] GIGER, S. 175; BÖCKLI/HUGUENIN/DESSEMONTET, S. 157.
[507] PETER, S. 753; VOGEL, S. 120 f.; PREMAND, Rz. 436.
Die Anrechnung von Partizipationsscheinen im Erbfall folgt denselben Regeln wie die Anrechnung von Stimmrechtsaktien (vgl. dazu vorn Fn. 452), während die Bewertung je nach Ausgestaltung der Partizipationsscheine unterschiedlich ausfallen kann; die Stimmrechtslosigkeit bewirkt gegenüber Aktien eine Minderbewertung, eine allfällige Besserstellung gegenüber Aktionären indessen eine Gleich- oder gar Höherbewertung.
[508] SÖDING, S. 142.

beiter beteiligt, die Stimmrechte aber vollständig in der Familie oder einem anderweitig geschlossenen Kreis bleiben sollen[509].

Wenngleich das Auseinanderfallen von Kapitalbeteiligung und Stimmkraft unter Corporate-Governance-Gesichtspunkten betrachtet nicht unproblematisch ist, bilden Partizipationsscheine in nicht kotierten Aktiengesellschaften doch nach wie vor ein hilfreiches Mittel nicht nur zur Eigenkapitalbeschaffung, sondern eben auch zur Erhaltung bestehender Stimmengewichte[510].

5. Genussscheine

a. Begriff und Inhalt

Gemäss Art. 657 Abs. 1 OR kann eine Gesellschaft auf statutarischem Wege zugunsten von Personen, welche mit der Gesellschaft durch frühere Kapitalbeteiligung, als Aktionär, Gläubiger, Arbeitnehmer oder in ähnlicher Weise verbunden sind, Genussscheine schaffen; auch zugunsten von Gründern können gemäss Art. 657 Abs. 5 OR Genusscheine ausgestellt werden, wobei dies nur in den ursprünglichen Statuten erfolgen kann. Der Kreis der potentiell Genussscheinsberechtigten ist somit auf *Personen* beschränkt, welche *der Gesellschaft einen Vorteil* – durch Erbringung besonderer Leistungen oder einen Rechtsverzicht – *zukommen liessen*[511].

Der Genussschein gewährt dem Berechtigten ein *Beteiligungsrecht*, welches sich gemäss Art. 657 Abs. 2 OR auf einen *Anteil am Bilanzgewinn* und/oder am *Liquidationsergebnis* und/oder auf den *Bezug neuer Aktien* beziehen kann. Erst der entsprechende Verteilungsbeschluss der Generalversammlung räumt den Genussscheinsberechtigten indessen ein klagbares Forderungsrecht ein[512].

Der Genussschein darf *weder* einen *Nennwert* aufweisen, *noch* als Partizipationsschein bezeichnet oder *gegen Einlage* ausgegeben werden[513]. Darin unter-

---

[509] LYK, S. 95; VOGEL, S. 121.
[510] SÖDING, S. 146.
[511] DEMARMELS, S. 12, 115; FORSTMOSER/MEIER-HAYOZ/NOBEL, § 47 Rz. 3, 21 ff.; BSK OR II-HESS/RAMPINI/SPILLMANN, ART. 657 Rz. 2; dazu einschlägig auch BGE 93 II 399 m.w.H.
[512] BÖCKLI Aktienrecht, § 5 Rz. 73; BSK OR II-HESS/RAMPINI/SPILLMANN, Art. 657 Rz. 4; FORSTMOSER/MEIER-HAYOZ/NOBEL, § 47 Rz. 15 ff. Weitergehenden Schutz kann den Genussscheinsberechtigten durch statutarische Fixierung eines Verhältnisses ihrer Rechte gegenüber denjenigen der Aktionäre und/oder Partizipanten eingeräumt werden (FORSTMOSER/MEIER-HAYOZ/NOBEL, § 47 Rz. 18).
[513] Art. 657 Abs. 3 OR.

scheidet er sich hauptsächlich vom Partizipationsschein. Der Genussschein stellt ein Kapitalersatz- und kein Kapitalbeschaffungsmittel dar[514].

b. Wertpapierrechtliche Ausgestaltung

Genussscheine können – wie Aktien – als *Inhaber-, Namen- oder Ordrepapiere* ausgegeben werden, wobei ersteres vorherrscht und die Übertragung den für die jeweilige Wertpapierart geltenden Regeln zu folgen hat. Auf eine Verbriefung kann *auch gänzlich verzichtet* werden; unverbriefte Genussrechte sind durch Zession zu übertragen[515].

c. Einführung von Genussscheinen

Genussscheine können bei der *Gründung* oder in einem *späteren Zeitpunkt* ausgegeben werden. Die Anzahl der ausgegebenen Genussscheine sowie die Rechte, welche sie vermitteln, sind als bedingt notwendiger Inhalt in den Statuten aufzuführen[516]. Die nachträgliche Einführung von Genussscheinen kann die Generalversammlung, da es sich um eine gewöhnliche Statutenänderung handelt, mit dem *ordentlichen Quorum* gemäss Art. 703 OR beschliessen[517]. Die *allgemeinen aktienrechtlichen Prinzipien* sind auch bei der Ausgabe von Genussscheinen zu beachten[518].

d. Schutz der Genussscheininhaber resp. der Aktionäre und Partizipanten

Genussscheine begründen ein Schutzbedürfnis in zwei Richtungen. Zum einen werden durch die Ausgabe von Genussscheinen *Anteile bestehender Aktionäre und Partizipanten verwässert*; erfolgt dies in unsachlicher Weise, d.h. ohne dass der Gesellschaft eine entsprechende Gegenleistung der Genussscheinsberechtigten zukommt, kann der fragliche Beschluss der Generalversammlung durch die Gesellschafter und Partizipanten gestützt auf Art. 706 Abs. 1 OR angefochten werden[519].

---

[514] DEMARMELS, S. 114; BSK OR II-HESS/RAMPINI/SPILLMANN, Art. 657 Rz. 2 und 5; FORSTMOSER/MEIER-HAYOZ/NOBEL, § 47 Rz. 38 f.; BÖCKLI Aktienrecht, § 5 Rz. 78.

[515] FORSTMOSER/MEIER-HAYOZ/NOBEL, § 47 Rz. 40 f.; BÖCKLI Aktienrecht, § 5 Rz. 76; BSK OR II-HESS/RAMPINI/SPILLMANN, Art. 657 Rz. 1.

[516] Art. 641 Ziff. 7 OR.

[517] DEMARMELS, S. 117 ff.; FORSTMOSER/MEIER-HAYOZ/NOBEL, § 47 Rz. 8 ff.; BSK OR II-HESS/RAMPINI/SPILLMANN, Art. 657 Rz. 3 und 8.

[518] BÖCKLI Aktienrecht, § 5 Rz. 77; FORSTMOSER/MEIER-HAYOZ/NOBEL, § 47 Rz. 14. Zu diesen Prinzipien allgemein vorn S. 19, § 2.I.3.b und S. 20, § 2.I.3.c.

[519] DEMARMELS, S. 12, 115; FORSTMOSER/MEIER-HAYOZ/NOBEL, § 47 Rz. 30 ff.; BSK OR II-HESS/RAMPINI/SPILLMANN, Art. 657 Rz. 2.

Zum anderen sind die *Genussscheinsberechtigten den Beschlüssen der Generalversammlung vollständig ausgeliefert*, indem ihnen weder ein Stimm-, noch ein Anfechtungsrecht zukommt. Aus diesem Grunde bilden Genussscheinsberechtigte gemäss Art. 657 Abs. 4 OR eine Gemeinschaft, auf welche die Bestimmungen über die Gläubigergemeinschaft bei Anleihensobligationen[520] sinngemäss zur Anwendung gelangen; einzelne oder alle aus den Genussscheinen fliessenden Rechte können nur entzogen werden, wenn die Mehrheit der Genussscheinsberechtigten dem zustimmt. Damit beging der Gesetzgeber den Mittelweg zwischen der Schutzbedürftigkeit der Genussscheininhaber sowie dem virulenten Interesse der Gesellschaft, in einem – häufig zweiten – Sanierungsfall die Genussscheininhaber durch Mehrheitsbeschluss zur Mittragung eines Sanierungskonzepts zu zwingen[521].

e. Funktion/Anwendungsfälle

Genussscheine werden hauptsächlich *in Sanierungsfällen* ausgegeben. Durch die Inaussichtstellung von Vorteilen in einem späteren, wieder gewinnbringenden Zeitpunkt sollen Anreize geschaffen werden, in einer finanziell schwierigen Phase auf gewisse Rechte zu verzichten oder neue Mittel einzubringen[522]. Darüber hinaus können Genussscheine der Beteiligung der Mitarbeiter am Unternehmensgewinn dienen; sie ermöglichen eine vielfältige Ausgestaltung der *Mitarbeiterbeteiligung*, indem eine Partizipation am Ertrag und/oder an der Substanz möglich ist[523].

IV. Statutarische Erwerbsrechte an und Verfügungsbeschränkungen über Aktien

1. Gegenstand und Arten

Gerade in Gesellschaften mit einem geschlossenen Aktionärskreis ist das Bedürfnis, auf die Zusammensetzung des Aktionariats Einfluss zu nehmen, sehr gross, weshalb häufig versucht wird, die Vinkulierungs- durch eine vertragli-

---

[520] Art. 1157 ff. OR.
[521] Dazu eingehender BÖCKLI Aktienrecht, § 5 Rz. 80 f.; FORSTMOSER/MEIER-HAYOZ/NOBEL, § 47 Rz. 30 ff.; BSK OR II-HESS/RAMPINI/SPILLMANN, Art. 657 Rz. 6; illustrativ ist ferner BGE 113 II 528 ff.
[522] FORSTMOSER/MEIER-HAYOZ/NOBEL, § 47 Rz. 4, 22 ff.; BÖCKLI Aktienrecht, § 5 Rz. 80, 83 f.
[523] FORSTMOSER/MEIER-HAYOZ/NOBEL, § 47 Rz. 25; BSK OR II-HESS/RAMPINI/SPILLMANN, Art. 657 Rz. 2; VOGEL S. 120 f.; Botschaft Aktienrecht, S. 136.

che[524] und/oder allenfalls statutarische[525] Erwerbsrechtsordnung in dem Sinne zu ergänzen, als den in der Gesellschaft *verbleibenden Aktionären im Falle eines Aktienverkaufs das Recht* eingeräumt wird, *diese zu erwerben*.

Nachfolgend werden zunächst mögliche Erwerbsberechtigungen vorgestellt (lit. a.–e.), bevor in Ziff. 2 deren Zulässigkeit unter geltendem Recht geprüft wird.

a. Vorhandrechte

In Vorhandrechten verpflichtet sich die veräusserungswillige Partei, die Aktien den in der Gesellschaft verbleibenden Aktionären vorgängig zu einem im Voraus bestimmten oder zumindest bestimmbaren Preis anzubieten[526]. Die Vorhand kann bestehen aus (a) einer Verpflichtung des veräusserungswilligen Aktionärs, die Aktien vorgängig den anderen Gesellschaftern zum Kauf anzubieten (Anbietungspflicht), (b) einer Verpflichtung des Vorhandbelasteten, seinen Veräusserungswillen mitzuteilen und eine Offerte des Vorhandberechtigten zu bereits im Voraus festgelegten oder zu allfällig von einem Dritten gebotenen Konditionen anzunehmen (Verpflichtung zur Annahme eines Angebots), oder (c) einer Verpflichtung des Vorhandgebers, die Aktien dem Vorhandnehmer anzubieten, wobei dem Vorhandgeber das Recht belassen wird, von der Veräusserung der Aktien abzusehen, wenn der Vorhandnehmer die Aktien zu im Voraus festgelegten oder von Dritten offerierten Konditionen übernimmt (Verpflichtung zur Unterlassung der Veräusserung an Dritte bei gleichwertiger Offerte des Berechtigten)[527].

b. Vorkaufsrechte

Vorkaufsrechte, welche sowohl anstelle als auch in Ergänzung von/zu Vorhandrechten vereinbart werden können, räumen den vorkaufsberechtigten Aktionären das Recht ein, Aktien zu den Konditionen, die mit einem Dritten rechtsgültig vereinbart wurden, zu erwerben[528]. Vorkaufsrechtsauslösendes Element ist mithin der Abschluss eines Kaufvertrages mit einem Dritten, welcher an die Bedingung geknüpft ist, dass der Vorkaufsberechtigte nicht durch Ausübung seines Gestaltungsrechts in diesen Vertrag eintreten kann. Es versteht sich von selbst,

---

[524] Dazu eingehender hinten S. 108, § 5.II.2.
[525] Da die Zulässigkeit statutarischer Verfügungsbeschränkungen nach geltendem Recht umstritten und höchstens in einem sehr eingeschränkten Rahmen zulässig ist, ist einer entsprechenden schuldvertraglichen Vereinbarung der Vorzug zu geben (dazu eingehender sogleich hinten S. 100, § 4.IV.2.).
[526] FORSTMOSER/MEIER-HAYOZ/NOBEL, § 44 Rz. 258 f.; BÖCKLI Aktienrecht, § 6 Rz. 295.
[527] SALZGEBER-DÜRIG, S. 121 ff.; KLÄY, S. 461.
[528] SALZGEBER-DÜRIG, S. 21 ff.; KLÄY, S. 460.

dass sich Vertragsverhandlungen unter dem Damoklesschwert solcher Bedinungungen allenfalls schwierig erweisen und Vorhandrechte die Preisverhandlungen daher eher negativ beeinflussen.

c. Kaufs- und Rückkaufsrechte

Aktien können auch Gegenstand von *Kaufsrechten* sein, welche dem *Berechtigten* die Möglichkeit einräumen, die *Aktien innerhalb einer gewissen Zeitspanne* «unabhängig vom Willen des Verpflichteten [...] durch einseitige Willensäusserung käuflich zu *erwerben*», wobei der *Kaufpreis* aufgrund des Kaufsrechts *bestimmt oder bestimmbar* ist[529]. Bedingte Kaufsrechte sind den Vorkaufsrechten sehr ähnlich; sie unterscheiden sich von ihnen jedoch dahingehend, als Bedingung und kaufrechtsauslösendes Element nicht der Vertragsschluss mit einem Dritten, sondern ein vertraglich umschriebenes Ereignis (beispielsweise der Austritt oder die Ausschliessung aus einem Aktionärbindungsvertrag, eine Vertragsverletzung oder schlicht der Ablauf einer gewissen Zeitspanne) ist[530].

Rückkaufsrechte schliesslich sind qualifizierte Kaufsrechte in dem Sinne, als der Verkäufer die von ihm *verkaufte Sache* (vorliegend die Aktien) *innerhalb einer bestimmten Zeit* vom Käufer *zurückkaufen* kann[531].

d. (Rück-)Verkaufsrechte

Das Verkaufsrecht (put-option) räumt dem Berechtigten die Befugnis ein, die erworbenen *Aktien innerhalb einer bestimmten Frist* zu im Voraus *vereinbarten Konditionen* zu *verkaufen*, und begründet auf Seiten des Belasteten die Pflicht, die Aktien zu kaufen. Im Falle des Rückverkaufsrechts ist der Käufer berechtigt, gegenüber dem Verkäufer den Rückerwerb der Sache zu verlangen[532].

e. Preisbestimmung

Legen Erwerbsrechte den Preis für die Aktien, auf welche sich das fragliche Recht bezieht, als solchen oder zumindest eine *Preisbestimmungsklausel* fest, handelt es sich um ein *limitiertes Erwerbsrecht*; ist der Preis offen, liegt ein illimitiertes Erwerbsrecht vor[533].

---

[529] BK-MEIER-HAYOZ, Art. 681 ZGB Rz. 25 und Art. 683 ZGB Rz. 16.
[530] BÖCKLI Aktionärbindungsverträge, S. 42 f.
[531] BK-MEIER-HAYOZ, Art. 681 ZGB Rz. 30 und Art. 683 ZGB Rz. 19.
[532] BK-MEIER-HAYOZ, Art. 683 ZGB Rz. 25.
[533] SALZGEBER-DÜRIG, S. 25 ff.; KLÄY, S. 462.

2. Frage der Zulässigkeit statutarischer Verfügungsbeschränkungen nach geltendem Aktienrecht

Unter dem früheren Aktienrecht waren statutarische Erwerbsrechte und Verfügungsbeschränkungen sehr verbreitet. Eine statutarische Verankerung birgt gegenüber der bloss schuldvertraglichen Festschreibung den grossen Vorteil, dass diese nicht nur die Vertragsparteien bindet, sondern eine «quasi-dingliche» Wirkung gegenüber jedem Dritterwerber der Aktien entfaltet[534]. Über die Frage der Zulässigkeit statutarischer Erwerbsrechte nach geltendem Recht ist in der Literatur eine *heftige Kontroverse* entbrannt[535].

Massgeblich für die Beurteilung dieser Frage sind namentlich Art. 680 OR, mithin das Verbot, dem Aktionär über die Liberierung der Aktien hinausgehende Pflichten aufzuerlegen, und die in Art. 685b Abs. 1, Abs. 2 und insbesondere Abs. 7 OR festgelegte Vinkulierungsordnung, welche eine Ablehnung eines Aktienerwerbers nur noch aus wichtigen, in den Statuten genannten, im Hinblick auf den Gesellschaftszweck oder die wirtschaftliche Selbständigkeit des Unternehmens gerechtfertigten Gründen zulässt, sowie die Unzulässigkeit der statutarischen Erschwerung der Voraussetzungen der Übertragbarkeit.

Ein Teil der Lehre[536] vertritt die Ansicht, dass der Gesetzgeber durch die Schaffung der «Escape-Clause» lediglich die Verkaufsfreiheit (in Form einer Abnahmegarantie des veräusserungswilligen Aktionärs zum wirklichen Wert), nicht jedoch eine Käuferwahlfreiheit gewährleisten wollte, weshalb statutarische Erwerbsrechte bei Sicherstellung der Übernahme der Aktien mindestens zum inneren Wert nicht gegen Art. 685b Abs. 7 OR verstossen würden.

Nach BÖCKLI[537] stellen solche Statutenbestimmungen dagegen sehr wohl unzulässige Übertragungserschwerungen dar, so etwa, weil eine andere als die selbst gewählte, unter Umständen weniger liquide oder zahlungswillige Partei Kaufpreisschuldnerin wird, und sich darin regelmässig erschwerende Verfahrenspflichten finden. Der überwiegende Teil der Lehre[538] erachtet statutarische

---

[534] FORSTMOSER/MEIER-HAYOZ/NOBEL, § 44 Rz. 261 ff.; BÖCKLI Aktionärbindungsverträge, S. 52; KLÄY, S. 463.

[535] Eine umfassende und detaillierte Übersicht über die verschiedenen Lehrmeinungen findet sich bei KLÄY, S. 475 ff.

[536] So insbesondere MEIER-SCHATZ, S. 225 ff. und KRATZ, § 11 Rz. 33 ff., ferner auch FISCHER, S. 83.

[537] BÖCKLI Aktionärbindungsverträge, S. 52 f.; DERS. Aktienrecht, § 6 Rz. 296 ff.

[538] KLÄY, S. 484 ff.; FORSTMOSER/MEIER-HAYOZ/NOBEL, § 44 Rz. 265 ff.; FORSTMOSER Schnittstelle, S. 394; BÖCKLI Aktienrecht, § 6 Rz. 297; DERS. Aktionärbindungsverträge, S. 53; BSK OR II-OERTLE/SHELBY DU PASQUIER, Art. 685b Rz. 20; HINTZ-BÜHLER, S. 131f.; BLOCH, S. 306; MARTIN, S. 252 f.

Erwerbsregelungen daher – wie BÖCKLI – nur im Rahmen der zwingenden Ordnung der «Escape-Clause» als zulässig, mithin nur (a) bei vinkulierten Namenaktien, (b) bei Ankauf der Aktien mindestens zum wirklichen Wert, (c) bei Ankauf der Aktien durch die Gesellschaft selbst, (d) unter Belassung des Rechts des veräusserungswilligen Aktionärs, vom Verkauf der Aktien wieder abzusehen, (e) bei Erwerb sämtlicher zum Verkauf stehender Aktien, (e) ohne verfahrensmässige Erschwerung gegenüber Art. 685b f. OR, (f) unter Einhaltung der dreimonatigen Verwirkungsfrist gemäss Art. 685c Abs. 3 OR, sowie (g) unter Wahrung des aktienrechtlichen Gleichbehandlungsgebots.

Vor diesem Hintergrund und auch um ein verwirrliches Nebeneinander von gesetzlichen, statutarischen und vertraglichen Erwerbsrechten zu verhindern, empfiehlt es sich, *Erwerbsrechte und Übertragungsbeschränkungen lediglich in Aktionärbindungsverträgen* festzuschreiben[539]. Sinnvollerweise ist diese schuldvertragliche Vereinbarung *mit* einer *Vinkulierung* der Aktien zu *kombinieren*, um der Gesellschaft im Falle einer Umgehung dieser Vereinbarung die Ablehnung eines Aktienerwerbers gestützt auf die «Escape-Clause» unter Übernahme der Aktien zu ihrem wirklichen Wert offen zu halten.

Als *Alternative* zu statutarischen Erwerbsrechten – und damit den oben genannten Grundsätzen Rechnung tragend – wäre *der Verwaltungsrat statutarisch zu verpflichten, zum Verkauf stehende Aktien zu Handen der Aktionäre zu erwerben* und diese den verbleibenden Aktionären nach bestimmten Regeln anzubieten, wobei im Falle hierzu ungenügender Gesellschaftsmittel die Vorabklärungen hinsichtlich der Ausübung der Erwerbsrechte durch die Aktionäre und deren Vorfinanzierung innerhalb der dreimonatigen Verwirkungsfrist von Art. 685c Abs. 3 OR zu erfolgen hat[540].

Sodann ist allenfalls zu prüfen, ob bei einem Wunsch nach nicht nur aktionärbindungsvertraglichen Veräusserungsbeschränkungen nicht die GmbH die geeignetere Rechtsform wäre.

V. Statutarische Nutzniessungsbeschränkung

Gemäss Art. 690 Abs. 2 OR wird «Im Falle der Nutzniessung an einer Aktie [...] diese durch den Nutzniesser vertreten». Die Bestimmung ist dispositiver Natur. Um zu verhindern, dass auf diese Weise unliebsame Dritte Einfluss auf die Gesellschaft ausüben können, kann statutarisch festgelegt werden, dass *im Falle einer Nutzniessungsbegründung an Aktien* einer Gesellschaft *das Stimm-*

---

[539] Dazu eingehender hinten S. 108, § 5.II.2.
[540] Dazu bereits vorn S. 77, § 4.III.2.cej.

recht sowie *die übrigen Mitwirkungsrechte beim Aktionär verbleiben* sollen[541]. In nicht kotierten Aktiengesellschaften, in welchen auf die Geschlossenheit des Aktionariats Wert gelegt wird, empfiehlt sich eine solche Bestimmung.

Eine optimale Abwehr gegenüber Nutzniessern kann mittels *Kombination* einer solchen Bestimmung *mit* einer *Vinkulierung der Aktien*, welche gemäss Art. 685a Abs. 2 OR auch für die Begründung einer Nutzniessung gilt, erreicht werden; eine entsprechende lediglich schuldvertragliche Beschränkung genügt aufgrund ihrer rein obligatorischen Wirkung nicht[542].

§ 5. Schuldvertragliche Ausgestaltung

Die grundsätzlich kapitalbezogene Ausgestaltung der Aktiengesellschaft[543] ruft gerade in kleineren und mittleren Aktiengesellschaften mit einem beschränkten Aktionärskreis nach einer stärker personenbezogenen Ordnung. Innerhalb relativ enger gesetzlicher Grenzen bieten sich hierzu gewisse statutarische und/oder reglementarische Gestaltungsmöglichkeiten[544]. Da gemäss Art. 680 Abs. 1 OR dem Aktionär statutarisch keine über die Liberierungspflicht hinaus gehenden Leistungspflichten auferlegt werden dürfen[545] und der Aktionär nach bundesgerichtlicher Rechtsprechung[546] und überwiegender Lehre keiner Treuepflicht unterliegt[547], kann die *körperschaftliche Ordnung* jedoch in wesentlichen Punkten nur durch schuldvertragliche Regelungen, insbesondere in Form von Aktionärbindungsverträgen *ergänzt* werden. Aktionärbindungsverträge finden daher

---

[541] BÖCKLI Aktienrecht, § 12 Rz. 137; BSK OR II-LÄNZLINGER, Art. 690 Rz. 13; ZK-BÜRGI, Art. 690 OR Rz. 22; HINTZ-BÜHLER, S. 115 f.
[542] HINTZ-BÜHLER, S. 115 ff.
[543] Dazu vorn S. 17, § 2.I.3.a.
[544] Dazu vorn S. 66, § 4.
[545] Die überwiegende Lehre erachtet auch die statutarische Begründung von Treuepflichten als Verstoss gegen Art. 680 Abs. 1 OR und daher als unzulässig (FORSTMOSER/MEIER-HAYOZ/NOBEL, § 42 Rz. 28.; BÖCKLI Aktienrecht, § 1 Rz. 15 ff.; BSK OR II-KURER/KURER, Art. 680 Rz. 7 f.; WOHLMANN, passim, insbes. S. 59 und 107 f.; BAUMANN, S. 206 ff. m.w.H.); differenzierend, jedoch ohne nähere Begründung für diese Unterscheidung, äussert sich P. KUNZ (Minderheitenschutz, § 8 Rz. 35 ff.), wonach die statutarische Begründung etwa von Konkurrenzverboten, Schweige- oder Ausstandspflichten, nicht jedoch von Nachschusspflichten oder einer persönlichen Haftung zulässig soll.
[546] BGE 105 II 128, 99 II 62, 91 II 305.
[547] Dazu vorn S. 17, § 2.I.3.aa.

insbesondere in nicht kotierten Aktiengesellschaften starke Verbreitung[548]. Das Bedürfnis nach enger Zusammenarbeit birgt häufig die Gefahr einer gegenseitigen Blockierung, welcher mittels schuldvertraglicher Vereinbarungen am Besten begegnet werden kann[549].

Die körperschaftliche Ordnung ergänzende Vereinbarungen können auch in Form von Arbeitsverträgen oder Aufträgen getroffen werden, wobei diese das Verhältnis Aktionäre – Gesellschaft betreffen; verbindliche Vereinbarungen zwischen Aktionären sind jedoch in Aktionärbindungsverträgen zu treffen.

I. Begriff und Parteien

Nach der Definition von HINTZ-BÜHLER sind Aktionärbindungsverträge «vertragliche Vereinbarungen zwischen zwei oder mehreren Parteien über Rechte und Pflichten, welche einen Zusammenhang haben zur Aktionärsstellung eines oder mehrerer der Beteiligten bei einer bestimmten Aktiengesellschaft»[550]. Es handelt sich mithin um eine *vertragliche Verbindung schuld- oder gesellschaftsrechtlicher Art*[551], welche lediglich die Vertragsparteien, nicht jedoch andere Aktionäre oder die Gesellschaft zu binden vermag. Aktionärbindungsverträge haben lediglich *obligatorische* (schuld- oder gesellschaftsrechtliche) *Wirkungen* gegenüber den Verpflichteten. So entfaltet beispielsweise die einer vertraglichen Stimmbindung widersprechende Stimmabgabe in der Gesellschaft oder der eine Veräusserungsbeschränkung verletzende Verkauf von Aktien nach herrschender Lehre und Rechtsprechung gegenüber Dritten volle Wirksamkeit[552]; gegenüber

---

[548] FORSTMOSER Aktionärbindungsverträge, S. 361 f.; DERS. Schnittstelle, S. 376 ff.; DERS./ MEIER-HAYOZ/NOBEL, § 39 Rz. 140 ff.; BLOCH, S. 32; HINTZ-BÜHLER, S. 15 f.; FISCHER, S. 18 f.; KLÄY, S. 491 f.; VOGEL, S. 125; MARTIN, S. 181 f.

[549] So auch BLOCH, S. 27.

[550] HINTZ-BÜHLER, S. 6 f. Ähnlich bereits GLATTFELDER, S. 153a f.; ferner FORSTMOSER Aktionärbindungsverträge, S. 364; LANG, S. 6; BLOCH, S. 12; FISCHER, S. 6 f.

[551] Dazu hinten S. 113, § 5.III.

[552] ZR 83 (1984) Nr. 53, 69 (1970) Nr. 101; LANG, S. 62 ff.; BLOCH, S. 15 f.; HINTZ-BÜHLER, S. 61 ff.; FORSTMOSER Aktionärbindungsverträge, S. 366; DERS. Schnittstelle, S. 387 f.; DERS./MEIER-HAYOZ/NOBEL, § 39 Rz. 154 ff.; GLATTFELDER, S. 299a ff.; BSK OR II-BAUDENBACHER, Art. 620 Rz. 37; MARTIN, S. 191; a.A. APPENZELLER (S. 62 f.), welcher aus Gründen des effizienten Rechtsschutzes, der Prozessökonomie sowie gestützt auf Art. 691 Abs. 3 OR die Zählung der Stimmen gemäss bindungsvertraglicher Verpflichtung postuliert.
Gemäss Art. 706 OR können Beschlüsse der Generalversammlung, welche gegen das Gesetz oder die Statuten verstossen, beim Richter angefochten werden; ein Generalversammlungsbeschluss, welcher bindungswidrig abgegebene Stimmen auf sich vereint, ist folglich nur in Fällen, in denen bspw. Stimmrechtsbeschränkungen oder Vinkulierungsbestimmungen umgangen werden, anfechtbar (LANG, S. 65 f.; HINTZ-BÜHLER, S. 62,

der vertragsbrüchigen Partei kann lediglich Schadenersatz aus Vertragsverletzung[553] geltend gemacht werden. Um den mühseligen Weg der Belangung auf Schadenersatz nicht begehen zu müssen, werden regelmässig Mittel zur Sicherung der realen Erfüllung[554] vereinbart.

Im Minimum eine der am Aktionärbindungsvertrag beteiligten Parteien muss (mindestens künftige*) Aktionärin* oder zumindest *Nutzniesserin* an Aktien einer Gesellschaft sein, auf welche resp. auf deren Aktionärsrechte und -pflichten sich die Vereinbarung der Parteien bezieht; daneben können andere (natürliche oder juristische) Personen, welche keine Aktionärseigenschaft aufweisen, beteiligt sein[555].

Mitglieder des Verwaltungsrates können in ihrer Eigenschaft als Aktionäre ohne weiteres an einem Aktionärbindungsvertrag beteiligt sein. Beschlägt die Bindung indessen die eigentliche Tätigkeit eines Verwaltungsrates, ist Vorsicht angebracht. Im Falle einer Kollision entsprechender Weisungen mit den Interessen der Gesellschaft haben letztere aufgrund der gesetzlichen Treuepflicht gemäss Art. 717 Abs. 1 OR immer Vorrang, andernfalls dies eine Organverantwortlichkeit begründen würde[556]. Nach einem Teil der Lehre stösst dieses Weisungs- resp. Bindungsrecht im Bereich der unübertragbaren Aufgaben des Verwaltungsrates gemäss Art. 716a OR an seine Grenzen; diese Aufgaben seien

---

67 ff.; FORSTMOSER/MEIER-HAYOZ/NOBEL, § 39 Rz. 160; GLATTFELDER, S. 306a; PATRY, S. 83a).
Auch die weisungswidrig abgegebene Stimme des Vertreters eines Aktionärs ist selbst bei Kenntnis der Gesellschaft gültig und begründet keine unbefugte Teilnahme im Sinne von Art. 691 Abs. 3 OR (statt Vieler: BÖCKLI Aktienrecht, § 12 Rz. 258 und 502; FORSTMOSER/MEIER-HAYOZ/NOBEL, § 24 Rz. 129; BGE 128 III 145; teilweise a.A [ohne Begründung]: BSK OR II-SCHAAD, Art. 689b Rz. 15), wonach eine bindungswidrig abgegebene Stimme gestützt auf Art. 691 Abs. 3 OR [dazu hinten S. 282, § 8.IV.2.] angefochten werden kann (LANG, S. 66; HINTZ-BÜHLER, S. 67 f.; a.A. APPENZELLER, S. 63).

[553] Art. 97 OR.
[554] Dazu hinten S. 121, § 5.V.
[555] FORSTMOSER Aktionärbindungsverträge, S. 364 f.; DERS. Schnittstelle, S. 383 f.; DERS./ MEIER-HAYOZ/NOBEL, § 39 Rz. 154; HINTZ-BÜHLER, S. 8; BLOCH, S. 12 f.; LANG, S. 10 f.; GLATTFELDER, S. 173a f.; MARTIN, S. 186.
[556] FORSTMOSER Schnittstelle, S. 401 f.; DERS./MEIER-HAYOZ/NOBEL, § 28 Rz. 44 und § 31 Rz. 38; BSK OR II-WERNLI/RIZZI, Art. 707 Rz. 26; LANG, S. 11 f. und 58 ff.; APPENZELLER, S. 39 und 49 f.; DRUEY Stimmbindung, S. 16 f.; FISCHER, S. 10 ff., insbes. 13; MARTIN, S. 214 f.; PREMAND, § 7 Rz. 609.
In der Literatur wird teilweise die – inhaltlich zumindest partielle – Offenlegung entsprechender Bindungsverträge im Verwaltungsrat gefordert (so bspw. LANG, S. 59; BÖCKLI Aktienrecht, § 13 Rz. 631 m.w.H.; teilweise a.A. BSK OR II-WATTER/ROTH PELLANDA, Art. 716a Rz. 3; ZK-HOMBURGER, Art. 717 OR Rz. 931; KRNETA, Rz. 191 f., welcher auf eine Offenlegung u.U. entgegenstehender Geheimhaltungspflichten (Anwalts- oder Bankgeheimnis) hinweist.

dem Verwaltungsrat zwingend zur höchstpersönlichen und freien Entscheidung zugewiesen, weshalb diesbezügliche Bindungen nichtig seien[557]. Nach m.E. zutreffender Ansicht ist die Frage nach der *Theorie des «doppelten Pflichtennexus»*[558] zu beurteilen, wonach eine Weisungsbindung zulässig ist, solange den Interessen der Gesellschaft, in welcher das Verwaltungsratsmandat ausgeübt wird, Vorrang gegenüber den Interessen der verbundenen Aktionäre eingeräumt wird[559].

Nach überwiegender Lehre darf die *betroffene Aktiengesellschaft nicht Partei* eines Aktionärbindungsvertrages sein. Dies wird im Bereich der *Stimmbindungen* im Wesentlichen damit begründet, dass die Beeinflussung des körperschaftlichen Willensbildungsprozesses durch die Aktiengesellschaft die grundlegende Kompetenzordnung innerhalb der Körperschaft verletze; im Bereich anderweitiger, die Aktionärseigenschaft betreffender Verpflichtungen zwischen Aktionären und der Aktiengesellschaft liegt nach überwiegender Ansicht ein Verstoss gegen das Verbot der Nebenleistungspflicht im Sinne von Art. 680 Abs. 1 OR[560]. In der Praxis sind die betroffenen Gesellschaften aber häufig auch Vertragspartei oder zumindest Mitunterzeichner des Aktionärbindungsvertrages, damit gewisse Klauseln auch für die Gesellschaft Gültigkeit haben; soweit die Gesellschaft lediglich *Begünstigte oder Berechtigte* ist, ist eine Einbindung der Gesellschaft auch *unbedenklich*.

II. Inhalte

Aktionärbindungsverträge beinhalten Vereinbarungen in Bezug auf die gegenwärtige und künftige Aktionärsstellung der Vertragspartner oder zumindest einzelner von ihnen in einer bestimmten Gesellschaft (bspw. Erwerbsrechte) sowie Vereinbarungen über das Verhalten als Aktionäre (bspw. Stimmpflichten). Diese Vereinbarungen sollen allgemein der Stabilität der Gesellschaft sowie der Begründung und Aufrechterhaltung von Mehrheiten dienen. Neben

---

[557] BÖCKLI Aktienrecht, § 13 Rz. 457 f. und Rz. 623 ff.; DERS. Aktionärbindungsverträge, S. 485 f.; BSK OR II-WERNLI/RIZZI, Art. 707 Rz. 26; HINTZ-BÜHLER, S. 53 f.; LANG, S. 60 f.; a.A. BLOCH, S. 155 ff. m.w.H. sowie teilweise GRONER, S. 289 ff. und 293 ff.; dazu eingehend hinten S. 179, § 6.III.3.

[558] Dazu eingehender hinten S. 179, § 6.III.3.

[559] FORSTMOSER/MEIER-HAYOZ/NOBEL, § 28 Rz. 177; HINTZ-BÜHLER, S. 54; LANG, S. 59; MARTIN, S. 217; LANG, S. 60 f.; a.A. BLOCH, S. 155 ff. m.w.H. sowie teilweise GRONER, S. 289 ff. und 293 ff.; dazu eingehend hinten S. 179, § 6.III.3.

[560] VON BÜREN/HINTZ, S. 806 ff.; GLATTFELDER, S. 265a f.; BÖCKLI Aktienrecht, § 13 Rz. 378; DERS. Aktionärbindungsverträge, S. 480; APPENZELLER, S. 49; HINTZ-BÜHLER, S. 9; FISCHER, S. 13 f.; a.A. (mit detaillierter Begründung) LANG, S. 13 ff. sowie GRONER, S. 280 ff.; MARTIN, S. 187, u.a. m.V.a. BGE 4C.5/2003, Erw. 2.1.1.

Absprachen allgemeiner und organisatorischer Art, wie der *generellen Zielsetzung* des Zusammenschlusses in Form von Zielen und Grundsätzen der *verfolgten Politik*, der Art und Anzahl der verbundenen Aktien sowie der inneren Organisation der Aktionäre (d.h. der internen Meinungsfindung und Beschlussfassung) finden sich häufig Bestimmungen über die Dauer und Beendigung der Vereinbarung und allenfalls die Überbindung der Rechte und Pflichten aus Aktionärbindungsvertrag. Für Streitigkeiten aus Aktionärbindungsverträgen werden sodann nicht selten Gerichtsstands- oder Schiedsklauseln vereinbart. Hauptsächliche Regelungsgegenstände bilden typischerweise *Vereinbarungen hinsichtlich des Stimmrechts* und/oder *vermögensrechtlicher Leistungspflichten*, ferner *Erwerbsrechte und Verfügungsbeschränkungen, Treue- und Mitwirkungspflichten* sowie Mittel zur *Sicherung der Realerfüllung*[561], welche im Folgenden eingehender dargestellt werden.

Generell müssen Aktionärbindungsverträge die *allgemeinen Schranken der Rechtsordnung wahren*, d.h. sie dürfen weder gegen die öffentliche Ordnung, die guten Sitten oder das Recht der Persönlichkeit gemäss Art. 19 OR verstossen, noch einen unmöglichen Inhalt aufweisen, andernfalls solche Verträge (teil)nichtig sind[562]. Unter Umständen haben sie gewisse Formvorschriften zu erfüllen[563].

1. Stimmrechtsvereinbarungen

Viele Aktionärbindungsverträge enthalten Vereinbarungen über die *Art und Weise der Stimmrechtsausübung an der Generalversammlung*. Solche Vereinbarungen können sich nur auf die Stimmabgabe zu einzelnen Traktanden (beispielsweise die Bestellung des Verwaltungsrats) beschränken oder sich auf sämtliche Abstimmungen und Wahlen beziehen; sie können lediglich die generellen, dabei zur Anwendung gelangenden Kriterien (Grundsätze genereller Art, Stimmabgabe gemäss Antrag des Verwaltungsrats/gemäss Weisungen einer bestimmten Person/eines bestimmten Gremiums) festlegen, oder auch eine Vorversammlung, an welcher die beteiligten Aktionäre über die gemeinsame Aus-

---

[561] HINTZ-BÜHLER, S. 18; FORSTMOSER Aktionärbindungsverträge, S. 362 f.; DERS. Schnittstelle, S. 384 f.; DERS./MEIER-HAYOZ/NOBEL, § 39 Rz. 146; BAUEN/BERNET, S. 114 f.; eine detaillierte Übersicht über mögliche Regelungsgegenstände findet sich bei KLÄY, S. 499 ff.

[562] Art. 20 OR; zur generellen Frage der aktien- sowie allgemein zivilrechtlichen Zulässigkeit von Stimmbindungsvereinbarungen ausführlich BLOCH, S. 194 ff., insbes. 217 und 218.

[563] Dazu hinten S. 115, § 5.III.2.

§ 5 Schuldvertragliche Ausgestaltung

übung ihres Stimm- und Wahlrechts – allenfalls durch einen gemeinsam bestimmten Vertreter – befinden, vorsehen[564].

Nach Lehre[565] und Rechtsprechung[566] sind Stimmrechtsvereinbarungen zulässig, vorausgesetzt, sie bewegen sich innerhalb der Schranken des Gesetzes[567]; *unstatthaft* ist insbesondere die *Umgehung von Vinkulierungsvorschriften*[568] oder *Stimmrechtsbeschränkungen*[569]. Letzteres Verbot findet sich explizit in Art. 691 Abs. 1 OR. Die in diesem Zusammenhang massgeblichen gesetzlichen Stimmrechtsbeschränkungen sind Art. 659a Abs. 1 OR (Ruhen des Stimmrechts gesellschaftseigener Aktien), Art. 685c Abs. 1 OR (Verbleiben des Stimmrechts vinkulierter Aktien bis zur Zustimmung der Gesellschaft beim Veräusserer), Art. 692 Abs. 2 OR (statutarische Höchststimmklauseln) sowie Art. 695 Abs. 1 OR (Ausschluss vom Stimmrecht bei der Entlastung des Verwaltungsrates)[570]. Die Frage, wann eine Stimmrechtsvereinbarung eine unzulässige Umgehung einer Vinkulierungsbestimmung darstellt, ist in der Lehre umstritten. Zwischenzeitlich herrscht der von FORSTMOSER[571] begründete, differenzierte Lösungsansatz vor, wonach Vinkulierungsbestimmungen umgehende Stimmbindungsabsprachen nach den Weisungen und im Interesse eines Dritten, welchem der Zutritt zur Gesellschaft verweigert werden kann, unzulässig sind; einem Zusammenschluss im eigenen Interesse, welcher beispielsweise die Überschreitung einer Prozentklausel bewirkt, steht hingegen nichts entgegen. Stimmbindungsvereinbarungen, welche Stimmrechtsbeschränkungen oder Vinkulierungsbestimmungen umgehen, sind nach überwiegender Lehre und Rechtsprechung

---

[564] HINTZ-BÜHLER, S. 19 f.; KLÄY, S. 503; LANG, S. 31; MARTIN, S. 229 f.; dabei ist im Besonderen auf die Verhinderung resp. Überwindung von Pattsituationen zu achten (HENSCH/STAUB, S. 1174).

[565] GLATTFELDER, S. 243a ff.; BÖCKLI Aktienstimmrecht, S. 57 ff.; FORSTMOSER Aktionärbindungsverträge, S. 376; DERS./MEIER-HAYOZ/NOBEL, § 39 Rz. 202; APPENZELLER, S. 37 ff.; DRUEY Stimmbindung, S. 9; HINTZ-BÜHLER, S. 77 ff.

[566] BGE 109 II 45 f., 88 II 174 ff., 81 II 538 ff.

[567] Dazu sogleich nachstehend.

[568] Dazu auch vorn S. 69, § 4.III.2.c.

[569] FORSTMOSER Aktionärbindungsverträge, S. 377 ff.; DERS./MEIER-HAYOZ/NOBEL, § 39 Rz. 206; BLOCH, S. 226 ff.; MARTIN, S. 228 f.; PREMAND, § 6 Rz. 507 ff. zu den Stimmrechtsbeschränkungen auch hinten S. 160, § 6.I.7.db.

[570] GLATTFELDER, S. 264a ff.; APPENZELLER, S. 45; HINTZ-BÜHLER, S. 80 f.; FORSTMOSER/MEIER-HAYOZ/NOBEL, § 24 Rz. 94 und § 39 Rz. 204 ff.; FORSTMOSER Aktionärbindungsverträge, S. 377; DERS. Schnittstelle, S. 399 f.; LANG, S. 39.

[571] Aktionärbindungsverträge, S. 377 ff.; DERS./MEIER-HAYOZ/NOBEL, § 39 Rz. 206; KLÄY, S. 494; APPENZELLER, S. 45 f.; HINTZ-BÜHLER, S. 81 f.; BLOCH, S. 246 f. Nach KLÄY (S. 509 f.) zeitigen die vinkulierungsrechtlichen Vorschriften somit auch auf der Ebene der Aktionärbindungsverträge insoweit ihre Wirkung, als in Aktionärbindungsverträgen grundsätzlich weitergehende Bindungen zulässig sind, den in der Vinkulierungsordnung getroffenen «Wertentscheidungen» jedoch «bei der rechtlichen Beurteilung von Aktionärbindungsverträgen immerhin Rechnung zu tragen» ist.

gestützt auf Art. 20 OR nichtig und ein auf diese Weise zustande gekommener Generalversammlungsbeschluss ist anfechtbar[572].

2. Erwerbsrechte und Verfügungsbeschränkungen

Da die Zusammensetzung des Aktionärskreises und die Erhaltung bestehender Machtverhältnisse insbesondere in nicht kotierten, kleineren Aktiengesellschaften von Bedeutung sind, finden sich in entsprechenden Aktionärbindungsverträgen häufig Vereinbarungen hinsichtlich des Verfügungsrechts über resp. die Erwerbsberechtigung an Aktien; im Vordergrund stehen dabei *Vorkaufs-, Kaufs- und Vorhandrechte*[573]. Eine schuldvertragliche Regelung von Verfügungsbeschränkungen und Erwerbsrechten empfiehlt sich v.a. deshalb, weil deren inhaltlicher Ausgestaltung und damit dem Ausmass der Einflussnahme auf den Aktionärskreis – im Gegensatz zu derjenigen auf statutarischer Ebene[574] – kaum Grenzen gesetzt sind. Da die Wirkungen eines Aktionärbindungsvertrages jedoch rein obligatorischer Natur sind, können Aktien unter Verletzung von Veräusserungsbeschränkungen rechtswirksam auf unerwünschte Dritte übertragen und letztere nicht zur Herausgabe der Aktien gezwungen werden[575].

Um Unsicherheiten und Streitigkeiten vorzubeugen, sind folgende Punkte vertraglich genau zu regeln:

– Der rechtsauslösende (Vor)kaufs- resp. Vorhandfall ist genau zu umschreiben. Im Falle des *Vorkaufsrechts*[576] liegt dieser im gültigen Abschluss eines bedingten Kaufvertrages über die Aktien mit einem Dritten zu einem bestimmten oder zumindest bestimmbaren Preis. Verkäufe an gewisse Erwerber wie beispielsweise innerhalb einer Familie oder zwischen Vertragspartnern eines Aktionärbindungsvertrages können jedoch von der Regelung ausgenommen werden[577]. Der Vorkaufsfall kann aber auch weiter definiert werden, indem etwa an die Begründung einer Nutzniessung oder die Verpfändung der Aktien angeknüpft wird[578]. Bei Kaufsrechten[579] ist festzulegen, ob es sich um ein *bedingtes oder unbedingtes Kaufsrecht* handeln soll; in

---

[572] Dazu eingehend: LANG, S. 39 ff. und 42 f.; APPENZELLER, S. 45 f.; BLOCH, S. 228 ff., 247 ff., insbes. 255.
[573] Zu den wichtigsten Arten siehe vorn S. 97, § 4.IV.1.
[574] Dazu eingehend vorn S. 100, § 4.IV.2.
[575] Dazu bereits vorn S. 103, § 5.I.
[576] Dazu bereits vorn S. 98, § 4.IV.1.b.
[577] BÖCKLI Aktionärbindungsverträge, S. 55; BLOCH, S. 312 f., 320 ff.; FISCHER, S. 62 ff.; MARTIN, S. 235 f.
[578] GLATTFELDER, S. 330a; HINTZ-BÜHLER, S. 97 ff.; BÖCKLI Aktionärbindungsverträge, S. 55 f.
[579] Dazu bereits vorn S. 99, § 4.IV.1.c.

§ 5 Schuldvertragliche Ausgestaltung

ersterem Falle sind die rechtsauslösenden Bedingungen (bspw. Tod, Konkurs oder Vertragsverletzung einer Partei) genau zu umschreiben[580]. Auch bei *Vorhandrechten*[581] ist der Zeitpunkt der Rechtsauslösung festzulegen (blosse Absicht oder Aufnahme konkreter Vertragsverhandlungen mit Dritten); sinnvollerweise ist im Aktionärbindungsvertrag eine Mitteilungspflicht bezüglich des rechtsauslösenden Vorfalles zu statuieren[582]. Schliesslich ist eine *Frist* zu vereinbaren, innert welcher das *Erwerbsrecht auszuüben* ist, und festzulegen, ob der Belastete nach deren Ablauf frei über die Aktien verfügen kann oder ob diesfalls den anderen Vertragspartnern ein nachgelagertes Vorkaufsrecht zustehen soll[583].

– Aufgrund der schwierigeren Veräusserbarkeit einer Minderheitsbeteiligung sowie allenfalls aus erbrechtlichen Überlegungen kann die *Vereinbarung eines bedingten Mitverkaufsrechts* (sog. Take-Along-Klausel) zugunsten des Minderheitsaktionärs geboten sein, wonach sich ein Mehrheitsaktionär verpflichtet, bei einem Verkauf seiner Beteiligung an einen Dritten – sofern vom Minderheitsaktionär gewünscht – die Übernahme der Minderheitsbeteiligung zu denselben Konditionen zu vereinbaren. Auf diese Weise wird einem Minderheitsaktionär eine ihm in einer privaten Gesellschaft üblicherweise nicht gegebene Ausstiegsmöglichkeit verschafft[584].

– Im häufig anzutreffenden Fall *mehrerer Berechtigter* ist die Reihenfolge ihrer Berechtigung an den fraglichen Aktien sowie ihr Verhältnis untereinander festlegen. Häufig findet sich eine proportionale Berechtigung aufgrund des bisherigen Aktienbesitzes; möglich sind auch *Kaskadenregelungen*, d.h. Vorrechte gewisser Gruppen (beispielsweise des engeren Familienkreises). Für den Fall der Nichtausübung der Erwerbsrechte durch gewisse Berechtigte ist die sog. Anwachsung dieser Rechte bei den übrigen Erwerbsberechtigten zu regeln. Um den verkaufswilligen Aktionär vor einer lediglich teilweisen Übernahme der Aktien resp. einer allfälligen Unverkäuflichkeit der ihm verbleibenden Aktien oder einem Mindererlös aus denselben zu schützen, sind schliesslich *sog. Gesamtausübungsklauseln* verbreitet, wonach jeder einzelne seine Berechtigung nur an allen ihm zustehenden Aktien resp. die Gesamtheit der Berechtigten nur alle im Angebot stehenden Aktien übernehmen können[585, 586].

---

[580] HINTZ-BÜHLER, S. 112.
[581] Dazu bereits vorn S. 98, § 4.IV.1.a.
[582] LANG, S. 34; HINTZ-BÜHLER, S. 104 f., 113 f.; BLOCH, S. 313.
[583] HINTZ-BÜHLER, S. 99 f., 101; BÖCKLI Aktionärbindungsverträge, S. 63 f.; BLOCH, S. 313 f., 316.
[584] Dazu eingehender HENSCH/STAUB, S. 1176 f.; BÖSIGER, S. 9; P. KUNZ Minderheitenschutz, S. 1025.
[585] BÖCKLI Aktionärbindungsverträge, S. 57; HINTZ-BÜHLER, S. 96; BLOCH, S. 302, 312, 324.

– Bei Vorkaufs- und Vorhandrechten kann grundsätzlich ein *limitierter oder ein illimitierter Kaufpreis*[587] vereinbart werden. Es empfiehlt sich jedoch in der Regel die Vereinbarung *zumindest* einer *Preisbestimmungsklausel*, mithin einer Festlegung des Berechnungsmodus sowie einer – im Falle einer Nichteinigung zwischen den Parteien oder allenfalls generell – mit der Ermittlung dieses Preises (mangels anderer Vereinbarung des Marktwertes) zu betrauenden, neutralen Person[588]. Dies gilt zwingend für Kaufsrechte, bei welchen der Kaufpreis ein essentiale negotii darstellt und daher zumindest bestimmbar sein muss[589]. Was die Höhe des Kaufpreises anbelangt, kann dieser – im Gegensatz zum Übernahmepreis im Rahmen der Vinkulierungsordnung, welche dem veräusserungswilligen Aktionär in Art. 685b Abs. 1 OR die Übernahme der Aktien zum wirklichen Wert garantiert – im Rahmen der Vertragsfreiheit[590] frei vereinbart werden.

– Sinnvollerweise werden in der Regel *sämtliche Aktien der* am Aktionärbindungsvertrag *beteiligten Aktionäre* – auch die nach Vertragsschluss erworbenen – der Regelung unterworfen[591].

– Generell müssen *Vorhand- und (bedingte) Kaufsrechte detaillierter ausgestaltet* werden *als Vorkaufsrechte*, da bei ersteren ein Kaufvertrag mit einem Dritten, welcher Vereinbarungen über die essentialia negotii sowie in der Regel die Abwicklung und mögliche Leistungsstörungen enthält, fehlt[592].

– Vor dem Hintergrund der lediglich obligatorischen Wirkung schuldvertraglicher Verfügungsbeschränkungen sind solche Vereinbarungen schliesslich *mit einer Vinkulierung der Aktien*[593] *zu verbinden*, kann einem unliebsamen

---

[586] Häufig werden solche Erwerbsrechtsvereinbarungen zweistufig ausgestaltet, wonach sich in einem ersten Schritt jeder Aktionär äussern kann, wieviele Aktien er übernehmen will; im Falle einer Überzeichnung kann beispielsweise vorgesehen werden, dass sich die Erwerbsrechte nach dem bisherigen Aktienbesitz richten. Wird die Bereitschaft zur Aktienübernahme im ersten Schritt nicht hinsichtlich aller Aktien erklärt, muss dies in einer zweiten Runde erfolgen. Ein solches Verfahren hat innert angemessener Frist stattzufinden, damit der veräusserungswillige Aktionär nicht zu lange im Ungewissen bleibt, den erwerbswilligen Aktionären jedoch genügend Zeit belassen wird, die Finanzierbarkeit zu klären.

[587] Dazu bereits vorn S. 99, § 4.IV.1.e.

[588] Dazu eingehend: BÖCKLI Aktionärbindungsverträge, S. 55, 58 ff.; LANZ, S. 33; HINTZ-BÜHLER, S. 113; BLOCH, S. 312, 317 ff.; MARTIN, S. 233 f.

[589] HINTZ-BÜHLER, S. 91 ff.

[590] Art. 27 ZGB. In einer Preisfestsetzung unter 50% des inneren Wertes ortet BÖCKLI jedoch eine unechte Konventionalstrafe, hinsichtlich welcher er in Analogie zu Art. 163 Abs. 3 OR eine richterliche Herabsetzung befürwortet (BÖCKLI Aktionärbindungsverträge, S. 60 f.).

[591] HINTZ-BÜHLER, S. 105 f.

[592] BÖCKLI Aktionärbindungsverträge, S. 58 ff.; BLOCH, S. 316.

[593] Dazu vorn S. 69, § 4.III.2.c.

Dritterwerber bei einem vertragswidrigen Aktienverkauf der Zutritt zur Gesellschaft doch nur auf diese Weise verwehrt werden[594].

Neben den genannten Veräusserungsbeschränkungen kann auf schuldvertraglicher Ebene ein gänzliches *Verbot der Verpfändung oder des Verkaufs von Aktien* vereinbart werden. Obligatorische Veräusserungsverbote sind innerhalb der Schranken von Art. 27 ZGB zulässig, zeitigen aber ebenfalls nur obligatorische Wirkung und vermögen daher die vertragswidrige Veräusserung der Aktien an Dritte nicht zu verhindern. Gleiches gilt für Verpfändungsverbote. Anstelle eines Verpfändungsverbots empfiehlt sich eher eine *statutarische Beschränkung des Vertretungsrechts auf Aktionäre* im Sinne von Art. 689 Abs. 2 OR, wodurch die Einflussnahme eines aussenstehenden Dritten auf die Gesellschaft verhindert werden kann, in Kombination mit einer Vinkulierung der Aktien, aufgrund welcher im Falle einer Verwertung der verpfändeten Aktien ein unliebsamer Dritter abgelehnt resp. diese Aktien zum wirklichen Wert übernommen werden könnten[595].

3. Vermögensrechtliche Leistungspflichten

Neben den Erwerbsrechten und Verfügungsbeschränkungen können in Aktionärbindungsverträgen mannigfaltige vermögensrechtliche Leistungspflichten begründet werden. In diese Kategorie fallen auch *Absprachen* betreffend die *Ausübung des Bezugsrechts* oder «geschäftspolitische» Vereinbarungen zwischen den Aktionären, beispielsweise hinsichtlich der in der Gesellschaft *zu verfolgenden Dividendenpolitik*[596]. In nicht kotierten Gesellschaften kann es beispielsweise angezeigt sein, im Minimum die Ausschüttung eines bestimmten Prozentsatzes des verwendbaren Reingewinns zu vereinbaren. Häufig finden

---

[594] Auch letzteres jedoch nur unter den Voraussetzungen (a) dass der Verwaltungsrat dies als im Interesse der Gesellschaft geboten erachtet (Art. 717 Abs. 1 OR), (b) der Erstattung des wirklichen Wertes (Art. 685b Abs. 1 und 5 OR), sowie (c) der Gleichbehandlung aller Aktionäre (Art. 717 Abs. 2 OR); der Ablehnungsentscheid des Verwaltungsrats ist ferner gerichtlich anfechtbar (BÖCKLI Aktionärbindungsverträge, S. 46 ff., 57); gl. A. HINTZ-BÜHLER, S. 123 ff., insbes. 128; BÖSIGER, S. 4 f.
Die Statuten können auch die Generalversammlung als für die Genehmigung der Aktienübertragung zuständiges Organ bezeichnen, wodurch die Aktionäre (mittels Stimmbindungsabsprachen) eine bindungswidrige Übertragung der Aktien verhindern können; vor letzterem vollumfänglich zu schützen vermöchte eine entsprechende Kompetenzordnung indessen lediglich in Verbindung mit einem (diesbezüglichen) statutarischen Einstimmigkeitserfordernis, dessen Zulässigkeit in der Lehre jedoch umstritten ist (dazu eingehender BÖSIGER, S. 6 m.w.H.; zu letzterem statt Vieler: BÖCKLI Aktienrecht, § 12 Rz. 364 und 427a m.w.H)

[595] HINTZ-BÜHLER, S. 21, 117 ff.

[596] C. BÜHLER Regulierung, Rz. 1359.

sich in Aktionärbindungsverträgen auch Vereinbarungen über Nachschuss- und Zuzahlungspflichten und/oder die Aktionäre statuieren – in Form von Schuldmitübernahmen, Garantieerklärungen oder Bürgschaften – eine persönliche Haftung zugunsten der Gesellschaft. Es können auch Sachen (beispielsweise Immobilien oder Produktionsmittel) in die Gesellschaft eingebracht werden. Für den Fall einer Auflösung der Gesellschaft enthalten Bindungsverträge schliesslich häufig Regeln über die Verteilung eines allfälligen Liquidationserlöses[597].

4. Treue- und Mitwirkungspflichten

Da der Aktionär nach herrschender Lehre und Rechtsprechung keiner gesellschaftsrechtlichen Treuepflicht unterliegt[598] und weder statutarisch noch gesellschaftsvertraglich über die Liberierung der Aktien hinaus zu weiteren Leistungen verpflichtet werden darf[599], finden sich in Aktionärbindungsverträgen häufig Treue- und Mitwirkungspflichten. Nach der Lehre steht Art. 680 OR einer schuldvertraglichen Begründung solcher Pflichten nicht entgegen[600].

In die Kategorie der Treuepflichten fallen sodann *Konkurrenzverbote*[601], *Geheimhaltungspflichten* oder *erweiterte Informationsrechte*[602]. Mitwirkungspflichten finden sich etwa in Form von Rechten und/oder Pflichten auf/zur *Erbringung von Arbeitsleistungen* in der Gesellschaft oder *zum Bezug von Waren*, welche das Unternehmen produziert/vertreibt[603, 604]. Schuldvertraglich kann auch eine Pflicht zur *Teilnahme und Stimmabgabe an der Generalversammlung* (u.U. auch durch einen Vertreter) begründet werden[605]; eine solche Regelung ist insbesondere bedeutsam in Konstellationen, in denen die Abwesenheit oder die Stimmenthaltung von Aktionären eine Beschlussunfähigkeit der Generalver-

---

[597] FORSTMOSER Schnittstelle, S. 384 f.; HINTZ-BÜHLER, S. 20; BLOCH, S. 271 ff.
[598] Dazu eingehend vorn S. 17, § 2.I.3.aa.
[599] Art. 680 Abs. 1 i.V.m. Art. 620 Abs. 2 OR.
[600] Statt Vieler: BLOCH, S. 260 f. m.w.H.
[601] Zu diesen eingehend MARTIN, S. 239 f.
[602] Zu diesen eingehend BLOCH, S. 262 ff.
[603] HINTZ-BÜHLER, S. 20; FORSTMOSER/MEIER-HAYOZ/NOBEL, § 39 Rz. 146; FORSTMOSER Schnittstelle, S. 380; DERS. Aktionärbindungsvertrag, S. 362.
[604] Diese Rechte und Pflichten haben dann ihren Niederschlag in entsprechenden Verträgen mit der Gesellschaft zu finden; der Aktionärbindungsvertrag begründet mithin die Pflicht, für den Abschluss entsprechender Arbeits-, Lieferverträge u.ä. mit der Gesellschaft besorgt zu sein.
[605] MARTIN, S. 244.

sammlung bewirkt, beispielsweise in einer Zweipersonen-AG[606] oder im Falle erhöhter Präsenz- und/oder Beschlussfassungsquoren.

5. Überbindungsklauseln

Aktionärbindungsverträge beinhalten häufig sog. Überbindungsklauseln, worin sich die Vertragspartner verpflichten, ihre Aktien nur an Dritte zu veräussern, welche dem bestehenden Aktionärbindungsvertrag beitreten, was in privaten Aktiengesellschaften mit einem geschlossenen Aktionärskreis einem grossen Bedürfnis entspricht. Eine solche Vereinbarung ist indessen auch auf schuldvertraglicher Ebene *nicht unproblematisch*[607], bewirkt sie doch – je nach Inhalt des Bindungsvertrages – möglicherweise eine erhebliche Beschränkung der Veräusserlichkeit der Aktien; die Grenze der Zulässigkeit scheint dann überschritten, wenn die Überbindungspflicht praktisch eine *Unveräusserlichkeit der Aktien* bewirkt. Im Gegenzug sollte der Aktionärbindungsvertrag die Bedingungen umschreiben, bei deren Erfüllung sich die verbleibenden Aktionäre zur Aufnahme der Dritterwerber in den Aktionärbindungsvertrag verpflichten[608].

III. Rechtsnatur und Form

1. Rechtsnatur

So verschieden – sowie durch weitere Gegenstände ergänz- und beliebig kombinierbar – die dargestellten Regelungsinhalte von Aktionärbindungsverträgen sind, so vielfältig sind sie in ihrer Ausgestaltung und in der Folge ihrer rechtlichen Qualifikation.

Beinhaltet ein Aktionärbindungsvertrag lediglich obligatorische Verpflichtungen (beispielsweise Erwerbsrechte und Verfügungsbeschränkungen oder Stimmbindungsabsprachen), liegt ein *reiner Schuldvertrag* vor. In der Regel stehen

---

[606] So etwa in einer Zweipersonen-AG, bei erhöhten Anwesenheits- oder Beschlussfassungsquoren (PEYER H.-K, S. 84); dazu auch FORSTMOSER/MEIER-HAYOZ/NOBEL, § 42 Rz. 8 ff., 25.

[607] Zur noch begrenzteren Zulässigkeit einer entsprechenden Vinkulierungsbestimmung vgl. vorn S. 74, § 4.III.2.cee.

[608] BÖCKLI Aktionärbindungsverträge, S. 64; KLÄY, S. 501. Zu den je nach Rechtsnatur des Aktionärbindungsvertrages unterschiedlichen Anforderungen an die Vereinbarung über das Ausscheiden aus dem/den Beitritt zum Aktionärbindungsvertrag resp. die Fortsetzung unter den verbleibenden Aktionären eingehend: FISCHER, S. 123 ff., 153 ff. und 166 ff.

sich die Leistungen der Vertragspartner im Austauschverhältnis gegenüber, d.h. es handelt sich um einen zweiseitigen Schuldvertrag. Weniger verbreitet sind einseitige Schuldverträge, in denen sich nur eine Partei des Aktionärbindungsvertrages zur Erbringung einer Leistung verpflichtet, indem beispielsweise nur einer der Vertragspartner verspricht, eine bestimmte Person in den Verwaltungsrat zu wählen[609].

Schliessen sich Aktionäre vertraglich zusammen, um innerhalb der von ihnen gehaltenen Gesellschaft gemeinsam einen bestimmten Zweck – massgeblichen Einfluss auf die Gesellschaft, die Erhaltung stabiler Beteiligungsverhältnisse oder die (Mit)bestimmung der Zusammensetzung des Aktionariats – zu erreichen, liegt eine *gesellschaftsvertragliche Verbindung*, in der Regel eine einfache Gesellschaft im Sinne von Art. 530 ff. OR vor[610].

Häufig beinhalten Aktionärbindungsverträge verschiedene Vereinbarungen schuldrechtlicher und/oder gesellschaftsvertraglicher Art. Die überwiegende Lehre qualifiziert solche Verträge als *Verträge eigener Art (sui generis)*[611].

Sind in einem Aktionärbindungsvertrag alle Aktionäre einer Gesellschaft mit allen von ihnen gehaltenen Aktien verbunden, was in kleineren Aktiengesellschaften relativ häufig der Fall ist, können die Aktiengesellschaft und die einfache Gesellschaft in Form einer *sog. Doppelgesellschaft* nebeneinander stehen. Die einfache Gesellschaft soll dabei die Aktiengesellschaft insoweit ergänzen, als innerhalb der Ersteren Rechte und Pflichten der Aktionäre begründet werden können, welche aufgrund von Art. 680 OR im Rahmen der Aktiengesellschaft nicht zulässig sind. Ist die Verbindung der beiden Gesellschaften so eng, dass «diese zu einem einheitlichen Gebilde verschweissen, wobei die eine Gesellschaft als abhängiges, geschäftsführendes Organ der anderen tätig ist»[612] und die AG nur noch pro forma nach aussen erscheint, wird die Zulässigkeit der Dop-

---

[609] GLATTFELDER, S. 228a ff.; HINTZ-BÜHLER, S. 24 f.; LANG, S. 20 ff.; FISCHER, S. 32 ff.; FORSTMOSER Aktionärbindungsverträge, S. 367; DERS. Schnittstelle, S. 385; DERS./ MEIER-HAYOZ/NOBEL, § 39 Rz. 162; MARTIN, S. 190 f.; zur rechtlichen Qualifikation einseitiger Stimmbindungsabsprachen eingehend: BLOCH, S. 43 ff.

[610] GLATTFELDER, S. 231a ff.; HINTZ-BÜHLER, S. 25 ff. und 31 f.; LANG, S. 24 f.; BLOCH, S. 40, 43 ff.; FORSTMOSER Aktionärbindungsverträge, S. 367; DERS. Schnittstelle, S. 385; DERS./MEIER-HAYOZ/NOBEL, § 39 Rz. 162; FISCHER, S. 29 ff.; MARTIN, S. 190.

[611] GLATTFELDER, S. 234a ff.; HINTZ-BÜHLER, S. 29 und 34 ff.; FORSTMOSER Aktionärbindungsverträge, S. 367; DERS. Schnittstelle, S. 385; DERS./MEIER-HAYOZ/NOBEL, § 39 Rz. 162; FISCHER, S. 35 f. Bei Verträgen eigener Art handelt es sich um gesetzlich nicht geregelte Verträge, welche sich – wie die gemischten Verträge – aus Elementen gesetzlich geregelter und nicht geregelter Verträge zusammensetzen, sich dabei jedoch zu einer besonderen inneren Einheit fügen (statt Vieler: BSK OR I-AMSTUTZ/SCHLUEP, Einl. vor Art. 184 ff. Rz. 9 m.w.H.).

[612] NÄGELI, S. 9.

pelgesellschaft teilweise kritisiert, aufgrund ihrer weiten Verbreitung und ihrem Nutzen jedoch überwiegend bejaht[613].

2. Form

Aktionärbindungsverträge bedürfen gemäss Art. 11 Abs. 1 OR «zu ihrer Gültigkeit nur dann einer *besonderen Form, wenn das Gesetz eine solche vorschreibt*». So bedürfen etwa Schiedsabreden gemäss Art. 358 ZPO der Schriftform. Von Bedeutung sind Formvorschriften sodann bei Nachfolgeregelungen; beinhalten entsprechende Vereinbarungen Verfügungen von Todes wegen[614], müssen diese eine der zulässigen Formen der letztwilligen Verfügung[615] oder die Form eines Erbvertrages[616] aufweisen. Mündlich oder gar stillschweigend vereinbarte Aktionärbindungsverträge sind, soweit es sich um mehr als gelegentliche Gefälligkeiten in der Ausübung der Aktionärsrechte handelt, aus Beweisgründen und vor dem Hintergrund von Art. 16 OR nicht zu empfehlen. *In der Regel* weisen Aktionärbindungsverträge *Schriftform* auf[617].

IV. Dauer und Beendigung

1. Dauer

a. Allgemeines

Aktionärbindungsverträge können *auf bestimmte oder unbestimmte Dauer* abgeschlossen werden, wobei die bestimmte Dauer kalendarisch festgesetzt oder an ein bestimmtes Ereignis (beispielsweise den Tod einer Vertragspartei, den Verkauf der Aktien oder die Erreichung des gemeinsam verfolgten Zweckes) ge-

---

[613] LANG, S. 25 m.w.H.; BLOCH, S. 19 ff.; FORSTMOSER/MEIER-HAYOZ/NOBEL, § 139 Rz. 164; FORSTMOSER Schnittstelle, S. 386 m.w.H.; FISCHER, S. 31.
[614] Ob die Vertragsschliessenden ein Rechtsgeschäft beabsichtigen, welches Wirkungen unter Lebenden oder erst auf den Tod hin entfaltet, ist nach bundesgerichtlicher Rechtsprechung in Würdigung aller Umstände der konkreten Vereinbarung zu beurteilen; in ersterem Falle wird das Vermögen des Verpflichteten, in zweiterem Falle dessen Nachlass belastet (BGE 99 II 272).
[615] Art. 498 ff. ZGB.
[616] Art. 512 ZGB.
[617] FORSTMOSER Aktionärbindungsverträge, S. 367; GLATTFELDER, S. 245a; LANG, S. 18 f.; BLOCH, S. 41 f.; MARTIN, S. 193.

knüpft werden kann[618]. Unter erstere Kategorie fallen auch Vereinbarungen, in welchen sich Aktionäre in einer spezifischen Situation zu einem einmaligen, bestimmten Verhalten (etwa einem bestimmten Stimmverhalten in der Generalversammlung) verpflichten[619].

Im Bestreben nach maximaler Übereinstimmung zwischen statutarischer und schuldvertraglicher Ordnung sowie generell nach Kontinuität wünschen Aktionäre häufig eine möglichst langfristige schuldvertragliche Bindung. Die *zulässige Höchstdauer* von Aktionärbindungsverträgen bestimmt sich nach *Art. 27 Abs. 2 ZGB*, wonach sich niemand «seiner Freiheit entäussern oder sich in ihrem Gebrauch in einem das Recht oder die Sittlichkeit verletzenden Grade beschränken» kann. Bei der Beurteilung der Zulässigkeit einer schuldvertraglichen Bindung sind nicht nur deren Dauer, sondern auch die Art und Intensität der Bindung sowie allfällige Sanktionen bei Vertragsverletzungen, ferner auch dafür empfangene Gegenleistungen und Vorteile massgeblich. Grundsätzlich werden wirtschaftliche (im Vordergrund stehen dabei pekuniäre) Eingriffe in weiterem Ausmass geduldet als Eingriffe in höchstpersönliche Bereiche[620]. Aus diesem Grunde werden bspw. Veräusserungsbeschränkungen selten als übermässig bindend qualifiziert, während dies bei Abreden hinsichtlich der Stimmrechtsausübung eher der Fall sein dürfte[621]. Unter Umständen sind auch weitere gesetzliche Normen massgebend, beispielsweise Art. 321a Abs. 3 OR zur Beurteilung der Zulässigkeit des Ausmasses eines Konkurrenzverbotes[622].

Über die Folgen, mithin die (allenfalls teilweise) Unwirksamkeit einer – zufolge Verstosses gegen Art. 27 Abs. 2 ZGB – unzulässigen vertraglichen Bindung für die schutzbedürftige Partei herrscht in der Lehre Einigkeit[623], nicht hingegen über deren dogmatische Begründung. Während der überwiegende Teil der Lehre sich auf Art. 20 OR abstützt[624], postuliert BUCHER[625] in Anlehnung an die Rechtsprechung des Bundesgerichts[626] eine Kündbarkeit solcher Verträge.

---

[618] HINTZ-BÜHLER, S. 143 ff.; LANG, S. 49 ff.; MARTIN, S. 198; die Unterscheidung ist nicht immer einfach und in der Lehre auch umstritten (FORSTMOSER Aktionärbindungsverträge, S. 370; dazu eingehend auch BLOCH, S. 58 ff).
[619] BLOCH, S. 37, 58; MARTIN, S. 198.
[620] BGE 128 III 432 ff., 114 II 162. BK-BUCHER, Art. 27 Rz. 274 ff.; BSK ZGB I-HUGUENIN, Art. 27 Rz. 10; FORSTMOSER Aktionärbindungsverträge, S. 270; BLOCH, S. 79 f.
[621] Beurteilt wird letztlich natürlich die Übermässigkeit des Aktionärbindungsvertrags als Ganzes.
[622] Zum Ganzen eingehend HINTZ-BÜHLER, S. 152 ff.
[623] Dieser Frage kommt in der Praxis auch überwiegende Bedeutung zu (HINTZ-BÜHLER, S. 156).
[624] Statt Vieler: BSK OR I-HUGUENIN, Art. 19/20 Rz. 52 ff.
[625] BK-BUCHER, Art. 27 Rz. 525 ff., insbes. 566 ff.
[626] BGE 114 II 161.

b. Verbreitete Abreden betreffend die Dauer

Nicht selten finden sich in Aktionärbindungsverträgen Klauseln, welche die Verbindlichkeit derselben an die *Dauer des Bestehens der Aktiengesellschaft* binden. Da eine Körperschaft grundsätzlich auf unbestimmte Dauer abgeschlossen wird (theoretisch kann sie «ewig» bestehen), erweisen sich entsprechende Abreden auf dem Hintergrund der Rechtsprechung zu Art. 27 und 2 ZGB[627] nach überwiegender Lehre[628] als in der Regel unzulässig.

Ebenfalls verbreitet sind Abreden, wonach ein Aktionärbindungsvertrag bis zum *Tode eines bestimmten Aktionärs* oder generell *eines der Vertragspartner* gelten soll. Im Falle gesellschaftsvertraglich konzipierter Aktionärbindungsverträge werden solche Klauseln – aufgrund der Tatsache, dass Art. 546 Abs. 1 OR nach bundesgerichtlicher Rechtsprechung dispositiver Natur ist und einfache Gesellschaften auf Lebzeiten eines Gesellschafters unter Ausschluss der ordentlichen (nicht jedoch der ausserordentlichen) Vertragsbeendigung daher zulässig sind[629] – nicht als gegen Art. 27 Abs. 2 ZGB verstossend qualifiziert. Bei schuldvertraglichen Aktionärbindungsverträgen ist – immer in Relation zu Art und Intensität der Bindung – dagegen das Alter der Vertragsparteien entscheidend für die Frage, ob die Bindung übermässig ist oder nicht[630].

Die Koppelung der Geltung von Aktionärbindungsverträgen an die *Dauer der Aktionärseigenschaft eines jeden Vertragspartners* erscheint unbedenklich, sofern die Veräusserung der Aktien nicht übermässig erschwert ist. In letzterem Falle wäre eine Reduktion auf die zulässige maximale Vertragsdauer geboten[631].

2. Beendigung

Massgebend für die Beendbarkeit eines Vertrages ist die Dauer, auf welche dieser abgeschlossen worden ist. Ordentlich kündbar sind nach bundesgerichtlicher Rechtsprechung «in der Regel nur Verträge, die auf unbestimmte (…) oder nicht bestimmte (…) Dauer oder Zeit abgeschlossen werden; solche auf bestimmte Dauer oder Zeit gelten dagegen als unkündbar»[632].

---

[627] BGE 117 II 275 f., 114 II 161 ff., 113 II 210 f., 103 II 185 f., 97 II 399 f., 93 II 300 f.
[628] FORSTMOSER Aktionärbindungsverträge, S. 372 f.; APPENZELLER, S. 54 f.; HINTZ-BÜHLER, S. 158; LANG, S. 31 f.; MARTIN, S. 196; a.A. BLOCH, S. 82 m.w.H. in Fn. 120.
[629] BGE 106 II 228 ff.
[630] HINTZ-BÜHLER, S. 157 f.; FORSTMOSER/MEIER-HAYOZ/NOBEL, § 139 Rz. 183.
[631] HINTZ-BÜHLER, S. 159; LANZ, S. 52; FORSTMOSER/MEIER-HAYOZ/NOBEL, § 139 Rz. 187; FORSTMOSER Aktionärbindungsverträge, S. 372; BLOCH, S. 882; MARTIN, S. 195.
[632] BGE 106 II 229.

a. Verträge auf bestimmte Dauer

Auf bestimmte Dauer vereinbarte Aktionärbindungsverträge *enden* ordentlicherweise *mit Ablauf der vereinbarten (Mindest- oder Höchst-)dauer*. Während dieser bestimmten Vertragsdauer ist eine Vertragsbeendigung – vorbehältlich gewisser ausserordentlicher Beendigungsgründe[633] – ausgeschlossen[634].

b. Verträge auf unbestimmte Dauer

Bestimmt ein Aktionärbindungsvertrag die Dauer seiner Gültigkeit in keiner oder unbestimmter Weise[635], ist er *ordentlich kündbar*. In erster Linie richtet sich diese Beendigung nach allfälligen vertraglich vereinbarten Beendigungsmodalitäten[636].

Sind einem Bindungsvertrag keine vertraglichen Kündigungsbestimmungen zu entnehmen, richten sich die Beendigungsmodalitäten nach der Rechtsnatur des Aktionärbindungsvertrages. Gesellschaftsrechtliche Aktionärbindungsverträge sind gemäss Art. 546 Abs. 1 OR unter Einhaltung einer Kündigungsfrist von sechs Monaten kündbar; da diese Bestimmung nach bundesgerichtlicher Rechtsprechung dispositiver Natur ist[637], steht es den Parteien auch frei, die jederzeitige Kündbarkeit ausschliessen oder an andere Bedingungen zu knüpfen[638]. Bei schuldrechtlich ausgestalteten Aktionärbindungsverträgen hat das Gericht die Verträge entsprechend zu ergänzen. In der Lehre ist *umstritten*[639], ob diesfalls nur eine *Kündigung aus ausserordentlichen Gründen*[640] oder eine solche ohne

---

[633] Eine ausserordentliche Beendigung rechtfertigt sich etwa aus wichtigen Gründen, aufgrund welcher sich die Fortsetzung eines Vertragsverhältnisses als unzumutbar erweist, bei einer übermässigen Bindung (Art. 27 und 2 ZGB), bei Schuldnerverzug (Art. 107 OR) oder Unmöglichkeit (Art. 119 OR); dazu FORSTMOSER Aktionärbindungsverträge, S. 371; DERS./MEIER-HAYOZ/NOBEL, § 139 Rz. 181; LANG, S. 49 f.; HINTZ-BÜHLER, S. 143 f.; BLOCH, S. 62 ff.

[634] BGE 106 II 229.

[635] Letzteres ist etwa der Fall bei einem Aktionärbindungsvertrag, welcher mit dem Tod einer Vertragspartei endet.

[636] Art. 545 Abs. 1 Ziff. 5 OR; dazu auch HINTZ-BÜHLER, S. 145 f.; BLOCH, S. 62; FORSTMOSER Aktionärbindungsverträge, S. 371; MARTIN, S. 198.

[637] BGE 106 II 228 f.

[638] HINTZ-BÜHLER, S. 146; BLOCH, S. 62; FORSTMOSER Aktionärbindungsverträge, S. 371 ff.; MARTIN, S. 198 f.

[639] Eine detaillierte Übersicht über die verschieden Lehrmeinungen findet sich u.a. bei MARTIN, S. 199 f.

[640] So PATRY, S. 131a f. und BLOCH, S. 65. Das Kündigungsrecht aus ausserordentlichen Gründen ist unumstritten (statt Vieler: FORSTMOSER Aktionärbindungsverträge, S. 371; DERS./MEIER-HAYOZ/NOBEL, § 39 Rz. 181; HINTZ-BÜHLER, S. 162 f.; MARTIN, S. 203).

Grundangabe zulässig ist[641]. Nach m.E. richtiger Ansicht ist die Zulässigkeit der Wegbedingung der ordentlichen Kündigung von der Frage abhängig, ob sich die Vertragsparteien anderweitig, etwa durch den Verkauf der Aktien (zu angemessenen Bedingungen) von der vertraglichen Bindung lösen können[642]. In der Literatur ist – aufgrund der zwingenden Natur von Art. 404 OR[643] – die jederzeitige Kündbarkeit von Aktionärbindungsverträgen mit auftragsrechtlichem Charakter[644] postuliert worden; verschiedene Autoren beschränken die analoge Anwendung von Art. 404 OR auf die (weniger verbreiteten) einseitigen Bindungsverträge oder solche mit wahrlich höchstpersönlichem Charakter[645].

c.   Tod einer Vertragspartei

In *schuldrechtlichen Aktionärbindungsverträgen* tritt beim Tod einer Vertragspartei aufgrund der Universalsukzession die *Erbengemeinschaft in die Rechtsstellung der verstorbenen Vertragspartei* ein[646]; einzig in Fällen, in denen die Person des Gesellschafters von wesentlichster Bedeutung ist, begründet dieser Umstand ein ausserordentliches Kündigungsrecht der übrigen Vertragspartner[647].

Gesellschaftsrechtliche Aktionärbindungsverträge hingegen *enden* gestützt auf Art. 545 Abs. 1 Ziff. 2 OR mit dem Tod, sofern der Vertrag nicht vorsieht, dass die Gesellschaft mit den Erben fortbestehen soll. Dies kann in Form einer *Fortsetzungsklausel*[648], einer *Eintrittsklausel*[649] oder einer *Nachfolgeklausel*[650] geschehen.

---

[641] So GLATTFELDER (S. 347a), wonach sich der Zeitpunkt der Kündbarkeit sowie die Kündigungsfrist nach den konkreten Umständen und dem mutmasslichen Parteiwillen bestimmen.

[642] FORSTMOSER Aktionärbindungsverträge, S. 371; DERS. Schnittstelle, Fn. 115; DERS./ MEIER-HAYOZ/NOBEL, § 139 Rz. 180; LANG, S. 52 f.

[643] «Nach der Rechtsprechung des Bundesgerichts ist das jederzeitige Auflösungsrecht zwingend und beschlägt sowohl reine Auftragsverhältnisse als auch gemischte Verträge, für welche hinsichtlich der zeitlichen Bindung der Parteien die Bestimmungen des Auftragsrechtes als sachgerecht erscheinen» (BGE 115 II 466 m.V.a. 110 II 382 E. 2; 106 II 159 E. b; 104 II 115 f. E. 4); a.A. BLOCH, S. 51 f. und 61.

[644] FORSTMOSER/MEIER-HAYOZ/NOBEL, § 139 Fn. 72.

[645] LANG, S. 22 f.; HINTZ-BÜHLER, S. 149 f.; BÖCKLI Aktienstimmrecht, S. 54; MARTIN, S. 200 f.

[646] BGE 112 II 305; HINTZ-BÜHLER, S. 171; MARTIN, S. 201.

[647] HINTZ-BÜHLER, S. 171; MARTIN, S. 201 f.

[648] Die Vertragsparteien vereinbaren, dass der Aktionärbindungsvertrag resp. die Gesellschaft unter den verbleibenden Gesellschaftern weitergeführt werden soll (BSK OR II-STAEHELIN, Art. 545/546 Rz. 12; BLOCH, S. 67; HINTZ-BÜHLER, S. 178 f.; MARTIN, S. 206).

Die Frage, welches Schicksal einem gesellschaftsrechtlichen Aktionärbindungsvertrag beschieden ist, ist unbedingt zu regeln. Aus Sicht der ursprünglichen Vertragsparteien ist eine reine Fortsetzungsklausel mit den kleinsten Risiken behaftet. Eintritts- und Nachfolgeklauseln stellen jedoch – gerade auch in nicht kotierten Gesellschaften – wichtige Gestaltungsinstrumente für Nachfolgeregelungen dar, wobei im Falle einer Beschränkung der Nachfolgeklausel auf lediglich vereinzelten Erben diese Anordnung mit einer erbrechtlichen Teilungvorschrift[651] zu verbinden ist[652].

d. Auflösung der Aktiengesellschaft

Die *Auflösung und Liquidation* der Aktiengesellschaft bewirkt bei einem gesellschaftsrechtlich konzipierten Aktionärbindungsvertrag gestützt auf Art. 545 Ziff. 1 OR die *Beendigung* des Letzteren zufolge Unmöglichkeit der Zweckerreichung; bei einem schuldrechtlich ausgestalteten Bindungsvertrag *erlöschen die Forderungen* gestützt auf Art. 119 OR zufolge nachträglicher Unmöglichkeit.

Im Falle einer *liquidationslosen Auflösung* der Aktiengesellschaft (beispielsweise im Rahmen einer Fusion) sind m.E. die gesamten veränderten Verhältnisse zu würdigen. Sind die ursprünglichen Absichten auch in der neuen Konstellation sinnvoll und realisierbar, spricht nichts gegen eine Aufrechterhaltung der Bindungsabreden; *unter Umständen* erweist sich auch eine *Vertragsanpassung* als angezeigt. Im Einzelfall kann jedoch auch eine Vertragsbeendigung zufolge Zweckerreichung oder Unmöglichkeit resultieren[653].

---

[649] Die Erben oder einzelne von ihnen können, müssen aber dem Aktionärbindungsvertrag nicht beitreten; ob die Gesellschaft, wenn die Erben dies ablehnen, weiterbesteht, ist umstritten, m.E. aber zu bejahen (BSK OR II-STAEHELIN, Art. 545/546 Rz. 13; BLOCH, S. 67; MARTIN, S. 206; a.A. HINTZ-BÜHLER, S. 179).

[650] Die Vertragsparteien vereinbaren, dass der Aktionärbindungsvertrag resp. die Gesellschaft mit der Erbengemeinschaft oder einzelnen Erben fortgeführt wird; möchten die Erben nicht beitreten, müssen sie die Erbschaft ausschlagen oder die Auflösung der Gesellschaft aus wichtigem Grund verlangen (BSK OR II-STAEHELIN, Art. 545/546 Rz. 10; HINTZ-BÜHLER, S. 179 f.; MARTIN, S. 207 f.).

[651] Art. 608 ZGB.

[652] BSK OR II-STAEHELIN, Art. 545/546 Rz. 10; HINTZ-BÜHLER, S. 179 f.; MARTIN, S. 207.

[653] FORSTMOSER Schnittstelle, S. 401; HINTZ-BÜHLER, S. 174; BLOCH, S. 66; zu pauschal für letztere Konsequenz: GLATTFELDER, S. 343a f.

V. Mittel zur Sicherung der Realerfüllung schuldvertraglicher Vereinbarungen

Aufgrund der lediglich obligatorischen Wirkung schuldvertraglicher Vereinbarungen[654] entfalten einem Bindungsvertrag widersprechende Verfügungen und Handlungen nach aussen volle Wirksamkeit. Das ursprüngliche Ziel der Vertragsparteien, mithin die Herstellung des vertragskonformen Zustandes, kann nachträglich weder mittels Erfüllungsklage noch durch einstweiligen Rechtsschutz[655] mehr erreicht werden. Die *einem Aktionärbindungsvertrag zuwider handelnde Partei* kann diesfalls lediglich noch auf *Schadenersatz* belangt werden, was sich aufgrund der Schwierigkeiten des Schadensbeweises, der Schadensberechnung als auch des Nachweises der Kausalität oftmals als anspruchsvoll erweist[656]. Da ein Geldersatz eben gerade nicht dem hauptsächlichen Interesse der Vertragsparteien entspricht, hat die Praxis *vielfältige Abreden* entwickelt, um die *faktische Durchsetzung* der Verpflichtungen aus einem Aktionärbindungsvertrag präventiv oder repressiv *sicherzustellen*; es sind dies insbesondere: (a) Konventionalstrafen[657], (b) Vollmachtserteilung an einen Dritten[658], (c) Fiduziarische Übertragung von Aktien[659], (d) Einbringung der Aktien in eine Holdinggesellschaft bzw. Begründung von Gesamteigentum an den verbundenen Aktien[660], (e) Hinterlegung der Aktien[661], (f) Verpfändung der Aktien[662], (g) Nutzniessungsbegründung an verbundenen Aktien[663] sowie (h) Bedingte Kaufrechte[664]. Keine dieser Sicherungsvereinbarungen vermag indessen die Realerfüllung von Aktionärbindungsverträgen vollends zu gewährleisten; teilweise zeitigen sie auch gewichtige Nachteile[665].

---

[654] Dazu vorn S. 103, § 5.I.
[655] Dazu eingehend LANG, S. 72 ff. und HINTZ-BÜHLER, S. 190 ff.
[656] Dazu GLATTFELDER, S. 309a und 321a; HINTZ-BÜHLER, S. 190 f.; BLOCH, S. 106 ff.
[657] Dazu eingehend GLATTFELDER, S. 321a f.; LANG, S. 125 ff.; HINTZ-BÜHLER, S. 227; BLOCH, S. 108 ff.; FISCHER, S. 58 f.; MARTIN, S. 222 ff.
[658] Dazu eingehend statt Vieler LANG, S. 129 ff.; HINTZ-BÜHLER, S. 226; BLOCH, S. 111 f.
[659] Dazu eingehend statt Vieler LANG, S. 144 ff.; HINTZ-BÜHLER, S. 136 ff., 228 f.; BLOCH, S. 115 ff.; FISCHER, S. 60.
[660] Dazu eingehend statt Vieler LANG, S. 162 ff.; HINTZ-BÜHLER, S. 138 ff., 228; BLOCH, S. 120 ff.; FISCHER, S. 60 f.
[661] Dazu eingehend statt Vieler LANG, S. 134 ff.; HINTZ-BÜHLER, S. 132 ff., 226 f.; BLOCH, S. 112 ff.; FISCHER, S. 59.
[662] Dazu eingehend statt Vieler LANG, S. 192 ff.; BLOCH, S. 130.
[663] Dazu eingehend statt Vieler LANG, S. 195 ff.; HINTZ-BÜHLER, S. 135 f.; BLOCH, S. 129 f.
[664] Dazu hinten S. 122, § 5.VI.2.
[665] Dazu Fn. 657–664, a.a.O.

VI. Funktion/Anwendungsfälle

1. Allgemeines

Mittels Aktionärbindungsverträgen können *mannigfaltige personalistische Elemente* in eine Aktiengesellschaft eingeführt werden, welche auf statutarischem Wege nicht begründet werden können. So besteht insbesondere in nicht kotierten Gesellschaften, in welchen die Aktionäre der Gesellschaft als Gründer, Kapitalgeber oder Familienangehörige häufig in besonderer Weise verbunden sind, ein grosses Bedürfnis, auf die *Zusammensetzung des Aktionariats* Einfluss zu nehmen sowie die *Beteiligungs- und Kontrollverhältnisse zu wahren*. Die – emotional oder wirtschaftlich – schwierigere Veräusserbarkeit der Aktien bewirkt sodann nicht selten ein verstärktes Interesse, auf die Geschäftspolitik Einfluss oder gar die operative Leitung der Gesellschaft zu (über)nehmen[666]. Nach GRONER[667] kommt Aktionärbindungsverträgen eine wichtige Funktion in der in geschlossenen Gesellschaften vordergründigsten Corporate Corporate-Governance-Problematik, nämlich der Ausbeutung des Minderheitsaktionärs durch den Mehrheitsaktionär zu; dieser Gefahr kann durch die Vereinbarung von Regeln über die Verwendung oder Ausschüttung von Gesellschaftsmitteln, über die Bestellung des Verwaltungsrates sowie über die Stimmrechtsausübung an der Generalversammlung wirksam begegnet werden.

Im Gegensatz zur dauerhafteren, dadurch aber auch schwerfälligeren statutarischen Ausgestaltung der Gesellschaft, ermöglichen Aktionärbindungsverträge eine *flexiblere* und überdies *vertrauliche Regelung*[668]. Beim Entwurf des personen- und situationsbezogenen Geflechts von statutarischen und schuldvertraglichen Regelungen sind jedoch mögliche Veränderungen zu antizipieren und einer anpassungsfähigen Regelung zuzuführen; nur auf diese Weise kann verhindert werden, dass sich ursprünglich sinnvolle und wirksame Regelungen ins Gegenteil verkehren. Auch darf die Operationsfähigkeit einer Gesellschaft nicht beeinträchtigt werden[669].

2. Erwerbsrechte und Verfügungsbeschränkungen

In Aktionärbindungsverträgen, welche nicht kotierte Aktiengesellschaften betreffen, finden sich häufig Erwerbsrechte und Verfügungsbeschränkungen.

---

[666] BÖSIGER, S. 2.
[667] S. 277 f.
[668] VOGEL, S. 129; FORSTMOSER Schnittstelle, S. 396.
[669] BÖSIGER, S. 2.

Mittels mehrseitiger, gegenseitiger Vorhand- und/oder Vorkaufsrechte sollen das Eindringen generell fremder oder nicht genehmer Aktionäre verhindert, die *bestehende Zusammensetzung des Aktionärskreises erhalten* resp. eine *Ausweitung des Aktionariats personell mitbestimmt* sowie bestehende *Machtverhältnisse gesichert* werden.

In Fällen, in denen der geschlossene *Kreis der Aktionäre geöffnet* wird und beispielsweise gewisse Arbeitnehmer (insbesondere Geschäftsführer) – zur Belohnung oder stärkeren Bindung an die Gesellschaft – an letzterer beteiligt werden, können Kaufrechte den *Rückerwerb dieser Aktien sichern*. Durch die Vereinbarung eines Rückkaufsrechts für den Fall des Ausscheidens solcher Arbeitnehmer/Geschäftsführer kann die langfristige Erhaltung dieser Aktien in der Familie/im geschlossenen Kreis erreicht und verhindert werden, dass die Aktien an (unter Umständen nicht genehme) Nachkommen dieser aussenstehenden Aktionäre gelangen. Im Gegenzug können solchen Aktionären Rückverkaufsrechte eingeräumt werden, welche diesen ermöglichen, ihre Bindung zu lösen[670].

Bedingte Kaufrechte, welche an die Vertragsverletzung (insbesondere die Verletzung von Stimmbindungen) einer Partei anknüpfen, dienen wiederum häufig als *Sicherungsmittel zur Einhaltung von Aktionärbindungsverträgen*; sie können jedoch an beliebige andere Bedingungen geknüpft werden, etwa die Niederlegung eines Verwaltungsratsmandats oder die Aufgabe der operativen Tätigkeit innerhalb der Gesellschaft[671]. *Mittels gegenseitiger Kaufrechte* können Aktionäre auch das *Eindringen unerwünschter Erben*, welche die Aktien kraft Universalsukzession als Gesamteigentümer erwerben[672], *verhindern*, indem den verbleibenden Aktionären gegenüber den Erben des verstorbenen Mitaktionärs ein – innerhalb einer bestimmten Frist auszuübendes, limitiertes, Bewertungsmechanismus und -stelle festlegendes sowie allenfalls gewisse Zahlungsfristen gewährendes – Kaufrecht eingeräumt wird. Eine solche Regelung ist für die verbleibenden Aktionäre vorteilhafter als eine Übernahme der Aktien zum wirklichen Wert gestützt auf Art. 685b Abs. 4 OR, welche aus Gründen der schwierigen Wertermittlung oder der fehlenden Liquidität häufig Probleme bereitet; sie ist auf dem Hintergrund der erbrechtlichen Form- und Pflichtteilsvorschriften jedoch umsichtig zu formulieren und zu begründen[673].

Um nicht aktiv in der Gesellschaft tätige Aktionäre oder generell *Minderheiten* vor einer ihre Interessen verletzenden Geschäftsführung *zu schützen*, können *Verkaufsrechte* zugunsten dieser Aktionäre vereinbart werden. Die Einräumung

---

[670] VOGEL, S. 79 f., 82, 85.
[671] VOGEL, S. 79; HINTZ-BÜHLER, S. 111; SALZGEBER-DÜRIG, S. 81.
[672] Dazu auch vorn S. 56, § 3.VI.3.
[673] BÖSIGER, S. 7 ff.

von Verkaufsrechten im Falle der Verletzung von Stimmbindungsabsprachen bildet ebenfalls ein wirkungsvolles Instrument, um ebensolche Vertragsverletzungen zu verhindern – aus Gründen der mangelnden Liquidität ist das Verkaufsrecht gar das geeignetere Sicherungsmittel als das erwähnte Kaufsrecht[674].

In Gesellschaften, in denen die Konsensfindung in grundlegender Weise gestört und die Entscheidfindung schwierig oder gar unmöglich geworden ist, drängt sich anstelle einer einzelfallbezogenen *Deblockierung* unter Umständen eine endgültige Lösung des Problems in Form einer Bereinigung der Aktionärsstruktur auf[675]. Dies kann in Form einer *sog. Übernahmevereinbarung* erfolgen, wonach sich beispielsweise ein Mehrheitsaktionär verpflichtet, auf Begehren eines Minderheitsaktionärs dessen Aktien zu übernehmen[676]. Dabei empfiehlt es sich, einen externen, unabhängigen, fachkundigen Dritten, welchem die Bestimmung des Preises, zu welchem die Aktien von den in der Gesellschaft verbleibenden Aktionären übernommen werden, obliegt, resp. das Verfahren zur Bestimmung dieses Dritten sowie die Grundsätze, nach denen die Bewertung der Aktien zu erfolgen hat, vorgängig festzulegen[677]. Eine solche Lösung setzt indessen genügend liquide Mittel der übernehmenden Aktionäre voraus.

---

[674] VOGEL, S. 81.

[675] VON DER CRONE Pattsituationen, S. 42.

[676] Es handelt sich in diesem Fall um einen ein- oder zweiseitig potestativ bedingten Kaufvertrag mit aufschiebender Wirkung (HAYMANN. S. 93, 143).

[677] P. KUNZ Minderheitenschutz, § 4 Rz. 105 f., § 15 Rz. 15 f.; eingehend HAYMANN, S. 92 ff., insbes. 115 f.; die Vereinbarung kann auch lediglich dahin gehen, dass die Parteien für den Fall einer in einem späteren Zeitpunkt – aus welchen Gründen auch immer – gemeinsam beschlossenen Übernahme der Aktien des einen Aktionärs durch den anderen die Preisbestimmung festlegen.
Im Falle der sog. Versteigerungsklausel bestimmen demgegenüber die Aktionäre selbst durch ihre Angebote den Preis, welcher dem ausscheidenden Aktionär für dessen Aktien bezahlt werden. Daraus leitet sich dann ab, welcher der beiden Aktionäre in der Gesellschaft verbleibt und welcher ausscheidet. Es bieten sich vielfältige Möglichkeiten der Ausgestaltung des Versteigerungsverfahrens: der die Strukturbereinigung anstrebende Aktionär unterbreitet dem anderen Aktionär ein Angebot, zu welchem Preis dieser kaufen oder verkaufen kann, jeder Aktionär kann ein versiegeltes Angebot unterbreiten, von welchen das Höhere «obsiegt», oder in einem mehrrundigen Versteigerungsverfahren wird der Preis, welchen die Parteien zu bezahlen in der Lage und bereit sind, allmählich ermittelt. Selbstredend steht einer zusätzlichen Untermauerung der Angemessenheit eines Preises mittels Bewertung durch einen Sachverständigen nichts entgegen. Dazu eingehend und mit Muster-Statutenklauseln: VON DER CRONE Pattsituationen, S. 42 ff.; ferner CLOPATH, S. 157, welcher – wie VON DER CRONE – für ein mehrrundiges Versteigerungsverfahren plädiert und weitere wichtige Punkte, welche einer Einigung bedürfen (etwa die Bestimmung der mit der Durchführung der Versteigerung zu betrauenden Person, Reihenfolge, Form und Kadenz der Angebote u.w.m.) anführt.

Die Bedeutung der schuldvertraglichen Erwerbsrechtsbeschränkungen hat unter geltendem Recht, welches gegenüber dem früheren Aktienrecht die statutarischen Vinkulierungsmöglichkeiten stark einschränkt, noch zugenommen[678].

3. Stimmbindungsvereinbarungen

Wie oben eingehend dargelegt[679] sind Vereinbarungen hinsichtlich der Stimmabgabe in der Generalversammlung grundsätzlich zulässig, während solche bezüglich der Tätigkeit im Verwaltungsrat – nach überwiegender Ansicht – lediglich in einem Teilbereich zulässig sind.

Auf der Ebene der Generalversammlung können Stimmbindungsabsprachen im Falle verbundener Mehrheitsaktionäre der *Erhaltung der Kontrolle über die Gesellschaft* sowie der Ausübung einer *längerfristig ausgerichteten Unternehmensführung* dienen; verbundenen *Minderheitsaktionären* können sie zu einer besseren *Durchsetzung ihrer spezifischen Interessen* verhelfen[680]. Geboten sein kann eine einheitliche Stimmrechtsausübung beispielsweise auch bei einer aus Gründen der Kapitalbeschaffung erfolgten Öffnung einer Familien- oder einer anderen geschlossenen Gesellschaft.

Was die Bestellung des Verwaltungsrates anbelangt, wird in nicht kotierten Aktiengesellschaften häufig bindungsvertraglich *gewissen Personen* (beispielsweise den im Unternehmen aktiven Aktionären, einem Investor, generell einer externen Person, in Familiengesellschaften einem bestimmten Familienmitglied oder einem Stamm) ein *Sitz* oder (sofern der Präsident durch die Generalversammlung gewählt wird[681]) – allenfalls alternierend – das *Präsidium im Verwaltungsrat* garantiert resp. werden die Gründe für eine Ab- oder Nichtwahl (beispielsweise solche, welche eine fristlose Entlassung nach arbeitsvertraglichen Massstäben rechtfertigen würden) festgelegt[682].

Verbreitet sind auch Stimmbindungen hinsichtlich der Verwendung des Reingewinns; diese können Mindestdividendenausschüttungen, eine von der Kapitalbeteiligung abweichende Verteilung oder auch (innerhalb eines bestimmten Rahmens) den Verzicht auf Dividendenausschüttungen vorsehen[683].

---

[678] KLÄY, S. 492.
[679] Dazu vorn S. 103, § 5.I. und S. 106, § 5.II.1.
[680] BLOCH, S. 39 m.w.H.; ferner P. KUNZ Minderheitenschutz, S. 1024; FISCHER, S. 16 f.; MARTIN, S. 227 f. und 243; SÖDING, S. 192.
[681] Art. 712 Abs. 2 OR.
[682] HENSCH/STAUB, S. 1174 f.; MARTIN, S. 243; PREMAND, § 7 Rz. 597 f.
[683] MARTIN, S. 240.

Bei der Redaktion von Stimmbindungsvereinbarungen ist stets zwischen ihrer stabilisierenden Wirkung und der damit verbundenen Einschränkung der Operationsfähigkeit der Gesellschaft abzuwägen[684]. Sodann ist stets im Auge zu behalten, dass der Aktionärbindungsvertrag aufgrund seiner lediglich schuldvertraglichen Wirkung die vereinbarte Stimmabgabe in der Generalversammlung nicht zu garantieren vermag, mithin bspw. die vereinbarte Verwaltungsratszusammensetzung nicht sichergestellt ist[685].

4. Nachfolgeregelungen

Bedeutsam sind Aktionärbindungsverträge in nicht kotierten Gesellschaften insbesondere auch im Rahmen von Nachfolgeregelungen, können künftige Erben darin doch *bereits zu Lebzeiten des Erblassers in die Gesellschaft und die Vereinbarung eingebunden* werden, was eine massgebliche Prägung einer Gesellschaft über das Ableben hinaus ermöglicht[686]. Unumgänglich sind Aktionärbindungsverträge beispielsweise in Fällen, in denen ein Alleinaktionär mehrere Kinder hat, von welchen nur eines seine Nachfolge übernehmen kann/will, die übrigen pflichtteilsgeschützten Kinder mangels weiteren Privatvermögens jedoch nicht ausbezahlt werden können; hier bleibt nur die Aufteilung der Aktien unter Bildung eines bindungsvertraglichen Führungsschwergewichts beim Nachfolger. Letzteres wird u.a. erreicht mittels Stimmrechtsvereinbarungen, in welchen sich die lediglich finanziell beteiligten Nachkommen verpflichten, gemäss den Anträgen des Verwaltungsrates zu stimmen; im Gegenzug wird häufig eine – im Minimum die Vermögenssteuer deckenden – Mindestdividende vereinbart[687].

§ 6. Organisation der Gesellschaft

I. Generalversammlung

Gemäss Art. 698 Abs. 1 OR ist die Generalversammlung das *«oberste» Organ der Aktiengesellschaft*. Die Generalversammlung bildet den zentralen Ort der Mitbestimmung, an welchem der Aktionär über die massgeblichsten Fragen

---

[684] BÖSIGER, S. 10 f.
[685] PREMAND, § 7 Rz. 598.
[686] VOGEL, S. 129 f.; FISCHER, S. 19.
[687] HENSCH/STAUB, S. 1173 f.; FISCHER, S. 20.

innerhalb der Gesellschaft wie die Festsetzung und Änderung der Statuten[688] oder die Kapitalausstattung der Gesellschaft[689] entscheidet; in der Generalversammlung genehmigt der Aktionär den Jahresbericht sowie die Jahresrechnung, fasst Beschluss über die Höhe allfälliger Ausschüttungen[690] und wählt die Mitglieder des Verwaltungsrates sowie die Revisionsstelle[691], was ihm eine gewisse Kontrollfunktion verleiht. Die Generalversammlung ist ein reines Innenorgan und tritt als solches nicht nach aussen auf.

Aus Sicht der Corporate Governance bildet die Generalversammlung den massgeblichen Ort, an welchem der *Aktionär* seine *Informations-, Stimm- und Kontrollrechte wahrnehmen und ausüben* kann. Neben der Mitsprache in Sachfragen stehen insbesondere die Wahl und Abberufung des Verwaltungsrates im Vordergrund, womit der Aktionär indirekt auf die Geschäftsführung einwirken kann[692].

In privaten Aktiengesellschaften, in denen nicht alle Aktionäre auch Mitglieder des Verwaltungsrates sind, besteht häufig das Bedürfnis nach einer *Verstärkung der Aktionärsrechte*; dieses Ansinnen ist nachvollziehbar, haben Aktionäre in solchen Verhältnissen doch oftmals einen beträchtlichen Teil ihres Vermögens in die Gesellschaft investiert und kaum oder nur erschwert Ausstiegsmöglichkeiten, weshalb sie sich ein Mitspracherecht zumindest in wichtigen Geschäften wahren möchten[693]. Eine Ausweitung ihrer Mitspracherechte ist aufgrund des Paritätsprinzips[694] und des sich daraus ergebenden Grundsatzes, dass sich Organe in die einem anderen Organ unübertragbar und unentziehbar zugewiesenen Aufgaben weder statutarisch, vertraglich noch faktisch einmischen dürfen, *nur in einem beschränkten Ausmass möglich*[695]. Auch haftungsrechtliche Überlegungen sprechen gegen eine solche Kompetenzverschiebung[696].

Die Generalversammlung ist folglich nur insoweit das oberste Organ der Gesellschaft, als sie die *Exekutive wählen und abberufen* kann, und ihr die Entscheidung über die oben erwähnten, grundlegenden Fragen zugewiesen ist; ausserhalb dieser Bereiche, insbesondere in der Verwaltungstätigkeit als solcher, ist die Generalversammlung grundsätzlich nicht zuständig[697].

---

[688] Art. 698 Abs. 2 Ziff. 1 OR.
[689] Art. 698 Abs. 2 Ziff. 6 i.V.m. Art. 650 ff. OR.
[690] Art. 698 Abs. 2 Ziff. 3 und 4 OR.
[691] Art. 698 Abs. 2 Ziff. 2 OR.
[692] Dazu eingehend hinten S. 168, § 6.III.1.a. und S. 189, § 6.III.7.ba.
[693] FORSTMOSER Organisation I, S. 21 ff.
[694] Dazu eingehender hinten S. 203, § 6.III.10a.
[695] Dazu eingehend hinten S. 141, § 6.I.5.b.
[696] Dazu auch hinten S. 141, § 6.I.5.b., insbes. Fn. 810.
[697] Dazu BÖCKLI Aktienrecht, § 12 Rz. 3 und § 13 Rz. 286; FORSTMOSER/MEIER-HAYOZ/NOBEL, § 20 Rz. 12 ff.; BSK OR II-DUBS/TRUFFER, Art. 698 Rz. 8; SCHMITT, S. 43;

1. Arten und Ort der Durchführung

a. Universalversammlung

Die *ordentliche Generalversammlung*, welche alljährlich innerhalb von 6 Monaten nach Abschluss des Geschäftsjahres stattzufinden hat, sowie allfällige *ausserordentliche Generalversammlungen* finden in kleineren, nicht kotierten Aktiengesellschaften oft in der Form der sog. Universalversammlung im Sinne von Art. 701 OR statt. *Universalversammlungen* können abgehalten werden, wenn alle Aktionäre anwesend oder vertreten sind[698], ohne dass die für die Einberufung vorgeschriebenen Formvorschriften eingehalten werden müssen. Damit wollte der Gesetzgeber insbesondere in Gesellschaften mit einem beschränkten Aktionärskreis den Aktionären ermöglichen, in jeder ursprünglich auch nur informell geplanten Zusammenkunft verbindliche Beschlüsse zu fassen. Im Übrigen unterliegt die Universalversammlung aber den geltenden gesetzlichen und statutarischen Vorschriften, insbesondere der Protokollierungspflicht[699], den gesetzlichen und/oder statutarischen Quoren u.w.m.[700]. Jeder Aktionär kann die Durchführung einer Universalversammlung verhindern oder jederzeit deren Beendigung erwirken, indem er an der Versammlung nicht teilnimmt oder diese verlässt. Nach überwiegender Lehre kann er dieses faktische Vetorecht auch nur bezüglich einzelner Traktanden geltend machen[701].

Umstritten ist die Zulässigkeit von Universalversammlungen in Gesellschaften, welche Partizipationsscheine ausstehend haben, da gemäss Art. 656d Abs. 1 OR den Partizipanten «die Einberufung der Generalversammlung zusammen mit den Verhandlungsgegenständen und den Anträgen bekanntgegeben werden» muss[702].

BERTSCHINGER Generalversammlung, S. 903; eine ausführliche Darstellung der historischen Entwicklung des gegenseitigen Verhältnisses der Organe in der Aktiengesellschaft, der diesbezüglichen Rechtsprechung des Bundesgerichts sowie der verschiedenen Lehrmeinungen findet sich in ZK-TANNER, Art. 698 OR Rz. 9 ff.

[698] Eine Universalversammlung auf dem Zirkularweg ist nicht zulässig, weshalb die Zustimmung eines abwesenden, nicht vertretenen Aktionärs nicht vorgängig oder nachträglich schriftlich eingeholt werden kann (BÖCKLI Aktienrecht, § 12 Rz. 52, 55; FORSTMOSER/MEIER-HAYOZ/NOBEL, § 23 Rz. 11 f.; BSK OR II-DUBS/TRUFFER, Art. 701 Rz. 5).

[699] Art. 702 Abs. 2 und 3 OR; dazu hinten S. 165, § 6.I.8.

[700] FORSTMOSER/MEIER-HAYOZ/NOBEL, § 23 Rz. 5 ff.; BSK OR II-DUBS/TRUFFER, Art. 701 Rz. 1 ff.; BÖCKLI Aktienrecht, § 12 Rz. 53 f.

[701] FORSTMOSER/MEIER-HAYOZ/NOBEL, § 23 Rz. 5 ff.; BSK OR II-DUBS/TRUFFER, Art. 701 Rz. 1 ff.; D. DUBS, Rz. 117; a.A. BÖCKLI Aktienrecht, § 12 Rz. 53.

[702] Nach FORSTMOSER/MEIER-HAYOZ/NOBEL genügt die nachträgliche Information der Partizipanten (§ 46 Rz. 50 Fn. 21); a.A. jedoch BÖCKLI Aktienrecht, § 12 Rz. 57 und BSK OR II-DUBS/TRUFFER, Art. 701 Rz. 3b.

b. Multilokale Generalversammlung

In örtlicher Hinsicht präzisiert der Entwurf zur Revision des Aktien- und Rechnungslegungsrechts die bereits herrschende Lehre und Praxis[703], wonach *Generalversammlungen an mehreren Orten gleichzeitig oder im Ausland* durchgeführt werden können, vorausgesetzt, die Unmittelbarkeit ist in Bild und Ton gewährleistet und die Leitung, öffentliche Beurkundung sowie eine allfällige Anwesenheit eines Revisors findet an einem Haupttagungsort statt[704]. Der von National- und Ständerat beschlossene indirekte Gegenvorschlag zur Volksinitiative «Minder» hält die Zulässigkeit der Durchführung an verschiedenen Orten sowie im Ausland nicht mehr explizit fest[705]; die übrigen Vorschriften über die Durchführung elektronischer Generalversammlungen mit oder ohne physischen Tagungsort belässt er mit Ausnahme der Nummerierung jedoch unverändert[706].

Generalversammlungen an zwei Tagungsorten finden in nicht kotierten Gesellschaften kaum Verbreitung.

Hält eine nicht kotierte Gesellschaft Beteiligungen im Ausland, kann es Sinn machen, dort gelegentlich eine Generalversammlung durchzuführen.

c. Einsatz elektronischer Mittel, sog. Online-Generalversammlung und virtuelle Generalversammlung

Bereits nach geltendem Recht ist es zulässig und verbreitet, in der Generalversammlung *elektronische Mittel einzusetzen*, so etwa bei der Zutrittserfassung, der Ermittlung von Abstimmungsresultaten sowie zur Übertragung einer Generalversammlung an einen anderen Ort.

Einen beträchtlichen Schritt weiter geht die *sog. Online-Generalversammlung*, in welcher ein Aktionär die Wahl hat, physisch an der Generalversammlung teilzunehmen oder sich über seinen Computer mittels Netzwerk zuzuschalten[707]. Aus Gründen des Persönlichkeitsschutzes wird in der Literatur empfohlen, zur rechtlichen Absicherung der Zulässigkeit der Übertragung von Ton und Bild ins Internet einen hierzu ermächtigenden Generalversammlungsbeschluss zu fassen oder eine statutarische Grundlage zu schaffen[708]. Der Verwaltungsrat trägt die Verantwortung, dass die Übertragung simultan erfolgt, nur befugte Personen

---

[703] BÖCKLI Aktienrecht, § 12 Rz. 11 f.; LAMBERT, S. 39 f.; VON DER CRONE Internet-Generalversammlung, S. 157 f.; PATAK, S. 75 ff.; TANNER GV ohne Tagungsort, S. 168 f.
[704] Art. 701a und 701b E OR 2007.
[705] Streichung von Art. 701a und 701b E OR 2007.
[706] Art. 701a bis 701d E-Parl OR anstelle von Art. 701c bis 701f E OR 2007.
[707] PATAK, S. 9.
[708] VON DER CRONE Internet-Generalversammlung, S. 162 f. m.w.H.; PÖSCHEL, S. 238 f. m.w.H.

2. Kapitel: Gesellschafts- und vertragsrechtliche Ausgestaltung nicht kotierter AG

Zugang haben und die Aktionäre effektiv elektronisch teilnehmen können, womit er von Vorteil eine Fachperson beauftragt[709]. In der Lehre herrscht Einigkeit, dass – unter der Voraussetzung der Erfüllung der genannten Voraussetzungen – sowohl eine indirekte Teilnahme, mithin die elektronische Instruktion eines Vertreters vor Ort, als auch die direkte Teilnahme via Internet bereits de lege lata zulässig sind[710], wobei VON DER CRONE[711] zu Recht auf die grössere Rechtsunsicherheit (erhöhte Anforderungen an die technischen Einrichtungen, Notwendigkeit von Ausfallsicherheiten u.w.m.) bei der direkten Teilnahme hinweist.

Der Entwurf zur Revision des Aktien- und Rechnungslegungsrechts resp. der von National- und Ständerat beschlossene indirekte Gegenvorschlag zur Volksinitiative «Minder» sieht die *Verwendung elektronischer Mittel für die Ausübung von Aktionärsrechten* nun explizit vor, wobei dies einer *statutarischen Grundlage* sowie der *Übertragung der Generalversammlung und der Voten der Aktionäre durch elektronische Mittel* bedarf[712]; auch die bislang als nicht zulässig erachtete[713], rein virtuelle Generalversammlung, mithin eine Generalversammlung, zu welcher die Teilnehmer nicht mehr physisch zusammen kommen, sondern sich nur noch über ein Netzwerk auf dem Computer zusammenschalten[714], soll nach revidiertem Recht zulässig sein, vorausgesetzt, die Aktionäre sind damit einverstanden und die Beschlüsse der Generalversammlung bedürfen keiner öffentlichen Beurkundung[715].

Bereits nach geltendem Recht zulässig und insbesondere in privaten Gesellschaften mit einem kleineren Kreis von Aktionären u.U. hilfreich erachtet VON DER CRONE[716] das Abhalten *sog. virtueller Universalversammlungen*, wobei selbstredend alle an die Durchführung der traditionellen Generalversammlung gestellten Vorschriften, etwa die Protokollierungspflicht[717] eingehalten werden müssen.

---

[709] VON DER CRONE Internet-Generalversammlung, S. 162 f. m.w.H.; TANNER GV ohne Tagungsort, S. 172.
[710] VON DER CRONE Internet-Generalversammlung, S. 162 f. m.w.H.; TANNER GV ohne Tagungsort, S. 173; PÖSCHEL, S. 238 F.
[711] Internet-Generalversammlung, S. 163.
[712] Art. 701c E OR 2007 resp. Art. 701a E-Parl OR.
[713] VON DER CRONE Internet-Generalversammlung, S. 165 ff.; PÖSCHEL, S. 242; TANNER GV ohne Tagungsort, S. 167 m.w.H.; a.A. PATAK, S. 81 und 177.
[714] PATAK, S. 9.
[715] Art. 701d E OR 2007 resp. Art. 701b E-Parl OR.
[716] VON DER CRONE Internet-Generalversammlung, S. 167; TANNER GV ohne Tagungsort, S. 169.
[717] Dazu hinten S. 165, § 6.I.8.

Allgemein gelangen elektronische Mittel in nicht kotierten Gesellschaften eher selten zur Anwendung. Dies, obwohl die Botschaft zu Recht auf die gerade in kleineren Gesellschaften, deren Aktionäre weit voneinander entfernt wohnen, willkommenen *Teilnahmerleichterungen* und *Kostenersparnisse virtueller Generalversammlungen* sowie auf die dadurch bewirkte Verbesserung der innergesellschaftlichen Willensbildung und damit der Corporate Governance hinweist[718]. Auch PATAK[719] ortet in der potentiell grösseren und hinsichtlich Voten mutmasslich intensiveren Teilnahme an virtuellen Generalversammlungen eine *Verstärkung des demokratischen Elements*, was in privaten Aktiengesellschaften oftmals einem Bedürfnis entspricht.

2. Einberufung der Generalversammlung, Traktandierung und Antragstellung, Auflage von Geschäfts- und Revisionsbericht

a. Einberufung der Generalversammlung

Die Einberufung der Generalversammlung obliegt in erster Linie dem *Verwaltungsrat*, subsidiär der *Revisionsstelle*, den *Liquidatoren* und den *Vertretern der Anleihensgläubiger*[720]. Die Einberufung der Generalversammlung hat «spätestens 20 Tage[721] vor dem Versammlungstag in der in den Statuten vorgeschriebenen Form», unter Angabe der Verhandlungsgegenstände sowie der «Anträge des Verwaltungsrates und der Aktionäre, welche die Durchführung der Generalversammlung oder die Traktandierung eines Verhandlungsgegenstandes verlangt haben» zu erfolgen[722]. Der Entwurf zur Revision des Aktien- und Rechnungslegungsrechts resp. der nun von National- und Ständerat beschlossene indirekte Gegenvorschlag zur Volksinitiative «Minder» sieht überdies vor, dass die Einberufung auch eine Zusammenfassung der zu den Aktionärsanträgen eingereichten Begründungen enthalten soll[723].

In formeller Hinsicht hat nach seit längerer Zeit herrschender Lehre die Einladung der Namenaktionäre durch *schriftliche Mitteilung* an die im Aktienbuch eingetragene Adresse, diejenige der Inhaberaktionäre durch *Publikation im*

---

[718] Botschaft Aktien-/Rechnungslegungsrecht, S. 1721. So auch PATAK, S. 46 f. und TANNER GV ohne Tagungsort, S. 175.
[719] S. 47, 81, 134 und 175 f.
[720] Art. 699 Abs. 1 OR.
[721] Diese Frist kann nach überwiegender Lehre auf statutarischem Wege verlängert, nicht jedoch verkürzt werden (FORSTMOSER/MEIER-HAYOZ/NOBEL, § 23 Rz. 40 ff.; BÖCKLI Aktienrecht, § 12 Rz. 81a f.; BSK OR II-WEBER, Art. 696 Rz. 3).
[722] Art. 700 Abs. 1 und 2 OR.
[723] Art. 700 Abs. 3 Ziff. 3 E OR 2007 resp. E-Parl OR.

SHAB zu erfolgen; dies in Anlehnung an Art. 696 Abs. 2 und 686 Abs. 1 OR[724, 725]. Andere Autoren erachten die Form der Einberufung als statutarisch frei bestimmbar und daher auch andere Übermittlungsformen, welche den *Nachweis durch Text* ermöglichen, insbesondere Telex, Telefax und E-Mail, als zulässig[726]. Dies sieht der Entwurf zur Revision des Aktien- und Rechnungslegungsrechts resp. der von National- und Ständerat beschlossene indirekte Gegenvorschlag zur Volksinitiative «Minder» nun so vor, schränkt indessen ein, dass dem Aktionär die Einberufung und weitere Unterlagen nur mit entsprechender Zustimmung *elektronisch* zugestellt werden können[727]. Die Verantwortung für die elektronische Zustellung liegt nach dem Botschaftstext bei der Gesellschaft, was über die geltenden Anforderungen an die postalische Zustellung hinausgeht; nach m.E. zutreffender Ansicht PÖSCHELS[728] sollte jedoch der Nachweis des Versandes an eine vom Aktionär mitgeteilte Adresse genügen.

Darüber hinaus kann ein Aktionär oder können «mehrere *Aktionäre*, welche *zusammen mehr als 10 Prozent des Aktienkapitals* vertreten», die Einberufung einer Generalversammlung verlangen[729]. In privaten Aktiengesellschaften mit einem beschränkten Aktionärskreis kann es sinnvoll sein, dieses Minderheitenrecht auf einen noch *kleineren Prozentsatz* oder *auf jeden einzelnen Aktionär auszudehnen*[730]. Das Einberufungsbegehren muss mindestens einen Verhandlungsgegenstand sowie einen damit verbundenen Antrag beinhalten und dem Verwaltungsrat schriftlich zugestellt werden[731]. Schliesslich kann auch jede Generalversammlung ohne vorgängige Traktandierung die Einberufung einer ausserordentlichen Generalversammlung beschliessen[732].

---

[724] FORSTMOSER/MEIER-HAYOZ/NOBEL, § 23 Rz. 45; BSK OR II-DUBS/TRUFFER, Art. 700 Rz. 8.

[725] In Gesellschaften, welche eine gewisse (mittlere) Grösse aufweisen, findet sich heute oftmals eine statutarische Regelung, wonach auch die Einladung der Namenaktionäre durch Publikation im SHAB erfolgt (was juristisch entscheidend ist), welche den Aktionären überdies an die von ihnen mitgeteilte Adresse gesandt wird (was effektiv entscheidend ist); auf diese Weise kann das Risiko einer Zustellung an eine falsche Adresse behoben werden.

[726] STUDER, S. 53 ff.; BSK OR II-DUBS/TRUFFER, Art. 700 Rz. 9; PÖSCHEL, S. 227 ff. m.w.H.

[727] Art. 700 Abs. 1 E OR 2007 resp. E-Parl OR. Gemäss Botschaftstext ist auch die Übermittlung mit Telefax zulässig (Botschaft Aktien-/Rechnungslegungsrecht, S. 1679); zum Ganzen PÖSCHEL, S. 230 f.

[728] Botschaft Aktien-/Rechnungslegungsrecht, S. 1679; PÖSCHEL, S. 231.

[729] Art. 699 Abs. 3 Satz 1 OR.

[730] FORSTMOSER/MEIER-HAYOZ/NOBEL, § 23 Rz. 37 Fn. 28; BSK OR II-DUBS/TRUFFER, Art. 699 Rz. 12; CHK-TANNER, Art. 699 OR Rz. 1 und 4; ZK-DIES., Art. 699 OR Rz. 31; STUDER, S. 8; SÖDING, S. 207.

[731] Art. 699 Abs. 3 Satz 2 OR.

[732] Art. 700 Abs. 3 OR.

Kommt der Verwaltungsrat einem Einberufungsbegehren innert angemessener Frist[733] nicht nach, kann gestützt auf Art. 699 Abs. 4 OR der *Richter* angerufen werden; dieser kann die Einberufung durch den Verwaltungsrat anordnen, auf Antrag selber einberufen[734] oder einen Dritten (beispielsweise einen Notar)[735] damit beauftragen[736]. Nach h.L. kann auch das – in der genannten Bestimmung nicht erwähnte – Traktandierungsrecht richterlich durchgesetzt werden[737].

b. Traktandierungsrecht der Aktionäre

Die Ergänzung der Traktandenliste einer ohnehin einzuberufenden Generalversammlung kann von Gesetzes wegen von *Aktionären, «die Aktien im Nennwerte von 1 Million Franken vertreten»*, verlangt werden[738]. Auch das Traktandierungsrecht ist einseitig zwingend, d.h. es kann statutarisch ausgedehnt, nicht jedoch erschwert werden.

In Aktiengesellschaften mit einem beschränkten Aktionärskreis kann es sinnvoll sein und entspricht es guter Corporate Governance, das Traktandierungsrecht jedem *einzelnen Aktionär oder gar Dritten* (beispielsweise Partizipanten) zuzugestehen[739]; auch der Verwaltungsrat oder einzelne Mitglieder desselben können statutarisch ermächtigt werden, die Traktandierung gewisser Beschlussfassungsgegenstände zu veranlassen[740].

---

[733] In kleineren Gesellschaften hat die Generalversammlung innerhalb eines Zeitraumes von 4–6 Wochen, im Falle einer bereits anberaumten Generalversammlung allenfalls innerhalb einer längeren Frist stattzufinden (FORSTMOSER/MEIER-HAYOZ/NOBEL, § 23 Rz. 24; CHK-TANNER, Art. 699 OR Rz. 17).

[734] BGE 132 III 563.

[735] BGE 105 II 117; zum Ganzen auch CHK-TANNER, Art. 699 OR Rz. 20; BSK OR II-DUBS/TRUFFER, Art. 699 Rz. 19.

[736] Kann das Begehren bis zur nächsten ordentlichen Generalversammlung aufgeschoben werden, ist es u.U. als diesbezügliches Traktandierungsbegehren gut zu heissen (BÖCKLI Aktienrecht, § 12 Rz. 72m).

[737] CHK-TANNER, Art. 700 OR Rz. 17; FORSTMOSER/MEIER-HAYOZ/NOBEL, § 23 Rz. 32 f.; BÖCKLI Aktienrecht, § 12 Rz. 73.

[738] Nach überwiegender Lehre ist das Traktandierungsrecht im Sinne des im Gesetz unmittelbar voranstehend geregelten Einberufungsrechts auszulegen, wonach auch die Vertretung von 10% des Aktienkapitals genügen soll (BÖCKLI Aktienrecht, § 12 Rz. 66; FORSTMOSER/MEIER-HAYOZ/NOBEL, § 23 Rz. 27; BSK OR II-DUBS/TRUFFER, Art. 699 Rz. 23; D. DUBS, Rz. 45; a.A. P. KUNZ Minderheitenschutz, § 11 Rz. 141 ff.).

[739] FORSTMOSER/MEIER-HAYOZ/NOBEL, § 23 Rz. 37; BSK OR II-DUBS/TRUFFER, Art. 699 Rz. 25; D. DUBS, Rz. 39 f. und 116; BIANCHI, S. 52 m.w.H.; SÖDING, S. 208.

[740] D. DUBS, Rz. 41 und 116.

c. Antragstellung

Das Stellen von Anträgen im Rahmen von traktandierten Verhandlungsgegenständen und zu Verhandlungen ohne Beschlussfassung steht schliesslich von Gesetzes wegen *jedem einzelnen Aktionär* zu und bedarf keiner vorgängigen Ankündigung[741]. Seit 1. Januar 2008 schreibt das Gesetz die Antragsberechtigung der *Mitglieder des Verwaltungsrates* explizit fest, was aufgrund der vormals notwendigen Pflichtaktie bereits unter früherem Recht der Fall war[742].

d. Geschäfts- und Revisionsbericht

Von Gesetzes wegen sind Geschäfts- und Revisionsbericht am Sitz der Gesellschaft zur Einsicht *aufzulegen*, resp. kann jeder Aktionär die *unverzügliche Zustellung* einer Ausfertigung dieser Unterlagen verlangen[743, 744]. In Aktiengesellschaften mit einem beschränkten Aktionärskreis ist es sinnvoll und verbreitet, dass die Statuten die Zustellung dieser Unterlagen mit der Einladung vorschreiben, was aber im Falle einer Gesellschaft mit Inhaberaktionären voraussetzt, dass dieser auch alle Inhaberaktionäre bekannt sind[745]. Geschäfts- und Revisionsbericht können noch während eines Jahres nach der Generalversammlung verlangt werden – nach der Revision des Aktien- und Rechnungslegungsrechts explizit kostenlos[746].

e. Einberufungs-, Traktandierungs- und Antragsrecht nach der Revision des Aktien- und Rechnungslegungsrechts

Der Entwurf zur Revision des Aktien- und Rechnungslegungsrechts sieht eine *Reduktion der Schwellenwerte* für die Geltendmachung des Einberufungs-[747]

---

[741] Art. 700 Abs. 4 OR; dazu FORSTMOSER/MEIER-HAYOZ/NOBEL, § 23 Rz. 30.
[742] Art. 702a OR.
[743] Art. 696 Abs. 1 OR. Die entsprechende Mitteilung hat gemäss Art. 696 Abs. 2 OR an alle im Aktienbuch eingetragenenen Namenaktionäre resp. im Falle von Inhaberaktionären durch Publikation im Handelsamtsblatt sowie allenfalls in einem anderen, statutarisch vorgesehenen Publikationsorgan zu erfolgen.
[744] Die Revision des Aktien- und Rechnungslegungslegungsrechts lässt nach dem bundesrätlichen Vorschlag Art. 696 Abs. 1 OR unberührt; dies wird in der Literatur kritisiert und – in Analogie zu Art. 700 Abs. 2 E OR 2007 – bei Zustimmung des Aktionärs die Zulässigkeit einer elektronischen Zustellung dieser Unterlagen postuliert (PÖSCHEL, S. 230; BETTSCHART, S. 152).
[745] FORSTMOSER/MEIER-HAYOZ/NOBEL, § 23 Rz. 52.
[746] Art. 696 Abs. 3 (E) OR (2007).
[747] Bei Gesellschaften ohne börsenkotierte Aktien auf 10% des Aktienkapitals oder der Stimmen, oder auf Aktien im Nennwert von CHF 1 Mio. Franken (Art. 699 Abs. 3 Ziff. 2 E OR 2007).

und Traktandierungsrechts vor[748] sowie eine *Frist von 60 Tagen*, innert welcher der Verwaltungsrat eine *ausserordentliche Generalversammlung* einzuberufen hat, andernfalls das Gericht diese anordnet[749]. Zu Recht weist die Botschaft darauf hin, dass die Durchführung einer Generalversammlung immer Kosten, eine Erweiterung der Traktanden hingegen nur einen beschränkten Mehraufwand verursache, weshalb das Traktandierungsrecht nicht erschwert werden dürfe[750]. Unter der Voraussetzung der Erreichung derselben Schwellenwerte wie der für das Traktandierungsbegehren Erforderlichen kann die *Aufnahme von Anträgen* und einer *kurzen Begründung* dazu *in die Einladung zur Generalversammlung verlangt* werden; auf diese Weise können Anträge und Meinungen generell früher und auch zur Berücksichtigung bei der (institutionellen) Stimmrechtsvertretung eingebracht werden[751]. Begehren um Traktandierung und Aufnahme eines Antrags zu einem Verhandlungsgegenstand sind der Gesellschaft spätestens 50 Tage vor der Generalversammlung einzureichen, welche Frist für private Aktiengesellschaften mit einem beschränkten Aktionärskreis zweifelsfrei zu lang und daher statutarisch zu reduzieren wäre[752]. Wie bereits erwähnt, ist das Einberufungs- und Traktandierungsrecht in solchen Gesellschaften jedem einzelnen Aktionär zuzugestehen.

3. Informationserteilung in der Generalversammlung

Neben den Informationen, welche die Gesellschaft den Aktionären mittels Bekanntgabe des Geschäfts- und Revisionsberichts aus eigenem Antrieb unterbreiten muss[753], kann der Aktionär gestützt auf Art. 697 OR gewisse weitere Informationen erlangen. Der Aktionär muss sein *Auskunftsrecht mündlich an der Generalversammlung* oder – was v.a. in Fällen sinnvoll ist, in denen seitens der Gesellschaft hierzu Abklärungen notwendig und/oder Unterlagen zu beschaffen sind – im Hinblick auf eine Generalversammlung *vorgängig schriftlich* geltend machen[754]; es handelt sich daher um ein «individuelles Recht auf kollektive Information auch der Mitaktionäre»[755]. Der Aktionär soll mit dem Auskunfts-

---

[748] Bei Gesellschaften ohne börsenkotierte Aktien auf 2.5% des Aktienkapitals oder der Stimmen, oder auf Aktien im Nennwert von CHF 250'000 (Art. 699a Abs. 1 Ziff. 2 E OR 2007), was eine wesentliche Senkung bedeutet.
[749] Art. 699 Abs. 5 E OR 2007.
[750] Botschaft Aktien-/Rechnungslegungsrecht, S. 1610 und 1678.
[751] Art. 699a Abs. 2 E OR 2007; Botschaft Aktien-/Rechnungslegungsrecht, S. 1678.
[752] Art. 699a Abs. 3 E OR 2007; Botschaft Aktien-/Rechnungslegungsrecht, S. 1678 f.
[753] Art. 696 i.V.m. Art. 662–663h OR.
[754] FORSTMOSER/MEIER-HAYOZ/NOBEL, § 40 Rz. 150 f. und 162 ff.; FORSTMOSER Informations- und Meinungsäusserungsrechte, S. 92 ff.; BSK OR II-WEBER, Art. 697 Rz. 1 f. und 4; R. WEBER Informationsrechte, S. 210; MAROLDA MARTINEZ, S. 128 ff.
[755] BSK OR II-WEBER, Art. 697 Rz. 2 u.a. m.V.a. BGE 112 II 147.

recht die für die Ausübung seiner Aktionärsrechte (Stimmabgabe an der Generalversammlung, Begehren um Einsetzung einer Sonderprüfung, Anfechtungs- oder Verantwortlichkeitsklage) sowie die allgemein für die Beurteilung der Lage der Gesellschaft notwendigen Informationen erhalten, jedoch nur in dem Ausmass, als nicht «Geschäftsgeheimnisse oder andere schutzwürdige Interessen der Gesellschaft gefährdet werden»[756]. *Voraussetzungen* zu einer Informationserteilung sind mithin die *Erforderlichkeit* im Hinblick auf die Ausübung der genannten Aktionärsrechte oder auch die Veräusserung der Aktien sowie ein *Sachzusammenhang* zwischen der Frage und der Tätigkeit der Gesellschaft[757]. Darüber hinaus ist nach überwiegender Lehre der *Gleichbehandlungsgrundsatz* zu wahren und insbesondere eine privilegierte Informationserteilung an Mehrheitsaktionäre unzulässig[758]. Auskunftspflichtig sind der Verwaltungsrat über die «Angelegenheiten der Gesellschaft» und die Revisionsstelle «über Durchführung und Ergebnis ihrer Prüfung»[759, 760].

Nach h.L. ist eine Auskunftsverweigerung durch die Gesellschaft kurz zu begründen[761]; der Entwurf zur Revision des Aktien- und Rechnungslegungsrechts sah eine schriftliche Begründungspflicht vor[762], welche im Laufe der parlamentarischen Beratungen jedoch gestrichen wurde[763].

---

[756] Art. 697 Abs. 2 OR.

[757] Dazu statt Vieler: FORSTMOSER Informations- und Meinungsäusserungsrechte, S. 92 ff.; DERS./MEIER-HAYOZ/NOBEL, § 40 Rz.170 ff.; BÖCKLI Aktienrecht, § 12 Rz. 152 ff.; BSK OR II-WEBER, Art. 697 Rz. 6 f.; mit etwas abweichender Auslegung des Kriteriums der Erforderlichkeit: HORBER Informationsrechte, S. 151 ff.

[758] So HUGUENIN Gleichbehandlungsprinzip. S. 191 ff. und 244; KUNZ Minderheitenschutz, § 8 Rz. 77 ff.; BÖCKLI Aktienrecht, § 13 Rz. 703; SÖDING, S. 330 f.; a.A. KRNETA, Rz. 1927.

[759] Art. 697 Abs. 1 OR; BÖCKLI Aktienrecht, § 12 Rz. 149 und 151; BSK OR II-WEBER, Art. 697 Rz. 5; HORBER Informationsrechte, S. 159 ff.

[760] Eine Gefährdung der Gesellschaftsinteressen durch Bekanntgabe von Geschäftsgeheimnissen, welche einer Informationserteilung entgegenstehen würde, muss nach bundesgerichtlicher Rechtsprechung «durch konkrete Vorbringen behauptet werden und zudem als wahrscheinlich erscheinen» (BGE 109 II 50 m.V.a. BGE 82 II 222). Die Revision des Aktien- und Rechnungslegungsrechts ersetzt den Begriff der «schutzwürdigen Interessen», welche eine Informationsverweigerung rechtfertigen, durch den Begriff der «vorrangigen Interessen der Gesellschaft», was indessen bereits geltender Lehre und Rechtsprechung entspricht (VOGT/SCHIWOW/WIEDMER, S. 1362; R. WEBER Informationsrechte, S. 212).

[761] BÖCKLI Aktienrecht, § 12 Rz. 156; FORSTMOSER/MEIER-HAYOZ/NOBEL, § 40 Rz. 184; BSK OR II-WEBER, Art. 697 Rz. 11.

[762] Art. 697 Abs. 3 E OR 2007.

[763] AmtlBull SR 2009, S. 655.

4. Exkurs: Informationsbeschaffung durch resp. Informationserteilung an die Aktionäre ausserhalb der Generalversammlung

Ausserhalb der Generalversammlung können Aktionäre nach geltendem Recht *nur Informationen über die Organisation der Geschäftsführung* erlangen[764], was insbesondere für Minderheitsaktionäre stossend ist. Der Entwurf zur Revision des Aktien- und Rechnungslegungsrechts sah deshalb für private Aktiengesellschaften ein dauerndes, schriftlich auszuübendes, inhaltlich ebenfalls durch allfällige Geschäftsgeheimnisse oder andere vorrangige Interessen der Gesellschaft begrenztes Auskunftsrecht gegenüber dem Verwaltungsrat vor, welchem innert 90 Tagen schriftlich nachzukommen, resp. im Falle einer Informationsverweigerung innert derselben Frist schriftlich zu begründen gewesen wäre. Die erteilten Auskünfte hätten an der nächsten Generalversammlung zur Einsicht aufgelegt oder umgehend elektronisch publiziert werden müssen[765]. Die Botschaft erachtete die administrative Mehrbelastung eines solchen Auskunftsrechts in privaten Aktiengesellschaften mit einem beschränkten Aktionärskreis als begrenzt und daher zumutbar[766]. Im Ständerat fand diese Bestimmung jedoch keine Unterstützung[767].

In der Literatur[768] zur zwischenzeitlich fallengelassenen Bestimmung wurde verschiedentlich auf das Missbrauchsrisiko und die durch die Bearbeitung solcher Auskunftsgesuche unter Umständen erhebliche Belastung des Verwaltungsrates hingewiesen. Nach m.E. zutreffender Ansicht ist indessen gerade in KMU die Kontrollfunktion von Minderheitsaktionären von grosser Bedeutung und die unabdingbare Auskunftserteilung hierzu wichtig[769], weshalb ein *entsprechendes jederzeitiges Auskunftsrecht statutarisch zu begründen* ist – eine statutarische «Aufweichung» der inhaltlichen Kriterien[770], mithin der Erforderlichkeit und des Sachzusammenhangs des Auskunftsbegehrens sowie der Nichtgefährdung vorrangiger Gesellschaftsinteressen durch die Auskunftserteilung ist

---

[764] Art. 716b Abs. 2 OR.
[765] Art. 697 Abs. 2 und 3 E OR 2007. Hinsichtlich gewisser, bspw. für die Beurteilung der wirtschaftlichen Lage der Gesellschaft wesentlicher Informationen wird m.E. zu Recht kritisiert, dass deren Auflage erst an der nächsten Generalversammlung die Pflicht zur Gleichbehandlung der Aktionäre verletze (VOGT/SCHIWOW/WIEDMER, S. 1363; R. WEBER Informationsrechte, S. 211 f.).
[766] Botschaft Aktien-/Rechnungslegungsrecht, S. 1608 und 1671 f.
[767] AmtlBull SR 2009, S. 655.
[768] Statt Vieler: VOGT/SCHIWOW/WIEDMER, S. 1361 m.w.H.; R. WEBER Informationsrechte, S. 210 f.
[769] Statt Vieler: VOGT/SCHIWOW/WIEDMER, S. 1362; R. WEBER Informationsrechte, S. 211.
[770] Dazu eingehender soeben vorn S. 135, § 6.I.3.

aus Gründen der Funktionsfähigkeit der Gesellschaft und der Verhinderung querulatorischer Auskunftsbegehren hingegen nicht zu empfehlen.

Als weiteres Mittel der Informationsbeschaffung steht den Aktionären allenfalls das *Einsichtsrecht in Geschäftsbücher und Korrespondenzen der Aktiengesellschaft*[771] zur Verfügung. Darunter fallen alle Unterlagen, «die für die Ausübung der Aktionärsrechte mit Einschluss der Beurteilung der Lage der Gesellschaft von Bedeutung sind»[772]; kein Einsichtsrecht besteht nach h.L. in der Regel in das Aktienbuch[773]. Der Aktionär kann frei wählen, an welches Organ er sein Begehren richten will – die Einsicht kann alternativ durch Beschluss der Generalversammlung oder des Verwaltungsrates gewährt werden, sofern nicht «Geschäftsgeheimnisse oder andere schutzwürdige Interessen der Gesllschaft gefährdet» sind[774]. Nach dem Entwurf zur Revision des Aktien- und Rechnungslegungsrechts sollen nun «vorrangige Gesellschaftsinteressen» einer Einsicht entgegenstehen können[775]. Die Entscheidung über ein Einsichtsbegehren steht «im freien, aber pflichtgemässen Ermessen des entscheidenden Organs»[776]. Umstritten ist nach geltendem Recht, ob ein ablehnender Entscheid zu begründen ist[777]; der Entwurf zur Revision des Aktien- und Rechnungslegungsrechts legt die Begründungspflicht des Verwaltungsrates nunmehr explizit fest, was im Falle einer Ablehnung durch die Generalversammlung problematisch sein kann[778].

---

[771] Art. 697 Abs. 3 OR.
[772] BGE 132 III 75 m.V.a. BGE 4C.234/2002 Erw. 6.2.; BSK OR II-WEBER, Art. 697 Rz. 16; FORSTMOSER/MEIER-HAYOZ/NOBEL, § 40 Rz. 194; HORBER Informationsrechte, S. 190 ff.
[773] MAROLDA MARTINEZ, S. 184 ff.; HORBER Informationsrechte, S. 193 ff.; FORSTMOSER/MEIER-HAYOZ/NOBEL, § 40 Rz. 195 und § 43 Rz. 92; BSK OR II-WEBER, Art. 697 Rz. 14; GABRIELLI S. 47 f.; a.A. ZOBL Einblicknahme, S. 53 ff., welcher ein Einsichts- oder Auskunftsrecht bejaht, wenn dies für die Ausübung der Kontrollrechte erheblich ist und keine Gesellschaftsinteressen verletzt.
[774] Art. 697 Abs. 2 OR; dazu MAROLDA MARTINEZ, S. 201 ff. und 205; GABRIELLI, S. 44 f.; HORBER Informationsrechte, S. 201 ff.; FORSTMOSER Informationsrechte, S. 100; BSK OR II-WEBER, Art. 697 Rz. 18 f.
[775] Art. 697bis Abs. 2 E OR 2007; gemäss Botschaftstext ist der Verwaltungsrat bereits nach geltendem Recht aufgrund der Treuepflicht gegenüber der Gesellschaft (Art. 717 Abs. 1 OR) zur Verweigerung der Einsichtnahme verpflichtet, wenn vorrangige Interessen der Gesellschaft gefährdet sind, weshalb sich materiell nichts ändere (Botschaft Aktien-Rechnungslegungsrecht, S. 1672; kritisch dazu: R. WEBER Informationsrechte, S. 214 m.V.a. VOGT/SCHIWOW/WIEDMER, S. 1363).
[776] FORSTMOSER Informationsrechte, S. 99.
[777] Befürwortend MAROLDA MARTINEZ, S. 181; GABRIELLI, S. 45 f.; BSK OR II-WEBER, Art. 697 Rz. 18; ablehnend: HORBER Informationsrechte, S. 202.
[778] Art. 697bis Abs. 2 E OR 2007; dazu auch VOGT/SCHIWOW/WIEDMER, S. 1363.

Um das Informationsgefälle zwischen Aktionären, welche dem Verwaltungsrat angehören, und den übrigen Aktionären zu verringern, ist auch bei KMU eine *statutarische unterjährige Zwischenberichterstattung über den Geschäftsverlauf* (halbjährlich und bei besonderen, den Geschäftsverlauf wesentlich beeinflussenden Vorkommnissen), wie sie bei grossen Gesellschaften üblich ist, in Erwägung zu ziehen[779]. Dies, da die Aufbereitung dieser Zahlen und Informationen in KMU doch einen vertretbaren Aufwand begründet. Aber auch andere, für die Aktionäre *wichtige Informationen* etwa betreffend Unternehmensstrategie, Geschäftsgang, Nachfolgeplanung, Aktienübertragung[780], Entschädigungen oder Darlehen könnten den Aktionären – selbstredend unter Wahrung des Geschäftsgeheimnisses und der aus Gründen des Wettbewerbs gebotenen Vertraulichkeit – aus eigenem Antrieb kommuniziert werden[781]. *Transparenz* wirkt nicht nur vertrauensbildend, sondern verhindert auch das Aufkommen von (unter Umständen unbegründeter) Missgunst zwischen verschiedenen Aktionärsgruppen, was v.a. in geschlossenen (Familien-)gesellschaften eminent wichtig ist[782]. In diese Richtung gehen denn auch die Empfehlungen des Leitfadens Familienunternehmen[783]. Je nach Grösse der Gesellschaft und/oder Verbundenheit des Aktionariats können diese Informationen informell (elektronisch, telefonisch, beim gemeinsamen Essen) oder formell (in Familienversammlungen, Aktionärsbriefen o.ä.) übermittelt werden[784]. Auch der BP-KMU erachtet sowohl die «zweckmässige formelle», als auch die «stark ausgeprägte informelle Kommunikation», welche sich in KMU häufig findet, als Vorteil, welcher zu nutzen ist[785]. Ziel solcher weitergehender Offenlegung soll jedoch lediglich die breitere Information der Aktionäre sein, dagegen keineswegs die Basis dafür, dass sich die Aktionäre in Bereiche einmischen, welche ausserhalb der Kompetenzen der Generalversammlung liegen. Selbstredend ist der Gleichbehandlungsgrundsatz[786] zu wahren und eine selektive Information lediglich gewisser Aktionäre verhindern.

Seit 1. Januar 2007 sind Gesellschaften, deren Aktien an der Börse kotiert sind, zur *Offenlegung aller Vergütungen*, die sie direkt oder indirekt an die Mitglieder des Verwaltungsrates und der Geschäftsleitung ausgerichtet haben, verpflich-

---

[779] So vorgeschlagen von der Arbeitsgruppe «CG» im Expertenbericht Teilrevision Aktienrecht «CG» für wirtschaftlich bedeutende, nicht kotierte Gesellschaften (BÖCKLI/HUGUENIN/DESSEMONTET S. 110 f.).
[780] Immerhin ist zu bedenken, dass die Aktionäre keiner Schweigepflicht unterliegen, und damit eine Bekanntgabe nach aussen erfolgen kann.
[781] C. BÜHLER Regulierung, Rz. 1350 m.w.H.
[782] VON MOOS Familienunternehmen, S. 53 f.
[783] Ziff. 4.4. und Rz. 30–33 Leitfaden Familienunternehmen.
[784] Ziff. 5.2.3 und Rz. 56 Leitfaden Familienunternehmen.
[785] Ziff. 1.1 BP-KMU.
[786] Dazu eingehender vorn S. 19, § 2.I.3.b.

2. Kapitel: Gesellschafts- und vertragsrechtliche Ausgestaltung nicht kotierter AG

tet[787]. Private Aktiengesellschaften sind von dieser Transparenzvorschrift ausgenommen, obwohl dieselben Beweggründe (Problematik der Festlegung der Entschädigung des Verwaltungsrates durch diesen selbst, Erforderlichkeit eines Kräfteausgleichs zwischen [Minderheits-]aktionären und Verwaltungsrat, Schutz des Eigentums durch Erhaltung der Substanz der Beteiligung[788], Kenntnis der Entschädigungen als Voraussetzung zur Ausübung verschiedener Schutzrechte[789, 790]) auch hier nach Transparenz verlangen würden[791]. Um dem legitimen, in privaten Aktiengesellschaften erhöhten Bedürfnis nach Vertraulichkeit gerecht zu werden, sah der Entwurf zur Revision des Aktien- und Rechnungslegungsrechts keine Offenlegungspflicht der Vergütungen im Anhang zur Bilanz, sondern ein spezifisches Auskunftsrecht der Gesellschafter vor[792]. Auch diese Bestimmung fand in den parlamentarischen Beratungen keine Gnade[793].

Eine *Geheimhaltung* der Vergütungen der Mitglieder des Verwaltungsrates und der Geschäftsleitung ist m.E. in privaten Aktiengesellschaften auch unter geltendem Recht *nur nach aussen hin gerechtfertigt*, nicht jedoch gegenüber den Aktionären; letztere haben Anspruch auf vollständige und detaillierte Offenlegung dieser gerade in kleinen Gesellschaften oftmals nicht unmassgeblichen Summen durch die Gesellschaft aus eigenem Antrieb[794]. Eine statutarische Offenlegungspflicht gegenüber den Aktionären wirkt präventiv sowohl gegen übermässige Bezüge als auch gegen falsche Verdächtigungen und damit generell vertrauensbildend. Die Offenlegung kann mündlich (im Rahmen der Generalversammlung) oder schriftlich (in Briefform) erfolgen[795, 796].

---

[787] Art. 663b^{bis} OR.
[788] Botschaft Transparenz, S. 4474 f.
[789] Klage auf Rückerstattung ungerechtfertiger Leistungen (Art. 678 OR), Verantwortlichkeitsklage (Art. 754 OR), Begehren um Durchführung einer Sonderprüfung (Art. 697a OR).
[790] Botschaft Aktien-/Rechnungslegungsrecht, S. 1609.
[791] Im Ergebnis gleich BÖCKLI Aktienrecht, § 12 Rz. 157c.
[792] Art. 697^{quinquies} E OR 2007; dazu Botschaft Aktien-/Rechnungslegungsrecht, S. 1608 f. und 1673 f.
[793] AmtlBull SR 2009, S. 658 f.
[794] Da die Aktionäre keiner Schweigepflicht unterliegen, können diese Informationen allerdings über die Aktionäre nach aussen gelangen.
[795] VOGT/SCHIWOW/WIEDMER, S. 1383; R. WEBER Informationsrechte, S. 218.
[796] Zu Höhe und Festlegung der Entschädigung der Verwaltungsräte eingehend hinten S. 259, § 6.III.12.c.

5. Kompetenzen

a. Gesetzliche Generalversammlungskompetenzen

Der Generalversammlung obliegt gemäss Art. 698 Abs. 2 OR die Beschlussfassung über die Statuten, die Wahl der anderen Organe, die Genehmigung von Jahres- (sowie allenfalls Konzern-)rechnung und -bericht, die Beschlussfassung über die Verwendung des Bilanzgewinnes, ferner die Entlastung der Mitglieder des Verwaltungsrates und die Beschlussfassung über andere, ihr im Gesetz[797] oder in den Statuten zugewiesene Gegenstände. Mit Ausnahme der letzteren gehören diese Beschlussgegenstände zu den *unübertragbaren und unentziehbaren Aufgaben der Generalversammlung*[798]; Kompetenzen, welche der Generalversammlung darüber hinaus auf statutarischem Wege eingeräumt worden sind, können durch Änderung der fraglichen Bestimmung jederzeit einem anderen Organ zugewiesen werden[799]. Je nachdem, ob die Generalversammlung einen ihr obliegenden Beschluss inhaltlich nach ihrem Ermessen ausgestalten kann oder ob sich ihre Kompetenz auf die Annahme resp. Ablehnung eines ihr vom Verwaltungsrat unterbreiteten Antrags beschränkt, handelt es sich um eine *Beschluss-* oder lediglich eine *Genehmigungskompetenz*[800].

b. Statutarische Ausweitung der Generalversammlungskompetenzen

In kleinen, personenbezogenen Aktiengesellschaften hat die Generalversammlung «als Forum für die Zusammenkunft der Aktionäre und die damit verbundene Kommunikation und Abstimmung wichtiger Geschäfte»[801] häufig eine zentrale Bedeutung. Die oftmals familiär oder freundschaftlich verbundenen Aktionäre tauschen sich aber auch auf informellem Wege aus und bilden ihren Willen auch ausserhalb dieser Versammlungen. Die Teilhaber privater Aktiengesellschaften sind der Gesellschaft oftmals näher und haben – insbesondere in Geschäftsführungsbelangen – das Bedürfnis nach einer statutarischen Ausdehnung ihrer Informations- und Mitspracherechte[802], was jedoch *nur innerhalb*

---

[797] Eine detaillierte Auflistung dieser der Generalversammlung gesetzlich zugewiesenen Gegenstände findet sich bspw. bei FORSTMOSER/MEIER-HAYOZ/NOBEL, § 22 Rz. 56 ff.; BÖCKLI Aktienrecht, § 12 Rz. 25a f.; ZK-TANNER, Art. 698 OR Rz. 136.
[798] Statt Vieler: FORSTMOSER/MEIER-HAYOZ/NOBEL, § 22 Rz. 7 f.; BÖCKLI Aktienrecht, § 12 Rz. 26.
[799] ZK-TANNER, Art. 698 OR Rz. 138.
[800] Dazu BSK OR II-DUBS/TRUFFER, Art. 698 Rz. 8b; M. ISLER, S. 159 f.
[801] ZK-TANNER, Art. 698 OR Rz. 62.
[802] Bei einer Kompetenzdelegation wird der Generalversammlung ein ganzer Aufgabenbereich übertragen, während bei einer Beschlussdelegation lediglich eine einzelne Angelegenheit zur Beschlussfassung zugewiesen wird (M. ISLER, S. 26).

2. Kapitel: Gesellschafts- und vertragsrechtliche Ausgestaltung nicht kotierter AG

gewisser Schranken zulässig ist. So dürfen insbesondere die unübertragbaren Aufgaben des Verwaltungsrates gemäss Art. 716a Abs. 1 OR[803], mithin die Oberleitung der Gesellschaft, die eigentliche Geschäftsführung und -vertretung, die Finanzplanung sowie die Ernennung oder Abberufung von Mitgliedern der Geschäftsführung oder vertretungsberechtigten Personen nach h.L. weder der Generalversammlung zugewiesen[804], noch dürfen ihr bezüglich dieser Aufgaben Genehmigungsvorbehalte oder Weisungsrechte eingeräumt werden[805, 806].

Nach einem Teil der Lehre sollen ausserhalb dieser zwingend dem Verwaltungsrat zugewiesenen Aufgaben *gewisse Fragen der Verwaltung und Geschäftsführung* der Generalversammlung zur selbständigen, bindenden Entscheidung zugewiesen werden können; konsequenterweise verschiebe sich hinsichtlich der delegierten Kompetenzen auch die Verantwortlichkeit auf die Generalversammlung[807]. Die überwiegende, m.E. zutreffende Lehre erachtet eine solche «Delegation nach oben» auch für die nicht in Art. 716a Abs. 1 OR enthaltenen Aufgaben als unzulässig, da sie zum einen der *Grundkonzeption der Aktiengesellschaft* (der Verwaltungsrat als Organ der Geschäftsführung und Vertretung – die Generalversammlung als «Organ der Wahl und der jährlichen Rechenschaftsabnahme sowie der Normsetzung für Kapitalstruktur und Statuten»[808]) widerspreche[809]. Zum anderen sprächen *Verzerrungen der verantwortlichkeitsrechtlichen Ordnung*, welche nicht adäquat aufgefangen werden könnten, dagegen[810]. Ferner wird ins Feld geführt, es bedürfte bei einer Delegation an

---

[803] Dazu eingehender hinten S. 205, § 6.III.10.d.

[804] Ebenfalls unzulässig ist in diesem Bereich eine Kompetenzattraktion durch die Generalversammlung (M. ISLER, S. 29 m.w.H.; FORSTMOSER Organisation II, Rz. 79); zur umstrittenen Zulässigkeit einer Kompetenzattraktion ausserhalb von Art. 716a Abs. 1 OR: FORSTMOSER a.a.O., Rz. 80; BASTIAN, S. 177 ff. m.w.H.

[805] Statt Vieler: BÖCKLI Aktienrecht, § 12 Rz. 33 ff. und § 13 Rz. 293 ff. m.w.H.; FORSTMOSER/MEIER-HAYOZ/NOBEL, § 30 Rz. 67 ff.; ROTH PELLANDA, Rz. 517 ff.; M. ISLER, S. 29 f. m.w.H.

[806] Mitunter kann sich die Generalversammlung auch zu zwingenden Verwaltungsratskompetenzen indirekt äussern, bspw. wenn es zur Finanzierung einer Geschäftsstrategie einer Kapitalerhöhung bedarf (BSK OR II-WATTER/ROTH PELLANDA, Art. 716a Rz. 4; SÖDING, S. 108 f.).

[807] So SCHMITT S. 44; M.-T. MÜLLER, S. 786 ff.; BERTSCHINGER Generalversammlung, S. 907; DERS. Corporate Governance, S. 314 f. m.w.H.; ZK-HOMBURGER, Art. 716a OR Rz. 520; BSK OR II-WATTER/ROTH PELLANDA, Art. 716 Rz. 6; a.A. noch ROTH PELLANDA, Rz. 516 ff.; nur ausnahmsweise zulässig erachten dies MÜLLER/LIPP/PLÜSS, S. 137; vgl. dazu auch ZK-TANNER, Art. 698 OR Rz. 41.

[808] BÖCKLI Aktienrecht, § 13 Rz. 648.

[809] BÖCKLI Aktienrecht, § 13 Rz. 290; FORSTMOSER/MEIER-HAYOZ/NOBEL, § 30 Rz. 71; ZK-TANNER, Art. 698 OR Rz. 57 f.; KRNETA, Rz. 1160 f.; SIBBERN, S. 232; HORBER Kompetenzdelegation, S. 102; ROTH PELLANDA, Rz. 517 ff.; M. ISLER, S. 32 f. und 172 f.; FORSTMOSER Organisation II, § 9 Rz. 84.

[810] Dazu eingehend SIBBERN, S. 231 ff.; BÖCKLI Aktienrecht, § 13 Rz. 447; M. ISLER, S. 32.

die Generalversammlung auch eines Organisationsreglements sowie der sorgfältigen Auswahl, Instruktion und Überwachung, welcher Pflicht der Verwaltungsrat gegenüber der hierarchisch übergeordneten Generalversammlung nicht nachkommen könne[811]. M.E. ist eine Kompetenzdelegation an die Generalversammlung *auch aus Gründen der Funktionsfähigkeit der Gesellschaft abzulehnen*, unterliegt die Einberufung von Generalversammlungen doch strengeren Formvorschriften[812], können Generalversammlungsbeschlüsse nicht auf dem Zirkularwege gefasst[813] und – im Gegensatz zu Beschlüssen des Verwaltungsrates – von den Aktionären angefochten werden[814], welche Umstände sich in Entscheidungen, deren Fällung und Vollzug keinen Aufschub ertragen, nachteilig auswirken. Aus diesen Gründen erweist sich die Generalversammlung als das zur Fällung von Geschäftsführungsentscheiden weniger geeignete Organ[815].

Einer *Information* der Aktionäre oder einer *konsultativen Befragung* der Generalversammlung[816], wie sie in kleineren Gesellschaften in wesentlichen Entscheidungen häufig Verbreitung finden und welche eine faktische Aufsicht auch der Geschäftsführung durch die Aktionäre ermöglichen, *steht* indessen *nichts entgegen*[817].

Die Zulässigkeit einer statutarischen Begründung von *Kompetenzen* der Generalversammlung hinsichtlich der *Festlegung der Vergütungen* der Mitglieder des Verwaltungsrates und der Geschäftsleitung wird von der Lehre nach geltendem Recht ebenfalls überwiegend abgelehnt, im Wesentlichen mit der Begründung, diese Entscheidungen würden Teil der dem Verwaltungsrat in Art. 716a Abs. 1 OR unübertragbar und unentziehbar zugewiesenen Aufgabe der Oberleitung der Gesellschaft bilden[818]. M.E. ist diese Subsumtion nicht offenkundig und der Verwaltungsrat insbesondere in kleineren, privaten Aktiengesellschaften sehr wohl in der Lage, die Oberleitung der Gesellschaft auch unter «Abtretung» der Entscheidkompetenz hinsichtlich seiner Entschädigung auszuüben, was indessen einer entsprechenden statutarischen Grundlage bedürfte[819]. Anders verhält es

---

[811] FORSTMOSER/MEIER-HAYOZ/NOBEL, § 30 Rz. 71; ROTH PELLANDA, Rz. 517; M. ISLER, S. 32 f.
[812] Dazu eingehender vorn S. 131, § 6.I.2.a.
[813] BGE 67 I 347.
[814] Dazu eingehender hinten S. 280, § 8.IV.
[815] ZK-HOMBURGER, Art. 717 OR Rz. 902; BÖCKLI Aktienrecht § 13 Rz. 648; KRNETA, Rz. 1899; SOMMER, S. 122; M. ISLER, S. 33.
[816] Dazu eingehender sogleich hinten S. 144, § 6.I.5.c.
[817] FORSTMOSER Organisation II, § 1 Rz. 10; M. ISLER, S. 34.
[818] BÖCKLI/HUGUENIN/DESSEMONTET, S. 133; BSK OR II-WATTER/ROTH PELLANDA, Art. 716a Rz. 47; a.A. FORSTMOSER/MEIER-HAYOZ/NOBEL, § 28 Rz. 128; MÜLLER/LIPP/PLÜSS, S. 113 f.
[819] So auch FORSTMOSER/MEIER-HAYOZ/NOBEL, § 28 Rz. 128 und FORSTMOSER Organisation II, § 5 Rz. 120.

sich m.E. hinsichtlich der Festlegung der Vergütung der Geschäftsleitung, welche dem Verwaltungsrat als wesentlicher Bestandteil der Ernennung und Beaufsichtigung der Geschäftsleitung verbleiben soll. Der Entwurf zur Revision des Aktien- und Rechnungslegungsrechts sieht nun vor, dass «Zuständigkeiten der Generalversammlung betreffend die Festlegung der Vergütungen der Mitglieder des Verwaltungsrates und ihnen nahe stehender Personen sowie betreffend die Ausrichtung von Aktien und Optionen an Mitarbeiter» in die Statuten aufgenommen werden können[820].

c. Konsultative Befragung der Generalversammlung

Nach herrschender Lehre ist es dem Verwaltungsrat unbenommen, grundlegende Entscheidungen – so sie einen Aufschub zulassen – der Generalversammlung zur Konsultativabstimmung vorzulegen; die Entscheidung in der Sache und die Verantwortung verbleiben indessen beim Verwaltungsrat[821]. Dieses Vorgehen ist in privaten Aktiengesellschaften mit einem beschränkten Aktionärskreis verbreitet; es dient der breiteren Abstützung grundlegender Entscheidungen oder grösserer Investitionen und dadurch der Vermeidung interner Konflikte[822]. Eine konsultative Befragung der Generalversammlung kann *im Sinne einer vorausgehenden Stellungnahme* oder einer *nachträglichen Kenntnisnahme* erfolgen[823]. In der Literatur wird verschiedentlich aus Art. 717 OR eine Pflicht oder zumindest eine Obliegenheit, in gewissen Fragen eine Konsultativabstimmung durchzuführen, abgeleitet[824]. Erzwingen können Aktionäre eine Konsultativabstimmung nach umstrittener, m.E. zutreffender Ansicht jedoch nur zu Gegenständen im Kompetenzbereich der Generalversammlung, nicht hingegen zu Sachfragen aus dem Kompetenzbereich des Verwaltungsrates[825]. Eine *Festschreibung der wichtigen Fragen*, welche der Generalversammlung konsultativ

---

[820] Art. 627 Ziff. 4 E OR 2007; zum Ganzen eingehender hinten S. 251, § 6.III.12.
[821] FORSTMOSER/MEIER-HAYOZ/NOBEL, § 30 Rz. 72 f.; BÖCKLI Aktienrecht, § 12 Rz. 42; ZK-TANNER, Art. 698 OR Rz. 42; BSK OR II-DUBS/TRUFFER, Art. 698 Rz. 8, Art. 703 Rz. 4b; BERTSCHINGER Generalversammlung, S. 905; FORSTMOSER Eingriffe, S. 171 ff.; SIBBERN, S. 240 m.w.H.; ROTH PELLANDA, Rz. 523 ff.; M. ISLER, S. 37. Als Verhandlung ohne materielle Beschlussfassung im Sinne von Art. 700 Abs. 4 OR bedarf eine Konsultativabstimmung weder einer vorgängigen Ankündigung – nach BERTSCHINGER kann eine solche auch von den Aktionären erzwungen werden –, noch kann die getroffene Entscheidung angefochten werden (BSK OR II-DUBS/TRUFFER, Art. 703 Rz. 4b; BERTSCHINGER Generalversammlung, S. 905).
[822] BAUMANN, S. 153.
[823] M. ISLER, S. 38 f.; HORBER Konsultativabstimmung, S. 105.
[824] Dazu eingehend M. ISLER, S. 53 ff.; insbesondere in kleineren Verhältnissen bejahend: FORSTMOSER/MEIER-HAYOZ/NOBEL, § 30 Rz. 72; FORSTMOSER Organisation II, § 9 Rz. 70 bejaht etwa eine Vorlagepflicht von Entscheidungen, welche ohne die Unterstützung des Aktionariats nicht umgesetzt werden können.
[825] So ROTH PELLANDA, Rz. 524, 526; HORBER Konsultativabstimmung, S. 106.

zu unterbreiten sind, kann *im Organisationsreglement* erfolgen[826]. Dies ist in privaten Aktiengesellschaften, in denen das Aktionariat nach einer verstärkten Einbindung in die Belange der Geschäftsführung sucht, zu empfehlen.

Eine Konsultativentscheidung der Generalversammlung entfaltet unbestrittenermassen *keine Rechtsverbindlichkeit*[827, 828]; neben einer gewissen faktischen Bindungs- oder zumindest richtungsweisenden Wirkung[829] hat eine Konsultativentscheidung einer Generalversammlung jedoch insoweit rechtliche Implikationen, als der Verwaltungsrat aufgrund seiner Sorgfaltspflicht[830] die *Empfehlungen* der Generalversammlung zumindest *ernsthaft prüfen* muss[831], und nach einem Teil der Lehre umfassend informierte, zustimmende Aktionäre (unter der Voraussetzung der formell korrekten Traktandierung und Einladung sowie der genügenden Information über die Entscheidungsgrundlagen) nach dem Grundsatz «volenti non fit iniuria» nicht nachträglich daraus Schadenersatzansprüche gegen die Gesellschaft geltend machen können; die Verantwortlichkeit gegenüber nicht zustimmenden Aktionären sowie gebenüber Gläubigern bleibt hiervon indessen unberührt[832].

In kleinen Aktiengesellschaften mit einem beschränkten Aktionärskreis bildet die Konsultativabstimmung beispielsweise (Familien)aktionären, welche nicht

---

[826] FORSTMOSER Eingriffe, S. 176; DERS. Organisation II, § 9 Rz. 70; M. ISLER, S. 51.

[827] BSK OR II-DUBS/TRUFFER, Art. 703 Rz. 4b; FORSTMOSER/MEIER-HAYOZ/NOBEL, § 30 Rz. 72; BÖCKLI Aktienrecht, § 12 Rz. 58a; KRNETA, Rz. 1162; HORBER Konsultativabstimmung, S. 101 und 104; ROTH PELLANDA, Rz. 523; M. ISLER, S. 92 ff.

[828] Aus diesem Grund ist auch eine konsultative Befragung im Bereich der dem Verwaltungsrat unübertragbar und unentziehbar zustehenden Aufgaben zulässig (M. ISLER, S. 92).
Aus der fehlenden Rechtsverbindlichkeit wird in der Lehre verschiedentlich die Nichtanfechtbarkeit von konsultativen Generalversammlungsbeschlüssen postuliert (BÖCKLI Aktienrecht, § 13 Rz. 455b; BSK OR II-DUBS/TRUFFER, Art. 703 Rz. 4b; HORBER Kompetenzdelegation, S. 101 und 109; B. SCHOTT, S. 101 f.; a.A. im Falle einer Rüge von Verfahrensvorschriften: ZK-TANNER, Art. 703 OR Rz. 9; M. ISLER, S. 151 ff.).

[829] Dazu eingehend M. ISLER, S. 93 ff. m.w.H.

[830] Art. 717 Abs. 1 OR.

[831] BSK OR II-DUBS/TRUFFER, Art. 698 Rz. 8; ROTH PELLANDA, Rz. 523; dazu eingehend M. ISLER, S. 98 ff., welche m.E. zu Recht darauf hinweist, dass die Sorgfaltspflicht u.U. gerade ein (allenfalls zu begründendes) Abweichen von der Konsultativentscheidung der Generalversammlung gebietet.

[832] FORSTMOSER Eingriffe, S. 173 Fn. 21; DERS. Organisation II, § 9 Rz. 75; ZK-TANNER, Art. 698 OR Rz. 42; SIBBERN, S. 241 m.w.H.; im Ergebnis ähnlich: M. ISLER, S. 113 ff.; a.A. BÖCKLI Aktienrecht, § 12 Rz. 58b, § 13 Rz. 456 und § 18 Rz. 455a. Hierzu allgemein auch BGE 131 III 644, 4C.397/1998 (E. 2.b.bb), 111 II 183, 83 II 60. Nicht zustimmenden Aktionären sowie Gläubigern gegenüber besteht die Verantwortlichkeit nach m.E. zutreffender Ansicht fort (FORSTMOSER Organisation II, a.a.O; ROTH PELLANDA, Rz. 525).

im Verwaltungsrat vertreten sind, die *Möglichkeit der Willenskundgabe*[833]. Im Ergebnis stärkt eine Konsultativabstimmung daher die Mitspracherechte der Aktionäre nicht unwesentlich und dient so einer *Verbesserung der Corporate Governance*[834], zumal dadurch auch die Legitimation des Handelns des Verwaltungsrates verbessert wird.

d. Genehmigung durch die Generalversammlung

da. Statutarischer Genehmigungsvorbehalt

Ob der Generalversammlung – ausserhalb der ihr von Gesetzes wegen obliegenden Genehmigungskompetenzen[835] sowie ausserhalb der dem Verwaltungsrat unübertragbar und unentziehbar zustehenden Aufgaben[836] – statutarisch weitere Geschäfte zugewiesen werden dürfen, ist wie bereits erwähnt, umstritten[837]. Da nicht nur eine Beschluss-, sondern bereits eine Genehmigungskompetenz der Generalversammlung den Verwaltungsrat der Endentscheidung beraubt[838], dürfen *Aufgaben aus dem Kompetenzbereich des Verwaltungsrates* nach m.E. zutreffender Ansicht nicht einem Genehmigungsvorbehalt der Generalversammlung unterstellt werden. Wenngleich es insbesondere in privaten Aktiengesellschaften, in denen nicht alle Aktionäre dem Verwaltungsrat angehören, verständlicherweise einem Bedürfnis entspricht, beispielsweise Entscheide von grundlegender Bedeutung der Generalversammlung zur Genehmigung zu unterbreiten, sind solche Klauseln *nicht zulässig*[839]. Die entsprechenden Entscheide sind der Generalversammlung konsultativ zu unterbreiten, und ein allfälliger «Genehmigungsbeschluss» ist als Konsultativbeschluss zu interpretieren.

db. Interessenkonflikte zwischen Aktiengesellschaft und Verwaltungsräten

Einen Sonderfall stellen Interessenkonflikte zwischen der Aktiengesellschaft und einzelnen oder mehreren Verwaltungsräten dar; in solchen Konstellationen unterliegen Geschäfte des Verwaltungsrates nach der Rechtsprechung und einem Teil der Lehre *ausnahmsweise* der *nachträglichen Genehmigung durch die Generalversammlung*, wenn das Rechtsgeschäft nicht von anderen zustim-

---

[833] So auch M. ISLER, S. 95.
[834] M. ISLER, S. 37 f.
[835] Insbesondere Art. 698 Abs. 2 Ziff. 3 und 4 OR, sowie bspw. Art. 18 und 36 FusG.
[836] Art. 716a Abs. 1 OR; dazu eingehend hinten S. 205, § 6.III.10.d.
[837] Dazu vorn S. 141, § 6.I.5.b.
[838] BÖCKLI Aktienrecht, § 12 Rz. 33; M. ISLER, S. 165.
[839] So auch M. ISLER, S. 165 und 177; ZK-HOMBURGER, Art. 716a OR Rz. 520.

mungsberechtigten, unbefangenen Verwaltungsratsmitgliedern genehmigt werden kann, bspw. wenn alle Verwaltungsratsmitglieder zufolge Befangenheit in den Ausstand zu treten haben[840].

dc. Fällung und Wirkungen eines Genehmigungsentscheids

Ist ein Genehmigungsentscheid der Generalversammlung unumgänglich, sind die *Aktionäre* gleich *umfassend zu informieren und zu dokumentieren* wie der Verwaltungsrat[841], was in nicht kotierten Gesellschaften mit einem häufig beschränkten Aktionärskreis in der Regel umsetzbar ist. Problematisch ist indessen, dass die Aktionäre im Gegensatz zu den Mitgliedern des Verwaltungsrates keiner Sorgfalts- und Treuepflicht unterliegen[842]. Der Entscheid ist zudem insofern von begrenzter Tragweite, als in der Praxis die Mehrheitsverhältnisse in der Generalversammlung in der Regel denjenigen im Verwaltungsrat entsprechen, weshalb im Falle einer Interessenkollision eines Mehrheitsaktionärs dieser in der Generalversammlung mangels einer Ausstandspflicht[843] die Frage erneut für sich entscheiden kann[844]. Immerhin bewirkt eine Genehmigung durch die Generalversammlung eine *Offenlegung* und kann der Beschluss der Generalversammlung *beim Richter angefochten* werden[845].

Verantwortlichkeitsrechtlich entfaltet ein Genehmigungsbeschluss der Generalversammlung nach geltendem Recht insoweit Wirkung, als der Verwaltungsrat einer Belangung durch die Gesellschaft u.U. die *Einrede der Einwilligung* entgegenhalten kann[846]. Im Falle einer Beschlusskompetenz kann nach M. ISLER[847] die Einrede bereits bei einer Zustimmung der Mehrheit der Aktionäre erhoben werden, während dies im Falle einer Genehmigungskompetenz nur bei Zustimmung aller Aktionäre zulässig ist. Gegenüber einzelnen Aktionären kann die

---

[840] A. SCHOTT, S. 196 und 206 f.; ROTH PELLANDA, Rz. 357; M. ISLER, S. 187 ff.; SÖDING, S. 111; dazu eingehender hinten S. 247, § 6.III.11.jfa. und S. 248, jfb.

[841] ROTH PELLANDA, Rz. 357; A. SCHOTT, S. 210; SOMMER, S. 123.

[842] Diese Problematik erwähnt auch die Botschaft zum neuen Aktien- und Rechnungslegungsrecht (Botschaft Aktien-/Rechnungslegungsrecht, S. 1686); dazu auch vorn S. 17, § 2.I.3.a.

[843] VON DER CRONE (Interessenkonflikte, S. 9) postuliert für die Beschlussfassung in der Generalversammlung – in Analogie zu Art. 695 Abs. 1 OR – eine Ausstandspflicht für die Träger von Interessenkonflikten; gl.M. BSK OR II-DUBS/TRUFFER, Art. 698 Rz. 8d und 31; mangels Treuepflicht des Aktionärs m.E. zutreffenderweise a.A.: A. SCHOTT, S. 259; SOMMER, S. 119; M. ISLER, S. 191 f. Eine Ausstandspflicht könnte und sollte m.E. aber reglementarisch begründet werden.

[844] HANDSCHIN Treuepflicht, S. 178; BÖCKLI Aktienrecht § 13 Rz. 647a; ROTH PELLANDA, Rz. 357 f.; A. SCHOTT, S. 209 f.

[845] BÖCKLI Aktienrecht § 12 Rz. 44 und § 13 Rz. 647a; ROTH PELLANDA, Rz. 358; LAZOPOULOS Interessenkonflikte, S. 128 f.; dazu hinten S. 280, § 8.IV.

[846] BGE 131 III 644 m.V.a. BGE 4C.397/1998 und BERTSCHINGER Weisungen, S. 197 ff.

[847] S. 222 ff. m.w.H.

Einrede nicht erhoben werden, wenn sie nicht selbst in das schädigende Verhalten eingewilligt haben, ebensowenig gegenüber Gläubigern. Die Genehmigung wirkt sich so wie eine «vorgezogene» Entlastung aus.

dd. Vorschlag für eine Revision des Aktien- und Rechnungslegungsrechts

Der Entwurf zur Revision des Aktien- und Rechnungslegungsrechts sah – in Anlehnung an das neue GmbH-Recht[848] – die Möglichkeit der *statutarischen Begründung einer obligatorischen Genehmigungskompetenz* bestimmter, genau zu umschreibender Entscheide des Verwaltungsrates vor, wobei gewisse unübertragbare und unentziehbare Aufgaben des Verwaltungsrates, beispielsweise die Oberaufsicht über die Geschäftsführung und die Benachrichtigung des Richters im Falle der Überschuldung ausgenommen sein sollten[849]. Um die Aktionäre zu einem sachgerechten Entscheid zu befähigen, hielt Art. 716b Abs. 2 E OR 2007 fest, dass der Verwaltungsrat «der Generalversammlung alle Informationen vorlegen [muss], die für den Entscheid der Generalversammlung von Bedeutung sind». Ferner hielt Art. 716b Abs. 3 E OR 2007 explizit fest, dass eine Genehmigung durch die Generalversammlung die Haftung des Verwaltungsrates nicht einschränke. Zu Recht wies bereits die Botschaft Aktien-/Rechnungslegungsrecht auf mögliche negativen Konsequenzen der – für einen sachlichen Entscheid der Generalversammlung unabdingbaren – Offenlegung der entscheidrelevanten Tatsachen hin, unterliegen die Aktionäre im Gegensatz zu den Verwaltungsräten doch keiner Treuepflicht, wodurch unter Umständen wichtige Informationen nach aussen gelangen können[850]. Art. 716b E OR 2007 wurde auf Antrag der Rechtskommission des Ständerats denn auch *ersatzlos gestrichen*[851], was meines Erachtens zu Recht erfolgt ist.

de. Fazit

Mit der Genehmigung durch die Generalversammlung sind Informationspflichten verbunden, welche eine zeitnahere, bessere Information der Aktionäre bewirken und deren Kontroll- und Mitspracherechte verstärken, was unter Corporate-Governance-Gesichtspunkten grundsätzlich zu begrüssen ist. Auch kann sich der Verwaltungsrat bei den Aktionären über die Richtigkeit beabsichtigter oder bereits gefällter Entscheidungen versichern, was ihn unter Umständen bestärkt[852]. Diese Ziele können jedoch auch auf dem Wege der zweifelsfrei

---

[848] Art. 811 OR; dazu FORSTMOSER/PEYER, S. 401.
[849] Art. 716b Abs. 1 E OR 2007 i.V.m. Art. 716a (E) OR (2007).
[850] Botschaft Aktien-/Rechnungslegungsrecht, S. 1686.
[851] AmtlBull SR 2009, S. 701.
[852] M. ISLER, S. 243 ff.

zulässigen und hierfür *geeigneteren Konsultativabstimmung* erreicht werden. Kritisch wird gegenüber einer Genehmigung durch die Generalversammlung überdies verschiedentlich der im Vergleich zum Verwaltungsrat ungenügende Informationsstand und die mangelnde Befähigung der Aktionäre zur Fällung von Geschäftsführungsentscheiden angemerkt[853]. M.E. sollte – aus konzeptionellen Überlegungen sowie aus Gründen der Beförderlichkeit – auch in kleineren privaten Aktiengesellschaften die gesetzliche Zuständigkeitsordnung beibehalten und die Generalversammlung nur in gewissen ausserordentlichen Konstellationen oder bei Fragen von grundlegender Bedeutung um Genehmigung ersucht werden. Denn auch in privaten Aktiengesellschaften hat grundsätzlich der Verwaltungsrat die ihm obliegenden Aufgaben in eigener Verantwortung zu erfüllen; scheut er die Fällung der hierzu notwendigen, «alltäglichen» Entscheidungen und die daraus resultierende Verantwortlichkeit, ist er personell anders zu bestellen.

e. Kompetenzen im Bereich der Organisation des Verwaltungsrates

In beschränktem Masse kann die Generalversammlung schliesslich auf die Organisation des Verwaltungsrates Einfluss nehmen, indem sie letzterem die *Ermächtigung zur Übertragung der Geschäftsführung* auf einzelne Mitglieder oder Dritte *verwehrt*, und ihn dadurch zwingt, die Geschäfte durch alle Mitglieder gesamthaft zu führen[854]. Die Statuten können überdies die (maximale und/oder minimale) *Anzahl Verwaltungsratsmitglieder* vorsehen[855], ferner, dass die Generalversammlung den Präsidenten des Verwaltungsrates wählt, oder dass letzterem bei Stimmengleichheit kein *Stichentscheid* zukommen soll[856]. Darüber hinaus obliegt die Festlegung der Organisation des Verwaltungsrats und seiner Tätigkeit nach überwiegender Lehre unübertragbar und unentziehbar dem Verwaltungsrat – die Generalversammlung darf sich nicht einmischen[857].

Schliesslich kann der Verwaltungsrat auch durch eine enge Umschreibung des Gesellschaftszwecks eingegrenzt werden; dadurch ist der Verwaltungsrat ge-

---

[853] Statt Vieler: BÖCKLI Aktienrecht, § 13 Rz. 452.
[854] Art. 716b Abs. 1 und 3 OR; FORSTMOSER Eingriffe, S. 173; DERS. Organisation II, § 9 Rz. 18 und 20 ff.; SÖDING, S. 109 f.
[855] BERTSCHINGER Corporate Governance, S. 326; FORSTMOSER Eingriffe, S. 173; DERS. Organisation II, § 9 Rz. 37 und 41 ff.
[856] Art. 712 Abs. 2 resp. 713 Abs. 1 OR; dazu FORSTMOSER Eingriffe, S. 173.
[857] Dazu eingehend ROTH PELLANDA, Rz. 119 ff. m.w.H.; FORSTMOSER/MEIER-HAYOZ/NOBEL, § 29 Rz. 3, § 30 Rz. 36 und 65 f. (a.A. NOBEL a.a.O., § 30 Rz. 66 Fn. 23); BÖCKLI Aktienrecht, § 12 Rz. 34; ZK-HOMBURGER, Art. 712 OR Rz. 255 und Art. 716a OR Rz. 551 sowie 554; KRNETA, Rz. 1207 und 1220; KAMMERER, S. 147 f. und 153 ff.; HUNGERBÜHLER, S. 24 f.; FORSTMOSER Organisation II, § 9 Rz. 38 f.

zwungen, Erweiterungen dieser Geschäftstätigkeit der Generalversammlung vorzulegen[858].

6. Déchargerteilung im Besonderen

Als nicht unmassgebliche unübertragbare Kompetenz obliegt der Generalversammlung die Entlastung der Mitglieder des Verwaltungsrates[859]. Der Entlastungsbeschluss entfaltet *rein innergesellschaftlich Wirkung*, indem allfällige Schadenersatzforderungen der Gesellschaft sowie Ersatzansprüche zustimmender Gesellschafter für mittelbaren Schaden untergehen und die übrigen Gesellschafter eine mittelbare Schädigung innerhalb von sechs Monaten geltend machen müssen[860]; unberührt bleiben indessen die Klagerechte der Gläubiger aus mittelbarer sowie der Gläubiger und Aktionäre aus unmittelbarer Schädigung[861]. Gemäss nunmehr explizitem Gesetzeswortlaut erstreckt er sich auf «bekanntgegebene Tatsachen»[862] sowie nach überwiegender Lehre auf Tatsachen, die sonstwie bekannt sind; ob lediglich deren Erkennbarkeit genügt, ist umstritten[863].

Aus verantwortlichkeitsrechtlichen Überlegungen ist es daher sinnvoll und in privaten Aktiengesellschaften mit einem beschränkten Aktionärskreis häufig auch praktikabel, die Gesellschafter *möglichst umfassend über die Tätigkeiten des Verwaltungsrates zu informieren*. Sodann empfiehlt es sich, *keine Globalentlastung* vorzunehmen, insbesondere nicht in Fällen, in welchen ein Aktionär opponiert; in letzterem Falle hat zumindest über umstrittene Verwaltungsratsmitglieder eine individuelle Abstimmung zu erfolgen[864]. Die von der Entlastung Betroffenen sind bei der diesbezüglichen Beschlussfassung vom Stimmrecht ausgeschlossen[865].

---

[858] FORSTMOSER/MEIER-HAYOZ/NOBEL, § 24 Rz. 35 (welche dies zu Recht nur in kleineren Verhältnissen als sinnvoll erachten); BSK OR II-WATTER/ROTH PELLANDA, Art. 716a Rz. 4; SÖDING, S. 108.
[859] Art. 698 Abs. 2 Ziff. 5 OR.
[860] Art. 758 Abs. 1 und 2 OR.
[861] Statt Vieler: BSK OR II-GERICKE/WALLER, Art. 758 Rz. 4 ff.
[862] Art. 758 Abs. 1 OR.
[863] Befürwortend: BÖCKLI Aktienrecht, § 18 Rz. 451; WATTER/DUBS, S. 911; ablehnend: FORSTMOSER/MEIER-HAYOZ/NOBEL, § 36 Rz. 129.
[864] BÖCKLI Aktienrecht, § 12 Rz. 22; SCBP Empfehlung 7 Abs. 3.
[865] Art. 695 OR; dazu sowie insbesondere zur daraus resultierenden Problematik der Entlastung in kleinen oder Einpersonengesellschaften eingehender hinten S. 164, § 6.I.7.dc.

7. Beschlussfassung

a. Gesetzliche Regelung

Gemäss Art. 703 OR fasst die Generalversammlung ihre Beschlüsse und vollzieht die Wahlen, sofern das Gesetz oder die Statuten nicht etwas anderes bestimmen, mit der *absoluten Mehrheit der vertretenen Aktienstimmen*. Da leer abgegebene Stimmen nach geltendem Recht bei der Bestimmung der notwendigen Stimmenmehrheit mitzählen, wirken sich Stimmenthaltungen wie Nein-Stimmen aus[866]. Der Entwurf zur Revision des Aktien- und Rechnungslegungsrechts sieht dagegen vor, dass Stimmenthaltungen als nicht abgegebene Stimmen gelten[867], womit in den Worten FORSTMOSERS[868] eine inbesondere in kleinen Verhältnissen beliebte Möglichkeit einer «höflichen Art des Nein-Sagens» entfalle[869].

Eine *qualifizierte Mehrheit*, nämlich zwei Drittel der vertretenen Stimmen und die absolute Mehrheit der vertretenen Aktien, ist erforderlich für die in Art. 704 Abs. 1 Ziff. 1–8 OR genannten wichtigen Beschlussgegenstände[870]; dieses Quorum kann statutarisch erschwert, nicht hingegen erleichtert werden, wobei grössere Mehrheiten – seien dies Stimmen- oder Präsenzquoren[871] – aufgrund von Art. 704 Abs. 2 OR nur mit entsprechendem Mehr eingeführt werden können[872]. Nach h.L. unterliegt auch die Abschaffung einer entsprechenden Statutenbestimmung derselben Quorumsvorschrift[873]. Nach dem Entwurf zur Revison des Aktien- und Rechnungslegungsrechts, welche Regelung der indirekte Gegenentwurf des National- und Ständerates unverändert übernommen hat, soll für qualifizierte Beschlüsse der Generalversammlung neu ein Mehr von zwei Drit-

---

[866] Statt Vieler: BSK OR II-DUBS/TRUFFER, Art. 703 Rz. 9; FORSTMOSER Aktienrechtsreform, S. 24.
[867] Art. 703 Abs. 2 E OR 2007 resp. E-Parl OR.
[868] Aktienrechtsreform, S. 24.
[869] Gemäss Botschaftstext (Aktien-/Rechnungslegungsrevision, S. 1683 f.) soll diese Regelung zwingender Natur sein, was einen Widerspruch zu Abs. 1 der genannten Bestimmung begründet, wonach statutarisch von der Mehrheit der abgegebenen Stimmen (bspw. in Form einer Mehrheit aller Aktienstimmen) abgewichen werden kann
[870] Es sind dies die Änderung des Gesellschaftszweckes (Ziff. 1), die Einführung von Stimmrechtsaktien (Ziff. 2), die Vinkulierung von Namenaktien (Ziff. 3), die genehmigte und bedingte Kapitalerhöhung (Ziff. 4), die Kapitalerhöhung aus Eigenkapital, gegen Sacheinlage oder zwecks Sachübernahme, die Gewährung besonderer Vorteile (Ziff. 5), die Einschränkung und Aufhebung des Bezugsrechts (Ziff. 6), die Verlegung des Sitzes der Gesellschaft (Ziff. 7) sowie die Auflösung der Gesellschaft (Ziff. 8).
[871] Dazu sogleich nachstehend S. 152, § 6.I.7.b.ba.
[872] Dazu sogleich nachstehend S. 152, § 6.I.7.b.bb.
[873] BÖCKLI Aktienrecht, § 12 Rz. 401 ff.; FORSTMOSER/MEIER-HAYOZ/NOBEL, § 24 Rz. 51; BSK OR II-DUBS/TRUFFER, Art. 704 Rz. 11 f.; ZK-TANNER, Art. 704 OR Rz. 93.

teln der abgegebenen (anstelle der vertretenen) Stimmen sowie (wie bislang) eine Mehrheit der vertretenen Aktiennennwerte erforderlich sein[874].

b. Arten und Funktionen statutarischer Quoren

ba. Präsenz- und Stimmenquoren

Präsenzquoren legen die Zahl der Aktionäre oder den Anteil des Aktienkapitals fest, welche(r) für die Fällung eines bestimmten Beschlusses/die Vornahme einer bestimmten Wahl *anwesend oder vertreten* sein muss. Präsenzquoren finden sich im geltenden Aktienrecht nur noch indirekt für die Zusammenlegung von Aktien[875], in Form zweier Einstimmigkeitsvorschriften[876] sowie in den Anforderungen an die Universalversammlung[877]; ferner unterliegen gewisse Erleichterungen des FusG der Zustimmung aller Gesellschafter[878]. Präsenzquoren können statutarisch begründet werden und beispielsweise in kleineren Aktiengesellschaften für sämtliche Statutenänderungen sinnvoll sein[879]. Präsenzquoren verhelfen Minderheitsaktionären dazu, dass gewisse Gesellschaftsbeschlüsse zumindest deren Anwesenheit an der Generalversammlung erfordern[880].

Stimmenquoren legen demgegenüber den für eine Beschlussfassung oder eine Wahl erforderlichen *Anteil an befürwortenden Stimmen* fest, welcher sich am gesamten Aktienkapital, an den vertretenen oder an den abgegebenen Stimmen bemessen kann[881, 882].

bb. Qualifizierte Mehrheitsquoren und Einstimmigkeitsvorschriften

Qualifizierte Mehrheitsquoren dienen i.d.R. dem *Schutz von Minderheitsaktionären*, indem die erschwerte Beschlussfassung über gewisse Gegenstände der

---

[874] Art. 703 und 704 Abs. 1 E OR 2007 resp. E-Parl OR.
[875] Art. 623 Abs. 2 OR.
[876] Es sind dies Art. 706 Abs. 2 Ziff. 4 OR (Aufhebung der Gewinnstrebigkeit der Gesellschaft) und Art. 727a Abs. 2 OR (Verzicht auf die eingeschränkte Revision, wenn die Gesellschaft nicht mehr als zehn Vollzeitstellen im Jahresdurchschnitt hat).
[877] Art. 701 OR.
[878] Art. 14 Abs. 2, 39 Abs. 2 resp. 61 Abs. 2 FusG (Verzicht kleinerer und mittlerer Unternehmen auf die Erstellung eines Fusions-, Spaltungs- oder Umwandlungsberichts), Art. 15 Abs. 2, Art. 40 i.V.m. Art. 15, resp. Art. 62 Abs. 2 FusG (Verzicht auf die Prüfung des Fusions-, Spaltungs- oder Umwandlungsberichts) und Art. 16 Abs. 2, Art. 41 Abs. 2 resp. Art. 63 Abs. 2 FusG (Verzicht auf das Einsichtsverfahren).
[879] BÖCKLI Aktienrecht, § 12 Rz. 351.
[880] FORSTMOSER/MEIER-HAYOZ/NOBEL, § 24 Rz. 52; SÖDING, S. 155.
[881] FORSTMOSER/MEIER-HAYOZ/NOBEL, § 24 Rz. 5 f.
[882] Ein anschaulicher Überblick über die verschiedenen Quoren findet sich in TANNER Quoren, § 4 Rz. 94; ZK-DIES., Art. 703 OR Rz. 110.

§ 6 Organisation der Gesellschaft

Zustimmung der Letzteren bedarf, mithin eine sog. Sperrminorität «einen von der Mehrheit gewollten positiven Beschluss, eine Rechtsveränderung entweder mittels Abwesenheit, Stimmenthaltung oder Nein- bzw. Leerstimme zu verhindern und im Interesse der bestehenden Verhältnisse einen ablehnenden, negativen Beschluss herbeizuführen» vermag[883]. *Ausnahmsweise* können sich verschärfte Quorumsvorschriften jedoch auch *nachteilig* auf Minderheitsaktionäre auswirken, etwa bei einer Erhöhung des erforderlichen Quorums hinsichtlich des Abberufungsrechts der Generalversammlung von Verwaltungsrat und Revisionsstelle[884]. Aber nicht nur Minderheiten sollen geschützt werden; ganz allgemein dienen qualifizierte Mehrheitserfordernisse dem «Schutz der Gesellschaft und auch der Gesellschafter», indem verhindert werden soll, dass «bedeutende Rechtsveränderungen nicht leichtfertig, sondern nur erschwert [...] mit einer [...] qualifizierten Zustimmungsmehrheit vorgenommen werden können»[885].

Umstritten ist in der Lehre die Zulässigkeit statutarisch so *stark erschwerter Quoren (bis hin zur Einstimmigkeit)*, dass diese faktisch kaum mehr erreicht werden können. So vertritt etwa BÖCKLI[886] die Auffassung, dass qualifizierte Quoren hinsichtlich der vier für die Selbstverwaltung der Gesellschaft unbedingt notwendigen Beschlussfassungsgegenstände gemäss Art. 698 Abs. 2 Ziff. 2–4 OR[887] nicht zulässig seien, da eine diesbezügliche Beschlussunfähigkeiten die Funktionsfähigkeit der Gesellschaft grundsätzlich gefährden würde; das Vetorecht einer Minderheit widerspreche auch dem Grundsatz der Selbstverwaltung der juristischen Person. Unzulässig seien auf dem Hintergrund von Art. 706b Ziff. 2 OR ferner jegliche Erschwerungen der den Aktionären von Gesetzes wegen zustehenden Kontrollrechte[888], würde dadurch doch die Aufsichtsfunkti-

---

[883] TANNER Quoren, § 3 Rz. 40; zu Recht weist TANNER (a.a.O., § 3 Rz. 8 f. und 35 ff.) auch auf die Gefahr für die Gesellschaft hin, dass eine solche Sperrminorität – je erschwerender das Quorum ausgestaltet ist, umso einfacher wird diese erreicht – ja nicht immer von hehrem Gedankengut getragen sein muss, und durchaus aus egoistischen Motiven für die Gesellschaft notwendige Beschlüsse dauernd verhindern und so das Funktionieren der Gesellschaft gefährden kann; dazu auch FORSTMOSER/MEIER-HAYOZ/NOBEL, § 24 Rz. 52; BSK OR II-DUBS/TRUFFER, Art. 704 Rz. 15 (welche ebenfalls auf die nachteilige, u.U. petrifizierende Wirkung solcher Quoren hinweisen); SÖDING, S. 128 und 154.

[884] P. KUNZ Minderheitenschutz, § 12 Rz. 85 f.; ZK-TANNER, Art. 703 OR Rz. 47.

[885] TANNER Quoren, § 3 Rz. 8 m.w.H.

[886] Aktienrecht, § 12 Rz. 416, 420 ff.

[887] Es sind dies die Wahl des Verwaltungsrates und der Revisionsstelle (Ziff. 2), die Genehmigung der Jahres- und gegebenenfalls Konzernrechnung (Ziff. 3) sowie die Verwendung des Bilanzgewinnes (Ziff. 4).

[888] 731a Abs. 3 OR (Ernennung von Sachverständigen), Art. 705 OR (Abberufung eines Verwaltungsrates oder der Kontrollstelle) sowie Art. 696a ff. OR (Anordnung einer Sonderprüfung); a.A. jedoch BSK OR II-WEBER (Art. 697a Rz. 32) und CASUTT (S. 79.),

2. Kapitel: Gesellschafts- und vertragsrechtliche Ausgestaltung nicht kotierter AG

on der Generalversammlung über die Gesellschaft beeinträchtigt[889]. Auch die statutarische Begründung des Einstimmigkeitsprinzips erachtet BÖCKLI[890] aus Gründen der körperschaftsrechtlichen Konzeption der sich autonom verwaltenden Aktiengesellschaft und des Verstosses gegen das grundsätzlich zum Aktienbesitz proportionale Stimmrecht sowie auf dem Hintergrund der bundesgerichtlichen Rechtsprechung[891] als unzulässig.

Die überwiegende Lehre erachtet statutarisch stark erhöhte Quorums- oder gar Einstimmigkeitsvorschriften indessen als zulässig und zur Betonung des personengesellschaftlichen Elementes in privaten Gesellschaften geeignet, mahnt jedoch zu einer gewissen Zurückhaltung[892]. Neben der Beachtung des gesetzlichen Einführungsquorums[893] müsse das Ausmass der Erschwerung in Bezug auf den fraglichen Beschlussgegenstand erwogen werden; überdies müsse nicht nur die aktuelle, sondern auch die mögliche künftige Aktionärs- und Kapitalstruktur der Gesellschaft bedacht werden[894].

M.E. sind statutarisch erhöhte Quoren zwar grundsätzlich *zulässig*, da sie die Funktionsfähigkeit der Gesellschaft nicht unwesentlich beeinträchtigen aber *nur in Grundfragen*, wie der Änderung des Gesellschaftszwecks oder – was in privaten Aktiengesellschaften von besonderer Bedeutung ist – der Übertragung von Namenaktien *sinnvoll*; anderweitige Erschwerungen sind mit dem Instrument des Aktionärbindungsvertrages zu verwirklichen. Eine Möglichkeit, die Beschlussunfähigkeit einer Gesellschaft zu verhindern, bieten auch zweistufige Statutenklauseln, welche lediglich für eine erste Generalversammlung ein qualifiziertes (Präsenz-)quorum vorsehen; wird letzteres nicht erreicht, gilt in einer zweiten, nach einer gewissen Mindestfrist abzuhaltenden Generalversammlung

---

welche qualifizierte Quoren hinsichtlich der Beschlussfassung über die Einsetzung eines Sonderprüfers als zulässig erachten.

[889] BÖCKLI Aktienrecht, § 12 Rz. 427 ff.

[890] Aktienrecht, § 12 Rz. 427a. Eine Ausnahme bilden paritätische Zweipersonengesellschaften, in welchen dem Vorsitzenden der Generalversammlung kein Stichentscheid zukommt, versagt hier den (Mehr)heitsprinzip und muss faktisch mit dem Einstimmigkeitsprinzip gelebt werden (a.a.O.); dazu auch vorn S. 39, § 3.III.3.b.

[891] BGE 117 II 313: «Il reste que la mesure de l'aggravation ne doit pas rendre impossible la révocation [...]. Quant à la limite de cette aggravation, elle ne peut être fixée que de cas en cas, mais elle ne devrait jamais consacrer le principe de l'unanimité.» (= Pra 81 (1992) Nr. 137 S. 500). Nach BÖCKLI (Aktienrecht, § 12 Rz. 364 und 427a f.) handelt es sich dabei um einen Grundsatzentscheid, nach Ansicht von DUBS/TRUFFER (BSK OR II-DUBS/TRUFFER, Art. 704 Rz. 13) lediglich um ein obiter dictum.

[892] ZK-TANNER, Art. 703 Rz. 107 f.; FORSTMOSER/MEIER-HAYOZ/NOBEL, § 24 Rz. 52; ZÄCH/SCHLEIFFER, S. 265; SÖDING, S. 167 ff.

[893] Art. 704 Abs. 2 OR.

[894] ZK-TANNER, Art. 703 OR Rz. 107 ff.; DIES. Quoren, S. 175 ff.; BSK OR II-DUBS/TRUFFER, Art. 704 Rz. 14 f.; FORSTMOSER/MEIER-HAYOZ/NOBEL, § 24 Rz. 47 ff.; P. KUNZ Minderheitenschutz, § 12 Rz. 91; BAUMANN, S. 147.

ein einfacheres Quorum[895]. Auch solche Klauseln bewirken jedoch eine gewisse Schwerfälligkeit, und sie bieten letztlich einer Minderheit keinen zusätzlichen Schutz.

bc.   **Minderheitsquoren**

Umstritten ist in der Lehre sodann, ob gewisse Beschlussfassungsgegenstände auch sog. Minderheitsquoren unterstellt werden können. Ausgeschlossen ist dies zweifelsfrei hinsichtlich der in Art. 704 Ziff. 1–8 OR genannten wichtigen Beschlussgegenstände[896]; hinsichtlich der übrigen Beschlussfassungsgegenstände schliesst das Gesetz dies in Art. 703 OR, welche Bestimmung dispositiver Natur ist, nicht aus[897]. Das *Bundesgericht* hat die Frage der Zulässigkeit von Minderheitsquoren *offen gelassen*, jedoch verschiedentlich zum gesetzlichen Mehrheitsprinzip in der Beschlussfassung der Generalversammlung ausgeführt: «Die Struktur des Gesellschaftsrechtes lässt den Willen der Mehrheit der Aktionäre ausschlaggebend sein. Mit dem Eintritt in die Gesellschaft unterwirft sich der Aktionär diesem Grundsatz, und er anerkennt, dass die Mehrheit auch dann bindend entscheidet, wenn sie nicht die bestmögliche Lösung trifft […] und ihre eigenen Interessen denjenigen der Minderheit vorgehen lässt. Nur wenn die Mehrheit die ihr in Art. 703 OR eingeräumte Macht im Hinblick auf entgegengesetzte Interessen der Minderheit offensichtlich missbraucht, darf der Richter einschreiten»[898]. Nach BÖCKLI[899] verstossen Minderheitsquoren gegen das Mehrheitsprinzip und damit gegen die Grundstrukturen der Aktiengesellschaft, weshalb eine entsprechende Statutenbestimmung vom Handelsregisterführer abzulehnen wäre. Verschiedene Autoren erachten Minderheitsquoren für gewisse Beschlussfassungsgegenstände unter Hinweis auf die vom Gesetzgeber explizit geschützten Minderheitsrechte jedoch als probates Mittel des Minderheitenschutzes und damit als zulässig[900]. Auf diese Weise könne eine Minderheit nicht nur Rechtsveränderungen verhindern, sondern auch «ihren positiven Willen zum Willen der gesamten Körperschaft»[901] erheben, welches Mittel jedoch vorsichtig

---

[895] ZÄCH/SCHLEIFFER, S. 265.
[896] Dazu vorn S. 151, § 6.I.7.a.
[897] ZK-TANNER, Art. 703 Rz. 95.
[898] BGE 102 II 269; ein Minderheitsquorum der besonderen Art bildet das sog. «cumulative voting» (dazu eingehend hinten S. 169, § 6.III.1.b.).
[899] Aktienrecht, § 12 Rz. 417 und 430.
[900] P. KUNZ Minderheitenschutz, § 12 Rz. 93; FORSTMOSER/MEIER-HAYOZ/NOBEL, § 24 Rz. 54; BSK OR II-DUBS/TRUFFER, Art. 703 Rz. 15; noch stark befürwortend: TANNER Quoren, S. 82 f., zurückhaltender in: ZK-DIES., Art. 703 OR Rz. 95 ff.; SÖDING, S. 156 f.
[901] ZK-TANNER, Art. 703 Rz. 97.

(beispielsweise beim Beschluss über die Auflösung und Liquidation einer Aktiengesellschaft) einzusetzen sei[902].

M.E. sind Minderheitsquoren *zulässig*, insbesondere auch, weil sie, wie SÖDING[903] zu Recht darlegt, als Statutenänderungen mindestens mit absolutem Mehr eingeführt werden müssen, womit spätere Minderheitsentscheide vom Willen der Mehrheit getragen werden. In stark personenbezogenen, privaten Aktiengesellschaften können sie u.U. sinnvoll sein und eine Annäherung an das in der (vielleicht vormals bestehenden) Personengesellschaft herrschende Einstimmigkeitsprinzip bieten; die fraglichen Minderheitenrechte können aber immer auch für gesellschaftsfremde Zwecke missbraucht werden, weshalb Minderheitsquoren doch mit Bedacht und *nur in grundlegenden Fragen*, wie bspw. der Auflösung der Gesellschaft zu schaffen sind.

c. Stichentscheid des Vorsitzenden der Generalversammlung

In der Lehre war es lange Zeit umstritten, ob es zulässig sei, dem Vorsitzenden der Generalversammlung statutarisch den Stichentscheid einzuräumen. Das *Bundesgericht* hat die *Zulässigkeit* einer solchen Regelung dann aber *bejaht* und ausgeführt, zwar sei denkbar, «dass der statutarische Stichentscheid in einzelnen Fällen dauernd zu Mehrheitsbeschlüssen führen kann. Aber solche Beschlüsse brauchen durchaus nicht rechtsmissbräuchlich zu sein [...]. Das ist erst dann der Fall, wenn der auf Grund des Stichentscheides gefasste Beschluss sich durch vernünftige wirtschaftliche Erwägungen nicht rechtfertigen lässt, die Interessen der Minderheit offensichtlich beeinträchtigt und Sonderinteressen der Mehrheit ohne Grund bevorzugt [...]. Wird die Minderheit durch einen sachlich nicht gerechtfertigten Beschluss beeinträchtigt, so steht ihr die Anfechtungs- und allenfalls die Auflösungsklage aus wichtigen Gründen offen (Art. 706 und 736 Abs. 4 OR)»[904].

Wohl vermag der Stichentscheid das Problem der Beschlussunfähigkeit in der Generalversammlung zu lösen, doch wird dadurch ein in der Regel massgeblicher Aktionär minorisiert, weshalb von einer solchen Regelung *nur zurückhaltend Gebrauch* zu machen ist.

d. Teilnahmeberechtigung, Stimm- und Wahlrechtsausübung

Das Recht auf Teilnahme an der Generalversammlung sowie das Stimm- und Wahlrecht bilden *zentrale Elemente der persönlichen Mitgliedschaftsrechte* eines Aktionärs. Die Teilnahme- und Stimmberechtigung bestimmt sich bei

---

[902] Art. 699 Abs. 3 und 736 Abs. 1 Ziff. OR.
[903] S. 157 f.
[904] BGE 95 II 362.

Inhaberaktien danach, wer sich durch Vorlage der Aktien als Besitzer ausweisen kann[905], resp. bei Namenaktien nach dem Kriterium, «wer durch den Eintrag im Aktienbuch ausgewiesen [...] ist»[906].

Gemäss Art. 689 Abs. 2 OR kann ein Aktionär seine Aktien an der Generalversammlung auch «durch einen Dritten vertreten lassen, der unter Vorbehalt abweichender statutarischer Bestimmungen nicht Aktionär zu sein braucht»[907]. Ein *Vertreter* muss sich gegenüber der Gesellschaft mittels schriftlicher Vollmacht, mithin durch eigenhändige Unterschrift oder durch eine qualifizierte elektronische Signatur ausweisen[908, 909].

da. Statutarische Vertretungsbeschränkungen

daa. Allgemeine inhaltliche Schranken

Gemäss geltendem Art. 698 Abs. 2 letzter Teilsatz OR können die Statuten – wie soeben erwähnt[910] – bestimmen, dass ein Vertreter ebenfalls Aktionär sein muss. Die h.L. erachtet aber auch anderweitige Beschränkungen des Vertretungsrechts – solange sie korrekt eingeführt wurden und das Stimmrecht nicht faktisch ausschliessen – als zulässig[911]; eine *Statutenbestimmung, welche die Vertretung gänzlich ausschliesst, resp. ein Beschluss*, welcher sich auf eine solche Statutenbestimmung stützen würde, wäre indessen *nichtig*[912]. Ebenfalls nicht ausschliessbar sind gesetzliche Vertreter von Aktionären[913].

---

[905] Art. 689a Abs. 2 OR; dazu bereits vorn S. 68, § 4.III.1.
[906] Art. 689a Abs. 1 OR; dazu bereits vorn S. 69, § 4 III.2a.
[907] Der Entwurf zur Revision des Aktien- und Rechnungslegungsrechts resp. der indirekte Gegenvorschlag zur Volksinitiative «Minder» des National- und Ständerates sieht die Streichung dieses Teilsatzes und nurmehr den Grundsatz vor, dass «Aktionärinnen und Aktionäre entweder selber an der GV teilnehmen oder sich vertreten lassen können» (Art. 689 Abs. 2 E OR 2007 resp. E-Parl OR).
[908] Art. 689a Abs. 1 OR i.V.m. Art. 14 Abs. 1 und 2bis OR, resp. Art. 689a Abs. 1bis E OR 2007 resp. E-Parl OR.
Nach geltendem Recht wird – gestützt auf Art. 14 Abs. 2bis letzter Satz OR – in der Lehre die Meinung vertreten, es sei auch zulässig, statutarisch eine andere Unterschriftsform vorzusehen, welche Erleichterung nach revidiertem Recht entfallen würde (PÖSCHEL, S. 233 ff.)
[909] Zu den Ausgestaltungsmöglichkeiten sogleich hinten S. 157, § 6.I.7.da.
[910] Vorn S. 156, § 6.I.7.d.
[911] So kann beispielsweise in Familiengesellschaften die Vertretung auf Ehegatten und Familienangehörige beschränkt werden.
[912] VON SALIS Stimm- und Vertretungsrecht, S. 329 m.w.H.; FORSTMOSER/MEIER-HAYOZ/NOBEL, § 25 Rz. 94.
[913] BSK OR II-SCHAAD, Art. 689 Rz. 26.

dab. Vertretung nur durch einen Aktionär insbesondere

Die relativ häufig anzutreffende Statutenbestimmung, wonach ein Aktionär an der Generalversammlung sein Stimmrecht nur durch einen anderen Aktionär ausüben lassen kann, vereitelt gerade in geschlossenen Gesellschaften häufig die Stimmrechtsausübung, wenn sich ein Aktionär nur durch einen Aktionär, welcher ihm gänzlich entgegen gesetzte Auffassungen vertritt, vertreten lassen kann. In solchen Konstellationen postuliert BÖCKLI in Analogie zu Art. 689c OR die *Zur-Verfügung-Stellung eines unabhängigen Stimmrechtsvertreters*[914]; andernfalls könne dem Aktionär aufgrund des Vorrangs des Stimmrechts, welches unentziehbar sei, eine Vertretungsbeschränkung nicht entgegengehalten werden[915]. Auch die Rechtsprechung hat einen Anspruch auf unabhängige Stimmrechtsvertretung in einer solchen Konstellation bereits anerkannt[916]. Entsprechend sieht Art. 689d Abs. 2–5 E OR 2007 nun vor, dass nicht kotierte Gesellschaften mit einer statutarischen Vertretungsbeschränkung auf Verlangen eines Aktionärs eine unabhängige Person bezeichnen müssen; das Gesuch eines Aktionärs um Ernennung eines unabhängigen Stimmrechtsvertreters muss spätestens 14 Tage vor der Generalversammlung eingereicht, Name und Adresse des Letzteren müssen durch die Gesellschaft spätestens 8 Tage vor der Generalversammlung bekannt gegeben werden, andernfalls sich der Aktionär durch einen beliebigen Dritten vertreten lassen kann[917]. Aus Sicht der Corporate Governance ist auch *vor* dem *Inkrafttreten* dieser Bestimmung eine *entsprechende statutarische Regelung*[918] unbedingt geboten.

---

[914] Gl. A. PH. MEYER, S. 18 f.

[915] BÖCKLI Aktienrecht, § 12 Rz. 139 f. und 483 f.; BÖCKLI/HUGUENIN/DESSEMONTET, S. 126; gl.A. VON SALIS Stimm- und Vertretungsrecht, S. 361 f., 368, 375, welcher in einer entsprechenden Beschränkung einen Verstoss gegen Art. 706b Ziff. 1 OR ortet, was Nichtigkeit zur Folge habe.

[916] Entscheid des Handelsgerichts des Kantons Aargau vom 26. Januar 2001 (ZBGR 2002 S. 367 ff.).

[917] Botschaft Aktien-/Rechnungslegungsrecht, S. 1613. Der indirekte Gegenvorschlag des National- und Ständerats zur Volksinitiative «Minder» sieht – analog der Terminologie bei kotierten Gesellschaften – die Formulierung «einen unabhängigen Stimmrechtsvertreter» vor (Art. 689d Abs. 2 E-Parl OR); im Übrigen folgt er dem E OR 2007.

[918] Eine solche Statutenbestimmung könnte – in Anlehnung an die von BÖCKLI/HUGUENIN/ DESSEMONTET (S. 221) vorgeschlagene neue Gesetzesbestimmung – lauten: «Aktionäre können sich an der Generalversammlung nur durch andere Aktionäre vertreten lassen. Ist es einem Aktionär nicht möglich, unter den Aktionären einen zumutbaren Vertreter auszuwählen, so hat die Gesellschaft eine unabhängige Person zu bezeichnen, die mit der Vertretung beauftragt werden kann».

dac. Einführung

Vertretungsbeschränkungen bedürfen als *sog. bedingt-notwendiger Statuteninhalt* der Aufnahme in die Statuten[919]. Werden Vertretungsbeschränkungen in den ursprünglichen Statuten eingeführt, bedarf die Regelung der in öffentlicher Urkunde erklärten *Zustimmung sämtlicher Gesellschafter*[920]. Nachträglich können Vertretungsbeschränkungen – da Art. 704 Abs. 1 OR kein qualifiziertes Quorum vorsieht – *mit absolutem Mehr* gemäss Art. 703 OR eingeführt werden[921]. Nachträglich eingeführte statutarische Vertretungsbeschränkungen müssen generell auf ihre Erforderlichkeit und ihre Eignung, die gewünschten Interessen zu verwirklichen, geprüft werden[922]. In Gesellschaften, welche nur Inhaber- und/oder nicht vinkulierte Namenaktien ausstehend haben, deren Aktionariat sich folglich frei zusammensetzen kann, erweist sich eine Vertretungsbeschränkung als sachlich nicht gerechtfertigt; sie kann gestützt auf Art. 706 Abs. 2 Ziff. 2 OR angefochten werden. Anders verhält es sich in Gesellschaften mit vinkulierten Namenaktien. Hier würde die Zulassung von Personen als Vertreter, welche von der Gesellschaft aufgrund der Vinkulierungsordnung abgelehnt werden könnten, letztere geradezu unterlaufen. In der Regel dürfen Vertretungsbeschränkungen daher dieselben Ablehnungsgründe enthalten, welche zulässig sind, einen Erwerber als Aktionär abzulehnen, mithin gemäss Art. 685b Abs. 2 OR *statutarisch umschriebene, wichtige Gründe*, welche im Hinblick auf den *Gesellschaftszweck* oder die *wirtschaftliche Selbständigkeit des Unternehmens* eine Ablehnung rechtfertigen. Erweist sich der Kreis möglicher Vertreter im – in geschlossenen Gesellschaften relativ häufigen – Einzelfall jedoch als zu eng in dem Sinne, als keine optimale Vertretung mehr möglich ist, ist eine nachträgliche Einführung sachlich nicht gerechtfertigt und gestützt auf Art. 706 Abs. 2 Ziff. 2 OR anfechtbar[923].

dad. Problematik

Wie sich bereits aus dem allgemeinen Auftragsrecht[924] ergibt, ist der Vertreter aufgrund von Art. 689b Abs. 1 OR verpflichtet, entsprechend den Weisungen des Aktionärs zu stimmen und zu handeln; dies gilt jedoch nur im Innenverhältnis zwischen Auftraggeber und Beauftragtem. Eine *den Weisungen des Aktionärs widersprechende Stimmabgabe* ist jedoch – selbst wenn die Gesellschaft davon Kenntnis hat – *gültig*; dem Aktionär bleibt lediglich ein allfälliger An-

---

[919] Art. 627 Ziff. 10 OR.
[920] Art. 629 Abs. 1 OR.
[921] VON SALIS Stimm- und Vertretungsrecht, S. 333.
[922] VON SALIS Stimm- und Vertretungsrecht, S. 363; BSK OR II-SCHAAD, ART. 689 Rz. 50.
[923] VON SALIS Stimm- und Vertretungsrecht, S. 363 ff.; a.A. VOGEL, S. 123.
[924] Art. 397 Abs. 1 OR.

spruch auf Schadenersatz gegenüber dem fehlbaren Vertreter gestützt auf Art. 97 ff. OR[925].

dae. Funktion

Vertretungsbeschränkungen bezwecken, gewissen Personen, welche aus Sicht der Gesellschaft unerwünscht sind, den Zutritt zur Generalversammlung zu verweigern. Dieses *Bedürfnis nach Persönlichkeit und Vertraulichkeit* ist namentlich in Gesellschaften mit einem geschlossenen Aktionärskreis häufig gross und grundsätzlich auch schützenswert; es bedarf indessen in denjenigen Fällen einer Begrenzung, in denen den Interessen eines einzelnen Aktionärs nicht mehr genügend Rechnung getragen wird, etwa wenn ein Aktionär seine Stimmrechte nur noch durch einen unzumutbaren Vertreter ausüben lassen müsste. Diesfalls ist, wie erwähnt, die Zur-Verfügungstellung eines unabhängigen Stimmrechtsvertreters geboten[926].

db.   Stimmrechtsbeschränkungen

dba. Inhalt

In *Abweichung* des die Aktiengesellschaft beherrschenden *Prinzips der Kapitalbezogenheit*, wonach sich die Stimmkraft der Aktionäre an der Generalversammlung grundsätzlich nach ihrer Kapitalbeteiligung bemisst[927], kann «die Stimmenzahl der Besitzer mehrerer Aktien» beschränkt werden; das sog. Virilstimmrecht, d.h. eine Mindeststimme pro Aktionär muss jedoch erhalten bleiben[928, 929].

dbb. Arten

Die *Beschränkung* kann durch Festschreibung einer *absoluten Zahl* oder eines *bestimmten Prozentsatzes* an der Generalversammlung maximal vertretbarer Stimmen erfolgen; sie kann sich nur auf eigene oder – sofern dadurch die Ausübung des Stimmrechts nicht gänzlich verunmöglicht wird – auch auf vertretene

---

[925] FORSTMOSER/MEIER-HAYOZ/NOBEL, § 24 Rz. 127 ff.; BÖCKLI Aktienrecht, § 12 Rz. 145.
[926] Dazu vorn S. 158, § 6.I.7.dab.
[927] Art. 692 Abs. 1 OR; dazu vorn S. 17, § 2.I.3.a.
[928] Art. 692 Abs. 2 OR.
[929] Eine Ausnahme von diesem Grundsatz bildet nun die Herabsetzung des Aktienkapitals auf Null und die anschliessende Wiedererhöhung zum Zwecke der Sanierung, welche den Untergang sämtlicher bisheriger Rechte der Aktionäre, mithin auch den vollständigen Untergang der Stimmrechte bewirkt (Art. 732a OR, resp. Art. 653q E OR 2007; dazu KÄGI, S. 13).

Aktien erstrecken[930]. Denkbar ist auch eine *Beschränkung des Anwendungsbereiches* der Stimmrechtsbeschränkungsklausel auf einzelne Bereiche/Abstimmungsgegenstände[931]. Nicht zulässig, da gegen das Gleichbehandlungsprinzip verstossend, wäre indessen die Befreiung einzelner Aktionäre oder Aktionärsgruppen (etwa der Angehörigen einer Familie) von der Stimmrechtsbeschränkung[932, 933]. Häufig enthalten Stimmrechtsbeschränkungen *sog. Gruppen- oder Verbundsklauseln*, wonach untereinander verbundene, gemeinsam vorgehende Aktionäre der Stimmrechtsbeschränkung als Gruppe unterliegen. Dabei erweist sich die genaue und abschliessende Definition des Begriffes der «verbundenen Aktionäre» in den Statuten als unerlässlich[934].

dbc.   Einführung von Stimmrechtsbeschränkungen

Stimmrechtsbeschränkungen *in den Gründungsstatuten* bedürfen der in öffentlicher Urkunde erklärten *Zustimmung sämtlicher Gesellschafter*[935]. Die *nachträgliche Einführung* kann mit absolutem Mehr gemäss Art. 703 OR erfolgen, darf jedoch bestehende Aktionärsrechte nicht in unsachlicher Weise beschränken[936]; wird die Stimmrechtsbeschränkung höher oder gleich hoch angesetzt wie die Stimmkraft des grössten Aktionärs, begründet dies keine unzulässige Beschränkung[937]. Eine Stimmrechtsbeschränkung muss *durch* den *Gesellschaftszweck*

---

[930] FORSTMOSER/MEIER-HAYOZ/NOBEL, § 24 Rz. 61; VON SALIS Stimmkraft, S. 173, 182; BÖCKLI Aktienrecht, § 12 Rz. 485. Die Zulässigkeit sog. skalierter, d.h. stufenweise beschränkter Stimmrechte ist hingegen umstritten (aufgrund des Gleichbehandlungsgebots ablehnend: FORSTMOSER/MEIER-HAYOZ/NOBEL, § 24 Rz. 61; ohne Begründung befürwortend: VON SALIS Stimmkraft, S. 173). Ebenfalls umstritten ist die Zulässigkeit eines Kopfstimmrechts in der Aktiengesellschaft (befürwortend mit eingehender Begründung statt Vieler: KRATZ, § 9 N 30 ff. m.w.H.; ablehnend statt Vieler: BÖCKLI Aktienrecht, § 12 Rz. 476 m.w.H.).

[931] VON SALIS Stimmkraft, S. 181.

[932] FORSTMOSER/MEIER-HAYOZ/NOBEL, § 24 Rz. 70; BÖCKLI Aktienrecht, § 12 Rz. 470; VON SALIS Stimm- und Vertretungsrecht, S. 263 ff.; PREMAND, § 6 Rz. 453 ff. m.w.H.

[933] Im Rahmen eines Aktionärbindungsvertrages wäre es möglich, in diesem Sinne unterscheidende Stimmrechtsvereinbarungen zu treffen (dazu vorn S. 106, § 5.II.1.); eine solche Vereinbarung vermag indessen, wie vorn (S. 103, § 5.I.) dargelegt, lediglich die Vertragsparteien zu binden, nicht jedoch innergesellschaftlich Wirkung zu entfalten.

[934] An die Intensität der Bindung der Aktionäre sind dabei erhöhte Anforderungen zu stellen: Aktien im Besitz mehrerer Gesellschaften eines Konzerns können problemlos einer einheitlichen Behandlung unterworfen werden; die Einheitsbehandlung von lediglich durch einen Aktionärbindungsvertrag verbundenen Aktionären ist indessen nur ausnahmsweise im Falle eines vertraglichen Mechanismusses zur einheitlichen Willensbildung mit entsprechender Stimmbindung zulässig (FORSTMOSER/MEIER-HAYOZ/NOBEL, § 24 Rz. 63; BÖCKLI Aktienrecht, § 12 Rz. 472 f).

[935] Art. 629 Abs. 1 OR.

[936] Art. 706 Abs. 2 Ziff. 2 OR; dazu FORSTMOSER/MEIER-HAYOZ/NOBEL, § 24 Rz. 66 ff.; VON SALIS Stimmkraft, S. 176 ff.

[937] VON SALIS Stimm- und Vertretungsrecht, S. 93 ff.; DERS. Stimmkraft, S. 176.

gedeckt und zur Erreichung desselben *erforderlich* sein[938]; sodann müssen neben den allgemeinen Schranken der Rechtsordnung die aktienrechtlichen Grundprinzipien, insbesondere der *Grundsatz der schonenden Rechtsausübung*[939] gewahrt sein[940].

Nach VON SALIS[941] können überwiegende Interessen der Gesellschaft (wie die Beeinflussung der Aktionärsstruktur, die Abwehr von Übernahmen oder Konkurrenten u.ä.) unter Umständen eine Beschränkung von Stimmrechten, nie jedoch eine Ungleichbehandlung der Aktionäre rechtfertigen.

Häufig erweist sich die nachträgliche Einführung von Stimmrechtsbeschränkungen daher als schwierig Die Unzulässigkeit einer nachträglich eingeführten Stimmrechtsbeschränkung kann mittels Anfechtung des fraglichen Generalversammlungsbeschlusses geltend gemacht werden.

dbd. *Überschreiten von Stimmrechtsbeschränkungen*

Stimmen, welche die Grenze der Stimmrechtsbeschränkung überschreiten, *ruhen* und werden bei der Berechnung der Stimmenquoren nicht gezählt[942]. Unzulässigerweise über die Beschränkung hinaus abgegebene Stimmen sind nichtig[943]. Gegen die unberechtigte Teilnahme/Stimmabgabe an der Generalversammlung kann der Aktionär gestützt auf Art. 691 Abs. 2 OR vor oder während der Generalversammlung *Einspruch* erheben, über welchen der Vorsitzende nach Anhörung der Parteien zu entscheiden hat. Nach der Beschlussfassung an der Generalversammlung kann gegen die unberechtigte Teilnahme bzw. Stimmabgabe gestützt auf Art. 691 Abs. 3 OR die *Stimmrechtsklage*[944] erhoben werden[945].

dbe. Umgehung von Stimmrechtsbeschränkungen

In Konkretisierung von Art. 2 ZGB erklärt Art. 691 Abs. 1 OR «die Überlassung von Aktien zum Zwecke der Ausübung des Stimmrechts in der Generalversammlung» als *unzulässig*, «wenn damit die Umgehung einer Stimmrechts-

---

[938] Art. 706 Abs. 2 Ziff. 3 OR.
[939] Dazu vorn S. 20, § 2.I.3.c.
[940] BÖCKLI Aktienrecht, § 12 Rz. 477; FORSTMOSER/MEIER-HAYOZ/NOBEL, § 24 Rz. 65 ff.; VON SALIS Stimmkraft, S. 176 f.
[941] Stimmkraft, S. 176 ff.
[942] Bei der Ermittlung der Präsenzquoren werden sie indessen mitgezählt (VON SALIS Stimmkraft, S. 185; TANNER Quoren, S. 120, je m.w.H.; a.A. jedoch ZK-DIES., Art. 703 Rz. 175 OR, und FORSTMOSER/MEIER-HAYOZ/NOBEL, § 24 Rz. 91, die dies nur im Falle einer diesbezüglich expliziten statutarischen Bestimmung bejahen).
[943] VON SALIS Stimmkraft, S. 185.
[944] Dazu hinten S. 282, § 8.IV.2.
[945] BÖCKLI Aktienrecht, § 12 Rz. 495 ff.

beschränkung beabsichtigt ist». Nach h.L. genügt ein objektiver Umgehungstatbestand in dem Sinne, als ein Dritter das Stimmrecht des wirtschaftlichen Eigentümers nach dessen Weisungen ausübt; des Nachweises einer subjektiven Umgehungsabsicht bedarf es nicht[946].

Unter demselben Blickwinkel sind Stimmbindungsvereinbarungen *nichtig*, wenn sie in der Absicht, eine Stimmrechtsbeschränkung zu umgehen, geschlossen wurden. Auch Stimmbindungsvereinbarungen, welche in der Absicht getroffen wurden, statutarische Vinkulierungsvorschriften zu umgehen, sind nach bundesgerichtlicher Rechtsprechung «rechtsmissbräuchlich und deshalb anbeachtlich»[947].

dbf. Funktion/Anwendungsfälle von Stimmrechtsbeschränkungen

Stimmrechtsbeschränkungen bewirken eine Beschränkung des Einflusses von Grossaktionären; sie sind ein *Mittel des Minderheitenschutzes*. Sie können der *Erhaltung der wirtschaftlichen Selbständigkeit* und – was in geschlossenen Aktiengesellschaften zwar eher selten einem Bedürfnis entspricht – einer gewissen *Streuung des Aktienbesitzes* dienen[948]. Wenn Stimmrechtsbeschränkungen lediglich eine bestimmte Aktienkategorie betreffen, entfalten sie eine ähnliche Wirkung wie Stimmrechtsaktien[949]. Stimmrechtsbeschränkungen können auch die *Vinkulierungsordnung ergänzen*, etwa in Fällen, in denen ein Aktionär durch Erbgang, Erbteilung oder eheliches Güterrecht weitere Aktien erwirbt; da die Stimmkraftbeschränkung einen unerwünschten Einflusszuwachs dieses Aktionärs verhindert, braucht die Gesellschaft die Aktien nicht (zum wirklichen Wert) zu übernehmen.

dbg. Kautelen

Stimmrechtsbegrenzungen bergen – wie massgeschneiderte Lösungen mit Stimmrechtsaktien – die Gefahr, dass sie sich bei Veränderungen in der Aktionärsstruktur nachteilig auf die Gesellschaft und die ursprünglich involvierten Aktionäre auswirken. So können Stimmrechtsbegrenzungen auch in geschlossenen Gesellschaften oder Familiengesellschaften den Einfluss von grösseren Aktionären zwar wirkungsvoll unterbinden; im Falle einer Öffnung des geschlossenen Kreises/der Familie gegenüber Dritten können dieselben Beschränkungen jedoch nicht nur verhindern, dass Dritte eine kontrollierende Mehrheit erwerben, sondern auch, dass dem bis anhin geschlossenen Kreis/der Familie

---

[946] BÖCKLI Aktienrecht, § 12 Rz. 492 ff.; VON SALIS Stimmkraft, S. 183 ff.
[947] BSK OR II-LÄNZLINGER, Art. 691 Rz. 4 und 693 Rz. 12; BGE 114 II 64 m.V.a. BGE 109 II 43.
[948] VON SALIS Stimmkraft, S. 173 f.; BÖCKLI Aktienrecht, § 12 Rz. 467; FORSTMOSER/MEIER-HAYOZ/NOBEL, § 24 Rz. 60; SÖDING, S. 147 f.
[949] VON SALIS Stimm- und Vertretungsrecht, S. 142 ff.; GERSTER, S. 109; SÖDING, S. 152.

die *Kontrolle über die Gesellschaft früher entgleitet*. Eine flexiblere, freilich etwas weniger sichere Lösung kann mittels in einem Aktionärbindungsvertrag getroffenen Stimmbindungsabsprachen[950] erzielt werden[951].

dc. Gesetzlicher Stimmrechtsausschluss

Von Gesetzes wegen ist der Aktionär in zwei Fällen vom Stimmrecht ausgeschlossen. Zum einen ruht gemäss Art. 659a und b OR *das Stimmrecht gesellschaftseigener Aktien* sowie von *Aktien von Tochtergesellschaften*, an denen die Muttergesellschaft *mehrheitlich beteiligt* ist; diese Bestimmungen sollen verhindern, dass der Verwaltungsrat über die Aktien der Gesellschaft resp. diejenigen ihrer Tochtergesellschaft(en) die Beschlussfassung in der Generalversammlung beeinflussen kann[952]. Zum anderen haben bei «Beschlüssen über die *Entlastung des Verwaltungsrates* [...] Personen, die in irgendeiner Weise an der Geschäftsführung teilgenommen haben, kein Stimmrecht»[953]. In den Ausstand treten müssen alle Personen, denen Organqualität im Sinne der bundesgerichtlichen Rechtsprechung zum Verantwortlichkeitsrecht zukommt, mithin Personen, welche einen massgeblichen Einfluss auf die Willensbildung in der Gesellschaft ausüben[954, 955]; sie alle, und nicht nur die vom konkreten Entlastungsbeschluss Betroffenen, unterliegen dem Stimmrechtsausschluss[956]. Folglich können sich Aktionäre *in kleineren Gesellschaften*, in denen alle Gesellschafter irgendwie in der Verwaltung oder der Geschäftsführung tätig sind, *nicht gegenseitig entlasten* (sie sind persönlich aber daran gebunden)[957] – ebenso wenig wie in der Einpersonen-AG[958]. Die u.a. von PREMAND[959] vertretene Auffassung, wonach dieser Stimmrechtsausschluss auf nahestehende Personen (Ehegatten, registrierte Partner und Verwandte in auf- und absteigender Linie) ausgeweitet werden sollte, geht m.E. zu weit, begründen diese Beziehungen doch nicht per se eine Befan-

---

[950] Dazu eingehender vorn S. 106, § 5.II.1.
[951] BAUMANN, S. 143 f.
[952] BÖCKLI Aktienrecht, § 12 Rz. 442 ff.; FORSTMOSER/MEIER-HAYOZ/NOBEL, § 24 Rz. 84 ff.
[953] Art. 695 OR.
[954] BGE 124 III 420 f., 122 III 227 f., 117 II 571 ff.
[955] Dieser Stimmrechtsausschluss umfasst auch die Erbengemeinschaft eines ehemaligen Organs, wäre diese im Falle einer Verantwortlichkeitsklage ja passivlegitimiert (BÖCKLI Aktienrecht, § 12 Rz. 438 m.V.a. Urteil des Bundesgerichts vom 25. November 1992 sowie TISSOT, S. 298).
[956] BÖCKLI Aktienrecht, § 12 Rz. 438; FORSTMOSER Verantwortlichkeit, Rz. 416 f.; BSK OR II-LÄNZLINGER, Art. 695 Rz. 3.
[957] Der in solchen Gesellschaften übliche Entlastungsbeschluss, bei welchem sich jeder Aktionär bezüglich seiner eigenen Person der Stimme enthält, ist unwirksam.
[958] FORSTMOSER Verantwortlichkeit, Rz. 430 f.; FORSTMOSER/MEIER-HAYOZ/NOBEL, § 24 Rz. 79; BSK OR II-LÄNZLINGER, Art. 695 Rz. 8; PREMAND, § 6 Rz. 475.
[959] § 6 Rz. 469 ff. m.w.H.

genheit und würde eine solche extensive Auslegung in Familien- oder anderen Gesellschaften mit einem beschränkten Aktionärskreis die Déchargeerteilung doch immer verhindern.

Die gesetzliche Regelung ist abschliessend; anderweitige, statutarisch begründete Stimmrechtsausschlusstatbestände wären zufolge Verstosses gegen Art. 706b Ziff. 1 OR nichtig[960].

8. Protokollierung der Generalversammlung

Gemäss Art. 701 Abs. 2 OR ist der Verwaltungsrat für die Führung des Protokolls verantwortlich. Der Protokollführer wird vom Vorsitzenden oder der Generalversammlung bestimmt und muss nicht Aktionär sein. Das Protokoll der Generalversammlung ist – mangels anderer statutarischer Bestimmung – kein eigentliches Verhandlungs-, sondern ein *Beschlussprotokoll*, welches im Wesentlichen die *Antworten und Ergebnisse der Abstimmungen und Wahlen wiederzugeben* hat[961]. Der in Art. 702 Abs. 2 OR festgeschriebene *Mindestinhalt*[962] wird im Entwurf zur Revision des Aktien- und Rechnungslegungsrechts resp. dem gleichlautenden indirekten Gegenvorschlag des National- und Ständerates zur Volksinitiative «Minder» erweitert um gewisse Angaben zur Verwendung elektronischer Mittel[963]. Während das geltende Recht lediglich ein *Einsichtsrecht* der Aktionäre in das Protokoll der Generalversammlung vorsieht[964], sieht der Entwurf zur Revision des Aktien- und Rechnungslegungsrechts resp. der gleichlautende indirekte Gegenvorschlag des National- und Ständerates zur Volksinitiative «Minder» vor, dass sowohl Aktionären als auch Partizipanten[965] «innerhalb von 20 Tagen nach der Generalversammlung das Protokoll auf elektronischem Weg *zugänglich zu machen*, oder [...] auf dessen Wunsch kostenlos

---

[960] BÖCKLI Aktienrecht, § 12 Rz. 435.
[961] Dazu statt Vieler: BÖCKLI Aktienrecht, § 12 Rz. 192 ff.; FORSTMOSER/MEIER-HAYOZ/NOBEL, § 23 Rz. 112 ff.; BSK OR II-DUBS/TRUFFER, Art. 702 Rz. 26 f.
[962] Es sind dies: detaillierte Angaben über Stimmrechtsvertretungen (Ziff. 1), Ergebnisse der Wahlen und Abstimmungen (Ziff. 2), Begehren um Auskunft von Aktionären sowie darauf erteilte Antworten (Ziff. 3), zu Protokoll gegebene Erklärungen von Aktionären (Ziff. 4).
[963] Es sind dies: die Verwendung elektronischer Mittel und die Angabe der Anzahl elektronisch abgegebener Stimmen (Ziff. 5), die Zustimmung der Eigentümer oder Vertreter sämtlicher Aktien zu einer elektronischen Generalversammlung sowie das Auftreten technischer Probleme bei der Durchführung der Generalversammlung (Art. 702 Abs. 2 Ziff. 5–7 E OR 2007 resp. E-Parl OR).
[964] Dazu statt Vieler: BÖCKLI Aktienrecht, § 12 Rz. 195; FORSTMOSER/MEIER-HAYOZ/NOBEL, § 23 Rz. 121; BSK OR II-DUBS/TRUFFER, Art. 702 Rz. 29.
[965] Art. 656d Abs. 2 E OR 2007 resp. E-Parl OR.

eine Kopie des Protokolls zuzustellen» ist[966]. Es empfiehlt sich, diese aus Corporate Governance-Sicht zweifelsfrei zu begrüssende Verbesserung in nicht kotierten Aktiengesellschaften bereits heute statutarisch zu begründen oder zu praktizieren.

II. Exkurs: Familien- resp. Gesellschaftsrat und -charta

1. Institutionalisierte oder ad-hoc einberufene, gesellschaftsrechtlich informelle, aber durch einen formellen Rahmen geregelte Zusammenkünfte

In Gesellschaften mit einem beschränkten Aktionärskreis sowie insbesondere in Familiengesellschaften sind unter Umständen – institutionalisierte oder ad-hoc einberufene – gesellschaftsrechtlich informelle, aber durch einen formellen Rahmen geregelte Zusammenkünfte sinnvoll, in welchen *Informationen ausgetauscht*, *Meinungen gebildet*, *längerfristige Strategien entwickelt* oder auch bestimmte *Verhaltensweisen* (Stimmbindungen und/oder [Nicht-]veräusserung, resp. -erwerb von Beteiligungen) in mittel- oder kurzfristig anstehenden Fragen *abgesprochen* werden können. Solche Zusammenkünfte – insbesondere Familienversammlungen – können verschiedenartigste Ausgestaltungen und Organisationsgrade aufweisen, mithin in Form einfacher Treffen stattfinden oder über geregelte Strukturen, einen Präsidenten, Ausschüsse etc. verfügen. Sie können durch Usanz oder auch statutarisch, stets aber als vorwiegend beratend wirkendes Organ begründet werden. Solche Zusammenkünfte sollen der Entscheidfindung über gemeinsame Ziele und ein vereintes Vorgehen in grundlegender Weise sowie ausserhalb der Gesellschaft dienen[967].

2. Gesellschafts- oder Familiencharta

Allenfalls erarbeiten solche Gremien gar eine sog. Gesellschafts- oder Familiencharta, mithin eine Art (die Statuten überlagernde) Gesellschaftsverfassung, in welcher die *Grundwerte des unternehmerischen Handelns*, der – insbesondere die Familie/den geschlossenen Aktionärskreis betreffenden – *Personalpolitik*, Stategien zur Vermeidung gesellschaftsinterner Streitigkeiten sowie Eckwerte der *Nachfolgeplanung*, festgelegt werden. Ziel einer solchen Charta ist es, die

---

[966] Art. 702 Abs. 3 E OR 2007 resp. E-Parl OR.
[967] C. BÜHLER Regulierung, Rz. 1363.

einzelnen Gesellschafter/Familienmitglieder möglichst früh und stark in grundlegende Fragen einzubinden und sie nicht schuldvertraglich, sondern moralisch so weit wie möglich zur Einhaltung der gemeinschaftlich für wichtig und richtig befundenen Werte und Vorgehensweisen zu verpflichten[968].

3. BP-KMU: Eignerstrategie und allenfalls Familienstrategie

Der BP-KMU empfiehlt, die Positionen des Aktionariats *zu grundlegenden Fragen* wie Leitidee und Unternehmenswerte, Unabhängigkeit, Verantwortung gegenüber Gesellschaft, Kunden, Lieferanten, Eigentümern und Umwelt, Führungsstruktur, Wachstum, Finanzierung, Risiko- und Dividendenpolitik, Aktionärbindungsvertrag, Umgang mit Aktionärsminderheiten, Aktionärswechsel sowie Nachfolgeplanung in einer sog. «Eignerstrategie», welche periodisch neu beurteilt und wenn nötig angepasst werden soll, festzulegen[969]. Für Familiengesellschaften ist gemäss BP-KMU allenfalls zusätzlich eine sog. «Familienstrategie» zu entwickeln[970].

4. Leitfaden Familienunternehmen: Familienleitbild, Vermögensstrategie, Unternehmensleitbild und Unternehmensstrategie

Auch der Leitfaden Familienunternehmen empfiehlt die Abhaltung von *Familienversammlungen*, in welchen regelmässig über das Unternehmen und seine Entwicklung berichtet wird, und welche ein Familienleitbild sowie eine Vermögensstrategie zu verabschieden haben[971]. Das *Familienleitbild* hat die Ziele und Werte der Familie, die Instrumente ihrer Umsetzung sowie die Grundsätze des Umgangs mit Minderheiten festzusetzen[972]. Die *Vermögensstrategie* soll durch die Teilung des Vermögens auf verschiedene Investitionsfelder und die Trennung des Geschäfts- vom übrigen Vermögen den Fortbestand des Familienvermögens sichern[973]. Familienleitbild und Vermögensstrategie wiederum sollen gemäss Leitfaden Familienunternehmen in das *Unternehmensleitbild* einfliessen, aufgrund desselben die Geschäftsleitung die *Unternehmensstrategie* zu

---

968	BAUMANN, S. 165 f.; VON MOOS Familienunternehmen, S. 65 und S. 70 f.
969	Ziff. 1.2 BP-KMU.
970	Ziff. 1.3 BP-KMU.
971	Ziff. 4.3 Leitfaden Familienunternehmen.
972	Ziff. 4.1 Leitfaden Familienunternehmen.
973	Ziff. 4.2 Leitfaden Familienunternehmen.

erabeiten hat[974]. Ab einer gewissen Grösse empfiehlt der Leitfaden Familienunternehmen die Bildung eines Familienrats, welcher als Ausschuss der Familienversammlung institutionalisiert als Bindeglied zwischen Familie und Unternehmen wirken soll[975]. Die Leitung dieses Familienrats soll einer erfahrenen, kommunikativen Integrationsfigur, nicht jedoch dem Geschäftsführer des Unternehmens anvertraut werden, damit eine offene Diskussion möglich ist[976].

5. Stellungnahme

Insbesondere in kleinen und mittleren (Familien)gesellschaften ist es – wie bereits dargelegt[977] – m.E. wenig sinnvoll, in derart formalisierten Gremien all die genannten Strategiepapiere zu verfassen; eine *weniger formalisierte, inhaltliche Auseinandersetzung* mit den genannten, grundlegenden Themen ist indessen auch in Familien- und anderen privaten Aktiengesellschaften geboten.

Da die genannten Strategiepapiere keine rechtliche Verbindlichkeit entfalten, sind diese als Richtlinien bestenfalls moralisch bindend. Will man hingegen diese rechtliche Verbindlichkeit erzielen, sind die Mittel und Ziele in Form eines *Aktionärbindungsvertrages* festzulegen, welcher indessen bedeutend präziser zu fassen ist.

III. Verwaltungsrat

1. Wahl des Verwaltungsrates

a. Wahlorgan

Wahlorgan des Verwaltungsrates ist – unübertragbar und nicht entziehbar – die *Generalversammlung*[978]; dieses Wahlrecht ist grundsätzlich begrenzt auf die Bestellung als Verwaltungsratsmitglied, während die Zuweisung der jeweiligen Funktionen innerhalb des Verwaltungsratsgremiums aufgrund des Paritätsprinzips dem Verwaltungsrat vorbehalten bleibt. Die Statuten können indessen vorsehen, dass die Wahl des Verwaltungsratspräsidenten der Generalversammlung

---

[974] Ziff. 5.1 Leitfaden Familienunternehmen.
[975] Ziff. 4.3 und Rz. 29 Leitfaden Familienunternehmen.
[976] Rz. 29 Leitfaden Familienunternehmen.
[977] Vorn S. 29, § 2.V.
[978] Art. 698 Abs. 2 Ziff. 2 OR.

obliegen soll[979], was – namentlich in Fällen, in denen dem Verwaltungsratspräsidenten der Stichentscheid zukommt[980] und/oder es sich generell um einen starken, durchsetzungsfähigen Präsidenten handeln soll – eine nicht unwesentliche Verstärkung der Aktionärsstellung bedeutet.

Während die Generalversammlung in grossen Gesellschaften aufgrund des oft grossen Stimmanteils der vom Verwaltungsrat vertretenen Stimmen die vom Verwaltungsrat vorgeschlagenen, neuen Mitglieder faktisch häufig nur «durchnicken» kann, liegen die Dinge in kleineren, geschlossenen Gesellschaften häufig anders; hier kommen Wahlvorschläge häufig von seiten der Aktionäre, und es kann unter Umständen zu effektiven Kampfwahlen kommen[981].

b. Wahlmodus

In der Praxis sind *Globalwahlen* des gesamten Verwaltungsrates für relativ lange Amtsdauern *noch weit verbreitet*[982]. Bereits heute entspricht indessen die *Einzelwahl* eines jeden Verwaltungsratsmitglieds einer *guten Corperate Governance*[983]. Die Revision des Aktien- und Rechnungslegungsrechts sieht für die Zukunft die Einzelwahl jedes Mitglieds des Verwaltungsrates explizit vor; ferner soll die *Amtszeit* auf jeweils ein Jahr beschränkt sein, wobei die Wiederwahl selbstredend möglich bleibt[984]. Dies stärke die Effektivität des Wahlrechts der Aktionäre, ermögliche ihnen, die Leistungen jedes Verwaltungsratsmitglieds individuell zu bewerten und auf diese Weise auch indirekt zu den Vergütungen eines jeden einzelnen Mitglieds Stellung zu nehmen[985]. Dagegen wird – m.E. zu Recht – eingewendet, dass die Kontrolle der Mitglieder des Verwaltungsrates bereits durch das jederzeitige Abberufungsrecht gemäss Art. 705 Abs. 1 OR[986] gewährleistet ist, dass durch ein frühzeitiges Ausscheiden Know-How verloren geht und unter Umständen eine kurzfristigere Orientierung im Geschäftsgebahren gefördert wird. Eine lediglich einjährige Amtsdauer kann sich sodann insbesondere in Krisenzeiten nachteilig auswirken, indem sich ein Verwaltungsrat einfach nicht mehr zur Wiederwahl stellen und so leise aus der Verantwortung

---

[979] Art. 712 Abs. 2 OR. Nach BÖCKLI (Aktienrecht, § 13 Rz. 104 m.V.a. die abweichende Handelsregisterpraxis) darf es sich dabei nicht um eine «Kann-Vorschrift» handeln; vielmehr müssten die Statuten diese Zuständigkeit verbindlich der Generalversammlung oder dem Verwaltungsrat zuweisen; a.A. FORSTMOSER (Organisation II, § 9 Rz. 7), wonach ein solches Optionsrecht als weniger weit gehende Abweichung von der dispositiven gesetzlichen Regelung zulässig sei.
[980] Dazu hinten S. 200, § 6.III.9.b.
[981] KRNETA, Rz. 396 und 398.
[982] Botschaft Aktien-/Rechnungslegungsrecht, S. 1612.
[983] VOGT/SCHIWOW/WIEDMER, S. 1373.
[984] Art. 710 Abs. 1 E OR 2007.
[985] Botschaft Aktien-/Rechnungslegungsrecht, S. 1612 und 1685.
[986] Dazu eingehender hinten S. 189, § 6.III.7.ba.

stehlen kann[987]. Der indirekte Gegenvorschlag zur Volksinitiative «Minder» des National- und Ständerates sieht eine *dispositive Amtsdauer* von lediglich einem Jahr denn auch nur noch für kotierte Gesellschaften vor, *in nicht kotierten Gesellschaften* in Ermangelung einer anderen statutarischen Festlegung jedoch eine solche von *drei Jahren*, wobei die Amtsdauer insgesamt sechs Jahre nicht übersteigen darf[988]. Nach geltendem Recht ist ein Verwaltungsratsmitglied grundsätzlich verpflichtet, eine Gesellschaft während laufender Amtsdauer aus der Krise zu führen, andernfalls dies unter Umständen einen sogfaltswidrigen und daher haftungsbegründenden Rücktritt zur Unzeit darstellen könnte[989]. Eine dreijährige Amtsdauer und allfällig gestaffelte Erneuerung vermag eine Kontinuität herzustellen, welche sich nicht nur in Krisenzeiten auszahlen dürfte[990]. Immerhin könnte sich in Zukunft die routinemässige Wiederwahl ebenso einbürgern, wie sie heute schon für die Wahl der Revisionsstelle die Regel ist. Die nunmehr für kotierte Gesellschaften geplante Neuordnung dürfte sich daher weniger stark auswirken als gelegentlich befürchtet.

Im schweizerischen Recht wenig verbreitet, aber nach h.L. zulässig ist die Wahl des Verwaltungsrates im *Proporzwahlverfahren* (sog. «cumulative voting»), falls dafür eine statutarische Basis besteht. Dabei werden die Verwaltungsratsmitglieder nicht einzeln, sondern gesamthaft gewählt, und auf jeden Aktionär entfallen die von ihm vertretenen Stimmen, multipliziert mit der Anzahl der zu wählenden Verwaltungsratsmitglieder; bei einer Konzentration seiner Stimmen vermag ein Minderheitsaktionär mit diesem Wahlverfahren unter Umständen ein Verwaltungsratsmitglied gegen den Willen eines Mehrheitsaktionärs zu bestimmen. Damit ein solcher Wahlmodus nicht durch die erneute Abwahl solcher Verwaltungsratsmitglieder ausgehöhlt werden kann, ist hinsichtlich der Abberufung zu stipulieren, dass ein Verwaltungsratsmitglied dann nicht abberufen werden kann, wenn die dagegen votierenden Aktienstimmen genügen würden, das Mitglied auf dem Proporzweg zu wählen[991]. Die Festschreibung eines solchen Wahlverfahrens kann in privaten Aktiengesellschaften, in denen im Rahmen von Aktionärbindungsverträgen häufig Rechte von Minderheitsaktionären auf Vertretung im Verwaltungsrat vereinbart werden, allenfalls sinnvoll

---

[987] WATTER Neuerungen, S. 288 m.w.H.
[988] Art. 710 Abs. 1 und 2 E-Parl OR.
[989] Dazu auch hinten S. 191, § 6.III.7.bb. Darüber hinaus begründet ein Rücktritt in einem Zeitpunkt, in welchem ein Verwaltungsratsmitglied besonders gefordert wäre, einen Reputationsschaden, welcher oftmals gravierendere Auswirkungen zeitigt, als letzlich häufig unterlassene Verantwortlichkeitsklagen.
[990] GLANZMANN Aktienrechtsrevision, S. 676 f.; WATTER Neuerungen, S. 288.
[991] Eine solche Erschwerung darf die Abberufung nicht gänzlich verunmöglichen, ansonsten dies einen Verstoss gegen die zwingende Bestimmung des Art. 705 OR begründen würde (vgl. dazu BGE 117 II 313).

sein, werden doch diese Ansprüche dann nicht nur gegenüber den Mitaktionären, sondern auch gegenüber der Gesellschaft begründet[992].

c. Annahmebedürftigkeit und Eintragung im Handelsregister

Die Wahl eines Verwaltungsratsmitglieds ist annahmebedürftig, wobei die *Annahme ausdrücklich oder konkludent* erfolgen kann. Wird eine Person von einer Wahl überrascht[993], kann eine kurze Bedenkfrist eingeräumt werden. In der Regel wird ein potentielles Verwaltungsratsmitglied auch in nicht kotierten Gesellschaften jedoch vorgängig angefragt und kann im Falle eines Fernbleibens von der Generalversammlung die Annahme auch im Voraus schriftlich erklären. Die Annahme darf jedoch nicht an Bedingungen geknüpft werden[994].

Die Mitglieder des Verwaltungsrates sind gemäss Art. 45 Abs. 2 lit. n HRegV ins Handelsregister einzutragen, wobei der *Eintragung* nach übereinstimmender Lehre und Praxis *keine konstitutive Wirkung* zukommt[995].

2. Anforderungen an Verwaltungsratsmitglieder und Zusammensetzung des Verwaltungsrates

a. Wählbarkeitsvoraussetzungen

In den Verwaltungsrat können nur *natürliche Personen* gewählt werden, denen *volle Handlungsfähigkeit*[996] zukommt. Mit der Revision vereinzelter aktienrechtlicher Bestimmungen im Rahmen der Totalrevision des GmbH-Rechts wurde das Erfordernis, dass Mitglieder des Verwaltungsrates Aktionäre sein müssen, aufgehoben. Ein Wohnsitzerfordernis besteht nach geltendem Recht

---

[992] Zum Ganzen eingehend mit ausführlicher Statutenbestimmung: GLANZMANN Proporzwahlverfahren, S. 402 ff.; ferner: ZK-TANNER, Art. 703 OR Rz. 81 f.; DIES. Quoren, S. 83; FORSTMOSER/MEIER-HAYOZ/NOBEL, § 27 Rz. 94; P. KUNZ Minderheitenschutz, § 12 Rz. 96 f.; BÖCKLI Aktienrecht, § 13 Rz. 80 ff.; SÖDING, S. 225 ff.

[993] Dies kann trotz der aus Art. 700 Abs. 2 OR folgenden Pflicht, die Anträge vor der Generalversammlung bekannt zu geben, geschehen, weil Gegenanträge gestellt werden können.

[994] BÖCKLI Aktienrecht, § 13 Rz. 47; FORSTMOSER/MEIER-HAYOZ/NOBEL, § 27 Rz. 23.

[995] FORSTMOSER/MEIER-HAYOZ/NOBEL, § 27 Rz. 28; KRNETA, Rz. 400; ZK-HOMBURGER, Art. 710 OR Rz. 221.

[996] BÖCKLI Aktienrecht, § 13 Rz. 36; BSK OR II-WERNLI/RIZZI, Art. 707 Rz. 21 f.; ZK-HOMBURGER, Art. 707 OR Rz. 75 ff.; MÜLLER/LIPP/PLÜSS, S. 11; KRNETA, Rz. 31 ff.; ROTH PELLANDA, Rz. 215; nach einem älteren Entscheid des Bundesgerichts (BGE 84 II 684) und einer Mindermeinung in der Lehre soll Urteilsfähigkeit genügen (ZK-BÜRGI, Art. 707 Rz. 14; BSK-WATTER, Art. 718 Rz. 6; R. KUNZ, S. 14 ff.; offen gelassen in FORSTMOSER/MEIER-HAYOZ/NOBEL, § 27 Rz. 8).

auch nicht mehr, sofern die Gesellschaft durch ein Mitglied der Geschäftsleitung bzw. einen Direktor[997] mit Wohnsitz in der Schweiz gültig vertreten werden kann[998]. Von Gesetzes wegen nicht in den Verwaltungsrat wählbar sind Personen, welche an der Revision der fraglichen Gesellschaft beteiligt sind[999].

b. Persönliche Befähigung, Unabhängigkeit und zeitliche Verfügbarkeit

Massgebende Kriterien für die Wahl eines Verwaltungsratsmitglieds müssen in erster Linie dessen Befähigung und Unabhängigkeit sein. Dem *Obligationenrecht* sind diesbezüglich *keinerlei konkrete Vorgaben* zu entnehmen. Einzig in Bankaktiengesellschaften und Versicherungsunternehmen sind spezialgesetzliche Vorgaben hinsichtlich der Zusammensetzung des Verwaltungsrates und der Unabhängigkeit der Verwaltungsratsmitglieder einzuhalten[1000]. Lehre und Rechtsprechung leiten das Unabhängigkeitserfordernis in den anderen Gesellschaften z.T. aus der den Mitgliedern des Verwaltungsrates gemäss Art. 717 OR obliegenden Sorgfalts- und Treuepflicht ab[1001]. Indirekt ergeben sich sodann Anforderungen hinsichtlich der Befähigung der Mitglieder des Verwaltungsrates aus den diesem Gremium obliegenden Aufgaben[1002] sowie deren Verantwortlichkeit[1003]. *Jedes Verwaltungsratsmitglied* muss *elementare betriebswirtschaftliche Kenntnisse* haben, insbesondere in der Geschäftsführung und Unternehmensorganisation sowie im Finanz- und Rechnungswesen[1004].

Ziff. 12 Abs. 2 und 3 *SCBP* empfiehlt bezüglich der Zusammensetzung des Verwaltungsrates, dass diesem «Personen mit den *erforderlichen Fähigkeiten* angehören, damit eine *eigenständige Willensbildung* im kritischen Gedankenaustausch mit der Geschäftsleitung gewährleistet ist», ferner, dass es sich bei der *Mehrheit* der Verwaltungsratsmitglieder um *nicht* in der Gesellschaft *operativ tätige Mitglieder*[1005] handelt; gemäss Abs. 4 der genannten Ziffer ist im Falle

---

[997] Oder jeweils zwei Personen mit Kollektivunterschrift zu zweien.
[998] Art. 718 Abs. 3 und 4 OR.
[999] Art. 728 und 729 OR.
[1000] Art. 3 Abs. 2 lit. c BankV, Art. 3 Abs. 2 lit. a BankG i.V.m. Art. 8 Abs. 2 BankV, EBK RS 06/6 Rz. 18; Art. 12 Abs. 1 und Art. 13 Abs. 1 AVO.
[1001] WATTER/ROTH PELLANDA, S. 65 f. m.V.a. Begleitbericht VE OR 2005, S. 83.
[1002] Art. 716a Abs. 1 OR.
[1003] Art. 754 OR; zum Ganzen ausführlich ROTH PELLANDA, Rz. 246 ff. m.w.H.
[1004] BÖCKLI Aktienrecht, § 13 Rz. 38 ff.; FORSTMOSER/MEIER-HAYOZ/NOBEL, § 28 Rz. 19; KRNETA, Rz. 52 ff.; WATTER/ROTH PELLANDA, S. 57 f.; VON DER CRONE Interessenkonflikte, S. 1 f.
[1005] Unter operativer oder exekutiver Tätigkeit ist die Geschäftsführung im Sinne von Art. 716b OR, mithin das «Tagesgeschäft» zu verstehen, welches einem Management, bestehend aus einzelnen Mitgliedern des Verwaltungsrates oder Dritten, zugewiesen werden kann (WATTER/ROTH PELLANDA, S. 65) und regelmässig wird. Während in ko-

einer bedeutsamen Tätigkeit der Gesellschaft im Ausland sodann internationale Erfahrung erforderlich. Ziff. 2.4 BP-KMU umschreibt die Anforderungen an VR- (und GL-) Mitglieder noch weiter, indem eine erfolgreiche Führung eines KMU «integre und engagierte Persönlichkeiten mit Fach-, Führungs- und Sozialkompetenz» voraussetze, «die als Vorbilder wirken». Dabei handelt es sich jedoch um wünschbare Eigenschaften der einzelnen Verwaltungsratsmitglieder resp. der personellen Besetzung des Gremiums als Ganzes, nicht um rechtliche Erfordernisse einer Wahl.

Auf statutarischem Wege können sodann *persönliche Wählbarkeitsvoraussetzungen* wie Alterslimiten, Amtszeit- und Mandatsbeschränkungen oder Mandatsverbote – insbesondere bezüglich Konkurrenzunternehmen – begründet sowie konkrete Anforderungen hinsichtlich Ausbildung oder sonstige Befähigung definiert werden[1006]. Unter Umständen kann es – namentlich in kleinen Aktiengesellschaften mit einem geschlossenen Aktionärskreis – sinnvoll sein, statutarisch die Fähigkeiten und fachlichen Qualifikationen, welche einzelne Mitglieder des Verwaltungsrates oder das Gremium als Ganzes zu erfüllen haben/hat, festzuschreiben, um der in diesen Konstellationen häufig grossen Gefahr, bei der Bestellung des Verwaltungsrates vor allem die Familien-, Vereins-, Parteizugehörigkeit oder freundschaftliche Verbindungen zu berücksichtigen, entgegenzuwirken[1007]. Da statutarische Wählbarkeitsvoraussetzungen letzlich das Wahlrecht der Aktionäre beschränken, haben sie die *aktienrechtlichen Grundprinzipien*, insbesondere den Persönlichkeitsschutz der Aktionäre[1008] sowie das Sachlichkeits- und das Gleichbehandlungsgebot[1009] zu *wahren*[1010]. Aus diesem Grunde wäre bspw. in einer Familiengesellschaft, deren Aktionariat sich nicht nur aus Familiemmitgliedern zusammensetzt, eine statutarische Begründung der Familienzugehörigkeit als Wählbarkeitsvoraussetzung nicht zuläs-

---

tierten Gesellschaften regelmässig die Mehrheit der Verwaltungsratsmitglieder nicht operativ tätig ist, sind in KMU-Verwaltungsräten oft mehrere oder alle Verwaltungsratsmitglieder auch auf der Ebene der Geschäftsführung aktiv, wogegen bei angemessenem Schutz der Minderheit auch nichts einzuwenden ist.

[1006] Dazu FORSTMOSER Organisation II, § 9 Rz. 15 ff.; DERS./MEIER-HAYOZ/NOBEL, § 27 Rz. 13 f.; BÖCKLI Aktienrecht, § 13 Rz. 43 ff. und 48; BSK OR II-WERNLI/RIZZI, Art. 707 Rz. 30; KRNETA, Rz. 60 ff.; PLÜSS, S. 98; SÖDING, S. 230 f.

[1007] ROTH PELLANDA, Rz. 280; WATTER/ROTH PELLANDA, S. 83; SÖDING, S. 229.

[1008] MÜLLER/LIPP/PLÜSS, S. 14 f.

[1009] FORSTMOSER/MEIER-HAYOZ/NOBEL, § 27 Rz. 14.

[1010] WATTER/ROTH PELLANDA (S. 83 ff.) weisen zu Recht auf die Problematik der Wahl von Kandidaten hin, welche diese statutarischen Anforderungen nicht erfüllen; dies erfordere die Revision der fraglichen Statutenbestimmung, was lediglich möglich sei, wenn die Beschlussfassung gehörig traktandiert werde. Nach h.L. und bundesgerichtlicher Rechtsprechung (BGE 84 II 40 m.V.a. 60 I 385) kann die Wahl – trotz konstitutiver Wirkung – bereits vor der Eintragung im Handelsregister erfolgen und bleibt sie wirksam, vorausgesetzt, die Letztere erfolge nachträglich.

sig[1011]. Ergänzend kann die Zusammensetzung des Verwaltungsrates schuldvertraglich, besonders in Aktionärbindungsverträgen[1012] geregelt werden.

Es empfiehlt sich, die fragliche *Qualifikation* oder auch konkrete Funktion (Familien-, Stammesvertretung o.ä.) der einzelnen Verwaltungsratsmitglieder – analog RLCG 2009 Ziff. 3.1. – bei der Nominierung zur Wahl *offen zu legen*, vermag dies doch die Befähigung, die spezifischen Qualifikationen oder auch die Verbindungen der einzelnen Verwaltungsratsmitglieder bereits im Vorfeld einer Wahl bewusst zu machen und dadurch die Befähigung des Gremiums als Ganzes zu gewährleisten[1013].

Nach m.E. richtiger Ansicht genügt es, wenn nur gewisse Verwaltungsratsmitglieder über spezifische *Branchenkenntnisse oder Fachwissen* verfügen, mithin diese Kenntnisse im *Gremium als Ganzem* vorhanden sind; daneben können auch Generalisten oder «reine» Familien- oder anderweitige Gruppenvertreter Einsitz nehmen, vorausgesetzt, der Verwaltungsrat als Gesamtgremium kann die Geschäftstätigkeit des Unternehmens beurteilen, eine Strategie festlegen und das Management adäquat beaufsichtigen[1014, 1015]. Zu beachten ist selbstredend immer, dass nach bundesgerichtlicher Rechtsprechung Unkenntnis und Unfähigkeit nicht von Verantwortlichkeitsansprüchen zu entlasten vermögen; die Übernahme eines Verwaltungsratsmandats, ohne diesen Anforderungen gewachsen zu sein, kann bei dadurch pflichtwidrig adäquat verursachtem Schaden eine Verschuldenshaftung begründen[1016].

Die *Unabhängigkeit eines Verwaltungsratsmitglieds* kann auf vielfache Weise angetastet sein: gegenüber der Gesellschaft durch aktuelle oder frühere *exekutive Tätigkeit*, gegenüber Drittpersonen durch *übermässige Verpflichtungen ge-*

[1011] PREMAND, § 7 Rz. 569 ff.
[1012] Dazu eingehend S. 106, § 5.II.1 und S. 125, § 5.VI.3.
[1013] BÖCKLI Aktienrecht, § 13 Rz. 42.
[1014] So WATTER/ROTH PELLANDA, S. 78 ff.; ROTH PELLANDA, Rz. 253 ff. m.w.H.; dazu auch eingehend P. ISLER Übernahmeverschulden, S. 10 ff. und 15 f.
[1015] In diesem Sinne auch Ziff. 3.1 BP-KMU, wonach der Verwaltungsrat «über die erforderlichen Kompetenzen insgesamt über das gleiche Know How verfügen [sollte] wie die GL, damit die Gestaltungs- und Controllingfunktionen wirksam ausgeübt werden können», sowie «über unterschiedliche, für das KMU relevante Rollenstärken verfügen [sollte] wie z.B. diejenige des kritischen Denkers, Controllers oder des innovativen Denkers»; ferner sollte(n) dem Verwaltungsrat «in kleineren Unternehmen mindestens eine Frau, in grösseren Unternehmen zwei bis drei Frauen angehören, um möglichst vielfältige und für das KMU relevante Erfahrungen in die Entscheidungsprozesse einfliessen zu lassen».
[1016] Sog. Übernahmeverschulden, vgl. BGE 122 III 200, 97 II 411; dazu KRNETA, Rz. 57 f.; BÖCKLI Aktienrecht, § 13 Rz. 40; WATTER/ROTH PELLANDA, S. 81 f.; BSK OR II-WATTER/ROTH PELLANDA, Art. 717 Rz. 4; ROTH PELLANDA, Rz. 246; ZK-HOMBURGER, Art. 717 OR Rz. 818.

genüber einzelnen oder mehreren *Aktionären*, gegenüber einer Familie oder anderen, freundschaftlich verbundenen Personen, oder auch gegenüber dem Management. Auch *geschäftliche Beziehungen* zu Lieferanten, Abnehmern, Geldgebern, Anwälten oder anderen Dienstleistern können, sofern sie ein gewisses Ausmass erreichen, eine Befangenheit dieser Personen für die Ausübung eines Verwaltungsratsmandates begründen, kollidieren in diesen Fällen des Selbst- oder Doppelkontrahierens doch typischerweise die Gesellschafts- mit den Eigeninteressen[1017]. Folgerichtig definiert Ziff. 1.5 BP-KMU die Unabhängigkeit in einem weiten Sinne, wonach eine Person dann als unabhängig gilt, «wenn keine Umstände vorliegen, welche ihre freie Meinungsbildung gegenüber Aktionariat, VR oder GL beeinträchtigen».

Einen Verwaltungsrat aus *gänzlich unabhängigen Mitgliedern* zu bestellen ist gerade in kleineren, verwandtschaftlich oder freundschaftlich verbundenen Verhältnissen häufig *weder gewünscht noch möglich* (streng genommen könnte jede persönliche Beziehung, welche sich natürlicherweise zwischen Verwaltungsratsmitgliedern entwickeln kann, irgendwann eine Befangenheit begründen), oder diese gänzliche Unabhängigkeit muss «mit Betriebsferne ‹erkauft› werden»[1018]. M.E. ist die Einbringung verschiedener Interessen nichts als natürlich und dient in einem Verwaltungsrat, welcher aus mehreren Personen besteht, letztlich der Ausgewogenheit und Abstützung der Entscheidungen, vorausgesetzt, die Entscheidfindung erfolge letztlich im Bestreben um ein objektiv bestmögliches Gedeihen der Gesellschaft. Die Grenze soll die Wahrnehmung eigener oder auch fremder Interessen mithin – analog der *Theorie des doppelten Pflichtennexus* bei fiduziarischen Interessenvertretern – erst im Falle einer konkreten Interessenkollision finden, in welcher immer den Interessen der Gesellschaft Vorrang zu geben ist[1019].

Unabdingbar ist schliesslich *die genügende zeitliche Verfügbarkeit* der Verwaltungsratsmitglieder, um an den Verwaltungsratssitzungen teilzunehmen, diese seriös vorzubereiten, und/oder gewisse Probleme einer tiefgreifenderen Prüfung zu unterziehen[1020]. Wesentlich ist auch – vor allem in Krisenzeiten – zeitliche Flexibilität. Durch den Einwand mangelnder zeitlicher Ressourcen kann sich ein Verwaltungsrat nach Rechtsprechung und Lehre nicht seiner Verantwortlichkeit entziehen[1021]. Ferner müssen Verwaltungsratsmitglieder über eine *ausgeprägte*

[1017] KRNETA, Rz. 108 ff.; ROTH PELLANDA, Rz. 288 ff.
[1018] WATTER/ROTH PELLANDA, S. 69.
[1019] Inwieweit Verwaltungsräten Weisungen erteilt werden dürfen, ist in der Lehre umstritten; dazu eingehender hinten S. 179, § 6.III.3.
[1020] ROTH PELLANDA, Rz. 262 ff. m.w.H.
[1021] BGE 97 II 411; FORSTMOSER/MEIER-HAYOZ/NOBEL, § 28 Rz. 19; BSK OR II-GERICKE/WALLER, Art. 754 Rz. 32; BERTSCHINGER Arbeitsteilung, Rz. 166.; ROTH PELLANDA, Rz. 265 f.

Diskussions- und Konfliktfähigkeit verfügen. Probleme sollen schonungslos angegangen, ausdiskutiert, und einer Lösung zugeführt werden; die internen Auseinandersetzungen dürfen die Geschäftstätigkeit der Gesellschaft jedoch nicht behindern[1022]. Aus Gründen der Weitergabe von Erfahrung und Wissen sowie um eine reibungslose Nachfolge zu gewährleisten empfiehlt sich sodann eine Altersdurchmischung[1023].

c. Vertretung von Aktionärskategorien und -gruppen

«Bestehen in Bezug auf das Stimmrecht oder die vermögensrechtlichen Ansprüche mehrere Kategorien von Aktien», so müssen «die Statuten den Aktionären jeder Kategorie die Wahl wenigstens eines Vertreters im Verwaltungsrat zu sichern»[1024]. *Stimmrechts- und Vorzugsaktionären* kommt gestützt auf diese Bestimmung nicht ein direktes Entsendungs-, aber ein insofern *verbindliches Vorschlagsrecht* zu, als diese in einer Sonderversammlung der betreffenden Aktionärsgruppe einen Vertreter bestimmen können, welcher der Generalversammlung zur Wahl vorgeschlagen und von dieser nur aus wichtigen Gründen abgelehnt werden kann[1025].

Der Vertreter einer Aktionärskategorie oder -gruppe ist den übrigen Mitgliedern des Verwaltungsrates absolut *gleichgestellt* und untersteht denselben Pflichten. Auch er hat sich «in erster Linie von den allgemeinen Interessen der Gesellschaft leiten zu lassen, und nur in deren Rahmen darf er die Sonderinteressen der Gruppe verfechten»[1026]. Gegenüber den Angehörigen der von ihm vertretenen Aktionärskategorie ist er nach h.L. ebenfalls zur Verschwiegenheit verpflichtet[1027].

Durch Schaffung verschiedener Aktienkategorien und deren Zuweisung an verschiedene Stämme kann beispielsweise in Familiengesellschaften die (indirekte) Vertretung beider Stämme im Verwaltungsrat gesichert werden[1028]. Gene-

---

[1022] Dazu eingehend auch ROTH PELLANDA, Rz. 266 ff. m.w.H.
[1023] C. BÜHLER Regulierung, Rz. 1335.
[1024] Art. 709 Abs. 1 OR.
[1025] KRNETA, Rz. 361 ff. und 369 ff.; BÖCKLI Aktienrecht, § 13 Rz. 66 ff.; BSK OR II-WERNLI/RIZZI, Art. 709 Rz. 4 ff.; FORSTMOSER/MEIER-HAYOZ/NOBEL, § 27 Rz. 78 ff.; dazu auch eingehend vorn S. 86, § 4.III.2.dg. und S. 90, § 4.III.3.f.
[1026] BGE 66 II 51.
[1027] Zum Ganzen: BÖCKLI Aktienrecht, § 13 Rz. 72; FORSTMOSER/MEIER-HAYOZ/NOBEL, § 28 Rz. 162 f.; BSK OR II-WERNLI/RIZZI, Art. 709 Rz. 18; KRNETA, Rz. 368; eingehend sodann FORSTMOSER Vertreter, S. 41 ff.
[1028] PREMAND, § 7 Rz. 584 m.w.H.; BÖCKLI Aktienrecht, § 13 Rz. 72; FORSTMOSER/MEIER-HAYOZ/NOBEL, § 28 Rz. 162 f.; BSK OR II-WERNLI/RIZZI, Art. 709 Rz. 18; KRNETA, Rz. 368; eingehend sodann FORSTMOSER Vertreter, S. 41 ff.

rell können Minderheitsaktionäre, welche über die Mehrheit einer Aktienkategorie verfügen, sich auf diese Weise die Vertretung im Verwaltungsrat sichern[1029].

d. Statutarisch vorgesehene Minderheitenvertreter

Bedeutsam für die Zusammensetzung des Verwaltungsrates ist in kleineren Aktiengesellschaften mit einem beschränkten Aktionärskreis schliesslich Art. 709 Abs. 2 OR, wonach die Statuten «besondere Bestimmungen zum Schutze von Minderheiten und einzelnen Gruppen von Aktionären vorsehen» können. Eine entsprechende Statutenbestimmung kann so ausgestaltet werden, dass die Generalversammlung mit gewöhnlichem Mehrheitsentscheid *einen beliebigen Aktionär aus der fraglichen Aktionärsgruppe wählen* kann, *oder* – analog Art. 709 Abs. 1 OR – als verbindliches Vorschlagsrecht der Aktionärsgruppe[1030]. Gestützt auf diese Bestimmung kann beispielsweise dem/den in der Gesellschaft tätigen Unternehmeraktionär(en) oder auch an der Gesellschaft beteiligten Mitarbeitern[1031] ein *verbindliches Vorschlagsrecht* für die Bestellung eines oder mehrerer Mitglieder des Verwaltungsrates eingeräumt werden. In Familiengesellschaften kann auf diese Weise den Gründeraktionären resp. ihren Nachfolgern oder den verschiedenen Stämmen ein Vertretungsrecht gewährt werden; mittels statutarischen Vertretungsrechten kann der Einfluss der Familie im Verwaltungsrat auch dann erhalten werden, wenn die Familie nicht mehr die Mehrheit der Aktien hält. Die Statuten können aber auch einfach den Inhaber- und den Namenaktionären ein Recht auf je einen oder mehrere Sitz(e) zuweisen[1032]. Es empfiehlt sich, die Einräumung statutarischer Minderheitenvertretungsrechte vor dem Erwerb einer Minderheitsbeteiligung auszuhandeln und die Abschaffung derselben durch die Mehrheit durch entsprechend erhöhte statutarische Quoren und – allenfalls ergänzt durch schuldvertragliche Stimmbindungsvereinbarungen[1033] – abzusichern[1034].

Die Einräumung statutarischer Vertretungsrechte muss indessen *sachlich gerechtfertigt* sein und in *Wahrung des Gleichbehandlungsgebots* erfolgen[1035]. Ferner sind, wie bei allen individuellen Lösungen, immer mögliche Verände-

---

[1029] SÖDING, S. 219 ff.
[1030] FORSTMOSER/MEIER-HAYOZ/NOBEL, § 27 Rz. 89 m.V.a. BGE 107 II 183 f.; BSK OR II-WERNLI/RIZZI, Art. 709 Rz. 26 f.; ZK-HOMBURGER, Art. 707 OR Rz. 197.
[1031] Eine Vertretung von Nichtaktionären kann auch auf statutarischem Wege nicht begründet werden (FORSTMOSER/MEIER-HAYOZ/NOBEL, § 27 Rz. 20; gl. A. BSK OR II-WERNLI/RIZZI, Art. 709 Rz. 24 und 26; BÖCKLI Aktienrecht, § 13. Rz. 77).
[1032] FORSTMOSER/MEIER-HAYOZ/NOBEL, § 27 Rz. 91 ff.; VOGEL, S. 124; KRNETA, Rz. 376 ff.; PREMAND, § 7 Rz. 588 ff.; SÖDING, S. 222.
[1033] Dazu eingehender vorn S. 106, § 5.II.1. und S. 125, § 5.VI.3.
[1034] SÖDING, S. 224.
[1035] BSK OR II-WERNLI/RIZZI, Art. 709 Rz. 25 m.w.H.

rungen in der Aktionärsstruktur zu antizipieren, und es ist darüber zu wachen, dass der Gedanke des Minderheitenschutzes nicht stärker gewichtet wird als die – unerlässliche und vorrangige – Befähigung der Verwaltungsratsmitglieder. Tragen Familienvertreter schliesslich innerfamiliäre Differenzen in den Verwaltungsrat hinein, ist dies dem Gedeihen der Gesellschaft immer abträglich[1036]. Handelt es sich jedoch um fachlich qualifizierte und engagierte Minderheitsvertreter, vermag eine solche Zusammensetzung des Verwaltungsrats zweifelsfrei eine Ausgewogenheit der Entscheidungen sowie eine hohe Akzeptanz der letzteren bei den Aktionären zu bewirken. Aus Gründen der Geheimhaltung sowie der einfacheren Abänderbarkeit werden Vertretungsansprüche indessen häufig schuldvertraglich vereinbart[1037].

Statutarisch vorgesehenen Minderheitenvertretern kommt die *gleiche Rechtsstellung* wie den übrigen Mitgliedern des Verwaltungsrates zu; sie sind zur Verschwiegenheit verpflichtet, und im Zweifelsfall haben auch hier die Interessen der Gesellschaft vor den Sonderinteressen einer Minderheit Vorrang. Nach FORSTMOSER/MEIER-HAYOZ/NOBEL obliegt Minderheitenvertretern jedoch die Aufgabe, in Ermessensfragen den Interessen der Minderheit zum Durchbruch zu verhelfen[1038].

e. «Externe» Verwaltungsräte

Gerade in kleineren Aktiengesellschaften mit einem beschränkten Aktionärskreis ist es aus Gründen der *Befähigung* oder der *Neutralisierung* der freundschaftlichen und/oder familiären Vernetzung oftmals sinnvoll und notwendig, in den Verwaltungsrat Mitglieder zu wählen, welche nicht dem Kreis der Aktionäre angehören, wozu es nach geltendem Recht nicht einmal mehr der treuhänderischen Übertragung einer Pflichtaktie bedarf. Auf diese Weise kann *spezifisches*, unter den Aktionären nicht oder nur ungenügend vorhandenes *Fachwissen* technischer, juristischer oder betriebswirtschaftlicher Art eingebracht werden. Häufig nehmen diese «externen» Verwaltungsratsmitglieder aber (auch) eine objektivierende, bei Differenzen zwischen zwei Positionen allenfalls *stichentscheidende Funktion* wahr; dies setzt voraus, dass sie gänzlich unabhängig, unparteiisch und von allen Aktionären akzeptiert sind[1039]. Gemäss Ziff. 5.2.1. Leitfaden Familienunternehmen hat sich die Zuwahl familienexterner Verwaltungsratsmitglieder im Sinne einer unabhängigen Willensbildung bewährt.

[1036] BAUMANN, S. 149 f.
[1037] BSK OR II-WERNLI/RIZZI, Art. 709 Rz. 28; dazu eingehender vorn S. 125, § 5.VI.3.
[1038] FORSTMOSER/MEIER-HAYOZ/NOBEL, § 28 Rz. 162 f.; neuestens FORSTMOSER Vertreter, S. 46 f.
[1039] BAUMANN, S. 150 f.; KRNETA, Rz. 241.

In *Zweipersonen-AG oder ähnlichen Konstellationen*, in denen beide Aktionäre/Aktionärsgruppen gleichberechtigt im Verwaltungsrat Einsitz genommen und der Stichentscheid des Präsidenten wegbedungen worden ist, ist die Zuwahl eines neutralen Verwaltungsratspräsidenten bei fortdauerndem Dissens im Verwaltungsrat schliesslich geradezu überlebensnotwendig; die Rekrutierung einer Person, welche fähig ist, die anstehenden Entscheidungen objektiv und allein im Interesse der Gesellschaft zu fällen, sowie willens ist, diese schwierige Aufgabe zu übernehmen, dürfte freilich mitunter nicht einfach sein[1040]. Statutarisch bedarf eine solche Regelung der Festsetzung der Zahl der Verwaltungsräte auf eine ungerade Zahl[1041].

3. Exkurs: Fiduziarische Verwaltungsräte

In privaten Aktiengesellschaften finden sich häufig sog. Mandats- oder Verwaltungsratsbindungsverträge, in welchen sich Mitglieder eines Verwaltungsrates verpflichten, ihr *Mandat entsprechend den Weisungen* einer anderen Person auszuführen; im Gegenzug verspricht der Treugeber in einer *sog. Freistellungsklausel*, das fragliche Verwaltungsratsmitglied im Falle einer Verantwortlichkeit aus weisungsgemässen Handlungen schadlos zu halten[1042]. Häufig will der Allein- oder Hauptaktionär auf diese Weise Einfluss ausüben, ohne nach aussen aufzutreten[1043]. Die Beweggründe für solche Geheimhaltungsinteressen des/der wirtschaftlichen Eigentümer(s) sind in den treffenden Worten BAZZANIS[1044] «so verschieden wie unergründlich»; sie können sowohl persönlicher (Wunsch nach Anonymität, Bescheidenheit, Furcht vor der Öffentlichkeit und ihrer allfällig negativen Reaktionen) als auch familien- oder geschäftspolitischer (Kreditwürdigkeit) Art sein. Verbreitung finden Mandatsverträge auch in Joint-Venture-Verträgen, welche in der Regel die Bestellung der Verwaltungsräte im Gemeinschaftsunternehmen und deren Instruktion durch die zusammengeschlossenen Unternehmen festlegen[1045], sowie selbstredend in Konzernverhältnissen[1046].

[1040] PEYER H.-K, S. 83 f.; N. MEYER, S. 259 f. ; P. KUNZ Ein- und Zweipersonen-Aktiengesellschaften, S. 70; FORSTMOSER/MEIER-HAYOZ/NOBEL, § 24 Rz. 57.
[1041] PEYER H.-K, S. 86 f.
[1042] Dazu allgemein: FORSTMOSER/MEIER-HAYOZ/NOBEL, § 28 Rz. 175 ff.; BÖCKLI Aktienrecht, § 13 Rz. 618 ff.; VON BÜREN, S. 172 ff.; eingehend ferner: BAZZANI, S. 56 ff.
[1043] MEIER-HAYOZ/FORSTMOSER, § 16 Rz. 466; BAZZANI, S. 5; SOMMER, S. 238.
[1044] S. 6 m.w.H.
[1045] BÖCKLI Aktienrecht, § 13 Rz. 621 m.w.H.; BAZZANI, S. 7 f.; SOMMER, S. 239.
[1046] BÖCKLI Aktienrecht, § 13 Rz. 618 ff. m.w.H.; ZK-HOMBURGER, Art. 717 OR Rz. 938; KRNETA, Rz. 1893; BAZZANI, S. 6 f.; SOMMER, S. 239.

Nach BÖCKLI[1047] ist die *Erteilung von Weisungen an Verwaltungsratsmitglieder* in Konzernverhältnissen von der Konzernober- an die Konzernuntergesellschaft zulässig, sei dies doch eine Konsequenz aus Art. 663e OR, welche Bestimmung die einheitliche Leitung verschiedener Gesellschaften explizit anerkenne, wobei auch in diesen Fällen die Erhaltung der Solvabilität der Konzernuntergesellschaft Vorrang vor den Konzerninteressen habe. Ausserhalb von Konzernverhältnissen sind Mandatsverträge nach BÖCKLI problematisch, da sie häufig im Widerspruch zur Treuepflicht des Verwaltungsrats gemäss Art. 717 OR stünden[1048]; unzulässig seien sie im Bereich der dem Verwaltungsrat in Art. 716a OR unübertragbar und unentziehbar zugewiesenen Aufgaben, da der Verwaltungsrat in diesen Punkten zwingend nach eigenem Ermessen und in eigener Verantwortung zu entscheiden habe.

Die *überwiegende Lehre* erachtet *Mandatsverträge* jedoch generell als *zulässig*. Umstritten ist die Zulässigkeit der Erteilung von Weisungen an Verwaltungsratsmitglieder. V.a. in der älteren Lehre wurde diese generell verneint[1049]. Nach der heute vorherrschenden *Theorie des «doppelten Pflichtennexus»* ist eine Weisungsbindung zulässig, falls den Interessen der Gesellschaft, in welcher das Verwaltungsratsmandat ausgeübt wird, Vorrang gegenüber den Interessen eines Weisungsgebers resp. der Konzernobergesellschaft eingeräumt wird; ein Verwaltungsrat begeht mithin erst dann eine Pflichtverletzung, wenn er im Falle einer Interessenkollision nicht den Gesellschaftsinteressen den Vorzug gibt[1050]. In Bereichen, in denen Verwaltungsratsmitgliedern ein gewisses Ermessen zukommt, ist die Befolgung von Weisungen somit zulässig, wobei die *Ermessensausübung sorgfältig und pflichtgemäss* zu erfolgen hat[1051] sowie weder gesetzlichen Vorschriften, Standesregeln, noch persönlichen moralischen Vorstellungen zuwiderlaufen darf[1052]. Nach HOMBURGER[1053] dürfen insbesondere bei Uneinigkeit, welche von mehreren Entscheidvarianten dem Interesse der Gesellschaft am Besten entspreche, Drittinteressen vertreten werden, vorausgesetzt, die unterstützte Variante liege noch in einem wohlverstandenen Interesse

---

[1047] Aktienrecht, § 13 Rz. 618 ff. m.w.H.
[1048] Dazu eingehender hinten S. 251, § 6.III.12.a.
[1049] CAFLISCH, 141 ff., 144 ff., insbes. 146; PICENONI, S. 327; VON STEIGER, S. 40 und 115.
[1050] FORSTMOSER Verantwortlichkeit, Rz. 698; DERS./MEIER-HAYOZ/NOBEL, § 28 Rz. 44, 167 ff. und 175 ff. m.w.H.; BSK OR II-WERNLI/RIZZI, Art. 707 Rz. 26; KRNETA, Rz. 172 ff.; ZK-HOMBURGER, Art. 717 OR Rz. 924 ff.; BAZZANI, S. 10; SOMMER, S. 247 f.; NUSSBAUMER/VON DER CRONE, S. 139 ff., mit ausführlicher Begründung des Vorrangs der gesellschaftsrechtlichen vor den schuldrechtlichen Verpflichtungen eines Verwaltungsrats; so auch BGE 4C.143/2003 Erw. 6.
[1051] BSK OR II-WERNLI/RIZZI, Art. 707 Rz. 26 m.w.H.; KRNETA, Rz. 178; BAZZANI, S. 11.
[1052] FORSTMOSER Haftung Konzern, S. 108; DERS. Verantwortlichkeit, Rz. 698; DERS./MEIER-HAYOZ/NOBEL, § 28 Rz. 165; PLÜSS, S. 62 f.; WENNINGER, S. 162 und 169; KÄCH, S. 75 ff. und 97 f.
[1053] ZK-HOMBURGER, Art. 717 OR Rz. 924 ff.

der Gesellschaft. Diese Regeln sollen nach überzeugender Ansicht FORSTMOSERS[1054] und SOMMERS[1055] und im Gegensatz zur Auffassung BÖCKLIS auch für den Bereich der dem Verwaltungsrat unübertragbar und unentziehbar zugewiesenen Aufgaben zur Anwendung gelangen.

Anders liegen die Dinge jedoch *in Einpersonen-AG oder hundertprozentigen Konzerntochtergesellschaften*, in denen sich zufolge einer Kongruenz von Aktionärs- und Gesellschaftsinteresse[1056] keine Interessenkonflikte ergeben können. Hier wird das Erteilen von Weisungen in einem weitergehenden Ausmass als zulässig erachtet, wobei sich diese Weisungen selbstredend innerhalb des gesetzlich und statutarisch/reglementarisch Zulässigen zu bewegen haben und überdies die Zahlungsfähigkeit der Gesellschaft gewährleistet sein muss[1057]. Nach meinem Dafürhalten muss dies – aus denselben Gründen – auch in anderen privaten Aktiengesellschaften, in welchen alle Aktionäre schuldvertraglich zur Verfolgung einer einheitlichen Geschäftspolitik und gemeinsamen Instruktion eines Verwaltungsrates verbunden sind, gelten.

Umstritten ist, ob eine der Generalversammlung und den anderen Verwaltungsratsmitgliedern nicht bereits bekannte Weisungsbindung offenzulegen ist[1058]. Nach meinem Dafürhalten drängt sich eine Handhabung analog derjenigen von Interessenkollisionen auf, mithin eine *Offenlegung bereits vor der Wahl* resp. *bei Eintreten von Veränderungen*, handelt es sich doch um möglicherweise Entscheide beeinflussende Bindungen, welche den Verwaltungsräten resp. den Aktionären bekannt sein sollten[1059].

Handelt ein fiduziarischer Verwaltungsrat *pflichtwidrig*, wird er für sein Verhalten grundsätzlich *verantwortlich*[1060]. In Bezug auf die instruierenden Aktionäre kann der beklagte Verwaltungsrat jedoch die Einrede «volenti non fit iniuria» erheben, resp. es wird daraus die konkludente Erteilung der Décharge[1061] gefolgert, welche nach Rechtsprechung und Lehre einer Verantwortlichkeitsklage des weisungsgebenden Aktionärs und im Falle einer Einpersonen-AG auch der

---

[1054] Haftung Konzern, S. 107 f.
[1055] S. 250 m.w.H.
[1056] So auch BGE 126 III 366.
[1057] FORSTMOSER Haftung Konzern, S. 108; BSK OR II-WERNLI/RIZZI, Art. 707 Rz. 26 m.w.H.; KRNETA, Rz. 1894; BÖCKLI Aktienrecht, § 13 Rz. 619a; BAZZANI, S. 12.
[1058] Ablehnend: KRNETA, Rz. 191; ZK-HOMBURGER, Art. 717 OR Rz. 931 (resp. befürwortend immerhin für den Fall eines konkreten Interessenkonflikts: Rz. 898); generell befürwortend: BÖCKLI Aktienrecht, § 13 Rz. 631; KISSLING, Rz. 100; SOMMER, S. 251.
[1059] Dazu eingehend hinten S. 243, § 6.III.11.jca.
[1060] FORSTMOSER Verantwortlichkeit, Rz. 315; DERS./MEIER-HAYOZ/NOBEL, § 37 Rz. 11; BÖCKLI Aktienrecht, § 13 N 623 und § 18 N 142; BSK OR II-GERICKE/WALLER, Art. 754 Rz. 34; LIPS-RAUBER, S. 124 ff.; BAZZANI, S. 29, je m.w.H.
[1061] Dazu vorn S. 150, § 6.I.6.

Gesellschaft entgegensteht[1062]. Darüber hinaus wird der Weisungsgeber allenfalls zum faktischen Organ, was eine aktienrechtliche Verantwortlichkeit begründen kann[1063].

Diesen – je nach Aktionärsstruktur unterschiedlichen – Schranken der Zulässigkeit der Weisungserteilung an fiduziarische Verwaltungsratsmitglieder und den allfälligen verantwortlichkeitsrechtlichen Konsequenzen ist bei der fiduziarischen Beauftragung eines Verwaltungsrates Rechnung zu tragen.

4. Besondere Konstellationen

a. Der Verwaltungsrat einer Einpersonen-AG

Häufig ist der *Alleinaktionär* einer Einpersonen-AG gleichzeitig *einziger Verwaltungsrat* der Gesellschaft; er kann aber auch einen oder mehrere Dritte damit betrauen, das Verwaltungsratsmandat fiduziarisch aufgrund seiner Weisungen auszuüben, sei dies, um die Kreditwürdigkeit der Gesellschaft zu verbessern, oder auch, um seine Anonymität zu wahren[1064].

Diese Konstellationen bergen häufig die Gefahr, dass die formellen gesetzlichen Vorgaben nicht eingehalten und die dem Verwaltungsrat obliegenden Aufgaben nicht im «Gremium» des Verwaltungsrat, sondern vom Alleinaktionaktionär entschieden werden. Dies widerspricht einem grundlegenden Prinzip der körperschaftlichen Ordnung, nämlich demjenigen der Selbstverwaltung der juristischen Person. Wenngleich Kapital und Kontrolle – direkt oder indirekt – in einer Person zusammenfallen, sind die *Grundregeln der aktienrechtlichen Ordnung einzuhalten.* Auch der Verwaltungsrat einer Einpersonen-AG hat die ihm aufgrund von Art. 716a OR *unübertragbar und unentziehbar obliegenden Aufgaben* selbst zu erfüllen. In formeller Hinsicht ist über die Entscheide des alleinigen Verwaltungsrates wie auch über diejenigen des Alleineigentümers anlässlich der Generalversammlung *Protokoll* zu führen[1065]. Auch in Einpersonen-AG ist «das Spiel der AG» zu spielen; wird diese Grundregel verletzt, kann der Verwaltungsrat dafür zur Verantwortung gezogen werden, resp. im Falle eines

---

[1062] BGE 131 III 644 m.V.a. 4C.397/1998 vom 15. Juni 1999, E. 2b/bb m.w.H., publ. in: SZW 72 (2000) S. 197 ff. und SemJud 121 (1999) I S. 481; dazu BERTSCHINGER Weisungen, S. 198 ff.; BÖCKLI Aktienrecht, § 18 Rz. 455; LIPS-RAUBER, S. 129 f.; BAZZANI, S. 30, je m.w.H.

[1063] BGE 128 III 94 m.V.a. BGE 124 III 420, 122 III 227, 117 II 441, 107 II 353 f.; BÖCKLI Aktienrecht, § 13 Rz. 625; ROTH PELLANDA, Rz. 335; BEYELER, S. 274; BSK OR II-GERICKE/WALLER, Art. 754 Rz. 48; LIPS-RAUBER, S. 143 ff.

[1064] KRNETA, Rz. 219 ff.

[1065] BÖCKLI, Aktienrecht, § 1 Rz. 57 ff., § 13 Rz. 152 und 468 ff.; KRNETA, Rz. 225 f.

Konkurses die rechtliche Selbständigkeit der juristischen Person durchbrochen werden[1066].

b. Der Verwaltungsrat in einer Zweipersonen-AG

In der Regel gehören dem Verwaltungsrat einer Zweipersonen-AG beide Aktionäre an, sei dies, um damit die gleichmässige Beteiligung an der Gesellschaft zu widerspiegeln, oder um im Gegenteil eine allfällige Minderheitsposition auf Eigentümerebene in der Verwaltung auszugleichen. Daraus können sich Probleme ergeben, hat die Wegbedingung des Stichentscheids des Präsidenten im Falle von Uneinigkeit zwischen den Beteiligten doch allenfalls die *Beschlussunfähigkeit des Gremiums* zur Folge, während die Beibehaltung des Stichentscheids des Präsidenten des Verwaltungsrats dessen *ständige Majorisierung* bewirkt[1067]. Im Konfliktfall empfiehlt sich die *Zuwahl eines externen, neutralen Dritten als Verwaltungsratspräsidenten* oder als letzter Ausweg eine *Anbietungspflicht*[1068]. In Fällen, in denen man unter sich bleiben und keinen Dritten hinzuwählen will, wird gelegentlich das Verwaltungsratspräsidium alternierend ausgestaltet; ist es mit dem Stichentscheid verbunden, kann ein schuldvertraglich zu vereinbarendes Vetorecht hinsichtlich gewisser, als besonders wichtig definierter Geschäfte hilfreich sein. Das gleiche Resultat kann körperschaftsrechtlich erreicht werden, indem für bestimmte Beschlüsse ein qualifiziertes Quorum, das die Zustimmung beider Seiten verlangt, vorgesehen wird.

Ist der Stichentscheid wegbedungen und fehlt es an einem neutralen Dritten, ergeben sich bei Meinungsverschiedenheiten Pattsituationen. Sind diese von Dauer, kann dies allenfalls zur Auflösung der Gesellschaft aus wichtigem Grund[1069] führen[1070].

c. Der Verwaltungsrat in einer Familiengesellschaft oder einer Gesellschaft mit anderweitig verbundenen Aktionären

Während in Aktiengesellschaften, in denen die Aktionäre familiär oder anderweitig verbunden sind, in einem frühen Stadium häufig sämtliche Aktionäre im Verwaltungsrat vertreten sind, ist dies mit zunehmender Verästelung des Aktionariats immer weniger der Fall, und es stehen sich mehr und mehr das Lager der aktiven und dasjenige der passiven Aktionäre gegenüber. In solchen Fällen ist zu beachten, dass Mitglieder des Verwaltungsrates gegenüber den übrigen Ak-

---

[1066] MEIER-HAYOZ/FORSTMOSER, § 16 Rz. 571.
[1067] Dazu auch vorn S. 39, § 3.III.3.c., S. 40, § 3.III.3.d. und S. 178, § 6.III.2.e. sowie hinten S. 199, § 6.III.9.
[1068] Dazu eingehender S. 178, § 6.III.2.e. resp. S. 122, § 5.VI.2.
[1069] Art. 736 Ziff. 4 OR.
[1070] Dazu eingehender S. 284, § 8.VI.1.

tionären einen erheblichen *Wissens- und Informationsvorsprung* und dadurch oftmals eine engere Beziehung zum Unternehmen haben. Gerade in Konstellationen, in denen die Geschäftsführung den Mehrheitsaktionären obliegt, ist es daher sehr wichtig, dass auch die *Minderheitsaktionäre im Verwaltungsrat* vertreten sind. Unter Umständen kann es im Gegenteil aber gerade sinnvoll sein, wenn sich die Mehrheitsaktionäre im Verwaltungsrat bewusst in die Minderheit versetzen und die Mehrheit oder gar die gesamte Führung der Gesellschaft externen Persönlichkeiten mit unternehmerischer Erfahrung und/oder anderweitigem Fachwissen überlassen[1071].

d. Der Verwaltungsrat einer Konzerntochtergesellschaft

Aufgrund der einheitlichen Leitung eines Konzernes erfährt der Verwaltungsrat einer Tochtergesellschaft wesentliche Einschränkungen seiner Kompetenzen. Er wird zum Vollstrecker einer Konzernstrategie, deren Funktionieren und Angemessenheit er auf der Ebene der Tochtergesellschaft überprüfen muss; er muss über die Finanzen und die Solvabilität der Tochtergesellschaft, über die von der Konzernleitung eingesetzten Führungskräfte sowie allgemein über die Einhaltung der Gesetze und Kontrollmechanismen wachen[1072]. Der Verwaltungsrat einer Tochtergesellschaft ist daher auch ein *abhängiger, fiduziarischer Verwaltungsrat*[1073], welcher die Interessen des Konzerns denjenigen der Tochtergesellschaft gegenüberstellen und im Zweifelsfall der Einhaltung der Verpflichtungen gegenüber den Gläubigern der Tochtergesellschaft den Vorzug zu geben hat[1074]. BÖCKLI[1075] empfiehlt, den Verwaltungsrat einer Tochtergesellschaft nicht nur aus Personen der Konzernspitze zusammenzusetzen, sondern auch *aussenstehende Verwaltungsräte zuzuwählen*. In Gesellschaften, welche lediglich in der Schweiz tätig sind, erachtet KRNETA[1076] eine solche Zuwahl aus Gründen des Informationsgefälles zwischen «internen» und «externen» Verwaltungsräten dagegen als wenig sinnvoll. Auch in solchen Fällen kann m.E. aber eine objektiviertere Überprüfung der Konzernstrategie durch externe Verwaltungsräte nicht schaden.

[1071] KRNETA, Rz. 242 m.V.a. u.a. die Ringier AG.
[1072] Dazu eingehend BÖCKLI Aktienrecht, § 11 Rz. 298 ff.; KRNETA, Rz. 205 und 208 ff.
[1073] Dazu auch vorn S. 179, § 6.III.3.
[1074] BÖCKLI Aktienrecht, § 13 Rz. 619 f.; KRNETA, Rz. 210; VON BÜREN, S. 169 ff.
[1075] Aktienrecht, § 11 Rz. 329.
[1076] Rz. 215.

5. Grösse des Verwaltungsrates

Was die Grösse des Verwaltungsrates anbelangt, findet sich im Schweizerischen Obligationenrecht *keine konkrete Vorgabe*. Art. 707 Abs. 1 OR besagt lediglich, dass der Verwaltungsrat einer Gesellschaft aus einem oder mehreren Mitgliedern bestehen kann.

Ob die Grösse des Verwaltungsrates in den Statuten festzulegen ist, ist umstritten[1077]. Die Frage ist insofern von geringer praktischer Bedeutung, als in den Statuten lediglich die offene Formulierung «Der Verwaltungsrat besteht aus einem oder mehreren Mitgliedern» gewählt und die gewünschte Grösse im Organisationsreglement festgelegt werden kann. Diese Formulierung gewährleistet die grösste Flexibilität und wahrt allzeit die uneingeschränkte Handlungsfähigkeit der Gesellschaft[1078]. Gerade in Familiengesellschaften will man diese Flexibilität mitunter vermeiden, um zu verhindern, dass eine Mehrheit die Minderheit beliebig majorisiert; hier finden sich etwa Bestimmungen, wonach der Verwaltungsrat aus fünf Mitgliedern bestehe, wovon zwei gemäss Vorschlägen der Minderheitsaktionäre zu wählen seien. Will man die Festlegung der Grösse des Verwaltungsrates schliesslich der Entscheidung durch die Aktionäre zuweisen, ist die Revision der entsprechenden Statutenbestimmung aus Gründen der Beständigkeit unter Umständen dem qualifizierten Mehr gemäss Art. 704 OR oder allenfalls einem höheren, eine bestimmte Minderheit schützenden Mehr zu unterstellen[1079].

Das Gesetz lässt folglich grundsätzlich den *Einpersonen-Verwaltungsrat* zu[1080], welcher vornehmlich in Einpersonen-Gesellschaften Verbreitung findet. Ein Einpersonen-Verwaltungsrat kann sinnvoll sein, beispielsweise wenn es sich um einen «inkorporierten Einzelkaufmann» handelt oder wenn eine Gesellschaft nur ein Kleinunternehmen betreibt. Handelt es sich jedoch um *grössere Unternehmen*, ist vor dem Hintergrund der Vielgestaltigkeit der dem Verwaltungsrat obliegenden Aufgaben[1081] ein *mehrgliedriger Verwaltungsrat unabdingbar*[1082]. Bedeutsam für die Komplexität der sich stellenden Aufgaben sind neben der Unternehmensgrösse auch die Dynamik der Branche, in welcher die Gesellschaft tätig ist, der Grad der Internationalisierung sowie unter Umständen die

---

[1077] Bejahend: BÖCKLI Aktienrecht, § 13 Rz. 50; verneinend: ZK-HOMBURGER, Art. 716a OR Rz. 554a; KRNETA, Rz. 27.
[1078] BÖCKLI Aktienrecht, § 13 Rz. 19, 45, 50 und 470; MÜLLER/LIPP/PLÜSS, S. 3 f. (welche eine Höchstzahl empfehlen); ROTH PELLANDA, Rz. 437.
[1079] KRNETA, Rz. 27; SÖDING, S. 242.
[1080] Art. 707 Abs. 1 OR.
[1081] Art. 716a Abs. 1 OR.
[1082] BÖCKLI Aktienrecht, § 13 Rz. 31.

Besitzverhältnisse an der Gesellschaft[1083]. Richtschnur für die Bestimmung der optimalen Grösse des Verwaltungsrates soll gemäss SCBP Empfehlung 12 Abs. 1 die «effiziente Willensbildung» sein sowie die Einbringung von «Erfahrung und Wissen aus verschiedenen Bereichen ins Gremium», sodass die Mitglieder «die Funktionen von Leitung und Kontrolle unter sich verteilen können». Ein grösseres Gremium vermag in der Regel die Qualität und Ausgewogenheit der Entscheidungen zu verbessern, die Kontinuität beim Ausscheiden eines Mitglieds besser zu wahren, und Fehlerquellen eher zu eliminieren, während ein kleineres Gremium häufig effizienter arbeitet. Kleine Gremien bergen aber die Gefahr zu grosser Nähe, welche zu Unsachlichkeit und Abhängigkeiten führen kann[1084]. *In kleineren Unternehmen* empfiehlt sich m.E. ein Verwaltungsrat mit *drei bis fünf Mitgliedern*[1085]; in einer grösseren Gesellschaft bedarf es aufgrund der konkreten Anforderungen unter Umständen eines grösseren Gremiums, so beispielsweise wenn gewisse Ausschüsse gebildet werden sollen.

6. Nachfolgeplanung

Die Zusammensetzung des Verwaltungsrates ist – wie oben bereits dargelegt[1086] – sehr wichtig für das langfristige Gedeihen des Unternehmens. Nur fähige Personen vermögen eine Unternehmung zum Erfolg zu führen, die richtigen Personen mit zentralen Aufgaben zu betrauen und diese angemessen zu überwachen. Je verbundener die Aktionäre überdies untereinander sind, desto wichtiger ist auch die Ausgewogenheit und die Vertretung verschiedener Interessengruppen im Verwaltungsrat. In diesem Sinne kommt der Zusammensetzung des Verwaltungsrates auch im Hinblick auf eine längerfristige Erhaltung der Eigentümerschaft grosse Bedeutung zu. Für die bestmögliche Zusammensetzung von Verwaltungsrat und allfälliger Geschäftsleitung auch über das Ausscheiden oder Ableben der aktuellen Beteiligten hinaus zu sorgen, bildet *Bestandteil* der dem Verwaltungsrat aufgrund der Sorgfaltspflicht gemäss Art. 717 Abs. 1 OR *obliegenden Pflichten*[1087].

Insbesondere in patriarchal geprägten Strukturen wird die *rechtzeitige Anhandnahme* der Nachfolgeplanung sowohl im Verwaltungsrat als auch in der Ge-

---

[1083] ROTH PELLANDA, Rz. 422.
[1084] WATTER/ROTH PELLANDA, S. 60 f.; ROTH PELLANDA, Rz. 425 f., insbes. 434.
[1085] Ähnlich Ziff. 1.4 BP-KMU, welcher als Richtgrössen für Kleinunternehmen (bis 50 Mitarbeitende) drei Verwaltungsräte und für Mittelbetriebe (bis zu 500 Mitarbeitende) fünf Verwaltungsräte nennt.
[1086] Dazu vorn S. 171, § 6.III.2.
[1087] BSK OR II-WATTER/ROTH PELLANDA, Art. 717 Rz. 7a; dazu auch hinten S. 206, § 6.III.10.db.

schäftsführung jedoch häufig vernachlässigt; dabei vermöchten Patriarchen und allgemein Verwaltungsratsmitglieder sowie Aktionäre doch gerade durch die rechtzeitige Suche nach resp. den Aufbau von in ihren Augen geeigneten Nachfolgern einen nachhaltigeren Einfluss auf die Unternehmung auszuüben[1088]. Unter Umständen kann die Auseinandersetzung über die künftige Ausrichtung unter der «Obhut» einer älteren Garde auch friedfertiger von Statten gehen – manchmal verhindert sie aber auch eine notwendige Neuausrichtung.

Auch der Leitfaden Familienunternehmen empfiehlt, der Nachfolgeplanung «frühzeitig hohe Priorität einzuräumen»[1089]. Kandidaten aus der Familie sollten sich vor ihrer Nomination bereits *extern bewährt* haben. Familienmitglieder sollen nur ernannt werden, wenn sie den Qualifikationen externer Bewerber entsprechen – andernfalls ist der besser geeignete Externe vorzuziehen. Familieninterne Kandidaten sollten *frühzeitig einbezogen* und mit dem Unternehmen vertraut gemacht werden. Die Verantwortung ist schliesslich *schrittweise* zu *übertragen*; neue Führungspersonen sind nicht nur sorgfältig einzuarbeiten und in der Anfangsphase zu unterstützen, es ist ihnen auch genügend Spielraum zur Entfaltung eines eigenen, neuen Stils einzuräumen[1090, 1091]. In ergänzenden *Aktionärbindungsverträgen* ist beispielsweise festzulegen, wann, wie und zu welchen Konditionen Familienmitglieder ausscheiden können[1092]; solche Regelungen sind nach Möglichkeit in *Übereinstimmung mit Ehe- und/oder Erbverträgen* sowie mit *letztwilligen Verfügungen* zu halten[1093]. Gleiches empfiehlt sich auch in Fällen nicht familiär-, aber anderweitig eng verbundener Eigentümerschaft.

7. Amtsdauer und Beendigung des Verwaltungsratsmandats

a. Amtsdauer

Sehen die Statuten nichts anderes vor, werden die Mitglieder des Verwaltungsrates gemäss Art. 710 Abs. 1 OR auf *drei Jahre* gewählt; statutarisch kann eine Amtsperiode von maximal sechs Jahren vorgesehen werden, wobei gemäss Abs. 2 der genannten Bestimmung – wenn die Statuten nichts anderes vorsehen – in jedem Fall eine Wiederwahl möglich ist. Die Revision des Aktien- und Rechnungslegungsrechts sieht die – sehr umstrittene – jährliche Einzelwahl der

---

[1088] So auch KRNETA, Rz. 245 ff.; VON MOOS Familienunternehmen, S. 103 ff.
[1089] Rz. 49 letzter Satz und Ziff. 5.6 Leitfaden Familienunternehmen.
[1090] Rz. 34–38, 68–71 und Ziff. 4.5 Leitfaden Familienunternehmen.
[1091] Auch gemäss Ziff. 1.3 BP-KMU «müssen für familieneigene VR- und GL-Kandidatinnen und -Kandidaten die gleichen Anforderungskriterien gelten wie für Externe».
[1092] Rz. 39 Leitfaden Familienunternehmen; dazu auch S. 122, § 5.VI.2.
[1093] C. BÜHLER Regulierung, Rz. 1371.

Mitglieder des Verwaltungsrates (mit Möglichkeit zur Wiederwahl) vor. Dies im Bestreben um eine bessere Corporate Governance, welche gebiete, dass sich die Mitglieder des Verwaltungsrates in kürzeren Intervallen der Wiederwahl und damit der konkreten Beurteilung ihrer Tätigkeit durch die Aktionäre stellen würden[1094]. Der *indirekte Gegenvorschlag* des National- und Ständerats zur Volksinitiative «Minder» sieht die jährliche Wiederwahl sowie eine maximale Amtsdauer von drei Jahren nurmehr für kotierte Gesellschaften vor, während Verwaltungsratsmitglieder nicht kotierter Aktiengesellschaften in Ermangelung einer anderslautenden Statutenbestimmung weiterhin auf *drei Jahre*, aufgrund statutarischer Bestimmung für eine *Amtsdauer von maximal sechs Jahren* gewählt werden dürfen; die *Wahl* soll auch in nicht kotierten Gesellschaften *zwingend einzeln* erfolgen[1095]. Die Arbeitsgruppe «CG» war für eine Amtsdauer von vier Jahren eingetreten, da die Einarbeitung in die Funktion eine gewisse Zeit benötige und eine längere Amtsdauer auch der notwendigen inneren Unabhängigkeit sowohl gegenüber dem Management als auch gegenüber den Mitverwaltungsräten zuträglich sei[1096]. M.E. sind – abgesehen von besonderen Konstellationen[1097] – dreijährige Amtsdauern, ebenfalls mit der Möglichkeit der Wiederwahl zu empfehlen, verpflichten solche die Verwaltungsratsmitglieder zum einen doch zu einem längeren Engagement in einer Gesellschaft; zum anderen bewirken sie eine gewisse Kontinuität des Gremiums, kann in einer dauerhafteren Zusammensetzung doch oftmals besser und effizienter gearbeitet werden. Erfolgt die Zuwahl neuer Mitglieder sodann gestaffelt, ist auf diese Weise auch der Übergang des Know-Hows auf die neuen Mitglieder gewährleistet. Eine statutarische Festlegung einer Amtsdauer von lediglich ein oder zwei Jahren mit dem Effekt einer regelmässigeren «Absegnung» der Tätigkeit in Form einer Wiederwahl durch die Aktionäre erachte ich in privaten Gesellschaften in Anbetracht der jederzeitigen Abberufbarkeit der Verwaltungsratsmitglieder[1098] als nicht empfehlenswert. In besonderen Konstellationen, beispielsweise bei treuhänderischen Verwaltungsratsmandaten, bei Verwaltungsräten in Konzerntochtergesellschaften oder im Falle einer schuldvertraglichen Vertretung verschiedener Aktionärsgruppen im Verwaltungsrat, können einjährige Amtsdauern allenfalls angebracht sein, bieten diese in der Tat doch den Vorteil einer engmaschigeren Kontrolle durch die jährliche Wiederwahl resp. bei allfälligen Konfliktsituationen die Möglichkeit eines raschen Handelns «auf ordentlichem Wege», ohne dass der Weg des – unter Umständen mit Prestigeverlust und Ent-

---

[1094] Dazu bereits vorn S. 169, § 6.III.1.b.
[1095] Art. 710 Abs. 1 bis 3 E-Parl OR.
[1096] BÖCKLI/HUGUENIN/DESSEMONTET, S. 90.
[1097] Dazu sogleich nachstehend.
[1098] Dazu sogleich hinten S. 189, § 6.III.7.ba.

schädigungsfolgen verbundenen – Abberufungsverfahren beschritten werden muss[1099].

b. Beendigung des Verwaltungsratsmandats

Das Verwaltungsratsmandat endet ordentlicherweise mit *Ablauf der gesetzlichen oder statutarischen Amtsdauer* und – aus welchen Gründen auch immer – aufgrund *nicht erfolgter Wiederwahl*. Eine ausserordentliche Beendigung während laufender Amtsdauer kann erfolgen, wenn ein Verwaltungsratsmitglied *zurücktritt*, von den Aktionären *abgewählt* wird, *verstirbt* oder bei *Wegfall gewisser Wählbarkeitsvoraussetzungen*.

ba. Abberufung eines Verwaltungsratsmitglieds

Gemäss Art. 705 Abs. 1 OR ist die Generalversammlung «berechtigt, die Mitglieder des Verwaltungsrates und der Revisionsstelle sowie allfällige von ihr gewählte Bevollmächtigte und Beauftragte abzuberufen». Ein Verwaltungsratsmitglied kann nach bundesgerichtlicher Rechtsprechung mithin auch während einer Amtsperiode jederzeit ohne Angabe irgendwelcher Gründe abgewählt werden, was sich aus dem Vertrauensverhältnis, welches zwischen den Aktionären und dem Verwaltungsratsmitglied bestehen muss, erklärt[1100]. Dieses *Abberufungsrecht der Generalversammlung* ist nach h.L. und Rechtsprechung *zwingender Natur* und kann statutarisch nicht beispielsweise durch die Festlegung bestimmter Abberufungsgründe beschränkt oder befristet werden. Die Abberufung bedarf eines gültigen, mithin ordnungsgemäss traktandierten Beschlusses der Generalversammlung[1101], welcher nach bundesgerichtlicher Rechtsprechung durch qualifizierte Präsenz- und/oder Beschlussquoren erschwert, jedoch nicht faktisch verunmöglicht werden darf[1102]. Der Gesamtverwaltungsrat kann ein Verwaltungsratsmitglied gestützt auf Art. 726 Abs. 2 OR lediglich in seinen Funktionen einstellen, während die eigentliche Abberufung der Generalver-

---

[1099] KRNETA, Rz. 403.
[1100] BGE 80 II 121 f. m.V.a. BGE 25 II 346.
[1101] Das allgemeine Traktandum «Wahlen in den Verwaltungsrat» genügt nicht; es muss die konkrete Abwahl einer bestimmten Person traktandiert werden (BÖCKLI Aktienrecht, § 13 Rz. 62; MÜLLER/LIPP/PLÜSS, S. 50).
[1102] BGE 117 II 313 f.; dazu BÖCKLI Aktienrecht, § 13 Rz. 63 f.; FORSTMOSER/MEIER-HAYOZ/NOBEL, § 22 Rz. 30, § 27 Rz. 39 und § 20 Rz. 30; KRNETA, Rz. 436; ZK-HOMBURGER, Art. 710 OR Rz. 230; BSK OR II-DUBS/TRUFFER, Art. 705 Rz. 6. Grundsätzlich obliegt es dem Verwaltungsrat, eine (u.U. ausserordentliche) Generalversammlung einzuberufen und darin die Abberufung eines Verwaltungsrates zu traktandieren (Art. 699 Abs. 1 OR); aber auch Aktionäre, welche zusammen 10% des Aktienkapitals oder Aktien im Nennwert von 1 Million Franken vertreten, können die Einberufung einer Generalversammlung und die Traktandierung der Wahl resp. die Abberufung einer Person verlangen (Art. 699 Abs. 3 OR).

sammlung vorbehalten bleibt[1103]. Eine teilweise Einschränkung besteht ferner hinsichtlich der Abberufung von Gruppenvertretern im Sinne von Art. 709 Abs. 1 OR, welche nach h.L. nur eingeschränkt, d.h. auf Vorschlag der durch das fragliche Mitglied vertretenen Aktienkategorie oder bei Vorliegen wichtiger Gründe möglich ist[1104].

Das Abberufungsrecht der Generalversammlung stellt ein *wichtiges Aktionärsrecht* dar. Nicht ganz zu Unrecht weist die Arbeitsgruppe «CG» in ihrem Bericht darauf hin, dass eine Abberufung in der Praxis «eine überaus *scharfe Sanktionierung* des Verwaltungsrates» darstelle, erfolge eine solche doch in Fällen, in denen ein Verwaltungsrat «seine Unfähigkeit bewiesen oder gegen das Gesetz verstossen hat oder sonst untragbar geworden ist»[1105]. Das Abberufungsrecht kann indessen auch zum Tragen kommen, wenn ein einzelner Verwaltungsrat oder eine Gruppe von Verwaltungsräten – rechtlich oder betriebswirtschaftlich begründet – dauerhaft anderer Ansicht ist und die Zusammenarbeit aus diesem Grunde schwierig oder unmöglich geworden ist; in diesem Fall hat die Generalversammlung die Situation zu klären und über die künftige Ausrichtung zu entscheiden[1106].

Gemäss Art. 705 Abs. 2 OR bleiben «*Entschädigungsansprüche* der Abberufenen [...] vorbehalten». Diese richten sich *nach dem zugrundeliegenden Schuldverhältnis* (Auftrag, Arbeitsvertrag oder Vertrag sui generis), welches nach bundesgerichtlicher Rechtsprechung durch die Abberufung, mithin die Beendigung des Organschaftsverhältnisses, unberührt bleibt[1107]. Zur sofortigen Beendigung eines zugrunde liegenden Arbeitsvertrages bedarf es eines wichtigen Kündigungsgrundes, welcher eine fristlose Auflösung rechtfertigt[1108]; ein solcher kann u.U. im Grund, welcher zur Abwahl führte, gegeben sein. Im Falle

---

[1103] BSK OR II-WERNLI/RIZZI, Art. 712 Rz. 12; KRNETA, Rz. 479; BÖCKLI Aktienrecht, § 13 Rz. 317; HUNGERBÜHLER, S. 49 ff.
Konstituiert sich der Verwaltungsrat hinsichtlich des Verwaltungsratspräsidenten jedoch selbst, kann der Gesamtverwaltungsrat den letzteren in analoger Anwendung von Art. 726 Abs. 1 OR indessen auch selbst wieder aus dieser Funktion abwählen (BSK OR II-WERNLI/RIZZI, Art. 712 Rz. 12; KRNETA, Rz. 479; BÖCKLI Aktienrecht, § 13 Rz. 317; HUNGERBÜHLER, S. 49 ff.).

[1104] Andernfalls könnte das verbindliche Vorschlagsrecht der Vertretenen (dazu eingehender vorn S. 86, § 4.III.2.dg. und S. 90, § 4.III.3.f.) durch die Abwahl der Gruppenvertreter einfach untergraben werden (dazu PLÜSS, S. 91 f.; MÜLLER/LIPP/PLÜSS, S. 52; KRNETA, Rz. 372; FORSTMOSER/MEIER-HAYOZ/NOBEL, § 27 Rz. 41; BÖCKLI Aktienrecht § 13 Rz. 84 f.). Auf der anderen Seite kann eine Aktionärsgruppe, wenn sie an der Generalversammlung nicht die entsprechende Mehrheit zu erlangen vermag, auch nicht die Abberufung eines gewählten Vertreters erzwingen (PLÜSS, S. 92 m.w.H.).

[1105] BÖCKLI/HUGUENIN/DESSEMONTET, S. 90.

[1106] MÜLLER/LIPP/PLÜSS, S. 50.

[1107] BGE 111 II 482.

[1108] Art. 337 OR.

eines Auftragsverhältnisses ist – vorbehältlich der Kündigung zur Unzeit[1109] – die Auflösung jederzeit möglich[1110]. Im Vordergrund stehen Schadenersatzansprüche gestützt auf Art. 336 ff. und Art. 404 Abs. 2 OR. Wurde der Abberufene in unzulässigerweise Weise in seiner Persönlichkeit verletzt, kann unter Umständen auch eine Genugtuungssumme geschuldet sein[1111].

bb.   Rücktritt eines Verwaltungsratsmitglieds

Gewissermassen als Pendant zum Abberufungsrecht der Generalversammlung können die Mitglieder des Verwaltungsrates *ohne Angabe von Gründen* von ihrem Amt zurücktreten. Da das Rücktrittsrecht zwingend ist, darf es weder statutarisch noch reglementarisch eingeschränkt werden[1112]. Nach PLÜSS[1113] soll immerhin die Festsetzung statutarischer Rücktrittspflichten für Minderheitenvertreter im Sinne von Art. 709 Abs. 1 OR[1114] – da diese nur beschränkt abberufen werden können – zulässig sein. Eine vertragliche Einschränkung des Rücktrittsrechts in Form einer Verpflichtung gegenüber gewissen Aktionären, ein Verwaltungsratsmandat während einer bestimmten Dauer auszuüben, ist zwar zulässig, aber gegenüber der Gesellschaft nicht von Bedeutung. So finden sich beispielsweise bei fiduziarischen Verwaltungsratsmandaten häufig vertragliche Rücktrittspflichten auf das Ende des Mandatsvertrages hin, welche indessen nur obligatorische Wirkung gegenüber den Vertragsparteien entfalten.

Da die Demission eine *einseitige, empfangsbedürftige*, nach herrschender Lehre und Rechtsprechung *bedingungsfeindliche Willenserklärung* ist, muss sie nicht von der Generalversammlung oder vom Verwaltungsrat genehmigt werden[1115]; sie hat sich nach h.L. *an den Präsidenten des Verwaltungsrates oder dessen Stellvertreter* zu richten[1116], wenn alle Verwaltungsratsmitglieder gemeinsam zurücktreten, an die Generalversammlung[1117]. Die Rücktrittserklärung kann

---

[1109] Art. 404 Abs. 2 OR; dazu BGE 110 II 386, 109 II 469 ff.
[1110] Art. 404 OR.
[1111] Zum Ganzen: BSK OR II-WERNLI/RIZZI, Art. 705 Rz. 12 ff.; KRNETA, Rz. 457 ff.; ZK-HOMBURGER, Art. 710 OR Rz. 239; FORSTMOSER/MEIER-HAYOZ/NOBEL, § 27 Rz. 42, § 28 Rz. 2 ff. und 13 ff.
[1112] BGE 111 II 483 m.V.a. BGE 104 Ib 323 = Pra 68 (1979) Nr. 125 S. 318 ff.; FORSTMOSER/MEIER-HAYOZ/NOBEL, § 27 Rz. 43; PLÜSS, S. 97, Fn. 503 m.w.H., wonach bspw. die statutarische Begründung einer Rücktrittsfrist, einer Verpflichtung, einen geeigneten Nachfolger zu stellen, oder einer Konventionalstrafe unzulässig sind.
[1113] S. 98 f. m.w.H.
[1114] Dazu vorn S. 176, § 6.III.2.c.
[1115] BGE 111 II 483, 104 Ib 321 = Pra 68 (1979) Nr. 125 S. 318.
[1116] So BÖCKLI Aktienrecht, § 13 Rz. 57; FORSTMOSER/MEIER-HAYOZ/NOBEL, § 27 Rz. 44; PLÜSS, S. 97 ff.; a.A. BSK OR II-DUBS/TRUFFER, Art. 705 Rz. 2, wonach jedes Verwaltungsratsmitglied Adressat der Erklärung sein kann.
[1117] BSK OR II-DUBS/TRUFFER, Art. 705 Rz. 2; BÖCKLI Aktienrecht, § 13 Rz. 57.

formlos erfolgen; aus Beweisgründen empfiehlt sich jedoch eine schriftliche Erklärung[1118].

In analoger Anwendung von Art. 404 Abs. 2 OR darf der Rücktritt während laufender Amtsdauer *nicht zur Unzeit* erfolgen. Letzteres wäre etwa gegeben im Falle einer Überschuldung der Gesellschaft (bis der Verwaltungsrat entsprechende Sanierungsmassnahmen beschlossen oder den Richter benachrichtigt hat), aber auch nach einem Verwaltungsratsbeschluss über die Einberufung einer Generalversammlung bis zur Schliessung der entsprechenden Generalversammlung[1119]. Ein zur Unzeit erklärter Rücktritt entfaltet nach h.L. seine volle Wirksamkeit, begründet indessen eine Ersatzpflicht des zurücktretenden Verwaltungsratsmitglieds hinsichtlich des der Gesellschaft dadurch entstandenen Schadens, nicht jedoch für entgangenen Gewinn[1120].

Problematisch kann insbesondere in nicht kotierten Gesellschaften der Rücktritt eines Alleinverwaltungsrats oder bei einem mehrköpfigen Gremium des gesamten Verwaltungsrats sein, bewirkt dies doch die *Handlungsunfähigkeit der Gesellschaft*. Vor dem Hintergrund der Bedingungsfeindlichkeit des Rücktrittsrechts[1121] kann dieser keinesfalls nichtig sein; vielmehr begründet ein solches Verhalten *allenfalls* einen Verstoss gegen Art. 717 OR, welcher eine *Schadenersatzpflicht* gestützt auf Art. 754 Abs. 1 oder Art. 404 Abs. 2 OR begründen kann[1122].

c. Löschung im Handelsregister

Scheidet ein Verwaltungsratsmitglied als im Handelsregister eingetragenes Organ aus seinem Amt aus, muss die Gesellschaft unverzüglich dessen Löschung verlangen. Veranlasst die *Gesellschaft* die Löschung eines abberufenen oder zürückgetretenen Verwaltungsratsmitglieds nicht von sich aus, kann der Betroffene die *Löschung* (mittels Vorlage seines Rücktrittschreibens und/oder des Verwaltungsratsprotokolls[1123]) *selbst melden*[1124].

[1118] FORSTMOSER/MEIER-HAYOZ/NOBEL, § 27 Rz. 44; ZK-HOMBURGER, Art. 710 OR Rz. 224; KRNETA, Rz. 429; MÜLLER/LIPP/PLÜSS, S. 53.
[1119] BÖCKLI Aktienrecht, § 13 Rz. 56.
[1120] KRNETA, Rz. 431 und 455 ff.; BÖCKLI Aktienrecht, § 13 Rz. 56 und 59.
[1121] BGE 111 II 483 m.V.a. BGE 104 Ib 323 = Pra 68 (1979) Nr. 125 S. 318 ff.
[1122] PLÜSS, S. 34 f.; BSK OR II-WERNLI/RIZZI, Art. 710 Rz. 11g.
[1123] GWELESSIANI, Rz. 84.
[1124] Art. 937, 938a und b Abs. 1 und 2 OR i.V.m. Art. 17 Abs. 2 lit. a HRegV.

8. Verwaltungsratssitzungen

a. Einberufung

Was die Einberufung der Sitzungen des Verwaltungsrates anbelangt, sind dem Obligationenrecht keine Vorgaben zu entnehmen; Art. 715 OR sieht einzig vor, dass «unter Angabe der Gründe» *jedes Mitglied* des Verwaltungsrates «vom Präsidenten die unverzügliche Einberufung einer *Sitzung verlangen*» kann[1125]. Leistet der Präsident diesem auch formfrei gültigen[1126] Begehren keine Folge, kann die Einberufung durch den Richter verlangt werden[1127].

Im Übrigen kann der Verwaltungsrat im Rahmen seiner Organisationsbefugnis[1128] die Einberufungs- und Sitzungs-Modalitäten reglementarisch festlegen. In der Regel wird der *Präsident* mit der *Einberufung und Vorbereitung der Verwaltungsratssitzungen* betraut. Für den Fall seiner Verhinderung empfiehlt es sich, diese Aufgabe dem Vizpräsidenten oder einem anderen Mitglied des Verwaltungsrates zuzuweisen[1129]. Ist dem Organisationsreglement diesbezüglich nichts zu entnehmen, obliegt die Einberufung und Vorbereitung der Verwaltungsratssitzungen nach h.L. dem Präsidenten[1130].

Die Einladung kann mangels statutarischer oder reglementarischer Vorschrift *formfrei* erfolgen; aus Beweisgründen sollte im Organisationsreglement jedoch festgelegt werden, dass sie *schriftlich (oder elektronisch)* unter Angabe der zu behandelnden Traktanden sowie unter Beilage der für die Sitzungsvorbereitung notwendigen Unterlagen zu erfolgen hat[1131]. Gerade auch in nicht kotierten Gesellschaften, in denen sich die Verwaltungsratsmitglieder familiär und/oder freundschaftlich verbunden sind, ist aus Gründen der Formalisierung Schriftlichkeit zu empfehlen.

[1125] Dieses Recht darf nach h.L. in keiner Weise beschränkt oder gar entzogen werden (BÖCKLI Aktienrecht, § 13 Rz. 114; BSK OR II-WERNLI/RIZZI, Art. 715 Rz. 3; KRNETA, Rz. 901; FORSTMOSER Organisation II, § 11 Rz. 26).

[1126] Aus Beweisgründen ist indessen Schriftlichkeit zu empfehlen: FORSTMOSER Organisation II, § 11 Rz. 26; BSK OR II-WERNLI/RIZZI, Art. 715 Rz. 5; KRNETA, Rz. 900.

[1127] BÖCKLI Aktienrecht, § 13 Rz. 115a; PLÜSS, S. 59; BSK OR II-WERNLI/RIZZI, Art. 715 Rz. 7; HUNGERBÜHLER, S. 65 ff.

[1128] Art. 716a Abs. 1 Ziff. 2 OR.

[1129] FORSTMOSER Organisation I, S. 48.

[1130] FORSTMOSER/MEIER-HAYOZ/NOBEL, § 31 Rz. 5 ff.; BÖCKLI Aktienrecht, § 13 Rz. 116; BSK OR II-WERNLI/RIZZI, Art. 715 Rz. 8; KRNETA, Rz. 739; R. MÜLLER VR-Sitzung, S. 46; FORSTMOSER Organisation II, § 11 Rz. 25.

[1131] BSK OR II-WERNLI/RIZZI, Art. 715 Rz. 8; FORSTMOSER/MEIER-HAYOZ/NOBEL, § 31 Rz. 9; KRNETA, Rz. 740 f.; R. MÜLLER VR-Sitzung, S. 46; hinsichtlich der Dokumentierung ausdrücklich SCBP Empfehlung 15 Abs. 2.

Über die einzuhaltende *Einladungsfrist* schweigt sich das Gesetz ebenfalls aus; um eine gründliche Vorbereitung durch die Verwaltungsratsmitglieder zu gewährleisten, erachten verschiedene Autoren eine reglementarische Festlegung auf *10 Tage* als *angemessen*[1132]. Das erscheint mir sehr gut bemessen; verbreitet sind Fristen von drei bis fünf Tagen, was – die kurzfristige terminliche Verfügbarkeit der Verwaltungsratsmitglieder vorbehalten – m.E. auch zu einer angemessenen Vorbereitung genügen muss. Oft wird vorgesehen, dass die Einberufungsfrist bei Dringlichkeit verkürzt werden kann. Sind alle Mitglieder anwesend und einverstanden, kann analog Art. 701 OR auch eine *sog. Universalversammlung* ohne vorgängige Einladung abgehalten werden, welche durch Verlassen des Sitzungsraums jederzeit beendet werden kann[1133].

b. Häufigkeit und Arten

Die Anzahl der im Minimum pro Jahr abzuhaltenden, ordentlichen Verwaltungsratssitzungen kann der Verwaltungsrat ebenfalls *selbst festlegen*; in der Regel findet sich eine Bestimmung im *Organisationsreglement*. Ganz allgemein ist der Verwaltungsrat immer dann zur Einberufung einer Sitzung verpflichtet, *wenn die Geschäfte der Gesellschaft eine Behandlung und Beschlussfassung* durch den Verwaltungsrat *erfordern* oder der *Verwaltungsrat informiert* werden muss[1134]. Eine Sitzung dient (u.a.) der *Vorbereitung der Generalversammlung*[1135]. Drei bis fünf Sitzungen pro Jahr dürften den Bedürfnissen einer ordnungsgemässen Geschäftsführung nicht kotierter Gesellschaften in der Regel genügen[1136]; in Gesellschaften, in denen sich die Geschäftsführung weniger komplex erweist, wie unter Umständen in Einpersonen-AG oder Tochtergesellschaften, werden eine bis drei Sitzung(en) pro Jahr empfohlen[1137]. Der SCBP empfiehlt, dass der Verwaltungsrat mindestens viermal im Jahr zusammentritt[1138].

Darüber hinaus können resp. müssen *bei besonderer Dringlichkeit* gewisser Entscheidungen *ausserordentliche Verwaltungsratssitzungen* einberufen wer-

---

[1132] ZK-HOMBURGER, Art. 713 OR Rz. 282 f.; KRNETA, Rz. 742; FORSTMOSER Organisation I, S. 48.
[1133] BSK OR II-WERNLI/RIZZI, Art. 713 Rz. 4 und 715 Ziff. 8 m.w.H.; TANNER Quoren, S. 328; FORSTMOSER Organisation II, § 11 Rz. 35.
[1134] FORSTMOSER/MEIER-HAYOZ/NOBEL, § 31 Rz. 8; KRNETA, Rz. 730 und 733 f.; HUNGERBÜHLER, S. 62 f.
[1135] FORSTMOSER Organisation II, § 11 Rz. 8; dazu auch hinten S. 210, § 6.III.10.de.
[1136] KRNETA, Rz. 731 f.; MÜLLER/LIPP/PLÜSS, S. 98; OR II-WERNLI, Art. 713 Rz. 4; a.A. R. MÜLLER (VR-Sitzung, S. 47), welcher in operativ tätigen Gesellschaften mindestens sechs VR-Sitzungen pro Jahr als notwendig erachtet.
[1137] KRNETA, Rz. 732.
[1138] SCBP Empfehlung 14 Abs. 1.

den; in solchen Fällen kann – vorausgesetzt, es handelt sich um einen Termin, der erwartungsgemäss von möglichst vielen Verwaltungsratsmitgliedern wahrgenommen werden kann – unter Umständen eine sehr kurzfristige, lediglich mündliche oder elektronische Einladung erfolgen sowie den Verwaltungsratsmitgliedern die für die Beschlussfassung erforderlichen Informationen und Unterlagen nur kurze Zeit im Voraus oder erst anlässlich der Sitzung unterbreitet werden[1139].

Aufgrund der modernen Kommunikationsmittel ist die *physische Präsenz* der Verwaltungsratsmitglieder *nicht* mehr *Voraussetzung*; einzelne Mitglieder können einer Verwaltungsratssitzung auch über Telefon oder Video zugeschaltet werden, oder es kann eine reine Telefon- oder Videokonferenz durchgeführt werden. Dies setzt voraus, dass alle Verwaltungsratsmitglieder ungehindert teilnehmen und eindeutig identifiziert werden können sowie über die gleichen Unterlagen verfügen; auch darf bei der Zuschaltung lediglich einzelner Mitglieder kein Informations- oder Dokumentationsdefizit gegenüber den versammelten Mitgliedern entstehen[1140].

c. Teilnahme

Die Mitglieder des Verwaltungsrates sind nicht nur zwingend berechtigt, an den Sitzungen des Verwaltungsrates teilzunehmen[1141], sondern auch verpflichtet, durch Sitzungs- und Diskussionsteilnahme sowie Stimmausübung an der Willensbildung in der Exekutive mitzuwirken[1142]. Die *Sitzungsteilnahmepflicht* leitet sich aus Art. 713 Abs. 1 OR ab und wird nicht selten in einer entsprechenden Bestimmung im Organisationsreglement festgehalten[1143]. Ein Fernbleiben von einer Verwaltungsratssitzung ist nach h.L. nur gestattet bei höherer Gewalt oder aus Gründen, welche nach einem vernünftigen, «den Realitäten des Wirtschaftslebens» angepassten Massstab[1144] als entschuldbar erscheinen, mithin bei

---

[1139] FORSTMOSER/MEIER-HAYOZ/NOBEL, § 31 Rz. 8; KRNETA, Rz. 706 f. und 742; R. MÜLLER VR-Sitzung, S. 47.
[1140] KRNETA, Rz. 737a; BÖCKLI Aktienrecht, § 13 Rz. 136 ff.; TANNER Quoren, S. 326; MÜLLER/LIPP/PLÜSS, S. 227; HUNGERBÜHLER, S. 101 f.; FORSTMOSER Organisation II, § 11 Rz. 13.
[1141] Werden nicht alle Mitglieder rechtmässig eingeladen und war die mangelhafte Einberufung für die Abwesenheit kausal, bewirkt dies die Nichtigkeit der gefassten Beschlüsse (BSK OR II-WERNLI/RIZZI, Art. 713 Rz. 5 und 714 Rz. 12 m.w.H.).
[1142] TANNER Quoren, S. 319 f.; PLÜSS, S. 34 m.w.H.; FORSTMOSER/MEIER-HAYOZ/NOBEL, § 28 Rz. 68; BSK OR II-WERNLI/RIZZI, Art. 713 Rz. 6; ZK-HOMBURGER, Art. 717 OR Rz. 813; MÜLLER/LIPP/PLÜSS, S. 217 ff.; KRNETA, Rz. 719 ff.; FORSTMOSER Organisation II, § 11 Rz. 39.
[1143] MÜLLER/LIPP/PLÜSS, S. 217 f.
[1144] FORSTMOSER Verantwortlichkeit, Rz. 310 Fn. 576.

vertretbaren Terminkollisionen[1145]; die *entschuldbaren Abwesenheitsgründe* können auch im Organisationsreglement festgelegt werden[1146]. Unentschuldigtes Fernbleiben begründet eine Sorgfaltspflichtverletzung, welche bei Schadensverursachung eine persönliche Verantwortlichkeit begründen kann[1147]. Zu empfehlen ist mit KRNETA[1148] unter Umständen eine Erhöhung der Sitzungsgelder und die Reduktion der Grundhonorare, welche Massnahmen sich erfahrungsgemäss positiv auf die Teilnahmedisziplin auswirken würden.

Die *überwiegende Lehre lehnt* die *Stellvertretung an Verwaltungsratssitzungen* aufgrund der höchstpersönlichen Natur des Verwaltungsratsmandats *ab*[1149]. Einzelne Autoren treten jedoch für die Zulässigkeit der Bevollmächtigung anderer Verwaltungsratsmitglieder ein, sofern diese auf einer statutarischen Ermächtigung beruhe[1150]. Das Bundesgericht liess die Frage offen[1151]. Die diesbezügliche handelsregisterrechtliche Praxis ist uneinheitlich[1152]. Wohl bestünde mitunter zweifellos ein Bedürfnis nach einer Stellvertretung; der Verwaltungsrat ist jedoch grundsätzlich vom *Unmittelbarkeitsprinzip* beherrscht, d.h. die Willensbildung erfolgt an der Verwaltungsratssitzung. Ist das zu behandelnde Traktandum bekannt und treten keine massgeblichen Veränderungen ein, ist eine vorgängige Erteilung konkreter Weisungen hinsichtlich des Stimmverhaltens möglich; solche Beschlüsse könnten aber auch auf dem Zirkularwege gefällt werden[1153]. Sobald die zur Entscheidung anstehenden Traktanden jedoch offener und kontroverser sind, ist eine vorgängige detaillierte Instruktion nicht möglich und die Vertretung daher problematisch, da sie zu einem Mehrfachstimmrecht des vertretenden Verwaltungsrats führt[1154]. Aus diesen Gründen ist von einem statutarischen Stellvertretungsrecht abzusehen und nötigenfalls mit dem Instrument des Zirkularbeschlusses zu arbeiten.

An den Verwaltungsratssitzungen nehmen neben den Verwaltungsratsmitgliedern und dem Sekretär häufig auch der *Vorsitzende und allenfalls weitere*

[1145] BSK OR II-WERNLI/RIZZI, Art. 713 Rz. 6; TANNER Quoren, S. 320; M. WEBER, S. 100 ff.
[1146] FORSTMOSER Organisation II, § 11 Rz. 39.
[1147] FORSTMOSER/MEIER-HAYOZ/NOBEL, § 28 Rz. 71; KRNETA, Rz. 721; TANNER Quoren, S. 321; FORSTMOSER Organisation II, § 11 Rz. 95.
[1148] Rz. 720.
[1149] FORSTMOSER/MEIER-HAYOZ/NOBEL, § 31 Rz. 33 f.; BÖCKLI Aktienrecht, § 13 Rz. 128 ff.; BSK OR II-WERNLI/RIZZI, Art. 713 Rz. 10 m.w.H.; ZK-HOMBURGER, Art. 707 OR Rz. 34 ff.; FORSTMOSER Organisation II, § 11 Rz. 47 f.
[1150] Dazu eingehend: M. WEBER, S. 103 ff.; MÜLLER/LIPP/PLÜSS, S. 128 ff.; R. MÜLLER VR-Sitzung, S. 51.
[1151] BGE 71 II 279 f.
[1152] BSK OR II-WERNLI/RIZZI, Art. 713 Rz. 10a m.w H.
[1153] So auch HUNGERBÜHLER, S. 111. Zum Zirkularbeschluss hinten S. 202, § 6.III.9.c.
[1154] BÖCKLI Aktienrecht, § 13 Rz. 129 f.

Mitglieder einer allfälligen Geschäftsleitung teil. So empfiehlt sich für die Behandlung des Jahresabschlusses oder anderer finanzieller Traktanden unter Umständen nicht nur die Anwesenheit des CEO, sondern auch des CFO. Unter Umstäden können/müssen auch *aussenstehende Berater* (Anwälte, Wirtschaftsprüfer, Unternehmensberater, o.ä.) beigezogen werden. Auch der SCBP empfiehlt die Anwesenheit der für ein Geschäft Verantwortlichen, resp. die Erreichbarkeit von Personen, welche für die Beantwortung vertiefender Fragen unentbehrlich sind[1155].

d. Leitung und Durchführung

Die Leitung der Verwaltungsratssitzungen, d.h. die Eröffnung, die Worterteilung, die Durchführung von Abstimmungen und die Schliessung der Sitzung *obliegt* ebenfalls dem *Präsidenten*, bei dessen Verhinderung dem Vizepräsidenten oder einem anderen Verwaltungsratsmitglied[1156]. Gemäss SCBP Empfehlung 15 Abs. 1 hat der Verwaltungsratspräsident generell «die ordnungsmässigen Abläufe von Vorbereitung, Beratung, Beschlussfassung und Durchführung» der Verwaltungsratssitzungen zu gewährleisten[1157].

Vom Gesetz nicht zwingend vorgeschrieben, aber verbreitet und sinnvoll sind *Traktandenlisten*, anhand welcher durch die Verwaltungsratssitzung geführt wird[1158]. Die Feststellung der Beschlussfähigkeit und die Genehmigung des Protokolls der letzten Sitzung bilden regelmässig die ersten Traktanden, gefolgt von der Berichterstattung über die Geschäftstätigkeit und die finanzielle Lage der Gesellschaft (Quartals- oder Halbjahresbericht, Liquiditätskontrolle, Jahresrechnung u.w.m.); daneben stehen immer wieder strategische und organisatorische Fragen sowie jährlich die Vorbereitung der Geschäfte der Generalversammlung (Verabschiedung des Geschäftsberichts, Beschlussfassung über die Verwendung des Bilanzgewinns, evtl. Traktandierung von Wahlen) auf der Traktandenliste[1159]. In der Lehre ist umstritten, ob über nicht in der Traktandenliste enthaltene Geschäfte gültig Beschluss gefasst werden könne. Nach HOMBURGER[1160] ist eine Diskussion möglich, nicht hingegen eine gültige Beschlussfassung, es sei denn, es handle sich um ein lediglich unbedeutendes oder

---

[1155] Dazu auch HUNGERBÜHLER, S. 104; R. DUBS, S. 20 f.; FORSTMOSER Organisation II, § 11 Rz. 42.
[1156] FORSTMOSER/MEIER-HAYOZ/NOBEL, § 31 Rz. 10; MÜLLER/LIPP/PLÜSS, S. 221; HUNGERBÜHLER, S. 104 f.; R. MÜLLER VR-Sitzung, S. 49 f.
[1157] SCBP Empfehlung 18 Abs. 1.
[1158] Zu den Traktandenlisten, welche er als das wichtigste Führungsinstrument des Verwaltungsratspräsidenten bezeichnet, eingehend R. DUBS, S. 23 ff.
[1159] KRNETA, Rz. 744 ff.; FORSTMOSER/MEIER-HAYOZ/NOBEL, § 31 Rz.11; FORSTMOSER Organisation II, § 11 Rz. 8 und 51 ff.
[1160] ZK-HOMBURGER, Art. 713 OR Rz. 283 ff.; gl.A. R. DUBS, S. 63.

besonders dringliches Geschäft und die Beschlussfassung erfolge im Einverständnis aller Mitglieder. Diese Ansicht trägt der notwendigen Vorbereitung durch die Verwaltungsratsmitglieders sowie der Nichtanfechtbarkeit von Beschlüssen des Verwaltungsrates Rechnung. BÖCKLI[1161] argumentiert demgegenüber, dass dem Obligationenrecht keine Vorschrift zu entnehmen sei, wonach der Verwaltungsrat nur über traktandierte Geschäfte gültig Beschluss gefasst werden könne. Auch TANNER[1162] schliesst aus dem Umstand, dass das Gesetz für Beschlüsse über nicht traktandierte Gegenstände – im Gegensatz zu solchen der Generalversammlung[1163] – keine Nichtigkeitsfolge vorsieht, lediglich auf ein Einspruchsrecht, welches bei Nichtbeachtung keine Folgen zeitige; ein Verwaltungsrat müsse versuchen, solche Beschlüsse rückgängig zu machen, und wenn ihm dies nicht gelinge, nötigenfalls zurücktreten. Diese Ansicht vermag m.E. nicht zu überzeugen. Aus Gründen der genügenden Vorbereitung sind Traktendenlisten *m.E. unabdingbar*; auch im Falle einer Verhinderung an der Teilnahme muss ein Verwaltungsratsmitglied Gewissheit haben, über welche Themen während seiner unvermeidbaren Abwesenheit entschieden werden kann. Anders verhält es sich selbstverständlich bei Anwesenheit aller Verwaltungsratsmitglieder und deren (zu protokollierendem) Einverständnis, über ein nicht traktandiertes Geschäft zu beschliessen; wurden die Verwaltungsratsmitglieder anlässlich der Sitzung genügend informiert, steht einer gültigen Beschlussfassung in diesem Falle nichts entgegen. Bei ungenügenden Entscheidungsgrundlagen empfiehlt es sich jedoch immer, eine Verschiebung der Beschlussfassung, u.U. auch auf dem Zirkulationsweg, zu beantragen.

Die Verwaltungsratsmitglieder haben sich aufgrund der ihnen vorgängig zugestellten Informationen und Unterlagen *gründlich vorzubereiten*[1164]. Aufgrund Ihres Einberufungsrechts dürfen Sie vor der Sitzung selbst neue Traktanden einbringen, in derselben dürfen Sie *Anträge* stellen und *abweichende, unterliegende Meinungen* nötigenfalls *zu Protokoll* geben; eine Redezeitbeschränkung ist in Verwaltungsratssitzungen wohl nur in den seltensten Fällen gerechtfertigt[1165].

e. **Protokoll**

Gemäss Art. 713 Abs. 3 OR ist «über die Verhandlungen und Beschlüsse (...) ein Protokoll zu führen, das vom Vorsitzenden [der jeweiligen Sitzung] und

---

[1161] Aktienrecht, § 13 Rz. 113a.
[1162] Quoren, S. 322 f.
[1163] Art. 700 Abs. 3 OR.
[1164] Dazu bereits vorn S. 193, § 6.III.8.a.
[1165] FORSTMOSER/MEIER-HAYOZ/NOBEL, § 31 Rz. 12 und 10; FORSTMOSER Organisation II, § 11 Rz. 56 und 63.

vom Sekretär» zu unterzeichnen ist. Das Protokoll muss die wesentlichen Argumente der an den Verwaltungsratssitzungen *geführten Debatten summarisch wiedergeben* sowie im Einzelnen die dazu gestellten *Anträge*, die gefassten *Beschlüsse* und die *ausdrücklich zu Protokoll gegebenen Erklärungen* festhalten[1166]; sinnvoll ist auch die Führung einer Pendenzenliste, welche jeweils mit der Protokollerstellung nachgeführt wird[1167].

Die *Unterlassung* der Protokollierung eines Verwaltungsratsbeschlusses *bewirkt* nach bundesgerichtlicher Rechtsprechung *nicht* dessen *Nichtigkeit*[1168]. Das Protokoll erfüllt jedoch eine Nachweis-, Aufklärungs- und Kontrollfunktion, insbesondere im Zusammenhang mit Fragen der Verantwortlichkeit gegenüber Aktionären und Gläubigern[1169]. Aus letzterem Grunde ist die Protokollführung *auch in Einpersonen-AG unabdingbar*; da das Protokoll hier indessen leichter gefälscht werden kann, ist dessen Beweiskraft eingeschränkt[1170]. BÖCKLI empfiehlt insbesondere bei Verwaltungsratssitzungen unter (teilweise) Abwesenden, den Verwaltungsratsmitgliedern das Protokoll unverzüglich nach der Sitzung zuzustellen[1171]; auf diese Weise kann das Gesagte und Beschlossene verifiziert und nötigenfalls korrigiert werden. Der Vorgang der Protokollierung wird üblicherweise durch die Genehmigung an der nächsten Sitzung abgeschlossen[1172].

9. Beschlussfähigkeit und Beschlussfassung

a. Beschlussfähigkeit

Da das *Obligationenrecht kein Präsenzq*uorum vorsieht, ist der Verwaltungsrat grundsätzlich auch beschlussfähig, wenn nur ein Mitglied des Verwaltungsrates anwesend ist. Es empfiehlt sich daher, im Organisationsreglement die Anwesenheit einer bestimmten minimalen Anzahl von Verwaltungsratsmitgliedern vorzuschreiben, beispielsweise die Hälfte oder zwei Drittel der Verwaltungsräte; bei verschiedenen Aktionärsgruppen oder einem wichtigen Minderheitsaktionär kann auch die Anwesenheit mindestens eines Vertreters jeder Aktionärsgruppe,

---

[1166] FORSTMOSER/MEIER-HAYOZ/NOBEL, § 31 Rz. 15; BÖCKLI Aktienrecht, § 13 Rz. 148 ff.; BSK OR II-WERNLI/RIZZI, Art. 713 Rz. 32; ROTH PELLANDA, Rz. 633; HUNGERBÜHLER, S. 106 f.; R. DUBS, S. 65 f.; R. MÜLLER Protokollführung, S. 17 ff.
[1167] VON MOOS Familienunternehmen, S. 46.
[1168] BGE 133 III 79 f.
[1169] ROTH PELLANDA, Rz. 633; HUNGERBÜHLER, S. 105 f.; R. MÜLLER Protokollführung, S. 18 und 61 f.; DERS. VR-Sitzung, S. 52.
[1170] BSK OR II-WERNLI/RIZZI, Art. 713 Rz. 25 und 29 m.w.H.
[1171] BÖCKLI Aktienrecht, § 13 Rz. 136a.
[1172] BÖCKLI Aktienrecht, § 13 Rz. 153. Die Genehmigung ist – ohne eine gegenteilige statutarische Regelung – aber kein zwingendes Erfordernis (FORSTMOSER Organisation II, § 11 Rz. 69; R. MÜLLER Protokollführung, S. 53 ff.).

resp. des Minderheitsaktionärs vorausgesetzt werden[1173]. Für besonders wichtige Beschlüsse kann allenfalls ein erhöhtes Präsenzquorum festgelegt werden. Bei der Festsetzung solcher Präsenzquoren ist jedoch stets auch die Gefahr der Blockierung des Verwaltungsrates im Auge zu behalten, weshalb das entsprechende Quorum häufig nur für eine erste Sitzung vorgesehen wird[1174].

b. Beschlussquoren

Gemäss Art. 713 Abs. 1 OR fällt der Verwaltungsrat die Beschlüsse[1175] mit der *Mehrheit der abgegebenen Stimmen*, d.h. mit relativem Mehr; Stimmenthaltungen gelten als nicht abgegebene Stimmen[1176]. Die Bestimmung ist nach überwiegender Lehre *dispositiver Natur*[1177]. In den Statuten oder im Organisationsreglement kann auch die Zahl der (im Zeitpunkt der Abstimmung) anwesenden Mitglieder als für die Stimmenzählung massgebend bestimmt werden[1178]. Auch eine Stimmpflicht kann reglementarisch begründet werden. Wichtige Beschlüsse können ferner – statutarisch oder reglementarisch[1179] – einem qualifizierten Beschlussquorum unterstellt werden[1180, 1181]; die negativen Auswirkungen einer

---

[1173] Dabei empfiehlt es sich, eine Ausnahme vorzusehen für die Beschlussfassung über die Feststellung einer erfolgten Kapitalerhöhung und die anschliessende Statutenänderung, da es sich dabei um formale Beschlüsse ohne Ermessensspielraum handelt, die ohne Weiteres von einem einzigen Mitglied getroffen werden können.

[1174] FORSTMOSER/MEIER-HAYOZ/NOBEL, § 31 Rz. 18 ff.; KRNETA, Rz. 763 ff.; FORSTMOSER Organisation II, § 11 Rz. 75.

[1175] Besteht der Verwaltungsrat aus nur einem Mitglied, fasst er korrekterweise einen «Entschluss» (BSK OR II-WERNLI/RIZZI, Art. 713 Rz. 3).

[1176] FORSTMOSER/MEIER-HAYOZ/NOBEL, § 31 Rz. 23; BÖCKLI Aktienrecht, § 13 Rz. 118; ZK-HOMBURGER, Art. 713 OR Rz. 302; BSK OR II-WERNLI/RIZZI, Art. 713 Rz. 8; KRNETA, Rz. 772.

[1177] ZK-HOMBURGER, Art. 713 OR Rz. 280; FORSTMOSER/MEIER-HAYOZ/NOBEL, § 31 Rz. 25; BSK OR II-WERNLI/RIZZI, Art. 713 Rz. 8; BÖCKLI Aktienrecht, § 13 Rz. 118; TANNER Quoren, S. 184 und 357; R. MÜLLER VR-Sitzung, S. 50.

[1178] So BÖCKLI Aktienrecht, § 13 Rz. 118 und 120; BSK OR II-WERNLI/RIZZI, Art. 713 Rz. 6a. Nach FORSTMOSER (Organisation II, § 9 Rz. 45 m.w.H.), DERS./MEIER-HAYOZ/ NOBEL (§ 31 Rz. 25) und HOMBURGER (ZK-HOMBURGER, Art. 713 OR Rz. 292) kann die Festlegung von Quoren aufgrund des unentziehbaren Selbstorganisationsrechts des Verwaltungsrates (Art. 716a Abs. 1 Ziff. 2 OR) nur im Organisationsreglement erfolgen. M.E. ist auch aus Gründen der leichteren Abänderbarkeit eine reglementarische Festlegung vorzuziehen.

[1179] Das ist wie erwähnt streitig (vgl. vorstehende Fn.).

[1180] FORSTMOSER/MEIER-HAYOZ/NOBEL, § 31 Rz. 24 ff.; BÖCKLI Aktienrecht, § 13 Rz. 118 f.; BSK OR II-WERNLI/RIZZI, Art. 713 Rz. 8; FORSTMOSER Organisation II, § 11 Rz. 72 ff.; von einem allfälligen qualifizierten Quorum auszunehmen sind die dem Verwaltungsrat im Rahmen des Kapitalerhöhungsverfahrens zugewiesenen Beschlüsse, denen rein feststellender Charakter zukommt (Art. 651a Abs. 1, 652g und 653g OR).

[1181] Zu den verschiedenen Quoren und ihren Auswirkungen eingehend: FORSTMOSER Organisation II, § 11 Rz. 79 ff.; SÖDING, S. 246 ff., insbes. 252.

dadurch u.U. bewirkten Entscheidungs- resp. Handlungsunfähigkeit der Gesellschaft gilt es jedoch zu bedenken, weshalb qualifizierte Quoren nur für grundlegende Entscheidungen vorzusehen sind[1182].

Die Stimmabgabe innerhalb des Verwaltungsrates ist vom *Kopfstimmprinzip* beherrscht[1183]; eine Ausnahme bildet ein allfälliger *Stichentscheid des Präsidenten/Vorsitzenden des Verwaltungsrates*[1184], welcher dem Vorsitzenden, mithin dem Präsidenten, resp. bei dessen Abwesenheit (oder wenn dieser beispielsweise in den Ausstand treten muss) einem anderen Verwaltungsratsmitglied zukommt, sofern die Statuten nichts anderes vorsehen[1185]. Enthalten die Statuten keine Wegbedingung des Stichentscheids, ist die Entscheidfähigkeit des Leitungsgremiums in Angelegenheiten, die mit dem Beschlussquorum des einfachen Mehrs entschieden werden können, immer gewahrt und die Gesellschaft zumindest im Rahmen der dem Verwaltungsrat unentziehbaren und von ihm nicht übertragbaren Aufgaben gemäss Art. 716a OR stets funktionsfähig. Im Falle einer Zweipersonen-AG oder in einer vergleichbaren Konstellation (so beispielsweise auch bei einem massgeblichen Minderheitsaktionär) geschieht dies jedoch zu einem nicht unmassgeblichen Preis, nämlich demjenigen der faktischen Unterdrückung eines massgeblichen Aktionärs oder einer Aktionärsgruppe, was insbesondere problematisch ist, wenn die Meinungen in wesentlichen Punkten in dauerhafter Weise auseinander gehen[1186].

Will man am Stichentscheid festhalten, kann etwa die statutarische Festlegung eines alternierenden Präsidiums eine dauernd gleich gewichtete Majorisierung/Minorisierung verhindern[1187]; ein solches alternierendes Präsidium findet sich in Praxis nur selten, verunmöglicht ein solches bei stark divergierenden Ansichten (und nur dann entsteht überhaupt ein Bedürfnis nach Alternierung) doch eine konsequente Gesellschaftsführung. Zur Überwindung einer Stimmengleichheit oder bei Nichterreichen eines im Organisationsreglement festgelegten

---

[1182] FORSTMOSER Organisation II, § 11 Rz. 81; SÖDING, S. 252 f.
[1183] BGE 71 II 187 ff.
[1184] FORSTMOSER/MEIER-HAYOZ/NOBEL, § 31 Rz. 22; BÖCKLI Aktienrecht, § 13 Rz. 127; BSK OR II-WERNLI/RIZZI, Art. 713 Rz. 8; FORSTMOSER Organisation II, § 11 Rz. 83 f.
[1185] Art. 713 Abs. 1 zweiter Satz OR; dazu BÖCKLI Aktienrecht, § 13 Rz. 117; FORSTMOSER/MEIER-HAYOZ/NOBEL, § 31 Rz. 29 ff.; BSK OR II-WERNLI/RIZZI, Art. 713 Rz. 13a; KRNETA, Rz. 777 ff.
[1186] Diese Problematik findet sich auch in Gesellschaften mit mehreren massgeblichen Aktionären, deren Verwaltungsrat – aus welchen Gründen auch immer – aus lediglich einer Person besteht; in solchen Konstellationen muss eine mögliche Verantwortlichkeit in besonderem Ausmass im Auge behalten werden (N. MEYER, S. 256; P. KUNZ Ein- und Zweipersonen-Aktiengesellschaften, Fn. 73).
[1187] FORSTMOSER/MEIER-HAYOZ/NOBEL, § 62 Rz. 109; N. MEYER, S. 259; P. KUNZ Ein- und Zweipersonen-Aktiengesellschaften, Fn. 75.

Einstimmigkeitserfordernisses[1188] ist daher die schuldvertraglich vereinbarte *Zuwahl eines neutralen Dritten*[1189] zu bevorzugen; als ultima ratio kann schliesslich schuldvertraglich eine gegenseitige Anbietungspflicht der Beteiligung[1190] oder die Auflösung der Gesellschaft vorgesehen werden.

c. Zirkulationsbeschluss

Gemäss Art. 713 Abs. 2 OR können im Verwaltungsrat Beschlüsse auch auf dem sog. Zirkulationsweg, *durch schriftliche Zustimmung*, gefasst werden, *sofern nicht ein Mitglied die mündliche Beratung verlangt*. Die Bestimmung des zur Anwendung gelangenden Verfahrens unterliegt somit dem Erfordernis der Einstimmigkeit, während die materielle Beschlussfassung dem jeweils anwendbaren Quorum unterliegt. Die Stimmabgabe auf dem Zirkularwege hat *innerhalb der angesetzten Frist explizit und zwingend schriftlich* (d.h. auch telegrafisch, per Fax oder auf zertifiziertem elektronischem Weg) zu erfolgen; eine Zustimmung durch Stillschweigen ist nicht möglich[1191]. Nach überwiegender Lehre besteht hinsichtlich der Beschlussgegenstände grundsätzlich keine Einschränkung[1192]. Geeignet ist eine Beschlussfassung auf dem Zirkulationswege v.a. dann, wenn eine vorgängige Beratung und Willensbildung nicht notwendig ist; in der Praxis werden v.a. dringliche Angelegenheiten oder Beschlüsse rein formaler/technischer Art auf dem Zirkulationswege gefasst. Nicht auf dem Zirkularweg fassbar sind einzig Beschlüsse, für welche das Gesetz die öffentliche Beurkundung vorschreibt[1193]. Auch Zirkulationsbeschlüsse bedürfen der Protokollierung, was im Sitzungsprotokoll der nächsten Verwaltungsratssitzung er-

---

[1188] Verlangt das Organisationsreglement in wichtigen Fragen Einstimmigkeit der Verwaltungsräte, empfiehlt BÖSIGER (S. 14f.) zu Recht eine zweistufige Regelung, wonach in Fällen, in denen «die Erreichung des statutarischen Zwecks bzw. der wirtschaftliche Erfolg der Gesellschaft auch nach zweitmaliger Traktandierung des Verhandlungsgegenstandes infolge fehlender Einstimmigkeit objektiv erheblich gefährdet» ist, dass «in einer dritten Versammlung das einfache Mehr, bzw. bei erneutem Patt der Stichentscheid des Vorsitzenden» entscheidet.

[1189] Dazu eingehender vorn S. 178, § 6.III.2.e.

[1190] Dazu eingehender vorn S. 122, § 5.VI.2.

[1191] BÖCKLI Aktienrecht, § 13 Rz. 138 ff.; BSK OR II-WERNLI/RIZZI, Art. 713 Rz. 19 ff.; FORSTMOSER/MEIER-HAYOZ/NOBEL, § 31 Rz. 46 ff.; a.A. hinsichtlich des erforderlichen Quorums zur Zustimmung zum schriftlichen Verfahren: FORSTMOSER Organisation II, § 11 Rz. 18.

[1192] So FORSTMOSER/MEIER-HAYOZ/NOBEL, § 31 Rz. 47; BSK OR II-WERNLI/RIZZI, Art. 713 Rz. 20; TANNER Quoren, S. 325 Fn. 76; a.A.: ZK-BÜRGI, Art. 716 OR Rz. 13.

[1193] FORSTMOSER/MEIER-HAYOZ/NOBEL, § 31 Rz. 52; BÖCKLI Aktienrecht, § 13 Rz. 143a; BSK OR II-WERNLI/RIZZI, Art. 713 Rz. 21; KRNETA, Rz. 823; R. MÜLLER VR-Sitzung, S. 51.

folgen kann; sowohl das ordnungsgemässe Zustandekommen des Beschlusses als auch die Ergebnisse der Abstimmung müssen daraus ersichtlich sein[1194].

10. Kompetenzen und Aufgaben des Verwaltungsrates

a. Paritätsprinzip

Nach dem von Lehre und Rechtsprechung schon lange vertretenen und nunmehr in Art. 716a Abs. 1 OR gesetzlich verankerten Paritätsprinzip stehen *Generalversammlung, Verwaltungsrat und Revisionsstelle funktional gleichberechtigt mit je eigenen, unentziehbaren Kompetenzbereichen nebeneinander*[1195]. Die Generalversammlung ist nur in einem formellen, hierarchischen Sinne «oberstes Organ»[1196], indem ihr die Festsetzung/Änderung der Statuten[1197] und damit u.a. die Zweckumschreibung der Gesellschaft sowie die Bestimmung der Kapitalstruktur, die Wahl/Abberufung der anderen Organe sowie die jährliche Rechenschaftsabnahme, mithin die grundlegenden Entscheidungen, obliegen[1198]. In faktischer materieller Hinsicht überwiegt indessen in der Regel der Einfluss des Verwaltungsrates, welcher stärker involviert ist, häufiger zusammentritt und die Generalversammlung mit seinen Informationen und Anträgen «steuert»[1199].

Für die *Kompetenzausscheidung zwischen dem Verwaltungsrat und der Generalversammlung* sind Art. 698 Abs. 2 OR[1200] sowie Art. 716a OR[1201] grundlegend, welche die zwingenden Befugnisse der Generalversammlung resp. des Verwaltungsrates festschreiben; in diesen Aufgabenbereichen sind Kompetenzverschiebungen nicht zulässig. Sodann begründet Art. 716 Abs. 1 OR eine Kompetenzvermutung zugunsten des Verwaltungsrates, wonach dieser «in allen Angelegenheiten Beschluss fassen kann, die nicht nach Gesetz oder Statuten der

---

[1194] BÖCKLI Aktienrecht, § 13 Rz. 143; KRNETA, Rz. 824; R. MÜLLER VR-Sitzung, S. 52; FORSTMOSER/MEIER-HAYOZ/NOBEL, § 31 Rz. 51.
[1195] BÖCKLI Aktienrecht, § 12 Rz. 3 und § 13 Rz. 286; FORSTMOSER/MEIER-HAYOZ/NOBEL, § 20 Rz. 12 ff.; FORSTMOSER Eingriffe, S. 170; DERS. Organisation II, § 1 Rz. 24; ROTH PELLANDA, Rz. 448 m.w.H. Zur bundesgerichtlichen Rechtsprechung eingehend: KAMMERER, S. 66 ff.; a.A. ZK-TANNER, Art. 698 Rz. 24 ff.
[1196] Art. 698 OR.
[1197] Dazu bereits vorn S. 66, Vorbemerkungen zu § 4.
[1198] ROTH PELLANDA, Rz. 446 ff. m.w.H.; FORSTMOSER Organisation I, S. 16 f.; DERS. Organisation II, § § Rz. 22 ff.; DERS./MEIER-HAYOZ/NOBEL, § 20 Rz. 12; KAMMERER, S. 65 ff.; BÖCKLI Aktienrecht, § 12 Rz. 3 und § 13 Rz. 286; BSK OR II-DUBS/TRUFFER, Art. 698 Rz. 8; zur Rechtsprechung zum Verhältnis von Generalversammlung und Verwaltungsrat sowie zur Entwicklung der heutigen gesetzlichen Ordnung eingehend M. ISLER, S. 7 ff. und 21 ff.
[1199] ROTH PELLANDA, Rz. 450 Fn. 1429 m.w.H.; M. ISLER, S. 19.
[1200] Dazu eingehender vorn S. 141, § 6.I.5.a.
[1201] Dazu eingehender hinten S. 205, § 6.III.10.d.

Generalversammlung zugeteilt sind». Dadurch ist die Zuordnung der Entscheidungszuständigkeit gesetzlich lückenlos geregelt[1202].

In kleineren, nicht kotierten Gesellschaften, besteht dann, wenn nicht alle Aktionäre im Verwaltungsrat Einsitz haben, häufig das *Bedürfnis, der Generalversammlung möglichst umfangreiche Kompetenzen einzuräumen*, was – wie soeben dargelegt[1203] – seine *Grenze in Art. 716a OR* findet. Auf statutarischem Wege kann die Generalversammlung immerhin in beschränktem Masse auf die Organisation des Verwaltungsrates Einfluss nehmen[1204]. Sodann kann die Generalversammlung Entscheidungen des Verwaltungsrates beeinflussen, indem sie beispielsweise den Gesellschaftszweck eng umschreibt, was den Verwaltungsrat zwingt, jede über den Gesellschaftszweck hinausgehende, mithin eine Statutenänderung erforderlich machende Tätigkeit der Generalversammlung zu unterbreiten[1205].

Eine von der gesetzlichen Zuständigkeitsordnung abweichende, *schuldvertragliche Kompetenzausscheidung* vermag lediglich «*inter partes*», nicht jedoch innergesellschaftlich oder gegenüber Dritten Wirkung zu entfalten, und damit bei Zuwiderhandlungen allfällige Schadenersatzansprüche lediglich gegenüber einer Vertragspartei zu begründen[1206].

b. Geschäftsführung

Gemäss Art. 716 Abs. 2 OR führt der *Verwaltungsrat* «die Geschäfte der Gesellschaft*, soweit* er die *Geschäftsführung nicht übertragen* hat». Nach bundesgerichtlicher Rechtsprechung fallen darunter alle «Rechtshandlungen, die der Gesellschaftszweck mit sich bringen kann (...) d.h. durch diesen zumindest nicht geradezu ausgeschlossen werden»[1207]. Die Grundkonzeption der schweizerischen Aktiengesellschaft ist somit eine monistische, in welcher der Verwaltungsrat sowohl die Geschäfte führt als auch diese beaufsichtigt[1208].

c. Gesamtgeschäftsführung und Delegation

Gemäss Art. 716 Abs. 2 OR steht die Geschäftsführung vermutungsweise allen Mitgliedern des Verwaltungsrates gesamthaft zu. Diese Organisationsform fin-

---

[1202] BSK OR II-DUBS/TRUFFER, Art. 698 Rz. 8b; ROTH PELLANDA, Rz. 449; KRNETA, Rz. 1139 ff.
[1203] Vorn S. 141, § 6.I.5.b.
[1204] Dazu eingehender hinten S. 204, § 6.III.10.c. und S. 228, § 6.III.11.fa.
[1205] Zu den Einflussmöglichkeiten des Aktionariats ausführlich FORSTMOSER Organisation II, § 9 Rz. 61 ff.
[1206] BSK OR II-WATTER/ROTH PELLANDA, Art. 716 Rz. 8; dazu bereits vorn S. 103, § 5.I.
[1207] BGE 116 II 323 m.V.a. BGE 111 II 288 f. und 96 II 444 f.
[1208] Statt Vieler: ROTH PELLANDA, Rz. 148 ff.

det sich gelegentlich in kleineren, personenbezogenen Aktiengesellschaften, in denen alle Aktionäre Mitglieder des Verwaltungsrates sind; bewegen sich solche Gesellschaften in überschaubaren Verhältnissen, kann eine *Gesamtgeschäftsführung* durch einen in der Regel auch kleinen Gesamtverwaltungsrat durchaus sinnvoll sein[1209]. Werden in einer Gesamtgeschäftsführung gewisse Aufgaben bestimmten Verwaltungsratsmitgliedern zugewiesen, beschränkt sich dies auf vorbereitende, ausführende und überwachende Aufgaben[1210].

Bei Vorliegen einer *statutarischen Ermächtigung* durch die Generalversammlung ist es dem Verwaltungsrat erlaubt, «die Geschäftsführung nach Massgabe eines *Organisationsreglements* ganz oder zum Teil an *einzelne Mitglieder* oder an *Dritte* zu übertragen», sofern es sich um *Aufgaben* handelt, die das Gesetz *nicht zwingend* dem *Verwaltungsrat* zur Erledigung zuweist[1211]. Ob und in welchem Ausmass der Verwaltungsrat von seiner Delegationsmöglichkeit Gebrauch macht, liegt in seiner freien Entscheidung; eine Delegation von Aufgaben durch die Statuten selbst ist nicht zulässig[1212].

In grösseren Gesellschaften findet sich in der Regel eine Trennung von Geschäftsführung und Aufsichtsgremium (*Annäherung an das dualistische System*). Vor allem in nicht kotierten Gesellschaften denkbar ist sodann ein Nebeneinander von externen nebenamtlichen und internen vollamtlichen Verwaltungsratsmitgliedern, denen dann die Geschäftsführung zugewiesen ist (sog. Board System)[1213].

d. Unentziehbare und unübertragbare Aufgaben gemäss Art. 716a Abs. 1 OR

Art. 716a Abs. 1 OR weist gewisse Entscheidungen unübertragbar und unentziehbar dem Verwaltungsrat in seiner Gesamtheit zur Entscheidung zu; bezüglich dieser Aufgaben kann der Verwaltungsrat folglich *lediglich Aufgaben dele-*

[1209] FORSTMOSER/MEIER-HAYOZ/NOBEL, § 29 Rz. 6; BÖCKLI Aktienrecht, § 13 Rz. 520; KRNETA, Rz. 1169 f.

[1210] FORSTMOSER Organisation II, § 3 Rz. 21.

[1211] Art. 716b Abs. 1 (und 2) OR, Art. 716a OR; zu den nicht übertragbaren Aufgaben sogleich hinten S. 205, § 6.III.10.d.; zur Delegation von Aufgaben an eine Geschäftsführung sodann hinten S. 228, § 6.III.11.fa und S. 230, § 6.III.11.fb.

[1212] FORSTMOSER/MEIER-HAYOZ/NOBEL, § 29 Rz. 28; BÖCKLI Aktienrecht, § 13 Rz. 524; OR II-WATTER/ROTH PELLANDA, Art. 716b Rz. 4; HUNGERBÜHLER, S. 11; BUSCH-VON MOOS Delegierter, S. 73; ROTH PELLANDA, Rz. 497 f.

[1213] ROTH PELLANDA, Rz. 146 ff.; FORSTMOSER/MEIER-HAYOZ/NOBEL, § 29 Rz. 15 f.; BSK OR II-WATTER/ROTH PELLANDA, Art. 716b Rz. 2; zu den verschiedenen Delegationsempfängern und Ausgestaltungsmöglichkeiten eingehender hinten S. 228, § 6.III.11.f.

gieren, die der Entscheidvor- oder -nachbereitung dienen[1214]. Zu erwähnen sind insbesondere die folgenden:

da. Oberleitung der Gesellschaft

Gemäss Art. 716a Abs. 1 Ziff. 1 OR obliegen dem Verwaltungsrat unübertragbar und unentziehbar die Oberleitung der Gesellschaft sowie die Erteilung von Weisungen. Unter «Oberleitung» sind die *grundlegenden Entscheidungen* über die *strategische Ausrichtung*, die finanziellen und anderen *Mittel zur Erreichung der Unternehmensziele* sowie die *Kontrolle der Geschäftsführung* in der Verfolgung derselben zu verstehen. Um diese hauptsächliche Aufgabe wahrzunehmen, kann/muss der Verwaltungsrat *Weisungen* – generell-abstrakt in Form von Reglementen und/oder individuell-konkret an die Geschäftsführung – erteilen[1215]. Selbstredend haben sich die strategischen Entscheide wie jede Handlung eines Gesellschaftsorgans innerhalb des von der Generalversammlung definierten Gesellschaftszwecks zu bewegen, und die Aktionäre können die Entscheidungen des Verwaltungsrates durch die Wieder- oder Abwahl der Verwaltungsratsmitglieder indirekt gutheissen oder sanktionieren[1216]. Insofern kann die Generalversammlung auf die Oberleitung der Gesellschaft trotz Unentziehbarkeit dieser Verwaltungsratskompetenz Einfluss nehmen.

db. Ernennung, Abberufung und Überwachung der mit der Geschäftsführung und Vertretung betrauten Personen

In nicht kotierten Gesellschaften sind Einzelverwaltungsräte oder kleinere Gremien, in denen der einzelne Verwaltungsrat oder die wenigen Verwaltungsräte sämtliche Geschäfte erledigt/erledigen, relativ verbreitet. Rufen die Komplexität der Geschäfte und die Grösse einer Unternehmung jedoch nach einer arbeitsteiligen Organisationsweise, *obliegt* gemäss Art. 716a Abs. 1 Ziff. 4 und 5 OR die *Ernennung* und *Abberufung* der mit der *Geschäftsführung* und *Vertretung* betrauten Personen (sowie deren *Überwachung* nicht nur hinsichtlich der im Gesetz erwähnten formellen Aspekte der «Befolgung der Gesetze, Statuten, Reglemente und Weisungen»[1217], sondern auch in materieller Hinsicht bezüglich

---

[1214] Statt Vieler: FORSTMOSER Organisation II, § 8 Rz. 7 f.
[1215] BÖCKLI Aktienrecht, § 13 Rz. 303; FORSTMOSER/MEIER-HAYOZ/NOBEL, § 30 Rz. 31 ff.; BSK OR II-WATTER/ROTH PELLANDA, Art. 716a Rz. 4 ff.; ZK-HOMBURGER, Art. 716a OR Rz. 530 ff.; KRNETA, Rz. 1177 ff.; dazu eingehend auch KAMMERER, S. 137 ff. und ROTH PELLANDA, Rz. 462 ff.; FORSTMOSER Organisation II, § 8 Rz. 19 ff.
[1216] BSK OR II-WATTER/ROTH PELLANDA, Art. 716a Rz. 1 und 4; ROTH PELLANDA, Rz. 468.
[1217] Art. 716a Abs. 1 Ziff. 5 OR.

§ 6 Organisation der Gesellschaft

der betriebswirtschaftlichen Zweckmässigkeit der Geschäftsführung[1218]) dem *Verwaltungsrat*[1219]. Der indirekte Gegenvorschlag zur Volksinitiative «Minder» des National- und Ständerats sieht vor, dass diese Aufgabe dem Verwaltungsrat «unter Vorbehalt der gesetzlichen und statutarischen Zuständigkeiten der Generalversammlung zur Genehmigung der Vergütungen» obliegt[1220]. Die richtige Wahl der Geschäftsleitungsmitglieder, eine adäquate Regelung der Stellvertretung sowie die Suche resp. der Aufbau fähiger Nachfolger ist eine für das Gedeihen der Unternehmung zentrale Aufgabe des Verwaltungsrates, welcher er sich rechtzeitig und mit grösster Sorgfalt anzunehmen hat[1221].

Unübertragbar sind diese Aufgaben nach überwiegender Lehre nur, soweit es um die Ernennung, Abberufung und Beaufsichtigung der *obersten Geschäftsleitungsebene* geht; die Bestellung, Abberufung und Beaufsichtigung von der Geschäftsleitung unterstellten Direktoren und Prokuristen sowie die Erteilung derer Vertretungsbefugnisse kann nach überwiegender Lehre delegiert werden[1222, 1223].

Die *Oberaufsicht* über die Geschäftsleitung hat nach neuerer Lehre *eine antizipierende* zu sein, welche Entwicklungen und Risiken voraussieht, und beispielsweise Planungsprozesse bereits in einem frühen Stadium begleitet[1224]. Es handelt sich um einen interaktiven Vorgang zwischen Verwaltungsrat und Geschäftsleitung, bei welchem der Verwaltungsrat zwar nicht jedes einzelne Geschäft überprüfen, aber laufend Informationen und Rapporte über den Geschäftsgang verlangen muss; die ihm von der Geschäftsleitung unterbreiteten Informationen und Berichte muss er kritisch prüfen und hinterfragen, unter Umständen weitere, gegebenenfalls sachverständige Abklärungen verlangen und

---

[1218] FORSTMOSER Organisation II, § 8 Rz. 42; DERS./MEIER-HAYOZ/NOBEL, § 30 Rz. 48; BÖCKLI Aktienrecht, § 13 Rz. 374; ZK-HOMBURGER, Art 716a OR Rz. 583; ROTH PELLANDA, Rz. 474, je m.V.a. Botschaft Aktienrecht, S. 179.

[1219] Art. 716a Abs. 1 Ziff. 4 und 5 OR; dazu BÖCKLI Aktienrecht, § 13 Rz. 313, 355 ff. und 373 ff.; FORSTMOSER/MEIER-HAYOZ/NOBEL, § 30 Rz. 46 ff.; BSK OR II-WATTER/ROTH PELLANDA, Art. 716a Rz. 24.

[1220] Art. 716a Abs. 1 Ziff. 4 E-Parl OR.

[1221] KRNETA, Rz. 1271; KAMMERER, S. 178 f.; dazu auch vorn S. 186, § 6.III.6. und hinten S. 226, § 6.III.11.ed.

[1222] BÖCKLI Aktienrecht, § 13 Rz. 356 ff.; BSK OR II-WATTER/ROTH PELLANDA, Art. 716a Rz. 19 f.; ROTH PELLANDA, Rz. 470; KRNETA, Rz. 1262; KAMMERER, S. 176 f.; a.A. noch FORSTMOSER/MEIER-HAYOZ/NOBEL, § 29 Rz. 64 und § 30 Rz. 46; vgl. nun aber FORSTMOSER Organisation II, § 8 Rz. 104 ff.

[1223] Selbstredend kann der Verwaltungsrat auch die unteren Chargen (mit)ernennen, was in kleineren Gesellschaften auch nicht selten der Fall ist (FORSTMOSER Organisation II, § 8 Rz. 43).

[1224] KAMMERER, S. 184; BÖCKLI Aktienrecht, § 13 Rz. 375 ff.; ZK-HOMBURGER, Art. 716a OR Rz. 589 ff.; KRNETA, Rz. 1294; FORSTMOSER Organisation II, § 8 Rz. 68 f.

nötigenfalls korrigierend einwirken[1225]. Die Oberaufsicht liegt in der Verantwortung des Gesamtverwaltungsrats, während laufende Überwachungsaufgaben auch an einzelne Mitglieder oder Ausschüsse delegiert werden können[1226].

dc. Organisationsverantwortung

Ferner obliegt dem Verwaltungsrat gemäss Art. 716a Ziff. 2 OR die Organisationsverantwortung, mithin – innerhalb der gesetzlichen Vorgaben – die *Festlegung der Kompetenzen, der Handlungs- und Entscheidungsabläufe, der hierarchischen Gliederung sowie der Berichterstattung innerhalb der Gesellschaft*. Undelegierbar ist die Festlegung der wesentlichsten organisatorischen Grundzüge des Unternehmens sowie die Organisation des Verwaltungsrates und der ihm direkt unterstellten Hierarchiestufe, während die Festlegung der Detailorganisation sowie der Abläufe entfernterer Stellen an die jeweiligen Vorgesetzten delegierbar sind[1227]. In mittleren und kleineren, nicht kotierten Aktiengesellschaften wird die Bedeutung einer klar festgelegten Organisation häufig verkannt, dabei ist es gerade in solchen, vermeintlich überschaubaren Konstellationen unabdingbar, die Aufgaben und Entscheidungsbefugnisse klar zuzuweisen (und damit die entsprechenden Verantwortlichkeiten fest zu machen) sowie den Umfang und die Kanäle des Informationsflusses zu definieren[1228]. Dem Verwaltungsrat obliegt es auch unübertragbar und unentziehbar, die einmal festgelegten *Organisationsstrukturen* und Entscheidungskompetenzen regelmässig auf ihre *Angemessenheit* zu *überprüfen*, und beispielsweise bei wesentlichen Veränderungen in der Aktionärsstruktur anzupassen[1229].

In formeller Hinsicht sind die organisatorischen Anordnungen des Verwaltungsrates nach BÖCKLI[1230] und ROTH PELLANDA[1231] *in einem Verwaltungsratsproto-*

[1225] BGE 114 V 223 m.V.a. BGE 97 II 411; BÖCKLI Aktienrecht, § 13 Rz. 373 und 376 f.; KRNETA, Rz. 1282 und 1286 ff.; ROTH PELLANDA, Rz. 476; neuestens sodann eingehend FORSTMOSER Organisation II, § 8 Rz. 57 ff.
[1226] BÖCKLI Aktienrecht § 13 Rz. 373; FORSTMOSER/MEIER-HAYOZ/NOBEL, § 30 Rz. 48; FORSTMOSER Organisation II, § 8 Rz. 62. Zu Ausschüssen und Sonderbeauftragten eingehender hinten S. 221, § 6.III.11.e.
[1227] BÖCKLI Aktienrecht, § 13 Rz. 319 ff.; FORSTMOSER Organisation II, § 8 Rz. 29 ff.; DERS./MEIER-HAYOZ/NOBEL, § 30 Rz. 34; BSK OR II-WATTER/ROTH PELLANDA, Art. 716a Rz. 9 ff.; KRNETA, Rz. 1209 ff.; ROTH PELLANDA, Rz. 452; KAMMERER, S. 149 ff.; a.A. hinsichtlich der Delegierbarkeit ZK-HOMBURGER, Art. 716a OR Rz. 576, 573(a).
[1228] BÖCKLI Aktienrecht, § 13 Rz. 319 ff.; FORSTMOSER/MEIER-HAYOZ/NOBEL, § 30 Rz. 37.
[1229] KRNETA, Rz. 1224 ff.; BÖCKLI Aktienrecht, § 13 Rz. 336 f.; ZK-HOMBURGER, Art. 716a OR Rz. 560; KAMMERER, S. 148; ROTH PELLANDA, Rz. 459; FORSTMOSER Organisation II, § 8 Rz. 37.
[1230] Aktienrecht, § 13 Rz. 321.
[1231] Rz. 185.

koll festzuhalten; nach FORSTMOSER[1232] ist auch «eine Regelung in Dokumenten irgendwelcher Art, durch Usanz oder durch laufende Einzelentscheide» genügend. Daneben findet die Organisation regelmässig, und *im Falle statutarisch ermächtigter Delegation* der Geschäftsführung von Gesetzes wegen *zwingend* Eingang *in* das *Organisationsreglement*[1233].

dd. Finanzverantwortung

Weiter obliegt dem Verwaltungsrat gemäss Art. 716a Ziff. 3 OR die Finanzverantwortung, mithin das Recht und die Pflicht, für eine den Verhältnissen *adäquate Rechnungslegung*, eine *angemessene Finanzkontrolle* sowie eine *realistische Finanzplanung* besorgt zu sein. Im Zentrum des Rechnungswesens steht eine zweckmässige, vollständige und zeitnah geführte Finanzbuchhaltung[1234]. Je nach Grösse und Komplexität eines Unternehmens können weitere Betriebs-, Planungs- oder Sonderrechnungen hinzukommen[1235]. In kleineren nicht kotierten Gesellschaften genügt in der Regel eine Rechnungslegung nach dem Obligationenrecht[1236]. Mittlere und grössere nicht kotierte Gesellschaften haben sich nach den Swiss GAAP FER oder den IFRS zu richten. Bei Konzerngesellschaften ist – ausser bei Kleingesellschaften[1237] – eine konsolidierte Rechnungslegung im Sinne von Art. 663e OR erforderlich.

Der Verwaltungsrat muss in der Lage sein, die *Vermögens- und Ertragslage der Gesellschaft zu beurteilen*, um *allenfalls notwendige Massnahmen rechtzeitig ergreifen zu können*[1238]. Als verantwortliches Gremium für die Finanzkontrolle obliegt es dem Verwaltungsrat *nötigenfalls*, ein *internes Revisionssystem* zu errichten, welches den Nachvollzug der finanziellen Abläufe in der Unternehmung und die Prüfung ihrer Rechtmässigkeit ermöglicht; die Finanzkontrolle soll auch eine laufende Überprüfung der Finanzlage der Gesellschaft und ihrer Liquidität ermöglichen. In kleineren nicht kotierten Gesellschaften kann diese Aufgabe einem einzigen, im Finanz- und Rechnungswesen bewanderten Verwaltungsratsmitglied zugewiesen werden; in grösseren Gesellschaften obliegt sie regelmässig einem Prüfungsausschuss[1239, 1240]. Mittels der Finanzplanung,

---

[1232] FORSTMOSER Organisation II, § 3 Rz. 15.
[1233] BÖCKLI Aktienrecht, § 13 Rz. 321; ROTH PELLANDA, Rz. 188; FORSTMOSER Organisation II, § 8 Rz. 3. Zum Organisationsreglement eingehend hinten S. 238, § 6.III.11.i.
[1234] BÖCKLI Aktienrecht, § 13 Rz. 344; KAMMERER, S. 161 ff.
[1235] Eine Übersicht über die verschiedenen Instrumente der Rechnungslegung findet sich in MÜLLER/LIPP/PLÜSS, S. 163.
[1236] Art. 662 ff. OR.
[1237] Dazu Art. 663e Abs. 2 OR.
[1238] BÖCKLI Aktienrecht, § 13 Rz. 346 ff. und 385 ff.; ZK-HOMBURGER, Art. 716a OR Rz. 567; KRNETA, Rz. 1238 ff.; ROTH PELLANDA, Rz. 476 f. und 608 ff.; KAMMERER, S. 163 ff.
[1239] Zum Prüfungsausschuss eingehender hinten S. 223, § 6.III.11.eb.

welche je nach Grösse der Gesellschaft umfangreicher, in Form von Aufwand-, Ertrags- und Investitionsbudgets ausgestaltet werden kann/muss, sollen Entwicklungen antizipiert und insbesondere Liquiditätsengpässe vermieden werden[1241]. Auch in kleinen Gesellschaften darf die Finanzplanung nicht fehlen[1242]; sie kann aber sehr einfach gehalten sein[1243].

de. **Erstellung des Geschäftsberichts, Vorbereitung der Generalversammlung und Ausführung ihrer Beschlüsse**

Sodann obliegt dem Verwaltungsrat gemäss Art. 716a Abs. 1 Ziff. 6 OR die Erstellung des Geschäftsberichts und die Vorbereitung der Generalversammlung. Hierzu erstellt er *die Jahresrechnung, bestehend aus Erfolgsrechnung, Bilanz und Anhang*, sowie *allenfalls* eine *konsolidierte Jahresrechnung*: diese Dokumente hat er mit seinem Antrag über die Gewinnverwendung der Revisionsstelle zur Prüfung vorzulegen. Sodann hat der Verwaltungsrat den *Jahresbericht* über die Lage der Gesellschaft zu verfassen, die Generalversammlung rechtzeitig einzuberufen und korrekt durchzuführen[1244]. Die dem Verwaltungsrat im Zusammenhang mit der Generalversammlung obliegenden Aufgaben muss er nicht allesamt im Detail persönlich ausführen, sondern er kann sie auch unter seiner Verantwortung ausführen lassen[1245]. Ferner obliegt dem Verwaltungsrat die Ausführung der von der Generalversammlung gefällten Beschlüsse in dem

---

[1240] Gemäss Ziff. 4.3 BP-KMU hat der Verwaltungsrat als Ganzes für ein strategisches, den Bedüfnissen eines KMU angepasstes, die notwendige Steuerung und Aufsicht ermöglichendes Berichtssystem zu sorgen, welches alle für die Führung und Aufsicht relevanten Daten einschliesslich eines Liquiditätsplanes für die nächsten 12 Monate sowie einen Kommentar der Geschäftsleitung zu enthalten hat.

[1241] BÖCKLI Aktienrecht, § 13 Rz. 353 f.; FORSTMOSER Organisation II, § 8 Rz. 38 f.; DERS./MEIER-HAYOZ/NOBEL, § 30 Rz. 44; BSK OR II-WATTER/ROTH PELLANDA, Art. 716a Rz. 18; ZK-HOMBURGER, Art. 716a OR Rz. 562 ff.; KRNETA, Rz. 1247 ff.; KAMMERER, S. 172.

[1242] Dies entgegen der gesetzlichen Formulierung in Art. 716a Abs. 1 Ziff. 3 OR, wonach die Finanzplanung nur erforderlich sein soll, «sofern diese für die Führung der Gesellschaft notwendig ist», denn eine solche Notwendigkeit besteht – ausser bei inaktiven Gesellschaften – wohl stets.

[1243] KRNETA, Rz. 1249 m.V.a. ZR 82 (1983) Nr. 57; KAMMERER, S. 173; BÖCKLI Aktienrecht, § 13 Rz. 354; ZK-HOMBURGER, Art 716a OR Rz. 564.

[1244] BÖCKLI Aktienrecht, § 13 Rz. 394 ff.; FORSTMOSER Organisation II, § 8 Rz. 91 ff.; DERS./MEIER-HAYOZ/NOBEL, § 30 Rz. 52 ff.; BSK OR II-WATTER/ROTH PELLANDA, Art. 716a Rz. 29 f.; ZK-HOMBURGER, Art. 716a OR Rz. 597 ff.; KRNETA, Rz. 1300 ff.; dazu auch vorn S. 131, § 6.I.2.

[1245] KAMMERER, S. 188 m.w.H.; FORSTMOSER Organisation II, § 8 Rz. 96.

Sinne, als er die hierfür geeigneten Personen auszuwählen, zu instruieren und zu kontrollieren hat[1246].

df. Massnahmen im Falle von Unterdeckung und Überschuldung

Bei *Überschuldung* der Gesellschaft hat der Verwaltungsrat schliesslich gemäss Art. 716a Abs. 1 Ziff. 7 i.V.m. Art. 725 Abs. 2 OR den *Richter* zu benachrichtigen. Nach der Lehre sind bereits die dem Verwaltungsrat bei einer *Unterbilanz* obliegenden Aufgaben, mithin die *Einberufung einer ausserordentlichen Generalversammlung* sowie die *Ergreifung von Sanierungsmassnahmen*, nicht delegierbar[1247].

dg. Weitere unübertragbare und unentziehbare Kompetenzen

Nach überwiegender Ansicht handelt es sich bei der Aufzählung von Art. 716a Abs. 1 OR nicht um eine abschliessende[1248]. Daneben können dem Verwaltungsrat als «oberstem Leitungs- und Verwaltungsorgan» der Aktiengesellschaft *gewisse unentziehbare Aufgaben aufgrund von Spezialgesetzen* obliegen[1249].

e. Vertretung

Der Verwaltungsrat ist auch Vertretungsorgan; *mangels anderweitiger statutarischer oder reglementarischer Bestimmung* steht «die Vertretungsbefugnis *jedem Mitglied einzeln* zu», und «mindestens ein Mitglied des Verwaltungsrates muss zur Vertretung befugt sein»[1250]. Die Vertretung der Gesellschaft kann auch «ei-

---

[1246] Art. 716a Abs. 1 Ziff. 6 OR. FORSTMOSER/MEIER-HAYOZ/NOBEL, § 30 Rz. 55; BSK OR II-WATTER/ROTH PELLANDA, Art. 716a Rz. 32; KRNETA, Rz. 1475 ff.; ZK-HOMBURGER, Art. 716a OR Rz. 627 ff. Die dem Verwaltungsrat im Rahmen von Kapitalerhöhungsverfahren zugewiesenen Beschlüsse obliegen jedoch der Ausführung durch den Gesamtverwaltungsrat (KRNETA, Rz. 1476).

[1247] BÖCKLI Aktienrecht, § 13 Rz. 402; BSK OR II-WATTER/ROTH PELLANDA, Art. 716a Rz. 33; FORSTMOSER/MEIER-HAYOZ/NOBEL, § 30 Rz. 57; KRNETA, Rz. 1480; ROTH PELLANDA, Rz. 480.

[1248] Eine detaillierte Übersicht über die dem Verwaltungsrat andernorts im Obligationenrecht zugewiesenen Aufgaben findet sich in: BÖCKLI Aktienrecht, § 13 Rz. 287; dazu ferner KAMMERER, S. 137 und 198 ff.; FORSTMOSER Organisation I, S. 18 f. und 34 Fn. 115; DERS. Organisation II, § 8 Rz. 98 ff.; DERS./MEIER-HAYOZ/NOBEL, § 30 Rz. 30; ZK-HOMBURGER, Art 716a OR Rz. 633 ff.; KRNETA, Rz. 1174; a.A. HORBER Kompetenzdelegation, S. 76.

[1249] Dazu statt Vieler: KRNETA, Rz. 1631f ff., 1631o, 1631s, 1631v, und 1632e; FORSTMOSER Organisation II, § 8 Rz. 139 ff.

[1250] Art. 718 Abs. 1 und 3 OR; es handelt sich um eine gesetzliche Ermächtigung zur Vertretungsregelung durch den Verwaltungsrat, weshalb es – im Gegensatz zu Art. 716b OR – keiner statutarischen Delegationsnorm bedarf (BÖCKLI Aktienrecht, § 1 Rz. 485 und § 13

nem oder mehreren Mitgliedern (Delegierte) oder Dritten (Direktoren) übertragen» werden[1251]. Nach Lehre und Rechtsprechung ist die Eintragung im Handelsregister keine Voraussetzung für die Vertretungsmacht[1252] – sie entsteht vielmehr mit der Wahl in den Verwaltungsrat.

Die Vertretungsmacht der Verwaltungsratsmitglieder, resp. allfälliger Delegierter oder Direktoren umfasst *alle Rechtshandlungen, die der Zweck der Gesellschaft mit sich bringen kann*[1253]. Nach bundesgerichtlicher Rechtsprechung sind darunter nicht bloss solche Rechtshandlungen zu verstehen, «die der Gesellschaft nützlich sind oder in ihrem Betrieb gewöhnlich vorkommen; erfasst sind vielmehr ebenfalls ungewöhnliche Geschäfte, sofern sie auch nur möglicherweise im Gesellschaftszweck begründet sind, d.h. durch diesen zumindest nicht gerade ausgeschlossen werden»[1254].

Im Innenverhältnis kann die Vertretungsbefugnis in verschiedenerlei Hinsicht, etwa auf die Vertretung bis zu einem bestimmten Betrag oder durch Ausschluss gewisser Rechtshandlungen *beschränkt werden*; solche Beschränkungen können im Organisationsreglement, in Verwaltungsratsbeschlüssen, Arbeitsverträgen oder Weisungen festgelegt werden. Sie entfalten jedoch nur im Innenverhältnis Wirkung; im Aussenverhältnis wirken sie lediglich gegenüber Dritten, welche von einer Beschränkung Kenntnis haben, mithin qualifiziert bösgläubig sind[1255]. Hiervon ausgenommen sind im Handelsregister eingetragene Beschränkungen auf den Geschäftsbereich einer Haupt- oder Zweigniederlassung[1256] sowie Kollektivzeichnungsberechtigungen[1257]. Die Gesellschaft muss durch mindestens eine Person vertreten werden können, welche in der Schweiz Wohnsitz hat; es kann sich dabei um ein Verwaltungsratsmitglied oder einen Direktor handeln[1258].

Rz. 505); gemäss Art. 718 Abs. 1 OR statutarisch festgelegte Beschränkungen hat der Verwaltungsrat jedoch zu beachten.

Das Erfordernis von Art. 718 Abs. 3 kann auch mittels Kollektivunterschrift zweier Verwaltungsräte (nicht jedoch eines Verwaltungsrates mit einem Prokuristen) erfüllt werden (FORSTMOSER/MEIER-HAYOZ/NOBEL, § 30 Rz. 12 ff.; BSK OR II-WATTER, Art. 718 Rz. 13).

[1251] Art. 718 Abs. 2 OR; dazu eingehender hinten S. 233, § 6.III.11.g.
[1252] BGE 4C.136/2004 Erw. 2.2.2.2., 96 II 439, 76 I 351 f.; FORSTMOSER/MEIER-HAYOZ/NOBEL, § 30 Rz. 106; BÖCKLI Aktienrecht, § 13 Rz. 496a.
[1253] Art. 718a Abs. 1 OR.
[1254] BGE 116 II 323 m.V.a. BGE 111 II 288 f. und 96 II 444 f.; dazu auch BÖCKLI Aktienrecht, § 13 Rz. 497; BSK OR II-WATTER, Art. 718a Rz. 3 f.; KRNETA, Rz. 1965 ff.
[1255] FORSTMOSER/MEIER-HAYOZ/NOBEL, § 30 Rz. 94 ff.; BÖCKLI Aktienrecht, § 13 Rz. 498 und 509; BSK OR II-WATTER, Art. 718a Rz. 6 und 8; KRNETA, Rz. 1977 ff.
[1256] Art. 718a Abs. 2 OR.
[1257] Art. 460 Abs. 2 OR.
[1258] Art. 718 Abs. 4 OR; dazu bereits vorn S. 171, § 6.III.2.a.

Die *Statuierung von Kollektivzeichnungsberechtigungen* ist auch in kleineren nicht kotierten Aktiengesellschaften in aller Regel zu empfehlen; Kollektivzeichnungsberechtigungen sind zwar aufwändiger, wirken aber präventiv gegen Versuchungen, denen, wie KRNETA[1259] zutreffend festhält, «in speziellen Situationen [...] selbst integre Angestellte in schwierigen persönlichen Verhältnissen erliegen können». Im Interesse der Praktikabilität können durch spezielle Vollmachten immerhin *Einzelzeichnungsrechte*, die auf einen bestimmten Betrag limitiert sind[1260], vorgesehen werden. Im übrigen sind Einzelzeichnungsberechtigungen nur in Verhältnissen, in denen ein Kollektivzeichnungsrecht den Geschäftsalltag zu stark erschweren würde, es an der nötigen Anzahl Personen fehlt, oder im Falle eines Verwaltungsratspräsidenten und Mehrheitsaktionärs, welcher die Geschicke der Gesellschaft weitgehend alleine bestimmen kann, sinnvoll.

f. Pflicht zur Überprüfung der Abgabe der Steuer- und Sozialforderungen

Auch das öffentliche Recht statuiert massgebliche Pflichten und entsprechende Verantwortlichkeiten von Verwaltungsräten.

So ist der Arbeitgeber aufgrund von Art. 52 Abs. 1 AHVG verpflichtet, einen Schaden, den er der Versicherung durch absichtliche oder grobfahrlässige Missachtung von Vorschriften zugefügt hat, zu ersetzen. Unterlässt es ein Arbeitgeber, die dem Arbeitgeber bei der Lohnzahlung vorgenommenen *Abzüge zuzüglich der Arbeitgeberbeiträge der Ausgleichskasse* zu überweisen, *haften die verantwortlichen Organe* nach der extensiven Auslegung dieser Bestimmung durch das Eidgenössische Versicherungsgericht *für den Schaden persönlich*, obwohl nicht sie, sondern die juristische Person Arbeitgeberin ist[1261]. Die Haftung der verantwortlichen Organe ist nach der Rechtsprechung gewissermassen eine *Kausalhaftung mit Exkulpationsmöglichkeit*; die Ausgleichskasse dürfe «davon aus gehen, dass ein Arbeitgeber die Vorschriften absichtlich oder mindestens grobfahrlässig verletzt hat, sofern keine Anhaltspunkte für die Rechtmässigkeit des Handelns oder die Schuldlosigkeit des Arbeitgebers bestehen»[1262]. Im Besonderen in KMU ist die Tatsache zu beachten, dass die Sorgfaltspflicht im Rahmen dieser subsidiären persönlichen Haftung der Organe der Arbeitgeber differenziert beurteilt wird; das Eidgenössische Versicherungsgericht führte diesbezüglich aus, dass es «einem Verwaltungsratspräsidenten einer Grossfirma nicht als grobfahrlässiges Verschulden angerechnet werden

---

[1259] Rz. 1974.
[1260] Bspw. in Form einer Vollmacht gegenüber Banken für Zahlungsanweisungen bis zu einem gewissen Betrag.
[1261] BGE 114 V 220 f., bekräftigt in BGE 129 V 11 ff.
[1262] BGE 108 V 187; dazu eingehend HALLER, Rz. 322 f. m.w.H.

können, wenn er nicht jedes einzelne Geschäft, sondern nur die Tätigkeit der Geschäftsleitung und den Geschäftsgang im allgemeinen überprüft [...] und daher beispielsweise nicht beachtet, dass in Einzelfällen die Abrechnung über Lohnbeiträge nicht erfolgt ist. Das Gegenstück wäre der Präsident des Verwaltungsrates einer Firma, der faktisch das einzige ausführende Organ der Firma ist oder aber der Verwaltungsratspräsident einer Firma, dem aus irgendwelchen Quellen bekannt ist oder doch bekannt sein sollte, dass die Abrechnungspflicht möglicherweise mangelhaft erfüllt wird»[1263]. Diese Verantwortlichkeit für die Abführung der Sozialabgaben blieb im Rahmen der Revision des Aktien- und Rechnungslegungsrechts unangetastet.

Darüber hinaus *haften Verwaltungsräte* im *Steuerbereich* verschiedentlich *solidarisch* für die Entrichtung der Steuerschulden einer juristischen Person[1264]. Immerhin entfällt diese Haftung, wenn die Haftenden nachweisen, alles ihnen zur Feststellung und Erfüllung Zumutbare getan zu haben[1265].

Vor diesem Hintergrund empfiehlt es sich, die *regelmässige Überprüfung* der Erfüllung der Steuerforderungen und Sozialabgaben im Rahmen von Verwaltungsratssitzungen vorzunehmen und die entsprechende Beantwortung durch den Finanzverantwortlichen protokollarisch festzuhalten, resp. deren Entrichtung nötigenfalls persönlich zu überprüfen und/oder durchzusetzen[1266].

Wie für Steuerforderungen, welche im Rahmen von D&O-Versicherungen grundsätzlich nicht versicherbar sind[1267], enthalten viele Policen auch spezifische Haftungsausschlüsse für Forderungen im Zusammenhang mit AHV-Versicherungsbeiträgen; bei KMU und entsprechend kleineren Risiken sind einzelne Versicherer immerhin bereit, nötigenfalls Rechtsschutz zu gewähren oder die Kosten desselben zu übernehmen. Gewisse Versicherer nehmen – bei guter Bonität – auch eine stillschweigende Deckung in Kauf[1268].

[1263] BGE 108 V 203 und 103 V 125; dazu auch FORSTMOSER/MEIER-HAYOZ/NOBEL, § 38 Rz. 13; KRNETA, Rz. 2111; HUNGERBÜHLER, S. 211; in diesem Sinne weiter differenzierend BGE H 166/06 vom 9. Januar 2008 sowie H 182/06 vom 29. Januar 2008; dazu HABLÜTZEL, S. 271 und 273; ferner (einen Geschäftsführer einer GmbH betreffend) BGE 9C_204/2008 vom 6. Mai 2008 sowie (Vorstandsmitglieder eines Vereins betreffend) BGE 9C_152/2009, 9C_177/2009 und BGE 9C_179/2009 vom 18. November 2009.
[1264] SETHE, S. 322.
[1265] Art. 15 Abs. 2 MWStG, Art. 15 Abs. 2 VStG, Art. 55 Abs. 1 Satz 2 DBG, Art. 8 Abs. 2 TStG; dazu auch FORSTMOSER/MEIER-HAYOZ/NOBEL, § 38 Rz. 7; HUNGERBÜHLER, S. 212.
[1266] R. MÜLLER, S. 15.
[1267] HALLER, Rz. 720 f. m.w.H.
[1268] HALLER, Rz. 705 ff. m.w.H

g. Jährliches Self- (und allenfalls Geschäftsleitungs-) Assessment

SCBP Empfehlung 14 Abs. 4 und 20 Abs. 2 fordern den Verwaltungsrat auf, jährlich seine Leistung sowie jene seiner Mitglieder zu besprechen, sowie sich mindestens einmal jährlich darüber Rechenschaft zu geben, ob die für ihn anwendbaren Compliance-Grundsätze hinreichend bekannt sind und ihnen dauernd nachgelebt wird. Auch Ziff. 3.4 BP-KMU empfiehlt, dass der Verwaltungsrat periodisch seine Leistungen als Gremium beurteilt. Einer solchen Selbstbeurteilung kann beispielsweise nachgekommen werden, indem in einem Fragebogen *Zusammensetzung und Struktur des Gremiums*, *Informationsfluss* im Verwaltungsrat und einer allfälligen Geschäftsleitung, sowie *Effektivität und Effizienz des Gremiums* beurteilt werden[1269]. Ein solch formalisiertes Vorgehen ist in üblicherweise überschaubaren KMU-Verhältnissen nicht unbedingt notwendig, doch empfiehlt es sich auch hier, sich mindestens einmal jährlich mit der Qualität und Effizienz des Gremiums sowie der eigenen Arbeit zu befassen und auf diese Weise Verbesserungspotential zu orten.

Zu Recht weist Ziff. 3.4 BP-KMU *auch* auf die Notwendigkeit einer mindestens jährlichen Beurteilung der dem Verwaltungsrat *direkt unterstellten Geschäftsleitungsmitglieder* durch den Verwaltungsratspräsidenten sowie allenfalls seiner Einsichtnahme in die Beurteilungen, welche der Vorsitzende der Geschäftsleitung mit Bezug auf die übrigen Geschäftsleitungsmitglieder vorgenommen hat, hin.

11. Organisation und Arbeitsweise des Verwaltungsrates

a. Konstituierung

Gemäss Art. 712 Abs. 1 OR muss der Verwaltungsrat seinen *Präsidenten* und einen *Sekretär* bezeichnen, wobei letzterer dem Verwaltungsrat nicht zwingend angehören muss. Gemäss Abs. 2 dieser Bestimmung kann die *Wahl des Verwaltungsratspräsidenten statutarisch auch der Generalversammlung zugewiesen* werden[1270]. Dies soll auch nach dem indirekten Gegenvorschlag des National- und Ständerates zur Volksinitiative «Minder» so bleiben[1271].

[1269] ROTH PELLANDA, Rz. 486.
[1270] Die Einflussnahme der Generalversammlung auf die Organisation des Verwaltungsrates ist (über die allfällige Wahl des Präsidenten hinaus) beschränkt auf die statutarische Ermächtigung oder Verwehrung der Delegationsmöglichkeit, den statutarischen Ausschluss des Stichentscheids des Verwaltungsratspräsidenten sowie auf statutarische Festlegungen hinsichtlich der Grösse des Verwaltungsrates. Dazu eingehender vorn S. 168, § 6.III.1.a. und hinten S. 228, § 6.III.11.fa. und S. 233, § 6. III.11.g.
[1271] Art. 712 Abs 2 E-Parl OR; dies im Gegensatz zur vorgeschlagenen Regelung in kotierten Gesellschaften, in denen der Verwaltungsratspräsident, wenn die Statuten nichts anderes

In privaten Aktiengesellschaften entspricht es *häufig* einem *Bedürfnis der Aktionäre*, den *Verwaltungsratspräsidenten* aus dem Kreise der ihnen bekannten, potentiellen Kandidaten *selbst bestimmen zu können*[1272]. Die Bestellung eines den massgeblichen Aktionären genehmen, unabhängigen Präsidenten durch die Aktionäre kann beispielsweise in einer Familienholding mit einem mehrheitlich aus familienfremden Personen bestehenden Verwaltungsrat oder in ähnlichen Konstellationen sinnvoll sein, können auf diese Weise doch sowohl der Einfluss der massgeblichen Kapitalgeber als auch die Legitimation des Präsidenten verstärkt werden[1273].

Im Übrigen konstituiert sich der Verwaltungsrat nach überwiegender Lehre *selbst*, d.h. die Generalversammlung kann ihm seine innere Organisation auch durch die Statuten nicht vorgeben. Ihm allein obliegt die Zuweisung gewisser Chargen innerhalb des Verwaltungsratsgremiums, die allfällige Wahl eines Vizepräsidenten, die Bildung von Ausschüssen resp. die Einzelbeauftragung von Verwaltungsratsmitgliedern, oder – sofern statutarisch dazu ermächtigt – die Delegation gewisser Aufgaben an Dritte[1274].

b. Der Verwaltungsratspräsident

Die Stellung und die Aufgaben des Präsidenten des Verwaltungsrates finden im Obligationenrecht nur vereinzelt[1275] und nach überwiegender Lehre[1276] und bundesgerichtlicher Rechtsprechung[1277] nicht in abschliessender Weise Erwähnung. Dies steht in einem eklatanten Gegensatz zur *Wichtigkeit der Aufgaben* und seinen *grossen Einflussmöglichkeiten*. Der SCBP nennt als Hauptaufgaben

---

bestimmen, neu durch die Generalversammlung bestimmt werden soll (Art. 712 Abs 1 E-Parl OR).

[1272] So auch SÖDING, S. 296 f.
[1273] BAUMANN, S. 154.
[1274] So BÖCKLI Aktienrecht, § 13 Rz. 104 ff.; FORSTMOSER/MEIER-HAYOZ/NOBEL, § 29 Rz. 3; ZK-HOMBURGER, Art. 712 OR Rz. 255; ROTH PELLANDA, Rz. 118 ff. m.w.H.; KRNETA, Rz. 1219 ff.; HUNGERBÜHLER, S. 24 ff. und 213 f.; KAMMERER, S. 147 ff.; FORSTMOSER Organisation II, § 9 Rz. 39; eine Minderheitsmeinung vertritt die Ansicht, dass die Statuten die innere Organisation des Verwaltungsrates direkt regeln oder dem Entscheid der Generalversammlung anheim stellen können (BSK OR II-WERNLI/RIZZI, Art. 712 Rz. 4 m.w.H.; M. WEBER, S. 80 ff.).
[1275] Es sind dies der Stichentscheid im Verwaltungsrat (Art. 713 Abs. 1 OR), die Mitunterzeichnung des Verwaltungsratsprotokolls (Art. 713 Abs. 3 OR), die unverzügliche Einberufung einer Verwaltungsratssitzung auf Antrag eines Mitglieds des Verwaltungsrates (Art. 715 OR) sowie der Entscheid über Gesuche von Mitgliedern des Verwaltungsrates um Auskunft über Angelegenheiten der Gesellschaft und Einsichtnahme in Bücher und Akten (Art. 715a Abs. 4 OR); zu diesen Aufgaben eingehend: HUNGERBÜHLER, S. 61 ff.
[1276] Statt Vieler HUNGERBÜHLER, S. 87 m.w.H. sowie FORSTMOSER Organisation II, § 5 Rz. 155 ff. und 171.
[1277] BGE 109 V 89.

des Verwaltungsratspräsidenten allgemein «die Leitung des Verwaltungsrates im Interesse der Gesellschaft» sowie die Verantwortung «für eine rechtzeitige Information über alle für die Willensbildung und die Überwachung erheblichen Aspekte der Gesellschaft»[1278]. Gemäss Ziff. 3.2 BP-KMU soll er überdies «Führungsvorbild» sein und sich «für eine konstruktiv-offene Vertrauenskultur zwischen Aktionariat, VR, GL und Mitarbeitenden» einsetzen.

Der Verwaltungsratspräsident hat in der Praxis sowohl *gegen innen* (innerhalb des Gremiums, als Bindeglied zwischen Verwaltungsrat und allfälliger Geschäftsleitung sowie gegenüber den Aktionären) als auch *gegen aussen* (als Vertreter und Repräsentant der Gesellschaft) einen bedeutenden Einfluss. Dem Verwaltungsratspräsidenten obliegt die Einberufung, Traktandierung, Vorbereitung und Leitung der Verwaltungsratssitzungen[1279]. Zwischen den Sitzungen oder bei dringlichen Geschäften entscheidet der Verwaltungsratspräsident allenfalls selbst[1280], und er begleitet und überwacht eine allfällige Geschäftsleitung im Namen des Gesamtverwaltungsrates[1281]. Gegenüber der Geschäftsleitung besitzt der Verwaltungsratspräsident ein Weisungsrecht sowie gegen Entscheidungen, die Verwaltungsratsbeschlüssen zuwiderlaufen, ein Vetorecht[1282]. Regelmässig übernimmt der Verwaltungsratspräsident auch den Vorsitz in der Generalversammlung[1283]. Der Verwaltungsratspräsident *bereitet* mithin die *Entscheidfindung sowohl im Gesamtverwaltungsrat als auch in der Generalversammlung vor* und wacht darüber, dass der Verwaltungsrat seiner strategischen Führungsaufgabe nachkommt. Er ist in wesentlichem Masse prägend sowohl für die Strukturen und Funktionsweisen innerhalb des Verwaltungsrates als auch generell für die Führungsstrukturen und die Unternehmenskultur in der Gesellschaft. Vor dem Hintergrund der Massgeblichkeit seiner Aufgaben und seiner

---

[1278] SCBP Empfehlung 15 Abs. 1 und 2.
[1279] KRNETA, Rz. 484 ff.; BSK OR II-WERNLI/RIZZI, Art. 712 Rz. 8 f.; BÖCKLI Aktienrecht, § 13 Rz. 314 f. m.w.H.; ZK-HOMBURGER, Art. 712 OR Rz. 259 ff.; FORSTMOSER Organisation II, § 5 Rz. 172 ff.; DERS./MEIER-HAYOZ/NOBEL, § 28 Rz. 137 ff.; HUNGERBÜHLER, S. 101 ff.
[1280] HUNGERBÜHLER (S. 128) empfiehlt eine explizite Bestimmung im Organisationsreglement, welche den Verwaltungsratspräsidenten in ausserordentlichen Situationen zur Entscheidfindung im Zuständigkeitsbereich des Gesamtverwaltungsrates ermächtigt; diese Entscheidungen sind in der Folge dem Gesamtverwaltungsrat zur nachträglichen Genehmigung vorzulegen (so auch FORSTMOSER/MEIER-HAYOZ/NOBEL, § 31 Rz. 53).
[1281] BÖCKLI Aktienrecht, § 13 Rz. 314a; FORSTMOSER/MEIER-HAYOZ/NOBEL, § 29 Rz. 138; ZK-BÜRGI, Art. 714 OR Rz. 10; HUNGERBÜHLER, S. 92 und 125 ff.; KRNETA, Rz. 617 ff. und 638 ff.
[1282] HUNGERBÜHLER, S. 127 f. m.w.H.; BÖCKLI Aktienrecht, § 13 Rz. 310; KRNETA, Rz. 626 und 1196; ZK-HOMBURGER, Art. 716a OR Rz. 547.
[1283] HUNGERBÜHLER, S. 134 ff.; KRNETA, Rz. 536 ff.; FORSTMOSER/MEIER-HAYOZ/NOBEL, § 23 Rz. 98; BÖCKLI Aktienrecht, § 12 Rz. 173; BSK OR II-WERNLI/RIZZI, Art. 712 Rz. 8.

besonderen Stellung kommt der richtigen Wahl des Verwaltungsratspräsidenten eine grosse Bedeutung zu; an sein Fachwissen, seine Erfahrung und seine Integrität sind besondere Anforderungen zu stellen[1284].

In privaten Aktiengesellschaften ist der *Verwaltungsratspräsident häufig die treibende und bestimmende Kraft in der Gesellschaft*, sei dies als «primus inter pares» in einer monistisch ausgestalteten Gesellschaft, in Bekleidung auch der Ämter des Vorsitzenden der Geschäftsleitung und allfälligen Delegierten des Verwaltungsrates[1285], oder auch gemeinsam mit einem anderen Vorsitzenden der Geschäftsleitung. In Familiengesellschaften oder ähnlichen privaten Konstellationen bekleidet häufig der Gründer (und Patron) das Amt des Verwaltungsratspräsidenten, oftmals in Personalunion mit dem Vorsitzenden der Geschäftsleitung, falls eine solche besteht, und dominiert dann die Gesellschaft. Zu einem späteren Zeitpunkt übernehmen dann irgendwann Nachkommen Geschäftsleitungsfunktionen, während das Verwaltungsratspräsidium beim Familienoberhaupt und Gründer verbleibt. Tritt der Patron zurück und sind zwei Nachkommen oder Stämme vorhanden, fallen – wie bei einer Zweipersonen-AG – ein alternierendes Präsidium[1286] oder eine Aufteilung der Funktionen des Delegierten und des Präsidenten in Betracht[1287]. Bei mehreren Nachkommen oder Stämmen, resp. einer grösseren Anzahl von Aktionären, welche im Verwaltungsrat Einsitz nehmen wollen, erweist sich in der Regel die Bestellung eines externen Verwaltungsratspräsidenten, welchem in umstrittenen Entscheidungen der Stichentscheid zukommt, als sinnvoll[1288]. Die Wahl eines externen Verwaltungsratspräsidenten kann auch aus Gründen der Kontrolle eines familieninternen oder eines einem anderweitig geschlossenen Aktionärskreis entstammenden CEO erfolgen; umgekehrt kann auch eine aussenstehende Persönlichkeit mit den Aufgaben des Vorsitzenden der Geschäftsleitung betraut werden, während das Verwaltungsratspräsidium von Familienmitgliedern resp. Vertretern des privaten Aktionärskreises bekleidet wird[1289]. Häufig kann auch ein starker Vizepräsident eine ausgleichende Funktion wahrnehmen[1290].

c. Der Vizepräsident des Verwaltungsrates

Im schweizerischen Aktienrecht ist die Wahl eines Vizepräsidenten *freiwillig*. Nach herrschender Lehre ist ein allfälliger Vizepräsident nicht von der General-

---

[1284] BSK OR II-WERNLI/RIZZI, Art. 712 Rz. 8 ff.
[1285] Zur Problematik solcher Ämterkumulation hinten S. 235, § 6.III.11.hb.
[1286] Dazu bereits vorn S. 125, § 5.VI.3, S. 183, § 6.III.4.b und insbesondere S. 200, § 6.III.9.b.
[1287] Zu den damit verbundenen Vor- und Nachteilen eingehend hinten S. 235, § 6.III.11.hb.
[1288] Dazu bereits vorn S. 178, § 6.III.2.e.
[1289] BAUMANN, S. 154 ff. Zu externen Verwaltungsratsmitgliedern allgemein auch vorn S. 178, § 6.III.2.e.
[1290] Dazu gleich nachstehend.

versammlung, sondern vom Verwaltungsrat zu bestimmen[1291]. Der Vizepräsident vertritt den Präsidenten, wenn dieser verhindert ist, sei dies in Fällen zeitlicher Dringlichkeit, oder wenn der Präsident beispielsweise zufolge effektiver oder auch nur subjektiv empfundener Interessenkollision in den Ausstand treten muss oder will[1292]. Wünschenswert ist, dass der Vizepräsident auch als *«Sprachrohr» des übrigen Verwaltungsrates und hauptsächlicher Ansprechpartner des Präsidenten* in wesentlichen und/oder heiklen Fragen fungiert und auf diese Weise eine beratende, ausgleichende, kritisch hinterfragende Funktion ausübt[1293]. Die Aufgaben des Vizepräsidenten sind ebenfalls im Organisationsreglement festzulegen[1294]. Am ehesten ist die Wahrnehmung der Aufgaben des Vizepräsidenten durch die Wahl einer kompetenten, dem Verwaltungsratspräsidenten ebenbürtigen, von diesem unabhängigen und respektierten Persönlichkeit garantiert.

In kleineren Gesellschaften, in denen der Verwaltungsrat schnell zusammenzutreten und einen Nachfolger für den verhinderten oder ausgeschiedenen Präsidenten zu bestimmen in der Lage ist, kann von der Bestellung eines Vizepräsidenten unter Umständen abgesehen werden[1295]. Im Interesse von «checks and balances», aber auch zum Aufbau eines Nachfolgers kann die Wahl eines Vizepräsidenten aber gerade auch in kleineren, patriarchal beherrschten Strukturen *sinnvoll* sein.

Fehlt eine entsprechende reglementarische Festlegung, *rückt der Vizepräsident beim Ausscheiden des Präsidenten nicht automatisch* in dessen Amt *nach*; vielmehr bedarf es hierzu der Bestellung durch den Verwaltungsrat resp. die Generalversammlung[1296].

d. Der Sekretär des Verwaltungsrates

Nach geltendem Aktienrecht ist die Bezeichnung eines Sekretärs des Verwaltungsrates *obligatorisch*[1297]. Eine Ausnahme kann – nach umstrittener Lehre – in

---

[1291] HUNGERBÜHLER, S. 213 f.; BÖCKLI Aktienrecht, § 13 Rz. 107; FORSTMOSER Organisation II, § 5 Rz. 192 f.; dazu auch vorn S. 168, § 6.III.1.a.
[1292] HUNGERBÜHLER, S. 214 f.; dazu auch hinten S. 245, § 6.III.11.je.
[1293] HUNGERBÜHLER, S. 216; KRNETA, Rz. 671 ff.; FORSTMOSER Organisation II, § 5 Rz. 196.
[1294] FORSTMOSER Organisation II, § 5 Rz. 198.
[1295] Zur Unterzeichnung von Anmeldungen ins Handelsregister bedarf es nach revidiertem Recht nicht mehr des Präsidenten oder Vizepräsidenten (was die Bestellung eines Vizepräsidenten für den Fall einer Verhinderung des Präsidenten früher sinnvoll machte), sondern einfach zweier Mitglieder des Verwaltungsrats oder eines einzelzeichnungsberechtigten Mitglieds (Art. 931a Abs. 2 OR; Art. 17 Abs. 1 lit. c HRegV).
[1296] HUNGERBÜHLER, S. 216.
[1297] Art. 712 Abs. 1 OR; dazu BÖCKLI Aktienrecht, § 13 Rz. 108; KRNETA, Rz. 681; MÜLLER/LIPP/PLÜSS, S. 73; FORSTMOSER Organisation II, § 3 Rz. 18.

Einpersonen-AG gemacht werden [1298]. Nach einem Teil der Lehre genügt es, den Sekretär jeweilen für eine oder mehrere Sitzungen zu bestimmen[1299]. Nach WERNLI[1300] und FORSTMOSER[1301] bedarf es dagegen einer dauerhaften Bestellung der Sekretärsfunktion, was sich m.e. aus Gründen der Kontinuität auch in kleineren Verhältnissen empfiehlt.

Mit den Aufgaben eines Sekretärs des Verwaltungsrates betraut werden können *Verwaltungsratsmitglieder, Angestellte einer Gesellschaft oder auch externe Vertrauenspersonen*[1302]. MÜLLER/LIPP/PLÜSS[1303] wenden sich – aus Gründen der übermässigen Belastung sowie der Nichtgewährleistung einer sachlichen und neutralen Protokollierung – dezidiert gegen eine Personalunion von Verwaltungsratssekretär und -mitglied. Letztere Risiken bestehen zweifelsfrei, sie können in kleineren Gesellschaften jedoch unter Umständen durch die Vorteile der Vereinfachung, des geringeren Personalaufwands, der Vertrautheit mit der Materie sowie der Vertraulichkeit aufgewogen werden.

Dem Sekretär des Verwaltungsrates obliegt die gesamte *Administration* des Verwaltungsrates, die *Vorbereitung der Verwaltungsratssitzungen*, die *Protokollierung*[1304] sowie *Dokumentierung* derselben sowie der Generalversammlung, die Verwaltung der Gesellschaftsakten u.w.m.[1305]. Häufig amtet er auch als Rechtskonsulent oder zumindest als «formales, juristisches Gewissen»[1306]. Unter Umständen empfiehlt es sich, die Aufgaben des Sekretärs im Organisationsreglement zu regeln[1307].

Die Haftung des Sekretärs des Verwaltungsrates bestimmt sich – das sei am Rande erwähnt – nach dessen tatsächlicher Stellung. Ist er nicht Mitglied des

---

[1298] So ZK-HOMBURGER, Art. 712 OR Rz. 253 m.w.H.; implizit auch BSK OR II-WERNLI/ RIZZI, Art. 713 Rz. 35; ROTH PELLANDA, Rz. 632; a.A. MÜLLER/LIPP/PLÜSS, S. 73 und 75; FORSTMOSER Organisation II, § 3 Rz. 18 und § 5 Rz. 254.

[1299] So ZK-HOMBURGER, Art. 712 OR Rz. 253 m.V.a. ZK-BÜRGI, Art. 714 OR Rz. 21; KRNETA, Rz. 683.

[1300] BSK OR II-WERNLI/RIZZI, Art. 712 Rz. 13

[1301] Organisation II, § 3 Rz. 19 f., welcher aber darauf hinweist, dass in gewissen Situationen (etwa aus Diskretionsgründen) eine ad-hoc-Bestellung oder die Protokollierung durch ein Mitglied des Verwaltungsrates zulässig ist.

[1302] KRNETA, Rz. 680.

[1303] S. 74 f.; a.A. FORSTMOSER Organisation II, § 3 Rz. 19.

[1304] Art. 713 Abs. 3 OR; dazu eingehender vorn S. 198, § 6.III.8.e.

[1305] FORSTMOSER Organisation II, § 5 Rz. 255; eine Übersicht über weitere Aufgaben, die dem Sekretär des Verwaltungsrates zugewiesen werden können, findet sich bei MÜLLER/LIPP/PLÜSS, S. 74.

[1306] BSK OR II-WERNLI/RIZZI, Art. 712 Rz. 15; BÖCKLI Aktienrecht, § 13 Rz. 108.

[1307] Dazu statt vieler: BÖCKLI Aktienrecht, § 18 Rz. 109 f.; BSK OR II-GERICKE/WALLER, Art. 754 Rz. 5 und 7; FORSTMOSER/MEIER-HAYOZ/NOBEL, § 37 Rz. 2 und 4; BÄRTSCHI, S. 101 ff.

Verwaltungsrates und nimmt er nicht in einem eine faktische Organstellung[1308] begründenden Masse Einfluss, unterliegt er keiner Organverantwortlichkeit, sondern lediglich einer Haftung als Hilfsperson[1309] oder allenfalls aus einem Arbeitsvertrag[1310].

e. Ausschüsse, resp. Sonderbeauftragte des Verwaltungsrates

ea. Rechtsgrundlagen und Arten

Gemäss Art. 716a Abs. 2 OR kann der Verwaltungsrat «die Überwachung von Geschäften Ausschüssen oder einzelnen Mitgliedern» zuweisen, wobei er dann für eine «angemessene Berichterstattung an seine Mitglieder zu sorgen» hat; die Verantwortung für die Erfüllung dieser Aufgaben verbleibt aber nach überwiegender Lehre grundsätzlich beim Verwaltungsrat als Gesamtgremium[1311]. Solange solchen Ausschüssen und Sonderbeauftragten lediglich vorbereitende, überwachende und/oder ausführende Aufgaben *ohne eigene Entscheidungskompetenzen* zukommen, können sie grundsätzlich jederzeit, formfrei und auch nur «ad hoc» mit der Erledigung einzelner Aufgaben (beispielsweise der Betreuung eines Bauvorhabens, der Untersuchung einer Angelegenheit oder der Sanierung einer Tochtergesellschaft[1312]) betraut werden. Eine Delegation von Aufgaben *mit Entscheidungskompetenzen* ist demgegenüber nur im Bereich der delegierbaren Aufgaben zulässig[1313] und dann unter Art. 716b OR zu subsumieren[1314]; sie bedarf zwingend einer statutarischen Ermächtigung sowie der Regelung in

---

[1308] Dazu eingehend statt Vieler: FORSTMOSER Verantwortlichkeit, Rz. 657 ff.; DERS./ MEIER-HAYOZ/NOBEL, § 37 Rz. 4 ff.; BÖCKLI Aktienrecht, § 18 Rz. 109 ff.; BSK OR II-GERICKE/WALLER, Art. 754 Rz. 5 ff.; BÄRTSCHI, S. 93 ff.
[1309] Art. 101 OR.
[1310] Art. 321e OR; dazu KRNETA, Rz. 689; BSK OR II-WERNLI/RIZZI, Art. 712 Rz. 13 f.; BÖCKLI Aktienrecht, § 13 Rz. 108.
[1311] BSK OR II-WATTER/ROTH PELLANDA, Art. 716a Rz. 37; KRNETA, Rz. 1291; BÖCKLI Aktienrecht, § 13 Rz. 423; EICHENBERGER, S. 38; so explizit auch SCBP Empfehlung 21 Absatz 4. Demgegenüber vertreten BERTSCHINGER (Arbeitsteilung, Rz. 234) und ROTH PELLANDA (Rz. 757) die Auffassung, dass auch die Delegation der Vorbereitung, Ausführung und Überwachung von Aufgaben an Ausschüsse des Verwaltungsrates für die übrigen Verwaltungsratsmitglieder eine Haftungsbeschränkung auf die sorgfältige Auswahl, Instruktion sowie Überwachung bewirke. BÖCKLI (Aktienrecht, § 18 Rz. 130) verneint dies, plädiert indessen für eine Berücksichtigung im Rahmen der differenzierten Solidarität gemäss Art. 759 Abs. 1 OR (ähnlich WATTER Verwaltungsratsausschüsse, S. 188 f.).
[1312] Dazu eingehend FORSTMOSER Organisation II, § 5 Rz. 147 ff.
[1313] Zu den (nicht) delegierbaren Entscheidungskompetenzen der drei wichtigsten Ausschüsse eingehend: BÖCKLI Aktienrecht, § 13 Rz. 424 ff.
[1314] FORSTMOSER Organisation II, § 5 Rz. 12 und 31.

einem Organisationsreglement[1315, 1316]. Dabei ist zu beachten, dass die Grenze zwischen Entscheid und blosser Ausführung fliessend ist, da im Zuge der Ausführung stets auch untergeordnete Entscheidungen zu fällen sind.

Die Ausschussbildung ist eine *Form der Arbeitsorganisation*, mittels welcher der Verwaltungsrat gewisse Aufgaben innerhalb seiner Mitglieder aufteilt und sich idealerweise einige sachkundige Verwaltungsratsmitglieder/ein sachkundiges Mitglied des Verwaltungsrats eingehender mit einem bestimmten Thema befassen[1317]. Nicht selten sind Ausschüsse in Teilbereichen lediglich zur Aufbereitung der Entscheidungsgrundlagen ermächtigt, in anderen Bereichen jedoch befugt, Entscheidungen zu treffen. Es empfiehlt sich insbesondere bei ständigen Ausschüssen, beide Aufgabenbereiche sowie die Form der Berichterstattung im Organisationsreglement, in einem anderen Reglement oder zumindest in einem Verwaltungsratsbeschluss festzuschreiben[1318, 1319]. Dabei ist zu beachten, dass die Delegation von Entscheidkompetenzen stets im Organisationsreglement vorzunehmen ist.

SCBP Empfehlung 22 Abs. 1 postuliert für bestimmte Ausschüsse erhöhte *Anforderungen hinsichtlich der Unabhängigkeit*, wonach die Mehrheit der Ausschussmitglieder unabhängig sein sollte; als unabhängig gelten dabei nicht exekutive Mitglieder des Verwaltungsrates, welche der Geschäftsführung der Gesellschaft nie oder nicht in den letzten drei Jahren angehörten und zur Gesellschaft keine wesentlichen geschäftlichen Beziehungen unterhalten.

[1315] FORSTMOSER/MEIER-HAYOZ/NOBEL, § 29 Rz. 11, 23 ff. und 34 ff.; BSK OR II-WATTER/ROTH PELLANDA, Art. 716a Rz. 38; ROTH PELLANDA, Rz. 604; EICHENBERGER, S. 39 f.; zur Delegation von Aufgaben eingehender hinten S. 228, § 6.III.11.fa. und S. 230, § 6.III.11.fb. sowie S. 233, § 6.III.11.g.

[1316] Das Organisationsreglement muss nicht als solches bezeichnet sein; es genügt ein schriftliches, vom Gesamtverwaltungsrat durch förmlichen Beschluss genehmigtes Dokument, welches die inhaltlichen Anforderungen von Art. 716b Abs. 2 OR erfüllt (Ordnung der Geschäftsführung, die Bestimmung der hierfür erforderlichen Stellen, Umschreibung der Aufgaben und Regelung der Berichterstattung) (BÖCKLI Aktienrecht, § 13 Rz. 522 m.w.H.; FORSTMOSER Organisation II, § 5 Rz. 35 und § 15 Rz. 19, je m.V.a. BGE 4A.501/2007 Erw. 3. und 3.2.2. und 4A.503/2007 Erw. 3.2.2.); zum Organisationsreglement auch hinten S. 238, § 6.III.11.i.

[1317] EICHENBERGER, S. 25; ROTH PELLANDA, Rz. 628; FORSTMOSER Organisation II, § 5 Rz. 11 und 21.

[1318] FORSTMOSER Organisation II, § 5 Rz. 13 ff. und 30; DERS./MEIER-HAYOZ/NOBEL, § 29 Rz. 23 und 42; BÖCKLI Aktienrecht, § 13 Rz. 417; ROTH PELLANDA, Rz. 193 ff. und 624 f.; EICHENBERGER, S. 32 f. und 38.

[1319] ROTH PELLANDA (Rz. 193 ff.) empfiehlt, neben dem Organisationsreglement für jeden Ausschuss eine sog. «Committee Charter» zu erlassen, worin zusätzlich bspw. Anforderungen an die Persönlichkeiten und Fähigkeiten der Ausschussmitglieder aufgenommen werden können. Dies mag in grossen Gesellschaften seine Berechtigung haben, in kleineren Aktiengesellschaften geht es m.E. zu weit.

Im Zentrum der Forderungen nach einer guten Corporate Governance steht heute die *Bildung von Fachausschüssen*, namentlich von Prüfungs-, Entschädigungs- sowie Nominierungsausschüssen, resp. in kleineren Verhältnissen die Bestellung diesbezüglicher Sonderbeauftragter[1320]. Der früher stark verbreitete sog. geschäftsführende oder allgemeine Ausschuss, welcher die vom Gesamtverwaltungsrat zu fällenden Entscheide vorbereitete und häufig präjudizierte, findet sich heute fast nur noch in kleineren Verhältnissen, in welchen durch den Ausschuss die eigentliche Geschäftsbesorgung (sog. Board System) besorgt wird[1321]. Daneben können beliebig weitere Ausschüsse/Sonderbeauftragte bestellt werden, so für Finanz-, Umwelt- und Sicherheits-Fragen, Fragen der Corporate Governance u.w.m.

eb. **Prüfungsausschuss oder -sonderbeauftragter**

Dem Prüfungsausschuss oder -sonderbeauftragten obliegt die *Überwachung der externen und einer allfälligen internen Revision* sowie die vertiefte Auseinandersetzung mit diesen *Revisionsberichten*, die kritische Durchsicht der *Zwischen- und Jahresabschlüsse* sowie die Verfassung der Empfehlungen an den Verwaltungsrat zur Vorlage der Abschlüsse an die Generalversammlung, ferner die Beurteilung der Unabhängigkeit, der Leistungen sowie der Honorierung der externen Revision[1322]. Durch die Wahrnehmung dieser Aufgaben wird der Prüfungsausschuss resp. -beauftragte zu einem wichtigen Bindeglied zwischen dem Verwaltungsrat und der externen Revisionsstelle[1323] sowie einer allfälligen internen Revision. Gemäss SCBP Empfehlung 23 sind die fachliche Befähigung und die Unabhängigkeit des/der Beauftragten von besonderer Wichtigkeit.

In der Literatur ist die *Zulässigkeit* einer *Delegation von Entscheidungsbefugnissen* an den Prüfungsausschuss *umstritten*. Gewisse Autoren erachten bspw. die Delegation der Überwachung der Unabhängigkeit der Revisionsstelle, des Vorschlagsrechts für deren Wieder- oder Neuwahl oder die Genehmigung einer parallelen Beratertätigkeit von Revisoren als zulässig[1324], während andere eine Delegation von Entscheidkompetenzen generell als unzulässig erachten[1325].

[1320] GIGER, S. 326; KRNETA, Rz. 1652; ROTH PELLANDA, Rz. 605; EICHENBERGER, S. 33.
[1321] HUNGERBÜHLER, S. 27 f.; BÖCKLI Aktienrecht, § 13 Rz. 420 f.; BAUEN/VENTURI, Rz. 259.
[1322] Zu den Aufgaben im Einzelnen SCBP Empfehlung 24, ferner statt Vieler: EICHENBERGER, S. 34 f.; FORSTMOSER Organisation II, § 5 Rz. 86 ff.
[1323] BSK OR II-WATTER/ROTH PELLANDA, Art. 716a Rz. 41; ROTH PELLANDA, Rz. 610; GIGER, S. 326; EICHENBERGER, S. 34.
[1324] So WATTER Verwaltungsratsausschüsse, S. 191 ff.; BÖCKLI Aktienrecht, § 13 Rz. 425; FORSTMOSER Organisation II, § 5 Rz. 91.
[1325] GIGER, S. 327; KAMMERER, S. 169 f.; VON DER CRONE/CARBONARA/MAROLDA MARTÍNEZ, S. 408.

M.E. hat lediglich die Hauptverantwortung der Finanzkontrolle beim Verwaltungsrat zu verbleiben, was einer Delegation der genannten Aufgaben nicht entgegensteht[1326].

ec. Entschädigungsausschuss oder -sonderbeauftragter

Dem Entschädigungsausschuss oder -sonderbeauftragten obliegt die Entwicklung einer (vom Gesamtverwaltungsrat zu genehmigenden[1327]) *Entschädigungspolitik der Führungskräfte* der Gesellschaft (Geschäftsleitung und Verwaltungsrat) und die Umsetzung derselben resp. deren Überwachung[1328], was nicht nur eingehende Kenntnisse über in der Branche übliche Saläre[1329], sondern auch über den erzielten wie den erwarteten Geschäftsgang voraussetzt[1330]. Gemäss SCBP Empfehlung 26 sollen die Entschädigungen markt- und leistungsgerecht sowie in nachvollziehbarer Weise vom langfristigen und nachhaltigen Unternehmenserfolg abhängen; falsche Anreize sind zu vermeiden[1331].

Auch die Konditionen für allfällige *Kreditvergaben an Organe* sind durch einen Entschädigungsausschuss oder -sonderbeauftragten zu erarbeiten[1332].

[1326] Ausser in kleinen Verhältnissen, in denen jedoch selten ein Prüfungsausschuss oder -sonderbeauftragter eingesetzt wird, ist eine Delegation in aller Regel auch sinnvoll, denn sie bietet Gewähr für eine fundierte Auseinandersetzung, die allenfalls im Gesamtverwaltungsrat nicht möglich wäre.

[1327] So SCBP Empfehlung 25 Abs. 3 und SCBP Anhang 1 Empfehlungen 1 und 3 Abs. 1; insbesondere SCBP Anhang 1 betont, dass die Grundzüge der Entschädigungspolitik vom Verwaltungsrat festzulegen sind, während die Festlegung der einzelnen Entschädigungen im Gesamtgremium erfolgen kann oder – endgültig oder unter Genehmigungsvorbehalt – an einen Ausschuss delegiert werden kann (Erläuterungen zu SCBP Anhang 1, S. 28 und 30 ff.). Nach BÖCKLI (Aktienrecht, § 13 Rz. 426 f.) resultiert die Genehmigungspflicht aus der Oberleitungspflicht des Verwaltungsrates gemäss Art. 716a Abs. 1 Ziff. 1 OR (so auch ROTH PELLANDA, Rz. 619; a.A. WATTER Verwaltungsratsausschüsse, S. 196).

[1328] SCBP Empfehlung 26 und 25 Abs. 3; dazu eingehend EICHENBERGER, S. 75 ff.

[1329] In grösseren Gesellschaften werden dafür spezialisierte Beratungsunternehmen beigezogen, in kleineren weiss allenfalls der Treuhänder oder die Revisionsstelle Bescheid, und im Übrigen wird man auf die Untersuchungen von Branchenverbänden abstellen.

[1330] BÖCKLI Aktienrecht, § 13 Rz. 412; ROTH PELLANDA, Rz. 618; VON DER CRONE Verantwortlichkeit, S. 255; EICHENBERGER, S. 35 und 75 ff.

[1331] Diese Empfehlungen werden in SCBP Anhang 1 Empfehlung 3 ff. weiter präzisiert, indem Vergütungen, welche feste und variable Elemente aufweisen, ein auf mittel- und langfristigen Erfolg abzielendes Verhalten mit erst später verfügbaren Entschädigungselementen belohnen soll, sachlich nicht begründete Vorteilszuwendungen und falsche Anreize vermieden, sowie – abgesehen von wenigen Ausnahmen – keine goldenen Fallschirme und Abgangsentschädigungen gewährt werden sollen. Dazu auch eingehend: EICHENBERGER, S. 75 ff.; FORSTMOSER Organisation II, § 5 Rz. 112 ff.

[1332] BÖCKLI/HUGUENIN/DESSEMONTET, S. 206.

Der Entschädigungsausschuss oder -sonderbeauftragte hat gemäss SCBP Anhang 1 Empfehlungen 8 und 9 einen *Entschädigungsbericht* zuhanden der Generalversammlung zu erstellen, diesen zu erläutern und den Aktionären allenfalls zur Genehmigung zu unterbreiten; dieser Bericht soll verständlich sein und – ähnlich wie bei kotierten Gesellschaften – die Entschädigungen an die Verwaltungsratsmitglieder, die Gesamtsumme aller an Geschäftsleitungsmitglieder bezahlten Entschädigungen sowie die an das höchstbezahlte Mitglied bezahlte Summe ausweisen, und allfällige Veränderungen gegenüber den Vorjahren erläutern. Der indirekte Gegenvorschlag zur Volksinitiative «Minder» des National- und Ständerates legt für kotierte Aktiengesellschaften in Art. 731d resp. 731e E-Parl OR nun explizit die Pflicht zum Erlass und den Mindestinhalt eines Vergütungsreglements resp. eines Vergütungsberichts vor, welche Erlasse beide von der Generalversammlung zu genehmigen sind[1333]. In nicht kotierten Gesellschaften ist ein solcher Bericht auch inkünftig nicht verlangt und in der Praxis bis dato auch nicht verbreitet.

Der SCBP empfahl ursprünglich eine *Mehrheit von nicht exekutiven Mitgliedern*, schreibt in Anhang 1 nun jedoch vor, dass dem Entschädigungssausschuss ausschliesslich unabhängige Mitglieder angehören sollen[1334]. Gehört der Verwaltungsratspräsident dem Entschädigungsausschuss an, ist es selbstverständlich, dass er bei der Festlegung seiner eigenen Entschädigung in den Ausstand treten muss[1335]; im Übrigen ist seine Teilnahme an den Sitzungen (wie auch diejenige eines allfälligen CEO oder Personalverantwortlichen) indessen zu begrüssen und oft aufgrund ihrer Sachkenntnis de rigueur, wobei diesen Personen eine lediglich beratende Funktion zukommt[1336].

Da die Entschädigung in der Liste der unübertragbaren Aufgaben des Verwaltungsrates von Art. 716a OR[1337] keine Erwähnung findet, bejaht WATTER[1338] die Zulässigkeit einer Delegation von Entscheidungskompetenzen an den Entschädigungsausschuss. Mit FORSTMOSER[1339] erscheint es mir aufgrund der in jüngerer Zeit gesteigerten Sensibilität dieses Themas indessen richtig, zumindest die

---

[1333] Dazu eingehender HÄUSERMANN, Rz. 14 ff.
[1334] SCBP Empfehlung 25 Abs. 1, resp. SCBP Anhang 1 Empfehlung 2; so ROTH PELLANDA, Rz. 617 und FORSTMOSER Organisation II, § 5 Rz. 108. Im Falle eines Entschädigungsausschusses bestehend aus lediglich unabhängigen Mitgliedern ist zumindest die Gastanwesenheit des Verwaltungsratspräsidenten oder des CEO unabdingbar, um die erforderlichen Informationen über Interna und Leistungen der Personen, deren Entschädigungen festgelegt werden müssen, in das Gremium einzubringen.
[1335] HUNGERBÜHLER, S. 30; BÖCKLI Schnellstrassen, S. 136.
[1336] FORSTMOSER Organisation II, § 5 Rz. 109.
[1337] Art. 716a Abs. 1 OR; dazu eingehend vorn S. 205, § 6.III.10.d.
[1338] WATTER Verwaltungsratsausschüsse, S. 196.
[1339] FORSTMOSER Organisation II, § 5 Rz. 101 ff.

Grundsatzentscheide nicht zu *delegieren*, sondern nur die Festlegung der Einzelentschädigungen innerhalb der Vorgaben des Gesamtverwaltungsrats.

In privaten Aktiengesellschaften besteht häufig ein mangelndes Bewusstsein hinsichtlich angemessener und transparenter Entschädigungen; auch in diesen Verhältnissen empfiehlt es sich indessen, die dargelegten Grundsätze – in welcher Form auch immer – zu beachten.

ed.   Nominierungsausschuss resp. -sonderbeauftragter

Der Nominierungsausschuss resp. -sonderbeauftragte schliesslich ist für die personellen Aspekte der Unternehmung, mithin die *Suche* externer oder den *Aufbau* interner *Nachfolger* für die *Geschäftsleitung* oder den *Verwaltungsrat* zuständig[1340]. Nicht delegierbar ist die Wahl oder Abberufung der obersten, dem Verwaltungsrat direkt unterstellten Organe, wohl aber die Vornahme vorbereitender Selektionen. Die Ernennung der darunter stehenden Hierarchiestufe, die Festlegung von Grundsätzen für die Vorbereitung von Zuwahlen in den Verwaltungsrat resp. in das oberste Kader oder auch die Qualifikation einer allfälligen Geschäftsleitung oder anderer wichtiger Mitarbeiter kann an einen Nominierungsausschuss oder -sonderbeauftragten delegiert werden[1341]. M.E. zu Recht wird empfohlen, dass der *Verwaltungsratspräsident* dem Nominierungsausschuss *angehören* oder als Sonderbeauftragter mit diesen Aufgaben betraut werden sollte[1342]; sinnvoll ist auch die Teilnahme eines allfälligen Geschäftsleitungsvorsitzenden oder Personalverantwortlichen[1343]. Auch in privaten Aktiengesellschaften ist eine vorausschauende personalpolitische Planung der oberen Führungsebene unabdingbar für den langfristigen Unternehmenserfolg und das Überleben der Gesellschaft, welche Aufgabe leider häufig vernachlässigt wird.

ee.   Geschäftsführender Ausschuss oder Exekutivausschuss

Geschäftsführung und Vertretung können auch *einzelnen «exekutiven» oder «geschäftsleitenden» Verwaltungsratsmitgliedern* zugewiesen werden, während die unübertragbaren Aufgaben dem Gesamtverwaltungsrat verbleiben. Solche Exekutivausschüsse sind in jüngerer Zeit eher aus der Mode gekommen, sie können aber in Familien- oder anderen kleinen Gesellschaften durchaus hilfreich sein, indem die Geschäftsführungsfunktionen den im Unternehmen aktiven

---

[1340] SCBP Empfehlung 27; dazu BÖCKLI Aktienrecht, § 13 Rz. 413; KRNETA Rz. 1663 ff.
[1341] BÖCKLI Aktienrecht, § 13 Rz. 427 f.; ROTH PELLANDA, Rz. 613 f.; EICHENBERGER, S. 36; FORSTMOSER Organisation II, § 5 Rz. 121 ff.; so auch SCBP Empfehlung 27 Abs. 1.
[1342] HUNGERBÜHLER, S. 30; BAUEN/VENTURI, Rz. 276; BÖCKLI Schnellstrassen, S. 136; FORSTMOSER Organisation II, § 5 Rz. 127 und 130.
[1343] FORSTMOSER Organisation II, § 5 Rz. 130.

Aktionären zugewiesen werden können, während die unübertragbaren Aufgaben den übrigen Aktionären verbleiben[1344].

ef. Vor- und Nachteile der Ausschussbildung resp. Sonderbeauftragung

Im Schrifttum wird zunehmend die Auffassung vertreten, dass die Vornahme aller Aufgaben durch den Gesamtverwaltungsrat nur in kleinen Gesellschaften sinnvoll sei, während in grösseren Gesellschaften die Sorgfalts- und Treuepflicht[1345] dem Verwaltungsrat eine Arbeitsteilung in Form einer Bildung von Ausschüssen resp. der Bestellung von Sonderbeauftragten gebiete[1346]. Diese Forderung findet sich auch in SCBP Empfehlung 21. Zweifelsfrei ermöglichen diese Organisationsformen eine *vertiefte, spezialisierte, zeitlich intensivere Auseinandersetzung* mit gewissen wesentlichen Fragen[1347]. Verschiedentlich ist aber auch darauf hingewiesen worden, dass über der Bildung von Ausschüssen resp. der Bestellung von Sonderbeauftragten und der dadurch erfolgenden Schaffung von Strukturen und Prozessen die Inhalte nicht vergessen gehen sollten[1348]. Entscheidend ist letztlich allein, wie die jeweiligen Aufgaben inhaltlich bewältigt werden. Zu Recht wird in der Literatur auch auf *mögliche Doppelspurigkeiten, administrative Mehrbelastungen* und *hierarchische Schwerfälligkeiten* von Ausschüssen, ja auf eine eigentliche Zersplitterung der Verwaltungsratsarbeit hingewiesen[1349]. Ausschüsse und Sonderbeauftragte begründen auch einen *erhöhten Kommunikationsbedarf* unter diesen und zum Gesamtverwaltungsrat und/oder dem Präsidenten. Wichtig ist daher auch die Sicherstellung einer zeitnahen, die wesentlichen Entscheidungsgrundlagen liefernden Information des Gesamtverwaltungsrates durch die Ausschüsse/den Sonderbeauftragten und der kritische Dialog über deren/dessen Erkenntnisse und Vorschläge[1350].

In kleineren Gesellschaften mit einem entsprechend kleineren Verwaltungsrat kann von der Bildung von Ausschüssen abgesehen werden; stattdessen sind *Sonderbeauftragte* zu bestellen, welche über das allenfalls erforderliche Spezialwissen verfügen und sich vertieft mit den jeweiligen Aufgaben befassen[1351].

[1344] FORSTMOSER Organisation II, § 5 Rz. 76 f.
[1345] Art. 717 OR.
[1346] BERTSCHINGER Arbeitsteilung, S. 120; ROTH PELLANDA, Rz. 489 ff. und 603 m.w.H.; VON DER CRONE Arbeitsteilung, S. 79; BSK OR II-WATTER/ROTH PELLANDA, Art. 716a Rz. 34 und Art. 717 Rz. 7a; BÖCKLI Aktienrecht, § 13 Rz. 405b und 409; HUNGERBÜHLER, S. 26; BAUEN/VENTURI, Rz. 262.
[1347] ROTH PELLANDA, Rz. 627 ff.; EICHENBERGER, S. 25; FORSTMOSER Organisation II, § 5 Rz. 21.
[1348] GIGER, S. 332; BÖCKLI Schnellstrassen, S. 142.
[1349] KRNETA, Rz. 1667; ROTH PELLANDA, Rz. 629.
[1350] GIGER, S. 332; BÖCKLI Aktienrecht, § 13 Rz. 422a; EICHENBERGER, S. 78 f.
[1351] So auch SCBP Empfehlung 28 Abs. 2.

In privaten Aktiengesellschaften mit kleineren Verwaltungsratsgremien werden diese Spezialverantwortlichkeiten häufig einfach dem Verwaltungsratspräsidenten zugewiesen[1352].

Es bleibt dem Verwaltungsrat überlassen, die für die jeweilige Gesellschaft optimale Organisationsstruktur zu schaffen, sei dies in Form einer Bestellung von Sonderbeauftragten oder indem sich das Gesamtgremium (unter Umständen unter Zuweisung des Vorsitzes nicht an den Präsidenten, sondern an ein in dieser Thematik besonders befähigtes Mitglied[1353]) vertieft mit gewissen Belangen auseinandersetzt[1354]. Fest steht allein, dass sich auch mittlere und kleinere nicht kotierte Gesellschaften – in welcher Form auch immer – mit den *wichtigsten*, in SCBP Empfehlung 28 Abs. 1 genannten *Themen*, mithin der *externen Revision*, dem *internen Kontrollsystem*, den *Entschädigungsgrundsätzen* des Verwaltungsrates und der Geschäftsleitung sowie der *Nachfolgeregelung* im Verwaltungsrat befassen und dafür angemessene Strukturen schaffen müssen[1355].

f. Delegation der Geschäftsführung

fa. Übertragbarkeit der Aufgaben und statutarische Delegationsnorm

Im Rahmen der übertragbaren Aufgaben[1356] kann der Verwaltungsrat die Geschäftsführung ganz oder teilweise einzelnen Mitgliedern des Verwaltungsrates oder Dritten übertragen[1357]. Delegationsempfänger können neben einzelnen Verwaltungsratsmitgliedern (insbesondere Delegierten[1358]) auch Ausschüsse[1359] oder Dritte[1360] inner- und allenfalls ausserhalb der Gesellschaft (insbesondere eine Geschäfts- oder allenfalls Konzernleitung) sein[1361]. In letzterem Falle kann

---

[1352] BÖCKLI/HUGUENIN/DESSEMONTET, S. 80; HUNGERBÜHLER, S. 27.
[1353] BÖCKLI/HUGUENIN/DESSEMONTET, S. 204 f.
[1354] So genügt es nach KRNETA (Rz. 1660) bspw. in kleineren Verwaltungsratsgremien, wenn der Gesamtverwaltungsrat die Aufgaben des Prüfungsausschusses wahrnimmt, und sich hierzu im Rahmen seiner Sitzungen zweimal von den internen und externen Revisoren informieren lässt. Massgebend hat m.E. allein zu sein, ob die Prüfungsaufsicht in genügendem Masse wahrgenommen werden kann; zweifelsfrei sind Konstellationen denkbar, in denen der Gesamtverwaltungsrat durchaus dazu in der Lage ist.
[1355] BÖCKLI/HUGUENIN/DESSEMONTET, S. 80 und 205 f.
[1356] Art. 716a Abs. 1 OR; dazu bereits vorn S. 205, § 6.III.10.d.
[1357] Art. 716b Abs. 1 und 2 OR; dazu bereits vorn S. 204, § 6.III.10.c.
[1358] Dazu eingehender sogleich nachstehend.
[1359] Dazu soeben vorn S. 226, § 6.III.11.ee.
[1360] Ob eine Delegation an juristische Personen zulässig ist, ist umstritten (ablehnend: ZK-HOMBURGER, Art. 716b OR Rz. 759; ROTH PELLANDA, Rz. 527; befürwortend: KRNETA, Rz. 1713 f.; FORSTMOSER Organisation II, § 7 Rz. 5 und 19).
[1361] Dazu eingehend FORSTMOSER Organisation II, § 4 Rz. 12, 45 und § 6 Rz. 1; BÖCKLI Aktienrecht, § 13 Rz. 519 und 535 ff.

die Delegation an das Gremium als Ganzes oder an einzelne Mitglieder erfolgen[1362]. Eine Delegation bedarf gemäss Art. 716b OR einer *statutarischen Grundlage*[1363] sowie einer Regelung im *Organisationsreglement*[1364, 1365].

Durch die spezifische Ausgestaltung der statutarischen Delegationsnorm können die Aktionäre nach überwiegender Lehre *Einfluss auf die Art und den Umfang der Delegation* ausüben, indem die delegierbaren Aufgaben und/oder die in Betracht kommenden Delegationsempfänger bestimmt werden[1366, 1367]; die statutarische Ermächtigung kann aber auch – und das ist in der Praxis die Regel – gänzlich offen sein und es dem Verwaltungsrat überlassen, Art und Weise der Delegation selbst festzulegen. Durch die Verweigerung einer Delegationsnorm kann der Verwaltungsrat angehalten werden, die Geschäfte selbst zu führen; er kann jedoch nicht durch eine statutarische Bestimmung zur Delegation verpflichtet werden[1368]. Innerhalb der Delegationsnorm ist der Verwaltungsrat gänzlich frei, d.h. er kann beispielsweise nur einen Teil der delegierbaren Aufgaben einer Geschäftsleitung übertragen, Entscheidungen von grösserer Tragweite einem Genehmigungsvorbehalt unterstellen oder vorgenomme Delegationen jederzeit ganz oder teilweise wieder rückgängig machen[1369].

[1362] FORSTMOSER Organisation II, § 6 Rz. 5.
[1363] Diese findet sich – häufig in Form des Wortlauts von Art. 716b Abs. 1 OR – in den meisten Statuten auch kleiner Gesellschaften (FORSTMOSER Organisation II, § 2 Rz. 17).
[1364] Dazu eingehender hinten S. 238, § 6.III.11.i.
[1365] Reine Hilfsfunktionen, Aufgaben, welche nicht als Geschäftsführungsaufgaben im Sinne von Art. 716b Abs. 1 OR zu qualifizieren sind, sowie nicht organschaftliche Kompetenzen können vom Verwaltungsrat demgegenüber ohne Einhaltung von Formvorschriften übertragen werden (dazu eingehend: FORSTMOSER Organisation II, § 4 Rz. 15 ff., 24 ff. und 37 ff.).
[1366] So BÖCKLI Aktienrecht, § 13 Rz. 525; FORSTMOSER/MEIER-HAYOZ/NOBEL, § 29 Rz. 28, Fn. 5; BSK OR II-WATTER/ROTH PELLANDA, Art. 716b Rz. 4; FORSTMOSER Eingriffe, S. 173; DERS. Organisation II, § 9 Rz. 21 ff.; VON MOOS-BUSCH Delegierter, S. 74; KAMMERER, S. 86; a.A. ZK-HOMBURGER, Art. 716b OR Rz. 734; KRNETA, Rz. 1634 ff.; ROTH PELLANDA, Rz. 498 f.; BERTSCHINGER Corporate Governance, S. 325, welche Autoren in solchen Vorgaben einen Eingriff in die Organisationskompetenz des Verwaltungsrates sehen – die Generalversammlung dürfe lediglich über die Zulässigkeit der Delegation an sich entscheiden.
[1367] Nach FORSTMOSER (Organisation II, § 9 Rz. 30) soll eine Delegationsnorm – entsprechend dem Grundsatz «a maiore minus» – auch einen Genehmigungsvorbehalt der Generalversammlng hinsichtlich der vom Verwaltungsrat geschaffenen Organisationsform enthalten dürfen.
[1368] Dazu bereits vorn S. 204, § 6.III.10.c.
[1369] BÖCKLI Aktienrecht, § 13 Rz. 528 und 545.

fb. Erlass eines Organisationsreglements und Ausgestaltungsmöglichkeiten der Geschäftsleitung

Der Verwaltungsrat hat von seinem Delegationsrecht durch Erlass eines Organisationsreglementes[1370] Gebrauch zu machen. Gemäss Art. 716b Abs. 2 OR hat dieses Reglement die Geschäftsführung, die erforderlichen *Stellen*, deren *Aufgaben* und insbesondere die *Berichterstattung* zu regeln; auch allfällige *Genehmigungsvorbehalte* für gewisse wichtige Geschäfte sind im Organisationsreglement festzuhalten[1371]. Die konkrete Ausgestaltung der Geschäftsleitung obliegt somit dem Verwaltungsrat. In kleineren Gesellschaften ist ein Nebeneinanderwirken von Mitgliedern des Verwaltungsrates und der Geschäftsleitung bei der Führung der Geschäfte denkbar und in der Praxis nicht selten. In grösseren Gesellschaften sind jedoch Verwaltungsrat und Geschäftsleitung klar abzugrenzen und ist auch die Hierarchie auf der Ebene der Geschäftsleitung festzulegen: Möglich sind etwa ein Zusammenwirken Gleichberechtigter in einem Kollegialorgan, die grundsätzliche Gleichberechtigung aller Mitglieder, jedoch mit einem «primus inter pares», der als Sprecher oder Vorsitzender fungiert, oder auch eine hierarchische Unterstellung der Geschäftsleitung unter einen Vorsitzenden (CEO) als Kontaktperson zum Verwaltungsrat[1372]. Aus dem Organisationsreglement ersehen Aktionäre und allenfalls Gläubiger – soweit dieses offengelegt wird oder offengelegt werden muss[1373] – mithin die unternehmensinterne Arbeitsteilung. Bei operativen und anderen Veränderungen ist das Reglement anzupassen[1374].

fc. Delegierter des Verwaltungsrates

Im Falle einer Delegation der Geschäftsführung an ein Mitglied des Verwaltungsrates kann der so ernannte Delegierte des Verwaltungsrates lediglich mit der *Aufsicht über die Geschäftsleitung* betraut sein oder aber den *Vorsitz in der Geschäftsleitung* (allenfalls sogar in Personalunion mit dem Verwaltungsratspräsidium) innehaben. In seiner Aufsichtsfunktion gegenüber der Geschäftslei-

---

[1370] Zu den formalen Anforderungen an das Organisationsreglement sowie allgemein eingehender hinten S. 238, § 6.III.11.ia.

[1371] BÖCKLI Aktienrecht, § 13 Rz. 528; BSK OR II-WATTER/ROTH PELLANDA, Art. 716b Rz. 8; so auch SCBP Empfehlung 11 Abs. 2. Genehmigungsvorbehalte bewirken, dass die Geschäftsleitung den Verwaltungsrat genau informieren und der Verwaltungsrat sich mit gewissen wichtigen Geschäften auch intensiv auseinandersetzen muss, was entsprechende Verantwortlichkeiten der Verwaltungsratsmitglieder begründet; dies ist aus dem Blickwinkel der Corporate Governance begrüssen (BÖCKLI/HUGUENIN/DESSEMONTET, S. 88 f.).

[1372] FORSTMOSER Organisation II, § 6 Rz. 15 ff.

[1373] Art. 716b Abs. 2 OR.

[1374] SCBP Empfehlung 14 Abs. 2.

tung ist der Delegierte dem Gesamtverwaltungsrat unterstellt[1375]. Als Vorsitzender der Geschäftsleitung steht er in der Regel in einem (von Vorteil schriftlich festzuhaltenden) Arbeitsverhältnis zur Gesellschaft, als Verwaltungsratsmitglied steht er in einem organschaftlichen, auftragsähnlichen Rechtsverhältnis zur Gesellschaft[1376]. Als *Bindeglied* zwischen dem *Verwaltungsrat* und der *Geschäftsleitung* sowie aufgrund seines Informationsvorsprungs ist der Delegierte des Verwaltungsrates oftmals die starke Person in der Gesellschaft, welche auch im Verwaltungsrat das Sagen hat[1377, 1378]. Um diese Vorrangstellung des Delegierten zu begrenzen, empfiehlt es sich, umfassende Berichterstattungspflichten und Genehmigungsvorbehalte festzulegen sowie allenfalls einen sog. «lead director»[1379] zu bestellen[1380].

fd.   «Cura in eligendo, instruendo et custodiendo»

Im Falle einer Delegation der Geschäftsführung obliegen dem Verwaltungsrat – unabhängig vom Delegationsempfänger – gemäss Art. 754 Abs. 2 OR die «drei Curen» («cura in eligendo, instruendo et custodiendo»)[1381]. Ist die *Delegation formell und materiell rechtmässig*, d.h. aufgrund einer statutarischen Grundlage und eines zweckmässigen Organisationsreglement an fähige, eingehend angewiesene und überwachte[1382] (mithin bei Verfehlungen nötigenfalls

---

[1375] FORSTMOSER Organisation II, § 5 Rz. 224; DERS./MEIER-HAYOZ/NOBEL, § 28 Rz. 151 ff.; HUNGERBÜHLER, S. 14.
[1376] BGE 4C.258/2003 Erw. 2.1. m.V.a. BGE 128 III 131 ff., 121 I 261 f.. 4C.402/1998; dazu auch KRNETA, Rz. 1682 f.; BSK OR II-WERNLI/RIZZI, Art. 707 Rz. 25; FORSTMOSER Organisation II, § 5 Rz. 225.
[1377] FORSTMOSER Organisation II, § 5 Rz. 224 ff.; DERS./MEIER-HAYOZ/NOBEL, § 28 Rz. 149 ff.; BAUMANN, S. 154.
[1378] Um eine etwas mildere Form der Personalunion handelt es sich, wenn der Mehrheitsaktionär gleichzeitig Delegierter und Vizepräsident des Verwaltungsrates ist (FORSTMOSER Organisation II, § 5 Fn. 249).
[1379] Dazu hinten S. 234, § 6.III.11.ha. und S. 235, § 6.III.11.hb.
[1380] FORSTMOSER Organisation II, § 5 Rz. 231.
[1381] BGE 122 III 197 f.; 114 V 223 f.
[1382] «Der nicht geschäftsführende Verwaltungsrat ist zwar nicht verpflichtet, jedes einzelne Geschäft der mit der Geschäftsführung und Vertretung Beauftragten zu überwachen, sondern darf sich auf die Überprüfung der Tätigkeit der Geschäftsleitung und des Geschäftsganges beschränken. Dazu gehört, dass er sich laufend über den Geschäftsgang informiert, Rapporte verlangt, sie sorgfältig studiert, nötigenfalls ergänzende Auskünfte einzieht und Irrtümer abzuklären versucht. Ergibt sich aus diesen Informationen der Verdacht falscher oder unsorgfältiger Ausübung der delegierten Geschäftsführungs- und Vertretungsbefugnisse, ist der Verwaltungsrat verpflichtet, sogleich die erforderlichen Abklärungen zu treffen, nötigenfalls durch Beizug von Sachverständigen» (BGE 4C.358/2005 m.V.a. BGE 114 V 219 E. 4a., 97 II 403 E. 5b.).

auch wieder abzuberufende[1383]) Personen erfolgt, und handelt es sich nicht um eine gemäss Art. 716a OR unübertragbare Aufgabe, sind die Verwaltungsratsmitglieder *von einer persönlichen Haftung* für Schäden, welche die Betrauten in pflichtwidriger Weise verursachen, *befreit*[1384].

Sollen Mitglieder des Verwaltungsrats für Schäden aus pflichtwidrigem Verhalten von Delegationsempfängern belangt werden, hat der Kläger die Haftungsvoraussetzungen des Schadens, des adäquaten Kausalzusammenhangs, der Sorgfaltspflichtsverletzung sowie des Verschuldens nachzuweisen[1385]. Demgegenüber haben die *Delegierenden* neben dem Nachweis der berechtigten Delegation den *Befreiungsbeweis* zu erbringen, wonach das schädigende Verhalten des Delegationsempfängers auch bei Erfüllung aller Sorgfaltspflichten nach Art. 754 Abs. 2 OR nicht hätte verhindert werden können[1386]. Gelingt dieser Entlastungsbeweis nicht, bleiben sie in analoger Anwendung von Art. 101 und 399 Abs. 1 OR wie für ihre eigenen Handlungen haftbar[1387].

fe. Fazit

Das schweizerische Aktienrecht belässt jeder Gesellschaft die *Gestaltungsfreiheit*, die für sie optimale Geschäftsführungsstruktur zu wählen, und jede Struktur zeitigt ihre Vor- und Nachteile. Bei einer Delegation von Aufgaben an eine personell vom Verwaltungsrat getrennte Geschäftsleitung erhöht sich der Kommunikationsbedarf zwischen den beiden Gremien, was beispielsweise durch eine (ebenfalls im Organisationsreglement festzuschreibende) enge Begleitung der Geschäftsleitung durch den Präsidenten des Verwaltungsrates aufgefangen werden kann[1388]. Führt der Verwaltungsrat die Geschäfte hingegen selbst oder überträgt er sie auf einen Delegierten, was gerade in kleineren Gesellschaften oftmals effizienter ist, beaufsichtigen sich diese Personen gewissermassen selbst; auch besteht in solchen Konstellationen eine erhöhte Gefahr von Interessenkonflikten. Schliesslich ist dem Informationsgefälle zwischen nicht exekuti-

---

[1383] Art. 726 Abs. 1 OR; BGE 122 II 198 f.; BÖCKLI Aktienrecht, § 18 Rz. 127a; C. BÜHLER Regulierung, Rz. 641.

[1384] Art. 754 Abs. 2 OR; dazu eingehend: HORBER Kompetenzdelegation, S. 113 ff. und 146 ff.; BÖCKLI Aktienrecht, § 18 Rz. 118 ff.; BSK OR II-WATTER/ROTH PELLANDA, Art. 716b Rz. 16 f. und Art. 717 Rz. 7a; BSK OR II-GERICKE/WALLER, Art. 754 Rz. 36 ff.; FORSTMOSER Organisation II, § 10 Rz. 15; DERS./MEIER-HAYOZ/NOBEL, § 29 Rz. 24 ff. und § 37 Rz. 37 ff.; ROTH PELLANDA, Rz. 201, 500, 755 ff. und 763 ff.; BÄRTSCHI, S. 250 ff.; KRNETA, Rz. 1830 ff.

[1385] Dazu auch hinten S. 273, § 8.I.1.

[1386] BGE 4A.501/2007 Erw. 3.3; BÄRTSCHI, S. 253; ROTH PELLANDA, Rz. 764 f.; BÖCKLI Aktienrecht, § 18 Rz. 121; BSK OR II-GERICKE/WALLER, Art. 754 Rz. 40.

[1387] ROTH PELLANDA, Rz. 766; VON MOOS-BUSCH Organisationsreglement, S. 15; KUMMER, S. 917.

[1388] BÖCKLI Aktienrecht, § 13 Rz. 544 und 549 f.

ven und exekutiven Verwaltungsratsmitgliedern genügend Beachtung zu schenken[1389].

In grösseren Gesellschaften, in welchen die Geschäfte einer professionellen, allzeit verfügbaren Führung bedürfen, ist die *Übertragung der Geschäftsführung* demgegenüber nicht nur sinnvoll, sondern *unter Umständen* eine *Pflicht* des Verwaltungsrates, wodurch allein er «jenes zeitnahe Aufnehmen und Verarbeiten von Informationen, jenes rasche Reagieren und vor allem Initiieren, jenes Nachfassen und Durchsetzen (...), das man „führen" nennt»[1390], zu gewährleisten vermag[1391].

g. Delegation der Vertretungsmacht

Gemäss Art. 718 Abs. 2 OR kann der Verwaltungsrat auch die Vertretung einem oder mehreren Mitglied(ern) des Verwaltungsrates oder Dritten übertragen; es *bedarf* dazu – anders als für die Übertragung der Geschäftsführung allgemein – *keiner statutarischen Delegationsnorm*[1392]. Eine Delegation des Vertretungsrechts bedarf aber auch einer Delegation entsprechender Geschäftsführungskompetenzen; neben letzteren hat der Verwaltungsrat Art und Umfang der Zeichnungsberechtigung im Organisationsreglement oder in einem protokollarisch festgehaltenen Verwaltungsratsbeschluss zu regeln[1393].

Gemäss Art. 716a Ziff. 4 OR handelt es sich bei der «Ernennung und Abberufung der mit der Geschäftsführung und der Vertretung betrauten Personen» um eine unübertragbare Aufgabe; nach früher überwiegender Lehre konnte die Bestimmung des Vertretungs- und Zeichnungsrechts nicht delegiert werden[1394], was in der Praxis grösserer Gesellschaften oftmals Schwierigkeiten bereitete. In der neueren Lehre und Praxis hat sich daher die Ansicht durchgesetzt, dass die Einräumung des Vertretungs- und Zeichnungsrechts unterhalb der obersten Hierarchiestufe entgegen dem gesetzlichen Wortlaut delegierbar ist[1395]. *In kleineren Gesellschaften* stellt sich das Problem einer grossen Zahl von Mitarbeitenden, denen die Zeichnungsberechtigung zu erteilen ist und die dem Verwaltungsrat kaum bekannt sind, weniger; hier empfiehlt es sich, dass der *Verwaltungsrat die Vertretungs- und Zeichnungsrechte* aller Berechtigter ent-

---

[1389] BÖCKLI Aktienrecht, § 13 Rz. 534, 546 und 549 f.
[1390] BÖCKLI Aktienrecht, § 13 Rz. 543.
[1391] ROTH PELLANDA, Rz. 490 und 493 m.w.H.; so auch FORSTMOSER Organisation II, § 10 Rz. 6 ff. und 21.
[1392] ROTH PELLANDA, Rz. 508 m.w.H.
[1393] BSK OR II-WATTER, Art. 718 Rz. 16; KRNETA, Rz. 1954.
[1394] Detaillierte Übersichten über die verschiedenen Lehrmeinungen (je m.w.H.) finden sich in ZK-HOMBURGER, Art. 716a OR Rz. 573a sowie in ROTH PELLANDA, Rz. 509.
[1395] Statt Vieler: BÖCKLI Aktienrecht, § 13 Rz. 507; ZK-HOMBURGER, Art. 716a OR Rz. 573a; KAMMERER, S. 213; FORSTMOSER Organisation II, § 24. Rz. 7 ff.

weder *selbst bestimmt, oder* zumindest – wie von WATTER/ROTH PELLANDA vorgeschlagen – die Zeichnungsrechte *im Organisationsreglement festlegt*, wodurch die Stellenbesetzung durch die Geschäftsleitung direkt zum entsprechenden Zeichnungsrecht führt[1396].

In der *Ausgestaltung des Zeichnungsrechts* besteht ein gewisser *Gestaltungsspielraum*. Häufig wird nur gewissen Verwaltungsratsmitgliedern ein (in der Regel kollektives) Zeichnungsrecht unter Entzug des Zeichnungsrechts der übrigen Verwaltungsratsmitglieder eingeräumt[1397]. Den Geschäftleitungsmitgliedern oder Direktoren wird regelmässig das im Handelsregister einzutragende Zeichnungsrecht eingeräumt, den übrigen Mitarbeitenden dagegen nur selektiv denjenigen, die aufgrund ihrer Aufgabe eine formelle Unterschriftsberechtigung benötigen, wie bspw. der Leiter einer Immobilienabteilung für die Beurkundung von Grundbuchgeschäften. Im Übrigen behilft man sich mit der leichter zu handhabenden, da nicht eintragungsbedürftigen Handlungsvollmacht nach Art. 462 OR.

h. Personalunion oder Doppelspitze?

ha. Gesetzliche und regulatorische Grundlagen

Die *Gestaltungsfreiheit des schweizerischen Aktienrechts* zeigt sich auch in der Ausgestaltung der Unternehmensspitze, welche individuell, den jeweiligen Bedürfnissen entsprechend, erfolgen kann. Sowohl in der Öffentlichkeit als auch im Schrifttum nimmt die Frage einer allfälligen Personalunion zwischen der Spitze der Geschäftsleitung (Delegierter des Verwaltungsrates, Geschäftsleitungsvorsitzender, Geschäftsführer oder CEO) und dem Verwaltungsratspräsidenten viel Raum ein; in dieser Diskussion, welche sich hauptsächlich auf Publikumsgesellschaften bezieht, sind vorwiegend kritische Stimmen zu vernehmen, wonach die Doppelfunktion gegen ein massgebliches Prinzip der Corporate-Governance, die «checks and balances»[1398], verstosse. Viele Corporate-Governance-Codizes und -Berichte empfehlen daher eine Trennung der Funktionen des Geschäftsleitungsvorsitzenden und Verwaltungsratspräsidenten[1399]. Der SCBP belässt den Entscheid – auf den ersten Blick gänzlich wertfrei – dem Verwaltungsrat[1400]; entscheidet sich dieser «aus unternehmensspezifischen Gründen oder weil die Konstellation der verfügbaren Spitzenkräfte es

---

[1396] BSK OR II-WATTER/ROTH PELLANDA, Art. 716a Rz. 20.
[1397] BÖCKLI Aktienrecht, § 13 Rz. 506.
[1398] Dazu vorn S. 7, § 1.IV.1.
[1399] Dazu eingehender GIGER, S. 306 ff. und 343.
[1400] SCBP Empfehlung 18 Abs. 1.

nahe legt» für die Personalunion[1401], hat er aber «für adäquate Kontrollmechanismen», beispielsweise durch einen sog. «lead director»[1402] zu sorgen[1403]. Der Leitfaden Familienunternehmen spricht sich eher gegen die Personalunion aus, indem er lediglich für den Fall, dass Doppelfunktionen (...) nicht vermieden werden können, die Einführung wirksamer Kontrollmechanismen postuliert[1404].

hb.   Vor- und Nachteile von Personalunion und Doppelspitze

Zweifelsfrei vermag eine *Trennung* der Funktionen des Geschäftsführers und des Verwaltungsratspräsidenten eine unabhängigere *Aufsicht* und bessere *Transparenz* der Verantwortlichkeiten zu gewährleisten[1405]. Im Idealfall pflegen Geschäftsführer und Verwaltungsratspräsident auch einen intensiveren *Austausch*, in welchem unmittelbar oder mittelfristig anstehende Entscheide diskutiert und vom hierarchisch leicht übergeordneten, in der Regel aber weniger sachkundigen Verwaltungsratspräsidenten kritisch hinterfragt werden, was Fehler eher zu verhindern oder früher zu eliminieren vermag[1406]. Ein externer Verwaltungsratspräsident bewahrt häufig auch die nötige Distanz zum Unternehmen und kann neue, andere Lösungsansätze einbringen[1407]. Was der Gesellschaft im positiven Falle dient, kann ihr, wenn die Zusammenarbeit zwischen dem Vorsitzenden der Geschäftsleitung und dem Verwaltungsratspräsidenten nicht fruchtet, aber auch zu einem erheblichen Nachteil gereichen. Finden diese beiden Personen dauerhaft und in wesentlichen Fragen keine gemeinsamen Positionen oder entwickelt sich gar ein Machtkampf, kann dies die *Funktionsfähigkeit* der Gesellschaft wesentlich beeinträchtigen[1408].

Solche Streitigkeiten über die Führung der Gesellschaft sind im Falle einer *Personalunion* ausgeschlossen. Die *Informations- und Entscheidungswege* sind *kürzer*, was insbesondere in Gesellschaften in der Aufbau-, einer Umstrukturierungs- oder Sanierungsphase von entscheidender Bedeutung sein kann. Nicht zuletzt verursacht die Personalunion – was in mittleren und kleineren Gesell-

---

[1401] SCBP Empfehlung 18 Abs. 2; damit bringt der SCBP doch deutlich zum Ausdruck, dass die Personalunion einer gewissen Rechtfertigung bedarf, der Kodex also doch vom Grundsatz der Trennung ausgeht (so auch WATTER/ROTH PELLANDA, S. 71; ROTH PELLANDA, Rz. 309; GIGER, S. 343).
[1402] Dazu eingehender sogleich nachstehend.
[1403] SCBP Empfehlung 18 Abs. 2.
[1404] Rz. 51 Leitfaden Familienunternehmen.
[1405] Bericht HOFSTETTER, S. 43; ROTH PELLANDA, Rz. 312.
[1406] KRNETA, Rz. 660; HUNGERBÜHLER, S. 18; GIGER, S. 344; WATTER/ROTH PELLANDA, S. 72.
[1407] ROTH PELLANDA, Rz. 312; WATTER/DIES., S. 72; FORSTMOSER/MEIER-HAYOZ/NOBEL, § 28 Rz. 149 ff.; BAUMANN, S. 154.
[1408] HUNGERBÜHLER, S. 19; ROTH PELLANDA, Rz. 312; WATTER/DIES., S. 72; BÖCKLI Aktienrecht, § 13 Rz. 555 und § 14 Rz. 284 f.

schaften stärker ins Gewicht fällt – auch *geringere Kosten*[1409]. Die Person eines Geschäftsleitungsvorsitzenden und gleichzeitig Verwaltungsratspräsidenten hat jedoch in fachlicher wie persönlicher Hinsicht *besonders hohen Anforderungen* zu genügen; überdies muss sie über *genügende zeitliche Ressourcen* verfügen und der Doppelbelastung der operationellen sowie strategischen Führung und Kontrolle der Gesellschaft gewachsen sein, was ab einer gewissen Unternehmensgrösse kaum mehr möglich ist[1410]. Den Nachteilen der Personalunion (Machtkonzentration, geringere Kontrolle und Transparenz) kann – wozu der SCBP wie erwähnt explizit auffordert – beispielsweise mit einem *sog. «lead director»* (allenfalls in der Person des Vizepräsidenten) begegnet werden, welcher den Geschäftsleitungsvorsitzenden und Verwaltungsratspräsidenten näher und kritisch begleitet, den nicht-geschäftsführenden Mitgliedern des Verwaltungsrates Ansprechpartner ist und nötigenfalls unabhängig vom Präsidenten eine Sitzung des Verwaltungsrates einberufen kann[1411].

hc.   Überragende Bedeutung der Persönlichkeit(en)

Die Wahl der richtigen Persönlichkeiten in die Spitzenpositionen ist auch in kleineren, nicht kotierten Gesellschaften *entscheidend für den Unternehmenserfolg*. Eine grosse Gefahr lauert etwa in patriarchalen o.ä. Verhältnissen, in denen der vormals allmächtige CEO und Verwaltungsratspräsident nur erstere Funktion abgibt, oder beim Nachrücken des vormaligen CEO in das Amt des Verwaltungspräsidenten, was bewirken kann, dass sich der Nachfolger nicht eigenständig entwickeln und die frühere Geschäftspolitik nicht kritisch hinterfragen kann[1412]. Zu Recht weist GIGER[1413] aber darauf hin, dass diese Konstellationen im positiven Falle auch eine Kontinuität gewährleisten können und überdies oft nur Personen, die früher vollamtlich im Unternehmen tätig waren, über die notwendigen Branchen- und Unternehmenskenntnisse verfügen.

[1409]   BÖCKLI/HUGUENIN/DESSEMONTET, S. 82 f.; BÖCKLI Aktienrecht, § 13 Rz. 555; HUNGERBÜHLER, S. 19 f.; GIGER, S. 344; ROTH PELLANDA, Rz. 311; WATTER/ROTH PELLANDA, S. 71; KRNETA, Rz. 649; FORSTMOSER Organisation II, § 5 Rz. 235.

[1410]   ROTH PELLANDA, Rz. 311 f.; HUNGERBÜHLER, S. 20; WATTER/ROTH PELLANDA, S. 71; BÖCKLI Aktienrecht, § 13 Rz. 552.

[1411]   BÖCKLI/HUGUENIN/DESSEMONTET, S. 83 und 204; BÖCKLI Aktienrecht, § 13 Rz. 557 und § 14 Rz. 289; KRNETA, Rz. 659; ROTH PELLANDA, Rz. 316; FORSTMOSER Organisation II, § 5 Rz. 238 ff.

[1412]   BÖCKLI Schnellstrassen, S. 138; BÖCKLI Aktienrecht, § 13 Rz. 556 und § 14 Rz. 286; DERS./HUGUENIN/DESSEMONTET, S. 83; HUNGERBÜHLER, S. 18 f.; ROTH PELLANDA, Rz. 313.

[1413]   S. 344 f.

hd. Fazit

Die Frage, ob der Personalunion oder der Doppelspitze Vorrang zu geben ist, *kann* somit *nicht eindeutig beantwortet werden*. In mittleren und kleineren, nicht kotierten Gesellschaften dürfte die Personalunion häufig sinnvoll sein. Wichtig ist in solchen Verhältnissen – neben Befähigung und Integrität des Inhabers des Doppelmandats – eine institutionalisierte, in kürzeren Zeitabständen stattfindende, allenfalls auch elektronische Berichterstattung an die übrigen Mitglieder des Gesamtverwaltungsrats. Unverzichtbar sind ferner aktive und kritische Mitverwaltungsratsmitglieder, welche nötigenfalls den Mut aufbringen, gegen Entscheidungen des Präsidenten zu opponieren[1414]. Problematisch ist indessen zweifelsfrei das bei einem Ausfall des Geschäftsführers und Verwaltungsratspräsidenten entstehende Machtvakuum[1415].

Die Doppelspitze bietet hingegen im Falle einer Mehrheits- und Minderheitskonstellation oder auch bei zwei Stämmen in einer Familiengesellschaft die Möglichkeit, die Positionen von Verwaltungsratspräsident und CEO durch je eine Aktionärsgruppe besetzen zu lassen[1416].

Entschieden wird die Frage letztlich nicht von den Aktionären, sondern *vom Verwaltungsrat*, welcher die Geschäftsführung bestellt. Die *Aktionäre* können auf diese Entscheidung jedoch *indirekt* durch die Schaffung/Ausgestaltung einer statutarischen Delegationsnorm, die Wahl der Verwaltungsräte und allenfalls des Verwaltungsratspräsidenten[1417] *Einfluss* nehmen[1418]. Nach m.E. richtiger, dem Grundsatz «a maiore minus» folgenden Ansicht können die Aktionäre die Personalunion sodann dadurch verbieten, dass sie in der statutarischen Delegationsnorm eine Übertragung der Geschäftsführung nur an Personen, welche nicht dem Verwaltungsrat angehören, erlauben[1419].

Vor dem Hintergrund der lediglich beschränkten Einflussmöglichkeiten der Aktionäre in dieser Frage schlagen WATTER/ROTH PELLANDA[1420] de lege ferenda eine Pflicht des Verwaltungsrates zur *Darlegung der Gründe* vor, weshalb er sich für eine *Personalunion* entschieden hat, mithin eine Art «Beweispflicht» für die Vorzüge dieser Lösung. In diese Richtung zielt wie erwähnt auch SCBP Empfehlung 18 Abs. 2. Vor dem Hintergrund der Bedeutung der Ausgestaltung

---

[1414] GIGER, S. 345; ROTH PELLANDA, Rz. 316; BÖCKLI Aktienrecht, § 13 Rz. 553.
[1415] ROTH PELLANDA, Rz. 311.
[1416] SÖDING, S. 306 f.
[1417] Art. 712 Abs. 2 OR.
[1418] ROTH PELLANDA, Rz. 315; WATTER/ROTH PELLANDA, S. 73.
[1419] So BÖCKLI Aktienrecht, § 13 Rz. 557a m.w.H.; BSK OR II-WATTER/ROTH PELLANDA, Art. 716b Rz. 4; FORSTMOSER Organisation II, § 5 Rz. 237; KAMMERER, S. 86, 150; a.A. ZK-HOMBURGER, Art. 716b OR Rz. 731 ff.
[1420] WATTER/ROTH PELLANDA, S. 73.

der Gesellschaftsspitze ist auch in nicht kotierten Gesellschaften eine entsprechende reglementarische Festlegung zu empfehlen, zwingt eine solche den Verwaltungsrat doch, sich eingehend mit den Vorteilen und Nachteilen möglicher Personen und Lösungen in der konkreten Situation auseinander zu setzen und die ausschlaggebenden Beweggründe offen zu legen, was gerade in überschaubaren Verhältnissen häufig vernachlässigt wird.

i. Organisationsreglement als formelle Basis

ia. Inhalt, Form und Erlasspflicht

Das Organisationsreglement ist ein unter Corporate-Governance-Aspekten *sehr zentrales Dokument*. Neben den Festlegungen hinsichtlich einer Delegation der Geschäftsführung[1421] kann es mannigfaltige, im Gesetz in diesem Zusammenhang nicht genannte Vorschriften über die *innere Organisation des Verwaltungsrates* und *Verfahrensvorschriften* enthalten. Im Vordergrund stehen Regelungen über die Konstituierung des Verwaltungsrates, allfällige Präsenz- und/oder Beschlussquoren für die Beschlussfassung im Verwaltungsrat, Genehmigungsvorbehaltslisten mit Bezug auf Entscheidungen der Geschäftsführung, generell Aufgaben und Kompetenzen des Präsidenten und Vizepräsidenten des Verwaltungsrats, allfälliger Ausschüsse oder Sonderbeauftragter sowie des Sekretärs, ferner Stellvertretungsregelungen, Zeichnungsberechtigungen, Berichterstattungspflichten, Informationsrechte sowie Entschädigungsfragen[1422]. Unter Umständen sind auch Konkretisierungen der Treuepflicht[1423], etwa Regeln zur Handhabung von Interessenkollisionen[1424], zur Nicht-Konkurrenzierung der Gesellschaft[1425] sowie zur Geheimhaltung vertraulicher Gesellschafts-Informationen im Organisationsreglement festzuschreiben[1426].

In formeller Hinsicht muss das Organisationsreglement das Erfordernis der *Schriftlichkeit* erfüllen; es muss indessen nicht die Form eines eigenständigen Dokuments aufweisen, sondern kann im Protokoll des entsprechenden Verwaltungsratsbeschlusses integriert sein. Der Nachweis einer lediglich über längere Zeit fortdauernd und unangefochten gelebten Realität (sog. «inveterata consue-

---

[1421] Dazu vorn S. 204, § 6.III.10.c. und S. 228, § 6.III.11.f.
[1422] BÖCKLI Aktienrecht, § 13 Rz. 321 ff., insbes. 331; FORSTMOSER Organisation II, § 15 Rz. 8 und § 16 Rz. 2 ff.; DERS./MEIER-HAYOZ/NOBEL, § 11 Rz. 6 ff.; BSK OR II-WATTER/ROTH PELLANDA, Art. 716b Rz. 20 f.
[1423] Dazu eingehender hinten S. 252, § 6.III.12.ab.
[1424] Dazu sogleich hinten S. 240, § 6.III.11.j.
[1425] Dazu eingehender hinten S. 252, § 6.III.12.ac.
[1426] Dazu statt Vieler SOMMER, S. 62 ff. m.w.H.

tudo») durch mündliche Aussagen und Geschäftskorrespondenz genügt indessen nicht[1427].

Eine *Pflicht zum Erlass* eines Organisationsreglements besteht von Gesetzes wegen nur bei einer Übertragung der Geschäftsführung im Sinne von Art. 716b Abs. 1 OR sowie bei Wegbedingung der Einzelzeichnungsberechtigung der einzelnen Verwaltungsratsmitglieder, falls eine entsprechende Statutenbestimmung im Sinne von Art. 718 Abs. 1 OR fehlt[1428]. Auch in kleineren Gesellschaften ohne Delegation der Geschäftsführung empfiehlt es sich jedoch, ein wenn auch nur kurz gehaltenes Organisationsreglement zu erlassen, dient dies doch der klaren Strukturierung des Verwaltungsrates und einer – gerade in überschaubaren Verhältnissen häufig in ungenügendem Masse vorhandenen – Bewusstmachung dieser Festlegungen. Nach ROTH PELLANDA begründet der Verwaltungsrat bei Unterlassung gar eine aktienrechtliche oder strafrechtliche Verantwortlichkeit[1429], was in überschaubaren Verhältnissen m.E. zu weit geht.

Die Revision des Aktien- und Rechnungslegungsrechts sieht für die Zukunft als *zwingenden Mindestinhalt* eines Organisationsreglements Festlegungen über «die innere Organisation und gegebenenfalls die Ausschüsse» resp. «die wichtigen Geschäfte, die der Genehmigung durch den Verwaltungsrat bedürfen» vor[1430].

ib. Offenlegung des Organisationsreglements

Das Organisationsreglement muss nicht beim Handelsregister hinterlegt werden. Der Verwaltungsrat hat aber «Aktionäre und Gesellschaftsgläubiger, die ein *schutzwürdiges Interesse glaubhaft* machen, auf Anfrage hin schriftlich über die Organisation der Geschäftsführung»[1431] zu orientieren. Die *Revision* des Aktien- und Rechnungslegungsrechts legt diesbezüglich nun unzweifelhaft fest, dass das schutzwürdige Interesse lediglich von Gläubigern der Gesellschaft, nicht jedoch von den *Aktionären* nachzuweisen ist, da es bei letzteren *vorausgesetzt* werden darf[1432]. Die Arbeitsgruppe BÖCKLI/HUGUENIN/DESSEMONTET schlug eine ge-

---

[1427] BÖCKLI Aktienrecht, § 13 Rz. 328a; BSK OR II-WATTER/ROTH PELLANDA, Art. 716b Rz. 21; FORSTMOSER Organisation II, § 15 Rz. 2 und 19 f.; so auch BGE 4A.501/2007 Erw. 3.2.2 (dazu DOMENICONI/VON DER CRONE, S. 512 ff. und FACINCANI/MAUERHOFER, S. 267 ff.).
[1428] FORSTMOSER Organisation II, § 10 Rz. 19 sowie 15 Rz. 10 f., 14 und 18.
[1429] Art. 754 i.V.m. Art. 716a Abs. 1 OR resp. Art. 102 StGB; ROTH PELLANDA, Rz. 185, 200 und 712 ff.
[1430] Art. 716c Abs. 2 Ziff. 1 und 4 E OR 2007; Botschaft Aktien-/Rechnungslegungsrecht, S. 1687.
[1431] Art. 716b Abs. 2 Satz 2 OR.
[1432] Art. 716c Abs. 4 E OR 2007; Botschaft Aktien-/Rechnungslegungsrecht, S. 1687. Dies ist unter geltendem Recht umstritten: für die Notwendigkeit eines Interessensnachweises

setzliche Offenlegungspflicht vor[1433]. M.E. empfiehlt es sich in kleineren privaten Aktiengesellschaften, allen Aktionären – auch wenn diese keiner Schweigepflicht unterliegen und die fraglichen Informationen daher den Kreis der Gesellschafter verlassen können – Einsicht in das Organisationsreglement zu gewähren, vermag Transparenz doch häufig präventiv und Missbrauch verhindernd zu wirken sowie Vertrauen zu bilden. Abgesehen von den Entschädigungsregelungen, welche aus Diskretionsgründen den Kreis der Aktionäre nicht unbedingt verlassen sollten, oder im Hinblick auf Vertragsverhandlungen allenfalls Regeln über die Kompetenzabgrenzungen, birgt eine Offenlegung m.E. auch keine wesentlichen geschäftsschädigenden Gefahren[1434].

j. Umgang mit Interessenkonflikten

ja. Arten und Rechtsgrundlagen

jaa. Arten

Interessenkonflikte können in unzähligen Arten und Intensitäten zu Tage treten; im vorliegenden Zusammenhang von besonderem Interesse sind *Kollisionen von Gesellschaftsinteressen mit Eigeninteressen* oder solchen *nahestehender Drittpersonen*[1435]. Problematisch werden solche Interessenkollisionen nach der Aussage von SOMMER[1436], wenn ein Verwaltungsratsmitglied «durch das gleichzeitige Verfolgen seiner eigenen Interessen oder derjenigen Dritter dazu geneigt oder veranlasst ist, sein Verwaltungsratsmandat anders auszuüben als wenn die entsprechenden Eigen- oder Drittinteressen nicht bestehen würden». Besonders ausgeprägte Formen des Handelns unter Interessenkollisionen sind Geschäfte, die ein Verwaltungsrat *selbstkontrahierend* (als gesetzlicher Vertreter einer Aktiengesellschaft und zugleich persönlich als Gegenpartei) oder in *Doppelvertretung* (als Vertreter zweier Gesellschaften oder einer Gesellschaft und einer

---

auch durch Aktionäre: BSK OR II-WATTER/ROTH PELLANDA, Art. 716b Rz. 28; BERTSCHINGER Arbeitsteilung, Rz. 129; KRNETA, Rz. 1761; a.A.: BÖCKLI Aktienrecht, § 13 Rz. 333; FORSTMOSER/MEIER-HAYOZ/NOBEL, § 11 Rz. 27; ZK-HOMBURGER, Art. 716b OR Rz. 724.

[1433] BÖCKLI/HUGUENIN/DESSEMONTET, S. 113.
[1434] So auch FORSTMOSER Organisation II, § 15 Rz. 5.
[1435] Zu den verschiedenen Definitionen, Arten und Intensitäten von Interessenkollisionen eingehender: LAZOPOULOS Interessenkonflikte, S. 97 ff.; BÖCKLI Aktienrecht, § 13 Rz. 633 ff.; LIPS-RAUBER, S. 112; SOMMER, S. 88 ff. Anschauliche Beispiele finden sich ferner in VON DER CRONE Interessenkonflikte, S. 3 f.
[1436] S. 88; gl.A. KISSLING, Rz. 112.

natürlichen Person) abschliesst[1437]; hier muss das betreffende Verwaltungsratsmitglied in den Ausstand treten[1438] oder das Geschäft genehmigen lassen[1439].

jab. Rechtsgrundlagen

Nach geltendem Recht ist der Umgang mit Interessenkonflikten der nötigen *Eigenverantwortung* des Verwaltungsrates resp. dessen einzelnen Mitgliedern überlassen. Die diesbezüglichen Pflichten leiten sich aus der allgemeinen gesellschaftsrechtlichen Treuepflicht ab, wonach Mitglieder des Verwaltungsrates oder mit der Geschäftsführung betraute Dritte «die Interessen der Gesellschaft in guten Treuen [zu] wahren» haben[1440]. Bei Gefahr eines Interessenkonflikts hat der Verwaltungsrat nach bundesgerichtlicher Rechtsprechung «mittels geeigneter Massnahmen sicherzustellen, dass die Interessen der Gesellschaft gebührend berücksichtigt werden»[1441].

In der Lehre wird teilweise die Meinung vertreten, aus *Art. 717 Abs. 1 OR* lasse sich eine Pflicht zur Vermeidung von Interessenkollisionen ableiten[1442]; nach m.E. zutreffender Ansicht SOMMERS[1443] begründet Art. 717 Abs. 1 OR indessen lediglich eine Pflicht, die Interessen der Gesellschaft in jedem Fall höher zu gewichten[1444].

Im Umgang mit Interessenkonflikten von Bedeutung sind ferner Art. 695 OR, wonach Personen, welche in irgendeiner Weise an der Geschäftsführung mitgewirkt haben, beim Beschluss über die Entlastung kein Stimmrecht zukommt, sowie Art. 718b OR, welche Bestimmung für Verträge, bei deren Abschluss die Gesellschaft durch diejenige Partei vertreten wird, mit der sie den Vertrag abschliesst, seit 1. Januar 2008 Schriftform verlangt[1445]. Von dieser Formvorschrift ausgenommen sind Verträge des laufenden Geschäfts, deren Leistung den Wert

---

[1437] Statt Vieler: VON DER CRONE Interessenkonflikte, S. 5; SOMMER, S. 129 (mit ausführlicher Literaturübersicht in Fn. 706 f.).
[1438] FORSTMOSER Organisation II, § 11 Rz. 105.
[1439] Dazu eingehender hinten S. 247, § 6.III.11.jfa und S. 248, § 6.III.11.jfb.
[1440] Art. 717 Abs. 1 OR; dazu BÖCKLI Aktienrecht § 13 Rz. 643; ZK-HOMBURGER, Art. 717 OR Rz. 894; KRNETA, Rz. 1898; SOMMER, S. 96. Einer generellen analogen Anwendung von Art. 68 ZGB wird in der Lehre überwiegend eine Absage erteilt (FORSTMOSER/MEIER-HAYOZ/NOBEL, § 28 Rz. 32; ROTH PELLANDA, Rz. 349 m.w.H; VON DER CRONE Interessenkonflikte, S. 5; A. SCHOTT, S. 259 m.w.H.).
[1441] BGE 130 III 219 m.V.a. BGE 4C.402/1998 Erw. 2a.
[1442] BÖCKLI Aktienrecht, § 13 Rz. 651; ZK-HOMBURGER, Art. 717 OR Rz. 898; BÄRTSCHI, S. 261.
[1443] S. 102 f. m.w.H.
[1444] Vor diesem Hintergrund erweist sich auch Ziff. 3.3, 1. Satz, BP-KMU als zu streng, wonach jedes Verwaltungsrats- und Geschäftsleitungsmitglied «Interessenkonflikte zu vermeiden» hat.
[1445] SOMMER, S. 96.

von CHF 1'000 nicht übersteigt[1446, 1447]. Nach überwiegender und m.E. richtiger Ansicht fallen sowohl Selbstkontraktions- als auch Doppelvertretungskonstellationen unter diese Bestimmung[1448] und ist das *Schriftlichkeitserfordernis* kumulativ zu den bisherigen, von der bundesgerichtlichen Rechtsprechung entwickelten Erfordernissen (*Ausschluss einer Benachteiligung* des Vertretenen aufgrund der Natur des Rechtsgeschäfts oder *Ermächtigung/Genehmigung* durch ein über- bzw. nebengeordnetes Organ)[1449] zu erfüllen[1450].

Darüber hinaus ist es sinnvoll, Verhaltensregeln für den angemessenen Umgang mit Interessenkonflikten im Organisationsreglement festzuschreiben[1451].

jb. Unvereinbarkeitsbestimmungen

Gewissermassen im Keim erstickt werden könnten Interessenkollisionen durch weitreichende Unvereinbarkeitsbestimmungen für Verwaltungsräte. Das geltende schweizerische Aktienrecht sieht jedoch abgesehen von Art. 728 Abs. 2 Ziff. 1 OR, wonach ein *Verwaltungsrat nicht der Revisionsstelle angehören* darf, keine Unvereinbarkeitsbestimmungen für Verwaltungsräte vor, was den Gegebenheiten der schweizerischen Unternehmenslandschaft (Vielzahl von Mandaten – beschränkte Anzahl möglicher Mandatsträger) auch entspricht[1452].

Gerade auch in nicht kotierten Gesellschaften besteht häufig das Bedürfnis, gewisse Personen – aus persönlichen oder fachlichen Gründen – in den Verwaltungsrat zu wählen, obwohl sie ein erhöhtes Risiko für Interessenkollisionen aufweisen[1453]; erfolgt die Entscheidung im Bewusstsein um diese möglichen

---

[1446] Art. 718b OR.

[1447] Die Freigrenze von CHF 1'000 bestimmt sich nach dem Preis, den ein unabhängiger Dritter für die Erbringung der fraglichen Leistung bezahlen würde; um Umgehungen zu verhindern, ist der Wert der Leistungen bei innerlich zusammenhängenden Verträgen zusammenzurechnen. Sodann unterliegen auch Verträge über nicht bezifferbare Leistungen dem Erfordernis der Schriftform (Botschaft Obligationenrecht, S. 3230).

[1448] BSK OR II-WATTER/ROTH PELLANDA, Art. 718b Rz. 2; KISSLING, Rz. 256; SOMMER, S. 133; a.A. CHK-PLÜSS/KUNZ/KÜNZLI, Art. 718b OR Rz. 6.

[1449] Dazu sogleich hinten S. 247, § 6.III.11.jfa.

[1450] Statt Vieler: BSK OR II-WATTER/ROTH PELLANDA, Art. 718b Rz. 9; BÖCKLI Aktienrecht, § 13 Rz. 605e.

[1451] FORSTMOSER Organisation II, § 11 Rz. 104; zum Organisationsreglement eingehend vorn S. 238, § 6.III.11.i.

[1452] FORSTMOSER Interessenkonflikte, S. 10 ff.; DERS. Organisation II, § 11 Rz. 102 f.; LAZOPOULOS Massnahmen, S. 139.

[1453] DRUEY (Interessenkonflikte, S. 70) hat diese Notwendigkeit sehr einprägsam folgendermassen beschrieben: «Sachverstand ist nur aus Verbindungen zu haben und Verbindungen enthalten immer einen Interessenkonflikt. [...] Der perfekt Unabhängige ist der perfekt Ahnungslose und damit der perfekt Abhängige.».

Komplikationen, sollte sie durch die Aktionäre getroffen werden können[1454]. Letztlich begründet jede Entsendung einer Organperson eine gewisse Abhängigkeit zum/zur sie entsendenden (Haupt-)Aktionär/sgruppe[1455]. Bei der Formulierung statutarischer oder reglementarischer Unvereinbarkeitsbestimmungen ist daher *Zurückhaltung* geboten; es empfiehlt sich vielmehr eine reglementarische Festsetzung der nachfolgend dargestellten Handhabungsregeln für Interessenkollisionen[1456].

jc.   Offenlegung

jca.   Gegenstand und Zeitpunkt der Offenlegung

Unabdingbare Voraussetzung zu einem einwandfreien Umgang mit Interessenkonflikten bildet bereits nach geltendem Recht die Offenlegung[1457]. Offenzulegen sind *sämtliche, den übrigen Verwaltungsratsmitgliedern (noch) nicht bekannte Interessenkollisionen*, welche das fragliche Verwaltungsratsmitglied in seinen *Entscheidungen beeinflussen* könnten[1458]; würde eine Offenlegung ein Amts- oder Berufsgeheimnis verletzen, kann in Einzelfällen davon abgewichen werden[1459]. Die Offenlegung hat richtigerweise nicht erst dann zu erfolgen, wenn die Interessenkollision in einer konkreten Angelegenheit zu Tage tritt, sondern *bereits vor der Wahl*[1460] oder bei Eintritt von Veränderungen, welche neue Interessenkonflikte begründen können[1461]. Spätestens beim Auftreten eines konkreten, eine Interessenkollision begründenden Falles empfehlen sowohl SCBP als auch BP-KMU dem fraglichen Verwaltungsrats- (oder Geschäftsleitungs-)mitglied, dies unverzüglich dem *Präsidenten zu melden*; in der Regel beschliesst dann der Gesamtverwaltungsrat[1462] unter Ausschluss, aber allenfalls

---

[1454] FORSTMOSER Interessenkonflikte, S. 18.
[1455] BÖCKLI Aktienrecht, § 13 Rz. 605.
[1456] Da diese Regeln Bestandteil der dem Verwaltungsrat gemäss Art. 716a Abs. 1 Ziff. 2 OR unübertragbar und unentziehbar obliegenden Organisationskompetenz bilden, sind sie im Organisationsreglement festzuhalten; dazu auch hinten S. 238, § 6.III.11.i.
[1457] ROTH PELLANDA, Rz. 344; DRUEY Interessenkonflikte, S. 67 f. und 73 f.; HANDSCHIN Treuepflicht, S. 173 f.; BÄRTSCHI, S. 261.
[1458] SOMMER, S. 105 m.w.H.
[1459] HANDSCHIN Treuepflicht, S. 173 f.; SOMMER, S. 105.
[1460] Die Aktionäre müssen die Wahlen von Verwaltungsratsmitgliedern im Bewusstsein um mögliche Interessenkollisionen vornehmen können (FORSTMOSER Interessenkonflikte, S. 18; SOMMER, S. 106).
[1461] HANDSCHIN Treuepflicht, S. 181; SOMMER, S. 106.
[1462] So SOMMER, S. 107 m.V.a. BÖCKLI Aktienrecht, § 13 Rz. 652 und ZK-HOMBURGER, Art. 717 OR Rz. 898, welche diese Entscheidung dem Verwaltungsratspräsidenten oder dem Gesamtverwaltungsrat zuweisen.

aufgrund eines Vorschlages des Betroffenen[1463] über die adäquate Handhabung der Angelegenheit[1464].

jcb.   Mögliche künftige Regelung

Ähnlich wie SCBP Empfehlung 16 Abs. 1 sieht der Vorschlag für eine Revision des Aktien- und Rechnungslegungsrechts inskünftig eine *explizite, unverzügliche und vollständige Offenlegungspflicht* der Verwaltungsrats- und Geschäftsleitungsmitglieder *gegenüber dem Präsidenten*, resp. des Letzteren gegenüber seinem Stellvertreter vor, welche Personen ihrerseits «insoweit erforderlich» den Gesamtverwaltungsrat zu unterrichten haben[1465]. Der Gesamtverwaltungsrat hat in der Folge die zur Wahrung der Interessen der Gesellschaft *nötigen Massnahmen zu ergreifen*, bei welcher Beschlussfassung die fragliche Person in den Ausstand zu treten hat[1466]. Die Botschaft stellt – im Widerspruch zu früheren Lehrmeinungen[1467] – klar, dass der Ausstand nicht zwingend bereits in der Beratung der Angelegenheit zu erfolgen hat, sondern beispielsweise in Fällen, in denen die betroffene Person als einzige über das für die Beurteilung des Geschäfts erforderliche Sachwissen verfügt, auch erst bei der Beschlussfassung erfolgen kann[1468]. Sie hält ferner fest, dass die aktienrechtliche Treuepflicht[1469] den Verwaltungsrats- und Geschäftsleitungsmitgliedern gebietet, *Interessenkonflikte so weit als möglich zu vermeiden*[1470], sowie, dass Personen im Falle eines dauernden Interessenkonflikts dem Verwaltungsrat oder der Geschäftsleitung nicht mehr angehören dürfen[1471]. Letztere Forderung geht in dieser Absolutheit m.E. jedoch zu weit[1472].

jd.   Einhaltung des Prinzips des «dealing at arm's length»

Eine mögliche Vorgehensweise beim Auftreten eines Interessenkonfliktes ist auch die *materielle Prüfung* eines Geschäfts auf die Einhaltung des Prinzips des

---

[1463] SOMMER, S. 106 f.
[1464] SCBP Empfehlung 16 Abs. 1; Ziff. 3.3 BP-KMU.
[1465] Art. 717a E OR 2007. Geschäftsleitungsmitgliedern obliegt sodann eine Informationspflicht gegenüber den Geschäftsleitungsvorsitzenden aufgrund arbeitsrechtlicher Bestimmungen (Art. 321a Abs. 1 OR).
[1466] Art. 717a E OR 2007.
[1467] KRNETA, Rz. 1898; BÖCKLI Aktienrecht § 13 Rz. 643 f.
[1468] Botschaft Aktien-/Rechnungslegungsrecht, S. 1688; so auch SCBP Empfehlung 16 Abs. 2 letzter Satz.
[1469] Art. 717 Abs. 1 OR; dazu eingehender hinten S. 251, § 6.III.12.a.
[1470] Diese – wie FORSTMOSER (Interessenkonflikte, S. 15) sie bezeichnet – «treuherzige» Empfehlung findet sich bereits in SCBP Empfehlung 16 Abs. 1. Zur Frage einer solchen Pflicht nach geltendem Recht sogleich vorstehend.
[1471] Botschaft Aktien-/Rechnungslegungsrecht, S. 1688.
[1472] Dazu sogleich nachstehend.

«dealing at arm's length»¹⁴⁷³, mithin auf den *Abschluss zu Drittbedingungen*, bei welcher die Angemessenheit von Leistung und Gegenleistung aufgrund des Marktpreises oder durch Einholung einer sog. «fairness opinion» durch einen unabhängigen, aussenstehenden Sachverständigen überprüft wird¹⁴⁷⁴. Bei Geschäften mit einem Marktpreis stellt ein Drittvergleich zweifelsfrei die einfachste Massnahme dar¹⁴⁷⁵. In den übrigen Fällen bedürfte es zur Preisbestimmung der Einholung eines Sachverständigengutachtens, was – da der Gutachter sämtlicher relevanter Unterlagen und Informationen bedarf – aufwändig, zeit- und kostenintensiv und daher nur bei bedeutenden Geschäften angezeigt ist¹⁴⁷⁶. Nach bundesgerichtlicher Rechtsprechung kann ein Gutachten, welches sich nachträglich als nicht zutreffend erweist, auch gegenüber vertragsfremden Dritten eine Haftung aus Vertrauen für die enttäuschten Erwartungen begründen¹⁴⁷⁷.

Der Nachweis der Angemessenheit eines Geschäfts beweist zwar noch nicht, dass das Geschäft sinnvoll ist und im Gesellschaftsinteresse liegt, vermag aber immerhin die allgemeine (widerlegbare) *Vermutung des pflichtgemässen Verhaltens* zu begründen. Auch bei Einhaltung des Prinzips des «dealing at arm's length» können die Gesellschaftsinteressen verletzt sein, so bspw. wenn der Zeitpunkt des Geschäftsabschlusses an sich ungünstig ist¹⁴⁷⁸.

je. Ausstand

Eine andere, wesentlich einfachere Massnahme im Umgang mit einem Interessenkonflikt besteht im Ausstand des betroffenen Verwaltungsratsmitglieds bei der Beschlussfassung (und allenfalls bereits bei der Beratung) über die fragliche Angelegenheit, was den übrigen Verwaltungsratsmitgliedern eine unbefangene Behandlung ermöglichen soll¹⁴⁷⁹. Nach m.E. überzeugender Ansicht BÖCKLIS¹⁴⁸⁰ vermag eine reine Interessensberührung keine Ausstandspflicht zu

---

[1473] FORSTMOSER Interessenkonflikte, S. 18; LAZOPOULOS Interessenkonflikte, S. 117 f.; DERS. Massnahmen, S. 140.

[1474] So auch SCBP Empfehlung 16 Abs. 3, wonach «Geschäfte zwischen der Gesellschaft und Organmitgliedern oder ihnen nahestehenden Personen [...] dem Grundsatz der Drittbedingungen» unterstehen und nötigenfalls «eine neutrale Begutachtung anzuordnen» ist.

[1475] LAZOPOULOS Massnahmen, S. 140.

[1476] ROTH PELLANDA, Rz. 347.

[1477] BGE 4C.230/2003 Erw. 2 und 3, in welchem Entscheid indessen eine Haftung aufgrund mangelnder rechtlicher Sonderbindung abgelehnt wurde.

[1478] VON DER CRONE Interessenkonflikte, S. 9; LAZOPOULOS Interessenkonflikte, S. 119; SOMMER, S. 126 f.

[1479] Dazu BÖCKLI Aktienrecht § 13 Rz. 643 ff.; FORSTMOSER/MEIER-HAYOZ/NOBEL, § 28 Rz. 34; ZK-HOMBURGER, Art. 717 OR Rz. 894 ff.; KRNETA, Rz. 1898; ROTH PELLANDA, Rz. 349 ff.; so auch SCBP Empfehlung 16 Abs. 2.

[1480] Aktienrecht § 13 Rz. 634 ff.; gl.A. KRNETA, Rz. 1897; LAZOPOULOS Interessenkonflikte, S. 136 f.; SOMMER, S. 111 und 113 ff.

begründen – der Verwaltungsrat bleibe in solchen Konstellationen nachgerade «verpflichtet, die ihm vom Gesetz verliehene Stimme in der Verwaltungsratssitzung tatsächlich auszuüben». Ein Ausstand ist nach BÖCKLI erst angezeigt, wenn sich Gesellschafts- und Eigen- oder Drittinteressen diametral gegenüber stehen und eine befangene Urteilsfällung bewirken würden. *Massgebend* ist mithin die *Intensität des Interessenkonflikts*, resp. ob sie die Entscheidung des fraglichen Verwaltungratsmitglieds zu beinträchtigen vermag.

In der Lehre wird – im Bestreben, der in Art. 716b Abs. 3 OR gründenden, organschaftlichen Mitwirkungspflicht[1481] Rechnung zu tragen – eine der Intensität der Interessenkollision angepasste *«Abstufung» der Ausstandspflicht* postuliert. Je nach Sachlage, etwa wenn das fragliche Verwaltungsratsmitglied über bestimmte Informationen oder Kenntnisse verfügt[1482], kann ein Ausstand lediglich bei der Beschlussfassung oder bereits bei der vorgängig stattfindenden Beratung angezeigt sein, wobei die argumentative Einflussnahme im Beratungsstadium keinesfalls zu unterschätzen ist[1483]. In Fällen besonders intensiver Interessenskonflikte und der darin verborgenen Gefahr einer unzulässigen Verwendung vertraulicher Informationen müssen dem fraglichen Verwaltungsratsmitglied jegliche mit dem Geschäft in Zusammenhang stehenden Informationen vorenthalten und ihm die Einsicht in die diesbezüglichen Passagen des Verwaltungsratsprotokolls verwehrt werden[1484].

Zu Recht weisen WATTER/ROTH PELLANDA[1485] schliesslich darauf hin, dass der Ausstand *nicht immer die beste Massnahme* im Umgang mit Interessenkonflikten sei, könne sich das fragliche Verwaltungsratsmitglied dadurch doch auch jeglicher *Verantwortung entziehen*, was insbesondere im Bereich der unübertragbaren und unentziehbaren Aufgaben des Verwaltungsrates unzulässig sei; dieser Problematik könne beispielsweise durch eine doppelte Beschlussfassung (unter Teilnahme sowie ohne den mutmasslich befangenen Verwaltungsrat) begegnet werden.

[1481] Art. 716b Abs. 2 OR; FORSTMOSER/MEIER-HAYOZ/NOBEL, § 28 Rz. 67 f.
[1482] FORSTMOSER Interessenkonflikte, S. 19; ZK-HOMBURGER, Art. 717 OR Rz. 899; nach SOMMER (S. 117) haben die übrigen Verwaltungsräte zwischen den Vorteilen der Mitwirkung dieses Verwaltungsratsmitglieds und einer allfälligen Schädigung der Gesellschaft abzuwägen, und sich in ersterem Falle stets die Gefahr indirekter Beeinflussung vor Augen zu halten.
[1483] HANDSCHIN Treuepflicht, S. 172: SOMMER, S. 116 f.
[1484] BÖCKLI Aktienrecht § 13 Rz. 654; ZK-HOMBURGER, Art. 717 OR Rz. 899 f.; FORSTMOSER/MEIER-HAYOZ/NOBEL, § 28 Rz. 32 ff.; FORSTMOSER Interessenkonflikte, S. 18 ff.; HUNGERBÜHLER, S. 108 f.; LAZOPOULOS Massnahmen, S. 145 ff.; SOMMER, S. 116 ff., insbes. 118.
[1485] WATTER/ROTH PELLANDA, S. 77; ROTH PELLANDA, Rz. 350 f. m.w.H.

jf. Genehmigung des Geschäfts durch ein über- oder nebengeordnetes Organ

jfa.   Bundesgerichtliche Rechtsprechung

Ein (wie der Ausstand des betroffenen Verwaltungsratsmitglieds) *weiteres prozedurales Mittel* im Umgang mit Interessenkonflikten ist die Genehmigung des Geschäfts durch ein über- oder nebengeordnetes Organ, mithin durch den Restverwaltungsrat (bzw. allenfalls dessen Präsidenten oder ein anderes Verwaltungsratsmitglied) oder durch die Generalversammlung, welche Möglichkeiten sich nach bundesgerichtlicher Rechtsprechung beide bieten. In Anlehnung an die allgemeine Rechtsprechung und Praxis zum Vertretungsrecht, wonach der Vertragsschluss eines Stellvertreters mit sich selbst «regelmässig zu Interessenkollisionen führt und somit vom Gesellschaftszweck nicht erfasst wird [...]», und «Selbstkontrahieren [...] deshalb die Ungültigkeit des betreffenden Rechtsgeschäftes zur Folge [hat], es sei denn, die Gefahr einer Benachteiligung des Vertretenen sei nach der Natur des Geschäftes ausgeschlossen oder der Vertretene habe den Vertreter zum Vertragsschluss mit sich selbst besonders ermächtigt oder das Geschäft nachträglich genehmigt [...]», bedarf es auch bei der Vertretung juristischer Personen durch deren Organe «einer besonderen Ermächtigung oder einer nachträglichen Genehmigung durch ein über- oder nebengeordnetes Organ, wenn die Gefahr einer Benachteiligung besteht [....]»[1486], [1487]. Grundsätzlich kann «*jeder einzelne Verwaltungsrat* in seiner Eigenschaft als nebengeordnetes Organ ein *Insichgeschäft eines anderen Mitglieds des Verwaltungsrates genehmigen*. Wenn hingegen der Verwaltungsrat, der das Insichgeschäft abgeschlossen hat, das einzige Verwaltungsratsmitglied ist, steht kein nebengeordnetes Organ zur Genehmigung zur Verfügung. In diesem Fall ist davon auszugehen, dass als *übergeordnetes Organ* die *Generalversammlung* für die Genehmigung des Insichgeschäfts zuständig ist [...]»[1488].

[1486] BGE 126 III 363 m.V.a. BGE 95 II 452 f. und 89 II 326.

[1487] In jüngerer Zeit kritisierte HUGUENIN (Insichgeschäfte, S. 526 ff.) die bundesgerichtliche Rechtsprechung und postulierte – insbesondere unter Hinweis auf das mögliche Korrektiv der Rückerstattungsklage – die grundsätzliche Zulassung von Insichgeschäften; gl. A. KISSLING, Rz. 257 ff., insbes. 271.

[1488] BGE 127 III 335; kritisch dazu ROTH PELLANDA, Rz. 357 ff. m.w.H.; BÖCKLI Aktienrecht, § 12 Rz. 44 und § 13 Rz. 647 f. sowie M. ISLER, S. 187 ff. m.w.H.; ferner BSK OR II-WERNLI/RIZZI, Art. 707 Rz. 43; ZK-HOMBURGER, Art. 717 OR Rz. 902 und 912; VON DER CRONE Interessenkonflikte, S. 8 f.; BÄRTSCHI, S. 263; LAZOPOULOS Interessenkonflikte, S. 124 f.; A. SCHOTT, S. 206 ff. Nach überwiegender Ansicht ist auch die Einholung einer vorgängigen Genehmigung möglich (A. SCHOTT, S. 206; LAZOPOULOS Interessenkonflikte, S. 125 f.; ROTH PELLANDA, Rz. 359).

jfb. Genehmigung durch den Verwaltungsrat insbesondere

In der Lehre ist eine rege Kontroverse darüber entstanden, ob bei einer Genehmigung durch andere Mitglieder des Verwaltungsrates die Zustimmung eines einzelzeichnungsberechtigten und vertretungsbefugten Verwaltungsratsmitglieds genüge[1489], und ob es bei lediglich kollektivzeichnungsberechtigten Verwaltungsratsmitgliedern der Zustimmung eines weiteren Mitglieds[1490] oder gar aller übrigen, nicht befangenen Verwaltungsratsmitglieder bedürfe[1491]. In überschaubaren Verhältnissen, wie sie in nicht kotierten Gesellschaften häufig vorzufinden sind, empfiehlt es sich in Anbetracht der Sensibilität und des Konfliktpotentials von Interessenkollisionen, *reglementarisch eine Genehmigungspflicht durch den Gesamtverwaltungsrat* vorzuschreiben. Von einer Genehmigung durch die Generalversammlung ist, wo eine solche vermieden werden kann, eher abzusehen[1492].

jfc. Rechtswirkungen einer Genehmigung nach innen

Auch die Genehmigung eines Entscheides durch andere Verwaltungsräte oder die Generalversammlung begründet freilich lediglich eine *(widerlegbare) Vermutung pflichtgemässen Handelns*[1493].

jfd. Rechtswirkungen einer Genehmigung nach aussen

Die nachträgliche Genehmigung zeitigt *keinen Einfluss auf die Gültigkeit des Rechtsgeschäfts nach aussen*; letztere richtet sich allein nach der Gutgläubigkeit des Dritten hinsichtlich der Vertretungsmacht im Zeitpunkt des Vertragsschlusses. Vertretungsrechtlich fehlt dem Handeln eines Verwaltungsrats in einem Interessenkonflikt nur die interne Vertretungsmacht, nicht jedoch die Vertretungsbefugnis, sofern dies der Dritte bei Anwendung genügender Sorgfalt nicht hätte erkennen können[1494].

Anders verhält es sich nach bundesgerichtlicher Rechtsprechung *in den Fällen des Selbstkontrahierens* und der *Doppelvertretung*, in welchen «die Vertretungsmacht grundsätzlich fehlt und nur ausnahmsweise aufgrund besonderer

---

[1489] So BGE 126 III 363. Gl.A. ZK-HOMBURGER, Art. 717 OR Rz. 911; BSK OR II- WATTER, Art. 718 Rz. 21; BÄRTSCHI, S. 263; SOMMER, S. 138; a.A. siehe nachfolgende zwei Fn.

[1490] LAZOPOULOS Interessenkonflikte, S. 123.

[1491] A. SCHOTT, S. 200.

[1492] Zur Problematik und den Schranken einer Genehmigung durch die Generalversammlung eingehend vorn S. 146, § 6.I.5.d.

[1493] VON DER CRONE Interessenkonflikte, S. 9.

[1494] Dazu eingehend statt Vieler: ROTH PELLANDA, Rz. 360 m.w.H.; BÄRTSCHI, S. 206 ff.; M. ISLER, S. 187 f. und 212 ff.; so auch BGE 4A_357/2007 Erw. 4.2., besprochen in GesKR 3 (2008) S. 382 ff.

Umstände besteht»[1495]. Gegen einen inhaltlich die Gesellschaftsinteressen verletzenden Vertrag, welchen ein Verwaltungsratsmitglied (selbstkontrahierend oder in Doppelvertretung) zu seinen Gunsten abgeschlossen hat, kann die Gesellschaft die *Missbrauchseinrede*[1496] erheben[1497, 1498].

jg. Bildung von permanenten oder ad-hoc-Ausschüssen

In *Fällen bewusster Inkaufnahme von Interessenkollisionen* kann beispielsweise auch die Bildung von permanenten oder ad-hoc-Ausschüssen für gewisse Aufgaben sinnvoll sein, so etwa für Geschäfte mit einer einen Verwaltungsrat delegierenden Gesellschaft. Selbstredend darf der fiduziarische Verwaltungsrat dem fraglichen Ausschuss nicht angehören, und es darf sich nicht um unübertragbare und unentziehbare Aufgaben im Sinne von Art. 716a Abs. 1 OR[1499] handeln. Wie für alle Ausschüsse bedarf es einer statutarischen Grundlage und einer Umschreibung der Aufgaben des Ausschusses im Organisationsreglement[1500].

jh. Rücktritt

In der Literatur ist verschiedentlich postuliert worden, dass ein Verwaltungsratsmitglied im Falle andauernder Interessenkollisionen entweder letztere zu beseitigen oder aus dem Verwaltungsrat zurückzutreten habe[1501]. Auch hier sind m.E. *Intensität und Einfluss der Interessenkollision* in der konkreten, unter Umständen ja bewusst gewählten Situation zu berücksichtigen; ein Rücktritt erscheint – mit SOMMER[1502] – nur geboten, wenn «ein Verwaltungsratsmitglied [...] in einem solchen Ausmass nicht mehr mitwirken kann, dass es nicht mehr

---

[1495] BGE 126 III 363 m.w.H.; gl.A. DRUEY Interessenkonflikte, S. 75; SOMMER, S. 141; M. ISLER, S. 217 f.

[1496] Art. 2 ZGB.

[1497] BGE 4C.402/1998 Erw. 2.a = Pra 89 (2000) Nr. 50 S. 289. m.w.H.; dazu BÖCKLI Aktienrecht, § 12 Rz. 609; KRNETA, Rz. 1858.

[1498] Unter Umständen kann gestützt auf Art. 678 Abs. 2 OR eine Rückerstattungsklage an die Gesellschaft angestrengt werden (BÖCKLI Aktienrecht, § 12 Rz. 609; zur Rückerstattungsklage eingehender hinten S. 278, § 8.III.). In schweren Fällen begründet ein solches Verhalten auch einen Verstoss gegen strafrechtliche Normen, insbesondere Veruntreuung und ungetreue Geschäftsbesorgung (Art. 138 resp. 158 StGB; dazu ROTH PELLANDA, Rz. 380).

[1499] Dazu eingehend vorn S. 205, § 6.III.10.d.

[1500] FORSTMOSER Interessenkonflikte, S. 19; DERS. Organisation II, § 11 Rz. 108; LAZOPOULOS Interessenkonflikte, S. 143 f.; SOMMER, S. 119 f.; ablehnend: ROTH PELLANDA, Rz. 352.

[1501] KISSLING, Rz. 178; LAZOPOULOS Interessenkonflikte, S. 144; DERS. Massnahmen, S. 147; BSK OR II-WERNLI/RIZZI, Art. 715a Rz. 5.

[1502] S. 120 ff. m.V.a. LAZOPOULOS Interessenkonflikte, S. 144; DERS. Massnahmen, S. 147.

im Stande ist, seine Organfunktion bei einer Gesamtbetrachtung genügend wahrzunehmen».

ji. Sachwalter

Ist der Verwaltungsrat als Folge von Interessenkollisionen nicht mehr handlungsfähig, kann nach geltendem Recht ein Aktionär, ein Gläubiger oder der Handelsregisterführer als *ultima ratio* beim *Richter* die Ernennung eines Sachwalters anbegehren[1503]. Wie bereits die nach früherem Recht für solche Fälle vorgesehene Bestellung eines Beistands[1504] dürfte auch die Einsetzung eines Sachwalters – trotz des dafür zur Anwendung gelangenden summarischen Verfahrens[1505] – zu lange dauern, der Reputation der Gesellschaft schaden und die Gesellschaft insgesamt lähmen. Da der Richter nicht an die Parteianträge gebunden ist, kann er der Gesellschaft auch – unter Androhung ihrer Auflösung – eine *Frist zur Wiederherstellung des rechtmässigen Zustandes*, mithin zur Wiedererlangung der Handlungsfähigkeit – setzen[1506], die Pattsituation im Verwaltungsrat durch Ernennung neuer Verwaltungsratsmitglieder beseitigen[1507] oder die Gesellschaft nötigenfalls auflösen[1508].

jj. Aktienrechtliche Verantwortlichkeit

Wurde die Gesellschaft durch eine treuwidrige Handlung eines Verwaltungsratsmitglieds geschädigt, kann dieses mittels Verantwortlichkeitsklage[1509] belangt werden. Im Zusammenhang mit der aktienrechtlichen Verantwortlichkeit ist nach bundesgerichtlicher Rechtsprechung *ein besonders strenger Massstab* anzulegen, wenn ein *Verwaltungsrat nicht im Interesse der Gesellschaft*, sondern in eigenem, in demjenigen von Aktionären oder von Drittpersonen *handelt*[1510]. Auch Verwaltungsratsmitglieder, welche von einem Interessenkonflikt eines Mitverwaltungsratsmitglieds Kenntnis haben und untätig bleiben, unterliegen der aktienrechtlichen Verantwortlichkeit[1511].

[1503] Art. 731b Abs. 1 Ziff. 2 OR; Botschaft Obligationenrecht, S. 3231 f.
[1504] Art. 393 Ziff. 4 aZGB; dazu statt Vieler eingehend: LAZOPOULOS Interessenkonflikte, S. 132 ff. m.w.H.
[1505] BSK OR II-WATTER/PAMER-WIESER, Art. 731b Rz. 10.
[1506] Art. 731b Abs. 1 Ziff. 1 OR
[1507] Art. 731b Abs. 1 Ziff. 2 OR.
[1508] Art. 731b Abs. 1 Ziff. 1 OR; zum Ganzen: Botschaft Obligationenrecht, S. 3232.
[1509] Art. 754 OR; dazu hinten S. 273, § 8.I.
[1510] BGE 130 III 219, 4C.402/1998 Erw. 2.a = Pra 89 (2000) Nr. 50 S. 288, 113 II 57.
[1511] So nun explizit die Botschaft Aktien-/Rechnungslegungsrecht, S. 1688; dazu auch ROTH PELLANDA, Rz. 377; DRUEY Interessenkonflikte, S. 63 f. und 75 f.

12. Exkurs: Zusammenfassende bzw. ergänzende Ausführungen zur Rechtsstellung des einzelnen Verwaltungsratsmitglieds

a. Treue- und Sorgfaltspflicht

aa. Inhalt und Dauer der Treuepflicht

Gemäss Art. 717 Abs. 1 OR haben Mitglieder des Verwaltungsrates oder mit der Geschäftsführung betraute Dritte «die Interessen der Gesellschaft in guten Treuen [zu] wahren». Aufgrund dieser Treuepflicht dürfen die Verwaltungsratsmitglieder *nichts* tun, was *gegen die Gesellschaftsinteressen* verstösst. Das Gesellschaftsinteresse bestimmt sich in erster Linie nach dem statutarischen Zweck, aber auch nach den Interessen der Aktionäre (insbesondere an einer langfristigen Steigerung des Unternehmenswerts[1512]) und allenfalls anderer «stakeholder» (Mitarbeiter, Öffentlichkeit)[1513].

Die Treuepflicht beinhaltet eine *negative* sowie *eine positive Komponente*; das Verwaltungsratsmitglied hat die Gesellschaftsinteressen aktiv mit allen ihm zur Verfügung stehenden Mitteln zu fördern, und alles zu unterlassen, was der Gesellschaft zum Schaden gereichen könnte[1514]. Darin unterscheidet sich die Stellung eines Verwaltungsratsmitglieds deutlich von derjenigen eines gewöhnlichen Aktionärs, welchem über die Liberierung der Aktien hinaus keine weiteren Pflichten auferlegt werden dürfen[1515].

Bei einer Kollision von Gesellschafts- und eigenen Interessen «hat der betroffene Verwaltungsrat mittels geeigneter Massnahmen sicherzustellen, dass die Interessen der Gesellschaft gebührend berücksichtigt werden. [...] Im Zusammenhang mit der *aktienrechtlichen Verantwortlichkeit* von Verwaltungsräten hat das Bundesgericht festgehalten, dass *strenge Massstäbe* anzulegen sind, wenn ein Verwaltungsrat nicht im Interesse der Gesellschaft, sondern in eigenem, in demjenigen von Aktionären oder von Drittpersonen handelt»[1516].

Die Treuepflicht *beginnt mit* der *Wahlannahmerklärung* des durch die Generalversammlung gewählten Verwaltungsratsmitglieds und wirkt auch nach Beendi-

---

[1512] BGE 100 II 393.
[1513] Statt Vieler: FORSTMOSER/MEIER-HAYOZ/NOBEL, § 28 Rz. 25 f.; BSK OR II-WATTER/ ROTH PELLANDA, Art. 717 Rz. 15 f.; BÖCKLI Aktienrecht § 13 Rz. 598 f.; SOMMER, S. 17 f. und 36 ff.
[1514] Statt Vieler: BÖCKLI Aktienrecht, § 13 Rz. 599; SOMMER, S. 17 ff. und 83 ff. m.w.H.
[1515] Art. 680 Abs. 1 OR.
[1516] BGE 130 III 219 m.V.a. BGE 4C.402/1998 Erw. 2a und 113 II 57; zu den verschiedenen Arten, wie Interessenkollisionen begegnet werden kann, eingehend vorn S. 240, § 6.III.11.j.

gung des Verwaltungsratsmandats als Unterlassungspflicht sowie in abgeschwächter Form fort[1517].

ab. Rechtsnatur und statutarische, reglementarische oder vertragliche Konkretisierungen der Treuepflicht

Die Treuepflicht ist nach einhelliger Lehre *zwingender Natur*[1518] und kann daher weder durch Statuten, Reglement noch durch innergesellschaftliche Übung generell wegbedungen oder verringert werden; lediglich in Einzelfällen, beispielsweise bei Einwilligung einer Gesellschaft in ein von einem Verwaltungsrat in eigenem Interesse abgeschlossenes Geschäft oder bei einem bewussten Verzicht auf das Verbot der Konkurrenzierung, kann davon abgewichen werden[1519].

In der Lehre wird verschiedentlich empfohlen, die im Gesetz sehr allgemein gehaltene Treuepflicht statutarisch und/oder reglementarisch zu konkretisieren sowie allenfalls zu verschärfen[1520]. Nach m.E. richtiger Ansicht SOMMERS[1521] können *in den Statuten* aber *lediglich Wählbarkeitsvoraussetzungen* (Vorgaben hinsichtlich der Unabhängigkeit, der Anzahl Mandate in anderen Gesellschaften, der Weisungsgebundenheit sowie der Konkurrenzierung), nicht jedoch Regeln im Umgang mit Interessenkonflikten[1522] festgelegt werden; letztere sind – als Bestandteil der zwingend dem Verwaltungsrat obliegenden Kompetenz zur Festlegung der Organisation – im Organisationsreglement[1523] festzuhalten.

ac. Verbot der Konkurrenzierung im Besonderen

In der Lehre herrscht Einigkeit, dass ein Verwaltungsratsmitglied als Ausfluss der Treuepflicht die Konkurrenzierung der Gesellschaft zu unterlassen hat. Unterschiedliche Auffassungen bestehen allerdings in der Frage, was das konkrete Ausmass der unzulässigen Konkurrenzierung anbelangt[1524]. Eine generellabstrakte Umschreibung des aus der Treuepflicht resultierenden Konkurrenz-

---

[1517] SOMMER, S. 77 ff.; KISSLING, Rz. 90.
[1518] FORSTMOSER Haftung Konzern, S. 103; NUSSBAUMER/VON DER CRONE, S. 142; ROTH PELLANDA, Rz. 333; SOMMER, S. 59.
[1519] SOMMER, S. 59, 152 und 168 ff. m.w.H.; ZK-HOMBURGER, Art. 717 OR Rz. 888; BSK OR II-WATTER/ROTH PELLANDA, Art. 717 OR Rz. 18; KRNETA, Rz. 1919.
[1520] Statt Vieler: SOMMER, S. 60 und BÖCKLI Aktienrecht, § 13 Rz. 633 ff. Zur Konkretisierung des Konkurrenzverbots im Besonderen sogleich hinten S. 252, § 6.III.12.ac.
[1521] S. 60 ff. und 83 ff. m.w.H.
[1522] Dazu eingehender vorn S. 240, § 6.III.11.j.
[1523] Dazu eingehender vorn S. 238, § 6.III.11.i.
[1524] BÖCKLI Aktienrecht, § 13 Rz. 611; FORSTMOSER/MEIER-HAYOZ/NOBEL, § 28 Rz. 35 f.; ZK-HOMBURGER, Art. 717 OR Rz. 881 f.; BSK OR II-WATTER/ROTH PELLANDA, Art. 717 Rz. 18; eine eingehende Darstellung der verschiedenen Lehrmeinungen findet sich bei SOMMER, S. 152 ff.

verbots erweist sich als schwierig, weshalb nach m.E. zutreffender Ansicht jeder *Einzelfall nach den konkreten Umständen* (u.a. Ausgestaltung des Verwaltungsratsmandats, Art und Auswirkungen der Konkurrenzierung[1525]) *zu beurteilen* ist[1526].

Verschiedentlich wird in der Lehre daher eine Konkretisierung des Konkurrenzverbots in den Statuten[1527], im Organisationsreglement[1528] oder durch Vertrag – unter Umständen verbunden mit einer zwingend vertraglich zu vereinbarenden Konventionalstrafe[1529] – postuliert[1530]. Auf diese Weise kann den Bedürfnissen der jeweiligen Gesellschaft in der konkreten Situation Rechnung getragen und beispielsweise in einer personalistisch ausgestalteten Aktiengesellschaft eine analoge Anwendung der strengen gesetzlichen Konkurrenzverbote der Personengesellschaften[1531] oder der GmbH[1532] vorgesehen werden[1533, 1534]. M.E. ist einer *vertraglichen Konkretisierung* der Vorzug geben. Diese zeitigt zwar den Nachteil, dass sie mit jedem Verwaltungsratsmitglied einzeln vereinbart werden muss; sie kann aber auch *stichhaltiger formuliert*, nötigenfalls *einfacher angepasst* werden, und hat sich lediglich innerhalb der allgemeinen Schranken der Rechtsordnung[1535] bewegen.

Beim Auftreten unerlaubter *Konkurrenzsituationen* hat sich ein Verwaltungsrat *ähnlich* wie beim Auftreten von *Interessenkonflikten*[1536] zu verhalten. Liegt bereits vor der Wahl in den Verwaltungsrat ein – sich allenfalls auch erst in näherer Zukunft verwirklichender – Konkurrenztatbestand vor, ist dieser offen-

---

[1525] Dazu eingehend SOMMER, S. 152 ff.
[1526] FORSTMOSER/MEIER-HAYOZ/NOBEL, § 28 Rz. 37; ZK-HOMBURGER, Art. 717 OR Rz. 885; KRNETA, Rz. 1910; SOMMER, S. 152 ff.
[1527] Dazu bereits vorn S. 257, § 6.III.12.ab; wie erwähnt ist dies nach hier vertretener Ansicht nicht rechtens.
[1528] Dazu eingehend vorn S. 238, § 6.III.11.i.
[1529] KRNETA, Rz. 1911; BÖCKLI Aktienrecht, § 13 Rz. 613; SOMMER, S. 150 f. m.w.H.
[1530] KRNETA, Rz. 1910 f.; nach BÖCKLI (Aktienrecht, § 13 Rz. 331 und 613) kann statutarisch lediglich eine Präzisierung der körperschaftlichen Treuepflicht erfolgen, während darüber hinaus gehende Verbote vertraglich zu vereinbaren sind; zur reglementarischen Festlegung von Konkurrenzverboten aus Gründen der ausschliesslichen Wahlkompetenz der Generalversammlung grundsätzlich kritisch: ROTH PELLANDA, Rz. 191 und 391.
[1531] Art. 561 (i.V.m. Art. 598) OR.
[1532] Art. 818 aOR, Art. 818 Abs. 3 OR.
[1533] SOMMER, S. 150 und 156 m.w.H.
[1534] Eine analoge Anwendung dieser Bestimmungen auf das Aktienrecht ohne entsprechende statutarische, reglementarische oder vertragliche Festlegung, wie sie in der älteren Lehre teilweise postuliert wurde, erweist sich nach neuerer, m.E. überzeugender Lehre nicht als sachgerecht (FORSTMOSER/MEIER-HAYOZ/NOBEL, § 28 Rz. 36; VON MOOS-BUSCH, S. 107; SOMMER, S. 154 ff.).
[1535] Art. 19 f. OR und Art. 27 Abs. 2 ZGB; dazu auch SOMMER, S. 151.
[1536] Dazu vorn S. 240, § 6.III.11.j.

zulegen; tritt er während der Dauer des Verwaltungsratsmandats ein, ist unverzüglich der Verwaltungsrat und bei einer allfälligen Wiederwahl die Generalversammlung darüber zu informieren[1537]. In der Folge hat das fragliche Verwaltungsratsmitglied die konkurrenzierende Tätigkeit aufzugeben oder von seinem Amt zurück zu treten, andernfalls der Verwaltungsrat der Generalversammlung seine Abberufung beantragen wird[1538]. In begründeten Einzelfällen kann die Generalversammlung diese Konkurrenzierung auch durch Wiederwahl stillschweigend genehmigen[1539].

ad. Inhalt und Dauer der Sorgfaltspflicht

Gemäss Art. 717 Abs. 1 OR müssen sowohl die Mitglieder des Verwaltungsrates als auch Dritte, die mit der Geschäftsführung betraut sind, «ihre Aufgaben mit aller Sorgfalt erfüllen». Die Sorgfaltspflicht bezieht sich namentlich auf die dem *Verwaltungsrat von Gesetzes* wegen obliegenden sowie *durch Statuten und Reglemente auferlegten Pflichten*[1540].

Die Sorgfaltspflicht *beginnt* bereits bei der *Mandatsübernahme*: die Annahme einer Wahl darf nur erfolgen, wenn jemand über die notwendigen Fähigkeiten und Kenntnisse sowie über genügend Zeit verfügt, sich dem Amt mit der erforderlichen Sorgfalt zu widmen[1541]; tritt erst während der Amtsausübung zu Tage, dass die Zeit oder die Fähigkeiten nicht ausreichen, sind diese Defizite durch eine andere Organisation, durch Weiterbildung oder den Beizug von Sachkundigen[1542] zu beheben – nötigenfalls gebietet die Sorgfaltspflicht, vom Amt zurück zu treten[1543]. Doch ist dem Verwaltungsratsmitglied nach der Rechtsprechung und m.E. überzeugender Lehre eine *gewisse Einarbeitungszeit* zuzubilligen; haftungsbegründend ist sodann erst die Nichterfüllung einer konkreten

---

[1537] ZK-HOMBURGER, Art. 717 OR Rz. 888; KRNETA, Rz. 1920; SOMMER, S. 166 f., welche darauf hinweist, dass diese Offenlegungspflicht inskünftig aus Art. 717a Abs. 1 E OR 2007 abzuleiten ist.
[1538] KRNETA, Rz. 1917.
[1539] Dazu bereits vorn S. 252, § 6.III.12.ab.
[1540] Art. 716 und 716a OR; Art. 52 Abs. 1 AHVG; Art. 32 Abs. 1 lit. d MwStG; Art. 15 Abs. 1 und 2 VStG; BÖCKLI Aktienrecht, § 13 Rz. 565 ff.; BSK OR II-WATTER/ROTH PELLANDA, Art. 717 Rz. 7a ff.; BÄRTSCHI, S. 240 ff.; SOMMER, S. 21; zu den dem Verwaltungsrat obliegenden Aufgaben auch vorn S. 205, § 6.III.10.d und S. 213, § 6.III.10.f.
[1541] R. KUNZ, S. 8 f.; BÖCKLI Aktienrecht, § 13 Rz. 564; FORSTMOSER/MEIER-HAYOZ/NOBEL, § 28 Rz. 19 f.
[1542] BGE 4C.358/2005 Erw. 5.2.1, 4C.177/1991 Erw. 6, 114 V 224; dazu eingehend P. ISLER Sorgfalt und Haftung, S. 16 f.; BÖCKLI Aktienrecht, § 13 Rz. 597a; BSK OR II-WATTER/ROTH PELLANDA, Art. 717 Rz. 9; BSK OR II-WATTER, Art. 718a Rz. 9; KRNETA, Rz. 1829 und 1848.
[1543] BGE 122 III 200, 97 II 411; dazu FORSTMOSER/MEIER-HAYOZ/NOBEL, § 28 Rz. 19 f.; BÖCKLI Aktienrecht, § 13 Rz. 564; BSK OR II-WATTER/ROTH PELLANDA, Art. 717 Rz. 4

Aufgabe, wobei das Ausmass der angewendeten Sorgfalt, die Kenntnisse und Fähigkeiten nach einem objektivierten Sorgfaltsmassstab beurteilt werden[1544]. Sind die zeitlichen und/oder inhaltlichen Unzulänglichkeiten indessen bereits im Zeitpunkt der Wahl augenfällig oder treten sie nach kurzer Zeit zu Tage, ist die Wahl m.E. von Anbeginn an abzulehnen resp. ist das Amt unverzüglich wieder zur Verfügung zu stellen.

ae. Sorgfaltsmassstab

Das Mass der Sorgfalt, welches die Mitglieder des Verwaltungsrats bei der Führung der Geschäfte der Gesellschaft anzuwenden haben, wird nach einem *objektiven Massstab* beurteilt, d.h. «[d]ie Verwaltungsräte sind zu aller Sorgfalt verpflichtet und nicht nur zur Vorsicht, die sie in eigenen Geschäften anzuwenden pflegen. [...] Das Verhalten eines Verwaltungsratsmitglieds wird deshalb mit demjenigen verglichen, das billigerweise von einer abstrakt vorgestellten, ordnungsgemäss handelnden Person in einer vergleichbaren Situation erwartet werden kann»[1545].

Die *Beurteilung* der Sorgfalt, welche ein Verwaltungsratsmitglied aufwendete, erfolgt naturgemäss *«ex-ante»* und muss immer den Wissensstand im Zeitpunkt der fraglichen Handlung oder Unterlassung würdigen. Der Richter hat hier grosse Zurückhaltung zu wahren. In Anlehnung an die amerikanische *«business judgement rule»* hat er sich in Verantwortlichkeitsprozessen weitgehend an formale Kriterien zu halten und lediglich zu prüfen, ob ein Entscheid nicht gegen zwingendes Recht verstösst, innerhalb des Gesellschaftszwecks und -interesses liegt, in einem ordnungsgemässen Verfahren, frei von Interessenkonflikten zustandegekommen sowie grundsätzlich nachvollzieh- und vertretbar ist; nicht zu beurteilen sind die Auswirkungen eines konkreten Entscheids, beispielsweise inwieweit sich ein Investitionsentscheid ausbezahlt gemacht hat[1546]. Die Beurteilung der unternehmerischen Richtigkeit von Management-Entscheiden obliegt in nicht kotierten Gesellschaften einzig und allein den Aktionären.

[1544] P. ISLER Übernahmeverschulden, S. 6 ff. m.V.a. BGE 4C.201/2001; gl.A. BSK OR II-WATTER/ROTH PELLANDA, Art. 717 Rz. 4; ZK-HOMBURGER, Art. 717 OR Rz. 818; BÄRTSCHI, S. 258 f.; KRNETA, Rz. 1822 ff.; dazu auch eingehender sogleich hinten S. 255, § 6.III.12.ae.

[1545] BGE 4C.201/2001 Erw. 2.1.1. m.V.a. BGE 113 II 56, 99 II 179; dazu eingehend: P. PEYER, S. 98 ff.; ferner FORSTMOSER/MEIER-HAYOZ/NOBEL, § 28 Rz. 20 f. und § 36 Rz. 80 ff.; BÖCKLI Aktienrecht, § 13 Rz. 575; BSK OR II-WATTER/ROTH PELLANDA, Art. 717 Rz. 5; BÄRTSCHI, S. 301 f.; SOMMER, S. 21; a.A. HOMBURGER, welcher die «diligentia quam in suis» genügen lassen will (ZK-HOMBURGER, Art. 717 OR Rz. 821).

[1546] Dazu eingehend statt Vieler: BÖCKLI Aktienrecht, § 13 Rz. 581 ff.; BSK OR II-WATTER/ROTH PELLANDA, Art. 717 Rz 6; GLANZMANN Verantwortlichkeitsklage, S. 165 f.; NIKITINE, S. 125 ff.

2. Kapitel: Gesellschafts- und vertragsrechtliche Ausgestaltung nicht kotierter AG

In der Literatur ist vielenorts die Frage aufgeworfen worden, ob inskünftig auch die *Nichteinhaltung von Corporate-Governance-Vorschriften* eine *Sorgfaltspflichtverletzung* zu begründen und dadurch eine *Haftungsverschärfung* zu bewirken vermöge[1547]. So vertritt etwa GIGER[1548] die Auffassung, Corporate-Governance-Empfehlungen vermöchten in den Bereichen Qualifikation, Unabhängigkeit und Information von Verwaltungsrats- und Geschäftsleitungsmitgliedern indirekt durchaus gewisse prozedurale Mindeststandards zu begünden. M.E. ist es *aus rechtsstaatlichen Überlegungen höchst problematisch*, auf dem Wege der Selbstregulierung erlassene Empfehlungen, welche notabene überwiegend die Problemstellungen grösserer kotierter Gesellschaften im Auge hatten und von denen im Einzelfall explizit abgewichen werden darf und soll, quasi «über die Hintertüre» zu allgemein verbindlichen Standards auch für nicht kotierte Gesellschaften zu erheben; das gilt genauso für organisatorische, verfahrenstechnische wie für inhaltliche Vorgaben. Der Gesetzgeber hat sich ganz bewusst für die Gestaltungsfreiheit entschieden und wollte insbesondere kleineren Gesellschaften die Wahl einer möglichst schlanken Organisation ermöglichen; es ist daher grösste Zurückhaltung geboten, die teilweise sehr weit gehenden Empfehlungen des SCBP «tel-quel» auf nicht kotierte Gesellschaften anzuwenden. Entwickeln sich diese Empfehlungen auch für letztere zu branchenüblichen Standards, was zumindest in gewissen Punkten zu bezweifeln ist, können sie später im formellen Gesetzgebungsverfahren berücksichtigt werden – bis dahin sollen sie in der gelebten Wirklichkeit auf Freiwilligkeit beruhende, verhaltenssteuernde Wirkung entfalten, aber keine weitreichenderen Sorgfaltspflichten begründen[1549].

Gerade auch in nicht kotierten Gesellschaften mit in der Regel kleineren Verwaltungsratsgremien und häufig keiner separaten Geschäftsleitung müssen Verwaltungsratsmitglieder *breite betriebswirtschaftliche, kaufmännische und rechtliche Kenntnisse und Fähigkeiten* mitbringen, um die ihnen obliegenden Aufgaben den Sorgfaltspflichten gemäss Art. 717 Abs. 1 OR entsprechend selbst erledigen oder nötigenfalls sachverständige Dritte korrekt instruieren zu können[1550]. Eine gute Corporate Governance ruft auch hier nach möglichst ver-

---

[1547] GIGER, S. 135 ff.; BÖCKLI Corporate Governance, S. 284; ROTH PELLANDA, Rz. 36 und 707; HOFSTETTER, S. 304; BOHRER, S. 1008; SCHNYDER Corporate Governance, S. 581; DERS. Verantwortlichkeitsansprüche, S. 322 f.
[1548] S. 138 f.
[1549] Im Ergebnis ähnlich: BÖCKLI Aktienrecht, § 14 Rz. 371 und § 18 Rz. 153 ff.; a.A. VON DER CRONE Verantwortlichkeit, S. 247 ff.; DERS./CARBONARA/MAROLDA MARTÍNEZ, S. 411 f.; BÄRTSCHI, S. 239; BSK OR II-WATTER/ROTH PELLANDA, Art. 717 Rz. 14a.
[1550] So auch P. ISLER Übernahmeverschulden, S. 10 f.; FORSTMOSER Verantwortlichkeit, Rz. 304.

schiedenen Erfahrungs- und Wissenshintergründen[1551]. Haftungsrechtlich fliessen die spezifischen Fachkenntnisse eines Verwaltungsrates in die Beurteilung einer Sorgfaltspflichtverletzung ein, indem im Bereich der vertieften Kenntnisse ein strengerer Massstab anzulegen ist[1552].

b. Geheimhaltungs- und Schweigepflicht

Lehre und Rechtsprechung leiten aus Art. 717 OR auch eine Geheimhaltungs- und Schweigepflicht ab[1553]. Diese erstreckt sich auf *finanzielle Details und betriebswirtschaftliche Konzepte*, auf allfällige *Fabrikationsgeheimnisse, laufende Vertragsverhandlungen* und *bestehende Geschäftsbeziehungen*, aber auch auf *innergesellschaftliche Belange* wie die Aktionärsstruktur, das Stimmverhalten im Verwaltungsrat u.w.m.[1554]. Sie geht über den strafrechtlich geschützten Geheimhaltungsbereich[1555] hinaus und erfasst auch bloss fahrlässige Handlungen[1556]. Die Geheimhaltungs- und Schweigepflicht dauert über die Beendigung des Verwaltungsratsmandats hinaus[1557]. Eine *Festschreibung* der Geheimhaltungs- und Schweigepflicht *im Organisationsreglement* ist – nicht nur, aber auch um das Bewusstsein dafür zu stärken – durchaus sinnvoll[1558]. Die häufig effektivere Absicherung mittels einer *Konventionalstrafe* bedürfte indessen einer vertraglichen Begründung[1559].

Problematisch ist die Schweigepflicht bei Vertretern im Sinne von Art. 707 Abs. 3, 709 und 762 OR sowie *bei fiduziarischen Verwaltungsräten*; insbesondere letzteres findet sich in nicht kotierten Aktiengesellschaften relativ häufig. Ein Gruppenvertreter nach Art. 709 Abs. 3 OR untersteht der Schweigepflicht nach h.L. vollumfänglich, da die vertretenen Aktionäre ihrerseits keiner

---

[1551] SCBP Empfehlung 12 Abs. 1; dazu BÖCKLI Aktienrecht § 13 Rz. 576; P. ISLER Übernahmeverschulden, S. 7.

[1552] So BGE 4C.201/2001 Erw. 2.2.1; dazu BSK OR II-WATTER/ROTH PELLANDA, Art. 717 Rz. 5.

[1553] Dazu eingehend BSK OR II-WATTER/ROTH PELLANDA, Art. 717 Rz. 20 ff.; BÖCKLI Aktienrecht § 13 Rz. 670 ff.; FORSTMOSER/MEIER-HAYOZ/NOBEL, § 28 Rz. 40 f.; ZK-HOMBURGER, Art. 717 OR Rz. 838; WENNINGER, S. 135 ff.

[1554] BSK OR II-WATTER/ROTH PELLANDA, Art. 717 Rz. 20b; FORSTMOSER/MEIER-HAYOZ/NOBEL, § 28 Rz. 42; PLÜSS, S. 40 f.; KRNETA, Rz. 1901; ZK-HOMBURGER, Art. 717 OR Rz. 841.

[1555] Art. 162 StGB.

[1556] BÖCKLI Aktienrecht § 13 Rz. 671 m.w.H.; BSK OR II-WATTER/ROTH PELLANDA, Art. 717 Rz. 21a.

[1557] BSK OR II-WATTER/ROTH PELLANDA, Art. 717 Rz. 20e; BAUEN/BERNET, Rz. 482.

[1558] KRNETA, Rz. 1900.

[1559] BÖCKLI Aktienrecht, § 13 Rz. 671a.

Schweigepflicht und keinem Konkurrenzverbot unterliegen[1560]. Über die Zulässigkeit der *Informationsweitergabe* durch fiduziarische Verwaltungsräte oder Vertreter juristischer Gesellschaften[1561] an den Fiduziar resp. die vertretene Gesellschaft ist sich die Lehre uneinig. Voraussetzung einer zulässigen Weitergabe von Informationen ist immer, dass die delegierende Person überhaupt weisungsberechtigt und die Erteilung einer Weisung erforderlich ist[1562, 1563]. Werden einem Verwaltungsrat seitens einer delegierenden Gesellschaft oder eines Fiduziars Weisungen erteilt, was in einem gewissen Ausmass zulässig ist[1564], bedingt dies unter Umständen, dass die Weisungsgeber über entscheidrelevante Informationen verfügen, welche der Geheimhaltung unterliegen würden. Informationen, welche für die Weisungserteilung nicht notwendig sind, dürfen nie weiter gegeben werden[1565]. Die Grenze der Zulässigkeit einer Informationsweitergabe ist bei absoluten Geschäftsgeheimnissen, zu deren Einhaltung eine Gesellschaft aufgrund eines Vertrages oder des Gesetzes verpflichtet ist, zu ziehen[1566, 1567]. Selbstredend sind die Informationen, die der Fiduziant

---

[1560] FORSTMOSER/MEIER-HAYOZ/NOBEL, § 28 Rz. 48; BSK OR II-WATTER/ROTH PELLANDA, Art. 717 Rz. 21; ZK-HOMBURGER, Art. 717 OR Rz. 935; FORSTMOSER Vertreter, S. 58 und 69; DERS. Organisation II, § 29 Rz. 28.

[1561] Art. 707 Abs. 3 OR.

[1562] Handelt es sich um eine reine Interessenwahrungspflicht, werden keine Weisungen erteilt, weshalb eine Informationsweitergabe nicht zulässig ist (SOMMER, S. 253).

[1563] Im Rahmen dieses Weisungsrechts befürworten KRNETA (Rz. 146 ff.), HOMBURGER (ZK-HOMBURGER, Art. 717 OR Rz. 933 ff.) und BÄRTSCHI (S. 268) ein weitgehendes Informationsrecht; WENNINGER (S. 160 ff.) bejaht ein solches hingegen lediglich gegenüber dem Verwaltungsrat der delegierenden Gesellschaft, da dieser seinerseits der Geheimhaltungspflicht unterstehe. Diesem Argument halten WATTER/ROTH PELLANDA (BSK OR II-WATTER/ROTH PELLANDA, Art. 717 Rz. 21) m.E. zu Recht entgegen, dass sich letztere Schweigepflicht auf die Verwaltungsratstätigkeit innerhalb der delegierenden Gesellschaft beschränkt; gl. A. FORSTMOSER Vertreter, S. 59; DERS. Organisation II, § 29 Rz. 29. BAUEN/VENTURI (Rz. 67) wiederum bejahen die Zulässigkeit einer Informationsweitergabe, wenn der gesamte Verwaltungsrat Kenntnis vom fiduziarischen Verhältnis hat.
In der Revision des Aktien- und Rechnungslegungsrechts wird hinsichtlich der Vertreter juristischer Personen nunmehr klargestellt, dass der Vertreter die Auftraggeberin über die Arbeit des Verwaltungsrates informieren darf (Botschaft Aktien- und Rechnungslegungsrecht, S. 1685).

[1564] Dazu eingehender vorn S. 179, § 6.III.3.

[1565] SOMMER, S. 252; ZK-HOMBURGER, Art. 717 OR Rz. 936; KRNETA, Rz. 148 und 195; WENNINGER, S. 170.

[1566] LIPS-RAUBER, S. 89 f.; SOMMER, S. 253; FORSTMOSER Vertreter, S. 58; DERS./MEIER-HAYOZ/NOBEL, § 28 Rz. 52; WENNINGER, S. 165 f.

[1567] Vor dem Hintergrund dieser Unsicherheit der Zulässigkeit der Weitergabe von Informationen empfiehlt SÖDING (S. 276) im Falle von Minderheitenvertretern im Verwaltungsrat, diese im Mandatsvertrag zu umfassender Information zu verpflichten und diese Informationsweitergabe vom Gesamtverwaltungsrat authorisieren zu lassen; ein solches Vorgehen ist m.E. nicht behelflich, unterliegt ein Verwaltungsratsmitglied doch der Ge-

erhalten hat, von diesem vertraulich zu behandeln; eine Verletzung der diesbezüglichen Schweigepflicht begründet im Falle einer Schädigung der Gesellschaft eine Ersatzpflicht des Fiduzianten[1568]. Gleiches gilt hinsichtlich Beratern und Experten, deren Beizug die Bekanntgabe gewisser Tatsachen sowie die Herausgabe gewisser Unterlagen erforderlich macht; diese Personen sind, sofern sie nicht ohnehin einem gesetzlichen Berufsgeheimnis unterstehen, ihrerseits durch Unterzeichnung einer entsprechenden Erklärung zur Einhaltung der Geheimhaltungs- und Schweigepflicht anzuhalten[1569]. Unproblematisch ist die Weitergabe von Informationen durch Vertreter schliesslich immer dann, wenn es sich um Informationen handelt, welche anderen Aktionären aufgrund einer Anfrage ebenfalls mitgeteilt würden[1570].

c. Entschädigung der Verwaltungsratsmitglieder

ca. Tantieme und Honorar

Verwaltungsratsmitglieder haben nach unbestrittener Lehre und Rechtsprechung Anspruch auf eine angemessene Entschädigung ihrer Tätigkeit[1571]. Eine gesetzliche Regelung findet sich lediglich hinisichtlich der *Tantieme*, indem Art. 627 Ziff. 2 und 677 OR festlegen, dass diese Gewinnanteile einer statutarischen Grundlage bedürfen und nur aus dem Bilanzgewinn, mithin nach Zuweisung an die gesetzlichen Reserven, sowie nach Ausrichtung einer Dividende von 5% resp. einer allfällig höheren, statutarischen Dividende entnommen werden dürfen. Viel bedeutender als die – da als Gewinnausschüttung nicht vom Aufwand abzugsfähige und auch von der Gesellschaft zu versteuernde – steuerlich unattraktive Tantieme ist hingegen das *Honorar*[1572]. Zusätzlich zum Honorar bzw. als Teil desselben können Sitzungsgelder entrichtet und die Spesen vergütet werden[1573].

Die erwähnten, lange Zeit als negativ empfundenen Merkmale der mangelnden Abzugsfähigkeit und daher steuerlichen Relevanz hat die Kommission für

---

heimhaltungpflicht gegenüber der Gesellschaft und nicht gegenüber den anderen Verwaltungsmitgliedern, wovon ihn letztere nicht entbinden können.
[1568] ZK-HOMBURGER, Art. 717 OR Rz. 936; SOMMER, S. 253.
[1569] KRNETA, Rz. 1904; FORSTMOSER/MEIER-HAYOZ/NOBEL, § 28 Rz. 50.
[1570] FORSTMOSER Vertreter, S. 53 ff. und 60.
[1571] FORSTMOSER/MEIER-HAYOZ/NOBEL, § 28 Rz. 121; KRNETA, Rz. 1770; ZK-HOMBURGER, Art. 717 OR Rz. 947; HUNGERBÜHLER, S. 174. Auf eine Vergütung kann aber auch ganz oder teilweise verzichtet werden, oder die Unentgeltlichkeit kann sich aus den Umständen ergeben (HUNGERBÜHLER, S. 174).
[1572] BÖCKLI Aktienrecht, § 13 Rz. 238 ff.; FORSTMOSER/MEIER-HAYOZ/NOBEL, § 28 Rz. 122 ff.; KRNETA, Rz. 1770 ff.; ZK-HOMBURGER, Art. 717 OR Rz. 939 ff.
[1573] KRNETA, Rz. 1777; FORSTMOSER/MEIER-HAYOZ/NOBEL, § 28 Rz. 131.

Rechtsfragen des Ständerates erneut zu nutzen versucht, um exzessive Vergütungen zu unterbinden, und als Zusatz zu ihrer als indirekten Gegenvorschlag zur Volksinitiative «Minder» unterbreiteten Kommissionsinitiative ein *sog. Tantiemen-Modell* vorgeschlagen, indem – auch in nicht kotierten Aktiengesellschaften – jener Anteil der jährlichen Vergütung an Verwaltungsratsmitglieder (oder anderer Vergütungsempfänger), welcher mehr als drei Millionen Franken beträgt, als Tantieme ausgeschüttet werden soll[1574]; diese Regelung fand jedoch *im indirekten Gegenvorschlag* zur Volksinitiative «Minder» des National- und Ständerates *keinen Niederschlag*[1575].

cb. Entschädigungshöhe

Die Entschädigungen der Verwaltungsräte sollen *angemessen* sein[1576]. Nach bundesgerichtlicher Rechtsprechung sind für die Bemessung des Honorars die *persönliche Leistung*[1577], der *Erfolg der Geschäftsführung* sowie in einem gewissen Ausmass die *finanzielle Lage des Unternehmens* massgebend[1578]. Nach

---

[1574] Auf diese Weise sollen auch die Mitspracherechte der Aktionäre erhöht werden (Zusatzbericht RK-S, S. 214 f.). Auf Antrag einer Kommissionsminderheit wurde dazu ein Alternativmodell vorgeschlagen, wonach in börsenkotierten Gesellschaften Vergütungen (des gesamten Konzerns) von über drei Millionen Franken nur zulässig sein sollen, wenn die Erfolgsrechnung keinen Jahresverlust ausweist und das Aktienkapital sowie die gesetzlichen Reserven gedeckt sind (Zusatzbericht RK-S, S. 217 ff.). In Weiterentwicklung dieser Modelle hat der Bundesrat hierauf ein sog. Kombinationsmodell vorgeschlagen, welches auf dem Mechanismus der sog. unzulässigen Vergütungen beruht, wonach Vergütungen über drei Millionen Franken auch in nicht kotierten Gesellschaften nur zulässig sein sollen, wenn kein Jahresverlust, keine Kapitalunterdeckung sowie die Zustimmung der Generalversammlung vorhanden sind; diese Vorgaben hat der Bundesrat jedoch steuer- und sozialversicherungsrechtlich ergänzt, indem sehr hohe Vergütungen keinen geschäftsmässig begründeten Aufwand darstellen, mithin den Jahresgewinn der Gesellschaft nicht schmälern, jedoch als Einkommen aus unselbständiger Erwerbstätigkeit AHV-pflichtig sind (Stellungnahme BR, S. 249 f.).

[1575] GesKR 7 (2012) S. 161. Das Anliegen hätte im Rahmen einer «Bonussteuer» verwirklicht werden sollen, was von den Räten am 15. Juni 2012 jedoch abgelehnt worden ist (dazu vorn S. 14, § 2.I.2).

[1576] ZK-HOMBURGER, Art. 717 OR Rz. 950; ZK-BÜRGI, Art. 677 OR Rz. 33; HUNGERBÜHLER, S. 177.

[1577] D.h. die effektiv geleistete Arbeit innerhalb und ausserhalb der Sitzungen, welcher Aufwand je nach Stellung innerhalb des Verwaltungsrates (Präsident, Delegierter, Ausschussmitglied oder Sonderbeauftragter) sehr stark variieren kann (BÖCKLI Aktienrecht, § 13 Rz. 240); dazu auch HUNGERBÜHLER, S. 179 f.

[1578] BGE 105 II 122 m.V.a. BGE 86 II 163 und 84 II 553. Der Ergänzungsentwurf zur Revision des Aktien- und Rechnungslegungsrechts nimmt letzteres Bemessungskriterium auf, indem die Mitglieder des Verwaltungsrats und der Geschäftsleitung «bei der Festlegung der Vergütungen dafür sorgen [sollen], dass diese sowohl mit der wirtschaftlichen Lage als auch mit dem dauernden Gedeihen des Unternehmens im Einklang stehen» (Art. 717 Abs. 1a E OR 2008). Damit soll verdeutlicht werden, dass die genannten Personen mit

der Lehre sind darüber hinaus das *Risiko der persönlichen Verantwortlichkeit* und die *sog. Opportunitätskosten*[1579] zu berücksichtigen[1580]. Häufig weisen Honorare eine erfolgsabhängige Komponente auf, was – auch in nicht kotierten Gesellschaften – in einem gewissen Ausmass[1581] sowie in Anknüpfung an langfristige Erfolgskriterien sinnvoll ist[1582]. Der indirekte Gegenvorschlag zur Volksinitiative «Minder» des National- und Ständerates sieht in Art. 717 Abs. 1bis E-Parl OR nun explizit vor, dass Mitglieder des Verwaltungsrates sowie Dritte, die mit der Geschäftsführung befasst sind , «bei der Festlegung der Vergütungen dafür zu sorgen [haben], dass diese sowohl mit der wirtschaftlichen Lage als auch mit dem dauernden Gedeihen des Unternehmens in Einklang stehen und in einem angemessenen Verhältnis zu den Aufgaben, Leistungen und der Verantwortung des Empfängers stehen»[1583].

Gemäss SCBP Empfehlung 26 Abs. 1 soll eine Gesellschaft «*markt- und leistungsgerechte Gesamtentschädigungen* [anbieten], um Personen mit den nötigen Fähigkeiten und Charaktereigenschaften zu gewinnen und zu behalten». Ähnlich empfiehlt auch Ziff. 3.5 BP-KMU, dass «KMU anforderungs-, markt- und firmenerfolgsgerechte Gesamtentschädigungen für VR, GL und Mitarbeitende» entrichten.

cc. Festlegung durch die Generalversammlung

Nach *teilweise kritisierter Lehre* können die *Statuten* bestimmen, dass die *Festlegung der Höhe der Verwaltungsratshonorare der Generalversammlung obliegen* soll. Diese Ansicht stützt sich auf Art. 698 Abs. 2 Ziff. 2 OR, wonach die

---

einer Verantwortlichkeitsklage belangt werden können für eine unsorgfältige Schädigung der Gesellschaft (Zusatzbotschaft Aktien-/Rechnungslegungsrecht, S. 318); dazu auch C. BÜHLER Volksinitiative, S. 273 f. Nach VOGT/SCHIWOW/WIEDMER (S. 1381) ist die gesamte Vergütung in der jeweiligen Situation zu beurteilen und es könne – entgegen der Zusatzbotschaft Aktien-/Rechnungslegungsrecht (S. 318) – durchaus Situationen geben, in welchen die Entrichtung einer zusätzlichen leistungsabhängigen Vergütung gerechtfertigt sei, so bspw. bei zu geringer Grundvergütung oder um trotz schlechtem Geschäftsgang qualifizierte Arbeitskräfte aquirieren zu können.

[1579] Darunter fallen entgangener Nutzen oder Verdienst, welcher eine Person aufgrund der zeitlichen Belastung eines Mandates, zufolge der Treuepflicht oder eines Konkurrenzverbots nicht erzielen konnte (BÖCKLI Aktienrecht, § 13 Rz. 240 f.; FORSTMOSER/MEIER-HAYOZ/NOBEL, § 28 Rz. 130).

[1580] BÖCKLI Aktienrecht, § 13 Rz. 240 f.; FORSTMOSER/MEIER-HAYOZ/NOBEL, § 28 Rz. 130; KRNETA, Rz. 1778; HUNGERBÜHLER, S. 180 ff.; zurückhaltend hinsichtlich der Opportunitätskosten: ZK-HOMBURGER, Art. 717 OR Rz. 948.

[1581] BÖCKLI (Aktienrecht, § 13 Rz. 243) empfiehlt einen festen Anteil von > 50%.

[1582] FORSTMOSER/MEIER-HAYOZ/NOBEL, § 28 Rz. 132; ZK-HOMBURGER, Art. 717 OR Rz. 946; KRNETA, Rz. 1777; BÖCKLI Aktienrecht, § 13 Rz. 243.

[1583] Zu den voraussichtlich eher geringen faktischen Auswirkungen dieser Bestimmung: HÄUSERMANN, Rz. 47 ff. und C. BÜHLER Volksinitiative, S. 273.

Generalversammlung «als Wahlorgan in den Statuten gewisse Konkretisierungen für das Verwaltungsratsmandat vornehmen und insoweit bei der Festlegung der Vergütungen an den Verwaltungsrat direkt mitreden»[1584] kann. In grossen Gesellschaften mit einem breit gestreuten Aktionariat ist die Generalversammlung wohl nicht das geeignete Gremium, bedürften die Aktionäre zu einer solchen Beschlussfassung doch weitreichender Informationen; auch ist in einer grossen Versammlung eine detaillierte Beratung und differenzierte Beschlussfassung kaum mehr möglich[1585]. In kleineren Gesellschaften mit einem überschaubaren Aktionariat, wie sie Gegenstand dieser Arbeit sind, kann eine solche Regelung indessen durchaus sinnvoll sein.

Die *Revision des Aktien- und Rechnungslegungsrechts* will diese *Frage klären*, indem Art. 627 Ziff. 4 E OR 2007 festschreibt, dass «die Zuständigkeit der Generalversammlung betreffend die Festlegung der Vergütungen der Mitglieder des Verwaltungsrates und ihnen nahestehender Personen sowie [...] betreffend die Ausrichtung von Aktien und Optionen an Mitarbeiter» explizit statutarisch begründet werden könne und müsse[1586]. Die gegen diese Kompetenzverschiebung ins Feld geführten Argumente, wonach sie gegen die Grundstruktur der Aktiengesellschaft verstosse und nicht praktikabel sei[1587], greifen m.E. nur in grossen, nicht kotierten Gesellschaften; in kleinen Gesellschaften kann eine solche Regelung durchaus zweckmässig sein.

Im Zuge der laufenden grossen Aktienrechtsrevision hat FORSTMOSER[1588] für Vergütungsfragen – v.a. in Publikumsgesellschaften – die Schaffung von *sog. Aktionärsausschüssen* angeregt, mittels welcher gewisse Aktionäre frühzeitig in die Regelung der Entschädigung einbezogen werden könnten; solche Ausschüsse hätten den Vorteil, dass sachkundige, zeitlich verfügbare Vertreter gewählt werden könnten, welchen unter Auferlegung einer Geheimhaltungspflicht auch

---

[1584] C. BÜHLER Volksinitiative, S. 259; gl.A. KRNETA, Rz. 1771; BÖCKLI Aktienrecht, § 13 Rz. 239; FORSTMOSER/MEIER-HAYOZ/NOBEL, § 28 Rz. 128; HUNGERBÜHLER, S. 177; BERTSCHINGER Corporate Governance, S. 324; so auch BGE 86 II 162 f. Die Verfasser des SCBP Anhang 1 erachten – wenngleich wohl eher mit Fokus auf mittlere bis grosse Gesellschaften – die Generalversammlung als hierfür nicht zuständig, handle es sich dabei doch um einen Akt der personellen Geschäftsführung, wozu Informationen unerlässlich seien, über welche die Aktionäre nicht verfügen würden (Erläuterungen zu SCBP Anhang 1, S. 36; diese Ansicht vertraten bereits BÖCKLI/HUGUENIN/DESSEMONTET, S. 133); auch nach ROTH PELLANDA (Rz. 86 und 620) darf die Generalversammlung diesbezüglich höchstens konsultativ befragt werden.

[1585] GIGER, S. 410.

[1586] Im Ergänzungsentwurf wurde diese Bestimmung auf die Festlegung der Entschädigung der mit der Geschäftsführung betrauten Personen und die Mitglieder des Beirats ausgedehnt (Art. 627 Ziff. 4 E OR 2008).

[1587] ROTH PELLANDA, Rz. 622; NOBEL Compensation, S. 116 ff.; BÖCKLI Aktienrecht, § 13 Rz. 336t.

[1588] Entschädigung, S. 163; DERS. Aktionärsdemokratie, S. 26.

weitergehendere Informationen zugänglich gemacht werden könnten. Nach FORSTMOSER/HOSTETTLER/VOGT[1589] würde die Ansiedlung dieser Aktionärsausschüsse auf der Ebene der Unternehmensleitung bewirken, dass deren Mitglieder der Treue- und Schweigepflicht der Verwaltungsräte unterliegen würden, was bei einer Ansiedlung der Aktionärsausschüsse auf der Ebene der Generalversammlung nicht der Fall wäre; auf Generalversammlungsebene erweist sich aus Gründen des Gleichbehandlungsgebots denn auch die Erteilung von Informationen lediglich an Ausschussmitglieder als problematisch. Analog wäre es in privaten Aktiengesellschaften denkbar, aus dem Kreis der Aktionäre einzelne besonders befähigte und vertrauenswürdige Sonderbeauftragte zu bestellen, welche in Entschädigungsbelangen in einem ständigeren und intensiveren Diskurs mit dem Verwaltungsrat stünden und entsprechende Empfehlungen an die übrigen Aktionäre abgeben könnten.

cd.   Festlegung durch den Verwaltungsrat

Unter geltendem Recht schweigen sich die Statuten zur Kompetenz betreffend die Festsetzung der Entschädigung seiner Mitglieder in der Regel aus[1590], womit diese Aufgabe *gestützt auf Art. 716 Abs. 1 OR* dem Verwaltungsrat zukommt[1591, 1592]. Bei der Festlegung der eigenen Entschädigung handelt es sich um ein *Insichgeschäft*[1593], welches besonderer Behutsamkeit bedarf. Um die Angemessenheit dieser Vergütungen zu überprüfen, kann nach geltendem (nicht ganz unumstrittenem) Recht statutarisch deren Genehmigung durch die Generalversammlung eingeführt werden[1594] (eine Genehmigung durch die übrigen Verwaltungsratsmitglieder fällt aus Gründen der Gegenseitigkeit und daher potentiellen Befangenheit ausser Betracht). Eine solche jährliche Genehmigung der Vergütungen der Mitglieder des Verwaltungsrates, der Geschäftsleitung, des Beirates oder ihnen nahestehender Personen sieht der nun von National- und

---

[1589] S. 31.
[1590] KRNETA, Rz. 1771; BÖCKLI Aktienrecht, § 13 Rz. 239; FORSTMOSER/MEIER-HAYOZ/NOBEL, § 28 Rz. 129; HUNGERBÜHLER, S. 176.
[1591] FORSTMOSER/MEIER-HAYOZ/NOBEL, § 28 Rz. 129; ZK-HOMBURGER, Art. 717 OR Rz. 947; KRNETA, Rz. 1777; C. BÜHLER Volksinitiative, S. 259.
[1592] In Gesellschaften, deren Aktien an einer Börse kotiert sind, obliegt dem Verwaltungsrat nach dem von National- und Ständerat beschlossenen indirekten Gegenvorschlag zur Volksinitiative «Minder» auch der Erlass des Vergütungsreglements sowie die Erstellung des Vergütungsberichts (Art. 716a Abs. 1 Ziff. 2bis, 731d und 731e E-Parl OR); das Vergütungsreglement und die effektiv beschlossenen Vergütungen sind durch die Generalversammlung zu genehmigen (Art. 731i-731k E-Parl OR; dazu eingehender HÄUSERMANN, Rz. 13 ff.).
[1593] BÖCKLI Aktienrecht, § 13 Rz. 239a; zu Problematik und Zulässigkeit des Selbstkontrahierens eingehender vorn S. 247, § 6.III.11.jfa.
[1594] BÖCKLI Aktienrecht, § 13 Rz. 239b; C. BÜHLER Volksinitiative, S. 259 m.w.H.

Ständerat beschlossene indirekte Gegenvorschlag zur Volksinitiative «Minder» lediglich für börsenkotierte Gesellschaften vor[1595].

Vor diesem Hintergrund und dem Umstand, dass die Revision des Aktien- und Rechnungslegungsrecht gar vorsieht, statutarisch eine Festlegungskompetenz der Generalversammlung hinsichtlich der Vergütungen der Verwaltungsratsmitglieder zu begründen, muss in nicht kotierten Gesellschaften inskünftig auch eine *statutarische (jährliche) Genehmigungskompetenz der Generalversammlung* zulässig sein. In nicht kotierten Aktiengesellschaften mit einem begrenzten Aktionärskreis erweist sich die Generalversammlung häufig auch insofern als taugliche Kontrollinstanz, als es möglich sein sollte, den wenigen Aktionären hinreichende Informationen zu liefern und dennoch eine gewisse Vertraulichkeit zu wahren.

Nicht zu Unrecht wird in der Literatur auf die bislang *vornehmlich prozedurale Legitimation* einer Genehmigung durch die Generalversammlung hingewiesen[1596]. Im Unterschied zur Festlegungskompetenz, bei welcher abweichende Anträge gestellt werden können, kann die Generalversammlung bei der Genehmigungskompetenz sodann lediglich die Genehmigung erteilen oder verweigern.

ce. Transparenz gegenüber den Aktionären

Inwieweit die Aktionäre nach geltendem Recht ein Recht auf Auskunft über die an den Verwaltungsrat und die Geschäftsleitung entrichteten Vergütungen haben, ist umstritten. *Grundsätzlich* ist das *Auskunftsrecht* durch den *Grundsatz der Erforderlichkeit* im Hinblick auf die Ausübung der Aktionärsrechte[1597] oder die Veräusserung der Aktien und das *Erfordernis eines Sachzusammenhangs* beschränkt[1598]. In Anbetracht der Relevanz der Honorarpolitik für die Stimmabgabe des Aktionärs als auch, um dem Aktionär die für die Ausübung seiner Aktionärsrechte erforderlichen, zusätzlichen Informationen zu beschaffen, be-

---

[1595] Art. 731j und 731k E-Parl OR; der Entscheid der Generalversammlung über die Vergütungen des Verwaltungsrates ist bindend, während die Statuten hinsichtlich der Vergütungen der Geschäftsleitung festlegen müssen, ob dem Generalversammlungsentscheid bindende oder lediglich konsultative Wirkung zukommen soll (Art. 731l Abs. 2 i.V.m. Art. 626 Ziff. 8 E-Parl OR; dazu auch HÄUSERMANN, Rz. 25 m.w.H. sowie FORSTMOSER Say on Pay, S. 342 f.).

[1596] M. ISLER, S. 285 F. m.w.H.

[1597] Im Zusammenhang mit allenfalls übersetzten Entschädigungen stehen die Klage auf Rückerstattung ungerechtfertigter Leistungen (Art. 678 OR), die Verantwortlichkeitsklage (Art. 754 OR) und das Recht auf Durchführung einer Sonderprüfung (Art. 697a OR) im Zentrum (Botschaft Aktien-/Rechnungslegungsrecht, S. 1609; dazu eingehender hinten S. 278, § 8.III. und S. 273, § 8.I.

[1598] Dazu eingehender vorn S. 135, § 6.I.3.

jaht HOMBURGER[1599] eine Offenlegungspflicht, erachtet – je nach Zwecksetzung – unter Umständen aber eine Beschränkung der Offenlegung auf die Gesamtbezüge aller Mitglieder des Verwaltungsrates als genügend.

SCBP Anhang 1 Empfehlung 9 legt die Offenlegung der Entschädigungen gegenüber den Aktionären oder eine Genehmigung durch die Generalversammlung nahe[1600]. *Transparenz* wirkt *präventiv* gegen überhöhte Entschädigungen und *vertrauensbildend*, weshalb in nicht kotierten Gesellschaften mit einem beschränkten Aktionärskreis und häufig auch einer beschränkten Anzahl von Mandatsträgern m.E. die Entschädigungen aller Verwaltungsrats- und Geschäftsleitungsmitglieder im Einzelnen offenzulegen sind. Auch die Revision des Aktien- und Rechnungslegungsrechts sah eine Erweiterung der bislang nur für kotierte Gesellschaften geltenden Transparenzvorschriften[1601] vor, indem den Aktionären nicht kotierter Gesellschaften ein gesetzliches Auskunftsrecht über ausgerichtete Vergütungen hätte eingeräumt werden sollen[1602, 1603]. Die Bestimmung wurde im Laufe der parlamentarischen Beratungen jedoch gestrichen[1604].

cf. Abgangsentschädigung im Besonderen

Ein Entschädigungsbestandteil, welcher in der Corporate-Governance-Diskussion in besonderem Ausmass diskutiert und kritisiert wird, ist die Abgangsentschädigung. Eine Abgangsentschädigung im eigentlichen Sinne liegt vor, wenn einem Verwaltungsrat *über* die ihm bis zur *Beendigung des Mandats- und allenfalls Arbeitsverhältnisses* vertraglich zustehenden, sich im üblichen Rahmen bewegenden Ansprüche (Honorar, Salär, Auslagenersatz, unter Umständen pro-rata-temporis-Bonus) *hinaus einmalige oder gestaffelte Zahlungen* entrichtet

---

[1599] ZK-HOMBURGER, Art. 717 OR Rz. 955 ff.; gl.A. KRNETA, Rz. 1789.
[1600] SCBP Anhang 1 Empfehlung 10 Abs. 2 und Art. 663b^{bis} Abs. 4 Ziff. 2 OR empfehlen/schreiben hinsichtlich der Bezüge der Geschäftsleitungsmitglieder lediglich die Offenlegung der Gesamtsumme resp. des Gehalts des höchstbezahlten Mitglieds vor.
[1601] Art. 663b^{bis} OR.
[1602] Art. 697^{quinquies} E OR 2007; dazu bereits vorn S. 137, § 6.I.4.
[1603] Transparenz sollte nicht wie bei kotierten Gesellschaften durch Offenlegung im Anhang zum Geschäftsbericht geschaffen werden, sondern – dem bei nicht kotierten Gesellschaften oftmals grösseren, legitimen Bedürfnis nach Vertraulichkeit Rechnung tragend – durch besagtes Auskunftsrecht (Botschaft Aktien-/Rechnungslegungsrecht, S. 1608 f.). C. BÜHLER (Volksinitiative, S. 280) beurteilte dieses Auskunftsrecht als sachgerecht; a.A. VOGT/SCHIWOW/WIEDMER (S. 1382), welche in privaten Gesellschaften das Interesse der Gesellschaft an der Vertraulichkeit der Vermögensverhältnisse resp. das Interesse der Vergütungsempfänger an der Vertraulichkeit ihrer Bezüge schützen und diesbezügliche Auskünfte nur aufgrund einer Abwägung der sich gegenüberstehenden Interessen gewähren wollten.
[1604] AmtlBull SR 2009, S. 655; dazu auch GesKR-Konkordanztabelle, S. 49.

werden[1605]. Solche Entschädigungen können im Voraus in Form einer bestimmten Summe (in einer Einmalzahlung oder in Raten), indirekt durch Vereinbarung einer unüblich langen, festen Vertragsdauer resp. einer überlangen Kündigungsfrist, oder erst beim Abgang vereinbart werden[1606].

Nach geltendem Recht (und auch nach dem ursprünglichen bundesrätlichen Gegenvorschlag zur Volksinitiative «Minder») sind Abgangsentschädigungen *nicht grundsätzlich verboten*. Voraussetzung einer Entrichtung von Abgangsentschädigungen ist aber immer, dass sie den finanziellen Verhältnissen der Gesellschaft entsprechen[1607]. Nach dem nun von National- und Ständerat beschlossenen indirekten Gegenvorschlag zur Volksinitiative «Minder» sollen in börsenkotierten Gesellschaften Abgangsentschädigungen und generell Vergütungen, die im Voraus entrichtet werden, *inskünftig grundsätzlich unzulässig* sein[1608]; sofern dies im Interesse der Gesellschaft liegt, soll der Verwaltungsrat der Generalversammlung indessen Ausnahmen beantragen können, worüber die Generalversammlung mit qualifiziertem Mehr zu befinden hat[1609]. Nicht kotierte Gesellschaften sollen diesem gesetzlichen Verbot wie erwähnt nicht unterliegen.

Gemäss SCBP Anhang 1 Empfehlung 6 Abs. 2 können Abgangsentschädigungen *ausnahmsweise*, etwa zur Vermeidung aufwändiger Prozesse mit unsicherem Ausgang, zur Absicherung nachwirkender Pflichten oder um eine besonders geeignete Person für eine Sanierung zu gewinnen, im Gesellschaftsinteresse liegen und daher *gerechtfertigt* sein[1610]. SCBP Anhang 1 Empfehlung 6 Abs. 3 besagt ferner, dass Abgangsentschädigungen nur als Entgelt für der Gesellschaft erbrachte Leistungen, welche nicht anderweitig abgegolten wurden, entrichtet werden sollten. Auch sog. goldene Fallschirme, d.h. auf den Zeitpunkt der Übernahme einer Gesellschaft durch einen Dritten/Dritte oder eine Fusion vereinbarte Abgangsentschädigungen müssen nach SCBP im Gesellschaftsinteresse liegen und die Kriterien der wirtschaftlichen und leistungsmässigen Angemes-

---

[1605] BÖCKLI Aktienrecht, § 13 Rz. 247 f. So explizit auch SCBP Anhang 1 Empfehlung 6 Abs. 1 lit. b (dazu auch Erläuterungen zu SCBP Anhang, 1 S. 34).
[1606] BÖCKLI Aktienrecht, § 13 Rz. 249, 252 und 256.
[1607] HUNGERBÜHLER, S. 184; HÄUSERMANN, Rz. 8. So auch Art. 717 Abs. 1a E OR 2008 resp. Art. 717 Abs. 1bis E-Parl OR, wonach generell «Vergütungen […] mit der wirtschaftlichen Lage […] des Unternehmens im Einklang stehen» müssen.
[1608] Art. 731l Abs. 1 E-Parl OR.
[1609] Art. 731l Abs. 2 und 3 i.V.m. Art. 704 Abs. 1 Ziff. 9 E-Parl OR; kritisch dazu HÄUSERMANN (Rz. 7), welcher zu Recht auf die Problematik des durch die nachträgliche Genehmigung bewirkten Schwebezustandes als auch auf die Unverhältnismässigkeit des für diese Frage vorgesehenen Beschlussquorums hinweist.
[1610] Erläuterungen zu SCBP Anhang 1 S. 33; dazu auch BÖCKLI Aktienrecht, § 13 Rz. 256a f.

senheit erfüllen[1611]; vereiteln diese eine Übernahme, liegen sie immer ausserhalb des Gesellschaftsinteresses[1612]. Werden ausnahmsweise Abgangsentschädigungen entrichtet, empfiehlt SCBP Anhang 1 Empfehlung 6 Abs. 3 deren Offenlegung.

In nicht kotierten Gesellschaften haben überzogene Abgangsentschädigungen weniger hohe mediale Wellen geworfen – auch hier ist bei der Vereinbarung solcher Entschädigungen indessen Zurückhaltung geboten und sind diese *vorzugsweise offen zu legen*.

cg. Rückerstattung übersetzter Entschädigungen

Übersetzte Entschädigungen können nach h.L. schliesslich mittels der Rückerstattungsklage nach Art. 678 OR in die Gesellschaft zurückgefordert werden[1613].

§ 7. Revisionsstelle

Eine eingehende Abhandlung des Revisionsrechts ist nicht Gegenstand der vorliegenden Arbeit. Im Folgenden beschränke ich mich daher auf eine Darstellung lediglich der Grundzüge der verschiedenen Revisionsarten, insbesondere der in nicht kotierten Gesellschaften verbreiteten eingeschränkten Revision sowie des sog. «opting-out», und auf die Darstellung der einer eingeschränkten Revision, resp. dem Verzicht auf eine Revision aus Sicht der Corporate Governance innewohnenden Problematik.

I. Eingeschränkte und ordentliche Revision, «Opting-up»

Nicht kotierte Aktiengesellschaften unterliegen nach geltendem Recht der *eingeschränkten Revision*, wenn sie in zwei aufeinanderfolgenden Geschäftsjahren nicht zwei der nachfolgend genannten Grössen überschreiten: a. Bilanzsumme

---

[1611] So auch SCBP Anhang 1 Empfehlung 6; dazu auch Erläuterungen zu SCBP Anhang 1 Empfehlung 6, S. 33.
[1612] KRNETA, Rz. 1789d; BÖCKLI Aktienrecht, § 13 Rz. 258; HUNGERBÜHLER, S. 184 f. Fn. 69 m.w.H.
[1613] BSK OR II-KURER/KURER, Art. 678 Rz. 9 und 13; BÖCKLI Aktienrecht, § 13 Rz. 242 ff.; FORSTMOSER/MEIER-HAYOZ/NOBEL, § 28 Rz. 134; ZK-HOMBURGER, Art. 717 OR Rz. 951; KRNETA, Rz. 1788; zur Rückerstattungsklage eingehender hinten S. 278, § 8.III.

von CHF 20 Mio., b. Umsatzerlös von CHF 40 Mio., c. 250 Vollzeitstellen im Jahresdurchschnitt[1614]. Aktionäre, welche mindestens 10 Prozent des Aktienkapitals vertreten, können jedoch verlangen, dass eine ordentliche Revision durchgeführt wird (*sog. «opting-up»*)[1615]. Dieses Instrument wurde insbesondere geschaffen, um in KMU Minderheiten vor der Verfolgung eigener bilanzpolitischer Interessen durch die Mehrheit bei der Rechnungslegung zu schützen[1616]. Da dieses Schutzrecht – vorbehältlich des Rechtsmissbrauchs – voraussetzungslos, d.h. ohne Vorliegen eines wichtigen Grundes besteht, kommt ihm in nicht kotierten Aktiengesellschaften eine nicht unmassgebliche Bedeutung zu, sowohl präventiv, indem durch Androhung einer ordentlichen Revision eine genauere Prüfung und/oder Offenlegung gewisser Sachverhalte und/oder Zahlen erwirkt werden kann, als auch nachträglich untersuchend und allenfalls korrigierend[1617]. Auch die Statuten können vorsehen oder die Generalversammlung kann beschliessen, dass die Jahresrechnung ordentlich geprüft werden soll[1618]. Der Verwaltungsrat kann demgegenüber kein «opting-up» beschliessen[1619]. Von Gesetzes wegen unterstehen schliesslich auch nicht kotierte Gesellschaften der *ordentlichen Revision*, wenn sie zur Erstellung einer Konzernrechnung verpflichtet sind[1620].

Bei der *eingeschränkten Revision («review»)* handelt es sich im Gegensatz zur ordentlichen Revision nicht um eine umfassende Überprüfung der Jahres- und gegebenenfalls Konzernrechnung, der Anträge des Verwaltungsrates an die Generalversammlung hinsichtlich der Verwendung des Bilanzgewinns sowie des internen Kontrollsystems[1621], sondern um eine *«Suche nach Indizien für Regelwidrigkeiten»* in der Jahresrechnung und den Gewinnverwendungsanträgen; das Vorhandensein eines internen Kontrollsystems wird nicht geprüft[1622]. Der *Prüfungsgegenstand* ist folglich *eingeschränkt* und auch *Prüfungsintensität*

[1614] Art. 727a Abs. 1 i.V.m. Art. 727 Ziff. 2 OR; zu diesen Schwellenwerten bereits vorn S. 62, § 3.VII.1.b.
[1615] Art. 727 Abs. 2 OR; gestützt auf Art. 656a Abs. 2 OR steht dieses Recht auch den Partizipanten, welche 10% des Partizipationskapitals vertreten, zu (BÖCKLI Revisionsstelle und Abschlussprüfung, Rz. 11; BSK OR II-WATTER/MAIZAR, Art. 727 Rz. 42; a.A. CHK-OERTLI/HÄNNI, Art. 727–727a OR Rz. 24).
[1616] Botschaft OR/RAG 2004, S. 3993.
[1617] BÖCKLI Aktienrecht, § 15 Rz. 110 ff. und 121; DERS. Revisionsstelle und Abschlussprüfung, Rz. 110 ff.
[1618] Art. 727 Abs. 3 OR.
[1619] BSK OR II-WATTER/MAIZAR, Art. 727 Rz. 55 ff., unter Hinweis auf die diesbezüglichen parlamentarischen Beratungen und Beschlüsse.
[1620] Art. 727 Abs. 1 Ziff. 3 i.V.m. Art. 663e f. OR.
[1621] Art. 728a Abs. 1 OR; dazu eingehender: BÖCKLI Aktienrecht, § 15 Rz. 170 ff.; DERS. Revisionsstelle und Abschlussprüfung, Rz. 170 ff.; BSK OR II-WATTER/PFIFFNER, Art. 728a Rz. 5 ff.; PFIFFNER, Rz. 1925 ff.
[1622] MEIER-HAYOZ/FORSTMOSER, § 16 Rz. 526; C. BÜHLER Regulierung, Rz. 742.

und -tiefe gehen *weniger weit*[1623]. Es erfolgt lediglich eine *negative Prüfung*, «ob Sachverhalte vorliegen, aus denen zu schliessen ist, dass: 1. die Jahresrechnung nicht den gesetzlichen Vorschriften und den Statuten entspricht; 2. der Antrag des Verwaltungsrates an die Generalversammlung über die Verwendung des Bilanzgewinnes nicht den gesetzlichen Vorschriften und den Statuen entspricht»[1624]. Methodisch hat dies in Form von Befragungen von Verantwortlichen, durch Vornahme analytischer Prüfungshandlungen und angemessener Detailprüfungen zu erfolgen[1625].

Auch bei der eingeschränkten Revision muss die Revisionsstelle «unabhängig sein [...]. Die *Unabhängigkeit* darf *weder tatsächlich noch dem Anschein nach beeinträchtigt* sein»[1626]; explizit zulässig ist jedoch der *sog.* «embedded audit», mithin «das Mitwirken bei der Buchführung und das Erbringen anderer Dienstleistungen für die zu prüfende Gesellschaft», wobei bei Gefahr einer Selbstprüfung «durch geeignete organisatorische und personelle Massnahmen eine verlässliche Prüfung» sicher zu stellen ist[1627]. Diese gesetzliche Regelung entspricht einer bereits unter früherem Recht in KMU gelebten Realität und ihrem Bedürfnis, aus Kostengründen Beratungs- und Prüfungsleistungen von derselben, bereits mit den Unternehmensinterna vertrauten Revisionsstelle zu beziehen[1628]. Die Bestimmung ist jedoch eng auszulegen, und der Verwaltungsrat hat die wesentlichen Ermessensentscheide in der Buchführung sowie in der Erstellung des Jahresabschlusses selbst zu treffen[1629]. Erfolgt eine solche eingebettete Prüfung, ist im Revisionsbericht auf diesen Umstand sowie auf die für die Funktionstrennung getroffenen Schutzmassnahmen hinzuweisen[1630].

Eine *Mitwirkung der Revisionsstelle an der Buchführung* ist unter Corporate-Governance-Gesichtspunkten *problematisch*, stellt die Unabhängigkeit einer Prüfungsinstanz doch eine zentrale Voraussetzung dar, welche durch die in Art. 729 Abs. 2 OR genannten Sicherungsmassnahmen nur unzureichend ge-

---

[1623] PFIFFNER, Rz. 2248, 1925 und 1932.
[1624] Art. 729a Abs. 1 OR; dazu MEIER-HAYOZ/FORSTMOSER, § 16 Rz. 525; BSK OR II-WATTER/PFIFFNER, Art. 729a Rz. 12; PFIFFNER, Rz. 1929 ff.
[1625] Art. 729a Abs. 2 OR; dazu BÖCKLI Aktienrecht, § 15 Rz. 453 ff.; DERS. Revisionsstelle und Abschlussprüfung, Rz. 453 ff. und 470 ff.; BSK OR II-WATTER/PFIFFNER, Art. 729a Rz. 20 ff.; PFIFFNER, Rz. 1932.
[1626] Art. 729 Abs. 1 OR. Das Gesetz unterlässt es, diese Bestimmung genauer zu definieren; nach Lehre und Rechtsprechung begründen insbesondere familiäre Bindungen den äusseren Anschein der Voreingenommenheit (PREMAND, § 7 Rz. 698 ff. m.V.a. BGE vom 11. Juni 1997 = Pra 86 (1997) Nr. 173 S. 933 f.).
[1627] Art. 729 Abs. 2 OR.
[1628] PFIFFNER, Rz. 2083; BÖCKLI Aktienrecht, § 15 Rz. 494.
[1629] PFIFFNER, Rz. 2083; BÖCKLI Aktienrecht, § 15 Rz. 497; BSK OR II-WATTER/RAMPINI, Art. 729 Rz. 8.
[1630] Art. 729b Abs. 1 Ziff. 3 OR.

wahrt ist. Folgerichtig erhöht dies das Haftungsrisiko der Revisionsstelle[1631], was auch seinen Niederschlag in vielen Haftpflicht-Versicherungen findet, welche bei einer Kombination von Prüfung und Buchführung einen Deckungsausschluss vorsehen[1632].

II. «Opting-out» und «opting-down»

1. Voraussetzungen eines «opting-out» und Beschlussorgan

Untersteht eine Gesellschaft der eingeschränkten Revision und weist sie *nicht mehr als 10 Vollzeitstellen* im Jahresdurchschnitt auf, kann mit der *Zustimmung sämtlicher Aktionäre* gänzlich auf eine Revision verzichtet werden (sog. *«opting-out»*)[1633]. Ein «opting-out» kann in die (Gründungs)Statuten aufgenommen, anlässlich der Generalversammlung oder ausserhalb einer solchen formlos beschlossen werden[1634]. Der Verwaltungsrat kann kein «opting-out» beschliessen. Er kann die Aktionäre jedoch schriftlich um Zustimmung ersuchen, und für die Beantwortung eine Frist von mindestens 20 Tagen ansetzen, unter Hinweis auf die gesetzliche Zustimmungsfiktion, wonach ein Ausbleiben einer Antwort als Zustimmung gilt[1635].

Jedem Aktionär kommt unabhängig von der Grösse seiner Beteiligung mithin ein *Vetorecht* gegen die Freistellung von der Revisionspflicht zu. Auch nach einem Verzicht auf eine eingeschränkte Revision kann jeder Aktionär bis spätestens 10 Tage vor der Generalversammlung eine eingeschränkte Revision verlangen. Diesfalls muss der Verwaltungsrat einen Wahlvorschlag für die Revisionsstelle unterbreiten, über welchen die Aktionäre an dieser Generalversammlung befinden können[1636].

In Gesellschaften, in denen gänzlich auf die Revision verzichtet werden kann, ist auch eine Laienrevision zulässig; ein Laienrevisor untersteht jedoch derselben persönlichen Verantwortlichkeit wie eine Fachperson[1637].

[1631] BÖCKLI Aktienrecht, § 15 Rz. 500; PFIFFNER, Rz. 2083 und 661 m.V.a. BGE 129 III 131 m.V.a. BGE 4C.506/1996, publiziert in SJ 1999 I, S. 228, Erw. 6a a.E.
[1632] BÖCKLI Aktienrecht, § 15 Rz. 500; PFIFFNER, Rz. 2083.
[1633] Art. 727a Abs. 2 OR.
[1634] BSK OR II-WATTER/MAIZAR, Art. 727a Rz. 24; BÖCKLI Aktienrecht, § 15 Rz. 521 ff.; DERS. Revisionsstelle und Abschlussprüfung, Rz. 521 ff.
[1635] Art. 727a Abs. 3 OR.
[1636] Art. 727a Abs. 4 OR; dazu BÖCKLI Revisionsstelle und Abschlussprüfung, Rz. 517.
[1637] MEIER-HAYOZ/FORSTMOSER, § 16 Rz. 509.

2. Problematik und mögliche Folgen eines «opting-out»

Aus Sicht der Corporate-Governance als Minderheitenschutzmittel für Aktionäre ist das «opting-out» nicht zu beanstanden. Aus *Sicht* der Corporate Governance als Mittel zum Schutze *Dritter* wird das «opting-out» indessen stark *kritisiert*; es wird bemängelt, dass Aktionäre als lediglich am Gesellschaftskapital Beteiligte – im Gegensatz zu Einzelunternehmern – keiner aktienrechtlichen Treuepflicht unterstehen und «eine Durchsicht der Jahresrechnung durch eine unabhängige Drittperson ein unabdingbares Gegenstück zur Erlaubnis des Wirtschaftens unter Ausschluss jeder persönlichen Haftung darstellen müsste»[1638]. Aus *Gläubigerschutzgründen* sei auch in KMU die Prüfung der Rechnungslegung und der Ausschüttungsanträge des Verwaltungsrats sowie im Falle offensichtlicher Überschuldung das Eingreifen der *Revisionsstelle unerlässlich*[1639]. Problematisch ist das «opting-out» insbesondere in Holding-, Domizil- und Finanzgesellschaften, welche häufig weniger als 10 Vollzeitstellen und einen Umsatz von weniger als CHF 20 Mio. aufweisen, deren Bilanzsumme sich jedoch ohne weiteres auf CHF 100 Mio. belaufen kann[1640].

Das Gesetz lässt in KMU aus *Kostengründen* einen *Verzicht* auf eine Revision zu, da in Kleinbetrieben der Gläubigerschutz oftmals auf anderem (u.a. vertraglichem) Wege sichergestellt werden kann, und es beispielsweise bei Einpersonengesellschaften oder in Konstellationen, in denen sämtliche Beteiligten im Betrieb mitarbeiten, keiner besonderen Beteiligtenschutzmassnahmen bedarf[1641]. Kehrseite der Medaille ist jedoch, dass der *Verwaltungsrat* in einem Bereich, welcher unübertragbar und unentziehbar in seiner Verantwortung liegt, einen fachkundigen, warnend und korrigierend tätigen Berater verliert, was sein *Haftungsrisiko erhöht*[1642]. Auswirkungen hat der Verzicht auf eine Revision zweifelsfrei auch auf Kreditlimiten und Konditionen bei Kreditgewährungen durch professionalisierte Kreditinstitute. Aus diesen Gründen empfiehlt sich ein «opting-out» m.E. nur in kleinsten Verhältnissen und wird eine – zumindest eingeschränkte – Revision nicht selten auch durch Geldgeber erzwungen[1643].

[1638] BÖCKLI Aktienrecht, § 15 Rz. 132; DERS. Revisionsstelle und Abschlussprüfung, Rz. 559 f.; ebenso C. BÜHLER Regulierung, Rz. 745; PREMAND, § 8 Rz. 779.
[1639] PFIFFNER, Rz. 1864.
[1640] BÖCKLI Revisionsstelle und Abschlussprüfung, Rz. 557; C. BÜHLER Regulierung, Rz. 745
[1641] Botschaft OR/RAG 2004, S. 3992.
[1642] BÖCKLI Revisionsstelle und Abschlussprüfung, Rz. 555; PREMAND, § 8 Rz. 784. Im Falle einer Einpersonen-Gesellschaft ortet BÖCKLI (a.a.O., Rz. 556) darin gar einen bedeutsamen Schritt in Richtung Sphärenvermischung und damit einem möglichen Durchgriff auf das Privatvermögen eines Aktionärs.
[1643] Gl. A. PREMAND, § 8 Rz. 788.

3. Voraussetzungen und Problematik eines «opting-down»

In Fällen, in denen ein gänzlicher Verzicht auf eine Revision zulässig ist, ist auch ein sog. «opting-down» möglich, mithin die *Reduktion der eingeschränkten Revision*, indem beispielsweise auf angemessene Detailprüfungen verzichtet oder die Revision durch einen nicht zugelassenen und/oder weniger unabhängigen Revisor durchgeführt wird[1644]. In solchen Fällen wird *kein eigentlicher Revisionsbericht* im Sinne von Art. 729b OR erstellt, worauf der Verwaltungsrat in aller Deutlichkeit hinzuweisen hat[1645].

Nachteilig ist beim «opting-down» auch, dass – obwohl eine modifizierte Revision erfolgt – diese nicht im Handelsregister eingertragen wird[1646]. Sodann herrscht in der Lehre Uneinigkeit, ob die Prüfung aufgrund eines gesetzlichen oder vertraglichen Mandats erfolgt[1647]. Aus diesen Gründen ist m.E. entweder der eingeschränkten Revision oder dann in Kleinstgesellschaften dem «opting-out» der Vorzug zu geben.

III. Bedeutung der Revision für die Corporate Governance

Im Gegensatz zum umfassenden Revisionsbericht der ordentlich prüfenden Revisionsstelle, welcher ein positives Ergebnis einer umfassenden Prüfung der Jahres- und gegebenenfalls Konzernrechnung, des Gewinnverwendungsantrags sowie des internen Kontrollsystems beinhalten muss[1648], enthält der *Revisionsbericht der eingeschränkten Revision* lediglich *negative Feststellungen* hinsichtlich der oben genannten Regelverstösse[1649]; aufgrund der geringeren Prüfungsintensität und -tiefe wird ihm eine *Urteilssicherheit* von lediglich *etwa 60 Prozent* attestiert – im Unterschied zu einer Urteilssicherheit von 90–95 Prozent bei der ordentlichen Revision[1650]. Im Gegensatz zur ordentlichen Revision muss die

---

[1644] MEIER-HAYOZ/FORSTMOSER, § 16 Rz. 495; BSK OR II-WATTER/MAIZAR, Art. 727a Rz. 45 ff.; PFIFFNER, Rz. 1867.
[1645] BÖCKLI Aktienrecht, § 15 Rz. 532; DERS. Revisionsstelle und Abschlussprüfung, Rz. 532.
[1646] Gemäss Art. 61 Abs. 1 HRegV darf in das Handelsregister nur die ordentliche oder eingeschränkte Revision eingetragen werden.
[1647] PREMAND, § 8 Rz. 815 m.w.H.
[1648] Dazu PFIFFNER, Rz. 2243 und 1955 ff.
[1649] Vgl. vorn S. 267, § 7.I.
[1650] PFIFFNER, Rz. 1932 m.V.a. ZAHNER Dominique, Die Fallstricke des Einfachen, <http://www.treuhand-aktuell.ch/07/zahner.htm> (zuletzt besucht am 15. November 2012).

Prüfungsstelle an der Generalversammlung weder anwesend sein, um den Aktionären Fragen zu beantworten, noch muss sie Gesetzes-, Statuten- oder Reglementsverletzungen, welche sie bei der Prüfung wahrnehmen konnte, melden[1651].

Nötigenfalls, d.h. wenn der Verwaltungsrat dies unterlässt und die Revisionsstelle eine Information der Aktionäre sowie eine diesbezügliche Beschlussfassung als notwendig erachtet, kann auch die eingeschränkt prüfende Revisionsstelle eine Generalversammlung einberufen[1652]. Sodann muss auch die eingeschränkt prüfende Revisionsstelle im Falle offensichtlicher Überschuldung den Richter benachrichtigen[1653].

§ 8. Klagen

Eine eingehende Abhandlung der verschiedenen Klagemöglichkeiten ist nicht Gegenstand der vorliegenden Arbeit. Im Folgenden beschränke ich mich daher auf eine Darstellung lediglich der Grundzüge dieser Instrumente und ihrer Bedeutung für eine gute Corporate Governance.

I. Verantwortlichkeitsklage

1. Verantwortliche Personen und Klagevoraussetzungen

Gemäss Art. 754 Abs. 1 OR sind «die *Mitglieder des Verwaltungsrates* und *alle mit der Geschäftsführung* oder mit der *Liquidation befassten Personen* […] sowohl der Gesellschaft als den einzelnen Aktionären und Gesellschaftsgläubigern für den *Schaden* verantwortlich, den sie durch absichtliche oder fahrlässige Verletzung ihrer Pflichten», mithin s*chuldhaft* und *adäquat kausal*, verursachen. Diese Pflichten können im Gesetz, in den Statuten, anderen gesellschaftsinternen Reglementen oder Generalversammlungsbeschlüssen begründet sein[1654]. In

---

[1651] PFIFFNER, Rz. 2250, 1986, 2033 und 1999 f.
[1652] Art. 699 Abs. a OR; dazu PFIFFNER, Rz. 2254 und 2009.
[1653] Art. 728c Abs. 3 OR; dazu PFIFFNER, Rz. 2254 und 2006.
[1654] Statt Vieler: FORSTMOSER/MEIER-HAYOZ/NOBEL, § 36 Rz. 3 ff. und 37 Rz. 2 ff.; FORSTMOSER Verantwortlichkeit, Rz. 249 und 776; BÖCKLI Aktienrecht, § 18 Rz. 107 ff.; KRNETA, Rz. 2050 ff.; BÄRTSCHI, S. 93 ff. und 241 m.w.H.
Zu den Voraussetzungen der aktienrechtlichen Verantwortlichkeit im Einzelnen wird auf die umfangreiche diesbezügliche Literatur verwiesen, allen voran: BÄRTSCHI, S. 93 ff.; NIKITINE, passim; BÖCKLI Aktienrecht, § 18 Rz. 107 ff. (mit ausführlicher Literaturüber-

privaten Codices enthaltene Corporate-Governance-Empfehlungen entfalten dagegen keine rechtliche Verbindlichkeit und dürfen auch mittelbar keine Haftungsverschärfung bewirken[1655].

Die Verantwortlichkeitsklage richtet sich *gegen die formellen, materiellen und faktischen Organe*[1656]. Berechtigt, den der Gesellschaft verursachten Schaden einzuklagen, sind neben der Gesellschaft auch die Aktionäre[1657]. Dies ist aus Corporate-Governance-Sicht bedeutsam, sind es ja die Aktionäre, welche mittelbar geschädigt sind; auch sind die Aktionäre in der Regel weniger befangen, gegen die Verantwortlichen vorzugehen, als die Mitverwaltungsräte[1658].

2. Haftungsbefreiende Wirkung einer Kompetenzdelegation

Gemäss Art. 754 Abs. 2 OR kommt einer Kompetenzdelegation haftungsbefreiende Wirkung zu, wenn sie rechtmässig, mithin auf einer statutarischen Grundlage, nach Massgabe eines Organisationsreglements sowie unter Anwendung der gebotenen Sorgfalt bei der Auswahl, Instruktion und Überwachung der Delegationsempfänger (der *sog. drei curen*) erfolgt ist; überdies muss es sich um eine *übertragbare Aufgabe* des Verwaltungsrates handeln[1659]. Über den Wortlaut des Gesetzes hinaus tritt nach h.L. unter Beachtung der drei curen auch eine Haftungsbefreiung bei einer befugten Delegation an materielle Organe (zu einem solchen wird ein Delegationsempfänger spätestens mit Übernahme der delegierten Aufgabe) ein[1660].

---

sicht in Fn. 225); KRNETA, Rz. 2050 ff.; BSK OR II-GERICKE/WALLER, Vor Art. 754–761 und Art. 754, je Rz. 1 ff.; MEIER-HAYOZ/FORSTMOSER, § 16 Rz. 575 ff.; FORSTMOSER/MEIER-HAYOZ/NOBEL, § 36 Rz. 3 ff. und 37 Rz. 2 ff.; FORSTMOSER Verantwortlichkeit, passim.

[1655] Dazu eingehend statt Vieler: FORSTMOSER Verantwortlichkeit, Rz. 6 f. und 638 ff.; DERS./MEIER-HAYOZ/NOBEL, § 37 Rz. 2 ff.; BÖCKLI Aktienrecht, § 18 Rz. 107 ff.; BSK OR II-GERICKE/WALLER, Art. 754 Rz. 4 ff.; BÄRTSCHI, S. 93 ff.

[1656] Statt Vieler: GLANZMANN Verantwortlichkeitsklage, S. 161 ff.; FORSTMOSER/MEIER-HAYOZ/NOBEL, § 37 Rz. 2 ff.

[1657] Art. 756 Abs. 1 OR. Das nur im Konkurs bestehende Klagerecht der Gläubiger ist unter Corporate Governance Gesichtspunkten weniger von Interesse.

[1658] GLANZMANN Verantwortlichkeitsklage, S. 170 ff.

[1659] Dazu eingehender vorn S. 228, § 6.III.11.fa., S. 230, § 6.III.11.fb. und S. 231, § 6.III.11.fd.

[1660] Statt Vieler: BSK OR II-GERICKE/WALLER, Art. 754 Rz. 41 m.w.H.; GLANZMANN Verantwortlichkeitsklage, S. 163 f.

3. Mehrheit von Ersatzpflichtigen

Sind mehrere Personen für einen Schaden ersatzpflichtig, haften diese nach dem *Grundsatz der differenzierten Solidarität* für den Gesamtschaden insoweit solidarisch als ihnen «der Schaden aufgrund ihres eigenen Verschuldens und der Umstände persönlich zurechenbar ist»[1661]. Diese Regelung bewirkt in der Praxis, dass in erster Linie die gut versicherten, solventen Revisionsgesellschaften in Anspruch genommen wurden, deren interner Rückgriff daran scheitern kann, dass die nebenverantwortlichen Organe vermögenslos oder nicht mehr greifbar sind[1662]. Eine «Verschiebung der Verantwortlichkeiten der Geschäftsführungsorgane auf die Revisionsstelle» wurde auch im Botschaftstext zur Revision des Aktien- und Rechnungslegungsrechts konstatiert und postuliert, es sei deshalb aus Sicht der Corporate Governance auch im Bereich der Verantwortlichkeit «ein besseres Gleichgewicht zwischen den verschiedenen Organen der Gesellschaft [herzustellen]. Dabei [müsse] der sekundären Stellung der mit der Revision betrauten Personen im Verhältnis zu den Geschäftsführungsorganen Rechnung getragen werden: Die Revisorinnen und Revisoren könn[t]en im Rahmen ihrer Kontrollaufgaben die Entstehung eines Schadens nicht verhindern, sondern lediglich die Vergrösserung eines bereits verursachten Schadens beschränken. Die gesetzliche Regelung [müsse] gewährleisten, dass in erster Linie die Geschäftsführungsorgane für Schäden aufkommen, die sich aus ihrer Tätigkeit ergeben haben»[1663]. Die *Revision* des Aktien- und Rechnungslegungsrechts sieht nunmehr einen *Gleichlauf von Aussen- und Innenhaftung*[1664] vor, indem «Personen, die der Revisionshaftung unterstehen und die einen Schaden leichtfahrlässig mitverursacht haben, [... nur] bis zu dem Betrag [haften], für den sie zufolge Rückgriffs aufkommen müssten» vor[1665].

4. Wirkungen einer Décharge-Erteilung

Eine Verantwortlichkeit entfällt aufgrund der Décharge-Erteilung im Umfang der bekannt gegebenen Tatsachen oder Vorfälle sowie gegenüber denjenigen Aktionären, welche dem Entlastungsbeschluss zugestimmt haben[1666]. Direkt

---

[1661] Art. 759 Abs. 1 OR; zur differenzierten Solidarität eingehend statt Vieler: BÄRTSCHI, S. 117 ff.; BÖCKLI Aktienrecht, § 18 Rz. 480 ff.; BSK OR II-GERICKE/WALLER, Art. 759 Rz. 3 ff.; FORSTMOSER/MEIER-HAYOZ/NOBEL, § 36 Rz. 107 ff.
[1662] Dazu statt Vieler: SETHE, S. 306 m.w.H.; FORSTMOSER Den Letzten, S. 486 ff.
[1663] Botschaft Aktien-/Rechnungslegungsrecht, S. 1694.
[1664] SETHE, S. 309; BSK OR II-GERICKE/WALLER, Art. 759 Rz. 3 ff.; FORSTMOSER/MEIER-HAYOZ/NOBEL, § 36 Rz. 107 ff.
[1665] Art. 759 Abs. 1bis E OR 2007.
[1666] Dazu eingehender vorn S. 150, § 6.I.6.

geschädigte Aktionäre, welche dem Beschluss nicht zugestimmt haben, oder Aktionäre, welche die Aktien zwischenzeitlich in Unkenntnis der Décharge erworben haben, können ihre Schadenersatzansprüche noch innerhalb von sechs Monaten nach dem Entlastungsbeschluss geltend machen[1667].

5. Bedeutung unter Corporate-Governance-Aspekten

Der Verantwortlichkeitsklage kommt unter Corporate-Governance-Aspekten eine *zentrale Bedeutung* zu. Bei Nichteinhaltung gesetzlicher oder reglementarischer Pflichten wirkt sie *rückwirkend-kompensierend* und verhilft durch den Ersatz des verursachten Schadens repressiv gegen Verletzungen von zumindest gesetzlichen oder statutarischen Corporate-Governance-Bestimmungen. Die Klage vermag gesellschaftsintern indessen keine Veränderungen organisatorischer oder personeller Art zu bewirken[1668]. Der Verantwortlichkeitsklage kommt, da sie sich gegen die Organmitglieder persönlich richtet, aber auch eine *präventive, verhaltenssteuernde Wirkung* zu – auf diese Weise dient sie ebenfalls der Verwirklichung guter Corporate Governance[1669]. Eine zu strenge Verantwortlichkeit birgt indessen die Gefahr, dass sich Organmitglieder zu reinen Gesellschafts(vermögens)verwaltern entwickeln, welche keine unternehmerischen Risiken mehr eingehen, oder die Bekleidung solcher Positionen von vornherein ablehnen[1670]. Dieser Problematik vermögen wohl D&O-Versicherungen in einem gewissen Mass entgegenzuwirken, doch verursachen die entsprechenden Versicherungsprämien einer Gesellschaft wiederum auch höhere Kosten[1671].

6. Häufigkeit in der Schweiz

In der Schweiz blieb die Bedeutung der Verantwortlichkeitsklage von Aktionären lange Zeit eher gering, was zum einen in der eher dürftigen Informationslage der Aktionäre in einer aufrechtstehenden Gesellschaft, zum anderen im erheblichen Kostenrisiko und der langen Verfahrensdauer gründet[1672]. Im vergangenen Jahrzehnt wurden indessen auch in der Schweiz *vermehrt Verantwortlichkeitsansprüche* geltend gemacht, was u.a. auf die merkliche Zunahme von D&O-

---

[1667] Art. 758 Abs. 2 OR.
[1668] BÄRTSCHI, S. 36 f.; GLANZMANN Verantwortlichkeitsklage, S. 156 und 159; NIKITINE, S. 70 f.; C. BÜHLER Regulierung, Rz. 717; SETHE, S. 299.
[1669] GLANZMANN Verantwortlichkeitsklage, S. 156 und 159; NIKITINE, S. 71; C. BÜHLER Regulierung, Rz. 718.
[1670] GLANZMANN Verantwortlichkeitsklage, S. 159 m.w.H.; GIGER, S. 372 m.w.H.
[1671] GIGER, S. 372.
[1672] GLANZMANN Verantwortlichkeitsklage, S. 174 ff.

Versicherungs-Abschlüssen auch in der Schweiz[1673] zurück zu führen ist, stellen doch selbst bei positivem Prozessausgang erst diese die Bezahlung der gesprochenen Schadenssumme sicher[1674]. In nicht kotierten Gesellschaften können sich Aktionäre in Ermangelung einer Möglichkeit, die Aktien überhaupt oder innert nützlicher Frist zu einem angemessenen Preis zu verkaufen, noch verstärkt gezwungen sehen, den Prozessweg zu beschreiten.

II. Klage bei Mängeln in der Organisation

1. Gesetzliche Regelung

Gestützt auf Art. 731b Abs. 1 OR kann ein Aktionär, Gläubiger oder der Handelsregisterführer bei Mängeln in der gesetzlich vorgeschriebenen Organisation der Gesellschaft beim *Richter* Klage einreichen und beantragen, dass dieser der Gesellschaft Frist ansetze, binnen welcher der *rechtmässige Zustand wieder herzustellen* ist (Ziff. 1), das fehlende *Organ* oder einen *Sachwalter ernenne* (Ziff. 2), oder die *Gesellschaft auflöse* und ihre Liquidation nach den Vorschriften über den Konkurs anordne (Ziff. 3). Der Richter hat unter Abwägung der Interessen Dritter und der Öffentlichkeit diejenigen Massnahmen zu treffen, welche geboten erscheinen. Zur Anwendung gelangt die Klage etwa bei Fehlen von gesetzlich zwingend vorgeschriebenen Mitgliedern (beispielsweise beim Fehlen eines Verwaltungsratspräsidenten), bei Nichtwahl, Beeinträchtigung der Unabhängigkeit oder Befähigung der Revisionsstelle oder in Fällen nicht mehr rechtmässiger Zusammensetzung eines Organs (beispielsweise auch Handlungsunfähigkeit aufgrund andauernder Pattsituation im Verwaltungsrat)[1675].

[1673] HALLER, Rz. 611 ff.
[1674] So auch das Ergebnis einer Untersuchung von KELLER (Rz. 7, 16 ff. und 24), wonach seitens der Versicherer nicht nur eine Zunahme von Versicherungsabschlüssen, sondern auch eine Verdoppelung der Schadensfälle festgestellt worden sei, und die Schadenssummen im Jahre 2010 im Gesamtmarkt die dreistellige Millionengrenze überschritten hätten, wobei die Fälle im KMU-Bereich mit relativ geringen (5- bis 6-stelligen) Summen hätten erledigt werden können; demgegenüber förderte die Untersuchung in den Jahren 2000 bis 2010 keine Zunahme von gerichtlichen Klagen zu Tage, was lediglich mit einer grossen Anzahl vorprozessual erledigter Fälle erklärt werden könne.
[1675] Botschaft Obligationenrecht, S. 3231 f.; dazu statt Vieler: BSK OR II-WATTER/PAMER-WIESER, Art. 731b Rz. 17 und 6, je m.w.H.; BÖCKLI Aktienrecht, § 15 Rz. 138 ff. und 616 ff.

2. Bedeutung unter Corporate-Governance-Aspekten

Die im Rahmen der Revision des GmbH-Rechts neu einheitlich geregelte Klage wegen Mängeln in der Organisation stellt ein unter Corporate-Governance-Aspekten zweifelsfrei ebenfalls *wichtiges Klageinstrument* dar, dient dieses doch der Behebung grundlegender Missstände in der Gesellschaft, was die erwähnten tiefgreifenden Massnahmen rechtfertigt. Die Klage hat in der Praxis bereits einige Bedeutung erlangt, nicht zuletzt auch wegen der Möglichkeiten, die sie dem Richter zur Mängelbehebung bietet[1676].

III. Rückerstattungsklage

1. De lege lata

Haben *Organmitglieder* oder diesen *nahe stehende Personen* ungerechtfertigte Leistungen bezogen, unterliegen diese gemäss Art. 678 OR der Rückerstattungsklage. Im Zentrum stehen dabei *übersetzte Entschädigungen*, welche nach h.L. mittels Rückerstattungsklage in die Gesellschaft zurückgefordert werden können[1677]. Je nachdem, ob es sich um Leistungen aufgrund eines formellen Beschlusses der Generalversammlung handelt oder nicht, ist die Klage auf Art. 678 Abs. 1 (Rückerstattung von Dividenden, Tantiemen, anderen Gewinnanteilen oder Bauzinsen) oder Abs. 2 OR (Rückerstattung anderer Leistungen der Gesellschaft, welche in offensichtlichem Missverhältnis zur Gegenleistung und zur wirtschaftlichen Lage der Gesellschaft stehen) zu stützen[1678]. Voraussetzungen einer Rückerstattungspflicht sind nach geltendem Recht die *Ungerechtfertigtheit der Leistung* sowie die *Bösgläubigkeit des Empfängers*[1679]. Sog. verdeckte Gewinnausschüttungen i.S.v. Art. 678 Abs. 2 OR liegen vor, wenn zwischen Leistung und Gegenleistung ein offensichtliches, d.h. wesentliches Missverhältnis besteht[1680], welche Voraussetzungen bei übersetzten Honoraren

---

[1676] RECORDON, S. 7.
[1677] BSK OR II-KURER/KURER, Art. 678 Rz. 9 und 13; BÖCKLI Aktienrecht, § 13 Rz. 242; FORSTMOSER/MEIER-HAYOZ/NOBEL, § 28 Rz. 134; ZK-HOMBURGER, Art. 717 OR Rz. 951; KRNETA, Rz. 1788.
[1678] Dazu eingehend DÜRR, § 8 Rz. 1 ff.
[1679] Diese Voraussetzungen sind nur in Art. 678 Abs. 1 OR genannt, gelten aber auch für dessen Abs. 2 (BSK OR II-KURER/KURER, Art. 678 Rz. 18 m.V.a. Botschaft Aktienrecht, S. 897; a.A. DÜRR, § 7 Rz. 10, wonach bei Abs. 2 Bösgläubigkeit keine Voraussetzung sei).
[1680] BSK OR II-KURER/KURER, Art. 678 Rz. 13 ff.; BÖCKLI Aktienrecht, § 12 Rz. 553 ff. und § 13 Rz. 242.

immer erfüllt sind[1681]. Ein Missverhältnis zur wirtschaftlichen Lage der Gesellschaft, wie es in Art. 678 Abs. 2 OR ebenfalls genannt ist, ist nach h.L. lediglich im Sinne einer spürbaren Auswirkung erforderlich[1682]. Rückerstattungspflichtig sind nach geltendem Recht Aktionäre, formelle Mitglieder des Verwaltungsrates sowie diesen verwandtschaftlich, wirtschaftlich, rechtlich oder tatsächlich nahe stehende Personen[1683]. Klageberechtigt sind die Gesellschaft und die Aktionäre[1684].

2. De lege ferenda

Eine *griffige, operable Regelung* der Rückerstattung ungerechtfertigter Leistungen ist für eine gute Corporate Governance sowohl in kotierten als auch in nicht kotierten Gesellschaften *von zentraler Bedeutung*, schützt sie doch nicht nur die Eigentumsrechte der Aktionäre sondern letztlich auch die Interessen der Gläubiger[1685]. Die pendente *Revision* des Aktien- und Rechnungslegungsrechts sieht daher verschiedene *Verschärfungen der Rückerstattungsklage* vor; der von National- und Ständerat verabschiedete indirekte Gegenvorschlag zur Volksinitiative «Minder» übernimmt die mit der Zusatzbotschaft Aktien-/Rechnungslegungsrecht vorgeschlagenen Änderungen mit einer Ausnahme. Neu soll der Kreis der Rückerstattungspflichtigen auf alle «mit der Geschäftsführung betraute[n] Personen», mithin auf sämtliche formellen, materiellen und faktischen Organe, sowie auf «Mitglieder des Beirats» ausgeweitet werden[1686], was in der Lehre positiv aufgenommen wurde[1687]. Bösgläubigkeit ist nicht mehr erforderlich; gemäss Art. 678 Abs. 3 E OR 2008 resp. E-Parl OR entfällt die Rückerstattungspflicht, wenn der gutgläubige Empfänger im Zeitpunkt der Rückforderung nicht mehr bereichert ist, was gewissermassen eine Beweislastumkehr bedeutet[1688]. Die Kriterien des Missverhältnisses zur wirtschaftlichen Leistungsfähigkeit sowie der Offensichtlichkeit des Missverhältnisses zwischen Leistung und Gegenleistung (nicht hingegen des Missverhältnisses zwischen Leistung und

---

[1681] BÖCKLI Aktienrecht § 13 Rz. 242.
[1682] BSK OR II-KURER/KURER, Art. 678 Rz. 16.
[1683] BSK OR II-KURER/KURER, Art. 678 Rz. 6 ff.; BÖCKLI Aktienrecht, § 12 Rz. 551; dazu eingehend DÜRR, § 6 Rz. 1 ff. und § 7 Rz. 1 ff., insbes. Rz. 39, welcher eine Rückerstattungspflicht nur im Falle einer massgeblichen Beteiligung bejaht.
[1684] Art. 678 Abs. 3 OR.
[1685] Zusatzbotschaft Aktien-/Rechnungslegungsrecht, S. 316.
[1686] Art. 678 Abs. 1 und 2 E OR 2008 resp. E-Parl OR; Zusatzbotschaft Aktien-/Rechnungslegungsrecht, S. 316.
[1687] BÖCKLI Aktienrecht, § 13 Rz. 338m; C. BÜHLER Regulierung, Rz. 727.
[1688] C. BÜHLER Regulierung, Rz. 727.

Gegenleistung an sich) wurden im Entwurf gestrichen[1689]. Die in der Zusatzbotschaft Aktien-/Rechnungslegung vorgeschlagene Ausdehnung der Passivlegitimation auf die Gläubiger[1690], welche bereits in der Vernehmlassung aus Gründen der Systemwidrigkeit sowie des mangelnden Rechtsschutzinteresses – m.E. zu Recht – kritisiert worden war[1691], wurde fallengelassen; nach wie vor sollen nur die Gesellschaft und die Aktionäre anspruchsberechtigt sein[1692]. Nach neuem Recht soll jedoch auch die Generalversammlung beschliessen können, dass die Gesellschaft Rückerstattungsklage erheben soll[1693]; auf diese Weise sollen die Aktionäre sowohl die Aufwände als auch die Risiken der Prozessführung auf die Gesellschaft überwälzen können[1694]. Schliesslich weist die Zusatzbotschaft Aktien-/Rechnungslegungsrecht darauf hin, dass eine Genehmigung der Vergütungen des Verwaltungsrates durch die Generalversammlung kotierter Gesellschaften[1695] einer Rückforderungsklage nicht entgegen stehe, da die Generalversammlung lediglich den Gesamtbetrag, nicht jedoch die interne Verteilung und die Angemessenheit der einzelnen Vergütungen beurteile[1696]. Gleiches hat wohl auch in nicht kotierten Gesellschaften zu gelten, falls bei solchen ausnahmsweise eine Genehmigung erfolgen sollte.

IV. Anfechtungsklage

1. Allgemeine Anfechtungsklage

a. Klagelegitimation, Anfechtungsgründe und Anfechtungsfrist

Die auch aus Sicht der Corporate-Governance neben der Verantwortlichkeitsklage wohl wichtigste Klage ist die Anfechtungsklage. *Beschlüsse der Generalversammlung, welche gegen das Gesetz oder die Statuten verstossen*, können von Aktionären (auch solchen ohne Stimmrecht im Sinne von Art. 685f Abs. 2 OR[1697] und Partizipanten[1698]) gemäss Art. 706 Abs. 1 OR beim Richter mit Kla-

---

[1689] Zusatzbotschaft Aktien-/Rechnungslegungsrecht, S. 316 f. Zur Problematik dieser Regelung: HÄUSERMANN, Rz. 42 f.
[1690] Art. 678 Abs. 4 E OR 2008.
[1691] C. BÜHLER Regulierung, Rz. 766; BÖCKLI Aktienrecht, § 13 Rz. 338n.
[1692] Art. 678 Abs. 4 E-Parl OR.
[1693] Art. 678 Abs. 5 E OR 2008 resp. E-Parl OR.
[1694] Zusatzbotschaft Aktien-/Rechnungslegungsrecht, S. 317; BÖCKLI Aktienrecht, § 13 Rz. 338q.
[1695] Art. 731e E OR 2008.
[1696] Zusatzbotschaft Aktien-/Rechnungslegungsrecht, S. 317.
[1697] FORSTMOSER/MEIER-HAYOZ/NOBEL, § 25 Rz. 42; BÖCKLI Aktienrecht, § 16 Rz. 105; B. SCHOTT, § 18 Rz. 14 m.w.H.

ge gegen die Gesellschaft angefochten werden. Abs. 2 der genannten Bestimmung präzisiert diese allgemeine Umschreibung dahingehend, dass anfechtbar insbesondere Beschlüsse sind, welche *Aktionärsrechte unter Verletzung von Gesetz oder Statuten, oder in anderswie unsachlicher Weise entziehen oder beschränken*, ferner Beschlüsse, welche *Aktionäre in einer Weise ungleich behandeln oder benachteiligen*, welche *nicht durch den Gesellschaftszweck gerechtfertigt* sind; ebenfalls anfechtbar ist der *nicht einstimmig gefällte Beschluss über die Aufhebung der Gewinnstrebigkeit der Gesellschaft*. Auch der Verwaltungsrat kann im Namen der Gesellschaft Generalversammlungsbeschlüsse anfechten; diesfalls sowie wenn sämtliche Mitglieder des Verwaltungsrates als Aktionäre einen Mehrheitsbeschluss anfechten[1699], wird zur Verhinderung von Interessenkollisionen ein Vertreter für die Gesellschaft bestimmt[1700]. In gravierenden Fällen, in denen ein Generalversammlungsbeschluss die Funktionsfähigkeit der Gesellschaft oder die Erfüllung von Kernaufgaben des Verwaltungsrates beeinträchtigt, gegen öffentliches Recht oder das Strafrecht verstösst, postuliert BÖCKLI[1701] gestützt auf Art. 716a Abs. 1 Ziff. 5 und Art. 717 OR gar eine Anfechtungspflicht des Verwaltungsrates. Nicht aktivlegitimiert sind die Gläubiger. Die Anfechtungsklage ist innerhalb von zwei Monaten nach der Generalversammlung zu erheben[1702].

b. Rechtsschutzinteresse und Prozessrisiken

Da die Anfechtungsklage generell die Gesetzes- und Regelkonformität gewisser innergesellschaftlicher Vorgänge sichern will, ist ein hinreichendes Rechtsschutzinteresse gegeben, wenn Gesellschaftsinteressen wahrgenommen werden und ein «gutheissendes Urteil die *Rechtsstellung des anfechtenden Aktionäres berührt*»[1703].

Eine Anfechtungsklage birgt immer gewisse Prozessrisiken, insbesondere, wenn ein Generalversammlungsbeschluss nicht offensichtlich einen der genannten Mängel aufweist[1704]. Im Falle einer Beschlussunfähigkeit der Generalversammlung scheitert die Klage schliesslich am fehlenden Anfechtungsobjekt[1705].

[1698] Aus diesem Grund sind die Beschlüsse der Generalversammlung gemäss Art. 656d Abs. 2 OR den Partizipanten zur Einsicht aufzulegen; dazu Botschaft Aktienrecht, S. 802; BÖCKLI Aktienrecht, § 16 Rz. 101; B. SCHOTT, § 18 Rz. 14 m.w.H.
[1699] BSK OR II-TRUFFER/DUBS, Art. 706a Rz. 8; BÖCKLI Aktienrecht, § 16 Rz. 102.
[1700] Art. 706a Abs. 2 OR; dazu BSK OR II-TRUFFER/DUBS, Art. 706a Rz. 7 f.
[1701] Aktienrecht, § 13 Rz. 400 f. und § 16 Rz. 103 m.w.H.; a.A. ZK-HOMBURGER, Art. 716a OR Rz. 628; KRNETA, Rz. 1477.
[1702] Art. 706a Abs. 1 OR.
[1703] BGE 4C.45/2006 Erw. 5 m.V.a. BGE 122 III 282 m.w.H.; dazu auch BSK OR II-TRUFFER/DUBS, Art. 706a Rz. 4a; BÖCKLI Aktienrecht, § 16 Rz. 107.
[1704] N. MEYER, S. 251.
[1705] P. KUNZ Ein- und Zweipersonen-Aktiengesellschaften, S. 68; N. MEYER, S. 256.

c. Nichtanfechtbarkeit von Verwaltungsratsbeschlüssen

Keiner Anfechtung unterliegen die Beschlüsse des Verwaltungsrates[1706]. Das ist aus Sicht der Corporate Governance auch nicht zu beanstanden, würde eine solche Regelung doch die Offenlegung sämtlicher Verwaltungsratsbeschlüsse erfordern, was u.a. aus Gründen der Wahrung von Geschäftsgeheimnissen unsinnig wäre. Generell *würde* die Anfechtung von Verwaltungsratsbeschlüssen eine nicht zu verantwortende *Lähmung der Unternehmensführung bewirken*[1707].

2. Stimmrechtsklage

Gewissermassen einen «Unterfall der allgemeinen Anfechtungsklage nach Art. 706 f. OR»[1708] bildet der dem Aktionär in Art. 691 Abs. 3 OR gegebene Rechtsbehelf, wonach bei *Mitwirkung von «Personen, die zur Teilnahme an der Generalversammlung nicht befugt sind*, [...] jeder Aktionär, auch wenn er nicht Einspruch erhoben hat, diesen Beschluss anfechten [kann], sofern die beklagte Gesellschaft nicht nachweist, dass diese Mitwirkung keinen Einfluss auf die Beschlussfassung ausgeübt hatte». Mit dieser sog. «negativen» Stimmrechtsklage können nicht nur Aktionäre, sondern auch von der Teilnahme oder Stimmrechtsausübung zu Unrecht ausgeschlossene Personen – sowie nach BÖCKLI[1709] die Gesellschaft selbst – gegen ein *fehlerhaftes Zustandekommen eines Generalversammlungsbeschlusses* vorgehen[1710]. Nach der Lehre ist auch die sog. «positive» Stimmrechtsklage zulässig, wonach eine Anfechtungsklage nicht nur in der Aufhebung des in unzulässiger Weise zustande gekommenen Beschlusses, sondern in der Feststellung des korrekten Abstimmungsergebnisses münden können soll[1711].

[1706] Dazu eingehend statt Vieler: BÖCKLI/HUGUENIN/DESSEMONTET, S. 141 ff.; eine detaillierte Übersicht über die die Anfechtbarkeit von Verwaltungsratsbeschlüssen ablehnende Rechtsprechung und die darin überwiegend übereinstimmende Lehre findet sich in BÖCKLI Aktienrecht, § 13 Fn. 646.

[1707] C. BÜHLER Regulierung, Rz. 732 m.w.H.

[1708] BGE 122 III 281.

[1709] Aktienrecht, § 12 Rz. 499 und 503.

[1710] ZR 64 (1965) Nr. 147; BSK OR II-LÄNZLINGER, Art. 691 Rz. 14; BÖCKLI Aktienrecht, § 12 Rz. 499; ZK-BÜRGI, Art. 691 OR Rz. 27 f.; FORSTMOSER/MEIER-HAYOZ/NOBEL, § 25 Rz. 34.

[1711] BÖCKLI Aktienrecht, § 12 Rz. 500a; BSK OR II-LÄNZLINGER, Art. 691 Rz. 14.

V. Nichtigkeitsklage

Sowohl gegen Beschlüsse der Generalversammlung[1712] als auch des Verwaltungsrates[1713] können Aktionäre Nichtigkeitsklage erheben. Nichtig sind diese Beschlüsse insbesondere, wenn sie *grundlegende Aktionärsrechte* wie die gesetzlichen Mitwirkungs-, Informations- und *Klagerechte verletzen*, die *Grundstrukturen der Aktiengesellschaft* missachten oder die *Bestimmungen über den Kapitalschutz* verletzen[1714]. Auch Verstösse gegen andere zwingende Gesetzesbestimmungen des Privatrechts oder des öffentlichen Rechts können zur Nichtigkeit führen[1715]. Neben diesen vorwiegend inhaltlichen Mängeln können nach herrschender Lehre und Rechtsprechung auch *schwerwiegende Formmängel* die Nichtigkeit von Generalversammlungsbeschlüssen bewirken[1716]. Eine Gutheissung der Klage wirkt «erga omnes», eine Abweisung lediglich «inter partes»[1717]. Die Klage auf Feststellung der Nichtigkeit ist an keine Frist gebunden[1718]. Sie kann von jedermann, der ein schutzwürdiges Interesse hat, geltend gemacht werden[1719].

[1712] Art. 706b OR.
[1713] Art. 714 OR.
[1714] Dazu statt Vieler: BSK OR II-TRUFFER/DUBS, Art. 706b Rz. 8 ff.; BÖCKLI Aktienrecht, § 16 Rz. 159 ff.; FORSTMOSER/MEIER-HAYOZ/NOBEL, § 25 Rz. 92 ff.; B. SCHOTT, § 1 Rz. 4 und § 7 Rz. 1 ff.
[1715] BSK OR II-TRUFFER/DUBS, Art. 706b Rz. 8b; BÖCKLI Aktienrecht, § 16 Rz. 176 ff.; FORSTMOSER/MEIER-HAYOZ/NOBEL, § 25 Rz. 108 ff.
[1716] Dazu eingehend B. SCHOTT, § 8 Rz. 1 ff.; sodann BSK OR II-TRUFFER/DUBS, Art. 706b Rz. 17 ff.; FORSTMOSER/MEIER-HAYOZ/NOBEL, § 25 Rz. 117.
[1717] C. BÜHLER Regulierung, Rz. 729; BÖCKLI Aktienrecht, § 13 Rz. 266 m.w.H.
[1718] Relativierend nun BGE 5C.143/2005 Erw. 2.; BSK OR II-TRUFFER/DUBS, Art. 706b Rz. 4.
[1719] BGE 115 II 473; BÖCKLI Aktienrecht, § 16 Rz. 156; BSK OR II-TRUFFER/DUBS, Art. 706b Rz. 6.

VI. Auflösungsklage, Austritts- und Ausschlussrechte

1. Auflösung der Gesellschaft

a. Eintritt eines gesetzlichen oder statutarischen Auflösungsgrundes, Generalversammlungsbeschluss oder Auflösungsklage aus wichtigem Grund

Eine Gesellschaft wird neben *den vom Gesetz vorgesehenen Fällen*[1720] aufgelöst beim Eintritt eines statutarischen Auflösungsgrundes[1721] oder aufgrund eines Beschlusses der Generalversammlung[1722]. Sind die Verhältnisse in einer AG nicht mehr tragbar und kann dieser Zustand nicht auf andere Weise beseitigt werden[1723], steht Aktionären, welche *mindestens 10% des Aktien- oder Partizipationskapitals*[1724] vertreten, gestützt auf Art. 736 Ziff. 4 OR überdies als *ultima ratio* die *Auflösungsklage aus wichtigen Gründen offen*; anstatt die Gesellschaft aufzulösen, kann der Richter auch auf eine andere sachgemässe und den Beteiligten zumutbare Lösung erkennen[1725]. Die Auflösungsklage aus wichtigem Grund wurde vom Gesetzgeber vor allem zum *«Schutz der Minderheit gegen den Machtmissbrauch der Mehrheit»* geschaffen[1726]. Die Revision des Aktien- und Rechnungslegungsrechts sieht eine Reduktion des bisherigen Schwellenwerts für die Auflösungsklage auf 5% des Aktienkapitals oder der Stimmen resp. alternativ auf den Nennwert von CHF 1 Mio. vor[1727].

[1720] Art. 736 Ziff. 3 und 5 OR.
[1721] Art. 736 Ziff. 1 OR; dazu statt Vieler: FORSTMOSER/MEIER-HAYOZ/NOBEL, § 55 Rz. 9 und 15 ff., welche als Beispiele solcher (seltener) Statutenbestimmungen die Befristung, die Nichterteilung oder -erneuerung einer Konzession, den Verlust eines Patentes oder auch den Verlust eines bestimmten Teils des Aktienkapitals anführen; möglich ist es auch, die Dauer der Gesellschaft zu begrenzen, bspw. auf den Tod eines bestimmten Aktionärs (zu letzterem auch PREMAND, § 11 Rz. 1090 ff.)
[1722] Art. 736 Ziff. 2 OR.
[1723] Nach Lehre und Praxis ist die Auflösungsklage in dem Sinne subsidiär, als andere Rechtsbehelfe lediglich dann ergriffen werden müssen, wenn diese zumutbar und Erfolg versprechend sind; dies gebietet der Grundsatz der Verhältnismässigkeit (BGE 136 III 279 ff., 126 III 271 f., 105 II 125; dazu eingehend: HABEGGER, § 9 Rz. 1 ff., SANWALD, S. 137 ff. und PREMAND, § 11 Rz. 1213 ff., je m.w.H.; ferner FORSTMOSER/MEIER-HAYOZ/NOBEL, § 55 Rz. 110; BSK OR II-STÄUBLI, Art. 736 Rz. 20 ff.).
[1724] BSK OR II-STÄUBLI, Art. 736 Rz. 19.
[1725] Art. 736 Ziff. 4 OR.
[1726] BGE 109 II 142 = Pra 72 (1983) Nr. 241 S. 649 ff.; BGE 105 II 125; HABEGGER, § 2 Rz. 7 f. und § 6 Rz. 2 ff.; PREMAND, § 11 Rz. 1103.
[1727] Art. 736 Abs. 1 Ziff. 4 E OR 2007; Botschaft Aktien-/Rechnungslegungsrecht, S. 1610.

b. Interessenabwägung bei Vorliegen eines wichtigen Grundes und Anwendungsfälle

Ob ein wichtiger Grund vorliegt, welcher die Auflösung der Gesellschaft oder eine andere Massnahme gebietet, hat der *Richter* im *Einzelfall nach Recht und Billigkeit* zu beurteilen[1728]. Dabei hat er die Interessen der verschiedenen Beteiligten gegeneinander abzuwägen, und zwar nicht nur der Parteien im Verfahren, sondern auch die wirtschaftlichen und sozialen Auswirkungen auf Dritte, insbesondere Arbeitnehmer sind zu berücksichtigen; Drittinteressen können unter Umständen gar so gewichtig sein, dass eine Gesellschaft trotz Vorliegens eines wichtigen Grundes nicht aufgelöst wird[1729].

Im Vordergrund stehen *sachliche Auflösungsgründe*, welche die Fortdauer der Gesellschaft ausschliessen. In geschlossenen Gesellschaften, insbesondere in Familiengesellschaften, können aber nach heute überwiegender Lehre und Rechtsprechung *auch persönliche Aspekte* in Betracht fallen, wenn diese die Funktionsfähigkeit und Existenz der Gesellschaft gefähren[1730]. Neben dem fortdauernden Missbrauch einer Mehrheitsposition kann einem Minderheitsaktionär unter Umständen auch «une mauvaise gestion constante de nature à entraîner la ruine de la société, une violation persistante des droits des actionnaires minoritaires, une attitude qui rend impossible l'atteinte du but social, des décisions poursuivant un but étranger au but social, une situation de blocage des organes, des décisions qui vident la société de sa substance» nicht zugemutet werden[1731]. In der Lehre wird sodann einhellig die Meinung vertreten, dass die *Beschluss- und Funktionsunfähigkeit der Organe* der Aktiengesellschaft einen wichtigen Grund zur Auflösung der Gesellschaft im Sinne von Art. 736 Ziff. 4 OR darstellt[1732].

c. Statutarische Änderung des Klagequorums und Einführung weiterer Auflösungsgründe

Unbestrittenermassen zulässig ist die *statutarische Erleichterung* des in Art. 736 Ziff. 4 OR vorgesehenen *Klagequorums* auf einen geringeren Prozentanteil des

---

[1728] Art. 4 ZGB; dazu SANWALD, S. 145.
[1729] BGE 105 II 128 f., 104 II 35 f.; dazu eingehend HABEGGER, § 5 Rz. 1 ff., § 6 Rz. 11 ff., § 7, § 8 und § 10, sowie SANWALD, S. 143 ff.; BÖCKLI Aktienrecht, § 17 Rz. 12.
[1730] BGE 126 III 269, 105 II 128; HABEGGER, § 6 Rz. 45 ff.; BÖCKLI Aktienrecht, § 16 Rz. 191; SANWALD, S. 147 f.; PREMAND, § 11 Rz. 1109 ff.
[1731] BGE 136 III 278 ff, 126 III 268 f.; dazu auch eingehend PREMAND, § 11 Rz. 1192 ff.
[1732] VON DER CRONE Pattsituationen, S. 41 f.; N. MEYER, S. 253 f.; H.-K. PEYER, S. 71 f.; HABEGGER, § 2 Rz. 9. Die seit 1. Januar 2008 bestehende Möglichkeit, Organisationsmängel gestützt auf Art. 731b OR zu rügen und beseitigen zu lassen, schliesst die Funktionsunfähigkeit einer Gesellschaft heutzutage eher aus.

Aktienkapitals oder gar die Schaffung *eines individuellen Klagerechts*[1733]. Nach FORSTMOSER/MEIER-HAYOZ/NOBEL[1734] kann die gesetzliche Ordnung statutarisch weiter ergänzt werden, indem Tatbestände aufgeführt werden, welche wichtig sein und eine Auflösungsklage rechtfertigen sollten. So kann beispielsweise die *Beendigung eines Aktionärbindungsvertrages* als statutarischer Auflösungsgrund im Sinne von Art. 736 Ziff. 1 OR festgeschrieben werden[1735], was in personalistisch ausgestalteten Aktiengesellschaften häufig einem Bedürfnis entspricht und sinnvoll sein kann. Für den Fall, dass eine Auflösungsklage nicht gerechtfertigt sein sollte, kann in den Statuten auch die sachgemässe Lösung bestimmt werden, die diesfalls zur Anwendung gelangen soll[1736].

Umstritten ist, ob statutarisch ein *voraussetzungsloses Auflösungsrecht* begründet werden kann[1737]. Von einer solchen Regelung ist m.E. jedenfalls abzuraten, sollte die weitreichende Massnahme der Auflösung in der Regel doch nur bei wichtigen Gründen greifen und nicht ständig drohend über der Gesellschaft schweben.

d. Bedeutung der Auflösungsklage in privaten Gesellschaften im Besonderen

In der Praxis kommt der Auflösungsklage in Gesellschaften, für deren Aktien kein Markt besteht und sich der Aktionär folglich nur schwer oder unter erheblichen finanziellen Einbussen von seiner Beteiligung trennen kann – mithin in privaten Gesellschaften – Bedeutung zu; hier steht die Auflösungklage funktional anstelle des in anderen Gesellschaftsformen vorgesehenen Austritts aus wichtigen Gründen und soll *Minderheitsaktionären* mit einer erheblichen Beteiligung *Schutz* bieten[1738]. Mitunter dürfte der Auflösungsklage auch eine gewisse *präventive Wirkung* zukommen, indem sich Mehrheitsaktionäre aus Furcht vor einer solchen Klage eine gewisse Zurückhaltung auferlegen. In privaten, personalistischen Gesellschaften können Spannungen unter den Aktionären eher zu Beeinträchtigungen führen, welche den Fortbestand einer Gesellschaft unzumutbar machen; auch dürfte die Auflösung einer kleineren Gesellschaft tenden-

---

[1733] FORSTMOSER/MEIER-HAYOZ/NOBEL, § 55 Rz. 67; SANWALD, S. 176; nicht zulässig sind hingegen statutarische Erschwerungen (HABEGGER, § 18 Rz. 43 ff. m.w.H.; SANWALD, S. 175 ff.).
[1734] § 55 Rz. 67; gl.A. HABEGGER, S. 59 f. m.w.H.
[1735] FORSTMOSER Aktionärbindungsverträge, S. 399; BLOCH, S. 331, 362; SANWALD, S. 176.
[1736] HANDSCHIN Auflösung, S. 44; HÖHN, S. 113 ff.; SANWALD, S. 176.
[1737] Befürwortend: SANWALD, S. 198; a.A. BÜRGI, S. 131 f.
[1738] Botschaft Aktien-/Rechnungslegungsrecht, S. 1610; C. BÜHLER Regulierung, Rz. 731 m.w.H.

ziell geringere nachteilige Nebenwirkungen auf Arbeitnehmer, Dritte usw. entfalten und daher eher zu verantworten sein[1739].

2. Andere sachgemässe, den Beteiligten zumutbare Lösung

Kann der rechtswidrige Zustand durch andere sachgemässe, den Beteiligten zumutbare Massnahmen behoben werden, hat der Richter *diese anzuordnen*[1740].
Die wichtigste Alternative zur Auflösung der Gesellschaft bildet der *Austritt des klagenden Aktionärs unter Abfindung durch die Gesellschaft*, indem der Richter den Rückkauf der Aktien durch die Gesellschaft[1741] oder ihre Teilliquidation[1742] der Gesellschaft anordnet. Verfügt die Gesellschaft nicht über die für die Abfindung erforderlichen freien Mittel, müssen sie auf dem Wege der Kapitalherabsetzung (allenfalls unter Wiedererhöhung des Aktienkapitals) oder durch Verwertung/Verkauf der Aktien an Dritte freigesetzt werden[1743]; die verbleibenden Aktionäre können nicht zu zusätzlichen Einlagen verpflichtet werden – selbstverständlich ist es ihnen aber unbenommen, freiwillig solche zu leisten. Die Abfindung der ausscheidenden Gesellschafter kann in bar, in Aktien oder in anderen Sachwerten erfolgen[1744]. Unter Umständen erweist sich auch die Auf-

---

[1739] FORSTMOSER/MEIER-HAYOZ/NOBEL, § 62 Rz. 25. In diesem Sinne auch BGE 105 II 129.

[1740] HABEGGER, § 5 Rz. 37 ff.; BÖCKLI Aktienrecht, § 16 Rz. 194 ff. Zu Recht weist VON DER CRONE (Pattsituationen, S. 42) hinsichtlich der Abwägung, welche Massnahme einen Umstand zu beheben geeignet ist, darauf hin, dass die Anforderungen an die Wichtigkeit des auslösenden Grundes umso höher zu stellen sind, je tiefer eine Massnahme in die Interessen Beteiligter oder Dritter einschneide. Der Kläger kann auch direkt eine Gestaltungsklage mit einem Rechtsbegehren, welches konkret die von ihm angestrebte, sachgemässe Lösung nennt, erheben; diesfalls darf der Richter in Anwendung des Grundsatzes «ne eat iudex ultra petita partium» nur über diese befinden und keine Auflösung anordnen (BÖCKLI Aktienrecht, § 16 Rz. 212; HABEGGER, § 19 Rz. 21 ff.; a.A. SANWALD, S. 169).

[1741] SANWALD, S. 174. Zu beachten ist beim Rückkauf eigener Aktien durch die Gesellschaft die 10%-Schwelle gemäss Art. 659 Abs. 1 OR, d.h. ein solches Vorgehen erweist sich in der Regel nur als sinnvoll, wenn die Gesellschaft einen Aktionär abzufinden hat, welcher exakt 10% des Aktienkapitals besitzt (vgl. dazu BÖCKLI Aktienrecht, § 16 Rz. 201 f. und 204 ff.; HABEGGER, § 12 Rz. 55 ff. und 76 ff.).

[1742] BÖCKLI Aktienrecht, § 16 Rz. 201 f.

[1743] Ist die Weiterveräusserung der Aktien rechtlich und tatsächlich gesichert, gelangt Art. 659 Abs. 1 OR nicht zur Anwendung (BÖCKLI Aktienrecht, § 4 Rz. 262 f.; HABEGGER, § 12 Rz. 55 ff. und 76 ff.).

[1744] BÖCKLI Aktienrecht, § 16 Rz. 203 ff.; HABEGGER, § 12 Rz. 1 ff.; HÖHN S. 123 ff.

gliederung einer Gesellschaft in zwei neue Gesellschaften oder die Abspaltung eines Unternehmensteils als notwendig und möglich[1745].

Allenfalls vermag jedoch bereits die *Erweiterung des Verwaltungsrats* durch einen geeigneten oppositionellen Aktionär[1746] oder die *Änderung der Statuten* etwa hinsichtlich Beschlussfassungsvorschriften, Informations- und Schutzrechten, Minderheitenvertretungsrechten im Verwaltungsrat, Konsultationsvorbehalten zugunsten der Generalversammlung oder Vorgaben bezüglich der Dividendenpolitik die Situation zu befriedigen[1747]. Überwiegend kritisch beurteilt wird hingegen die Fällung, Änderung oder Aufhebung von Generalversammlungs- oder Verwaltungsratsbeschlüssen durch den Richter[1748].

3. Zulässigkeit einer «Kündigung» eines Aktionärs als statutarischer Auflösungsgrund?

Die Zulässigkeit, als statutarischen Auflösungsgrund im Sinne von Art. 736 Ziff. 1 OR die «Kündigung» eines Aktionärs einzuführen, wird in der Lehre überwiegend bejaht[1749]. Eine solche Regelung hat zwingend die aktienrechtlichen Grundprinzipien, insbesondere den Grundsatz der Gleichbehandlung zu wahren, mithin das Auflösungsrecht allen Aktionären unter denselben Bedingungen zuzustehen[1750]; unter der Voraussetzung der Einhaltung dieser Grundsätze spricht nach FORSTMOSER/MEIER-HAYOZ/NOBEL[1751] nichts gegen eine solche Statutenbestimmung, und stellt ein statutarisches Kündigungsrecht ein wichtiges Instrument des Minderheitenschutzes dar.

Aufgrund einer solchen Statutenbestimmung kann ein Aktionär durch Willenserklärung den statutarischen Auflösungsgrund der «Kündigung» anrufen und damit die Auflösung sowie die Liquidation der Gesellschaft erwirken. Ein solches Auflösungsrecht kann statutarisch an bestimmte, in der Regel wichtige

---

[1745] HABEGGER, § 13 Rz. 3 ff.; BÖCKLI Aktienrecht, § 16 Rz. 207; kritisch: HANDSCHIN Auflösung, S. 44 f.
[1746] BÖCKLI Aktienrecht, § 16 Rz. 207; BSK OR II-STÄUBLI, Art. 736 Rz. 27.
[1747] HABEGGER, § 15 Rz. 1 ff.; HÖHN, S. 126 f., 129 f.; BÖCKLI Aktienrecht, § 16 Rz. 207.
[1748] BÖCKLI Aktienrecht, § 16 Rz. 208 f.; HABEGGER, § 16 und 17; die Zulässigkeit eher bejahend: HANDSCHIN Auflösung, S. 45.
[1749] FORSTMOSER/MEIER-HAYOZ/NOBEL, § 55 Rz. 20; MENGIARDI, S. 277; BÜRGI, S. 131 f.; HABEGGER, § 9 Rz. 130; KRATZ, § 11 Rz. 146; SANWALD, S. 198; a.A.: DORSCHEID, S. 67; ZK-VON STEIGER, Art. 777 Rz. 94.
[1750] FORSTMOSER/MEIER-HAYOZ/NOBEL, § 55 Rz. 20 f.; gl. A. BÜRGI, S. 123 f.; MENGIARDI, S. 277; HABEGGER, § 9 Rz. 130; SANWALD, S. 199.
[1751] FORSTMOSER/MEIER-HAYOZ/NOBEL, § 55 Rz. 20 f.; gl. A. BÜRGI, S. 123 f.; HABEGGER, § 9 Rz. 130; SANWALD, S. 199.

Voraussetzungen geknüpft werden, welche die Folgenschwere eines solchen Aktionärsrechts rechtfertigen[1752].

VII. Exkurs: Zulässigkeit statutarischer Austritts- und Ausschlussgründe?

1. Statutarisches Austrittsrecht

Die *Zulässigkeit* eines statutarischen Austrittsrechts im Sinne eines Verkaufsrechts der Aktionäre an die Gesellschaft ist in der Lehre *umstritten*. Hauptsächlichster Beweggrund eines Austrittsrechts ist der *Minderheitenschutz*[1753]. Dezidiert gegen die Zulässigkeit eines statutarischen Austrittsrechts wendet sich unter Hinweis auf die parlamentarischen Beratungen, die Botschaft sowie die Schwierigkeiten in der praktischen Durchführung u.a. BÖCKLI[1754]. Als Argumente gegen die Zulässigkeit eines statutarischen Austrittsrechts werden ferner die Grundkonzeption der Aktiengesellschaft, das Prinzip des festen Aktienkapitals und damit der festen Mitgliedschaftsstelle sowie das Verbot der Einlagerückgewähr resp. der Kapitalrückzahlung angeführt; ob es sich diesbezüglich um eine qualifiziertes Schweigen des Gesetzgebers handelt, ist ebenfalls umstritten[1755]. PREMAND[1756] begründet ihre ablehnende Haltung im Wesentlichen mit den anderen, den Minderheitsaktionären zur Verfügung stehenden Mitteln sowie der Möglichkeit, dass auch der Richter im Rahmen einer Auflösungsklage unter Wahrung der Kapitalschutzvorschriften den Austritt eines Gesellschafters anordnen kann.

SANWALD[1757] erachtet ein statutarisches Austrittsrecht hingegen als *unproblematisch*, vorausgesetzt, der Erwerb eigener Aktien werde statutarisch vom Vorhandensein *genügend frei verwendbaren Eigenkapitals*, von der *Einhaltung der Erwerbsgrenze von 10%* sowie von der *Zustimmung der übrigen Aktionäre* abhängig gemacht. FORSTMOSER/MEIER-HAYOZ/NOBEL[1758] erachten ein statutarisches Austrittsrecht unter teilweiser oder voller Entschädigung als zulässig, vorausgesetzt, die *Vorschriften* über die *Kapitalherabsetzung* werden *eingehal-*

[1752] SANWALD, S. 198 f.; DORSCHEID, S. 66.
[1753] P. KUNZ Minderheitenschutz § 4 Rz. 85 m.w.H.
[1754] Aktienrecht, § 16 Rz. 203 ff., mit ausführlicher Literaturübersicht über die verschiedenen Lehrmeinungen in Fn. 487.
[1755] Dazu auch FORSTMOSER/MEIER-HAYOZ/NOBEL, § 44 Rz. 65; P. KUNZ Minderheitenschutz, § 4 Rz. 101 m.w.H.; SANWALD, S. 179 m.w.H.
[1756] § 8 Rz. 886 ff.
[1757] S. 180 ff., 193.
[1758] § 44 Rz. 68 und 70.

ten. Einig ist sich die Lehre, dass ein solches Austrittsrecht nur als letztmöglicher Ausweg für Fälle, in denen eine Lösung unter den Gesellschaftern nicht mehr möglich ist und einem Gesellschafter das Verbleiben in der Gesellschaft unter diesen Umständen nicht mehr zugemutet werden kann, vorgesehen werden darf[1759].

Unter den genannten Voraussetzungen spricht in kleineren, stark personalistisch ausgestalteten Aktiengesellchaften m.E. nichts gegen ein statutarisches Austrittsrecht; insbesondere im Falle einer Ausgestaltung, welche die Zustimmung aller Gesellschafter erfordert, dürfen jedoch keine zu hohen Erwartungen in eine solche Statutenbestimmung gesetzt werden. Ist dieses Austrittsrecht von besonderer Wichtigkeit, ist allerdings bereits im Gründungsstadium zu prüfen, ob nicht die GmbH die geeignetere Rechtsform ist, sieht Art. 822 OR doch ein gerichtlich durchsetzbares Austrittsrecht des Gesellschafters vor.

2. Statutarisches Ausschlussrecht

Die Festschreibung statutarischer Ausschlussgründe erachtet der *überwiegende Teil* der Lehre als *unzulässig*. FORSTMOSER/MEIER-HAYOZ/NOBEL[1760] begründen dies etwa mit der kapitalbezogenen Struktur der AG, welche eine personenbezogene Ausgestaltung nur in begrenztem Ausmasse zulasse, sowie mit der beschränkten Beitragspflicht des Aktionärs[1761], welche der Sanktionierung einer missbilligten Verhaltensweise durch Ausschluss entgegenstehe. Auch nach SANWALD[1762] verletzt ein statutarisches Ausschlussrecht die Unentziehbarkeit der Mitgliedschaft und das Nebenleistungsverbot sowie allenfalls die Vorschriften über den Erwerb eigener Aktien, das Verbot der Einlagerückgewähr sowie das Gleichbehandlungsgebot.

Nach Auffassung von P. KUNZ.[1763] stellt die Mitgliedschaft demgegenüber zwar ein absolut wohl erworbenes, aber kein unverzichtbares Recht dar; unter der Voraussetzung, dass die einen Ausschluss begründenden, *«wichtigen Gründe» in den Statuten* genau bezeichnet würden und der Ausgeschlossene *zum «wirklichen Wert» abgefunden* werde, spreche nichts gegen ein in den Gründungsstatuten oder nachträglich einstimmig eingeführtes Ausschlussrecht.

[1759] BÜRGI, S. 122 ff., welcher – in Analogie zum Recht der GmbH – eine richterliche Prüfung und Bewilligung postuliert.
[1760] § 44 Rz. 53, 56.
[1761] Art. 680 Abs. 1 OR.
[1762] S. 280 ff.
[1763] Minderheitenschutz, § 1 Rz. 265 f.; gl.A. DORSCHEID, S. 131 ff.; KRATZ, § 11 Rz. 154 ff.

M.E. vermag auch eine solche Ausgestaltung die oben genannten Grundsätze nicht zu durchbrechen, weshalb von statutarischen Ausschlussrechten abzusehen ist.

VIII. Exkurs: Vertragliche Austritts- und Ausschlussrechte

Häufig finden sich vertragliche Austritts- und Ausschlussrechte in Form von Verkaufs- und Kaufrechten unter Aktionären in Aktionärbindungsverträgen; sie können aber auch Gegenstand selbständiger Verträge sein. Solche Vereinbarungen sind, da Art. 680 Abs. 1 OR nicht zur Anwendung gelangt, grundsätzlich zulässig, und sie entsprechen in nicht kotierten Gesellschaften oftmals einem Bedürfnis[1764].

Verkaufs- und Erwerbsberechtigungen entfalten indessen langfristig die gewünschte Wirkung nur, wenn sie auf die Rechtsnachfolger der ursprünglichen Vertragsparteien übergehen[1765]. Bei schuldvertraglichen Aktionärbindungsverträgen sowie bei selbständigen Verkaufsrechten ist hierzu die Zustimmung aller Vertragsparteien erforderlich[1766], bei gesellschaftsrechtlichen Aktionärbindungsverträgen die Zustimmung sämtlicher Gesellschafter[1767]. Beim Hinschied eines Aktionärs gehen schuldrechtliche Aktionärbindungsverträge sowie selbständige Erwerbs- und Verkaufsrechte auf die Erben über; die Vererblichkeit kann aber auch ausgeschlossen werden[1768]. In gesellschaftsrechtlichen Aktionärbindungsverträgen enthaltene Verkaufs- und Erwerbsrechte gehen unter, sofern nicht explizit vereinbart wird, dass die einfache Gesellschaft unter den Erben fortbestehen soll[1769]. Nach h.L. können die Erben gesellschaftsvertraglich verpflichtet werden, Partei eines Aktionärbindungsvertrags zu werden; sie können sich jedoch auf Art. 27 ZGB berufen, oder die Auflösung der Gesellschaft aus wichtigen Gründen verlangen[1770].

[1764] P. KUNZ Minderheitenschutz, § 1 Rz. 267 f.; KRATZ, § 11 Rz. 176 f.; SANWALD, S. 203.
[1765] SANWALD, S. 204 ff.; KRATZ, § 11 Rz. 178.
[1766] SANWALD, S. 204 und 206; HINTZ-BÜHLER, S. 183 f.
[1767] Art. 542 Abs. 1 OR. SANWALD, S. 205; HINTZ-BÜHLER, S. 184.
[1768] SANWALD, S. 205 und 207; HAYMANN, S. 105; HINTZ-BÜHLER, S. 170 f. und 178; SALZGEBER-DÜRIG. S. 62 f.
[1769] Art. 545 Abs. 1 Ziff. 2 OR; dazu SANWALD, S. 205 m.w.H. und HINTZ-BÜHLER, S. 178 ff.
[1770] SANWALD, S. 205 f.; HINTZ-BÜHLER, S. 180; BLOCH, S. 67 ff.; BSK OR II-STAEHELIN, Art. 545/546 Rz. 10.

Schlussbetrachtungen

Entsprechend der Vielgestaltigkeit privater Aktiengesellschaften – von der kleinen Einpersonengesellschaft über die mittelgrosse Familien- und/oder Freundesgesellschaft bis zur Gross(familien)gesellschaft – ist es nicht möglich, eine unter Corporate-Governance-Gesichtspunkten für alle Erscheinungsformen optimale Ausgestaltung zu definieren. Vielmehr rufen die verschiedenen Gesellschaftsgrössen und Aktionärsstrukturen nach einer unterschiedlichen, den individuellen Bedürfnissen entsprechenden Ausgestaltung. Häufig bieten sich auch verschiedene Lösungsmöglichkeiten an, welche naturgemäss unterschiedliche Vor- und Nachteile zeitigen, zwischen welchen im Einzelfall abzuwägen ist.

Corporate Governance ist – wegen der häufig engen Verbundenheit der Aktionäre mit der Gesellschaft und der oftmals schwierigen oder gar unmöglichen Veräusserbarkeit der Aktien – gerade auch in nicht kotierten Aktiengesellschaften ein Thema von zentraler Bedeutung. Häufig liegen die unter Corporate-Governance-Gesichtspunkten problematischen Fragestellungen anders als in Publikumsgesellschaften. Sie gründen insbesondere in möglichen Interessengegensätzen zwischen Mehrheits- und Minderheitsaktionären sowie zwischen im Unternehmen aktiven und lediglich an der Gesellschaft beteiligten Aktionären.

Die Beweggründe für eine gute Coporate Governance sind – neben dem allgemeinen Streben nach erfolgreicher Unternehmensführung – auch in privaten Aktiengesellschaften mannigfaltig. So vermag eine gute Reputation allgemein das Vertrauen in die Produkte oder Dienstleistungen einer Gesellschaft zu stärken, was sich wiederum im Umsatz niederschlägt. Eine gute Corporate Governance erhöht ferner die Kreditwürdigkeit einer Gesellschaft, was sowohl bei der Beschaffung von Eigen- als auch von Fremdkapital zunehmend Bedeutung erlangt; sie ist auch entscheidend für die Attraktivität von Verwaltungs- und allfälligen Geschäftsleitungsmandaten, was wiederum die Suche nach fähigen und engagierten Verwaltungsrats- und Geschäftsleitungsmitgliedern erleichtert. Nicht zuletzt erhöht sie auch den Unternehmenswert und verbessert die Verhandlungsposition im Falle eines Unternehmensverkaufs.

Generell ist etwa in der Ausgestaltung der Kapitalstruktur stets zu bedenken, dass sich die zugrunde liegenden Konstellationen sehr schnell ändern können und sich eine einstmals massgeschneiderte Lösung in einem späteren Zeitpunkt nachteilig auf die Gesellschaft und ihre Aktionäre auswirken kann, etwa weil die Nachkommen eines verstorbenen, in einer bestimmten Weise privilegierten Aktionärs nicht fähig oder untereinander zerstritten sind, oder weil sie ganz andere Interessen verfolgen als der Erblasser.

In der Regel ist ferner vor zu starren Regelungen zu warnen. Auch in privaten Gesellschaften, welche in der Regel nach Konstanz im Aktionariat streben, sollen statutarische und/oder schuldvertragliche Vereinbarungen nicht verunmöglichen, dass ein Aktionär sich (allenfalls auch nur teilweise) von einer Beteiligung trennen oder sich von der aktiven Mitarbeit in der Gesellschaft zurückziehen kann. Gerade auch um das langfristige Gedeihen eines Unternehmens zu sichern, müssen Veränderungen in der Gesellschaft, in der Aktionärsstruktur und in der Gesellschaftsorganisation möglich sein.

Sodann ist es m.E. gerade auch in privaten Gesellschaften – selbstredend in Wahrung allfälliger Geschäftsgeheimnisse – wichtig, grösstmögliche Transparenz herzustellen, so etwa innerhalb des Verwaltungsrats im Umgang mit Interessenkonflikten oder gegenüber den Aktionären in der Frage der Entschädigung der Mitglieder des Verwaltungsrates resp. der Geschäftsleitung. Transparenz wirkt präventiv gegen unlauteres Verhalten, vermag falsche Verdächtigungen im Keime zu ersticken und damit generell eine vertrauensbildende Wirkung zu entfalten.

Schweizer Schriften zum Handels- und Wirtschaftsrecht
Etudes suisses de droit commercial et de droit des affaires

Bd. 251   Roman Geiger
Organisationsmängel als Anknüpfungspunkt im Unternehmensstrafrecht
Aufgezeigt am Beispiel der Geldwäschereibekämpfung im Private Banking einer Bank-AG
2006. XXXVIII, 228 Seiten, broschiert, CHF 64.–

Bd. 252   Stefan Knobloch
Die zivilrechtlichen Risiken der Banken in der sanierungsbedürftigen Unternehmung
Unter besonderer Berücksichtigung der paulianischen Anfechtung und der aktienrechtlichen Verantwortlichkeit
2006. XLIV, 269 Seiten, broschiert, CHF 69.–

Bd. 253   Yves Schneller
Die Organe der Aktiengesellschaft bei einer ordentlichen Fusion
Stellung, Pflichten und Verantwortlichkeit nach Fusionsgesetz
2006. LXIV, 499 Seiten, broschiert, CHF 90.–

Bd. 254   Lukas Wiget
Wirksamkeit von Folgeverträgen bei Kartellabsprachen
2006. XXX, 334 Seiten, broschiert, CHF 69.–

Bd. 255   Edmond C. Perruchoud
La communauté dans la copropriété ordinaire
Etude portant principalement sur la copropriété foncière
2006. XXVI, 272 pages, broché, CHF 65.–

Bd. 256   Caroline Möhrle
Delisting. Kapitalmarktrechtliche, gesellschaftsrechtliche und umstrukturierungsrechtliche Aspekte
2006. XLIX, 307 Seiten, broschiert, CHF 72.–

Bd. 257   Karin Eugster
Die Überprüfung der Anteils- und Mitgliedschaftsrechte nach Art. 105 FusG
2006. XXXVII, 231 Seiten, broschiert, CHF 66.–

Bd. 258   Patrick O'Neill
Die faktische Liquidation der Aktiengesellschaft
Vor dem Hintergrund des Verkaufs des gesamten Geschäfts durch die Verwaltung
2007. XXXIV, 182 Seiten, broschiert, CHF 59.–

Bd. 259   Philippe Meyer
Der unabhängige Stimmrechtsvertreter im schweizerischen Aktienrecht
2006. XXXII, 190 Seiten, broschiert, CHF 59.–

Bd. 260   Roland M. Ryser
Outsourcing. Eine unternehmensstrafrechtliche Untersuchung
2007. XL, 230 Seiten, broschiert, CHF 69.–

Bd. 261   Meinrad Vetter
Der verantwortlichkeitsrechtliche Organbegriff gemäss Art. 754 Abs. 1 OR
2007. XLVI, 220 Seiten, broschiert, CHF 64.–

Bd. 262   Marc Pascal Fischer
Die Kompetenzverteilung zwischen Generalversammlung und Verwaltungsrat bei der Vermögensübertragung
2007. L, 236 Seiten, broschiert, CHF 68.–

Bd. 263   Florian Marxer
Die personalistische Aktiengesellschaft im liechtensteinischen Recht
Eine Analyse unter besonderer Berücksichtigung des Rechts der Vinkulierung und der Aktionärbindungsverträge
2007. LV, 322 Seiten, broschiert, CHF 78.–

Bd. 264   Tom Ludescher
Das gebundene Vermögen gemäss Versicherungsaufsichtsgesetz (VAG)
2007. LII, 237 Seiten, broschiert, CHF 70.–

Schweizer Schriften zum Handels- und Wirtschaftsrecht
Etudes suisses de droit commercial et de droit des affaires

Bd. 265 Sven Nagel
Schweizerisches Kartellprivatrecht im internationalen Vergleich
2007. XL, 331 Seiten, broschiert, CHF 75.–

Bd. 266 Alexander Nikitine
Die aktienrechtliche Organverantwortlichkeit nach Art. 754 Abs. 1 OR als Folge unternehmerischer Fehlentscheide. Konzeption und Ausgestaltung der «Business Judgment Rule» im Gefüge der Corporate Governance
2007. XLV, 299 Seiten, broschiert, CHF 78.–

Bd. 267 Luca Jagmetti
Cash Pooling im Konzern
2007. 335 Seiten, broschiert, CHF 78.–

Bd. 268 Katja Roth Pellanda
Organisation des Verwaltungsrates
2008. LXVI, 363 Seiten, broschiert, CHF 82.–

Bd. 269 Martin Liebi
Vorzugsaktien
2008. L, 310 Seiten, broschiert, CHF 76.–

Bd. 270 Max Haller
Organhaftung und Versicherung. Die aktienrechtliche Verantwortlichkeit und ihre Versicherbarkeit unter besonderer Berücksichtigung der D&O-Versicherung
2008. XLI, 314 Seiten, broschiert, CHF 78.–

Bd. 271 Sarah Brunner-Dobler
Fusion und Umwandlung von Genossenschaften
2008. XXXIV, 217 Seiten, broschiert, CHF 65.–

Bd. 272 Jürg Frick
Private Equity im Schweizer Recht
2009. LXVIII, 471 Seiten, broschiert, CHF 90.–

Bd. 273 Franziska Buob
Aktiengesellschaften mit staatlicher Beteiligung
Einflussmöglichkeiten und vermögensrechtliche Haftungsrisiken des Staates als Aktionär
2008. XXXVI, 355 Seiten, broschiert, CHF 78.–

Bd. 274 Silvan Hauser
Wettbewerbsrechtliche Aspekte des Anwaltsrechts
2008. XLI, 214 Seiten, broschiert, CHF 69.–

Bd. 275 Daniel Christian Pfiffner
Revisionsstelle und Corporate Governance. Stellung, Aufgaben, Haftung und Qualitätsmerkmale des Abschlussprüfers in der Schweiz, in Deutschland, in der Europäischen Union und in den Vereinigten Staaten
2008. 1449 Seiten, broschiert, CHF 178.–

Bd. 276 Marco Spadin
Nahestehende Personen nach den Internationalen Rechnungslegungsstandards IFRS (IAS 24)
2008. LVI, 256 Seiten, broschiert, CHF 76.–

Bd. 277 Thomas S. Müller
Die Passing-on Defense im schweizerischen Kartellzivilrecht
Unter besonderer Berücksichtigung des amerikanischen, europäischen und deutschen Rechts
2008. XLII, 337 Seiten, broschiert, CHF 82.–

Bd. 278 Oliver Hablützel
Solidarität in der aktienrechtlichen Verantwortlichkeit
2009. XLI, 301 Seiten, broschiert, CHF 73.–

Bd. 279 Niccolò Gozzi
Schutz der Aktionäre bei Fusion und Spaltung gemäss Fusionsgesetz
2009. XLIII, 333 Seiten, broschiert, CHF 78.–

Schweizer Schriften zum Handels- und Wirtschaftsrecht
Etudes suisses de droit commercial et de droit des affaires

Bd. 280   Reto Sanwald
Austritt und Ausschluss aus AG und GmbH
2009. LXXI, 564 Seiten, broschiert, CHF 108.–

Bd. 281   Damian Fischer
Änderungen im Vertragsparteienbestand von Aktionärbindungsverträgen
Vertrags-, gesellschafts- und börsenrechtliche Aspekte
2009. LXVI, 455 Seiten, broschiert, CHF 92.–

Bd. 282   Tobias Meyer
Gläubigerschutz durch Kapitalschutz. Eine ökonomische und rechtsvergleichende Untersuchung der Schweizer Kapitalschutzvorschriften unter Berücksichtigung des Entwurfs zur Revision des Aktienrechts
2009. LXI, 230 Seiten, broschiert, CHF 68.–

Bd. 283   Martin Peyer
Das interne Kontrollsystem als Aufgabe des Verwaltungsrats und der Revisionsstelle
Zuständigkeit, Aufgaben und Verantwortlichkeit von Verwaltungsrat und Revisionsstelle
2009. LV, 285 Seiten, broschiert, CHF 75.–

Bd. 284   Marc Jan Jeker
Die konkurs- und strafrechtliche Aufarbeitung der Kriminalinsolvenz
2009. XXIX, 365 Seiten, broschiert, CHF 78.–

Bd. 285   Bertrand G. Schott
Aktienrechtliche Anfechtbarkeit und Nichtigkeit von Generalversammlungsbeschlüssen wegen Verfahrensmängeln
2009. LIX, 330 Seiten, broschiert, CHF 82.–

Bd. 286   Eric Olivier Meier
Due Diligence bei Unternehmensübernahmen
2010. LIV, 404 Seiten, broschiert, CHF 92.–

Bd. 287   Marc Grünenfelder
Absicherung von Bankkrediten durch Upstream-Sicherheiten
2010. XXIII, 205 Seiten, broschiert, CHF 74.–

Bd. 288   Alexander M. Glutz von Blotzheim
Die spontane Übermittlung
Die unaufgeforderte Übermittlung von Beweismitteln und Informationen ins Ausland gemäss Art. 67a IRSG
2010. XLVIII, 244 Seiten, broschiert, CHF 82.–

Bd. 289   Raoul Dias
Der Verein als herrschendes Unternehmen im Konzern
Unter besonderer Berücksichtigung der Sportvereine und Sportorganisationen in der Schweiz
2010. LIV, 219 Seiten, broschiert, CHF 72.–

Bd. 290   Mathieu Blanc
Corporate Governance dans les groupes de sociétés
De l'organisation équilibrée des organes dirigeants dans les groupes de sociétés
Etude de droit suisse avec de larges références aux droits allemand et américain
2010. LXIV, 422 pages, broché, CHF 88.–

Bd. 291   Nina Arquint
Bilanzrecht für Lebensversicherungsunternehmen
2010. XLVIII, 192 Seiten, broschiert, CHF 72.–

Bd. 292   Martin Rauber
Verteidigungsrechte von Unternehmen im kartellrechtlichen Verwaltungsverfahren, insbesondere unter Berücksichtigung des «legal privilege»
2010. LII, 372 Seiten, broschiert, CHF 89.–

Bd. 293   Lorenzo Togni
Standstill Agreements nach U.S.-amerikanischem und schweizerischem Recht
Vertragsrechtliche, aktienrechtliche und börsenrechtliche Aspekte
2010. LXXII, 489 Seiten, broschiert, CHF 98.–

Schweizer Schriften zum Handels- und Wirtschaftsrecht
Etudes suisses de droit commercial et de droit des affaires

Bd. 294   Christoph Bauer
Parteiwechsel im Vertrag: Vertragsübertragung und Vertragsübergang
Unter besonderer Berücksichtigung des allgemeinen Vertragsrechts und des Fusionsgesetzes
2010. LXXXII, 421 Seiten, broschiert, CHF 98.–

Bd. 295   Claudia Suter
Der Schaden bei der aktienrechtlichen Verantwortlichkeit
2010. XLI, 336 Seiten, broschiert, CHF 83.–

Bd. 296   Christian Leuenberger
Die materielle kapitalmarktstrafrechtliche Regulierung des Insiderhandels de lege lata und de lege ferenda in der Schweiz
Unter besonderer Berücksichtigung verschiedener moraltheoretischer und ökonomischer Konzepte sowie eines Vergleichs mit dem US-amerikanischen Bundesrecht
2010. LXXXIII, 450 Seiten, broschiert, CHF 98.–

Bd. 297   Martina Isler
Konsultativabstimmung und Genehmigungsvorbehalt zugunsten der Generalversammlung
Unter besonderer Berücksichtigung von Entschädigungsfragen
2010. LIX, 343 Seiten, broschiert, CHF 82.–

Bd. 298   Christa Sommer
Die Treuepflicht des Verwaltungsrats gemäss Art. 717 Abs. 1 OR
2010. L, 345 Seiten, broschiert, CHF 84.–

Bd. 299   Raphael Preisig
Der Vertrieb von Anlagefonds durch Banken
Eine Untersuchung von Vertriebsentschädigungen unter besonderer Berücksichtigung der bundesgerichtlichen Rechtsprechung zu Retrozessionen
2011. XLVII, 255 Seiten, broschiert, CHF 82.–

Bd. 300   Rolf Watter
Die «grosse» Schweizer Aktienrechtsrevision
Eine Standortbestimmung per Ende 2010
2010. X, 413 Seiten, gebunden, CHF 85.–

Bd. 301   Eva Bilek
Konkurrierende Übernahmeabgebote
2011. XXXIX, 203 Seiten, broschiert, CHF 68.–

Bd. 302   Milan Kryka
Die Verrechnung in Konkurs, Nachlassverfahren und Konkursaufschub
2010. XLVI, 173 Seiten, broschiert, CHF 70.–

Bd. 303   Adrian Bieri
Statutarische Beschränkungen des Stimmrechts bei Gesellschaften mit börsenkotierten Aktien
2011. LXI, 397 Seiten, broschiert, CHF 85.–

Bd. 304   Stefan Eichenberger
Entschädigungsausschüsse im Schweizer Aktienrecht
Unter Einbezug der Situation in der Europäischen Union, Deutschland, Grossbritannien und den USA
2011. XLV, 230 Seiten, broschiert, CHF 82.–

Bd. 305   Seraina Denoth
Kronzeugenregelung und Schadenersatzklagen im Kartellrecht
Ein Vergleich zwischen der Schweiz, der EU und den USA
2012. LI, 365 Seiten, broschiert, CHF 92.–

Bd. 306   Judith Verena Söding
Private Equity Minority Investments
Sharing Control in Closely Held Private Family Firms
2012. LXVI, 417 pages, paperback, CHF 88.–

Schweizer Schriften zum Handels- und Wirtschaftsrecht
Etudes suisses de droit commercial et de droit des affaires

Bd. 307   Christian Tannò
Break-up fee-Vereinbarungen in Unternehmenszusammenschlussverträgen
nach schweizerischem, deutschem, britischem und US-amerikanischem Gesellschaftsrecht
2012. XXXVI, 470 Seiten, broschiert, CHF 98.–

Bd. 308   Karim Maizar
Die Willensbildung und Beschlussfassung der Aktionäre in schweizerischen Publikumsgesellschaften
Grundlagen – Analysen – Ansätze einer Reform
2012. LXXXIV, 682 Seiten, broschiert, CHF 128.–

Bd. 309   Urs Kägi
Kapitalerhaltung als Ausschüttungsschranke
Grundlagen, Regelung und Zukunft im Aktienrecht
2012. LXII, 496 Seiten, broschiert, CHF 108.–

Bd. 310   Markus Wolf
Stillhalteabkommen kreditgebender Banken
Ein Beitrag zum Unternehmenssanierungsrecht
2012. XLIII, 212 Seiten, broschiert, CHF 75.–

Bd. 311   Niklaus Dietschi
Beabsichtigte Sachübernahmen
2012. LXI, 303 Seiten, broschiert, CHF 84.–

Bd. 312   Daniel Jenny
Abwehrmöglichkeiten von Verwaltungsratsmitgliedern in Verantwortlichkeitsprozessen
Ein dogmatischer Beitrag zur Einwendungen- und Einredenordnung unter Würdigung der «Raschein-Praxis»
2012. LXXXIX, 575 Seiten, broschiert, CHF 108.–

Bd. 313   Simon Meyer
Vendor Due Diligence beim Unternehmensverkauf
Begriff, Rechtsbeziehungen, Haftung
2013. LIV, 277 Seiten, broschiert, CHF 79.–